電子商取引法

松本恒雄
齋藤雅弘
町村泰貴［編］

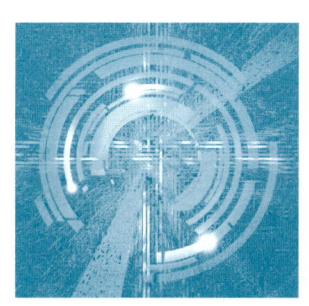

勁草書房

はしがき

　バブル崩壊以降の長引く不況の下、百貨店やスーパーなどの既存の大規模小売店の売上が減少している中で、通信販売、とりわけネットショッピングが拡大している。また、ブロードバンドの普及によって、携帯電話（フィーチャーフォン）による着メロをはじめ、自宅で映画をオンデマンドで楽しんだり、タブレットで音楽や書籍といったコンテンツをダウンロードして楽しんだりする形のビジネス、携帯電話やスマートフォンによるソーシャルゲーム市場、SNS・コミュニティビジネスやツィッターなどのソーシャルメディアとしての利用が大きく開花してきている。

　経済産業省の「平成23年度電子商取引に関する市場調査」によると、2011年の電子商取引の市場規模は、消費者向け電子商取引で8.5兆円（2007年で5.7兆円）、インターネットによる狭義の企業間電子商取引で171兆円（2007年で162兆円）、専用回線や従来型EDIによるものも含めた広義の企業間電子商取引では258兆円（2007年で253兆円）に達するとされている。消費者取引において電子化された取引の占める率はまだ2.8％にとどまるが、2007年が1.5％であるから、2倍近く拡大している。企業間取引の場合の電子化率は、狭義のものだけで16.1％（2007年で13.3％）、広義のものでは24.3％（2007年で20.8％）に達しているが、消費者向け電子商取引の方が拡大のテンポが大きいことがわかる。

　電子商取引は、量的に拡大しているだけではなく、専用端末やPCを利用したものから、携帯電話、スマートフォン、タブレットを利用したものへというアクセス手法の変化にも特徴が見られる。

　本書は、このように多様に展開している電子商取引にかかわる法的諸問題のうち、消費者向け電子商取引（BtoC）と消費者間電子商取引（CtoC）を主たる対象として、研究者、法律実務家、電子商取引に従事し、あるいはこれから参入しようと考えている事業者に対して、現状と問題点をわかりやすく解説し、さらに、可能な範囲で環境整備の方向性を示そうとするものである。もちろん、

大学の学部や大学院での講義やゼミでの教材としても使うことができるように配慮されている。取引対象の性質上、消費者問題の視点から取り上げている論点が多いが、個人情報の問題やコンテンツ、コミュニティビジネス、CGM などの消費者問題を超える論点も含まれており、健全なビジネスが発展するために、どのような環境整備が適切かといった視点で論じられている。

　電子商取引と法に関する書籍は、すでに何冊か出版されており、その中でも、経済産業省産業構造審議会情報経済分科会ルール整備小委員会が 2002 年に公表して以降、ほぼ毎年のように改訂作業を行っている「電子商取引及び情報財取引等に関する準則」（最新版は 2012 年 11 月公表）は電子商取引から生じる問題に法律を適用する際の解釈ガイドラインとして参考になる。

　本書の構成上の特徴は、電子商取引における契約の成立、契約の方式、本人認証、代金決済、履行障害・トラブル、紛争処理、国際取引、個人情報の保護といったいかなるビジネスにも共通の課題を時系列的に解説する第 1 部「総論」と、インターネット通販、インターネットモール、インターネットオークション、情報財・コンテンツのダウンロード、コミュニティビジネス、ネットを利用した詐欺的取引といったビジネスモデル別に解説する第 2 部「各論」からなっている点にある。叙述の対象は、電子商取引ビジネスにかかわる法的問題ということから、民事法規を中心としているが、電子商取引の規制にかかわる行政法についても言及している。各論は、それぞれの章で、それぞれのビジネスの仕組み、当該ビジネスにかかわる行政規制、主要な法律問題の順に論じている。

　総論部分と各論部分で扱われる論点には一部重複が生じているところがあるが、問題の立体的な構造からは避けられないところであり、一つの問題を多角的な視点から検討する素材としていただければ幸甚である。また、同じ論点について異なった考え方が示されている場合もあるが、電子商取引法の論点は発展途上であり、まだ考え方の固まっていないところも多々あることを反映している。読者としては、健全な電子商取引の発展のためにはどのように対応すべきかという視点から考えていただきたい。

　本書の企画がもちあがり、編者 3 名と勁草書房編集部の竹田康夫氏との間で、内容の検討を始めたのは 2009 年末のころである。2010 年には執筆依頼を始め

たものの、編者・編集部それぞれの事情で、編集作業が遅れてしまった。いち早く原稿を書き上げていただいた執筆者にはご迷惑をおかけしたが、ようやく刊行に至り、編者として肩の荷をおろすことができた。この間、とりわけ、スマートフォンの急速な普及により、電子商取引の世界が大きくひろがるとともに新たな問題も発生している。ぎりぎりまで、現状にあわせたキャッチアップ作業をしていただいた執筆者のみなさまと粘り強く編集作業にお付き合いいただいた竹田康夫氏に大いに感謝する。

2013年6月

　　　　　　　　　　　　　　　　　　　　　　編者　松本 恒雄
　　　　　　　　　　　　　　　　　　　　　　　　　齋藤 雅弘
　　　　　　　　　　　　　　　　　　　　　　　　　町村 泰貴

目　次

はしがき

第1部　総論

第❶章　契約の成立 …………………………………………………3

第1節　電子商取引における広告　3
　　1　不当表示規制　3　　2　景品規制　7　　3　広告メール規制　8
　　4　その他の問題　13

第2節　電子契約の締結と成立時期　14
　　1　通信手段の発達と隔地者間における契約交渉　14
　　2　コンピュータの契約交渉　15　　3　契約交渉のプロセス　18
　　4　契約の成立時期　21　　5　契約の拘束力とクーリングオフ　25

第3節　電子契約における意思表示の瑕疵　27
　　1　善意・悪意・過失　27　　2　心裡留保・虚偽表示　27
　　3　錯誤　28　　4　詐欺・強迫　31　　5　不実表示・困惑　32

第4節　電子契約の行為能力　33
　　1　行為能力　33　　2　法定代理人の同意　33　　3　未成年者の詐術　36

第5節　電子契約の代理権とアクセス権限　37
　　1　電子契約における代理行為の方式　37　　2　預金の無権限払戻し　38
　　3　無権限者による契約と本人への効果帰属　41

第❷章　契約の方式 ………………………………………………43

第1節　約款　43
　　1　約款の組入れ　44　　2　個別条項の効力　56

第2節　書面性　67
　　1　消費者保護法規における書面交付義務　67　　2　IT書面一括法　69

第❸章　本人認証 ·· 76

第1節　本人および同一性識別の意義　76
　　　1　電子商取引における「本人」　76　　2　「本人」の識別可能性　79
　　　3　確率としての「本人」　83
　　　4　電子商取引における「本人」の識別可能確率　84
　　　5　法令中における「本人」の定義　85

第2節　ID の意義　87

第3節　ID 認証上のトラブル　88
　　　1　不法行為責任　89　　2　契約責任　90　　3　まとめ　92

第4節　本人確認の義務　93
　　　1　犯罪収益移転防止法に基づく本人確認　93
　　　2　携帯音声通信事業者による本人確認　96
　　　3　東京都インターネット端末利用営業規制条例　99

第5節　ID 認証情報の漏洩と行政監督　102
　　　1　問題の所在　102　　2　電気通信事業法　103

第6節　知的財産権としての ID 認証情報の保護　107
　　　1　不正競争防止法　107　　2　著作権法　108

第7節　ID の無権限取得および無権限使用（なりすまし）とその刑事責任　109
　　　1　不正アクセス禁止法　110　　2　刑法　112　　3　割賦販売法　113
　　　4　電気通信事業法等　113
　　　5　犯罪収益移転防止法および携帯電話不正利用防止法　114

第8節　電子署名　114

第❹章　代金決済 ·· 117

第1節　代金決済の方法と時期　117
　　　1　クレジットカードを利用した決済　117
　　　2　ネット上のキャッシュレス決済　123

第2節　資金決済法　130
　　　1　資金決済をめぐる従前の法制度と問題点　130
　　　2　決済をめぐる法改正の経緯　133　　3　資金決済法の概要　134
　　　4　資金決済をめぐる法制度の変遷と今後の方向性　139

第3節　電子マネー　141

　　　　　　1　電子マネーの定義と分類　141　　2　電子マネーをめぐる法　143
　第4節　ポイント　144
　　　　　　1　ポイントの性質と対価性　145　　2　支払手段としてのポイント　148
　第5節　電子金融取引における誤振込みと無権限取引　151
　　　　　　1　インターネットバンキングサービスにおける誤振込みと無権限取引　151
　　　　　　2　収納代行・資金移動業における誤振込みと権限外取引　153

第❺章　履行障害・トラブル 155

　第1節　電子商取引における履行障害・トラブルの全般的状況　156
　　　　　　1　売主等の債務不履行　156　　2　不適切な表示に関わる履行障害　156
　　　　　　3　売主等のくもがくれ、なりすまし　157
　　　　　　4　インターネットにおけるネズミ講・マルチ商法　157
　　　　　　5　プロバイダのシステム障害に起因する履行障害　159
　　　　　　6　クラウドコンピューティングにおけるシステムダウン　159
　　　　　　7　情報の流出　159
　第2節　履行障害・トラブルにおける関係者の責任　160
　　　　　　1　取引当事者の責任　160
　　　　　　2　売主等の不履行等におけるモール・オークションサイト運営者の責任　174
　第3節　システム障害による履行障害
　　　　　　　──システム障害による取引機械の喪失を中心に　177
　　　　　　1　システム障害に起因する契約トラブル　177
　　　　　　2　オンライントレードにおけるシステム障害と取引機会の喪失　179
　第4節　クラウドコンピューティングのシステムダウンと責任問題　183
　　　　　　1　クラウドコンピューティングの普及　183
　　　　　　2　クラウドコンピューティングにおける問題の発生──システムダウンによる
　　　　　　　損害　184　　3　事業者の責任　184

第❻章　紛争処理 187

　第1節　デジタル証拠の証拠能力、証拠調べ方法　187
　　　　　　1　取引書面の必要性とIT書面一括法　187　　2　準文書　188
　　　　　　3　デジタルフォレンジックによる真正の証明　192
　第2節　ADR　193
　　　　　　1　電子商取引にADRが適している理由　193

2　電子商取引に関連する ADR　194　　3　ODR　196
　　第 3 節　その他の電子商取引紛争上の課題　197
                1　電子商取引と発信者情報開示　197　　2　電子的自力救済　199

第❼章　国際取引……………………………………………………………200

　　第 1 節　準拠法　200
                1　契約準拠法　200　　2　不法行為準拠法　208
　　第 2 節　行政・刑事規制の渉外的側面　218
                1　行政・刑事規制の適用　218　　2　絶対的強行法規の適用　222
　　第 3 節　国際裁判管轄　226
                1　従来の判例法理と近時条文化をめぐる動き　226
                2　消費者契約訴訟　227　　3　不法行為訴訟　233

第❽章　個人情報の保護……………………………………………………242

　　第 1 節　個人情報保護法の適用　242
                1　主体的要件（行政規制の客体）——「個人情報取扱事業者」　243
                2　客体的要件（行政規制の対象情報）——「個人情報」、「個人データ」、「保有
                　個人データ」　247
　　第 2 節　個人情報取扱事業者の義務　252
                1　「個人情報」の取得　252
                2　「利用目的」の管理——「利用目的」の特定とその変更方法など　255
                3　「個人データ」の「提供」　259　　4　「個人データ」の「安全」管理　264
                5　「保有個人データ」と「本人」からの「開示等」への対応　268
                6　苦情の処理　272
　　第 3 節　違反事業者への対応——主務大臣の関与と罰則　272
                1　行政規制　272　　2　罰則　274
　　第 4 節　表示義務と法定公表事項　274
                1　プライバシーポリシー（個人情報保護方針）　274
                2　法定公表事項　276

第 2 部　各論

第❾章　インターネット通販 …………………………………………… 285

第 1 節　インターネット通販の実情と取引の特質　285
　　1　インターネット通販の実情　285　　2　ネット通販の特質　287

第 2 節　インターネット通販と契約　298
　　1　ネット通販における契約締結の方法と形態　298
　　2　ネット通販における契約の成立　299　　3　ネット通販と消費者契約法　308
　　4　ネット通販における未成年者取引　310

第 3 節　インターネット通販の法規制　313
　　1　特商法　313　　2　割賦販売法　345
　　3　不当景品類及び不当表示防止法　357　　4　風営法　360
　　5　出会い系規制法　361　　6　古物営業法　362
　　7　無限連鎖講防止法　364　　8　薬事法　366
　　9　健康増進法、食品衛生法、JAS 法　368
　　10　その他の法令の広告・表示規制　369

第❿章　インターネットモール ………………………………………… 370

第 1 節　インターネットモール　370
　　1　インターネットモールの意義　370
　　2　インターネットモールの法規制　372

第 2 節　インターネットモールの利用　372
　　1　利用の実例　372　　2　出店規約　373
　　3　利用規約（「利用上のご注意」）　374

第 3 節　モール運営事業者、出店者および消費者の関係　375
　　1　モール運営事業者と出店者との関係　375
　　2　出店者と消費者との関係　375
　　3　モール運営事業者と消費者との関係　375

第 4 節　モール運営事業者の責任　380
　　1　モール運営事業者の責任　380　　2　購入者が売主を誤認している場合　383
　　3　モール運営者が出店者のトラブルを放置している場合　384
　　4　システムトラブル　386
　　5　モール運営者が特定商品等を推奨等している場合　388

　　　　　6　モール運営者と出店者による共同不法行為と評価される場合　390
　第5節　まとめにかえて　390

第⓫章　インターネットオークション……………………………………395
　第1節　インターネットオークションの仕組み　395
　　　　　1　インターネットオークションの意義　395
　　　　　2　インターネットオークションの形態　396
　　　　　3　インターネットオークションの特長　396
　　　　　4　インターネットオークションの問題点　397
　　　　　5　システム改善への流れ　398
　第2節　オークション事業者と利用者の法律関係　401
　　　　　1　オークション事業者と利用者の間に成立する契約内容　401
　　　　　2　オークション事業者の義務　404　　3　利用規約による免責の有無　406
　　　　　4　補償規定の法律問題　407
　　　　　5　無権限者によるオークション利用と手数料の支払義務　408
　第3節　インターネットオークション取引の当事者間の法律関係　412
　　　　　1　契約の成否、成立時期など　412
　　　　　2　瑕疵担保責任（ノークレーム・ノーリターン）　414

第⓬章　情報財・コンテンツのダウンロード……………………………420
　第1節　情報財取引の実情　420
　　　　　1　インターネットの高速性と消費シフト　420　　2　音楽の流通　420
　　　　　3　動画の流通　421　　4　ファイル共有とCGM　422
　　　　　5　インターネットの国際性と情報財取引　422
　第2節　情報財取引に関わる当事者とその間の法律関係　423
　　　　　1　コンテンツの利用をめぐる法改正　423
　　　　　2　コンテンツ取引をめぐる法律関係　427
　　　　　3　ライセンス取引の契約関係　432　　4　契約の成立、効果　433
　　　　　5　法律関係の規律の根拠（約款、利用規約）　433

第⓭章　コミュニティビジネス……………………………………………434
　第1節　SNSとソーシャルアプリの法律問題　434
　　　　　1　SNS・ソーシャルアプリの実情　434　　2　ソーシャルアプリ　435

目次　ix

　　　　3　ソーシャルアプリ利用の法律関係　438
　　　　4　ソーシャルアプリの不具合　438
　第2節　情報共有・交流サービス　440
　　　　1　実態、トラブル例　440　　2　サービス利用の法律関係　443
　第3節　クラウドコンピューティング　445
　　　　1　クラウドコンピューティングの概念　445
　　　　2　ユーザーとの間の法律関係　447
　　　　3　ユーザーの立場で不具合や損害が生じた場合の法律関係　450
　第4節　フィルタリングと自主規制　456
　　　　1　青少年インターネット環境整備法　456
　　　　2　青少年インターネット環境整備法の義務　456　　3　フィルタリング　457
　　　　4　フィルタリングの問題点　458　　5　ブロッキング　461
　第5節　ネットゲームにおける法的諸問題　462
　　　　1　仮想空間サービス　462　　2　仮想空間サービスの法律問題　463

第❶❹章　ネットを利用した詐欺的取引 ……………………………472

　第1節　詐欺的取引総論　472
　　　　1　ネットを利用した詐欺的取引　472　　2　刑事責任　473
　第2節　詐欺的取引各論　476
　　　　1　ワンクリック詐欺　476
　　　　2　偽ウィルス対策ソフト販売詐欺（ポップアップ詐欺）　481
　　　　3　フィッシング詐欺　482
　　　　4　オンラインショッピング詐欺・ネットオークション詐欺　484
　　　　5　リアルマネートレードにおけるオンラインゲームのアイテム詐欺　485
　　　　6　電子チェーンメール型ねずみ講　486
　　　　7　証券詐欺・オンライントレード詐欺　488

事項索引
裁判例索引
執筆者紹介

[凡例]

〔文献略語〕

多賀谷・松本 1、2	多賀谷一照・松本恒雄編集代表『情報ネットワークの法律実務』（第一法規、加除式）
夏井・岡村・掛川 1、2	夏井高人・岡村久道・掛川雅仁編『Q&Aインターネットの法務と税務』（新日本法規、加除式）
注釈民法(1)、(2)	『注釈民法』（有斐閣）
新版注釈民法(1)、(2)	『新版注釈民法』（有斐閣）
準則	松本恒雄『電子商取引及び情報財取引等に関する準則と解説　平成23年版』（別冊 NBL137号）
経済産業省「準則」（平成24年11月）	『電子商取引及び情報財取引等に関する準則　平成24年版』（平成24年11月）http://www.meti.go.jp/policy/it_policy/ec/121120jyunsoku.pdf
岡村サイバー判例	岡村久道編『サイバー法判例解説』（別冊 NBL79号）
岩原電子決済	岩原紳作『電子決済と法』（有斐閣、2003）
岡村個人情報	岡村久道『個人情報保護法』（商事法務、2004）
高橋・松井	高橋和之・松井茂記編『インターネットと法・第3版』（有斐閣、2004）
高橋・松井・鈴木	高橋和之・松井茂紀・鈴木秀美編『インターネットと法・第4版』（有斐閣、2010）
JFL叢書	日弁連法務研究財団編『論点教材　電子商取引の法的課題』（商事法務、2004）
齋藤・池本・石戸谷	齋藤雅弘・池本誠司・石戸谷豊『特定商取引法ハンドブック・第4版』（日本評論社、2010）
日弁連消費者	日本弁護士連合会編『消費者法講義・第4版』（日本評論社、2013）
吉川ハンドブック	吉川達夫『電子商取引法ハンドブック・第2版』（中央経済社、2012）
東弁消費者相談	東京弁護士会消費者問題特別委員会編『ネット取引被害の消費者相談』（商事法務、2010）

〔法令略語〕

IT書面一括法	書面の交付等に関する情報通信の技術の利用のための関係法律の整備に関する法律
e文書法	民間事業者等が行う書面の保存等における情報通信の技術の利用に関する法律
景品表示法	不当景品類及び不当表示防止法
個人情報保護法	個人情報の保護に関する法律
資金決済法	資金決済に関する法律
民訴法	民事訴訟法
出会い系規制法	インターネット異性紹介事業を利用して児童を誘引する行為の規制等に関する法律
電子契約特例法	電子消費者契約及び電子承諾通知に関する民法の特例に関する法律

電子署名法	電子署名及び認証業務に関する法律
特定商取引法	特定商取引に関する法律
特定電子メール法	特定電子メールの送信の適正化等に関する法律
不正アクセス禁止法	不正アクセス行為の禁止等に関する法律
プロバイダ責任制限法	特定電気通信役務提供者の損害賠償責任の制限及び発信者情報の開示に関する法律

第 1 部　総論

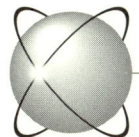

第❶章

契約の成立

　本章は、電子商取引の契約の締結プロセスにおいて生じるいくつかの問題について検討する。具体的には、一般消費者に自社の取扱商品やサービスを認識してもらい、購入への関心をもってもらうための広告段階の問題、契約締結の交渉の開始から契約成立に至るプロセスの問題、契約締結プロセスにおける意思表示の瑕疵や契約の効力の問題、未成年者が契約当事者である場合の問題、契約締結の代理権・アクセス権限の問題等である。

第1節　電子商取引における広告

1　不当表示規制

(1) インターネット上の表示の特質と不当表示

　不当表示に対する規制は消費者保護の最初のものの一つである。わが国で高度成長期後の1960年代において行政が消費者保護に意識的に取り組み始めた際に制定された法律が、1962年の景品表示法であった。景品表示法は公正取引委員会によって執行されてきたが、2009年の消費者庁設置に伴って、消費者庁に執行権限が移管された。

　インターネット上の取引においても、インターネット外の取引と同様に、あるいは匿名性からそれ以上に、不当表示、誤認表示が多数見られる。公正取引委員会は、景品表示法でいう「表示」について、従来、「新聞紙、雑誌その他の出版物、放送（有線電気通信設備又は拡声器による放送を含む。）による広告」を含むものとしてきた。インターネット上には放送類似のサービスもあるが、そのすべてを放送に位置づけるわけにはいかない。そこで、インターネット上の広告等の表示も、景品表示法上の表示として規制対象となる趣旨を明確

にするために、1998年に、「不当景品類及び不当表示防止法第2条の規定により景品類及び表示を指定する件」（昭和37年公取委告示3号）の一部を改正し、「情報処理の用に供する機器による広告その他の表示（インターネット、パソコン通信等によるものを含む。）」を追加して、この点を明確にした。

インターネット上での表示には、紙媒体での表示と比べると、一覧できる範囲がディスプレー上の画面に限定される反面、スクロールやリンクにより情報の追加的提供が可能という点で、情報の有限性と無限性が混在しているという特質がある。

アメリカの連邦取引委員会（FTC）は、すでに2000年に、「ドットコム・ディスクロージャー――オンライン広告についての情報」を事業者向け啓発文書として公表している。そこでは、広告一般に適用される大原則として、消費者の誤認を避けるために、広告には、重要な情報が「明確かつ明瞭」に開示されていなければならないが、オンライン広告の場合には、広告中の情報の配置場所と関連事項との近接性を特に考慮すべきであるとして、いくつかの具体的な措置をとることを奨励している。

公正取引委員会もまた、「消費者向け電子商取引における表示についての景品表示法上の問題点と留意事項」（2002年）において、①リンク先に何が表示されているのかが明確にわかる具体的な表現を用いること、②文字の大きさ、配色などに配慮し、明瞭に表示すること、③消費者が見落とさないようにするため、関連情報の近くに配置すること、④最新の更新時点および変更箇所を正確かつ明瞭に表示すること、等を求めている。同ガイドラインは、2003年には、インターネット接続サービスの表示に関して改訂された。消費者庁発足後の2011年には、フリーミアム、口コミサイト、フラッシュ・マーケティング、アフィリエイト・プログラム、ドロップシッピングという5種の新たなサービス類型についての考え方を示す「インターネット消費者取引に係る広告表示に関する景品表示法上の問題点及び留意事項」が出されている。

広告規制としては、さらに、特定商取引法も、通信販売において商品等の販売条件について広告をするときに、商品の性能等の誇大広告を禁止している（同法12条）ほか、広告中に、価格、返品特約の有無、事業者の名称・住所・電話番号等の表示を義務づけている。とりわけ、電子商取引の場合に特有の表

示事項として、販売業者の代表者または業務責任者の氏名の表示をも義務づけている（同法11条、同法施行規則8条）ことが注目される。このような個人名の表示の義務づけには、違法行為の抑止という効果がある一方、代表者や業務責任者が女性である場合など、氏名公表による個人のプライバシー上の問題が指摘されている。

　ただし、法律上義務づけられている表示事項をインターネット広告の場合にどのような箇所にどのような方法で表示すればよいのかは明らかでない。どんどんスクロールしていかなければ必要な表示が出てこない場合や、何段階ものリンク先で初めて表示がなされているような場合には、表示がなされていないに等しい（詳しくは、第2章第1節1参照）。

(2) リンク先の不当表示

　リンクによる表示に関しては、さらに、商品の広告ページからリンクされた先のページに商品の効能・効果の誇大広告にあたる事項が記載されていた場合に、全体として景品表示法の不当表示、特定商取引法の誇大広告、さらには健康増進法32条の2の誇大表示に該当するのかどうか、とりわけ、そのリンク先が、販売業者の作成したページではなく、第三者作成のサイトであった場合などに大きな問題になる。全体として広告を構成するものと考えるべきであろう。

　この点で、厚生労働省は、第三者のページの側が販売業者のページにリンクを貼るという逆のケースについて、2003年のガイドライン「食品として販売に供する物に関して行う健康保持増進効果等に関する虚偽誇大広告等の禁止及び広告適正化のための監視指導等に関する指針」の実施のための「留意事項」（食品安全部基準審査課長・監視安全課長通知）において、「特定の食品又は成分の健康保持増進効果等に関する書籍や冊子、ホームページ等の形態をとっているが、その説明の附近に当該食品の販売業者の連絡先やホームページへのリンクを一般消費者が容易に認知できる形で記載している」場合には、実質的に広告と判断するとしている。さらに、記事や学術論文等の形態をとっていても、「その解説の附近から特定食品の販売ページに容易にアクセスが可能である場合」には、広告等に該当する場合があるとしている。これは、書籍の体裁をとりなが

ら、実質的に健康食品を販売促進するための誇大広告として機能することが予定されている出版物（いわゆるバイブル本）と同じ扱いである。後述のアフィリエイト・サービス（本節4(1)参照）はこの問題を含んでいる。

(3) 広告規制と製品表示規制の関係

　景品表示における「表示」は、商品、容器、包装に記載された表示だけではなく、テレビや新聞、雑誌、チラシ、ネット上の広告も含む広い概念である。

　健康食品の広告については、健康増進法26条は、特定保健用食品（トクホ）の表示の許可を得た食品についてのみ、特定の保健の用途に資する旨の表示（たとえば、「血糖値が気になる方の食品」）をすることを認めている。また、同法32条の2は、健康の保持増進効果等について、著しく事実に相違する表示をし、または著しく人を誤認させるような表示をしてはならないとして、景品表示法によく似た形の規制をしている。そして、景品表示法の場合と同様、違反しても直罰はない。

　他方、食品衛生法20条は、食品に関して、公衆衛生に危害を及ぼすおそれがある虚偽のまたは誇大な表示または広告を禁止しており、これに違反した場合には直罰がある。同法19条は、食品の表示について基準が定められた場合には、その基準に合う表示がなければ販売してはならないとしており、これに違反した場合も直罰がある。そして、「食品衛生法第19条第1項の規定に基づく表示の基準に関する内閣府令」1条4項2号・5項は、トクホの表示の許可を取得した食品以外の食品は、特定の保健の目的が期待できる旨の表示をしてはならないとし、これに違反した場合も直罰が科される。

　テレビやインターネットの広告では、トクホの表示の許可を得ていない食品（いわゆる「健康食品」）がいかにも健康によい（たとえば、関節の痛みがとれて楽に歩けるようになる）かのような広告がまかり通っている。これは、食品衛生法が食品の容器、包装への表示とメディアやちらしでの広告とを区別していることに由来している。トクホの表示の許可を得ていない食品が、特定の保健の用途に資するかのような広告であっても、それが健康に有害である場合以外は直罰をもって禁止されず、ただ、著しく事実に反する場合にのみ、行政的に禁止されるにとどまっているということである。言い換えれば、広告が著しく事実に反

していなければ、禁止できないということである。

景品表示法4条2項では、表示（景品表示法では広告も含む）の裏付けとなる合理的な根拠を示す資料を提出できないときには、不当表示とみなされるが、このような不実証広告の規制に関する規定を健康増進法32条の2にも導入する必要がある。

2 景品規制

景品表示法の景品規制は、商品を購入してくれた顧客に経済上の利益を提供する場合のみでなく、「小売業者又はサービス業者が、自己の店舗への入店者に対し経済上の利益を提供する場合」（公正取引委員会事務局長通達「景品類等の指定の告示の運用基準について」4(2)ウ）にも適用される。これは、店舗への入店は、取引成約への蓋然性が高いからである。他方、新聞や雑誌での広告上で、だれでもが応募できる形で懸賞の募集がなされる場合（オープン懸賞）には景品表示法の規制は適用されない。それでは、インターネット上の店舗での懸賞はいずれにあたるかが問題となる。

インターネット上の店舗の場合は、現実の店舗に比べると、心理的にも物理的にもはるかに出入り自由であるから、懸賞に応募しようとする者が商品やサービスを購入することにつながる蓋然性がはるかに低い。そこで、公正取引委員会は、「インターネット上で行われる懸賞企画の取扱いについて」（2001年）において、インターネットのホームページ上で行われる懸賞企画は、オープン懸賞として取り扱われ、景品表示法の規制の対象とはならないことを明らかにした。

また、すべての購入者に景品を与える場合（総付景品）についても、価格の2割までとされているが、製品の価格を一律に値引きすることは景品ではないから、景品表示法の規制の対象とはならない。キャッシュバックと称してすべての購入者に対して一定の現金を割り戻す商法も、経済的には値引きと同じだから、二重価格表示の問題は残るとしても、景品とは扱われず、景品表示法の規制対象ではない。

このような従来の公正取引委員会の扱いを悪用する形で、「クレジットカードのショッピング枠の現金化」と称して、資金を必要とする消費者や事業者に

与信の便を与える悪質商法がインターネット上で勧誘活動をしている。この種の現金化商法は、従来は、資金を借りたい消費者に換金性の高い商品を購入させて、それを何掛けかで値引きして買い取るというやり方であったが、最近では、販売店と称する悪質業者が、カード会社の加盟店になり、大した価値のない商品を高い価格で販売したことにして、カード会社から与信をさせる。例えば、1個1000円程度の商品を10万円で販売したことにすると、カード会社は10万円から数％の手数料を差し引いた額を販売店に立替払いをしてくれるので、その中から6万円程度を消費者にキャッシュバックと称して手渡す。消費者はキャッシュバックで6万円の資金がとりあえず手に入るが、元本10万円プラス将来の利息分の借金を抱えることになる。つまり、販売店は、物品販売という形で、実質的には高利の媒介手数料をとって融資の媒介をしているようなものである。2011年8月以降、出資法違反による摘発事例があらわれている。

　カード会社の加盟店規約に反しており、カード会社も被害者であるが、悪質業者自身は、直接の加盟店にはなれないので、カード会社との間に加盟店として決済代行会社というものが入り、悪質業者は決済代行業者の下に隠れてぶら下がっているという図式である。

3　広告メール規制

(1) 迷惑メールの氾濫

　一方的に送信されてくる広告を内容とした迷惑メールの数は、増加を続けており、世界中でやりとりされている電子メールのうちの7〜8割は迷惑メールだと言われている。これは、電子メールには、送信コストが安い、送信作業の自動化・大量送信が可能、自ら送信設備を設置して送信することもできるなどの特徴があるためである。

　迷惑メールの横行によって、受信者側には、個人情報が盗まれているのではないかとの不安、確認して削除する手間、誤って必要なメールを削除するリスク、不愉快な文面を読まされる精神的苦痛、出会い系サイトやワンクリック詐欺などの悪質商法に誘い込まれる危険性、ボットネット（詳しくは、3(3)参照）に誘導される危険性、メール到達の遅れなどが生じており、また、メールの送受信を媒介するインターネット・サービス・プロバイダ（ISP）にも設備増強の

ための負担増が生じているなど、迷惑メールによる経済的損失は各方面に及んでいる。

　問題になった当初は、出会い系サイトへの勧誘を中心とした携帯電話への送信が主であったが、法規制を背景とした携帯電話事業者の約款ベースでの対策が一定の成果をあげたことから、現在は、PCへの迷惑メールが圧倒的多数を占めるようになっている。また、海外から、外国語による迷惑メールのみならず、日本語の迷惑メールも多数送信されてきている。海外発の日本語の迷惑メールの大部分は、日本の業者が送信しているものと推定される。

　迷惑メールに添付されていたウィルスプログラムによって、インターネットバンキングの口座関係情報が盗まれ、当該ユーザーの預金が不正に引き出されるという被害も生じている。また、金融機関になりすまして、ユーザーにメールを送り、偽の金融機関サイトに誘導して暗証番号等の確認操作をさせ、後に本人になりすまして預金を不正に引き出すという被害（フィッシング被害）も多発している。そこで、2012年に、不正アクセス禁止法が改正されて、フィッシングサイトの開設自体が処罰されることとなった。

(2) 迷惑メールの法規制の導入

　迷惑メールの法規制における最大の争点は、広告メールの送信に同意した者への送信のみを許すオプトイン規制か、送信拒否の申出があった場合にのみ送信を禁止するオプトアウト規制かであった。

　迷惑メール規制の議論が開始された時点で、広告・勧誘についてオプトイン規制がとられている例は、唯一、金融先物取引法76条4号が、「受託契約の締結の勧誘の要請をしていない一般顧客に対し、訪問し又は電話をかけて、受託契約等の締結を勧誘すること」を禁止していただけであった。同法は、2006年の証券取引法の金融商品取引法への改正に際して、金融商品取引法に取り込まれる形で廃止されたが、勧誘のオプトイン規制については、金融商品取引法38条3号（現在は同条4号）で、政令指定金融商品取引契約（金融商品店頭デリバティブ取引が現在指定されている）について承継された。

　また、オプトアウト規制としては、電話勧誘販売について契約を締結しない旨の意思を表示した者に対する勧誘の禁止（特定商取引法17条）と商品先物取引

について委託を拒否したり、勧誘を受けることを希望しない旨を表示した顧客に対する勧誘の禁止（商品取引所法214条5号　現在は商品先物取引法214条5号）が定められていた以外は、郵便による通信販売において業界の自主規制としてのダイレクトメール拒否者への郵送の停止（メール・プレファレンス・サービス）が行われているにすぎなかった。その後、金融商品取引法の政令指定金融商品（市場デリバティブ取引の一部）について、商品取引所法214条5号と同旨のオプトアウト規制が新たに導入された（現行金融商品取引法38条6号）。

　これらの状況から、迷惑メールの規制においても、当初は、オプトアウト規制が採用されたにとどまった。すなわち、2002年の特定商取引法の改正により、消費者が電子メールによる広告の受け取りを希望しない旨の連絡を事業者に行った場合には、その消費者に対する今後の広告の送信を禁止する（同法旧12条の3）とともに、そのような連絡が可能となるように、消費者が事業者に対して連絡する方法の表示が義務づけられた（同法旧11条2項）。他方、同じ2002年には、議員立法により、特定電子メール法も成立した。この法律でも、対象は広告メールであり、特定商取引法と類似の規定（ただし、特定商取引法とは異なり業種や商品等の限定はない）のほかに、架空メールアドレス宛の送信の禁止、一時に多数の架空アドレス宛に送信がなされた場合の通信事業者の役務提供拒否権等も定められた。

　この点では、法規制が導入される前の時点で、NTTドコモが、大量の迷惑メールの送信者に対して、その送信を止めるように求めた裁判において、横浜地決平13年10月29日（判時1765号18頁）が、受信者の存在しない架空のアドレスを記載して大量に送信する行為は通信事業者の業務の妨害にあたるとして、そのようなメールの送信の停止を命じる仮処分を言い渡したことの影響が大きい。

　特定電子メール法は、2005年に、送信に用いたメールアドレス等の送信者情報を偽った送信を禁止するとともに（同法6条）、その違反に対して刑罰を科す（同法32条1号）等の法執行の強化を図るための改正がなされた。

　特定商取引法と特定電子メール法との関係は、前者は、広告規制という観点からの迷惑メールへのアプローチであり、規制の対象者は広告主、規制主体は経済産業大臣ほかの主務大臣であるのに対して、後者は、通信規制という観点

から対応しようとするものであり、規制の対象者はメールの送信者、規制主体は総務大臣であった（現在では、消費者庁が両方の法律の執行を担当している）。したがって、広告主が自ら送信している場合には、両法により二重の規制がかかってくることになる。ただし、いずれの法律においても、一方的に送り付ける広告メールについては、件名欄に「未承諾広告※」と記載することが統一して義務づけられた。

(3) オプトアウト規制の不十分性

　2002年以来のオプトアウト規制の導入にもかかわらず、とりわけPC宛の迷惑メールは増加の一途をたどった。これには、送信者情報の偽装が容易であるという現在のメールシステムの技術的欠陥や、インターネットに直結した他人のコンピュータにウィルスを送り込むことによって事実上乗っとり（「ゾンビPC」、「ボット化」と呼ばれる）、そこを中継点にした迷惑メールの送信が広く行われていること、言い換えれば、電子メールに技術的追跡可能性が確保されていないことに原因がある。

　オプトアウト規制の狙いは、今後の広告メールの受信を望まない場合にはその旨を広告主や送信者に通知し、以降の広告メールの送信について禁止することによって、広告主の営業の自由と受信者のプライバシーの保護を両立させようとするところにあった。しかし、送信者情報を偽った迷惑メールの追跡可能性がなかったことにより、受信者が今後の受信を拒否する旨の通知を送ることは、それが生きたアドレスであることを悪質業者に教えるという結果になり、一層の迷惑メールの増加の引き金になりかねない。そのため、消費生活センター等では、受信拒否の通知を送らないようにとの、法律の趣旨に反した消費者啓発をせざるをえないという倒錯した状況にあった。

　さらに、ISPにとって技術的に追跡可能な場合であっても、アドレスを含む送信者に関する情報が通信の秘密として、電気通信事業法上、罰則付きで極めて強く保護されているため、受信者側でそれを把握することができないという法的追跡可能性の遮断が生じていたことにも原因がある。このような送信者情報の法的保護の例外として、プロバイダ責任制限法による発信者情報開示請求の制度が存在するが、特定電気通信による情報の流通によって自己の権利を侵

害された場合、すなわち、当該情報が名誉毀損、プライバシー侵害、著作権・商法権侵害の場合に限定されており、迷惑メールの送信元の開示請求には使えないという限界がある（詳しくは、第6章第3節1参照）。

(4) オプトイン規制への転換

　そこで、一方で、送信者情報を偽ったメールを中継しないようにするための送信ドメイン認証制度やアウトバウンドポート25ブロック等[1]の種々の技術の開発、導入を進めることによって、技術的追跡可能性の確保が図られた。とりわけ、アウトバウンドポート25ブロックを日本国内の多くのISPが導入したことにより、国内発の迷惑メールは激減している。

　他方で、送信に用いたメールアドレス等の送信者情報を偽った送信を禁止し、違反に刑事罰を科すという特定電子メール法の2005年改正がなされた狙いの一つは、法律違反に直罰を科すことによって、警察による捜査令状に基づくISPからの送信者情報の把握を可能にし、追跡可能性を法的に回復することにあった。

　さらに、2008年には、法執行に必要な限度で、ISPから契約者に関する情報の提供を求める権限を総務大臣、主務大臣に付与する特定電子メール法および特定商取引法の改正が成立した。たとえば、改正特定電子メール法29条は、「総務大臣は、この法律の施行に必要な限度において、電気通信事業者その他の者であって、電子メールアドレス又は電気通信設備を識別するための文字、番号、記号その他の符号（特定電子メール等の受信をする者が使用する通信端末機器の映像面に表示されたもの又は特定電子メール等の送受信のために用いられたもののうち送信者に関するものに限る。）を使用する権利を付与したものから、当該権利を付与された者の氏名又は名称、住所その他の当該権利を付

---

1) 送信ドメイン認証とは、送信元ドメインを偽った電子メールを判別して、偽っていない電子メールのみを受信する仕組みである。また、アウトバウンドポート25ブロックとは、IPSがその支配・管理するルータを通過するすべての電子メールの送信元（および宛先）のIPアドレスおよびポート番号を機械的に確認して、当該IPSが提供するメールサーバーを経由せず動的IPアドレスから25番ポート（動的IPアドレスからのメールを伝送するために通常使用されるポート）に対して送信した電子メールを割り出し、当該電子メールをブロックする運用をいう。詳しくは、迷惑メール対策推進協議会『迷惑メールハンドブック2012』(http://www.dekyo.or.jp/soudan/anti_spam/report.html#hb) 62頁参照。

与された者を特定するために必要な情報の提供を求めることができる」と定めている。もっとも、同条は、プロバイダ責任制限法のような通信の秘密を解除する法律ではなく、ISPが有している契約者情報について、個人情報保護法上の第三者提供の禁止の制限を解除するにとどまる。

　また、同年には、従来のオプトアウト規制からオプトイン規制へと転換し、規制をより厳しくすることが、特定電子メール法および特定商取引法両法の改正によってなされた。オプトイン規制への転換により、オプトアウト規制の場合に比べて、迷惑メールの法律違反の立証が格段に容易になり、さらに、法律違反の迷惑メールについて、総務大臣、経済産業大臣等にISPに対する契約者情報の提供を求める権限が与えられることにより、追跡可能性をかなりの程度回復することが可能となった。

　オプトイン規制に転換されたが、事前の承諾を得て送信している場合でも、なお広告メールの送信の停止の意思が消費者から表示された場合に送信を停止する体制を整えている義務が改正前と同様に存続する（改正特定商取引法12条の3第2項、改正特定電子メール法3条3項）。たとえ事前同意の取り方が多少あいまいであり、消費者としては同意したつもりがなかった事業者から広告メールが送られてきた場合であっても、オプトアウトがきちんと機能すれば大きな問題とはならない。オプトイン規制はオプトアウト規制を廃止するものではなく、言わば、オプトイン規制が導入されることによって、初めてオプトアウトがまともに機能する条件が整えられたことになる。

4　その他の問題

(1) アフィリエイト

　アフィリエイト・プログラムとは、ブログなどで自己以外の事業者が提供する商品やサービスについて記述し、それに関心をもった読者が当該商品やサービスを購入すると報酬が得られるサービスである。成功報酬型広告の一種で、報酬目当てに誇大広告・不当表示がなされたり、事業者から配信されてくる情報をそのまま掲載し、それが不当表示になっている場合がある（詳しくは、第9章第1節2(5)、第14章第2節3参照）。

(2) 行動ターゲティング広告

　インターネットユーザーによるネット上のサイトの閲覧履歴や購買履歴といった行動履歴（ライフログ）を収集して、興味や関心を分析し、それに見合った広告や情報を配信する行動ターゲティング広告等のライフログサービスが一部の事業者において積極的に行われている。

　多くのサービスでは、クッキーを利用することによって、氏名やクレジットカード番号等の個人情報とはひも付かない形でライフログが収集されている。このような場合には、個人情報保護法上の問題はないが、ライフログを記録していることをあらかじめ開示しておくべきであろう（詳しくは、第8章第5節参照）。

第2節　電子契約の締結と成立時期

1　通信手段の発達と隔地者間における契約交渉

　民法や商法は、契約の成立プロセスについて、離れたところにいる当事者間（隔地者間）で契約が締結される場合（民法97条・526条、商法508条）と対話をしてやりとりをする当事者間（対話者間）で契約が締結される場合（商法507条）とを区別するルールを定めている。これらの法典が制定された19世紀末の日本の社会は、契約締結のための主たる交渉形態は本人や代理人による対面交渉と手紙のやりとりであったために、対話者間としては前者が、隔地者間としては後者が念頭におかれていた。

　その後、新たな通信手段が発展してくるにつれて、いずれのルールを適用するかが議論となった。電話は、場所が離れていても、対面で対話をしているに近い状況であることから、電話による取引には対話者間の契約成立ルールが適用される。他方、電報、テレックス、ファクシミリの場合は、送り付けても相手がその場にいるという保証はないので、手紙に準じて考えられてきた。

　インターネット上での電子メールによる契約交渉の場合は、相手方のメールボックスに即時に到達する点は電話に近いが、受け手の側が自己のメールボックスにアクセスしなければ、事務所にファクシミリが到達していても見ていない場合と同じである。PCをインターネットに常時接続しておき、自動的にメ

ールをダウンロードする設定にしていても、それを見ていない場合はやはり手紙が配達されたのに読んでいない場合と同じである。これに対して、メールサーバーへの一時的保存を伴わないチャットやメッセンジャー・サービスの場合は、対話者間として扱われることになろう。ブロードバンド回線を利用したボイスチャットやビデオチャットは、音声電話やテレビ電話との連続線上にあり、対話者間そのものである。

　なお、EUでは、1997年に、隔地契約指令が採択されている。この指令は、「隔地契約（distance contract）」という概念で、手紙、電話、ファクシミリ、電子メールなど様々な通信手段による取引を含み、消費者保護のために統一したルールを適用することを加盟国に義務づけている[2]。わが国の特定商取引法の定める通信販売の規制に対応した内容を含むものである。このEU指令でいう「隔地契約」には電話による場合も含まれていることから明らかなように、物理的距離に着目した用語であり、日本の民法・商法の「隔地者間」・「対話者間」という概念が契約の申込みと承諾のプロセスに着目した分類であることと観点を異にしている。

2　コンピュータの契約交渉

　対話者間の契約にせよ、隔地者間の契約にせよ、従来は人と人との間の契約交渉のやりとりを当然の前提としてきた。隔地者間でのインターネットを利用した電子契約であっても、人と人が電子メールでやりとりをしているのであれば、従来の契約法の前提とするところと違いはない。

　しかし、電子商取引の多くは、人とコンピュータとのやりとりで締結されているし、コンピュータとコンピュータとの間で締結されているかのように見える取引もある。

(1)　人とコンピュータの取引

　インターネット・ショッピングをする際に、消費者は購入の申込みを行う意思でPCや携帯電話を操作し、購入データを送信している。これは、言葉や文

---

[2]　この指令は、2011年10月、店舗外契約指令とともに、消費者の権利指令として、再編改正された。

字が電子データになっているだけで、消費者からの伝統的な意味での意思表示と考えることができる。ところが、申込みを受ける販売業者の側は、あらかじめプログラムされたコンピュータが対応しているだけである。すなわち、インターネットを介した人とコンピュータの交渉となっている。ちょうど自動販売機での購入が、人が機械と対面しての取引であったのに対して、インターネット・ショッピングでは人とコンピュータが間にネットワークを介在させて取引していると考えればよい。

　自動販売機やコンピュータ自身は「意思」をもたずに、単に機械的あるいはプログラム的に反応しているだけである。法律的には、自動販売機やコンピュータの背後にあって、販売活動を行っている人の意思が表示されているものと見ることになる。

　もっとも、高度の人工知能を備えたコンピュータが現れてくると、単なる機械的反応というよりは、コンピュータが一定の裁量の幅のある推論による独自の判断をするようになって、「コンピュータによる契約交渉」や「コンピュータの代理権」を考える必要が生じるかもしれない。

　この点で、アメリカで1999年に採択された統一電子取引法（UETA）は、「人間による点検や行為なしに、行為を開始または電子的記録もしくは履行の全部または一部に応答するために独立して利用されるコンピュータ・プログラムまたは電子的その他の自動化手段」を「電子代理人（electronic agent）」と定義して（同法1条1項）、電子代理人相互間の契約も、また電子代理人と人との間の契約も成立することを定めている（同法14条）。ただし、アメリカでいわれている電子代理人は、民法の意味での代理人というよりは、コンピュータが行った取引について、コンピュータを作動させている者は、自己への取引の効果帰属を否定できないという帰責の点についてのみ意味がある中間概念にすぎない。

　また、国連国際商取引委員会が1996年に採択した電子商取引モデル法では、電子代理人という表現を用いることなしに、データメッセージが、オリジネーター（データの発信者のこと）によって、またはオリジネーターのために、自動的に作動するようにプログラムされた情報システムによって発せられたときは、オリジネーターのそれとみなすとしている（モデル法13条2項a号）。

(2) コンピュータとコンピュータの取引

　一方のコンピュータが自動的に発注し、他方のコンピュータが自動的に受注を行うという取引システムもある。たとえば、コンビニエンス・ストアのPOSシステムは、単にレジで代金の計算をしているだけではなく、どのような商品がいつ売れたかを常時把握している。ここで、ある商品の一定の数量が売れた場合に自動的に発注データを送るというプログラムを組んでおけば、コンビニ店主としていちいち納入業者に発注の電話をかけたり、データを入力して送信する必要がなくなる。

　また、証券取引の世界では、取引所側は、早くから、取引員が取引所のフロアで取引をする場立ちというスタイルから、コンピュータによる電子証券取引に移行している。投資家の側でもコンピュータによる電子注文がかなりの割合を占めるようになってきており、機関投資家が行う証券取引にプログラム売買（アルゴリズム取引とも呼ばれる）という手法がある。これは、一定の条件が生じれば、投資家の判断を待たずに株式の売りや買いの指示を直ちに出すように設定された株式売買用プログラムを利用するものである。多数の投資家がこのプログラム売買を行っていると、連鎖反応的売りが生じて株価暴落につながるおそれがあるといわれている。独自のプログラムに基づいてミリ秒単位で売買する取引は超高速取引と呼ばれ、規制の是非が論じられている。

　ただし、コンピュータとコンピュータの取引のようにみえる場合でも、そのような受発注システムを組むというところには人の意思が入っている。すなわち、個別的契約の締結の前に、そのようなコンピュータによる電子取引を行うことについての基本契約が締結されているのが通常である。したがって、個別契約における当事者の意思の欠如のようにみえる現象は、基本契約を締結する際の人の意思および基本契約に含まれている契約条件によって補充されているのである。そのため、基本契約の当事者は、コンピュータが自動的に行った受発注取引の結果の自己への帰属を否定することができない。

　このようなコンピュータとコンピュータの取引の法的性質について、個別契約における取引情報の流れは、基本契約において構築されたシステムの中を受発注情報が流れるだけで、法的には契約締結過程ではなく履行過程にすぎないとの考え方もある[3]。

3 契約交渉のプロセス

(1) 申込み・承諾とワンクリック詐欺

契約は、たとえば、売主がある商品を1万円で売るという意思表示を行い、買主がその商品をその価格で購入しようという意思表示を行う場合のように、当事者の相対立する意思表示が合致することによって成立する。これら2つの意思表示のうち、先になされた方を申込み、後でなされた方を承諾という。民法の契約成立についてのルールは、申込みと承諾という単純な一往復の意思表示のやりとりによる場合をモデルとしており、インターネット・ショッピングはまさにこのような場合に該当する。しかし、複雑な契約条件について長期間の交渉が行われる取引の場合には、どれが申込みでどれが承諾かの区別は困難な場合がある。そのような場合には、最後に契約の内容が双方で確認されて、成立することになろう。

申込みは、それに対して承諾がなされれば契約が成立するだけの具体的な内容を伴ったものでなければならない。売買であれば、目的物が特定しているか、あるいは特定可能（型番や色で）であることが必要である。代金額については多くの場合には契約時点で確定しているが、契約時点では確定していなくても、契約締結時以降の特定の日の取引所での相場価格によるというように、確定可能であればよい。履行期や履行場所は契約の付随的な事項であるから、決めておかなくても売買の成立には影響ない。インターネット・ショッピングなどでは、約款で定められているのが普通である。

申込みは、契約の申込みをするという意思をもって行われる必要がある。ウェブサイト上で関連情報を見るつもりで、ある個所のボタンをクリックしたところ、突然、入会契約の承諾と登録完了の画面が表示され、料金が請求されるような場合、そのクリックボタンが契約の申込みのボタンであることが明確に示されていないときは、契約の申込みの意思がないクリックであるから、たとえそれに対して承諾がなされても契約は成立しない。したがって、料金の支払義務はそもそも発生しない。さらに、クリックボタンに「入会申込みはこち

---

3) 内田貴「電子商取引と民法」『債権法改正の課題と方向――民法100周年を契機として』別冊NBL51号（1998）310頁。

ら」と表示してあったとしても、クリックと同時に契約が締結されてしまうような場合は、錯誤を理由に無効の主張ができるものと思われる（詳しくは、本章第3節3参照）。

(2) 申込みと申込みの誘引

　分譲住宅のチラシが新聞に折り込んである場合、チラシには目的物件も特定されているし、分譲価格も記載してある。しかし、このチラシを見て、分譲業者のところに出かけて行って、その価格で購入したいと言っても、それで契約が成立するわけではない。分譲業者としては、買主がどれだけ本気で契約しようとしているのか、代金の支払のめどはあるのか等を判断してから、契約をするかどうかを決めるのが普通であろう。このような場合のチラシに記載された表示は、まだ申込みではなく、申込みを引き出すための「申込みの誘引」であるにすぎないとされる。チラシを見て行う買主の購入の意思表示が申込みであり、売主には承諾するかどうかの自由がまだ残されている。一般に、広告は、商品や価格が特定されていても、申込みではなく、申込みの誘引であると解されている。

　通信販売においても、一般に、在庫がなくなってしまった場合には契約の締結を断る必要もあることから、消費者からの注文の意思表示が申込みであるとされる。そして、インターネット・ショッピングを含む通信販売全体を消費者保護の観点から規制している特定商取引法は、「通信販売」について、「販売業者又は役務提供事業者が郵便その他の主務省令で定める方法（以下、「郵便等」という）により売買契約又は役務提供契約の申込みを受けて行う指定商品若しくは指定権利の販売又は指定役務の提供であって電話勧誘販売に該当しないもの」と定義している（特定商取引法2条2項）。

　しかし、電子メールを使って商談が交わされる場合を別にして、電子商取引では、そもそも申込みを受けた側のコンピュータが個別に諾否を検討することはなく、申込者が一定の条件を満たしていれば、機械的に承諾されることが多い。そうだとすると、インターネット・ショッピングの場合の消費者からの意思表示は、契約の申込みではなく、むしろ一段階進めて、承諾とみる方が適切かもしれない。これは、販売業者からウェブ上の広告を通じてたえず申込みが

なされており、消費者はその条件でよければ承諾し、それによって契約が成立するという法的構成である。とりわけ、消費者からの意思表示と代金前払いが同時に行われるような場合はその感が強くなる。このような特徴は、自動販売機での売買の場合も同様である。買主は、そこに表示されている値段で買いたいという意思をもっているし、硬貨を投入する行為は黙示の意思表示だと考えられる。自動販売機の設置と代金の表示が売主からの申込みであるとみれば、売主・買主の意思表示の合致を認めることが可能である。ただし、インターネット・ショッピングにおいて、消費者側からの意思表示を承諾と考えると、特定商取引法の「通信販売」の定義に該当しなくなって、消費者は特定商取引法による保護を受けられなくなるおそれがある点に注意が必要である。

　なお、商法509条は、商人が平常取引をする者からその営業の部類に属する契約の申込みを受けたときは、遅滞なく契約の申込みに対する諾否の通知を発することを怠ると、申込みを承諾したものとみなされる旨を規定している。基本契約を前提としたコンピュータとコンピュータの取引の場合には、まさに「商人が平常取引をする者からその営業の部類に属する契約の申込みを受けたとき」に該当し、商法はこの場合の申込みを承諾にかなり近いものと位置づけているとみることもできる。この場合には、発注側のコンピュータが自店舗の在庫補充量を算出するのか、受注側のコンピュータがそれを行うのかは技術的な差にすぎないから、発注側からのデータ送信を申込みとみることは必ずしも現実にそぐわないとの指摘もある[4]。

(3) 申込みの誘引と勧誘

　消費者契約法4条1項・2項は、事業者が消費者契約の締結について消費者を勧誘するに際して、①重要事項の不実告知、②断定的判断の提供、③不利益事実の故意の不告知を行い、それらが原因で消費者が誤認させられて契約したときは、消費者はその契約の意思表示を取り消すことができるとしている。ここで、「勧誘」とは、「消費者の契約締結の意思の形成に影響を与える程度の勧め方」をいい、特定人に向けられた電子メール広告は勧誘にあたるが、不特定

---

4) 内田・前掲注 (3) 309頁。

多数の者に向けられた一般広告は勧誘には含まれないとするのが、この法律の立案にあたった担当者の解説である[5]。

しかし、インターネット上の広告の場合は、それが販売業者によって行われているものである限り、不特定多数に向けられた一般広告であるウェブページから容易に瞬時に契約の申込みのウェブページに移行することができる。製品の情報や販売条件の確認のために、広告ページと申込みページを行ったり来たりすることもできる。したがって、広告からそのまま連続して申込みができるような場合には、インターネット上の広告は、消費者契約法でいう「勧誘」にあたると考え、そこに消費者を誤認させる事項が記載されていた場合には、取消しの原因となると考えるべきである。

4　契約の成立時期

(1) 民法における発信主義

前述のように、民法や商法は申込みと承諾という一往復型の契約交渉を前提に、対話者間と隔地者間に分け、さらに、申込みに承諾期間についての定めがある場合とない場合に分けて、契約の成立に関して、次のようなルールを定めている。

まず、対話者間では、商法が、商人である対話者間で申込みがなされた場合、直ちに承諾がなされない限り、もはや申込みの効力がなくなるとしている（商法507条）。この点については、商人でない者相互間や商人対非商人の場合であっても、同様であると解されている。したがって、対話者間の場合、対話が終わって別れた後の別の機会に承諾の返事をしても、契約は成立しない。もちろん、申込者が承諾の返事のための猶予期間（承諾期間）を与えてくれた場合は、その期間内に承諾すれば契約が成立する（民法521条2項）。

次に、隔地者間では、郵便による場合の通知が典型であるが、一方が意思表示の通知を発信したとしても、それが相手方に到達するまでに一定の期間が必要である。そこで、隔地者間の意思表示について、一般原則としては、その通知が相手方に到達したときに効力が生じるという到達主義が採用されている

---

[5]　消費者庁企画課編『逐条解説消費者契約法（第2版）』（商事法務、2010）108頁。

（民法97条1項）。しかし、契約については承諾の通知を発信したときに成立するとして、発信主義が採用されている（民法526条1項）。

その上で、申込みに承諾期間の定めのある場合には、その期間内に承諾の通知が申込者に到達しなければ、申込みは効力を失うとされている（民法521条2項）。ここから、承諾の通知が発信されたが、承諾期間内に到達しなかった場合について、民法526条1項と民法521条2項との関係をどう考えるかが問題になる。説が分かれているが、いずれの説による場合であっても、承諾が承諾期間内に到達しなければ、契約は最終的に成立しないとされる点では違いがない。

他方、隔地者間で承諾期間の定めのない申込みがされた場合は、申込みの撤回は承諾の通知を受けるために相当な期間内はできないとの規定（民法524条）はあるが（ちなみに、承諾期間の定めのある申込みの場合には、民法521条1項によると、その期間内は申込みの撤回はできない）、民法521条2項に対応した規定がないため、承諾の返事を受けるために相当な期間を経過した後に到達した承諾であっても、申込みの撤回がなされていない限り、有効であると解されている。とはいえ、申込みの効力が永遠に存続するというのは、申込者の予期に反する。この点で、商法は、商人である隔地者間の場合、相当期間内に承諾の通知が発信されないときは、申込みの効力がなくなるとしている（商法508条1項）。そこで、商人間でない場合についても、同条を類推適用して、取引の慣行や当事者間の過去の経緯からみて相当の期間内に承諾の通知を発しなかったときは、申込みの効力がなくなると解されている。

問題は、隔地者間で承諾期間の定めのない申込みがなされ、それに対して承諾の通知が発信されたが、最終的に申込者に到達しなかった場合である。この場合についても説が分かれているが、民法526条1項の発信主義の原則を優先させて、契約が成立するとの説が一般的である。すなわち、承諾期間の定めのない場合の通信事故による承諾通知不着のリスクは、申込者が負担することになる。

(2) 電子契約における到達主義

電子メールによる承諾の意思表示であれば、発信とほぼ同時に相手方のメー

ルボックスに到達する。相手方が直ちにこれを読むという保証はないものの、従来の隔地者間取引におけるように、発信時と到達時の違いを前提とした発信主義か到達主義かという議論はほとんど意味がなくなる。ネットワーク上の機器や回線のどこかに何らかの問題があって、承諾通知が遅れて到達した場合にのみ、承諾の意思表示は承諾通知が申込者に到達する前であれば撤回することが可能であると解されていることから、発信時と到達時の間における承諾の撤回可能性の問題が生じうるにとどまる。

　2001年に制定された電子契約特例法4条は、隔地者間の契約において電子承諾通知を発する場合については、民法526条1項の規定を適用しない旨を定めている。その結果、電子的になされた承諾の意思表示の効果発生については、意思表示の効果発生一般に関する民法総則の原則に戻って、民法97条1項の到達主義が適用される。したがって、電子承諾通知が申込者に到達した時点で、契約が成立することになる。

　承諾通知は発信されたが、それが到達しなかった場合、申込みに承諾期間の定めがあるときは、その期間内に承諾の通知が申込者に到達しなければ、申込みは効力を失い（民法521条2項）、契約は成立しないことになるから、到達主義に変更されても、結果として違いはない。他方、承諾期間の定めのない申込みに対して、承諾の通知が発信されたが、結果的に申込者に到達しなかった場合の扱いについては、契約の成立を認める従来の通説の立場と異なり、契約の不成立ということが明確となった。

　ところで、この法律でいう「電子承諾通知」とは、「契約の申込みに対する承諾の通知であって、電磁的方法のうち契約の申込みに対する承諾をしようとする者が使用する電子計算機等（電子計算機、ファクシミリ装置、テレックス又は電話機をいう。以下同じ。）と当該契約の申込みをした者が使用する電子計算機等とを接続する電気通信回線を通じて送信する方法により行うものをいう」とされ（電子契約特例法2条4項）、「電磁的方法」とは「電子情報処理組織を使用する方法その他の情報通信の技術を利用する方法をいう」とされている（同法2条3項）。したがって、この法律は、「電子承諾通知」という用語を使用しているが、この定義からも明らかなように、従来型のアナログ電話による契約についても適用される。もっとも、電話による契約については前述のように

従来から対話者間と考えられていたので、この法律の適用を受けるとしても変化はない。

　なお、民法526条1項にせよ、民法97条1項にせよ、これらは任意規定であり、契約の当事者があらかじめ契約の成立時点について特段の取り決めをしておけば、公序良俗違反や消費者契約法違反といった特別の場合を除き、特約が優先する。そこで、電子契約特例法制定以前から、事業者間の取引においては、契約の成立時点について特段の取り決めがなされている例がある。具体的には、発注者側が申込者である場合において、発注データの到達時としている例、受注データの到達時としている例、受注データ到達の確認データの受注者への到達時としている例など多様である。消費者契約においても、契約の成立プロセスと成立時点をあらかじめ明確化しておくことは消費者の期待保護や紛争防止の点からも望ましい。

(3) インターネットオークションにおける売買契約の成立時期

　インターネットオークションの出品者と落札者との間での売買契約は、オークションのどの過程で成立するのだろうか。一般に、オークション＝競りと考えると、落札の瞬間に契約が成立して、その価格で商品を引き渡す義務、代金を支払う義務が発生するということになる。インターネットオークションでも同様であろうか。

　前述のように、契約の成立時点に関する民法や商法のルールは任意規定であるから、出品者と入札参加者があらかじめこの点について合意をしていれば、合意に従うことになる。もし、オークションサイト運営事業者の利用規約や会員規約が、この点を明確に規定しているならば、それが出品者と入札参加者との間でも一種の約款として機能することになるが、必ずしも明確に規定されているわけではない。その理由は、契約成立の詳細についてまで利用規約・会員規約で規定すると、オークションサイト運営事業者が当事者間での売買契約に深く関与している印象を与え、トラブルが生じた場合の民事責任を負担させられる可能性があるからである。そこで、この点をわざとあいまいにして、当事者間の問題であることを強調しているのである。

　オークションサイト運営事業者大手3社の法務関係者を中心としたインター

ネット取引環境整備委員会は、「インターネットオークション取引標準ガイドライン」を公表しており、そこでは、「インターネットオークションが、特定の機能を有するソフトウェアをインターネット回線を通じて利用者に提供するサービスであり、利用者はこれを利用することで自ら取引の機会を得ることにな」り、したがって、落札後は、「取引当事者間の売買契約締結とその履行は、取引当事者間で自主的に行われることになる」点が強調されている[6]。

このような点から、一般に、インターネットオークションにおける落札は、落札者に出品者との間での優先交渉権を取得させ、出品者と落札者の双方に契約締結に向けて努力する義務を負わせるものであり、最終的に発送時期や支払方法についての交渉がまとまった時点で、契約が成立することになる（詳しくは、第11章第3節1参照）。

5 契約の拘束力とクーリングオフ

いったん成立した契約は、債務不履行等の法定解除の要件を満たしている場合、あらかじめ一定の場合に解除できる旨の約定解除権の定めのある場合、両当事者が解除することに合意した場合（解除契約を締結した場合）、事情変更の原則が適用されるきわめてまれな場合を除いて、当事者の一方の気が変わったというだけで解除することはできない。契約成立前の申込みの意思表示についても、申込みに承諾期間の定めのある場合には、その期間内は申込みを撤回することができないし（民法521条1項）、承諾期間の定めのない場合も、相当期間内は申込みを撤回することはできない。すなわち、契約や契約の申込みには拘束力がある。

しかし、消費者保護関係の多数の法律では、事業者が消費者の自宅や職場を訪問して販売活動を行う訪問販売のような一定のタイプの取引において、消費者からの契約の解除や申込みの意思表示の撤回を、一定期間内であれば許すという規定をおき、いわゆるクーリングオフの権利を消費者に認めている（たとえば、訪問販売についての特定商取引法9条など）。

前述のEUの隔地契約指令では、消費者が商品を実際に受け取ってから7営

---

6) 松本恒雄ほか「インターネット取引環境整備委員会の取組み」NBL817号（2005）628頁。

業日の間のクーリングオフが認められている（消費者の権利指令では、クーリングオフ期間は 14 日間に延長された）。これは、通信販売においては、カタログ等からいだいていたイメージと実際の商品が異なる場合が多いことから、消費者保護のために与えられたものである。

　これに対して、わが国では、通信販売では、訪問販売のような不意打ち性はなく、消費者はじっくり考える時間的余裕があるからとして、クーリングオフの権利は長らく与えられていなかった。これに対して、インターネット・ショッピングが普及しだした初期の段階では、通信料金の負担を気にして短時間で決断を迫られることや、人間が意思決定を行う本来のテンポとはかなり違ったテンポで、イエスかノーかの選択を迫られ、クリックに追いやられることを理由に、消費者向け電子商取引については一定の手当の必要性があるとの指摘がなされていた。しかし、安価なブロードバンド・インターネットや携帯電話の定額パケット料金の普及した現在では、通信料金については考慮する必要はないし、ポンポンとクリックしてしまい意図しない契約を締結することがあるという点についても、インターネット通信販売業者に契約締結の確認画面の提示が義務づけられた現在では（本章第 3 節 3(1) 参照）、決定的な理由にはならない。

　むしろ、EU の隔地契約指令（消費者の権利指令）と同様に、商品イメージの違い等を正面からみすえて、通信販売全般にクーリングオフの権利を認めるのが本筋である。この点で、2008 年に改正された特定商取引法 15 条の 2 第 1 項は、ついに、消費者が注文した商品の引渡しを受けた日から起算して 8 日間の間は契約の解除または申込みの撤回ができるとして、原則としてクーリングオフの権利を法定するとともに、通信販売業者が通信販売の広告に解除や申込みの撤回についての特約（たとえば、解除や撤回ができないとか、期間の制限など）を明記している場合には、その特約が優先して法律上のクーリングオフの権利が排除されるとした。このような形で、消費者の利益と事業者の負担とのバランスが図られた。

第3節　電子契約における意思表示の瑕疵

1　善意・悪意・過失

　民法では、取引当事者間のトラブルから生じるリスクを、各当事者の善意・悪意、有過失・無過失といった当事者の主観的態様によって関係者間で配分するような規定を多数おいている。正当理由（民法110条）や帰責事由（民法415条など）という場合には、当事者をめぐる客観的要素も入ってくるが、やはり主観的要素も不可欠である。これは、生身の人と人との間でなされるヒューマンな取引を念頭においているからである。

　しかし、電子契約では、コンピュータという機械の背後に隠れた契約成立へ向けられた当事者の意思の存在を一応は認めることができるとしても、コンピュータそのものには善意、悪意、過失といった主観的事情は考えられないので、民法の予定する主観的要件をそのまま適用することはできないことが多い。これは、ちょうど、自動販売機でジュースを購入する場合に、自動販売機の側の善意や悪意、過失を考えにくいのと同じである。

　以下、民法の意思表示の瑕疵に関するルールが電子契約にどの程度適用可能か検討する。

2　心裡留保・虚偽表示

　民法は契約の効果は当事者がそれを欲したからであるとの当事者の「意思」を重視する立場をとっている。この原則からいくと、商品を買う気がないのに買うと意思表示したとしても、その意思表示は無効であり、売買契約は成立しないということになりかねないが、当事者の真意は外部からは容易にはわかるものではないので、取引の安全のために相手方がこのことについて悪意または有過失である場合にのみ無効を主張しうるとされる（民法93条）。人とコンピュータとの間の契約において、コンピュータの側の悪意や過失は問題とならないから、この心裡留保に関する規定の適用はない。

　同様に、財産隠しのために相手方と通謀して偽装の売買契約を結んで登記を移転した場合のように、当事者間では効力を発生させるつもりのない意思表示

も無効とされている（民法94条）が、電子契約では人とコンピュータとの通謀を考える余地がない。

　もっとも、コンピュータの背後にいて契約の効果の法律条の帰属主体である人を考えると、その者について、善意・悪意等を考える余地はある。

3　錯誤

　錯誤とは、通説では、効果意思と表示された意思が一致しない場合をいう。Aと表示するつもりでBと記載したり、Aという商品とBという商品を間違えた場合などである。人とコンピュータの取引の場合、人の側では、効果意思と表示された意思の不一致による錯誤は生じうる。コンピュータの側では、コンピュータそのものにはこのような不一致は考えられないが、コンピュータの背後にいて契約の効果の帰属主体である人を考えると、やはり効果意思と表示された意思の不一致は起こりうる。以下、それぞれの側の錯誤について考える。

(1)　人側の錯誤

　インターネット上では、広告や商品説明の画面と契約の申込みの画面が連続しており、画面上の特定の個所をクリックするだけで契約を成立させることができるために、意図せずに契約をさせられてしまう場合がある。また、注文をする際に、キーボードの入力ミスで商品番号や個数を誤入力したり、クリックミスで契約を締結する気がないのに申込みをしたことになったり、また、申込みが受け付けられたかどうかわからないので重複クリックをして2回分の契約が成立したことになる可能性がある。

　このような単純なキー操作やマウス操作のミスは表示の錯誤となるが、民法では表意者に重大な過失があった場合は錯誤無効を主張できないとされている（民法95条但書）。したがって、上記のような場合に、錯誤無効を主張できるかどうかは、表意者に重過失があったと評価されるかどうかにかかってくるが、インターネット上の契約で、どのような場合に重過失ありとされるのかは必ずしも明らかではない。

　電子契約では、あるサイトで初めて契約の申込みをしようとする者にとっては、操作の勝手がわからず、操作を間違うことがあろうし、逆に、これに慣れ

た者にとっても惰性で操作していると思わぬ間違いをすることもあろう。そこで、電子契約特例法3条は、電子消費者契約の要素に錯誤があった場合であって、消費者が行う電子消費者契約の申込みまたはその承諾の意思表示について、相手方事業者が「当該申込み又はその承諾の意思表示に際して、電磁的方法によりその映像面を介して、その消費者の申込み若しくはその承諾の意思表示を行う意思の有無について確認を求める措置を講じた場合又はその消費者から当該事業者に対して当該措置を講ずる必要がない旨の意思の表明があった場合」を除いて、民法95条但書の規定を適用しないものとしている。この結果、ウェブ上の契約締結プロセスにおいて、消費者からの注文の入力だけで意思表示の効力が発生するとし、そのような内容の意思表示をする意思があるかどうかを再確認するための確認画面が存在しない場合には、消費者は自らの意思表示に要素の錯誤があることを立証しさえすれば、錯誤無効が認められることとなる。

　さらに、特定商取引法14条1項2号により、「顧客の意に反して通信販売に係る売買契約又は役務提供契約の申込みをさせようとする行為として主務省令で定めるもの」に通信販売業者が違反した場合、主務大臣は業者に対して必要な措置をとるように指示することができるとされている。同法施行規則16条は、インターネットによる電子契約の申込みを通信販売業者が受ける場合に、「電子計算機の操作が当該電子契約の申込みになることを、顧客が当該操作を行う際に容易に認識できるように表示していないこと」、「申込みの内容を、顧客が電子契約に係る電子計算機の操作を行う際に容易に確認し及び訂正できるようにしていないこと」を具体的な行為として定めている。これによって、単なる無料の情報提供か契約の申込みかがわかりにくい表示や、確認画面が組み込まれていない契約申込みプロセスが、行政的取締法規の違反となる。

　このように、消費者向け電子商取引において確認画面のない場合は、民事ルールと行政規制の両面から消費者保護が図られることとなった。

　なお、国連国際商取引法委員会が策定し、2005年に採択された「国際契約における電子通信の利用に関する国連条約」は、国際的な事業者間の電子商取引においてのみ適用されるものであるが、人が自動化されたメッセージシステムと電子通信を行う際に入力の錯誤をした場合であって、そのシステムの側に

入力の錯誤を訂正する機会が備わっていないときは、相手方にすみやかに錯誤の事実を告げ、かつ錯誤者側が相手方から実質的な利益を得ていないときに限って、電子通信の撤回をする権利を認めている（同条約14条1項）。

(2) コンピュータ側の錯誤

　通信販売業者側の価格表示ミスを原因とする紛争も多発している。その原因には、価格を入力する際に1桁ないし2桁間違う場合と、商品コードのミスで全く別個の商品の価格が表記される場合とがある。2004年4月に発生した価格誤表示事件では、商品コードミスが原因で、11万5,000円のPCが2,787円と表示されたことから、一晩で2万人から1億台の注文が販売業者のもとに殺到した。電子契約特例法における錯誤の特則は、消費者側の錯誤についてのみ適用されるものであり、事業者側の錯誤については民法95条但書の重過失に該当するかどうかが従来通り争点となる。事業者にとって価格表示のミスは重過失と評価されるのが一般的であろう。

　ただし、この事件では、申込者数からも注文台数からも、販売業者が錯誤に陥っていることを注文者の大多数が知って注文しているものと考えられる。このような場合にまで、申込みをしている相手方を保護する必要性は薄い。解釈論的には、相手方が表意者の錯誤を認識している場合は表意者には重過失はないとするか、あるいは、相手方の認識ないし認識可能性をも錯誤無効の要件とすることが適切であろう。

　この事件が問題を大きくしたのは、消費者からの申込みに対して自動的に承諾の返事を返す受注システムになっていたことである。そうでなければ、申込みだけでは契約は未成立であるから、一晩明けて誤表示により注文が殺到していることに気がついた場合に承諾をしないという対処が可能になる。いったん成立した契約についての錯誤無効の問題ではなく、契約の不成立の問題として処理されるので、事業者の商業倫理上の問題点は別として、法的問題にまで発展しない。もっとも、注文したのに販売業者から画面上に即時に何の反応もないと、注文者側としては注文が受信されていないのではないかという不安をもつ。そこで、「申込みは受け付けたが、承諾メールは追って送る」趣旨を画面に表示するような慎重なシステムをとることが適切である。

(3) 通信回線上のデータエラー

　一方からのデータの送信段階では正しいデータの入力と正しい操作がなされたが、通信回線のどこかでデータエラーが生じ、誤ったデータが相手方に伝達された場合は、使者を通じた意思表示において、使者が口上を間違えた場合と同じであると考えれば、表示の錯誤の一種ということになる。

4　詐欺・強迫

　詐欺や強迫による意思表示は、表意者の側から取り消すことができる（民法96条1項）。電子商取引で強迫という事態はほとんど考えられないが、詐欺については、人側がコンピュータを騙す場合と、コンピュータ側が人を騙す場合の双方が考えられる。

　盗取したり偽造したクレジットカードを使用して、CDやATMから金銭を借り入れると、刑法上、電子計算機使用詐欺罪（刑法246条の2）に該当するが、民法上も、貸主側から金銭消費貸借契約の意思表示を取り消して、直ちに返金を求めることができる。インターネット上の有料サービスの利用にあたって、不当に得た他人の会員番号とパスワードを使った場合も、詐欺をしたことになる。コンピュータは人より騙しやすいという側面がある。

　逆に、インターネット上のウェブサイトには、詐欺的サイトが多数存在する。コンピュータ自体には、詐欺の要件である、相手方を錯誤に陥らせかつその錯誤によって意思表示をさせるという二段の故意を考えることはできないが、その背後にいる人には考えることができる。

　第三者が詐欺を行ったことにより、相手方にした意思表示は、相手方が詐欺の事実を知っていた場合にのみ取り消すことができる（民法96条2項）。インターネット・ショッピングや有料サービスの利用の際に、料金をクレジットカードで支払うという場合、売買契約やサービス契約の意思表示を事業者の詐欺を理由に取り消したとしても、クレジットカード業者が詐欺の事実について悪意であったという特殊な場合を除いて、カード業者との間のカード決済に関する契約の意思表示を取り消すことはできない。ただし、消費者取引においては、2月を超えない範囲内でカード会社への返済が終わる場合（いわゆるマンスリークリア式の支払）を除く、2月以上後の一括返済や分割返済の場合は、買主は、

売主に対して生じている事由でもってカード会社に対抗して、未払分の返済を拒むことができる（割賦販売法30条の4）。

5　不実表示・困惑

　消費者契約法では、事業者が重要事項について不実表示をしたことや、断定的判断の提供をしたことによって、消費者がそれらを事実である、確実であると誤信したことによって契約の申込みまたは承諾の意思表示を行ったときは、消費者は意思表示を取り消すことができると定めている（消費者契約法4条1項）。消費者契約法のいう不実表示や断定的判断の提供には、事業者側の悪意や過失といった主観的要件は前提とされていないので、インターネット上の表示を客観的に不実表示であるとか、断定的判断であると評価できれば、適用可能である。

　ただし、消費者契約法は「消費者契約の締結について勧誘をするに際して」適用されるので、インターネット上の広告表示の記載が「勧誘」に該当するかという問題があるが、前述のとおり（本章第2節3(3)参照）、広告画面から申込み画面へ容易に移行できる場合は、勧誘に該当すると解すべきである。

　重要事項についての不告知（不表示）については、消費者の利益となる事項について告知しながら、不利益となる事実について故意に告知しなかったことにより、そのような不利益事実が存在しないものと誤信して契約の申込みまたは承諾の意思表示をしたときは、消費者は意思表意を取り消すことができるとされており（消費者契約法4条2項）、事業者側の故意の不告知という主観的要件を満たすことが必要である。この点で、コンピュータ自体には故意は考えられないが、コンピュータの背後にいて契約の効果の帰属主体である人を考えると、この者が不利益事実の表示を意図的に省略しているという事態は考えられる。

　消費者契約法は、事業者が消費者の意に反した不退去や消費者の退去を妨害することにより、消費者を困惑させて、契約の申込みや承諾の意思表示をさせた場合は、消費者は意思表示を取り消すことができると定めている（消費者契約法4条3項）。コンピュータを利用した取引の場合、物理的な不退去や退去妨害は考えられないが、相手方からの申込み画面や申込みの勧誘画面がポップアップし、何度消しても復活するような場合には、消費者契約法4条3項の類推

適用が考えられる。

第 4 節　電子契約の行為能力

1　行為能力

　契約を単独で有効に締結するためには、その者に行為能力が備わっていなければならない。民法では、未成年者、成年被後見人（事理を弁識する能力を欠く常況にある者）、被保佐人（事理を弁識する能力が著しく不十分な者）、被補助人（事理を弁識する能力が不十分な者）を制限行為能力者として、これらの者が単独で行った意思表示について、一定の場合に取り消すことができるとして、制限行為能力者が取引において不利益を被らないようにしている。

　以下では、未成年者が電子取引を行う場合の契約について検討する。わが国では成人年齢は満 20 歳であり（民法 4 条）、これを 18 歳にまで引き下げる旨の答申が 2009 年に法制審議会からなされたが、選挙権の引き下げが前提であるために実現していない。なお、未成年者も婚姻により、成年に達したとみなされる（民法 753 条）。

2　法定代理人の同意

(1) 同意の必要な行為

　未成年者が契約をするには法定代理人（親権者または未成年後見人）の同意を得なければならない（民法 5 条 1 項）。同意のない契約の意思表示は、法定代理人からでも、また、未成年者本人からでも取り消すことができる（民法 5 条 2 項、120 条 1 項）。

　法定代理人の同意は、相手方に対して行う必要はなく、未成年者本人に対して行うだけで十分である。郵便による通信販売の場合は、法定代理人の同意があることを示すために、申込用紙に法定代理人の署名や押印を求められることがあるが、同意の証拠としての意味以上はない。現状の電子商取引において、未成年者との契約の場合に、法定代理人の同意の意思表示を別個に求められることはほとんどない。せいぜい同意の有無を入力させる程度であろう。より慎

重に行うことの必要な取引であれば、別途、書面や電話で法定代理人の同意を確認する仕組みがとられるべきである。

　同意は、事前または未成年者本人の行為と同時でなければならない。未成年者が取引した後で、事後的に同意がなされることがあるが、これは、厳密に言えば同意ではなく、法定代理人による取り消しうる行為の追認（民法122条）である。追認は、相手方に対する意思表示として行う必要があり（民法123条）、未成年者本人に対して事後的に同意の意思を表明するだけでは、追認したことにならない。したがって、いったん未成年者の行為に事後的に同意したとしても、それが未成年者から相手方に伝わる前であれば、未成年者の行為を取り消すことができる。

　ただし、法定代理人の同意の不要な場合がいくつかある。第1に、目的を定めて処分を許した財産は、その目的の範囲内であれば自由に処分でき、また、目的を定めないで処分を許した財産についても自由に処分できる（民法5条3項）。たとえば、バイクの購入を親から許可されて資金を渡された場合が前者であり、自由に使ってもよい小遣いが後者である。下宿している学生への仕送りは、学生生活に必要な範囲でという一定の目的が定められていると考えられる。

　第2に、未成年者が法定代理人から営業を許されている場合には、その営業に関して行為能力が認められる（民法6条1項）。古い判例には、芸妓のお座敷着の購入代金を借金する行為は許可された営業に関する行為であるとして取消しを認めなかったものがある（大判大正4年12月2日民録21巻2187頁）。法定代理人が職業に就くことを許可した場合（民法823条、857条）についても同様に解されている。その場合、どのような取引が職業に関するものになるのかが問題となるが、あまり広く解するべきではなく、給与の範囲内で認められるべきであろう。未成年の有職女性が化粧品をクレジットで購入したという事例で、月々の返済額は月収の範囲内であるが、返済遅滞等により期限の利益が喪失した場合に一度に返済しなければならない額が月収の2倍にあたるから処分を許された財産の範囲に入らないとして取消しを認める下級審裁判例もある（茨木簡判昭和60年12月20日判時1198号143頁）。

(2) 決済手段の利用への事前同意

　未成年者との取引において法定代理人の同意の有無が問題になるのは、決済の局面である。事業者としては、商品の代金やサービスの料金をきちんと支払ってもらえるかどうかが重要だからである。この点で、クレジットカードによる支払や携帯電話会社による電話料金に加えての課金（キャリア課金）が採用されていることが多い。個々の取引の締結の前に、クレジットカードの入会契約や携帯電話およびキャリア課金のための契約が締結されており、カードの名義人や携帯電話の契約者が未成年者本人である場合には、これらの契約の締結にあたって、書面や対面による本人確認や法定代理人の同意の確認が厳格に行われているはずである。

　このような場合で、クレジットカードの与信限度額やキャリア課金の限度額の設定が可能な場合は、当該決済手段が使われる取引であり、かつ法定代理人が事前に許容していたと想定される取引に限っては、設定した限度額の範囲で未成年者に財産の処分を許しているものと一応の推定をすることができる。また、たとえば、カード会員になることについての同意が得られておれば、個別取引の代金をカードで支払うこと（クレジットカード業者との間での立替払の委託）についての同意は不要であろう。ただし、出会い系サイトの料金支払をカードで行うなど、法定代理人が同意をする際に一般に想定していなかったような取引がなされる場合は、個別の契約ごとにその取引の内容等も考慮して同意の有無が判断されることになろう。

　未成年者が、法定代理人のキャッシュカードを使って預金を引き出したり、金銭の貸付けを受けたり、あるいは家庭の居間に設置されている PC を操作し、法定代理人が契約している有料サービスを受けたような場合で、法定代理人がそれを許可しているときは、未成年者は法定代理人個人の代理人として行為していることになる。代理人には行為能力は要求されていないから（民法102条）、この場合はその効果は本人たる法定代理人に有効に帰属する。未成年者が法定代理人に無断でこれを行った場合は、無権限者による契約と本人への効果帰属の問題（本章第5節3参照）と未成年者取消権の問題が重複する。

3　未成年者の詐術

　制限行為能力者が行為能力者であることを相手方に信じさせるために詐術を用いたときは、取り消すことができなくなる（民法21条）。ここでいう詐術を用いるとは、行為能力者であると誤信させるために、相手方に対して積極的術策を用いた場合に限られるものではなく、制限行為能力者が、ふつうに人を欺くに足りる言動を用いて相手方の誤信を誘い起こし、または誤信を強めた場合をも含むが、単に制限行為能力者であることを黙秘していたことだけで詐術にあたるとはいえないとするのが判例である（最判昭和44年2月13日民集23巻2号291頁）。対面で行う取引であれば、未成年者が年齢を偽っても、外見上あるいはそれまでのやりとりから明らかにうそをついていることが相手方にわかる場合もある。そのような場合は、詐術に該当せず、未成年者として取り消すことができる。電子契約では、相手方であるコンピュータの側に「誤信」というような主観的態様を考えることができない。コンピュータは、単純に入力された年齢だけで判断する。したがって、電子商取引は対面取引と比べ未成年者の参入障壁が低く、年齢を偽って利用するという誘惑にかられやすい。電子契約の締結の段階で、未成年者は契約できないことを明記して、生年月日を記入させるような仕組みにしているのに、未成年者が虚偽の生年月日を入力した場合は、詐術と認定される可能性が大きいが、商品が未成年者をターゲットにしたものであったり、画面構成上未成年者を誘導するような内容であったりすれば、詐術にあたらないとされる可能性が大きい。

　法定代理人の同意があると信じさせるために術策を用いる場合も取消権を行使できなくなるとされているが、入力された年齢から未成年者であることが明らかな場合に、法定代理人の同意があるとのボタンを単純にクリックするだけで申込みを承諾するような仕組みのときには、取消しが認められるべきであろう。

第5節　電子契約の代理権とアクセス権限

1　電子契約における代理行為の方式

　AがBを代理してまったく見知らぬCと契約をする場合、リアルの世界の取引であれば、本人Bが代理人Aに代理権を示す委任状を交付するとともに、それがBの意思であることの証拠となる署名や押印をする。高額な取引では、Bの実在や押印がB自身による行為であることを証明するために、実印が押され、自治体の発行する印鑑証明書が添付される。AがこれらをCに示してAとCとの間で契約が締結され、その効果がBに帰属する。契約書には、B代理人Aと記載され、AがBの代理人であることが顕名される（民法99条1項）。

　それでは、電子契約の場合は、どのような方式がとられるだろうか。信頼できる電子署名・認証制度が広く普及して、本人Bの電子署名の付された委任状データと代理人Aの電子署名の付された契約の申込みや承諾の意思表示を示す電子データがあわせてCに送信されるなら、リアルの世界の取引と同様に、高額な取引に関わる電子契約も締結されるようになるかもしれないが、まだそのような状況は到来していない（電子署名・認証法については、第3章第8節参照）。

　これに対して、高額でない商品を代金引換えで販売するショッピングサイトのように、意思表示をしているAがそもそもだれであるかをさほど気にしない取引システムの場合であれば、B代理人Aと入力するだけで、取引に応じてもらえるかもしれない。これは、販売業者として、配送先で、名宛人が代金を払ってくれるかどうかだけが問題であり、支払を拒まれれば商品を引き渡さないということができるからである。

　決済をA名義のクレジットカードで行う場合も、カード会社がオーソリゼーションをしてくれる限りは、販売業者Cとして契約締結に応じてくれるかもしれない。これは、AがB代理人として契約しようが、A本人として契約しようが、AがAのカードで決済する限り、Cにとってのリスクは同じだからである。

　他方、事前登録をして、本人確認を物理的媒体と暗証番号の照合やIDとパスワードの照合などによって行う電子取引システムでは、そもそもAがBの代理人と顕名して契約を締結することを想定していない。この場合は、AがBか

ら本人確認用の物理的媒体と暗証番号を借り受けて、あるいはIDとパスワードを知らされたうえで、AがBを名乗って、Cと契約を締結するという方式をとることになろう。このような方式による場合でも、Bに有効に効果が帰属すると考えられている。これは、リアルの世界の取引でも、代理人Aが契約書にB代理人Aと記載するのではなく、直接に本人Bの名前のみを記載するという「署名代理」も有効とされていることや、あるいは本人B名義で行為することをAに許諾する授権がなされたとみて、Bに効果が帰属するものと説明することが可能だからである。

2 預金の無権限払戻し

(1) キャッシュカード無権限利用と準占有者弁済

では、他人が本人の暗証番号、パスワード等を無権限で使用してシステムにアクセスして取引を行った場合（なりすまし）の効果はどうなるのであろうか。

この問題がもっとも先鋭に争われたのが、預金者Bのキャッシュカードを拾得または盗取したAが、暗証番号を何らかの方法で解読してC銀行のCDやATMを操作して預金を引き出した場合である。無権限払戻しがなされた後に、Bが自分は預金を引き出していないからまだ預金は残っているはずだと主張して、自己への払戻しを請求する場合、C銀行にはこれに応じる義務があるだろうか。

民法478条は弁済を行う債務者が善意無過失であった場合には、準占有者に対する弁済として有効であり、債務者は二重の弁済をしなくてよいというルールを定めているが、コンピュータによる暗証番号の照合は、まさに機械的に行われるので、コンピュータの過失を直接問題にする余地がない。

そこで、民法478条の解釈としては、弁済者の過失をコンピュータを含む電子取引システム全体を対象として判断し、アクセス手段の管理について十分説明していなかったり、アクセス手段が容易に偽造・複製可能であったような場合には、システムとして安全性を欠いているという意味で過失があるとみる考え方が従来から主張されてきた。

従来の銀行のカード取引規定では、真正のカードが使用され、かつ届出の暗証番号が入力された場合、払い戻した預金について銀行は免責される旨の定め

がなされていたが、このような免責約款の効力について、最判平成5年7月19日（判時1489号111頁）は、銀行による暗証番号の管理が不十分であったなど特段の事情がない限り、有効であると判断した。この事件が発生した当時は、暗証番号がキャッシュカードの磁気ストライプ部分に記録されており、カードを入手した者による解読が可能であった点で、暗証番号の管理が不十分であったのではないかという主張について、同判決は、「所論の方法で暗証番号を解読するためにはコンピューターに関する相応の知識と技術が必要であることは明らかである（なお、記録によれば、本件支払がされた当時、このような解読技術はそれほど知られていなかったことがうかがえる。）から、被上告人が当時採用していた現金自動支払機による支払システムが免責約款の効力を否定しなければならないほど安全性を欠くものということはでき」ないと判断した。しかし、この判決のいう望ましい安全性のレベルは、製造物責任法2条2項でいう「通常有すべき安全性」が、合理的に予測可能な誤使用に対しても安全であることを意味すると考えられていることと比べると、いささか不十分である。

また、最判平成15年4月8日（民集57巻4号337頁）は、銀行がキャッシュカードと暗証番号による払戻しのみでなく、通帳と暗証番号によるATMからの払戻しも受けられるシステムを採用していた場合において、預金者が預金通帳を車両のダッシュボードに入れたままで自宅近くの駐車場に駐車していたところ、車両ごと盗難にあい、暗証番号を推知され（暗証番号は車両の自動車登録番号の4桁の数字と同じ）、盗難の翌日に通帳が使用されてATMから合計801万円が引き出されたという事件である。判決は、準占有者弁済が成立するための要件とされている弁済者の無過失について、「機械払においては弁済受領者の権限の判定が銀行側の組み立てたシステムにより機械的、形式的にされるものであることに照らすと、無権限者に払戻しがされたことについて銀行が無過失であるというためには、払戻しの時点において通帳等と暗証番号の確認が機械的に正しく行われたというだけではなく、機械払システムの利用者の過誤を減らし、預金者に暗証番号等の重要性を認識させることを含め、同システムが全体として、可能な限度で無権限者による払戻しを排除し得るよう組み立てられ、運営されるものであることを要するというべきである」と述べ、「無権限者による払戻しを排除するためには、預金者に対し暗証番号、通帳等が機械払に用

いられるものであることを認識させ、その管理を十分に行わせる必要があることにかんがみると、通帳機械払のシステムを採用する銀行がシステムの設置管理について注意義務を尽くしたというためには、通帳機械払の方法により払戻しが受けられる旨を預金規定等に規定して預金者に明示することを要する」が、本件では、銀行はこのような措置をとっていなかったことから、過失があったと判断した。この判決は、通帳による機械払についての説明の有無というきわどいところで預金者側を勝訴させたものである。

(2) 預金者保護法

偽造キャッシュカードや盗難キャッシュカードによる被害の増大に対処するために、2005年には、被害者に手厚い保護を与える「偽造カード等及び盗難カード等を用いて行われる不正な機械式預貯金払戻し等からの預貯金者の保護等に関する法律」（預金者保護法）が制定された。

伝統的な預金通帳と印鑑による払戻しシステムは、これら2つの有体物を同時に盗まれなければ、預金は安全であるという「二重のセキュリティ」論に基づいている。そして、キャッシュカード時代には、カードという有体物と暗証番号という秘密情報の二重のセキュリティに置き換えられた。ところが、前述のように、初期のキャッシュカードは、CD端末機のみでも照合が可能になるように、暗証番号そのものが磁気ストライプに記録されており、実際は一重のセキュリティにすぎなかった。

2003年から04年にかけて、ピッキング被害により空き巣に入られて預金通帳を盗まれた者が、印鑑は盗まれなかったにもかからず、そっくりの印影を偽造され、預金を不正に引き出されるという被害が相次いだ理由は、預金通帳自体に押印されている印影（副印鑑制度と呼ばれる）をスキャンして、払戻請求書に印刷することが容易にできるようになったからである。ここでもまた、二重のセキュリティのはずが、一重のセキュリティになってしまっていたのである。

預金者保護法成立のきっかけとなったキャッシュカードの偽造も、磁気ストライプ部分のデータのみをコピーすることが、小型カードリーダーによりきわめて容易にできるようになったことを背景にしている。そして、CDやATMは、磁気ストライプ部分のデータさえ同一であれば真正なカードとみなしてし

まうため、物理的存在としてのカード自体には意味がなく、実際にはセキュリティが暗証番号のみに一重化してしまっていたのである。その上、暗証番号が4桁固定であり、人にとって忘れるリスクのない4桁の番号は生年月日や電話番号等、他人の推測可能なものになりがちであるという、人間行動上の脆弱性もあった。

　預金者保護法は、このような既存の銀行預金払戻しシステムのうち、キャッシュカード等を利用した機械式払戻しに限定してではあるが、システムの脆弱性を考慮に入れて、偽造カードによる場合には民法478条の適用を否定して債務の弁済を無効とするとともに（同法3条、4条）、盗難カードによる場合には、預金者に過失がなければ払戻額全額の損害補てん請求権を、軽過失があっても払戻額の4分の3の損害補てん請求権を預金者に与え（同法5条）、従来の判例や銀行実務に大幅な変更を迫るものとなった。

3　無権限者による契約と本人への効果帰属

　2で述べたことは、銀行預金の払戻しというすでに有効に成立している債務の弁済というタイプの取引に関してのものであるが、新たな契約の成立やその効果の帰属についてはどうであろうか。

　民法は、代理権を与えられていない者が代理人と称して行った法律行為の効果は本人に帰属しないとしているが（民法113条1項）、代理権授与の表示による表見代理（民法109条）、権限外の行為の表見代理（民法110条）、代理権消滅後の表見代理（民法112条）の3つの場合については、相手方の善意無過失を要件として効果が本人に帰属するものとしている。権限を与えられていない他人が本人の名前で行った法律行為の効果についても、これらの条文が類推されると考えられている（なりすましの場合の表見授権）。

　ただし、多くの電子取引では、顕名主義が貫徹していないことから、無権代理人であるのか、それとも本人になりすましているのかの区別はほとんど無意味であり、表示者の同一性の問題と代理権限の有無の問題とは電子取引システムへのアクセス権限の認証の問題として融合している。この点で、国連国際商取引法委員会の「電子商取引モデル法」では、データメッセージの「オリジネーター」という概念を新たにつくり、これを「その者によって、またはその者

のために、データメッセージが、保存される場合にはそれに先立って、送信され、または創出されたと称されている者であって、当該データメッセージに関して媒介者として行為している者以外の者をいう」と定義し（2条c号）、名宛人があらかじめオリジネーターとの間で合意していた確認手続を適切に用いたときは、名宛人はデータメッセージをオリジネーターのそれとみなし、それを前提に行為する権限を有するとの規定（13条3項a号）を置いている。

　無権限者が電子取引システムに不正にアクセスして契約を締結した場合の効果を、表見代理の成否の問題に類似した問題と考えると、預金の無権限払戻しにおける準占有者弁済の成否の場合と同様に、相手方の善意無過失をシステムとしての安全性に置き換えて考えることが可能である。ただし、表見代理型の場合には、相手方の善意無過失のみでなく、効果帰属を主張される本人の側の帰責事由も一般に必要とされている点で、準占有者弁済型の場合よりは本人への効果帰属が限定されることになる。

　無権限者による電子取引システムへの不正アクセスは、本人が保管している媒体や暗証番号、ID、パスワード等が何らかの事情で紛失、盗難、漏えい、解読されて生じることから、これらを広い意味でのシステムの構成要素と考え、表見代理型では、本人の帰責性についてもシステムの安全性の中に組み込んでその有無を考慮することになろう。その意味では、預金の無権限払戻しの場合を含めて、システムへの無権限アクセスによる取引の効果は、債務者の善意無過失のみを要件とする準占有者弁済型の処理ではなく、本来のアクセス権者の過失をも考慮に入れる表見代理型の処理によって統一的に行われるべきであろう。

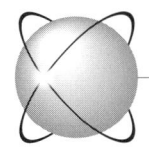

第❷章
契約の方式

　民法上、契約は当事者間の合意のみで成立し、何らの方式も要しない。しかし、実際には契約にあたって契約条件が約款という形式によって提示されたり、何らかの書面が交わされることが多くみられる。この点は電子商取引でも同様であるが、対面取引とは異なる電子商取引では考慮を要する点が多く存在する。本章は、契約にあたって利用者に提示される約款の組入れや有効性、および、契約にあたって用いられる書面について、電子商取引において生じる問題点、および、それらの問題を解決するために民法や特別法が果たす役割に着目しながら説明する。

第1節　約款

　電子商取引においては、スピードとコストを重視する大量取引を促進するため、詳細な契約条件は一方当事者が決めた約款を用いるのが通常であり[1]、しかも、約款も紙に書かれた形では提供されないことが多い。しかし、これを利用者からの立場からみると、対面取引とは異なり、利用者が事業者から約款についての説明を直接受けることがないことから、ネット上の表示や契約条件が利用者の契約締結にあたって重要な役割を果たす。以上のことから、電子商取引における契約条件を定める約款については、次の2点が問題となる。第1に、利用者が契約を締結する際に当該約款に同意していたかという点である。電子商取引では、取引に必要な情報はコンピュータのディスプレイ等により表示されることから、契約条件等、契約判断に必要な情報を的確に消費者に認識してもらうにも制約がある[2]。仮に同意がなければ、当該約款への拘束力そのもの

---

1)　内田貴「電子商取引と民法」『債権法改正の課題と方向――民法100周年を契機として』別冊NBL51号（1998）274頁。

が否定される。この点は約款の組入れの問題である。第2に、仮に約款に利用者が同意しており、契約内容として組み入れられていたとしても、その内容が不当である場合には約款内の契約条項の効力を否定することができる。

1 約款の組入れ

インターネット通販、インターネットオークションなど様々なインターネット取引を行うウェブサイトには、利用規約、利用条件、利用契約等という名前を付された、取引条件（以下、「サイト利用規約」とする）が掲載されていることが一般的である。ここで、利用者がサイト利用規約に同意の上で取引を申し込んだのであれば、サイト利用規約の内容は利用者とサイト運営者との間の取引契約の内容に組み入れられることによって拘束力をもつ[3]。

しかし、電子商取引の場合、契約条件を記載した書面を直接顧客との間で交わすわけではなく、契約条件がサイト上に提示されているにとどまるため、顧客が当該契約条件の内容を認識し、それに同意していたといえるかについて慎重な検討を要する。対面取引であれば、契約締結にあたって、契約条件について提示ないし説明することが業法上求められていることが多く[4]、このような提示・説明を経て当事者が同意したのであれば当該約款は契約に組み入れられる。しかし、契約当事者が対面するわけではない電子商取引においては、いかなる方法で約款を提示することが、契約内容への組入れにあたって必要なのかが問題となる。

そこで、以下、約款の組入れに関する民法の学説・判例を概観した上で、電子商取引における約款の組入れにあたって留意すべき点を述べる。

(1) 約款の開示と当事者の同意

約款が契約に組み入れられるためには、第1に、約款が相手方に開示され、それによって相手方が約款の内容について具体的に認識可能な状態にあること

---

2) 齋藤雅弘「電子商取引と消費者」鹿野菜穂子＝谷本圭子編『国境を越える消費者法』（日本評論社、2000）9頁。
3) 準則32頁。
4) 旅行業法12条の2第3項、12条の4など。

(認識可能な状態で約款が開示されていること)、および、第2に、約款を組み入れる旨の当事者の同意が必要である。

(ア) 約款の組入れに関する学説・判例

約款の組み入れについてのリーディングケースである大判大正4年12月24日(民録21輯2182頁)は、火災保険約款中の免責条項が契約内容を構成するか否かの問題に関し、会社の約款による旨を記載した申込書に客が調印して申し込み、契約を締結した場合には、たとえ契約の当時その約款の内容を知らなくても一応約款による意思で契約したものと推定するという考え方(いわゆる意思推定理論)を示し、それが現在まで影響力を保っている。

しかし、近時の有力説がいうように、契約時に約款の内容を知る機会がない場合にまで合意があったとの推定を認めるのは契約の拘束力に関する一般原則と相容れない。契約は合意があって初めて成立する以上、知りえないものについてはそもそも合意が得られないからである。これによれば、契約当事者間で約款を契約内容とするとの合意があって初めて有効に契約内容になりうるということになり、契約時に約款の内容を知りえない場合にまで約款の契約への組入れを認めることはできない[5]。

よって、単に約款によるという表示があるだけでなく、適切な仕方で約款を顧客に開示することにより、約款使用者の相手方が実際にその約款内容を確認する機会が保障されていない限り、その約款は契約内容とならない[6]。具体的には、約款が相手方に文書(書面・記録)で提示されること、少なくともその入手可能性が確保されることにより、契約の申込みまたは承諾の意思表示を消費者が行う前に、これらの契約条件・約款内容についてその存在と内容を確認する仕組みがとられるべきである[7]。

ここで、「開示」とは、約款使用者の側が、約款を交付する、あるいは契約を締結する場所で、相手方が目にみえるところに約款を掲示するなどの方法により、契約締結時までに、相手方が特別のアクションを起こさなくてもよいと

---

[5] 田中康博「ドイツ法における事業者・消費者間電子商取引における約款の組み入れ」NBL762号(2003)26頁。
[6] 山本敬三「契約規制の法理と民法の現代化(2・完)」民商法雑誌141巻2号(2009)194頁以下。
[7] 沖野眞已「インターネット取引——消費者が行うインターネットによる商品の購入契約」野村豊弘先生還暦記念論文集『21世紀判例契約法の最前線』(判例タイムズ社、2006)361頁。

ころに約款を置いて、約款の内容を認識しようとすれば容易にその内容を認識できるような状態を作り出すことであり、相手方が現実に約款の内容を認識することまでは必要ない[8]。

次に、契約当事者がその約款を契約に組み入れる旨の合意が必要である。

学説によると、運送契約等、約款による取引の商慣行が存在する場合には、約款が適切に開示されていれば、必ずしも顧客からの約款への同意の意思表示がなくても当該契約に約款の内容が組み入れられるとされることがある。また、同意は明示の同意のみならず、黙示の同意でも足りるとされている[9]。しかし、電子商取引のように、商慣習が存在しているといえるかどうか、判断が難しい場合には、顧客からの約款の明示の同意を必要とするといえるだろう。

(イ) 電子商取引における約款の組入れ

以上の学説の考え方を前提とすると、電子商取引において約款たるサイト利用規約が契約内容に取り入れられるためには、サイト利用規約がサイト上の確認しやすい場所に表示され、かつ、取引の開始にあたって利用者が当該サイト利用規約へ同意することが必要である[10]。

そこで、まず、サイト利用規約を利用者が確認しやすいような方法で提示しなければならない。具体的には、契約の申込みや承諾のクリックをする前に、必ずサイト利用規約が表示されるようなウェブページの構成をとったり、クリックの前にこれらのサイト利用規約に掲げられた契約条件に従う契約を締結することになる旨の警告を表示することなどの方法をとることが要求される[11]。

もっとも、サイト利用規約の利用者に対する提示方法は、実際には以下のように様々である。

---

[8] 近時の民法（債権法）改正をめぐる議論の中で、このような考え方が示されている（民法（債権法）改正検討委員会編『債権法改正の基本方針』別冊 NBL126 号（2009）107 頁）。もっとも、学説では鉄道運送契約のように、契約締結時に約款を開示することが著しく困難な場合には、約款による旨の提示と営業所における約款の備え付けを組み合わせる等の方法が認められるとされているが、約款を記載した書面の交付による約款の開示が原則であろう（山本豊「契約の内容規制」前掲注(1)別冊 NBL51 号 92 頁）。

[9] もっとも、黙示の同意でも足りるとされるのは、例えば、公共交通機関との間で締結される運送契約のように、明示の合意が予定されていない場合に限られよう（民法（債権法）改正検討委員会編『詳解 債権法改正の基本方針Ⅱ契約および債権一般(1)』（商事法務、2009）91 頁）。

[10] 東弁消費者相談 258 頁。

[11] 齋藤・前掲注(2) 22 頁。

①ウェブサイトで取引を行う際に必ずサイト利用規約が明瞭に表示されている場合
②ウェブサイトの利用者が必ず気がつくであろう場所（例えば、トップページの目立つ箇所や、取引の申込み画面の目立つ箇所）にサイト利用規約がリンクされている場合
③ウェブサイトの目立たない場所にサイト利用規約が掲載されている場合
（例えば、トップページや申込み画面には掲載されているが、画面の隅に小さい字でリンクされている場合や、ページの最後までいかないとリンクが表示されない場合など）

　このうち、①は利用規約がわかりやすく表示されており、約款の組入れ要件である「開示」要件を満たしている。②については、目立つ箇所にサイト利用規約がリンクされているのみならず、リンクの字が大きく、利用者からみてサイト利用規約の存在が明らかであれば、同じく開示要件を満たしうる。これに対して、③は利用者にとってサイト利用規約の存在が明確ではないことから、「開示」要件が満たされず、約款の組入れが否定される可能性が高い。

　ここで、パソコンや携帯電話の画面に約款を表示するにあたって注意しなければならないものとして、スクロールという技術があげられる。スクロールとは、図形などをウィンドウ表示したときに、表示されない部分を見るために表示範囲を上下左右に移動させることである。紙媒体上の表示とは異なり、パソコンや携帯電話の画面の表示範囲には限界があることから、画面の上下左右すべてを読むためにはスクロールが必要となることがある。しかし、事業者の中には、画面表示に制約があることを逆手にとって、スクロールしないと見られない場所に重要な契約条件を表示し、これに消費者が気づかないことを奇貨として不当な請求をする事業者もいる。とりわけ、画面表示に制約が多い携帯電話の場合には、契約条件がパソコンの場合に比べて一層見にくいことからこのようなトラブルが生じている[12]。

　このことから、スクロールしなければ必要な表示が出てこない場合や、何段階ものリンク先で初めて表示がなされているような場合は、表示方法として問題があるだろう[13]。

---

12) 齋藤雅弘「インターネットをめぐるトラブルと消費者」法律時報75巻10号（2003）55頁。
13) 松本恒雄「インターネット取引と消費者保護」法とコンピュータ22号（2004）47頁。

以上の点に留意して開示した上で、少なくとも1回のクリックで約款を消費者が閲覧し、さらにこれを保存・印刷できるように表示されなければならない。これによって、約款が組み入れられる前提としての「認識可能性」が満たされるだろう[14]。
　次に、サイト利用規約の確認・承諾のクリック等の確認手段が必要である[15]。これによって、サイト利用規約への当事者の同意があったとすることができる。
　前述したように、電子商取引のように現時点で商慣行が成立しているとはいえず、約款内容に含まれている条項についても予測が困難であるような取引では、利用者からのサイト利用規約への同意の意思表示が確認されない限り取引が実施されない仕組みが構築されていない場合には、サイト利用規約の法的効力が原則として認められない。例えば、取引条件が提示され、これに「同意する」旨クリックしない限り次に進めないようにするといった措置がとられるべきであり、この場合に、約款全文をスクロールした上でないと申込みボタンをクリックできないような仕組みになっていないときは、約款の拘束力を否定するという考え方も現れている[16]。ただし、仮に、約款等の内容が、商慣習上、常識的な内容である場合には、利用者の同意について比較的緩やかに認定することも可能であろう[17]。
　なお、画面上の提示のみでは、実際にトラブルが生じて取引条件を確認する必要が生じた場合に、確認の術がないことがある。そこで、約款を消費者が保存しない限り、意思表示の送信をできない仕組みとするか、画面上で、随時、取引条件の内容が確認できる（改訂があったときは、その時点と、改訂前の取引条件も確認できる）仕組みを設けることも要求される[18]。

（ウ）特別法による表示規制

　各種業法等、個別の法令では、取引条件や契約内容に関する一定の事項、内容を表示することが義務づけられているが[19]、この表示規制は、以上に述べた約款の開示の必要性とも関連する。

---

[14]　田中・前掲注（5）31頁。
[15]　東弁消費者相談109〜110頁。
[16]　松本・前掲注（13）49頁、沖野・前掲注（7）361〜362頁。
[17]　準則34頁。
[18]　沖野・前掲注（7）362頁。

そのうち、電子商取引に関連する主なものとして、事業者が消費者との間で行うインターネット通販やインターネットオークションが特定商取引法の「通信販売」にあたることから[20]、特定商取引法の「通信販売」部分における表示規制をあげることができる。同法の「通信販売」部分においては、通信販売の広告に代金、代金の支払方法、履行時期などのほか、返品特約や瑕疵担保責任についての特約がある場合にはその内容などを表示することが義務づけられている（特定商取引法11条）[21]。なお、電子商取引業者が行う電子広告の場合には、これらの事項に加えて、法人の代表者または通信販売業務の責任者の氏名を表示しなければならない（同法施行規則8条2号）。これらの事項のうち、返品特約については、これらの表示は、顧客にとって見やすい箇所において明瞭に判読できるように表示する方法その他顧客にとって容易に認識することができる方法で表示するものとされている（同法施行規則9条3号）。

以上の表示義務を果たすための具体的な表示方法については、官公庁のガイドラインや業界団体の自主規制において定められていることが多い。例えば、経済産業省が2009年に公表した「通信販売における返品特約の表示についてのガイドライン」[22]においては、前述した特定商取引法11条で表示が義務づけられている返品特約につき、返品特約がある場合には、他の事項に埋没しないよう区別をはっきりさせた上で、表示サイズや表示箇所に関してそれぞれ消費者が認識しやすい方法で表示する必要があるとしており、これはインターネットによって表示する場合にも同様である。具体的には、広告および最終申込

---

19) 例として、本文でとりあげる特定商取引法のほか、割賦販売法の割賦販売条件の表示義務（3条、29条の2、30条）などがあげられる。詳細は、日弁連消費者230頁以下参照。
20) 電子商取引は、パソコン、携帯電話等の「通信機器または情報処理の用に供する機器」を用いて消費者が申込みをする取引であるから（特定商取引法2条2項、同法施行規則2条2号）、特定商取引法では通信販売に位置づけられる（圓山茂夫『詳解　特定商取引法の理論と実務（第2版）』（民事法研究会、2010）322頁も参照）。
21) ただし、当該広告に、請求により、これらの事項を記載した書面を遅滞なく交付し、またはこれらの事項を記録した電磁的記録を遅滞なく提供する旨の表示をする場合には、これらの一部を表示しないことができる（11条但書）。広告とは別にカタログ等の説明書を別途送る旨の表示がある場合に、広告にもカタログ等にも重複して表示を義務づける必要はないからである。詳細については、本章第2節2（2）も参照。
22) http://www.no-trouble.jp/#1232623304797 にリンクが貼られているほか、消費者庁取引・物価対策課＝経済産業省商務情報政策局消費経済政策課編『特定商取引に関する法律の解説（平成21年版）』（商事法務、2010）678頁以下にも掲載されている。

み画面中の各商品の説明箇所において、商品の価格や電話番号等、消費者が必ず確認すると考えられる事項の近い場所に、商品の価格等と同じサイズで表示する、パソコンの場合には標準設定で12ポイント以上の文字で表示する、色文字・太文字を用いる等して表示するなどの方法が推奨されており、逆に言えば、膨大な画面をスクロールしなければ当該表示にたどり着けないような箇所に表示する方法や、ページの隅のように目につきにくい箇所に表示する方法などは、消費者の認識を妨げるとしている。また、日本通信販売協会の「電子商取引ガイドライン」[23]においても消費者に提供すべき事項につき、「適切な箇所に、かつ明瞭に表示すること」が求められている。

このほかにも、公正取引委員会が2002年に公表した「消費者向け電子商取引における表示についての景品表示法上の問題点と留意事項」[24]において、販売価格、送料、代金の支払時期・方法、引渡時期、返品の可否・条件等の取引条件の具体的内容を正確かつ明瞭に表示することや、ハイパーリンクを用いた場合の具体的な表示方法などが詳細に定められている。

(2) シュリンクラップ契約とクリックオン契約

媒体を介して販売店を通じて行われるソフトウェア販売契約においては、ライセンス契約約款を製作者（ライセンサ）が一方的に定め、媒体の引渡し時点では契約条件について明示の合意がなされない。この場合に、約款が組み入れられたといえるかについて、次の2つの場合に分けて考える必要がある[25]。第1に、「お客様がディスクの包装を開封した時点で本契約が成立します」や「本ディスクの包装を開封された場合、以下のソフトウェア使用許諾契約書にご同意いただいたものとみなします」といった定めがあり[26]、パッケージの包装用ラップを破り開封した時に、パッケージ本体に記載された、あるいは同封されている使用許諾契約書に記載された、あるいはインストール画面に表示

---

23) http://www.jadma.org/guideline/02.html
24) http://www.jftc.go.jp/keihyo/files/3/densi.pdf
25) 牧野和夫『インターネットの法律相談（全改訂）』（学陽書房、2005）66頁など。
26) 「資料　平成19年度消費者契約における不当条項研究会報告書」消費者契約における不当条項研究会『消費者契約における不当条項の横断的分析』別冊NBL128号（商事法務、2009）199頁以下に掲げられたものより抜粋。

された使用許諾契約の条項に従った契約が成立するというものである。これをシュリンクラップ契約という。第2に、ソフトウェアをコンピュータのハードディスクへインストールするときにソフトウェアライセンス契約の文言が画面に表示され、プログラム等を初めて起動しライセンス契約締結画面に同意した時点等、代金支払時よりも後の時点でライセンス契約が成立するものとされる場合である。具体的には、「お客様が本ソフトウェアをインストール、ダウンロードもしくは使用した時点で本契約が成立します」や「本ソフトウェアをダウンロードまたはインストールすることは、契約書条項を受諾したものとみなされます」といった定めがある場合である。これをクリックオン契約という。

これらの条項は、利用者の一定の作為や不作為をもって、一定の意思表示があったものと擬制する契約条項である。しかし、これらの条項は契約の一方当事者によって作成され、他方当事者の交渉の余地がない点で約款としての本質を有し[27]、しかも、ユーザーに過剰な制約を課している条項等が多々あることから、ユーザーに不利な約款にユーザーが拘束されるのか否かという、すでに述べた約款の組入れの問題が顕在化する。

以下、これら2つの場合に付き、ライセンス契約約款が契約内容に組み入れられているか否かについて説明する（ライセンス契約について、詳細は本書第12章を参照）[28]。

（ア）シュリンクラップ契約

シュリンクラップ契約については、ユーザーが商品購入時点で商品の中身や契約条項について一切確かめる機会がないにもかかわらず、ユーザーにとって不利な内容の契約の成立を強制するものであるとして、ユーザー保護および私的自治の観点からその有効性に疑問を呈する学説もある[29]。これに対して、今日ではシュリンクラップ契約の必要性と合理性を根拠に、有効であるとする説もみられ、具体的には、①承諾の意思表示に代わるような事実行為があれば、

---

[27] 中島成二「シュリンクラップ契約の有効性（上）」NBL634号（1998）26頁。
[28] なお、販売店とユーザーの間の契約が情報財の複製物の売買契約と解される場合には、そもそもライセンス契約が存在しないものと解されているので、以下では販売店がユーザーに対してライセンス契約を締結することができる地位および媒体・マニュアル等の有体物を引き渡すことを内容とする契約の場合を念頭において説明する。この場合には、ライセンス契約の内容に不同意であるユーザーは、返品・返金が可能であると解されている（準則147頁）。
[29] 北川善太郎「ソフトウェアの使用と契約——開封契約批判」NBL435号（1989）8頁。

契約が成立すると定めている民法526条2項の規定を根拠とする説、②附合契約にあたるとする説、③黙示の許諾があるとする説がある[30]。もっとも、これらの説は、意思表示を幅広く認めてしまうおそれがあるが、シュリンクラップ契約の場合、実際には意思表示が本当に存在していたといえるかが難しい事案が多い。しかも、契約条項の内容も製品によって様々であり、内容が商慣習化しているとはいえない。そのことから、シュリンクラップ契約を有効とするためには、契約条項が具体的に顧客に開示されており、かつ、顧客の明確な同意があったといえるのはどのような場合なのかを検討する必要がある。

シュリンクラップ契約の場合、ユーザーが、媒体の封（フィルムラップやシール等）の開封前に、ライセンス契約の内容を認識し、契約締結の意思をもって媒体の封を開封していたか否かが問題となる[31]。これは、前述したように、約款の組入れについては、約款の開示、および、約款への同意が必要であるということから導かれる結論である。

具体的には、媒体のフィルムラップやシール等にユーザーが開封前に通常認識できるような形態（字の大きさなど）で、ライセンス契約の確認を求める旨の表示と開封するとライセンス契約が成立する旨の表示がなされているような場合には、利用者が開封前にライセンス契約の内容を認識し、契約締結の意思をもって媒体の封を開封することが可能であるため、開封したことによりライセンス契約が成立し、契約への不同意を理由とした返品は認められない。

これに対して、製品の外箱の中に同梱されている使用許諾契約書にしか契約内容が記載されておらず、①媒体のフィルムラップやシール等にライセンス契約についての表示がまったくない場合や、②媒体のフィルムラップやシール等にライセンス契約の内容の記載場所が表示されておらず、かつ、ライセンス契約内容が容易に見つからない場合には、ラップを開封したとしてもそれだけで利用者が使用許諾契約に同意したものとみなすことはできず、返品が可能である[32]。

---

30) 学説の概要については、近藤剛史「ソフトウェア使用許諾契約の問題点」843頁以下、多賀谷・松本Ⅰ所収や、山本隆司「シュリンクラップ契約の問題点」コピライト438号（1997）3頁以下を参照。
31) 準則235頁。
32) 酒匂一郎『インターネットと法』（信山社、2003）110頁、準則236頁。

なお、以上の開示によってユーザーの認識可能性があることが重要であり、実際に当該当事者に読まれ、認識されている必要はない。

　その上で、以下の2点が問題となる。

　第1に、契約条項のすべてが外箱に表示されている必要があるか。契約条項すべてをパッケージの外に記載するのは物理的に不可能であり、逆にそれらをすべて記載しようとすると、ソフトの内容や価格等ユーザーが最も消費者として欲する情報がむしろ削減されてしまう可能性もある[33]。特に重要な条項だけをパッケージに大きく明示しておくという方法もありうるが[34]、すべての条項について利用者が内容を確認できないにもかかわらず、利用者の条項への同意があったとみなすのは、理論的には問題が残るだろう。

　第2に、仮に以上の要件を満たし、約款が組み入れられたといえる場合であっても、常識的に考えて、通常ならそのような条件があればそもそも取引しないであろう、いわゆる不意打ち条項は当事者を拘束しない（不意打ち条項については、本章本節1（3）を参照）。

（イ）クリックオン契約

　ユーザーが、画面上で「（ライセンス契約に）同意する」というボタンをクリックする前に、ライセンス契約の内容を認識し、契約締結の意思をもってクリックした場合は、ライセンス契約が成立する[35]。例えば、画面上でライセンス契約の内容を最後までスクロールさせた後に同意ボタンをクリックした場合がこれにあたる。最後までスクロールしなければ同意ボタンをクリックできないような画面構成をとる等、ユーザーが同意ボタンをクリックする前に契約内容を通常認識できるような表示となっていることが必要である。この場合には、不同意を理由とした返品は認められない。

　クリックオン契約の場合、契約条項が消費者に提示された上で同意を求められ、その後に金銭の交換が行われる契約形態であることが多く、契約内容を提示された上で同意に関するボタンを消費者が押している以上、その消費者が契

---

33) 渡邉倫子「情報財取引における公衆向け定型ライセンス契約の有効性——著作権法の視点からの考察」コピライト479号（2001）11頁。
34) 山本・前掲注（30）15頁。
35) 準則236頁。

約内容に同意したとして、シュリンクラップ契約の場合に比して契約の成立を認めることが容易である[36]。

ただし、ライセンス契約への同意を求める画面構成や同意ボタンがインストールを進める上での他の画面構成や他のボタンと外形的な差がなく、かつライセンス契約への同意についての確認画面もない場合には、同意ボタンをクリックしたとしても不同意ならば返品できる場合がある。

ライセンス契約への同意を導くためのウェブ上の表示方法については、本節1（1）（イ）で述べたことが妥当する。

(3) 不意打ち条項

これは、約款中の条項であって、広告や契約勧誘の内容等、契約を締結する際の諸事情から、約款使用者の相手方が通常予期することができなかったものは、契約の内容とならないという考え方である。不意打ち条項該当性を判定する際に考慮に入れられるべき事情として、広告や契約勧誘の内容から契約の相手方が受けた印象と契約条項の内容の乖離、同種の契約で通常使用されている条項内容と現に使用された条項の内容との乖離がある。これらの場合、契約条項の内容が不当といえなくても、不意打ち条項として契約への採用が否定される[37]。

この点、学説では一方当事者が作成した契約条項中、当該当事者が属する業界で一般的に用いられている契約条件より不利な条項は、契約全体とのバランスから十分な合理性があることが証明されない限り、契約内容とはされないが、相手方当事者にその条項の変更の可能性が与えられ、かつ、それにもかかわらずその条項に同意する旨の個別の意思を表示したことが証明されたときはこの限りではない、という提案をするものもある。その際、不利ではないとして契約内容になったとしても、なお、公序良俗等による内容規制が及ぶのは当然である[38]。

---

36) 渡邉・前掲注（33）13頁。
37) 山本・前掲注（8）92頁以下。
38) 内田・前掲注（1）322頁以下。

(4) 契約条件の明確性

　電子商取引のように複雑な取引システムがとられているものについては、その取引内容や取引条件が記載されたサイト利用規約が長文難読なものとなりがちである。

　ここで、単に規約の文章が長すぎたり、複雑であることのみを理由として直ちにサイト利用規約の効力が否定されるということにはならない。しかし、長文難読な表現によって利用者に不利益な条項を隠蔽する効果がある場合に、利用者にとって理解困難な契約条項については、条項の効力が否定されることがある。

　消費者契約の場合、消費者契約法3条1項によって、「事業者は、消費者契約の条項を定めるに当たっては、消費者の権利義務その他の消費者契約の内容が消費者にとって明確かつ平易なものになるよう配慮する」よう努めなければならないと定められている。電子商取引においては、利用者がサイト上の情報のみから判断しなければならないことから、約款に示される契約条項は、通常の消費者契約の場合よりも、さらに明確かつ平易であること、口頭説明なしにその表示内容だけで一般消費者が契約内容・条件を理解できるほどに明確・平易であることが求められる[39]。よって、当該条項の内容がサイト利用者にとって不明確かつ難解に過ぎる場合には、消費者契約法3条1項の努力義務の懈怠と評価されることもありうる。ただし、同法3条1項違反によって直接に契約取消しの効力が認められるわけではないことから、同法3条1項違反を理由に、あまりに長文・難解な約款はサイト上で消費者に対して表示されていないのと同じことと評価して、契約条件に組み入れられないとされることや[40]、事業者の債務不履行・不法行為の成立を根拠づける一要素となることになろう。

　これに関連して、契約の解釈を行ってもなお当該約款について複数の解釈が可能な場合には、条項使用者に不利な解釈が採用されるという考え方がある。これを不明確準則という。これは、透明性の原則（契約条項は、明確かつ平易な言葉で表現されなければならないという原則）の実効性を確保するための規制である[41]。

---

39) 東弁消費者相談104頁。
40) 東弁消費者相談110頁。
41) 山本・前掲注(6) 197頁。

もっとも、不明瞭原則は、意思表示ないし契約に関する他の解釈原則を適用しても、なお複数の解釈可能性が残る場合に適用されるものである[42]。

(5) 利用規約の変更

インターネットによって取引条件・約款を提示する場合、変更が容易であるという特徴がある[43]。

サイト利用規約が変更された場合には、サイト利用規約の変更の有効性を主張するために、サイト利用者にわかりやすい方法でサイト利用規約の変更の事実と変更箇所を告知した上で、変更後のサイト利用規約につきサイト利用者の同意を得ることが必要である[44]。

2 個別条項の効力

サイト利用規約の内容が利用者とサイト運営者の間の契約に取り込まれているといえる場合であっても、契約条項の内容が消費者契約法や民法の規定に照らして不当であるとされる場合には、不当条項として効力が否定される[45]。

(1) 消費者契約法による個別条項規制

インターネット上の通信販売で消費者が事業者から物品を購入した場合や、インターネットオークションサイト事業者と消費者との間の契約や、オークションにおいて一方当事者が事業者である場合には、消費者契約法が適用される。

(ア) 事業者の損害賠償責任の全部ないし一部を免除する条項の規制（8条）

1項1号は全部免責条項を無効とする。一方で、1項2号は一部免責条項（責任制限条項）を故意・重過失免責の場合にのみ無効とするものである。また、事業者の債務の履行に際してなされた不法行為責任に関する全部免責条項（3号）、および故意・重過失による不法行為責任の一部免責条項（責任制限条項）（4号）も無効となる。ほかに、瑕疵担保責任の全部免責条項（5号）も規制対象と

---

[42] 山本・前掲注(8) 93頁。
[43] 沖野・前掲注(7) 343頁。
[44] 準則 36頁。
[45] ほかに宅建業法や割賦販売法などにおいて違約金条項規制が行われるが、ここでは省略する。

なっているが、瑕疵を修補する、ないし瑕疵のない代物を交付するとされている場合、あるいは、他の事業者が代わって責任を負うとされている場合には無効とはならない（同条2項）。

具体的には、「いかなる理由があっても一切損害賠償責任を負わない」、「事業者に故意または重過失があっても一切責任を負わない」といった条項や、「事業者の損害賠償責任は〇〇円を限度とする」といった条項が無効となりうる。ただし、「債務不履行により」（1号、2号）、「債務の履行に際してされた」（3号、4号）とあるように、債務不履行による損害賠償を免除または一部免責する場合に8条が適用されるのであり、例えば「当駐車場に駐車中の自動車に積載されている物件について、当社は保管の義務を負わない」といった条項といったように債務不履行とは関係なく、単に事業者の債務を免除するだけの条項には8条が適用されない。

電子商取引においては、例えば、オークション事業者が自己の債務不履行により消費者に生じた損害を賠償する責任の全部を免除する条項や、事業者の故意または重過失による債務不履行によって消費者に生じた損害を賠償する責任の一部を免除する条項等は無効となる。また、事業者たるオークションの出品者が、自己の出品した商品についての瑕疵担保責任の全部を免責する条項[46]や、通信販売サイトで事業者たる売主が「商品の瑕疵について一切の責任を負わない」とする特約も無効となりうる。ほかに、インターネット上のモール会員登録規約における「当社のモール内の各サービスの中断、遅滞、中止等によって発生する損害について、当社は一切の責任を負わない」という条項、プログラムの品質を保証しないとする条項も無効となる[47]。

---

[46] 事業者と消費者との間でなされたインターネット・オークションでの中古車販売において、メーターの巻き戻しによって実際の走行距離が表示の8倍以上であったことが民法570条の「瑕疵」にあたるとした上で、当事者間で瑕疵担保責任の免責の合意があったか否かが争われている大阪地判平成20年6月10日（判タ1290号176頁）において、合意が仮に成立していたとしても、瑕疵担保責任の免責の合意は消費者契約法8条1項5号により、無効となるとされている。

[47] 日弁連消費者問題対策委員会編『コンメンタール消費者契約法（第2版）』（商事法務、2010）139頁以下。また、同書で掲げられている裁判例である東京地判平成20年7月16日（金法1871号51頁）は、外国為替証拠金取引の事業者が定めたコンピュータシステム、ソフトウェアの故障や誤作動等によって生じた損害からは免責されるという約款条項につき、8条1項1号に照らして、コンピュータシステムや通信機器の障害により顧客に生じた損害のうち、真に予測不可能な障害や事業者の影響力の及ぶ範囲の外で発生した障害といった事業者に帰責性の認められない事態によって顧客に

(イ) 過大な違約金・損害賠償額の予定条項の無効 (9条)

9条1号は解除に伴う損害賠償額の予定・違約金条項に関して、これらを合算した額のうち、「当該事業者に生ずべき平均的な損害の額」を超える部分を無効とするものである。事業者が損害が生じる場合に備えて一定の損害賠償額を予定したり違約金条項を定めることはよくあるが、この金額が不相当に高額であると消費者に不当な金銭的負担を強いることになる。そこで、本条では、事業者が違約金として消費者から徴収してよいのは、事業者に通常生ずる損害の平均額であることを明文化した。

したがって、サイト利用規約にキャンセル料などが規定されていたとしても、当該キャンセル料がキャンセルによってサイト運営者に生じる損害の平均額を超えていれば、その超えた部分につき無効となる。

ただし、「解除の事由、時期等の区分に応じ」とあることから、解除に伴う損害賠償のみが念頭に置かれており、例えば、契約解除とは関係がない、交通機関への不正乗車の場合の割増運賃のような違約金条項には適用されない。また、解約の要件について定めるもの（例えば、一切解除は認めない、とするもの）は消費者契約法10条によってその有効性が判断される。

9条1号の「当該事業者に生ずべき平均的な損害の額」については、文言にあるように「当該条項において設定された解除の事由、時期等の区分に応じて、当該消費者契約と同種の消費者契約の解除に伴い」生ずるか否かで判断される。この「平均的な損害」は、立案担当者によると、当該消費者契約の当事者たる個々の事業者に生じる損害の額について、契約の類型ごとに合理的な算出根拠に基づき算定された平均値であり、当該業種における業界の水準ではないとされている[48]。また、実際に生じた損害ではない。

また、9条2号は金銭債務の不履行の場合に消費者が支払うべき損害賠償額の予定・違約金の合計額が当該支払期日における支払残高に年14.6％を乗じた額を超える場合はその超過部分を無効としている。

生じた損害について事業者が損害賠償の責任を負わない旨を規定したものであり、事業者とヘッジ先のカバー取引が事業者の責めに帰すべき事由により成立しない場合にまで事業者を免責する規定ではないと判示した。
48) 消費者庁企画課編『逐条解説消費者契約法（第2版）』（商事法務、2010）209頁。

(ウ) 消費者の利益を一方的に害する条項の無効 (10 条)

10 条は、「民法、商法その他の法律の公の秩序に関しない規定（筆者注：つまり任意規定）の適用による場合に比し、消費者の権利を制限し、又は消費者の義務を加重する消費者契約の条項であって、民法第 1 条第 2 項に規定する基本原則（筆者注：信義則）に反して消費者の利益を一方的に害するもの」を無効とする。8 条や 9 条の定める免責条項や違約金条項以外にも、消費者の契約解除・解約権を制限する条項、事業者からの契約解除・解約の要件を緩和する条項、権利行使期間短縮条項、契約内容変更条項、紛争が生じた場合の管轄裁判所を定める合意管轄条項など、消費者の利益を一方的に害する契約条項は多々ある。10 条はそれらをすべて補足する趣旨で設けられた一般条項である。

立案担当者は、本条における「民法、商法その他の公の秩序に関しない規定」を、文字通り民商法等の任意規定に限定しているが[49]、任意規定の有無に関係なく、一方的に消費者の利益を害するか否かによって条項の効力を判断すべきであろう[50]。

したがって、サイト利用規約における消費者に不利な合意管轄条項や、解除制限条項は、本条によって無効となる。

(2) 民法による個別条項規制

消費者間のインターネットオークションによる取引など、消費者契約法が適用されない場合でも、民法の規定によって内容規制が行われる。この点につき、主として、以下の 2 つの方法がとられることが多い[51]。

第 1 に、解釈による契約条項規制である。具体的には、条項の限定的解釈や創造的解釈によって、当該条項を条項作成者に不利に解釈するものである。例えば、責任制限条項は、それを定める者に故意または重過失がある場合には適用されない[52]といったように解釈によって条項の内容を限定的にとらえる場合があげられる。また、スポーツクラブにおける「会員本人または第三者に生

---

[49] 消費者庁・前掲注 (48) 220 頁。
[50] この点の議論につき、大澤彩『不当条項規制の構造と展開』（有斐閣、2010）56 頁参照。最判平成 23 年 7 月 15 日（民集 65 巻 5 号 2269 頁）も、10 条の任意規定には、明文の規定のみならず、一般的な法理等も含まれるとしている。
[51] 山本豊「契約の内容規制（その 2）——不当条項規制」法学教室 340 号（2009）119 頁。

じた人的・物的事故については、会社側に重過失のある場合を除き、会社は一切損害賠償の責を負わないものとする」という条項につき、「スポーツ施設を利用する者の自己責任に帰するものとして考えられていることについて、事故が発生しても、会社側に故意または重過失のある場合を除き、会社側に責任がないことを確認する」趣旨のものであり、本件スポーツ施設の設置または保存の瑕疵により事故が発生した場合の会社側の損害賠償責任は本件条項の対象外であるというように、一般的、平均的なスポーツクラブ会員にとって予期可能、かつ、合理的な内容のものとして解釈した裁判例[53]も、解釈による契約条項規制の典型例である。

　第2に、より直接的な内容規制として、公序良俗や信義則といった民法の一般条項による規制が積極的に行われている。その中でも特に活用されているのが公序良俗規定である。すなわち、契約条項を解釈した上で、それでも合理性を欠くとされる場合や、契約条項が消費者に著しい不利益をもたらす場合には公序良俗に基づいて当該条項が無効とされることがある[54]。

(3) 具体例

　以下では、電子商取引において問題となることが多い契約条項のうち、ノークレーム・ノーリターン特約、および、電子商取引で頻繁にみられる免責条項を具体例として、いかなる場合に契約条項の効力が否定され、ないしは、その適用が制限されうるかにつき説明する（インターネットオークション取引全体の詳細については、第5章第2節、第11章参照）。

(ア) ノークレーム・ノーリターン特約

　ノークレーム・ノーリターンとは、インターネット・オークションに出品された商品の説明欄に記載されることの多い業界用語である。これは、一般に

---

52) 宿泊客からあらかじめ種類および価額の明告のなかった物品等が滅失・毀損した場合につき、ホテル側の損害賠償義務の範囲を制限する宿泊約款の規定は、ホテル側に故意または重大な過失がある場合には適用されないとされた最判平成15年2月28日判時1829号151頁など。
53) 東京地判平成9年2月13日判時1627号129頁（村千鶴子「判批」廣瀬久和＝河上正二編『消費者法判例百選』（有斐閣、2010）88頁参照）。
54) 人身事故の場合の事業者の責任制限条項につき、責任制限自体の合理性は認めつつも、責任限度額100万円があまりに低額であるとして、公序良俗違反により条項を無効とした、大阪地判昭和42年6月12日（下民集18巻5＝6号641頁）がその例である。

「商品に関する苦情・返品は一切受け付けない」という意味である。とりわけ出品者が非事業者である場合には目的物の状態について十分にチェックできる状況にないといえることからこのような特約が定められるが、このような記載に同意の上入札・落札した者は、商品の説明欄に記載された商品説明と実際の商品が異なっていた場合や、商品の説明欄に記載のない事情で買主が知っていれば入札しなかったと考えられる事情があった場合等において、出品者に対して一切苦情や返品の申し出（解除、返品等）ができないのかが問題となる。

　ノークレーム・ノーリターン特約は、落札者が瑕疵担保責任を追及する権利を放棄すること、また、契約解除権を行使して商品の返還と引換えに代金の返済を求める権利を行使することができないことを意味するものであり、出品者の瑕疵担保責任ないし不完全履行による債務不履行責任を排除する特約にあたる[55]。そうすると、仮に出品者が事業者で落札者が消費者の場合には、消費者契約法 8 条により無効となりうる。また、出品者が事業者の場合に、商品等の説明に実際の商品の品質とは異なる記載があった場合や、商品の欠陥について説明がなかった場合などには、消費者たる落札者は消費者契約法 4 条 1 項 1 号（不実告知）や 4 条 2 項（不利益事実の不告知）に基づき、取消しを主張することができるほか、特定商取引法の誇大広告（12 条）や景品表示法 4 条 1 項（商品の内容についての優良誤認）にあたるとして主務大臣や公正取引委員会等に申し出ることもできる[56]。

　一方、出品者・落札者ともに消費者である場合には、このような特約を定めること自体は原則として有効であり、落札者がそれを承知している以上、特約の効力が認められる。中古品である場合、常識的な範囲内で傷などが存在することは落札者側でも予想すべきことであり[57]、中古品相応の「品質の幅」の範囲である限りは、買主がリスクを負担することとなる[58]。

　しかし、出品者が出品物の全部または一部が他人に属すること、数量が不足

---

[55] 磯村保「インターネット・オークション取引をめぐる契約法上の諸問題」民商法雑誌 133 巻 4・5 号（2006）695 頁。
[56] 第二東京弁護士会消費者問題対策委員会編『インターネット消費者相談 Q&A（第 3 版）』（民事法研究会、2010）21 頁以下。
[57] 日弁連消費者 437 頁。
[58] 沖野・前掲注（7）376 頁。

していること、出品物に瑕疵（商品説明には記載されていなかったキズや汚れなど）があること等を自ら知っているにもかかわらず、これを入札者・落札者に告げないで取引した場合にまで免責を認めることはできない。たとえ、瑕疵の説明の懈怠自体が故意によるものではなかった、すなわち欺罔の意図はなかったとしても、民法572条を理由として解除することができ、落札者は担保責任・不履行責任を追及することができる[59]。また、売主が「新品同様」と表示している場合に、取引通念に照らして「新品同様」とはいえない状態であるときには売主の債務不履行となる[60]。よって、以上のような場合には、ノークレーム・ノーリターン特約があっても、瑕疵担保責任または錯誤無効や詐欺取消し、債務不履行による解除や損害賠償を請求できる可能性がある[61]。

　問題は、出品者が瑕疵の存在を認識していない場合である。出品される商品は出品者の手元にある一方で、入札者はディスプレイ上の画像と出品者の商品説明だけを手がかりとして商品の現状を確認しなければならないことから、学説では、出品者が気づきうるような瑕疵であり、かつ、落札価格との均衡を考慮に入れたとしても、そのような瑕疵が落札者の意思決定に重要な影響を及ぼすべきものと考えられる場合には、原則として特約による免責の効力は及ばないとすべきとするものがある[62]。

　この点に関連して、中古品の瑕疵の程度について参考となる判決がある。中古自動車のオークションにおいて、オークションサイトで指摘されていた損傷以外にもガソリンタンクのガソリン漏れなどの損傷があったことから、落札者が民法570条の「瑕疵」があるとして出品者に対して同条に基づく損害賠償を請求した東京地判平成16年4月15日（判時1909号55頁）は、①「中古自動車の売買においては、それまでの使用に伴い、当該自動車に損傷などが生じていることが多く、これを修復して売却する場合はともかく、これを修復しないで売却する場合には、その修理費用を買主が負担することを見込んで売買代金が決定されるのが一般的であるから、このような場合には、買主が修理代金を負

---

59) 磯村・前掲注（55）695頁。
60) 沖野・前掲注（7）376頁。
61) 準則97頁。
62) 磯村・前掲注（55）695頁。

担することが見込まれる範囲の損傷などは、これを自動車の瑕疵というのは相当でない」として、本件では初心者に対して、入札に際して注意を促し、むしろ入札を控えるようにとコメントしていることや、オークションの開始価格が8,000円、落札価格が6万4,000円にとどまり、きわめて低廉であることから、本件サイトで指摘された損傷以外に修理を要する損傷箇所が存在することも予想された上で開始価格が設定されて出品され、かつ、本件サイトで指摘された損傷以外の損傷については落札者が自ら修理することを予定して落札されたものであったとしつつ、②自動車の安全な走行それ自体に危険をもたらすような損傷については、上述の事情を考慮しても、買主が自ら修理することを予定した範囲を超える損傷であって、「瑕疵」にあたるとした。その際、本件サイトには、その走行自体が不可能であるとか、危険を伴うといった記載はなく、かえって走行それ自体には問題がないかのような記載がされていた点が考慮されている。すなわち、落札者に対して走行それ自体には問題がないかのような期待を抱かせるような表示がされていたということである[63]。

　以上の裁判例によれば、オークションにおける「瑕疵」の判断、さらには、ノークレーム・ノーリターン特約の有効性の判断にあたり、考慮要素となるのは次の2点である。第1に、商品の現状についての説明が正確になされているかである。特に、落札者への引渡しの当初から動作不良がある商品については、動作不良の可能性など、商品の現状についての説明が十分なされており、入札者側においてそのような初期動作不良のリスクを引き受けていると考えられる事情がない限り、特約の効力は及ばない[64]。また、前掲裁判例のように、商品の品質について、落札者に過度の期待を抱かせるような記載がなされていた場合には、落札者が抱いた期待と実際の商品の品質の落差が考慮され、ノークレーム・ノーリターン特約の効力が及ばないことがある。第2に、商品と落札価格との均衡である。新品との差額や一般の中古市場における相場価格との差額の大きさ如何により、特約の認められる範囲も異なると考えられる。予期していなかった損傷が発見された場合に、どこまでが「価格見合い」での買主負担であるのかを決定する必要が出てくる[65]。

---

63) 森田宏樹「本件判批」廣瀬＝河上・前掲注（53）69頁。
64) 磯村・前掲注（55）696頁。

ただし、オークションの場合、出品者も個人であり、落札者との間に情報や交渉力の格差が構造的には存在しないことから、事業者と消費者との間の契約において事業者が特約を用いる場合よりも免責の余地が広く認められうる[66]。

(イ) 各種免責約款の効力

ここでは、電子商取引においてよくみられる免責約款の効力について、いくつかの具体例を挙げるが、詳細については本書の各論部分も参照して欲しい。

(i) 返品不可特約

通信販売において事業者が設けている「〇日間に限り返品に応じます」、「一切返品に応じません」という特約である。「一切返品に応じません」とする特約は、万が一商品に瑕疵があった場合の民法上の瑕疵担保責任や債務不履行責任を負わないとも読めることから、債務不履行責任や瑕疵担保責任を免除する特約として消費者契約法8条により免責条項が無効となる可能性がある。

仮に、顧客の都合による返品を不可としたいという趣旨であれば、「お客様のご都合による返品は〇日間に限ります。万が一不良品の場合には、返品・交換期間やご使用前後にかかわらず、いつでも返品をお受けいたします」といったように、顧客の都合による返品のみに免責の範囲を限定し、債務不履行または瑕疵担保責任については民法ルールに従った上で返品可能とする旨を明確にすることが求められる[67]。

(ii) なりすましによるインターネットバンキング決済についての銀行の免責特約

名義人本人以外の第三者が本人になりすましてインターネットバンキング決済がなされた場合[68]には、銀行が設けている免責特約が問題となる。具体的には、「銀行の約款に記載された本人確認方法により本人からの依頼として取扱いを受け付けた場合に、暗証番号等に偽造、変造、盗用その他の事故があっても、それにより生じた損害について銀行は一切の責任を負わない」旨の特約である。

---

65) 沖野・前掲注(7) 382頁。
66) 沖野・前掲注(7) 376-377頁。
67) 圓山・前掲注(20) 297頁。
68) ネットバンキングの過誤払いにつき、詳細は第4章第5節参照。

これらの特約は、消費者契約法 8 条や 10 条に違反しない限り、原則として有効である。しかし、なりすましを防ぐようなシステムを構築していたとはいえない事業者がこれらの特約の効力を主張することは認められず、場合によっては個別条項の適用が制限されることがある。

　インターネットバンキングによる過誤払いについての銀行の責任が問題になった裁判例として、大阪地判平成 19 年 4 月 12 日（金法 1807 号 42 頁）がある。同判決は、ATM で預金者以外の者が預金の払戻しを受けた場合に、銀行が預金者に交付していた真正なキャッシュカードが使用され、正しい暗証番号が入力されていた場合には、銀行による暗証番号の管理が不十分であったなど特段の事情がない限り、銀行は、現金自動支払機によりキャッシュカードと暗証番号を確認して預金の払戻しをした場合には責任を負わない旨の免責約款により免責されるとし、免責約款の有効性を認めつつ、銀行が支払システムの安全性を確保していたか否かによって、約款の適用による免責の可否を決した最判平成 5 年 7 月 19 日（判時 1489 号 111 頁）を引用し、手続に応じて第二暗証または第三暗証を要求し、また、顧客と銀行のコンピュータ間でインターネット上で行われるデータ通信に、当時としては最も解読が困難であった 128bitSSL 暗号通信方式を採用し、さらに、本件約款および利用の手引きにおいて、暗証番号の管理についての注意喚起をしていた銀行の責任を否定した[69]。

　以上の裁判例、および支払システム全体の設置・管理についての銀行のシステム責任を認めた最判平成 15 年 4 月 8 日（民集 57 巻 4 号 337 頁）をふまえると、事件発生当時に銀行が設けていた支払システムの安全性の程度が考慮されて約款の効力が判断されることになるだろう[70]。

(iii) オークションサイト運営者の免責特約

　オークションにおいて多くみられるのは、オークションサイト運営者が設けている、オークション利用当事者間の取引に関してオークションサイト運営者は一切関与せず、したがって、オークションから生じるいかなる損害に対しても一切の賠償責任を負わないとする特約である。

　オークションサイト運営者が当事者間の取引には直接関与していないと認め

---

69) 同種の事案として、東京高判平成 18 年 7 月 13 日金法 1785 号 45 頁。
70) 準則 57 頁以下も参照。

られる場合には、個々の取引は出品者と落札者の責任であり、オークションサイト運営者は、一定の注意義務違反が認められる場合[71]を除いて法的責任を負わず、免責特約も有効である。

　もっとも、運営者側としては少なくともシステムが適正に機能するよう確保することが利用契約上の義務の内容となっているというべきである[72]。そうすると、オークションサイトのプログラム等に欠陥があったためにオークション利用者に損害が生じた場合には、オークションサイト運営者にはオークション利用契約上の債務不履行責任ないしは不法行為責任が認められ[73]、それらの責任を免責する特約は消費者契約法8条や10条、さらには民法の公序良俗違反や信義則違反の可能性がある（詳しくは、第11章参照）[74]。

(iv) ショッピングモール運営者の免責特約

　「ショッピングモール運営者は、出店者と顧客の間の取引には関与せず、ショッピングモール運営者は商品の瑕疵、履行の有無等一切のクレームに応じない」旨の定めが問題となる。ここで、ショッピングモール運営者が、当事者間の取引に一切関与していない場合には、ショッピングモール運営者は責任を負わない。

　ただし、ショッピングモールの出店者がショッピングモール運営者と誤認されるような外観を有する形態で営業をしている場合、商法14条（名板貸責任）の類推適用が認められることがありうる。この場合には、免責特約の効力を主張して責任を免れることはできない。

　ほかに、商法14条の類推適用が認められない場合でも、欠陥があることが

---

[71] 準則85頁は、その例として出品物について警察本部長等から競りの中止の命令を受けたにもかかわらず、オークション事業者が当該出品物にかかる競りを中止しなかったため、落札者が盗品等を購入し、盗品等の所有者から返還請求を受けた場合をあげる。しかし、オークション事業者の責任は裁判例上否定されることが多い（神戸地姫路支判平成17年8月9日判時1929号81頁等）。オークション事業者の責任についての詳細は、第11章第3節を参照。

[72] オークション事業者は、利用規約における信義則上、利用者に対して欠陥のないシステムを構築してサービスを提供すべき義務を負っていることを述べたものとして、名古屋地判平成20年3月28日（判時2029号89頁）がある。ただし、結論としては、オークション事業者の責任を否定している（詳細は第10章第3節2を参照）。

[73] 後藤巻則ほか編『アクセス消費者法（第2版）』（日本評論社、2007）229頁。

[74] 河野俊行「インターネットオークションの法的分析（1）――民商法の観点から」NBL730号（2002）16頁。磯村・前掲注(55)697頁。

多数確認されている商品の販売が店舗でなされていることを知りながらショッピングモール運営者が放置しており、その結果、欠陥商品による損害が発生した場合や、ショッピングモール運営者が特定の店舗の特定の商品を優良であると積極的に品質等を保証し、この保証を購入者が信じたためにショッピングモール利用者に損害が発生した場合には、ショッピングモール運営者が不法行為責任を負うことがある[75]。この場合も、やはり免責特約の効力を主張することはできない。

第2節　書面性

1　消費者保護法規における書面交付義務

　民法上、契約は当事者の口頭による合意でも成立するのが原則であり、合意のほかには何らの方式を要さない、すなわち、契約にあたって書面を交わすことは要求されていない（方式の自由）。実務上、契約書が存在する場合も、それは後にトラブルが生じた場合の証拠としての機能しか果たさない[76]。しかし、とりわけ消費者と事業者との間の契約においては、契約内容を明確にし、紛争を防止するために書面をかわすことが法律上、契約の申込みや承諾にあたって要求されている場合がある。

　例えば、特定商取引法においては、取引内容が複雑なものについては契約時までに取引の概要を記載した概要書面の交付（連鎖販売取引（37条）、特定継続的役務提供（42条）、業務提供誘因販売取引（55条））、契約締結後には契約書面の交付（訪問販売（5条）、電話勧誘販売（19条）、連鎖販売取引（37条）、特定継続的役務提供（42条）、業務提供誘因販売取引（55条）、訪問購入（58条の8））が義務づけられている。ほかに申込書面の交付義務が課されていることもある（訪問販売（4条）、電話勧誘販売（18条）、訪問購入（58条の7））。その上で、申込書面や契約書面の交付日を起算日としたクーリング・オフ制度が設けられている。もっとも、電子商取引

---

[75]　準則83頁以下。詳細は本書第9章第2節3、第10章を参照。
[76]　新版注釈民法（13）256頁以下〔松本恒雄〕。

の多くが該当する通信販売においては、訪問販売等とは異なり不意打ち性がないことから、前払式の場合にのみ承諾通知の交付義務が課されている。同様に、割賦販売法では、個別信用購入あっせんの場合、販売業者は、商品販売時までに現金販売価格、支払総額、支払回数、手数料率等の取引条件を記載した書面の交付義務を負う（35条の3の2）。個別信用購入あっせんの場合、個別信用購入あっせん業者も申込書面および契約書面の交付義務（35条の3の9）を負う。一方、包括信用購入あっせんの場合、包括信用購入あっせん業者は、カード発行時までに、手数料率、支払回数、利用限度額等の取引条件を記載した書面を交付する義務を負う（30条）。販売業者も、遅滞なく契約書面交付義務を負う（30条の2第4項）。また、旅行業法では、旅行業者等は、旅行業務に関し旅行者と契約を締結しようとするときには、旅行者に対し取引条件を記載した書面を交付しなければならず（12条の4第2項）、また、契約を締結したときも書面を交付しなければならない（12条の5第1項）。ほかにも、商品取引所法や宅建業法、貸金業法で契約の申込受付や締結時における書面交付義務が定められている。

　ここでの書面とは、文字通り、紙に文字等が記載されたものである。書面の交付は契約成立の要件とはされていないものの[77]、これらの書面には①消費者に情報を提供するという機能、②書面を用いることにより説明を補う機能、③消費者へ書面を交付するという行為を通じて消費者に注意を促し、契約判断の適正を確保する機能、④取引後に取引内容・条件等を書面で通知することにより、消費者が後日それらを事後的に確認できるようにする機能、⑤証拠としての機能などがあるほか[78]、その受領日がクーリング・オフ期間の起算点となるなど、重要な役割を果たしている。また、前述した約款との関係でいえば、取引条件を消費者に書面によって開示すべきことを義務づけたものである。そのため、これらの書面については記載の文字の大きさ（8ポイント以上）や色なども定められている（例えば、特定商取引法施行規則5条）。以上の、書面交付義務違反については、罰則などの刑事制裁や業務停止命令などの行政制裁が科され

---

[77]　大村敦志『消費者法（第4版）』（有斐閣、2011）70頁。
[78]　田澤元章「電子商取引における消費者保護」日弁連法務研究財団『論点教材電子商取引の法的課題』（商事法務、2004年）54頁。

る。

しかし、電子商取引において紙ベースでの書面を要求することは、取引の迅速性や利便性の観点から電子商取引の普及・拡大の障害になりうる。そこで、書面交付義務の持つ消費者保護の趣旨や重要性を損なうことなく、電子商取引での利便性を確保するために、書面交付に代えて書面記載事項を電磁的方法で提供することを認めるべく、IT書面一括法が制定された。

2 IT書面一括法[79]

(1) 概要

2000年にIT書面一括法が成立し、2001年4月より施行された。同法は、民間における商取引等について書面の交付や書面による手続を義務づけている関係法律の該当部分を改正し、送付される側の同意を条件に、電子メール、ホームページ、ファックス、CD-ROM等の電磁的方法による代替を認めたものである。電磁的方法により提供された事項等は、相手方である顧客等が使用する電子計算機に備えられたファイルへの記録がされた時点でその顧客等に到達したものとみなされると定めている法律が多い（例として、割賦販売法30条の6、4条の2第2項）。この法律によって改正された50の法律のうち、電子商取引とも関連しうる主なものとして、特定商取引法、割賦販売法、金融商品取引法、貸金業法、保険業法、旅行業法、宅建業法がある。

ただし、①公正証書が要求されている場合（例として、借地借家法）、②取引が相対で行われている等、電子取引が行われる可能性のないもの（例として、質屋営業法）、③国際条約に基づくもの（例として、国際会場物品運送法）、④契約をめぐるトラブルが現に多発する等の理由で書面代替が困難なもの（例として、当時の貸金業規制法、商品取引所法）については、同法による改正の対象外であった。また、対象となった法律の中でも、書面代替が認められたものと、認められていないものがある。

---

79) 同法の解説として、通商産業省機械情報産業局電子商取引法制審議室「書面の交付等に関する情報通信の技術の利用のための関係法律の整備に関する法律（IT書面一括法）の成立」金法1599号(2001) 69頁がある。
80) 東弁消費者相談154頁、田澤・前掲注 (78) 53頁。

さらに、注意すべきは、この改正によっても、「書面」の原則はあくまで「紙」であり、送信者・受信者が「電磁的方法」の方がのぞましいと判断する場合にのみ例外的に選択肢を与えたという点である[80]。このように、電磁的方法への代替があくまで例外的であると捉えられているのは、前述したように、書面交付は消費者保護の観点からも重要な機能を果たしており、書面の電磁的方法による代替によって書面が果たしている機能を損なうべきではないと考えられているからである。そうすると、電磁的方法による代替にあたっては、書面交付義務が果たしている機能を完全に代替しうる制度や手段、方式であることが求められる[81]。この点をふまえた上で、以下、いくつかの法律を具体例として、書面の電磁的方法による代替の具体的な方法について説明する。

(2) 対象となった法律の具体例

電子商取引に関連するいくつかの法律を具体例として説明する。

(ア) 特定商取引法

書面性に関して問題となるのは、前払式通信販売の契約成立等の通知を義務づけた13条である。前払式通信販売とは、物品引渡し・権利移転・役務提供を受ける前に、顧客から代金の全部または一部を支払わせる契約形態である。しかし、前払いであることから、債務が履行されるまで不安定な法律的立場に置かれる顧客の利益を守るために、事業者は、郵便等により売買契約または役務提供契約の申込みを受け、かつ、代金ないし対価の全部または一部を受領したときは、申込みを承諾するかどうか、販売業者または役務提供事業者の氏名または名称、住所、電話番号、受領した金銭の金額、金銭の受領日、申込みを受けた商品名およびその数量または権利もしくは役務の種類、商品等の引渡期日を記載した書面を、遅滞なく交付しなければならない（13条1項本文）[82]。

この書面による通知は、申込者の承諾を得て、電磁的方法により提供することができ、この場合は、事業者は書面による通知をしたものとみなされる（13

---

81) 齋藤・前掲注（2）18頁。
82) ただし、当該商品もしくは当該権利の代金又は当該役務の対価の全部または一部を受領した後遅滞なく当該商品を送付し、もしくは当該権利を移転し、または当該役務を提供したときは、この限りではない（13条1項但書）。

条2項)。

　具体的には、事業者が前払式通信販売の承諾通知を電磁的方法で代替するためには、①あらかじめ申込者に、②電磁的方法の種類および内容を示して、③書面または電磁的方法による承諾を得ることが要件とされている（特定商取引法施行令4条1項）。②の電磁的方法の「種類」とは、電子メール、ホームページ、CD-ROMやフロッピーディスクの交付等の区別であり、「内容」とはファイルの記録方式（閲覧できるソフトウェアの名称、そのバージョン等）である[83]。申込者の承諾は必ず書面または電磁的方法によらなければならず、口頭によるものは認められていない。利用規約等の条項に含めて包括的な承諾を取ることも認められない。

　電磁的な提供方法としては、①電子メール、②ホームページの閲覧、ダウンロード、③事業者のコンピュータの顧客ファイルへの記録（施行規則14条1項1号イ、ロ、ハ）、④フロッピーディスク、CD-ROM等の媒体に記録したものを交付する方法（施行規則14条1項2号）である。このうち、①、②については、顧客がファイルへの記録を出力することによる書面を作成できるものであることが必要であり（施行規則14条2項1号）、③については、顧客ファイルの記録された広告記載事項は、6ヵ月間消去または改変できないようにすること（施行規則14条2項2号）が必要である。①から④のすべてに共通して、申込者が明瞭に読むことができるように表示しなければならない（施行規則14条3項）。

　13条の規定に違反した者に対しては、100万円以下の罰金が科せられる（72条1項6号）ほか、14条および15条の規定による指示、業務停止命令の対象となる。

　また、広告事項省略時の交付書面（11条但書）についても電子データでの代替が認められた。具体的には、電子広告において広告記載内容の一部省略を行った場合、事業者は、消費者の請求により、遅滞なく、①法定事項を全部表示した書面を交付する、②法定事項を全部表示した電子メール等の電磁的記録を提供する、のうち、いずれかの方法で省略事項を補う必要がある。ここで、電磁的な記録の送付方法としては、①電子メール（施行規則10条3項1号）、②ホ

---

83) 齋藤・池本・石戸谷318頁。

ームページから顧客に閲覧、ダウンロードさせる方法（施行規則10条3項2号）、③顧客側の装置が、携帯電話機などの受信データのメモリがない、または少ない場合には、事業者のコンピュータの顧客専用領域（顧客ファイル）に記録して、電気通信回線を通じて顧客の閲覧に供する方法（施行規則10条3項3号）、である。このうち、①、②については、顧客がファイルへの記録を出力することによる書面を作成することができるものであり（要するに、プリントアウトができないような技術的措置を講じたファイルを送信してはならない）（施行規則10条4項1号）、③の場合は、顧客ファイルの記録された広告記載事項は、6ヵ月間消去または改変できないようにすることが必要である（施行規則10条4項2号）。これらの規定に違反した広告については、主務大臣または都道府県知事の指示、業務停止命令の対象となる。

　ただし、同法において書面の電磁的方法への代替が認められたのは通信販売のみであり、連鎖販売取引や業務提供誘因販売取引のように電子商取引形態が考えられる取引であっても対象となっているわけではない。よって、これらのものについては依然として紙媒体のものを交付する義務がある。

　(イ) 割賦販売法

　インターネットでカード番号等を送信する方法でも割賦販売法が適用される。よって、電子商取引においてクレジットカード決済を行う場合にも書面交付義務が課される。

　割賦販売法については、IT書面一括法と平成20年改正法において、業者に書面交付義務が課されている。

　まず、割賦販売については、①割賦販売業者が分割方式により割賦販売を行うため、「カード等」を交付しまたは付与する場合の販売条件に関する書面交付義務（割賦販売法3条2項）、②割賦販売業者がリボルビング方式により割賦販売を行うため、「カード等」を交付しまたは付与する場合の販売条件に関する書面交付義務（3条3項）、③個別方式または分割方式の販売契約締結時の書面交付（4条1項）、④リボルビング方式の販売契約締結時の書面交付義務（4条2項）、⑤リボルビング方式の割賦販売における弁済金請求時の書面交付義務（4条3項）につき、電磁的方法への代替が認められた（4条の2）。具体的には、あらかじめ、相手方に対し、電磁的方法により書面交付を行うことについて、書

面交付を行う電磁的方法の種類（電子メール、ホームページ、記録媒体の種類の明示）および内容（ファイルへの記録方法）を示して、書面または電磁的方法による承諾を得た場合には、電磁的方法による書面交付が認められる（施行令2条1項、施行規則11条）。

電磁的方法として認められているのは、①電子メール、②ウェブサイト等を通じて、相手方が閲覧可能なファイルを相手方にダウンロードさせ、保存させる等して、相手方が使用する電子計算機上のファイルに記録する方法、③FD、CD-ROMなどの記録媒体を交付する方法である（施行令10条1項1号イ・ロ及び2号）。いずれの方法においても、相手方がファイルを出力することにより書面を作成することが可能でなければならない（施行規則10条2項）。

ローン提携販売についても、書面の電磁的方法への代替が認められている（29条の4第1項において準用する4条の2）。具体的には、ローン提供販売条件の表示義務（29条の2第1項・2項）、契約締結時の書面交付義務（29条の3）である。同じく、包括信用購入あっせんについても、クレジットカードの交付の際の書面交付義務（30条1項・2項）、クレジットカードの利用・請求時の書面交付義務（30条の2の3の各項）につき、書面の電磁的方法への代替が認められている（30条の6において準用する4条の2）。具体的な提供方法については、割賦販売の場合と同様である。

また、個別信用購入あっせんについても、書面の電磁的方法への代替が認められている（35条の3の22による4条の2の規定の準用）。具体的には、個別信用購入あっせんに係る販売契約の販売業者による契約締結時書面の交付義務（35条の3の8）、個別信用購入あっせんに係る個別信用購入あっせん業者による申込時・契約締結時書面の交付義務（35条の3の9の第1項・第3項）である。電磁的方法により提供する場合の方法については施行令25条で定められているが、個別信用購入あっせんの場合には、書面に記載すべき事項を電磁的方法（フロッピーディスク等の交付を除く）により提供する送り主は、施行規則97条で定めるところにより、当該事項が受け手の使用に係る電子計算機に備えられたファイルに記録されたことを確認しなければならない（確認手段は問わない）。

なお、契約解除前の事業者からの書面による催告（5条等）や消費者からのクーリング・オフの申立書面（35条の3の10）については電磁的方法への代替が

認められていない。

(ウ) 貸金業法

貸金業法については、書面の電子化を認めると契約をめぐるトラブルが多発するという理由により、IT 書面一括法では書面の電子化が認められなかった。しかし、2006 年の貸金業法改正により、いずれも利息制限法以下の貸出金利で、用いる電磁的方法の種類及び内容を示して、書面または電磁的方法により相手方の承諾を得た場合につき（施行令 3 条 2 の 5、3 条の 3、3 条の 4、3 条の 5）、契約締結前の書面交付（16 条の 2）、生命保険契約に係る同意前の書面交付（16 条の 3）、契約締結時の書面（17 条書面）と受取証書（18 条書面）の電子化が認められた（17 条 7 項、18 条 4 項）。具体的には、パソコンに加え、顧客が保存・印刷できる場合には、携帯電話による書面交付も可能である（施行規則 1 条の 2 に方法が掲げられている。ただし、携帯電話については、交付後 3 ヵ月以内は相手方の要請があれば紙ベースの書面交付を行わなければならない。施行規則 1 条の 2 の 2 項 3 号）[84]。

(エ) 金融商品取引法

金融商品取引法については、契約締結前に当該取引契約の概要等を記載した書面を交付する義務（37 条の 3）、および、取引成立後に報告書を書面で交付する義務（37 条の 4）、保証金の受領に係る書面交付義務（37 条の 5）があるが、これらについて、顧客の承諾を条件に電子メール等の電子的方法で提供することが認められている（37 条の 3 第 2 項、37 条の 4 第 2 項、37 条の 5 第 2 項で 34 条の 2 第 4 項が準用されている）。

(3) 承諾の方法

承諾については、以上の多くの法律で定められているように、①事前の承諾であること、②電磁的方法の種類・内容を示すこと、③書面または電磁的方法による承諾を得ること（口頭による承諾は不可）、④消費者がいったん電子的手段によることを承諾しても撤回された場合は書面によることとされている。承諾の撤回が認められているのは、いったん承諾した以上、その後の変更を一切認めないとするのは、事業者よりも弱い立場にある顧客の保護の観点から問題が

---

84) 上柳敏郎＝大森泰人編著『逐条解説　貸金業法』（商事法務、2008）29 頁参照。

あるからである[85]。ただし、承諾の撤回後の再承諾も可能である。

(4) 電磁的方法の内容

電磁的方法の内容については、以上の多くの法律で定められているように、電子メール、ウェブ上での閲覧、携帯端末での閲覧、フロッピーディスク・CD-ROM の交付が認められている。ただし、電子メールとウェブの場合には、消費者が提供された上記情報を書面に印刷することができなくてはならず、携帯端末の場合にはダウンロードは不要だが一定期間消去、改変ができないものである必要がある。

---

85) TMI 総合法律事務所編『IT の法律相談』（青林書院、2004）248 頁。

第❸章
本人認証

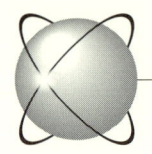

第1節　本人および同一性識別の意義

1　電子商取引における「本人」

　電子商取引においては、「本人」の同一性識別が必要になる場合とならない場合とがある。

　本人の同一性識別が必要になる場合としては、例えば、ウェブ上の販売サイト（ネットショップ）での物品の売買がその典型例である。この場合、決済を確実なものとするために「本人」を特定し、同一性識別をしなければならない。

　また、ネット上の売買の結果として物品（商品）を輸送・交付し、その履行の提供を可能にするためにも、本人の確認が必要となることがある。例えば、ネット上の書店で書籍を購入した場合、購入者の本人確認をしなければ、履行の提供をすべき債権者（買主）を特定することができず、かつ、履行の提供の場所としての債権者の住所地を特定することもできない[1]。このように、債務の履行の提供のための識別子として顧客の「本人性」の概念が機能する場合がある。

　これに対し、本人確認をまったく要しない電子商取引も多数存在する。そして、理論的には、「本人の同一性識別をまったく問題にしないようなタイプの取引がすべての契約の原型である」との仮説をたてることも可能である。

---

[1]　履行の提供として物品の交付を要する取引では、インターネット上で契約が成立している場合であっても、現実に物品を搬送・交付するというかたちで履行の提供を行うために、少なくとも履行の提供先を特定することが必要であり、かつ、本人に対して履行がなされたことを特定することが必要となる。ここでは、債務の履行が適法に行われたという法律効果を発生させるために、その限度で「本人」という概念が用いられることになる。

例えば、電子的な処理だけで即時に履行の提供が完了してしまう現実売買のようなタイプの電子商取引では、本人の同一性識別はほとんど重要性がなく、現実に即時の決済および電子的な給付が確実になされるかどうかのほうが重要である。そして、このような場合には、要するに決済（課金の実行）がなされれば足りる。そのことから、（法令によって本人確認義務が定められているような場合を除き）本人確認を必要とせず、匿名の契約であっても適法に成立するのが原則である[2]。

　このことは、電子商取引ではない現実世界における普通の店舗における売買等でも同じである。例えば、コンビニエンスストアやスーパーマーケット等における小売の場面では、売主は、顧客の氏名や住所等を識別することはない。基本的には、当該顧客が代金支払能力を有する者であるかどうかだけが重要である。

　また、自動販売機による売買を考えると、このことをより一層明確に認識することができる。一般に、自動販売機を介した売買契約では、本人の同一性識別がまったく無視されている。自動販売機は、真正な現金が投入されたかどうかを判別し、指定された商品を放出するだけの動作しかしない。その現金を誰が投入したのかはまったく問題にされないし、現金を投入した者と商品を取り出した者との同一性識別もまったく問題にされない。つまり、自動販売機を用いた売買契約では、本人の同一性識別はまったく無用になっている。そして、同じような取引がネット上でなされる場合、やはり本人の同一性識別はまったく無用であり、匿名による契約が原則となっている。

2）　物品の交付（送付または搬送を伴う履行の提供）ではなく、インターネット上で一定のサービス（役務）を提供すれば債務を履行したことになるようなタイプの契約（例：音楽コンテンツの聴取、映画コンテンツの視聴、ゲームプレイ、占い結果の表示等）では、アクセス元である装置上でコンテンツが電子的に提供されれば履行の提供がなされたことになる。このような場合、いわば現実売買に近い形式で役務の提供がなされ直ちに契約が履行済みになってしまうような関係が存在する。そして、一般的には、そのサービスを提供するサイトにアクセスしサービスの提供を求めている者に対してサービスの提供がなされれば足りることから、当該サービスの提供を求めている者が電子的かつ自動的に識別されていることになり、かつ、物品の搬送や交付と同じような意味での履行の提供を要しない。このような場合には、「本人」という概念を用いなくても適法な履行の提供が可能となる。サービスを提供するサイトの側では、サービス提供のリクエストをしているIPアドレスに対してコンテンツ等の信号を送信すれば、そのリクエストをしている者の個人識別をしなくても、それだけで適法に履行の提供をしたことになるであろう。

このように、現実売買の類型に属する契約の場合、顧客の「本人性」の概念とは、代金支払能力を有する者を識別しトレースするための識別子の一種として機能しているのにすぎず、ヒトとしての同一性識別機能は無視されている。

　同様のことは、物体であるプリペイドカードによる決済の場面においても妥当する。この場合、（犯罪収益の移転防止その他の問題が発生しない限り）そのプリペイドカードの保有者が誰であるのかはまったく問題とならない。そして、電子的なプリペイドカードでは、PIN番号という符号列が最も重要であり、そのPIN番号を使用している「本人」の特定性は重視されない。それゆえ、匿名のゲームサイト等では、匿名の電子的なプリペイドカード決済により、匿名の利用者が、何ら問題なくそのゲームサイト等を利用することができる。

　さらには、債権の準占有者に対する弁済（民法478条）の制度についても、上記のような観点から考えてみると、物理的な「本人」ではなく、一定の法律効果（債務の消滅等）を発生させるために「本人」という概念が用いられているということを理解することができるであろう。

　要するに、一般に、商取引の場面においては、「本人」とは、特定の債権債務関係において履行可能性または担保力の有無を示す法人格主体の識別子の一種として機能しているのにすぎず、また、その履行可能性または担保力の判定結果を示す判断結果のシンボルとして存在していることになる。その履行可能性または担保力をトレースするためのリンクが維持されている限り、債務者として現れる名義人となる法人格主体が具体的に「どのような人物であるか」は本質的な事柄ではない。

　換言すると、理論上では、債務の目的または債務の履行の担保としての財産の集合である「財団」という概念とその財団へのリンクの集合を示すシンボル（符号）としての何らかのIDさえあれば、商取引上の処理を完全に実行できるはずである[3]。

3）　与信業務が電子化されるにつれ、現実に財団およびそのリンクの集合を示すシンボルとしてのIDによって与信能力判断システムが構成されるようになってきている。このようなシステムは、現時点における信用や担保力を評価する上では有用であるし合理的でもあるかもしれない。しかし、そのシンボルによって示されて得る特定の「生きた個人」について期待可能な将来の収入や収益（将来性）等を計算することは原理的に不可能である。そのことから、このような要素だけで合理的にシステムを構築すればするほど与信業務が硬直化し、平均利回率以上の利益を獲得することが難しくなるという深刻な問題が発生することにもなりうる。

そして、そのシンボルは、法的には「債権者」または「債務者」という一般名詞によって示される。これらの一般名詞は、実際の取引においては契約上の地位を示す属性値を表すものとして機能するので、形容詞として用いられる[4]。例えば、「債権者甲」、「債務者乙」と表示するような場合がその例である[5]。

2　「本人」の識別可能性

　一般に、「本人」の概念は、所与のもの、または自明のものとして理解されている。

　しかし、本人を明確に定義することは必ずしも容易なことではない。それは、「本人」とは、厳密には固定的なもの、または実体的なものではなく、特定の文脈の中で判断結果、または法律効果として現れる機能的または相対的なものであり、かつ、一定の確率論としてのみ説明しうることが多いからである。

　他方で、複数の異なる本人（物理的な個体）が存在していることが自明である場合でも、それらの本人（物理的な個体）が存在しているということと、それらの本人について同一性識別が可能であるかどうかとは相互にまったく無関係のことである。

　例えば、遺伝子における DNA 配列のみを基礎として同一性識別をしようとする場合、（宇宙線や放射線等による後天的な遺伝子の破損があることを一応措いて考えるとすれば）一卵性双生児やクローン人間である個体はすべて同一の遺伝子（DNA 配列）を有していることから、物理的に異なる個体であっても DNA 配列に基づく識別においてはすべて同一の「本人」であると判定するしかない。こ

---

4)　法律行為を論理式で記述する場合、「債権者」や「債務者」を関数として記述することが多い。しかし、正確には、どちらも「主体」という関数で一元的に表現されるべきものであり、ただ、その属性値が異なるのにすぎない。しかも、その属性値は、ある権利に着目したときにいわばベクトルのようなものとして与えられる属性値であるので、固定的なものではない。一般的には、視点の相違にすぎない。

5)　正確には、「債権者甲」は属性値だけで構成されており、エンティティ（entity）が存在しない（隠れている）。もし正確に理解し記述しようとすれば、エンティティを仮に X とすれば、「X（名前属性甲、地位属性債権者）」と記述することになろう。そして、名前や法的地位などの属性値をすべて取り去った「X」だけを明確に定義することは非常に困難である。逆から言うと、属性値だけで構成される集合体をもって特定の個人を示す情報であると仮定し、処理しているだけだということになる。そこでは、そのような属性集合をもつ者として仮定される「本人」の実存としての有無は一切考慮されることがなく、仮説としての「本人」だけが存在していることになる。

のことは、識別基準が遺伝子情報であることからくる宿命的なものである[6]。

ところが、遺伝子上は同一の組成を有するはずの一卵性双生児双子であっても、物理的に異なる個体として存在することは自明であり、そのようなものとして認識可能である。この場合、識別という認識作用の基礎となっているのは、遺伝子情報ではなく、「異なる複数の物体が同じ空間に同居することはできない」という疑似科学的理解または自然現象に対する常識的な理解ないし経験則の一種であろう[7]。

例えば、一卵性双生児であるAとBは、同一の受精卵から発生したクローン株の一種であるので、遺伝子におけるDNA配列においては完全に一致しており、そのために、DNA配列の比較によってAとBを区別することは原理的に不可能である。それでもなお、物体としてのAは、必ず物体としてのBとは異なる空間にしか存在しえないから、AとBとは異なる物体として認識することが可能である[8]。

しかしながら、単に区別するというだけではなく、識別結果を追跡（トレース）可能なものとして認識することを可能とし、かつ、そのトレースの結果を検証可能な状態とするためには、対象である特定の個体が物理的に異なる空間を支配しているという認識だけでは足りず、ほかの何らかの識別方法を付加し、その識別方法を情報として処理しなければならない。

そのような識別方法としては、何らかの符号を識別子として付することによ

---

[6] 生体認証にはDNA認証のほか、指紋認証、顔認証、虹彩認証、声紋認証、掌静脈認証など様々なタイプのものが存在し、現実に電子商取引の現場における個人認証手段として利用されている。なお、遺伝子（DNA配列）による生体認証を含め、生体認証技術一般については、瀬戸洋一『サイバーセキュリティにおける生体認証技術』（共立出版、2002）を、生体認証に伴う法律問題については堀部政男編著『プライバシー・個人情報保護の新課題』（商事法務、2010）309頁以下〔石井夏生利〕をそれぞれ参照されたい。
[7] 量子力学の観点からすれば、ここでの説明は正確ではない。それゆえ、科学的という表現ではなく疑似科学的という表現を用いるのが妥当である。
[8] 人類が言語処理の能力を十分にもつようになる以前の段階（人類が類人猿の仲間から進化した後、文字や符号を用いた情報処理をすることができるようになる前の段階）でも、個体の識別は可能であったと思われる。そうでなければ、仲間と敵の区別をすることができず、そもそも生存することができない。これは、ある物的存在として異なる場所に存在しているかどうかという素朴な認識作用のみで成立可能な認識である。つまり、本来的に、符号としての情報を用いた同一性識別の可否は、特定の物理的な個体としてのヒトが本人であるかどうかとはまったく無関係である。大都会の群集の中で、名も知らぬ者を他の者と識別し、その特定の者だけを目で追い続けることが可能なのは、このことを示している。

ってなされるのが通例である。通常、そのための識別子は「名前」であると理解されていることが多い。しかし、「名前」は本質的なものではない。なぜならば、「名前」は、本人に内在する要素ではなく、命名者によって後天的に付与されるものであり、そして、誰かがその「名前」を命名するまでは存在しない。しかも、氏名不詳の者であっても特定の個体として識別しトレースすることは可能である[9]。

　要するに、「名前」は、ある特定の個体に対して他人によって後天的に付与される属性値の一つにすぎない[10]。

　また、ある特定の個体としてのヒトに対して名前が付されている場合であっても、それだけでは「名前」が識別子として機能せず、その特定の個体における生後の訓練や経験によって、自分の名前を呼ばれた際に固有の反応を示すようになった以降の時点で、その「名前」が識別子として機能するようになることがある[11]。

　したがって、一般に、名前は、それ自体として常に識別子としての機能を有

---

[9] 被疑者不詳のまま犯罪の被疑者に対する捜査がなされる場合がその典型例である。非常に多くの場合、犯罪者や情報セキュリティを侵害する者の氏名は、捜査や調査の結果としてその最終段階において判明するのであって、その氏名が判明してから犯罪捜査や侵害者の探索等が開始されるわけではない。加えて、刑事被告人には黙秘権があることから、氏名を黙秘している場合には、氏名不詳の被告人として起訴し、審理し、判決をし、刑の執行をしなければならない。現実にそのような裁判事例が存在する。これらのことから、「名前」は単なる属性値の一つにすぎず、「名前」が不明であっても、個人の同一性識別が可能として扱う場合があるということを理解することができる。

[10] 同様のことは、数多くの法令において本人特定事項として規定されている「住所」および「生年月日」についても認めることができる。これらは、いずれも特定の個体に対して他人によって後天的に付与された属性値の一つにすぎない。生年月日でさえも、真実の歴史上の出来事としての生年月日と一致しているとは限らず、出生届に記載された記述の一つであるのにすぎない。より正確には、戸籍吏員が届出内容を認識し、その認識内容のとおりに戸籍簿に記載したという事実推定しか存在しない。このことは、戸籍吏員に錯誤がある場合、誤記がある場合、戸籍システムの不調によりエラーが発生した場合、電磁的記録が不正作出された場合などを想定してみると、単なる事実推定にすぎず、事実そのものではないことを理解することができる。つまり、ある個人に付された「名前」という属性値が正しく当該個人と結合された属性値であるかどうかについての保証（いわゆる「ひもづけ」）は、厳密には存在しないことになる。

[11] 例えば、一卵性双生児であるＡとＢの双方が言語能力を十分に獲得する以前の乳幼児である場合、あるいは、ＡとＢに何らかの障害があって自分の名前を覚えることができず、親がその名前を呼んでもそれに呼応することができない場合などを想定してみると、このことは明らかであろう。そのような場合、親としては、ＡとＢとにそれぞれ異なる衣服を着せたり、名札を衣服に縫い付けたりするなどしてＡとＢの個体識別をするしかないが、誰かがこっそりとＡとＢの衣服をとりかえてしまうと、どちらがどちらであるのか区別できなくなってしまうかもしれない。

しているというわけではない。多くの場合において、その「名前」を付された者が、その「名前」を自己の識別子として認識し、その「名前」に対して特殊な反応をする人間として育てられ、記憶の中に刻み込まれて成長している場合にのみ、名前が名前としての社会的機能を果たすことができる。ここにおいて重要なのは、「名前」というシンボルによってリンクされる経験およびその記憶の集合であり、「名前」それ自体ではない。

さて、以上の例は、一卵性双生児という例外的な場合を前提にするものであるが、そうではない者の場合においても基本的には同じである。結局のところ、そこには程度差しかない[12]。

また、このことは、ある特定の「名前」をシンボルとして束ねられている他人の記憶でも同じである。その他人の記憶の中には、特定の個体の属性として認識した内容等が含まれている。そのプロセスは多様であり、データベースの利用等により完全に符号の記憶としてなされることもあるが、普通は、当該特定の個体としてのヒトとの交際として歴史的事実・経験、あるいは、当該特定の個体としてのヒトに対する第三者の評価情報(伝聞)の受容・記憶等によって形成される。

そして、現実世界においては、五感の作用によって外見上の様々な識別要素を認識可能であるだけではなく、対面による対話によって相手の記憶を問い質すことによって内心の記憶に蓄積されている識別要素を認識することが可能である。その識別要素が多様であればあるほど識別が成立する確率が高くなることはいうまでもない。

例えば、小学校を卒業して以来何十年間も一切の交際がなく、そのまま互いに老齢となって外見上の容貌等が幼少時とは完全に異なってしまっており、お互いの氏名などとうの昔に忘却してしまった者であっても、現実に交際していた幼少時における断片的な記憶を冷静に照合し合うことによって、同級生とし

---

12) 例えば、一般に、米国内でのみ生活体験を有する標準的な米国人の目から見た場合、同じような年齢・性別・体格・生活スタイルをもっている複数の異なるアジア人を完全かつ明確に識別することは不可能であるかまたは極めて困難である。そして、その逆もまた真である。このことを理解すれば、繊細に差異を認識するためには、経験や文化を共有できる程度にまで一定期間にわたり時間と空間を共有することが必要であるということを理解することができる。これは、セマンティックな認識とも若干異なるものであり、世界がパラレルに存在することを前提しなければ理解することができないものかもしれない。

て人生の一時期を共にした者であるかどうかを判定できることがあるのは、そのためである[13]。

しかし、これら他人の記憶に蓄積される属性値は、基本的には評価結果にすぎないので、当該特定の個体としてのヒトが有する客観的な属性値と一致するとは限らないという点に十分に留意すべきである[14]。

3 確率としての「本人」

一般に、個体の識別は、生存するどのような者についても、最初から容易なことではない。そして、過去に生存していた死者の同一性識別については、その存在それ自体および同一性識別の両方の点において、純粋に確率論的な意味での推論しか成立しえない。

この確率論の計算は、諸々の要素の論理和の計算によってなされる。例えば、名前、生年月日、性別、住所等の要素は、そのすべてを「本人だと自称する者」が記憶しているかどうか、あるいは「本人として扱うべき者」についてこれらの要素との一致を何らかの手段で証明できるかどうかという計算問題にすぎない。それゆえ、社会的に承認されたものとして扱ってよいレベルの論理計算をしたかどうかによって「本人であること」の確率計算（推定）をすること

---

13) コンピュータシステムによるターゲットマーケティング（Targeted Marketing）は、特定の消費者（顧客）の行動パターンをデータ化してデータベース内に記録・蓄積し、そのプロファイルを自動的に生成することによって成立し機能している。この場合でも個々のプロファイルには識別子（ID）が付されるし、そうでなければコンピュータ処理をすることができないが、そのIDは一定のデータの集合を識別するために用いられているだけであり、本当に重要なのは、そのデータの集合に含まれている個々のデータとそれを用いて算出される計算結果である。その意味で、この手法は、経験を符号化した記録のマッチングによって個体識別をするという普通の人間の思考過程に近いものだと考えることもできる。ただし、それゆえに、より深い意味でプライバシー侵害のおそれを生じさせてしまうことに留意しなければならない。

14) 例えば、特定の個人（X）について血液型の検査がなされ、その検査結果を担当医師が作成した検査記録（診療録の一部）に記録されたという事例を想定してみると、この場合、一般的には、検査記録に記載されている血液型がXの属性値であるかのように思われるかもしれない。しかし、現実には検査の誤りやデータ入力の誤り等が一定割合で発生するから、その検査記録に記載されているXの血液型が常に正しいという保障は何もなく、一定割合で誤謬が発生することを当然の前提とした評価値にすぎない。つまり、「属性」といっても、当該個体の真の属性であるかどうかとは無関係に、誰か他人によって当該個体の「属性」であるとして評価された結果の記録にすぎない。その意味で、神の目から見た場合に絶対的に真の値であると考えることのできる客観的な属性と、人間が主観的な評価に基づく判定結果として得られる属性とは完全に一致するものではないどころか、しばしば相当にずれている。

第1節　本人および同一性識別の意義　83

は、実際には、計算を行う者が一定の判断（行動決定）をする場合の閾値のようなものを想定しなければ成立しないものである。この「閾値のようなもの」もまた、一般的には単なる経験則のレベルのものであって、主観的・相対的なものであり、実体的・客観的なものではありえない。

　それと同時に、この閾値のようなものを満たす要素判断がなされたということが事後的に検証可能な場合には、その判断をした者について、一定の判断すべき義務（注意義務）を尽くしたものとして社会的に扱い、その損害賠償責任等の法的責任を発生させないこととすることが法的には最も重要なことである。すなわち、法的義務としての「本人確認」とは、本人確認の際に尽くすべき注意義務を尽くした場合において、法律上の注意義務を尽くしたものとして扱う機能、換言すると、いわば「免罪符（贖宥状）」のような機能を授与するための社会システムの一種であると理解することが可能である。このことは、本人確認を求める各種法令中に定める「本人特定事項」を何らかの証拠によって確認した場合に、本人であることの確認をすべしとの法的義務を果たしたものとして扱うというような場合には、最も顕著である。債権の準占有者に対する弁済の制度（民法478条）は、その典型例として理解することができる。

　そして、そもそも個人の識別が確率論にすぎないとしても、それでもなお通常の社会生活を送る上で支障となるような問題が生じることはない。それは、①上記の意味での確率論を計算すべき対象の数が限られていること、②確率論を計算すべき必要性に迫られる場合が乏しいこと、③確率論を計算しなくても社会生活上支障が生じない（とりわけ何らかの法的責任が生ずることがない）ことなどの結果として理解することができる。

4　電子商取引における「本人」の識別可能確率

　電子商取引において「本人」の同一性識別が必要になる場合、実際には、IDやパスワードといったような極めて乏しい識別要素（資料）に頼って、それを識別しなければならない。このことは、符号の伝送のみによって成立しているインターネット等の上で商取引をする以上、宿命的なものである。そして、電子商取引の多くの場合においてなされる個人識別とは、実際には、物理的な個人（ヒト）を識別することではなく、特定のID等によって識別される誰かに

対して課金処理がなされ、その課金処理の結果として一定の給付を確実に履行させることができるかどうかの判定をすることを意味する[15]。

インターネット上の取引を含め、電子商取引の圧倒的大部分においては、個体識別をする際に用いることのできる要素が大幅に制限されている。換言すると、制約条件が著しく厳しい。例えば、IDとパスワードによる認証を用いる場合、2つの要素があるように見えても、実際には「符号列」という単一の種類に属する要素による識別がなされているだけである。指紋、虹彩、静脈パターン、骨格パターン等の生体情報による認証がなされる場合においても、実際にはベクトル化された数値という符号列のマッチングがなされているだけなので、程度差しか存在せず、質的な相違は何ら存在しない。

5 法令中における「本人」の定義

「本人」の概念に関して以上に述べたことは、現行法令中において「本人」という語が用いられている場合でも同じだと考えることができる。

例えば、個人情報保護法と犯罪収益移転防止法（平成19年3月31日法律第22号）がその例である。これらの法令中では、全く異なる「本人」の概念が用いられている。

個人情報保護法2条6項は、「本人」について「個人情報によって識別される特定の個人をいう」と定義している。そして、一般に、「個人」とは自然人のことを指し法人ではないと理解されているから、結局、「識別の対象である個人」ということを意味していることになる。ところが、個人情報によって識別できない個人であって、その識別されない個人としての物理的なヒト（一般概念としての本人）はどこかに必ず存在するはずである。

要するに、個人情報保護法における「本人」とは、一般概念としての「本人」という集合の中に含まれる一定部分の個人を定義するための要件を示すことによって、個人情報保護法を適用する対象を限定するための道具概念として

---

[15] このことは、現実世界においても同じである。例えば、債務者である特定の個人が死亡した場合でも、その債務が相続等によって相続人に承継されているときは、その承継のリンクをたどって債務の履行を確保できることが重要なのであり、死亡した債務者が具体的にどのような人物であったかということはまったく問題にならない。この場合、債務者としての「本人」性とは、債務を履行することが可能な法人格主体としてのシンボルとしての意味しかもっていない。

機能しているのにすぎない。つまり、同法における定義は「本人」一般を定義するものではない。個人情報保護法が想定しているのは、個人情報によって特定可能な自然人（本人）と特定不可能な自然人（非本人）との総体としての「個人」という論理集合だけである[16]。

他方、犯罪収益移転防止法4条は、特定事業者について、本人特定事項によって本人確認をすべき義務を定めている。そして、同条における「本人」は、自然人と法人の両方を含む。同法4条によれば、特定事業者は、本人特定事項として、自然人については氏名、住居および生年月日を確認し、また、法人については名称および本店または主たる事務所の所在地を確認すべきものとされている。

要するに、この法律に示されている「本人」はトートロジーの一種になっており、「本人特定事項を確認できる者は本人である」と定義していることになる。これを合理的に理解するとすれば、ある特定の自然人または法人について、その者が「本人」であると主張している場合に、その主張が正しいかどうかを本人特定事項という要素の照合によって確認すべきだということを定めていることになる。そして、この解釈が正しいとすれば、本人特定事項の照合によって確認される「本人」とは「本人」であると自称する者によって主張されている「本人」としての主張（仮説）にすぎないことになり、実体として本人であるかどうかとは無関係であることになる。

これら2つの法令の検討から理解できるように、法令の世界においても、統一的かつ確定的な「本人」の定義はない。上記の個人情報保護法における「本人」とは自然人の場合のみを指すが、犯罪収益移転防止法における「本人」とは自然人と法人の両方を含むものとして規定されている。そして、そこで用いられている「本人」の概念は、特に厳密な論理学的・哲学的検討を踏まえて採用されているものではないし、また、一般用語としての「本人」とも一致するものではないと思われる。要するに、それぞれの法の適用の場面において、文

---

[16] ここでいう「本人」とは、実際には、個人情報という要素によって識別をするための判断の結果生成される特定の個人であることになる。また、個人情報保護法において、個人情報によって特定の個人が識別不可能である場合、その個人はヒトではあっても「本人」ではないと解するしかない。要するに、個人情報保護法が想定する世界では、本人として識別可能な特定の個人と「本人」として識別できない個人との総体としての「個人」という集合が存在しており、それらの集合の名（シンボル）が重複しているために理解が困難になっていると考えることができる。立法上の不備の一種であると考えられる。

脈に応じて、相対的に「本人」の意義を理解・判断するしかない。

　そして、これらの法令においては、仮定される「本人」を推定するための属性値のリストを列挙しているだけであり、その属性値リストの項目に該当する事実があるときは、それぞれの法令における「個人」または「本人」の識別ができたものとして扱うことにしているというだけのことにすぎない。

第2節　IDの意義

　一般に、特定の個人または法人をほかの個人または法人と識別するための手段のことをID（Identification）という。また、インターネット上では、特定のコンピュータシステムにアクセスするためのアカウント（Account）のことを指すことが多い[17]。

　他方で、特定の個人または法人を他の個人または法人と識別するために用いられる手段は、電子的なものに限られるわけではない。識別手段としてのIDの大半は、人間によって認識・判断される対象として存在していることから、一般的には非電子的な存在である[18]。

　電子商取引においては、IDやパスワードがしばしば用いられ、また、生体認証等が用いられることもある。この場合、人間にとって識別可能な符号としてのIDやパスワードとそれに対応する電子的な信号が用いられる。例えば、

---

[17]　本来、IDとは、英語の一般用語上の概念としては、身分証明書のことを意味する。パスポート、自動車運転免許証、社会保険カード等がその例である。例えば、米国に旅行すると、空港やホテルなどでIDの提示を求められることがあるが、この場合のIDとは、外国人にあっては許可された旅行者として身に付けているパスポートのことを指すのが普通であり、米国人にとっては運転免許証や社会保険証などのことを意味することが多い。これに対し、コンピュータシステムにおいてIDという場合には、当該コンピュータシステムを利用するために管理者によって割り当てられた権限すなわちアカウントのことを指すことが多い。しかし、電子商取引を含め、インターネット上の様々なやりとりが活発になるにつれ、これらの用語上の意味が混在したような状態になってきている。おそらく、米国人の語感としては、インターネット上の利用者IDとは、インターネット上の身分証明書と同じ機能を果たすトークンといったニュアンスになるのではないかと想像される。

[18]　例えば、身分証明書という意味でのIDの典型例であるRFIDチップ内蔵型のパスポートでは、電子的な処理によってその真正性（非改ざん性）を認証処理することが可能となっているが、電子的な処理がまったくなされえないところでも使用可能である。パスポートに記載されている情報や貼付されている写真の容姿などによって、人間が同一性識別のための判断をすることが可能であるし、そうでなければならないからである。このことは、運転免許証でも同様である。

人間がキーボードから ID やパスワードを打ち込んで入力する際には、それらは明らかに人間の脳によって処理可能な符号として存在しているし、紙のメモ等に筆記または印刷して記録可能であるという意味で非電子的な存在である。しかし、ID やパスワードが入力された後にコンピュータによって処理される段階では明らかに電子的な存在である。それゆえ、電子商取引の際に用いられる ID やパスワードは、電子的に処理可能な符号だけを用いて構成されていなければならないことになる。生体認証の場合でも原理的には全く同じである。

　電子商取引において用いられる ID は、ウェブサイトの管理者やアプリケーションベンダ等から発行される識別番号等によって構成されていることもあるが、利用者自身が ID として入力したニックネーム、電子メールアドレス、電話番号、その他任意の数字または符号等が ID として用いられることもある。また、システムの管理者から提供される ID の別名（エイリアス）としてニックネーム等を用いることができる場合（例：プロバイダから与えられた ID である ABCD1234 の別名として MYNAME といったニックネームを登録でき、そのどちらを用いてもログオン可能な場合）、当該システムにアクセスするための ID それ自体としては 1 個であるが、あたかもペンネームと同様に異なる複数の表現形をもっていることになる。

　このような ID は、通常は、人間が認識可能な符号によって構成されているが、人間にとって認識不可能な電磁的状態として特定の装置に記録されており、その特定の装置が鍵の一種として用いられることもある。このような鍵のような役割を果たす装置のことを一般にドングル（Dongle）と呼ぶ[19]。

第 3 節　ID 認証上のトラブル

　電子商取引において、ある特定の ID を使用する者が故意、過失または無過失により権限なしにその ID を使用した場合、その ID を用いてなされた電子

---

[19]　ドングルは、もともとは特定のアプリケーションソフトウェアの著作権管理のために開発されたものであるので、その場面では、アプリケーションソフトウェアにアクセスする権限を有する者の ID として機能していたことになる。現在、コンピュータ装置を使用したり、ネットワーク上のリソースにアクセスしたりするためにドングルが用いられることがあり、そのような場合には、コンピュータ装置やネットワーク上のリソースに対する権限を有する者の ID として機能していることになる。

商取引の成否および法律効果に疑義が生ずることがある。

一般に、このような特定のIDの無権限使用が故意によりなされる場合のことを「なりすまし」と呼ぶのが通例である。しかし、理論的には、故意によらない場合（過失の場合または無過失の場合）にも「なりすまし」と同じ結果が発生することがある（例：入力した符号がたまたま正規のIDと一致した場合、IDをコントロールするためのcookie等の不具合やバグ等により正規のIDとしての認証がなされてしまった場合など）。故意により「なりすまし」がなされた場合についてはすでに法的検討がなされている[20]。しかし、故意によらない場合については未だ十分に検討されているとはいい難い[21]。

これらの問題については、本書の第1章、第4章および第5章でも関連事項について述べられているので、ここでは他章と重複しない範囲内で簡単に整理を試みる[22]。

1 不法行為責任

まず、無権限で、他人（B）のIDを、特定のサイト（C）において使用した者（A）がある場合におけるA、BおよびCの不法行為としての法律関係は、次のとおりである。

(A) Aが故意でBのIDを使用した場合

Aの行為は、Bに故意がある場合、Bに過失がある場合およびBが無過失である場合のいずれの場合においても、Cとの関係で、不法行為（民法709条）を構成しうる。

この場合において、Bに故意があった場合（例：BのIDをAに教えた場合や使わせた場合など）には、AとBとの間に共同不法行為（民法719条）が成立しうる。Bに過失があった場合（例：BのID管理に落度があった場合など）には、Aの故意による不法行為とBの過失による不法行為との共同関係が認められる範囲内

---

[20] なりすましによる意思表示が故意になされた場合の法律効果の帰属については、経済産業省「準則」（平成24年11月）i. 41～51頁および関連項目を参照されたい。ここでは、ネット上のクレジットカード決済のように継続的に電子商取引がなされる場合とそうでない場合とに分けて解説がなされている。

[21] なお、この点に関しては、堀部・前掲注(6) 93～126頁〔石井夏生利〕を参照されたい。

[22] ここでは、不正アクセス罪の成否およびそれに伴う不法行為等の成否については、一応度外視して考えることにする。

において、AとBとの間に共同不法行為（民法719条）が成立しうる。Bが無過失の場合には、Aのみが不法行為責任を負う。
(B) Aが過失によりBのIDを使用した場合

　Aの行為は、Bに故意がある場合、Bに過失がある場合およびBが無過失である場合のいずれの場合においても、Cとの関係で、不法行為（民法709条）を構成しうる。

　この場合において、Bに故意があった場合（例：BがAの過失に乗じてBのIDを使うように仕向けた場合など）には、Bの故意による不法行為とAの過失による不法行為との共同関係が認められる範囲内において、AとBとの間に共同不法行為（民法719条）が成立しうる。Bに過失があった場合（例：BのID管理に落度があった場合など）には、Aの過失による不法行為とBの過失による不法行為との共同関係が認められる範囲内において、AとBとの間に共同不法行為（民法719条）が成立しうる。Bが無過失の場合には、Aのみが不法行為責任を負う。
(C) Aが無過失でBのIDを使用した場合

　Aについて不法行為は成立しない。このような場合の例としては、Cが管理するシステムの不具合やバグにより、Aが自己のIDを使用したはずなのにBのIDを使用したのと同じ結果を発生させてしまった場合やAの使用するPCなどが第三者によってハイジャックされリモートで操作されていた場合などが考えられる。

　この場合において、Bに故意があった場合（例：情を知らないAにBがBのIDを使用させ、後になって「AがBになりすまして行為したものだ」と主張してBの契約責任を否認する場合など）、Aは、間接正犯における道具としての立場にあることになり、かつ、無過失であるので、不法行為責任を負うことがない。また、Bに過失があった場合（例：BがAのIDをも管理する立場にあったが誤ってAのIDではなくBのIDをAのIDであるとしてAに授与した場合など）においても、Aが無過失である以上、Aは、共同不法行為者としての責任を負うことがない。Bが無過失の場合には、AおよびBとも不法行為責任を負わない。

2　契約責任

　次に、無権限で、他人（B）のIDを、特定のサイト（C）において使用した

者（A）がある場合における A、B および C の契約責任としての法律関係は、次のようになる。

(A) A が故意で B の ID を使用した場合

A が B の名で C との間で契約をした場合における民法解釈上の一般理論が適用される。原則として、A と C との間に契約は成立せず、したがって、A について、A と C との間の契約締結を前提とする債務不履行責任も発生しない。ただし、事案により、民法 93 条が適用される場合がありうると解すべきである。

この場合において、A が B の名で行動することについて B が事前・事後に承諾していた場合には、BC 間に契約が成立し、債務不履行に関しても BC 間に契約が成立していることを前提とする法律関係として取り扱われる。

これに対し、A が B の名で行動することについて B が事前・事後に承諾していなかった場合（例：A が B の名を冒用して取引をした場合）には、BC 間に契約が成立しないのが原則だが、民法 110 条の表見代理の類推適用が可能な場合には、B と C との間の契約締結が認められることがありうる（最判昭和 44 年 12 月 19 日民集 23 巻 12 号 2539 頁）。この場合、AB 間に基本代理権または基本代理権と同視できる法律関係が存在していること、B に帰責事由があることおよび C が A による B の ID の冒用について善意・無過失であることが要件となろう。

B に帰責事由がない場合の例としては、C のシステムのバグや誤作動により契約が締結されたのと同じような状態が電子的に形成されてしまった場合、C のシステムの物的セキュリティ（アクセスコントロールやデータの暗号化の失敗を含む）または人的セキュリティ（内部者である従業員や外注先における非違行為や業務遂行上の義務違反行為を含む）が十分でないためハッキングやマルウェアなどによって BC 間に契約が締結されたのと同じような状態が電子的に形成されてしまった場合などを考えることができる[23]。

なお、クレジットカード決済のような継続的な契約関係における個々の取引については、当該継続的な契約関係に適用される約款によって規律される場合が多い。ただし、A による B の ID の冒用行為について B に帰責事由が全く

---

23) 一般に、システム上の問題により本人確認を電子的に実行できなくなってしまっている場合、問題となる個々の顧客だけではなく、当該システムで処理するすべての顧客について本人認証が誤っている可能性を疑い、すべてのデータの正当性や健全性の検証をしなければならない。

ない場合にも常にBとCの間に取引が成立したものとするような約款中の条項（事前合意）は、消費者契約法10条および民法90条により無効であると解すべきである[24]。

(B) Aが故意によらずして（過失によりまたは無過失で）BのIDを使用した場合

（A）の場合と同様である。原則として、AとCとの間に契約は成立せず、したがって、Aについて、AとCとの間の契約締結を前提とする債務不履行責任も発生しない。ただし、事案により、錯誤として扱われることがありうる（民法95条）。この場合、電子契約特例法3条により、民法95条但書の適用が制限されることがあることに留意しなければならない[25]。

この場合において、BC間の関係については、（A）と同様である。

ただし、BとCとの間に適法に契約が成立したと認められた後に、Aにおいて民法95条本文の錯誤を主張してBとCとの間の契約を無効とすることが可能かどうかについては検討を要する。一般的には、取引の安全を重視し、BC間の契約は無効とならず、Aから新たな契約の申込みがあったものとして扱うのが妥当であろう。

3　まとめ

以上のように、IDの無権限使用（詐称、なりすましを含む）は、不法行為および契約上の法律関係の成否に重大な影響を与えることになる。そして、それは、債務の履行（債権の準占有者に対する弁済の場合を含む）という面でもまったく同じである。

このことから、IDの真正および使用権限の存在を確認することが非常に重要なものとなっている。IDそれ自体の真正性の確認方法は、基本的に電子的な処理によってなされることになるのに対し、IDの使用権限の存在確認は、通常は、当該IDに関する「本人確認」の手続によってなされるのが一般的である。

---

24)　経済産業省「準則」（平成24年11月）i.52頁
25)　経済産業省「準則」（平成24年11月）i.6〜9頁

第4節　本人確認の義務

電子商取引と関連する現行法令中で「本人確認」を義務づけているものがある。ここでは、その中でも重要性が高いと思われる犯罪収益移転防止法、携帯音声通信事業者による契約者等の本人確認等及び携帯音声通信役務の不正な利用の防止に関する法律（平成17年4月15日法律第31号、以下「携帯電話不正利用防止法」という）および東京都条例について述べる。

1　犯罪収益移転防止法に基づく本人確認

犯罪収益移転防止法は、「特定事業者による顧客等の本人確認、取引記録等の保存、疑わしい取引の届出等の措置を講ずることにより、組織的な犯罪の処罰及び犯罪収益の規制等に関する法律（平成11年法律第136号。以下「組織的犯罪処罰法」という。）及び国際的な協力の下に規制薬物に係る不正行為を助長する行為等の防止を図るための麻薬及び向精神薬取締法等の特例等に関する法律（平成3年法律第94号。以下「麻薬特例法」という。）による措置と相まって、犯罪による収益の移転防止を図り、併せてテロリズムに対する資金供与の防止に関する国際条約等の的確な実施を確保し、もって国民生活の安全と平穏を確保するとともに、経済活動の健全な発展に寄与すること」を目的とする法律である（同法1条）。

犯罪収益移転防止法では、特定事業者に対してそれぞれの業務と関連して本人特定事項を確認することによって本人確認をすべきことが定められている。

同法における特定事業者には、銀行、信用金庫、信用金庫連合会、労働金庫、労働金庫連合会、信用協同組合、信用協同組合連合会、農業協同組合、農業協同組合連合会、漁業協同組合、漁業協同組合連合会、水産加工業協同組合、水産加工業協同組合連合会、農林中央金庫、株式会社商工組合中央金庫、株式会社日本政策投資銀行、保険会社、外国保険会社、少額短期保険業者、共済水産業協同組合連合会、金融商品取引業者、証券金融会社、信託会社、不動産特定共同事業者、無尽会社、貸金業者、資金移動業者、商品取引員、振替機関、口座管理機関、電子債権記録機関、独立行政法人郵便貯金・簡易生命保険管理機構、両替業務を行う者、クレジットカード等と関連する業務を行う者、宅地建

物取引業者、貴金属の売買を業として行う者、私書箱の提供を行う者、弁護士、弁護士法人、司法書士、司法書士法人、行政書士、行政書士法人、公認会計士、監査法人、税理士、税理士法人などが含まれる（同法2条）。

　そして、本人特定事項とは、顧客等が自然人である場合には氏名、住居および生年月日のことをいい、顧客等が法人である場合には名称および本店または主たる事務所の所在地をいうものと規定されている（同法4条1項）[26]。

　これら特定事業者の業務は多岐にわたっており、かつ、法の制定目的からして犯罪の収益の移転防止と関連する業務（特定業務）に限定してそれぞれの特定事業者が本人確認をすれば足りることから、特定事業者の種類に応じて、本人確認をすべき取引（特定取引）の種類が個別に定められている（同法3条）。例えば、金融機関の場合（同法2条2項1号～33号）、特定業務とは「金融に関する業務その他の政令で定める業務」のことを意味し（同法4条1項）、本人確認をすべき特定取引とは「預貯金契約（預金又は貯金の受入れを内容とする契約をいう。第26条第1項において同じ。）の締結、為替取引その他の政令で定める取引」のことを意味する（同法4条1項）。なお、「その他の政令で定める取引」については、同法施行令（平成20年2月1日政令20号）7条が「金融機関等の特定業務」として定めている。

---

[26]　顧客の氏名、住所等の情報の健全性を確実に測定する方法はなく、本章の冒頭でも述べたとおり、あくまでも確率論にすぎない。例えば、特定の個人（自然人）の存在を証明するために住民基本台帳データが用いられることがあるが、生存していない高齢者に関する調査がなされていなかったため多数の故人が生存者としてデータベースに登録され続け、年金等の支給の根拠とされてしまったことは周知のとおりである。同様の例は、高齢者でない者についても相当多数存在するものと推定されるから、「住民基本台帳データベースに記録がある」という事実は、単に特定の個人の生存を推定するだけにすぎないことになるし、その推定の強弱の程度は確率論としてのみ理解することが可能である。このようなタイプの問題は、測定者側ではなく測定対象としてのデータの完全性の問題であるので、測定者側でそのデータの完全性の程度を確保・測定することができないというところに問題の本質がある。換言すると、測定者である特定事業者側でのセキュリティの高さは、測定対象である本人特定事項を証明するデータの完全性や健全性を左右することができず、そのデータの完全性や健全性を確保することについて何ら寄与しないということを意味する。このことは、住民基本台帳データだけではなく、商業登記簿上の会社データ、運転免許データベース上の運転免許者データ、旅券データなどありとあらゆる個人データについていえることである。なぜなら、それらのデータに含まれる個人のデータは、完全性が保証されていない住民基本台帳データ等に依拠して作成・記録・保存されているからである。すなわち、現在の世界に存在し利用可能な手段の中で絶対に確実といえるものは何もなく、単なる確率論しか成立しえない。したがって、本人確認とは、その確率論の測定のための手段を法定化し、その法定された手段による確率計算をすれば特定事業者の法的責任を免責するための制度であると理解するのが最も妥当である。

特定事業者は、顧客等または代表者等が特定取引を行う際に本人確認に応じないときは、当該顧客等または代表者等がこれに応ずるまでの間、当該特定取引に係る義務の履行を拒むことができる（同法5条）。

　特定事業者は、本人確認を行った場合には、直ちに、主務省令で定める方法により、本人特定事項、本人確認のためにとった措置その他の主務省令で定める事項に関する記録（本人確認記録）を作成しなければならず（同法6条1項）、また、特定事業者は、本人確認記録を、特定取引にかかる契約が終了した日その他の主務省令で定める日から7年間保存しなければならない（同法6条2項）。この6条1項にいう主務省令とは、犯罪による収益の移転防止に関する法律施行規則（平成20年2月1日内閣府・総務省・法務省・財務省・厚生労働省・農林水産省・経済産業省・国土交通省令1号）のことを指す。同法施行規則9条は、本人確認記録の作成方法として、文書、電磁的記録またはマイクロフィルムを用いて作成する方法などを定めている。また、同法施行規則10条は、本人確認記録の記録事項として、本人確認を行った者の氏名その他の当該者を特定するに足りる事項、本人確認記録の作成者の氏名その他の当該者を特定するに足りる事項、本人確認のために本人確認書類の提示を受けたときは当該提示を受けた日付および時刻、本人確認のために本人確認書類またはその写しの送付を受けたときは当該送付を受けた日付などとする旨を定めている。

　特定事業者（司法書士、司法書士法人、行政書士、行政書士法人、公認会計士、監査法人、税理士および税理士法人を除く）は、特定業務において収受した財産が犯罪による収益である疑いがあり、または顧客等が特定業務に関し組織的犯罪処罰法10条の罪もしくは麻薬特例法6条の罪にあたる行為を行っている疑いがあると認められる場合においては、速やかに、政令で定めるところにより、政令で定める事項を行政庁に届け出なければならない（同法9条1項）。この政令とは、犯罪による収益の移転防止に関する法律の規定に基づく事務の実施に関する規則（平成19年4月1日国家公安委員会規則9号）のことを指す。また、届出をすべき行政庁とは、特定事業者の種類に対応して同法20条で規定する行政庁のことを意味する。

　行政庁は、犯罪収益移転防止法の施行に必要な限度において、特定事業者に対しその業務に関して報告または資料の提出を求めることができ（同法13条）、

同法の施行に必要な限度において、当該職員に特定事業者の営業所その他の施設に立ち入らせ、帳簿書類その他の物件を検査させ、またはその業務に関し関係人に質問させることができ（同法14条1項）、特定事業者による措置の適正かつ円滑な実施を確保するため必要があると認めるときは、特定事業者に対し、必要な指導、助言および勧告をすることができ（同法15条）、特定事業者がその業務に関して同法4条1項から3項まで、6条、7条、9条第1項もしくは2項または10条の規定に違反していると認めるときは、当該特定事業者に対し、当該違反を是正するため必要な措置をとるべきことを命ずることができる（同法16条）。

国家公安委員会は、特定事業者がその業務に関して同法4条1項から3項まで、6条、7条、9条第1項もしくは2項または10条の規定に違反していると認めるときは、行政庁（都道府県公安委員会を除く）に対し、当該特定事業者に対し、同法16条の規定による命令を行うべき旨または他の法令の規定により当該違反を理由として業務の停止その他の処分を行うことができる場合にあっては、当該特定事業者に対し当該処分を行うべき旨の意見を述べることができ（同法17条1項）、また、国家公安委員会は、同法17条1項の規定により意見を述べるため必要な限度において、特定事業者に対しその業務に関して報告もしくは資料の提出を求め、または相当と認める都道府県警察に必要な調査を行うことを指示することができる（同法17条2項）。

特定事業者が同法16条に規定する命令に違反したときは、罰則がある（同法23条）。また、同法13条もしくは同法17条2項の規定による報告もしくは資料の提出をせずまたは虚偽の報告もしくは資料の提出をした者、同法14条1項もしくは同法17条3項の規定による当該職員の質問に対して答弁をせずもしくは虚偽の答弁をし、またはこれらの規定による検査を拒み、妨げ、もしくは忌避した者についても罰則がある（同法24条）。

なお、特定事業者による本人確認の際に、本人確認事項を偽った者やなりすまし行為をした者についても罰則があるが、これについては後に説明する。

2　携帯音声通信事業者による本人確認

携帯電話不正利用防止法は、「携帯音声通信事業者による携帯音声通信役務

の提供を内容とする契約の締結時等における本人確認に関する措置、通話可能端末設備等の譲渡等に関する措置等を定めることにより、携帯音声通信事業者による契約者の管理体制の整備の促進及び携帯音声通信役務の不正な利用の防止を図ること」を目的としている（同法1条）。

　携帯音声通信事業者は、携帯音声通信役務の提供を受けようとする者との間で、役務提供契約を締結するに際しては、運転免許証の提示を受ける方法その他の総務省令で定める方法により、当該役務提供契約を締結しようとする相手方について、本人特定事項を確認することにより本人確認をしなければならない（同法3条1項）。この総務省令とは、携帯音声通信事業者による契約者等の本人確認等及び携帯音声通信役務の不正な利用の防止に関する法律施行規則（平成17年12月26日総務省令167号）のことを指す。

　また、携帯音声通信事業者は、相手方の本人確認を行う場合において、会社の代表者が当該会社のために役務提供契約を締結するときその他の当該携帯音声通信事業者との間で現に役務提供契約の締結の任にあたっている自然人が当該相手方と異なるとき（3条3項に規定する場合を除く）は、当該相手方の本人確認に加え、当該役務提供契約の締結の任にあたっている自然人（代表者等）についても本人確認を行わなければならない（同法3条2項）。そして、相手方が国、地方公共団体（地方自治体）、人格のない社団または財団その他の総務省令で定めるものである場合には、当該国、地方公共団体、人格のない社団または財団その他の総務省令で定めるもののために当該携帯音声通信事業者との間で現に役務提供契約の締結の任にあたっている自然人を相手方とみなした上で、同法3条1項と同様の本人確認をしなければならない（同法3条3項）。

　携帯音声通信事業者による本人確認は、本人確認書類に基づいてなされなければならない（同法5条）[27]。

　携帯音声通信事業者は、本人確認を行ったときは、速やかに、総務省令で定

---

[27]　本人確認書類に基づく本人確認もまた確率論にすぎず、完全に確認する方法は存在しないこと、にもかかわらず、携帯音声通信事業者が法定の本人確認書類に基づく本人確認を実施すれば、携帯音声通信事業者が負う法律上の義務が免責されることは、注（22）で述べたところと全く同じである。なお、本人確認書類としての納税関係の書類およびこれに類する公文書であっても、理論的には、納税者の生存を何ら保証するものではないし、生存している納税者本人が申告等を行っているという事実を確実に証明する手段ともならず、本人であることの確率を計算するための一つの資料にすぎないこともまた同じである。

める方法により、本人特定事項その他の本人確認に関する事項として総務省令で定める事項に関する記録（本人確認記録）を作成しなければならず（同法4条1項）、また、携帯音声通信事業者は、本人確認記録を、役務提供契約が終了した日から3年間保存しなければならない（同法4条2項）。この総務省令で定める方法として、携帯電話不正利用防止法施行規則7条は、書面またはマイクロフィルムによるものとすべき旨を定めている。また、同施行規則8条1項は、本人確認記録に記録事項として、本人確認を行った者の氏名その他の当該者を特定するに足りる事項、本人確認記録の作成者の氏名その他の当該者を特定するに足りる事項、相手方に関する事項（本人確認を行った日付、本人特定事項、本人確認を行った方法、本人確認に用いた書類または電子証明書の種類および記号番号その他の当該書類または電子証明書を特定するに足りる事項）などを記載すべきものと規定している。

　携帯音声通信事業者が、当該携帯音声通信事業者のために役務提供契約の締結の媒介、取次ぎまたは代理を業として行う者（媒介業者等）に本人確認または譲渡時の本人確認を行わせている場合には、媒介業者等が本人確認をしなければならない（同法6条）。

　さらに、警察署長は、携帯音声通信役務の不正な利用の防止を図るため、①同法に規定する罪（19条から22条までおよび26条（19条から22条までの罪にかかる部分に限る）の罪に限る）にあたる行為が行われたと認めるに足りる相当の理由がある場合、または②携帯音声通信役務が詐欺罪（刑法246条）または恐喝罪（刑法249条）にあたる行為その他携帯音声通信役務が多く利用され、かつ、その行為による被害または公共の危険を防止する必要性が高いものとして政令で定める罪にあたる行為に利用されていると認めるに足りる相当の理由がある場合であって、必要があると認められるときは、携帯音声通信事業者に対し、国家公安委員会規則で定める方法により、役務提供契約にかかる契約者に関する事項の確認をすることを求めることができるものとされており（携帯電話不正利用防止法8条1項）、警察署長から確認を求められた携帯音声通信事業者は、「本人特定事項その他契約者が携帯音声通信役務の提供を受ける者としての役務提供契約上の地位を有していることを確認するために必要な事項」の確認をしなければならない（同法9条）。貸与業者もまた同様の本人確認義務を負う（同法

10条)。

　他方、総務大臣は、同法の施行に必要な限度において、携帯音声通信事業者(媒介業者等を含む)に対しその業務に関して報告または資料の提出を求めることができ(同法13条)、職員に携帯音声通信事業者の営業所その他の施設に立ち入らせ、本人確認記録その他の物件を検査させ、またはその業務に関し関係人に質問させることができる(同法14条1項)。加えて、総務大臣は、携帯音声通信事業者が、その業務に関して同法3条1項、2項もしくは3項(同法5条2項においてこれらの規定を準用する場合を含む)、同法4条1項(同法5条2項ならびに6条3項および4項において準用する場合を含む)もしくは2項(同法5条2項および6条第4項において準用する場合を含む)、同法5条1項、7条2項または12条の規定に違反していると認めるときは、当該携帯音声通信事業者に対し、当該違反を是正するために必要な措置をとるべきことを命ずることができ(同法15条1項)、また、媒介業者等が、その業務に関して同法6条3項において準用する同法3条1項から3項までの規定または同法6条4項において準用する同法3条2項もしくは3項もしくは5条1項の規定に違反していると認めるときは、当該媒介業者等に対し、当該違反を是正するために必要な措置をとるべきことを命ずることができる(同法15条2項)。そして、これらの命令等に違反したときは罰則の適用がある(同法24条、25条)。

　なお、2011年3月11日に発生した東日本大震災による被災地では、本人確認の際に提出を求められる運転免許証等を失った被災者が多いと想定されることから、この法律に基づく本人確認が事実上不可能または著しく困難になってしまったため、2011年8月31日までの特例措置として本人確認の方法・程度が緩和された[28]。

3　東京都インターネット端末利用営業規制条例

　インターネットカフェの利用について本人確認をしないままインターネットカフェの施設・設備の利用を提供した場合、匿名でインターネットを利用することが可能となる。インターネットにおける匿名性それ自体については権利と

---

[28]　携帯音声通信事業者による契約者等の本人確認等及び携帯音声通信役務の不正な利用の防止に関する法律施行規則の一部を改正する省令(平成23年総務省令8号)。

すべきであるとの考え方もあるし、匿名での利用を規制することはインターネットの監視強化であるとして反対論もある。しかし、現実問題として、他人のIDを冒用したなりすましによる犯罪行為に悪用される事例が決して少なくないことから、大きな問題であるとされてきた[29]。

　東京都は、全国で初めてインターネットカフェにおける利用者の本人確認を義務づける条例としてインターネット端末利用営業の規制に関する条例（平成22年3月31日東京都条例64号）を制定した。この条例は、目的として、「この条例は、インターネット端末利用営業について必要な規制を行うことにより、インターネット端末利用営業者によるインターネット利用の管理体制の整備の促進及びインターネット端末を利用した犯罪の防止を図り、もってインターネット端末利用営業における健全なインターネット利用環境を保持することを目的とする」と規定しており（同条例1条）、匿名による端末利用を規制することによって犯罪の発生を防止することを主たる目的としている。しかし、匿名による端末利用によって実行される犯罪の中には他人のIDの冒用を含むものが多数あることから、同条例は、電子商取引の場面においても、IDの冒用によるなりすましや他人のIDの無権限使用を抑制する効果があるものと思われる。

　インターネット端末利用営業者は、顧客に対し、インターネットを利用することができる通信端末機器を提供して店舗内においてインターネットを利用することができるようにする役務の提供（役務提供）を行うに際しては、運転免許証の提示を受ける方法その他の公安委員会規則で定める方法により、当該顧客について、氏名、住居および生年月日（本人特定事項）の確認（本人確認）を行わなければならない（同条例4条1項）。

　インターネット端末利用営業者は、本人確認を行った場合には、直ちに、公安委員会規則で定める方法により、本人特定事項、本人確認のためにとった措置その他の公安委員会規則で定める事項に関する記録（本人確認記録）を作成しなければならず（同条例5条1項）、また、インターネット端末利用営業者は、本人確認記録を、役務提供を終了した日から3年間保存しなければならない

---

29)　被害を受けたサイトのアクセスログからトレースすることにより、攻撃がなされた場所のIPアドレスを特定することは不可能なことではない。しかし、そのIPアドレスが一般に公開されているものである場合、IPアドレスだけでは実際の加害者を特定することができない。

（同条例5条2項）。

　インターネット端末利用営業者は、役務提供を終了した場合には、直ちに、公安委員会規則で定める方法により、顧客の本人確認記録を検索するための事項、顧客に提供した通信端末機器を特定するための事項その他の公安委員会規則で定める事項に関する記録（通信端末機器特定記録等）を作成しなければならず（同条例6条1項）、また、インターネット端末利用営業者は、通信端末機器特定記録等を、役務提供を終了した日から3年間保存しなければならない（同条例6条2項）。

　インターネット端末利用営業者は、顧客が入力した情報を他人が不正に利用することができないようにする機能を有するソフトウェアを備えた通信端末機器の提供、防犯カメラの設置その他の当該インターネット端末利用営業が犯罪に利用されることを防止するとともに、顧客が安心して役務提供を受けることができる環境を整備するために必要な措置を講ずるよう努めなければならない（同条例7条）。

　他方、公安委員会は、インターネット端末利用営業者が、当該インターネット端末利用営業に関し、同条例3条、4条1項、5条、6条もしくは10条4項の規定に違反したとき、12条1項の規定による報告もしくは資料の提出を拒み、もしくは同項の規定による報告もしくは資料の提出について虚偽の報告をし、もしくは虚偽の資料を提出したとき、または同条2項の規定による当該職員の質問に対して答弁をせず、もしくは虚偽の答弁をし、もしくは立入りもしくは検査を拒み、妨げ、もしくは忌避したときは、当該インターネット端末利用営業者に対し、当該違反行為の再発を防止するため必要な指示をすることができる（同条例8条）。そして、公安委員会は、インターネット端末利用営業者が、前条の規定による指示に従わなかったとき、または当該インターネット端末利用営業に関し14条（同条3項1号を除く）に規定する罪にあたる行為をしたときは、当該インターネット端末利用営業者に対し、6月を超えない範囲内で期間を定めて、当該インターネット端末利用営業の全部または一部の停止を命ずることができる（同条例9条）。なお、この命令に違反したときは罰則の適用がある（同条例14条）。

第5節　ID 認証情報の漏洩と行政監督

1　問題の所在

　犯罪収益移転防止法に定める特定事業者に対する行政監督、携帯電話不正利用防止法による携帯音声通信事業者に対する行政監督、東京都インターネット端末利用営業規制条例によるインターネット端末利用営業者に対する行政監督については既述のとおりである。これらは、電子商取引を含め各種役務提供等を受ける際に顧客や利用者等の本人確認の実施を義務づけることにより、最初の段階での ID 認証を行い、最初の段階での他人の ID の冒用（なりすまし、無権限使用）を防止するという機能を有していると理解することが可能である。

　しかし、そのようにして本人確認がなされた ID およびそれと関連する情報が無権限で第三者に提供されたり、そのような情報が漏洩・流出したりした場合、当該 ID について第三者による冒用（なりすまし、無権限使用）が事後的に発生する危険性がある。そして、その漏洩・流出の規模が非常に大きい場合には、個々の ID の信頼性だけではなく、当該システムの利用者全体について識別不能という事態が発生することがありうる。そして、そのシステムにおいて電子商取引が行われている場合には、契約の締結や決済を含め、ほとんどすべての電子商取引業務が遂行不可能となるという最悪の事態が発生しかねない。加えて、ID 認証のための情報が権限なく第三者に提供されたり漏洩したりした場合には、ID の偽造を誘発し、ID 認証の根底をゆるがすことにもなりかねない。例えば、クレジットカード契約における基本情報が第三者に漏洩すると、クレジットカードが偽造され、その偽造クレジットカードを使用した不正な取引が行われることがありうる。それゆえ、ID 認証と関連する情報やデータについて、取得時における本人確認だけではなく、取得した後の時点においても適正な管理を確保することが非常に重要なこととなる。

　ID 認証と関連する情報やデータの適正な管理について、技術的側面またはマネジメントの側面としては、各種情報セキュリティ技術の導入・運用、ISMS（ISO/IEC 27001）に基づくマネジメントシステムの構築と運用、情報セキュリティ監査の実施などが有効であると考えられており、現に数多くの企業そ

の他の組織においてこれらの方法が採用・導入されている[30]。

　これに対し、法的な側面としては、ID認証と関連する情報やデータの適正な管理が特に重要となる業務分野について、情報の管理に関する法令を制定し、当該業務を所管する行政庁による行政監督を実施するという手法がしばしば用いられてきた。

　例えば、ID認証に用いられる情報の多くは個人情報保護法所定の個人情報または個人データでもあると考えられるが、そうでない場合を含め、ID認証が失敗すると電子商取引の遂行に対して重大な支障を発生させうるものであることはいうまでもない。そこで、このような事故の発生を防止し、個人情報が適正に管理されるよう個人情報取扱事業者を行政監督するための法律として個人情報保護法が制定された[31]。

　また、例えば、インターネットサービスプロバイダ（ISP）や電話会社等は、まさにIDそのものを管理する業務を遂行する。通信当事者のIDを適切に管理することなしには、通信役務の提供それ自体が不可能となってしまうであろう。そのため、通信を媒介するISP等については通信の秘密を守る義務を中心として電気通信事業法等に基づく行政監督がなされてきた。

　このような法令は多数存在する。しかし、そのすべてについて網羅的に触れることは不可能である。そこで、ここでは、電気通信事業法に限定して、IDと関連する情報およびデータの適正な管理および行政監督について述べることにする。

2　電気通信事業法

　電気通信事業者（電気通信事業法2条5号）は、通信役務を提供する業務に従事する際、通信当事者のIDを必ず識別することになるし、そうでなければ通信役務の提供をすることができない。この通信当事者のIDは、個人識別可能な場合とそうでない場合とがある。通信当事者のIDによって個人識別が可能で

---

30)　岡村久道『情報セキュリティの法律（改訂版）』（商事法務、2011）276頁以下、岡村久道監修・関西情報・産業活性化センター情報セキュリティマネジメント研究会編『企業活動と情報セキュリティ』（経済産業調査会、2002）93〜161頁を参照されたい。
31)　地方自治体の個人情報保護条例およびその問題点等については、夏井高人＝新保史生『個人情報保護条例と自治体の責務』（ぎょうせい、2007）を参照されたい。

ない場合（例：IPアドレスのみの場合、個人を特定するに足る情報を含まないアカウントや電子メールアドレスのみの場合など）には、主として電気通信事業法が適用され、電気通信事業者は、同法に定める行政監督に服することになる。これに対し、通信当事者のIDによって個人識別が可能な場合（例：当該電気通信事業者の直接の顧客が通信当事者である場合、著名なIPアドレス、アカウント、電子メールアドレスまたはニックネーム等であって、それ自体によって個人識別が可能な場合など）には、個人情報保護法と電気通信事業法とが重畳的に適用され、電気通信事業者は、個人情報保護法に定める行政監督にも服することになる[32]。

電気通信におけるID情報の漏洩・流出に関する法的規律は、通信の秘密の保護というかたちで現れる[33]。

通信の秘密に関して、電気通信事業法3条は、「電気通信事業者の取扱中に係る通信は、検閲してはならない」と定めている。また、同法4条1項は、「電気通信事業者の取扱中に係る通信の秘密は、侵してはならない」と、同条2項は「電気通信事業に従事する者は、在職中電気通信事業者の取扱中に係る通信に関して知り得た他人の秘密を守らなければならない。その職を退いた後においても、同様とする」とそれぞれ定めている。

これら通信の秘密に対する侵害行為の態様としては、権限のない者が第三者である通信当事者間の通信に積極的に介入し、その通信内容を取得するような場合（積極的知得）が典型的であるとされている[34]。ところが、法人格主体と

---

[32] 電気通信事業者であっても、他の企業と同様の意味で顧客や従業員の管理のためにその個人情報を取得・管理・利用している場合には、単に個人情報取扱事業者として個人情報保護法に定める規律に服することになる。電気通信事業法と個人情報保護法との重畳的適用が問題となりうるのは、主として、電気通信事業者が取扱い中の通信と関連する通信当事者の情報、過去に実行された通信の履歴（通信ログなど）として記録された通信当事者の情報に関してということになる。ただし、現代的な課題として、電気通信事業者が取得・管理する通信履歴等の情報を商業目的で応用利用する場合（例：いわゆるライフログなど）における個人情報保護法の適用やプライバシー侵害（不法行為または債務不履行）の問題などがある。このような現代的な課題については、堀部・前掲注(6) 287～308頁〔小向太郎〕、石井夏生利「ライフログをめぐる法的諸問題の検討」情報ネットワーク・ローレビュー9巻1号（2010）1～14頁を参照されたい。
[33] 通信の秘密の意義について、高橋郁夫＝林紘一郎＝船橋信＝吉田一雄「通信の秘密の数奇な運命（制定法）」情報ネットワーク・ローレビュー8巻（2009）1～26頁は、興味深い考察を提示している。なお、「通信の秘密」の正確な意義については、夏井高人「サイバー犯罪の研究（三）―通信傍受に関する比較法的検討」法律論叢85巻6号（2013）363頁以下で論じた。
[34] インターネット上の通信のハッキング手法等を含め、積極的知得の具体的な態様に関しては、大橋充直『ハイテク犯罪捜査入門――基礎編』（東京出版、2004）194～253頁が参考になる。

しての電気通信事業者の場合、暗号化されていない通信については、理論的には常に知得可能な状態にあり、そうでなければ第三者である通信当事者の通信の媒介業務を遂行することができない（通信内容を知得することは電気通信事業者の権限に含まれる[35]）ということができるから、原則として、積極的知得という形態での通信の秘密の侵害を考えることができない[36]。例外的に、暗号化されている通信[37]について、その暗号化された通信内容を復号して知得する権限がなく[38]、かつ、裁判官の発する通信傍受令状等に基づく場合（法令による行為）、情報セキュリティ上合理的な措置である場合や重要通信の確保のために必須である場合（正当業務行為）、サイバー攻撃に対する対処としてやむをえず復号する以外に手段がない場合（正当防衛）、その他何らかの違法性阻却事由がないのに、暗号化された通信内容を復号して知得する行為は積極的知得として理解することが可能であり、そのような場合には、電気通信事業法3条または4条1

---

[35] 現にそうしているかどうかは別として、理論的には、電気通信事業者は、自動的に通信内容全部を知得することが可能な状態にある。しかし、どの範囲の内容で通信履歴を作成・記録することが可能かは別問題であり、当該電気通信事業の目的や必要性等に照らし合理的な範囲において設定されることになる。そして、その範囲は、理論的には相対的であり、極限としては通信内容を含むことがありうるし、技術的にも可能である。ただし、この点に関し、電気通信事業における個人情報保護に関するガイドライン（平成16年8月31日総務省告示第695号・最終改正平成23年11月2日総務省告示第465号）23条1項は、「電気通信事業者は、通信履歴（利用者が電気通信を利用した日時、当該通信の相手方その他の利用者の通信に係る情報であって通信内容以外のものをいう。以下同じ。）については、課金、料金請求、苦情対応、不正利用の防止その他の業務の遂行上必要な場合に限り、記録することができる」と規定しているから、同ガイドラインにおける「通信履歴」とは、通信内容以外の部分に限定されていることになる。反対解釈として、同ガイドラインでは、電気通信事業者が必然的に通信内容を知得してしまうことを当然の前提としつつ、通信内容については、何らかの違法性阻却事由が存在しない限り、通信履歴としての記録を許さない趣旨と解釈することが可能である。そして、同ガイドライン23条2項は、「電気通信事業者は、利用者の同意がある場合、裁判官の発付した令状に従う場合、正当防衛又は緊急避難に該当する場合その他の違法性阻却事由がある場合を除いては、通信履歴を他人に提供しないものとする」と規定しており、この条項によって同ガイドラインにおける違法性阻却事由の概念を知ることができる。
[36] 小向太郎『情報法入門――デジタル・ネットワークの法律』（NTT出版、2008）63頁は、同旨の見解を示している。
[37] 暗号化の技術一般については、佐々木良一＝吉浦裕＝手塚悟＝三島久典『インターネット時代の情報セキュリティ――暗号と電子透かし』（共立出版、2000）を、暗号と関連する法的問題については吉田一雄「暗号論」2503頁以下、多賀谷・松本1所収を参照されたい。
[38] 暗号化された通信内容を復号して知得する権限を有する場合としては、通信当事者から事前に承諾を得ている場合や、一定の条件の下に約款等によって復号する権限を有することがあらかじめ定められている場合（無条件で常に暗号化された通信内容を電気通信事業者が復号することを許容する約款は無効と解されえる）などを考えることができる。

項に違反する行為であると解することができる[39]。したがって、このような例外的な場合を除き、電気通信事業者における「通信の秘密」とは、主として電気通信事業者における守秘義務のことを意味することになる。

　通信の秘密との関連で電気通信事業者が負うべき義務としてはほかにもある。電気通信事業法30条3項1号は、30条1項の規定により指定された電気通信事業者および33条2項に規定する第一種指定電気通信設備を設置する電気通信事業者について、「他の電気通信事業者の電気通信設備との接続の業務に関して知り得た当該他の電気通信事業者及びその利用者に関する情報を当該業務の用に供する目的以外の目的のために利用し、又は提供すること」を禁じている。これは、自己が取り扱う通信についてのみならず、他の電気通信事業者との接続業務によって知得した利用者情報等についても守秘義務があることを規定するものである。

　また、電気通信事業においては、通信役務を提供する施設・設備・装置が必要であることはいうまでもないが、それらが通信の秘密を保護するのに十分な機能を有していない場合には、通信の秘密の保護が物理的に不可能となってしまいかねない。そのことから、同法41条2項は、「基礎的電気通信役務を提供する電気通信事業者は、その基礎的電気通信役務を提供する電気通信事業の用に供する電気通信設備（前項に規定する電気通信設備を除く。）を総務省令で定める技術基準に適合するように維持しなければならない」と規定した上で、同条3項は、「通信の秘密が侵されないようにすること」を確保するものとしてその技術基準を定めなければならないと規定している。

　電気通信事業に関しては、総務大臣に行政監督権がある。総務大臣は、電気通信事業者の業務の方法に関し通信の秘密の確保に支障があると認めるときは、電気通信事業者に対し、利用者の利益または公共の利益を確保するために必要

39）　近時、世界的なシェアを誇るスマートフォンの一つであるBlackBerry（カナダResearch In Motion Limited社）の暗号化された通信について、湾岸諸国やインドなどから、国防上の理由（テロ対策）により、国家機関（警察等）がアクセスできるようにすべきだとの要請がなされたことは周知のとおりである。日本国においては、通信傍受法に基づく捜査機関による通信傍受の際には暗号化された通信の復号・解読が許されると解されるが、防衛省等による国防上の理由による通信傍受および暗号化された通信の復号・解読に関しては、根拠法令が存在せず、法律上の検討もほとんどなされていないというのが実情である。この問題は、違法性阻却事由としての「国防」という一般的検討課題における現象面の一つとして理解することも可能であろう。今後、研究が進められるべき分野である。

な限度において、業務の方法の改善その他の措置をとるべきことを命ずることができる（同法29条1項1号）。

そして、同法179条は、通信の秘密を侵害する行為について罰則を定めている。

第6節　知的財産権としてのID認証情報の保護

ID認証情報は、それ自体としては単なる符号にすぎないことが多い。そのため、ID認証情報について何らかの権利を考えることができる場合は比較的少ない。これを知的財産権の一種として保護し、その侵害に対して差止請求や損害賠償請求等によって法的保護を得ようとする場合にも様々な困難がある。

しかし、一定の要件を満たす場合には、ID認証情報について知的財産権の一種として法律構成し、その権利者が訴訟や仮処分を通じて自己の権利を保護することが可能である。

ここでは、不正競争防止法上の営業秘密および著作権法上の著作物としての保護について述べる。

1　不正競争防止法

不正競争防止法2条6項は、「営業秘密」について「秘密として管理されている生産方法、販売方法その他の事業活動に有用な技術上又は営業上の情報であって、公然と知られていないものをいう」と定義している。

そして、一般に、それが秘密のものとして管理されており、かつ、公然と知られていないものである限り、顧客名簿なども営業秘密となりうると解されている[40]。

電子取引に用いられるID認証のための情報やデータは、顧客名簿とは異なるけれども、それが秘密のものとして管理されている事業活動に有用な技術上または営業上の情報であり、かつ、公然と知られていないものである限り、これを不正競争防止法によって保護される営業秘密として扱うべきであろう。

---

[40]　棚橋祐治監修『不正競争防止の法実務』（三協法規出版、2010）130頁［安保克也］参照。なお、顧客名簿を営業秘密として認めた事例として、大阪地判平成22年6月8日最高裁HPがある。

この「秘密のものとして管理されている」という要件の充足性の有無は、個々の事案によって異なるが、一般的には、秘密である情報やデータ等と秘密でない情報やデータ等とが明確に識別可能なものとして指定されているものであること、秘密のものとしての指定を従業員らが認識可能な状態となっていること、そして、秘密のものとして指定された情報やデータ等に対するアクセス権限が限定され正常に管理されていることが求められると解される[41]。

そして、電子商取引に用いられるID認証のための情報やデータが営業秘密に該当する場合、その権利者は、加害者に対し、差止請求権（同法3条）および損害賠償請求権（同法4条、民法709条）を有する。これら不正競争防止法に定める営業秘密の法的保護は、平成21年（2010年）の一部改正により従前よりもかなり強化されている[42]。

なお、電子商取引に用いられるID認証のための情報やデータが営業秘密に該当する場合において、当該情報やデータが個人を特定して識別可能とする情報を含むことがありうる。そのような個人を特定して識別可能とする情報を含む営業秘密については、営業秘密としての保護は個人情報としての保護とは異なることから、個人情報保護法を適用する上では個人情報（個人データ、保有個人データ）として扱われないものであっても、秘密として管理されているものである限り、その営業秘密性を損なうものではない。

2 著作権法

電子商取引に用いられるID認証のための情報やデータは、それ自体としては単なる符号にすぎないものであり、創作性を有するとは思われないことから、原則として、著作物に該当しない（著作権法2条1項1号）[43]。

---

[41] 不正競争防止法2条4項所定の要件を充足するためには、当該情報にアクセスした者に当該情報が営業秘密であることを認識できるようにしていることや当該情報にアクセスできる者が限定されていることが必要であるとした上で、他の社内向けの文書と大差のない状態で管理されていた情報について、秘密として管理されていたものと認めることはできないとされた事例がある（東京地判平成12年12月7日判時1771号111頁）。

[42] 詳細については、経済産業省知的財産政策室編著『逐条解説不正競争防止法——平成21年改正版』（有斐閣、2010）を参照されたい。

[43] 著作物に該当する例外的な場合については、夏井高人「サイバー犯罪の研究（二）—フィッシング（Phishing）に関する比較法的検討」法律論叢85巻（2013）4・5合併号193頁で触れた。

しかし、電子商取引に用いられるID認証のための個々の情報やデータがそれ自体としては著作物に該当しない場合であっても、それらの情報を、集合物として、「電子計算機を用いて検索することができるように体系的に構成したもの」であり（同法2条1項10号の3）、かつ、「その情報の選択又は体系的な構成によって創作性を有するもの」であると認められるときは（同法12条の2第1項）、データベースの著作物として著作権法による保護を受けることがありうる。ただし、このようなデータベースがソフトウェアによって自動的に生成される場合、その著作権の帰属主体について疑義が生ずることがあることに留意しなければならない[44]。

　したがって、電子商取引に用いられるID認証のための情報やデータの集合物がデータベースの著作物に該当する場合、その権利者は、加害者に対し、差止請求権（同法112条）および損害賠償請求権（民法709条）を有する。

第7節　IDの無権限取得および無権限使用（なりすまし）とその刑事責任

　電子商取引に用いられるID認証のための情報やデータが、権限なく取得されたり、使用されたりした場合、情報の無権限取得を直接に処罰する法令は存在しないが、当該情報が有する社会的利益や重要性に鑑み、個別の法令において処罰可能となっていることがある。

　処罰は、犯罪が実行された後の時点において確定した有罪判決に基づいて執行されるものであるため、刑罰法令の存在それ自体によって加害行為や犯罪行為の発生を阻止することはできない。しかし、刑罰の一般予防効果や特別予防効果を期待することは可能である。また、刑罰法令が存在する事項については、特別に安全管理措置を強化すべきであることは一般人にとっても容易に理解可能なことであるため、そのような意味での副次的な効果を期待することも可能であろう。少なくとも、電子商取引で用いられるID認証のための情報やデータを管理するためのマネジメントシステムを構築・運用する際には、どの事項

---

[44]　金井重彦＝小倉秀夫編著『著作権法コンメンタール（上巻）1条～74条』（東京布井出版、2000）248～250頁（藤田耕司）、佐藤郁美「データベースの法律問題——データベースに関する著作権の範囲」972～977頁、多賀谷・松本1所収。

について刑罰法令が存在しているかという点に関する検討が非常に大きな意味を有すると考えられる。

ここでは、電子商取引に用いられるID認証のための情報やデータの無権限取得および無権限使用について適用可能な刑罰法令の中で主要なものについて述べる[45]。

1　不正アクセス禁止法

平成24年3月31日に改正された不正アクセス禁止法は、不正アクセス行為および不正アクセスを助長する行為等を処罰対象としている。

まず、不正アクセス禁止法2条4項は、不正アクセス行為を3つの態様に分けて定義し、これらの行為を禁止している（同法3条）。不正アクセス行為を実行した者は、3年以下の懲役または100万円以下の罰金に処される（同法11条）。

同法2条4項1号の不正アクセス行為は、アクセス制御のためにアクセス管理者が付与した他人の識別符号を用いてなされるアクセスを意味する。電子商取引に用いられるIDやパスワードを用い、他人になりすましてインターネット上のサイトに無権限でアクセスする行為の大半は、この場合に該当するものと考えられる。

この場合において、アクセス制御のためにアクセス管理者によって付される識別符号は、文字通りの符号（IDやパスワードなど）だけに限定されない。識別符号には、生体認証による場合（利用権者等の身体の全部もしくは一部の影像または音声を用いて当該アクセス管理者が定める方法により作成される符号）や電子署名その他の電子的な方法による場合なども含まれる（同法2条2項）。

同法2条4項2号の不正アクセス行為は、アクセス管理者がアクセス制御のために付与した識別符号を用いるのではなく、他の方法により、アクセス制御を破って実行される不正アクセス行為を意味する。例えば、アクセス制御用の識別符号等とは無関係に、特定電子計算機や利用者識別用のセンサーに何らかの脆弱性が存在し、その脆弱性を悪用して、無権限でシステムにアクセスしたような場合には、2条4項2号の不正アクセスに該当する。

---

[45]　「なりすまし」行為に対する刑罰による対応については、夏井・前掲注（43）で詳論したとおりである。

同法2条4項3号の不正アクセス行為は、アクセスしようとするコンピュータシステムとは別に利用者識別用（認証用）のコンピュータシステムが存在する場合に、その利用者識別用のコンピュータシステムに対して同法2条4項1号の不正アクセス行為または同法2条4項2号の不正アクセス行為と同様の行為が実行された場合を意味する。この利用者識別用のコンピュータシステムは、それ自体として特定電子計算機でなければならない。したがって、例えば、電気通信回線を介さないで直接に利用者識別用のコンピュータシステムを操作して権限あるものとしてアクセスすることができるようにした上で、ターゲットとなるコンピュータシステムにアクセスしたような場合には、同法2条4項3号の不正アクセス行為が成立しないことになる。また、単なるセンサーのような装置は、それが利用者のアクセス制御のために用いられているとしても、同法2条4項3号の特定電子計算機には含まれないと解される。

　次に、不正アクセス禁止法5条は、不正アクセスを助長する行為を処罰対象としている。不正アクセスを助長する行為を実行した者は、1年以下の懲役または50万円以下の罰金に処される（同法12条2号）。

　同法5条の「識別符号」には、IDとパスワードだけではなく、生体認証のためのデータなども含まれる。したがって、例えば、生体認証が行われている電子商取引上の個人認証システムにおいて使用されている虹彩、指紋、静脈パターン、DNA情報、アクセス制御用装置内に記録されている識別用電子データ[46]などを他人に提供する行為は、不正アクセス行為を助長する行為に該当することがありうる。

　そして、平成24年改正により追加された同法4条は他人の識別符号を不正に取得する行為を、6条は他人の識別符号を不正に保管する行為を処罰対象としている（同法12条1号・3号）。

---

[46] 実際には、指紋や虹彩等のイメージ情報ではなく、特定の箇所を測定した結果を一定の方式に従って数値化したデータ（ベクトル値等）を生体認証データとして用いている場合が多い。そのようなデータは、普通のデータと何ら変わらないので、もし特定のデータが誰のIDとして機能するかがわかっている場合には、そのようなデータを取得・提供することによって、特定電子計算機に対する不正アクセスを実行することが可能となる。

2 刑法

　刑法は、電磁的記録(刑法7条の2)の不正作出行為について処罰するものとした上で、支払用カードに用いる電磁的記録と関連する犯罪については特に重く処罰する条項を置いている。さらに、重要な電磁的記録に関しては、その破壊行為を処罰するものとしている。

　電子商取引においては、ID認証用の電磁的記録だけではなく、取引の状況や結果等を記録するための電磁的記録など様々な電磁的記録が用いられる。これらの電磁的記録の中で、特に重要なものに対する侵害行為が刑法によって処罰対象となっていることになる[47]。

　まず、刑法161条の2は、電磁的記録の不正作出および供用の罪を定めている。支払用カードに用いられる電磁的記録を除き、電子商取引で用いられるID認証のための情報またはデータ(電磁的記録)の不正作出行為およびその供用行為の大半は、同法161条の2によって処罰可能であろうと思われる[48]。

　次に、刑法163条の2ないし同法163条の5は、有価証券偽造罪の特別罪という形式で、支払用カードに用いられる電磁的記録の不正作出、供用およびその準備行為等の周辺行為を特に重く罰するものとしている[49]。

　この支払用カードには、代金や対価の支払のために用いられるクレジットカード、預貯金の引出用カード、プリペイドカード、カード型電子マネー等が含まれる[50]。ただし、クレジットカードと似たようなカードでも、単に特典交換用のポイントを蓄積するだけのマイレージカードやポイントカード、金銭の

---

[47] 電子技術の発展が著しく、通信中のデータ(フローデータ)に対する侵害行為やトランザクションそのものに対する侵害行為については、通常の業務妨害罪が成立すると解されるほかは特別な刑法的保護を与えているとはいい難い。近時注目されているクラウドコンピューティングを用いた電子商取引についても同様である。なお、現代的な課題に対する対応及び法解釈については、夏井高人監修『ITビジネス法入門』(Tac出版、2010)第3章〔夏井高人〕の中の該当部分を参照されたい。
[48] 例えば、パソコン通信のホストコンピュータ上の顧客データベースファイルに登録された他人の住所等を無断で変更するなどした行為が私電磁的記録不正作出罪に該当するとされた事例(京都地判平成9年5月9日判時1613号157頁)がある。
[49] 支払用カード電磁的記録不正作出等の罪に関する法解釈論の詳細については、山口厚『刑法各論(第2版)』(有斐閣、2010)486～495頁を参照されたい。
[50] クレジットカード会社への連絡に基づき使用停止措置がとられたクレジットカードであっても、そのクレジットカード情報をもとに不正に作出されたクレジットカードを所持していれば、不正電磁的記録カード所持罪が成立するとされた事例がある(広島高判平成18年10月31日最高裁HP)。

貸付や返済のためだけに用いられるローンカードなどは、代金の支払いのために用いられるカードではないので、支払用カードには含まれない。

電子商取引において、クレジットカード情報による決済は、実質的にみてID認証の機能を営んでいることがある。すなわち、ネットショップ等は、クレジットカード決済が完了したという事実によって、クレジットカードの名義人である顧客の本人確認をしたのと同じ結果を得ている場合が多い。次いで、ネット上で利用可能なプリペイドカードの中で記名式のものについても同様の機能が営まれているものと理解することが可能である。それゆえ、これら支払用カードの偽造を防止することは、現実にカードを提示してなされる決済のみならず、電子商取引においてカード情報を用いてなされる決済においても非常に大きな重要性を有しているということができる。

そして、刑法258条および259条は、電磁的記録を損壊する行為を処罰対象としている。これらの条項が適用される電磁的記録の中には、電子商取引で用いられるID認証のための情報やデータ（電磁的記録）が含まれうる。

3　割賦販売法

刑法に定める支払用カードに関する罪とは別に、割賦販売法49条の2はクレジットカード情報を保護するための罰則を設けている。

この罰則に定める行為の中で、「人を欺いてクレジットカード番号等を提供」させる行為の例としては、口頭で騙してクレジット番号情報を提供させるような場合だけではなく、クレジットカード会社のサイトを装ったフィッシングサイトでクレジットカード情報を入力させることによってクレジットカード情報を取得する行為なども含まれる。

事案によっては、この割賦販売法49条の2と刑法163条の2等との競合が発生することがありうる。しかし、この場合の罪数論についてはあまり論じられていない。立法論としては、この割賦販売法の規定を刑法中に統合し、もっとわかりやすい法体系とすることが望ましい。

4　電気通信事業法等

電気通信における通信の秘密の中に含まれることは既述のとおりである。そ

して、電気通信における通信の秘密に対する侵害行為によって電子商取引に用いられるID認証のための情報やデータが無権限者に取得されうることになる。

電気通信事業法179条は、通信の秘密に対する侵害行為について罰則を設けている[51]。

電気通信事業者による通信以外の通信であっても、有線電気通信法14条と電波法119条は、同旨の罰則を設けている[52]。

5 犯罪収益移転防止法および携帯電話不正利用防止法

犯罪収益移転防止法が特定事業者について本人特定事項により本人確認をすべき義務を定めていることは既述のとおりである。

この本人確認に際し、顧客等（同法4条3項の規定により顧客等とみなされる自然人を含む。）および代表者等は、「特定事業者が本人確認を行う場合において、当該特定事業者に対して、顧客等又は代表者等の本人特定事項を偽ってはならない」として、虚偽の情報の提供によって特定事業者による本人確認を誤らせることが禁止されている（同法4条4項）。

そして、同法4条4項違反行為については、罰則が設けられている（同法25条）。

携帯電話不正利用防止法も同旨の罰則を設けている（同法19条）。

第8節　電子署名

電子商取引において電子的・自動的に実行されるID認証においては、電子署名が用いられることがある。電子署名は、電子的な書面による取引の場合にはとりわけ重要な機能を果たすものとされている。

ただし、現実に利用されている電子署名には様々なタイプのものが存在する。その安全性の強度や信頼性の程度はまちまちであるので、電子署名を用いているということだけで、特定の電子的取引（トランザクション）の安全性が常に確

---

51)　詳細については、夏井・前掲注（33）を参照されたい。
52)　電気通信と関連する法令における罰則相互の関係については、夏井・前掲注（47）第3章を参照されたい。

保されるということにはならない[53]。

そこで、電子署名法は、一定の要件を満たす電子署名法について、電子署名の真正の推定を与えることとしている[54]。

電子署名法2条は、電子署名および関連業務について、次のように定義している。

電子署名法2条（定義）
1　この法律において「電子署名」とは、電磁的記録（電子的方式、磁気的方式その他人の知覚によっては認識することができない方式で作られる記録であって、電子計算機による情報処理の用に供されるものをいう。以下同じ。）に記録することができる情報について行われる措置であって、次の要件のいずれにも該当するものをいう。
　一　当該情報が当該措置を行った者の作成に係るものであることを示すためのものであること。
　二　当該情報について改変が行われていないかどうかを確認することができるものであること。
2　この法律において「認証業務」とは、自らが行う電子署名についてその業務を利用する者（以下「利用者」という。）その他の者の求めに応じ、当該利用者が電子署名を行ったものであることを確認するために用いられる事項が当該利用者に係るものであることを証明する業務をいう。
3　この法律において「特定認証業務」とは、電子署名のうち、その方式に応じて本人だけが行うことができるものとして主務省令で定める基準に適合するものについて行われる認証業務をいう。

そして、電子署名法2条に定める要件を満たす電子署名については、次のような法的効果を認めている。

---

[53]　電子署名がもつ一般的な機能や推定力等については、夏井高人『電子署名法』（リックテレコム、2001）を参照されたい。
[54]　電子署名と関連するID認証制度には、電子署名法に基づく電子認証のほか、商業登記に基づく電子認証制度、電子公証、公的個人認証サービス制度など様々なものがある。これらについては、太田健治「商業登記に基づく電子認証制度」、横山緑「電子公証」、猿渡知之＝大西公一郎「公的個人認証サービス制度」、いずれも多賀谷・松本1所収を参照されたい。

電子署名法3条（電磁的記録の真正な成立の推定）
　電磁的記録であって情報を表すために作成されたもの（公務員が職務上作成したものを除く。）は、当該電磁的記録に記録された情報について本人による電子署名（これを行うために必要な符号及び物件を適正に管理することにより、本人だけが行うことができることとなるものに限る。）が行われているときは、真正に成立したものと推定する。

　この電子署名法2条の法律効果は「推定」であるので、反証によってその推定を覆すことが可能である。現在までのところ、反証によって推定が覆された裁判事例は存在しない。しかし、今後、例えば、電子署名サービスのためのシステムが攻撃を受け、電子署名システムとして正常に機能していなかったおそれが一般的に認められるような事態が発生した場合等には、当該電子署名サービスによって提供される電子書名およびその認証について、全面的に安全性および信頼性が損なわれることになる結果、比較的簡単に反証が成立してしまうような事態が発生することがまったくないとはいえない。

　もしそのような事態が発生した場合、電子商取引全体の信頼性に対しても壊滅的な打撃を与えることにもなりかねない。

　それゆえ、電子署名の安全性と信頼性を維持するためには、電子認証サービスにおける情報セキュリティの確保・維持・向上が必須である。

第❹章
代金決済

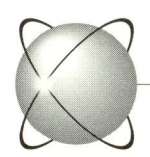

　電子商取引の発展に伴い、決済の方法も現金を直接現金書留等で送ったり、銀行振込によって行う方法から、クレジットカードやインターネットバンキングサービスを活用したキャッシュレス取引に大きく変化してきており、電子マネーやポイントなどを利用した新しい決済方法の利用も急激に増えている。そのような決済方法の変化を反映して、法制面でも、2010年4月には、資金決済法が施行された。本章では、電子商取引の発展に伴い大きく変化してきた決済面における法ルールについて、電子取引のなかで一般的に利用されるクレジットカード・収納代行・電子マネー・ポイント等について幅広い領域を解説する。

第1節　代金決済の方法と時期

1　クレジットカードを利用した決済

　インターネットを利用してサイト上の店舗からモノを買う場合、一般的に一番多いのはクレジットカードを使うケースではないだろうか。そこで、まず最初にクレジットカード決済の仕組みとそれを支える法制度について解説する。

(1) クレジットカード決済の仕組み

　クレジットカードによる決済は、カード保有者（会員）から加盟店への資金移動をカード会社が介在し、取引後の一定の期日に決済を行う仕組みである（図4-1参照）。モノの購入やサービスの提供を受けるといった取引の時点と決済の時点が分離しており、カード保有者からすると、カード会社から与信を受けているというメリットがある（また、その決済を一度に行う一括払いと分割払いが

ある。分割払いには、ここの取引について分割払いとするものと、未払残高を一括し、その金額に見合った分割払金額が設定されるリボルビング払いの方法がある）。一般的にわが国においては、諸外国と比較しても一括払いを選択する割合が高い。

図4-1　クレジットカード決済の仕組み

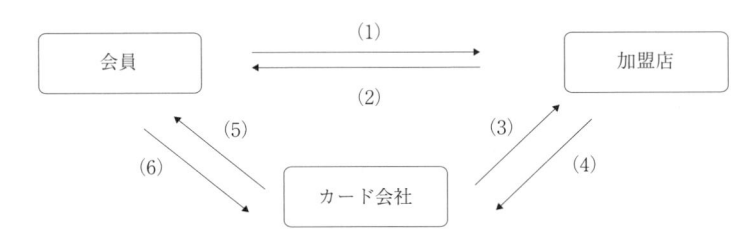

```
                    (1)
    会員 ─────────────────→ 加盟店
         ←─────────────────
                    (2)
         ↑                  ↑
      (5)│(6)            (3)│(4)
         ↓                  ↓
              カード会社
```

(1) 商品・サービスの提供
(2) カード提示・売上票にサイン（もしくは端末機へ暗証番号を入力）
(3) 売上票送付（売上データ伝送）
(4) 売上代金支払
(5) 利用代金明細書送付
(6) 利用代金支払
※利用代金の支払は、金融機関の決済口座から自動引き落としにより行われる。

　クレジットカードによる支払を構成する契約関係は、カード会社とカード保有者との間の会員規約と、発行会社―加盟店間の加盟店契約の2つで成り立っている。また、取引から決済までの期間が2ヶ月以上である場合やリボルビング方法による場合（翌月の一括払いになるマンスリークリアという方法を除く）の場合には、割賦販売法における「包括信用購入あっせん」とされ、割賦販売法の適用を受ける（割賦販売法2条3項）[1]。

　クレジットカードを使った支払についての法的構成については、わが国では、2つの契約方式が用いられている。まず、第一には、カード会社が加盟店から代金債権を譲り受け、カード保有者から期日に弁済を受ける構成（債権譲渡方式）であり、もう一つは、カード会社が加盟店に対して第三者弁済を行い、カード保有者に対して期日に求償するという構成（立替払方式）である。どちらの

---

[1]　ただし、割賦販売法における個々の規程によると原因取引が商品の売買や役務の影響であれば限定がないが、権利の取引（たとえば、施設利用権など）については、政令で指定された権利に限定して適用されることになっている。

構成をとるにしてもカード会社と加盟店およびカード保有者の間の決済は、銀行預金のつけ替えによって行われることから、クレジットカードの決済手段は、銀行振込などと同じく預金債権ということになる。

このようにクレジットカード決済そのものは単純な仕組みで構成されているが、実際にはカード会社の役割がより分化しており、以下のように複数の事業者により担われる形になっている。

一般的に、カードをカード保有者に発行し、弁済受領や求償を行うカード会社（カード発行業者）、加盟店を開拓して加盟店からの債権買取りまたは立替払いを行う加盟店管理会社（アクワイアラー）、ビサやマスターといった、両社を媒介して決済ネットワークを運営する国際ブランドカード会社はそれぞれ別の事業者になっている。最近では、顧客獲得のために、クレジットカードビジネスを業務の一部として展開する業者も増え、例えば、航空会社やデパート、大学の同窓会組織などが、カード保有者（会員）の獲得を行い、カードの発行と弁済受領・求償業務を既存のカード発行会社（イシュアー）に委託する「提携カード」も増加している。

また、イシュアーとアクワイアラーとの間の決済（セトルメントという）の方法も取引形態によって違っている。クレジットカードが国内で利用された場合には、イシュアーからアクワイアラーに対して、全銀システムや日銀ネットといった国内の銀行間決済システムを通じて、資金移動が行われ、決済が完了することになる[2]。それに対して、カードが海外で利用されたケースでは、国際間における資金移動（外国為替決済）が必要になり、この場合、国際ブランドカード会社が運営しているデータセンターがデータ処理を行い、一定の期日にネッティングを行い、差額のみ各国の金融機関相互間で決済することになる。

クレジットカードを用いた決済の最大の特徴は加盟店への支払（立替払い、ないしは、債権譲渡）とカード保有者の銀行口座の引落時期との間に時間的な間隔があることであり、クレジットカード決済は、支払義務者であるカード保有者に対する与信をともなった支払手段である。また、カード保有者の破産などで、引落しができなくなっても、カード会社は加盟店から代わりに支払った代金を

2） イシュアーとアクワイアラーが同じカード会社である場合は、銀行間における資金移動はないので、システム上のデータ処理だけで決済が完了となる。

取り戻すことはない。つまり、カード保有者に対する与信リスクはカード会社が負担することになっている。

その場合、カード保有者に対して過剰な与信が行われると、カード発行者にとって事業上のリスクになることに加え、多重債務の発生でカード保有者の生活基盤が破壊されるという問題が生ずることになる。そこで、カード発行者は、カードの新規発行や極度額（利用限度額）の増加に際しては、カード会社は年収証明書等の提出を求め、包括支払可能額（＝返済見込額）を調査しなければならないことになっており（割賦販売法30条の2）、この調査のために業界内で指定信用情報機関が設立され、信用情報の収集やカード会社に対する信用情報の提供を行うことになっており（割賦販売法35条の3の36以下）、カード会社は、包括支払可能見込み額の調査に際して指定信用情報機関が保有する信用情報を利用しなくてはならない（割賦販売法30条の2第3項）。

(2) クレジットカード支払をめぐる法理

クレジットカードを利用した支払は、電子商取引の世界で同じように多用される電子マネーや小切手の場合と異なり無因ではないことから、取引原因の瑕疵や抗弁による影響を受けることになる。「包括信用購入あっせん」として割賦販売法30条の4、30条の5が適用される場合、つまり、原因取引が商品または役務であればすべての場合、権利であれば、政令で指定された指定権利の場合には、カード保有者は加盟店（割賦販売法上では、「包括信用購入あっせん関係販売業者」または「包括購入あっせん関係役務提供事業者」）に対する原因関係上の抗弁をカード会社（包括信用購入あっせん業者）に対抗することができるとされている（この例として、退去不可能な状態に追い込まれ、不必要な商品を無理やり買わされた場合、第1回目の支払期日までに、消費者契約法4条項の取消権を行使すればカード会社からの請求を拒み、引落しも止められるが、このような状況を「抗弁の接続」という）。

抗弁の接続という仕組み自体は支払手段としては例外に属することから、割賦販売法の規程が適用されないような場合には、特段の事情がない限り一般法理としてこれを認めることはできない（最判平成2年2月20日判時1354号76頁）。カードの保有者は抗弁が主張できるだけであり、すでに支払ってしまっている場合、代金の返還請求は認められない[3]。

クレジットカード取引において抗弁の切断が認められ、無因の決済手段となっていないのは、上述の最高裁判例等からも購入者の保護のためであるとされる。その背景には、消費者被害を発生させるような悪質な事業者を排除するためには、カード会社が加盟店の選定に際して調査を行うコストの方が、カード保有者が取引の際に注意を払うコストよりも小さいという考え方がある。ただ、現在のようにカード会社の持つ機能が分化してきて、アクワイアラーとイシュアーが別のカード会社である事例が多い状況では、抗弁の接続という考え方があっても、アクワイアーにとって悪質な加盟店と契約しないという動機づけにはならないとも考えられる。国際ブランドカード会社ではブランドルールとして、このような抗弁の接続に基づいた請求額の支払の拒否がなされた場合、イシュアーからアクワイアラーに、また、アクワイアラーから加盟店に既払いの決済金額の払い戻しを請求することが可能としている[4]。

(3) 不正使用の場合

クレジットカードは便利なものだが、紛失・盗難、さらにはスキミング等の手口で最近は、利用した店舗でカード情報がとられたりして、結果的に、カード保有者以外の者がカードを利用して商品や役務を購入するケースが多発している。2000年をピークに減ってきてはいるが、現在でも年間100億円程度の被害額が発生している[5]。この場合、商品やサービスの提供はすでに不正利用

---

3) 1回毎の取引ごとに組まれる個別信用購入あっせんの場合、原因取引についての不実告知または、故意の不告知を理由としてクレジット契約自体の取消しが認められる（割賦販売法35条の3の13～35条の3の16）。しかし、包括信用購入あっせんの場合には、それに相当する規定がない。

4) このような仕組みについて合理性があると考えると、電子マネーや小切手などのその他の決済手段は、どうして無因の構成をとっているのかという疑問が出てくる。その疑問に対しては、決済関係に原因取引の瑕疵を反映させるという有因の制度にはかなり大きなコストが伴うからという説明がされているが、クレジットカードの場合にも、カード保有者が主張する抗弁が有効であるかどうかを判断するためには、加盟店とカード保有者の双方が主張する内容・事実関係の調査が必要になる、カード会社としては、抗弁を認めなければ、カード保有者に対する不当利得となる可能性があり、抗弁をもとめて、チャージバックしようとすれば、加盟店と争うリスクを負うが、リスクは、システム全体のコストとなり、何のトラブルもなく、クレジットカードを利用するカード保有者と加盟店に転嫁される。もっとも、クレジットカード取引の場合、高額の商品ならび役務の購入が可能になっていることから、大きな消費者被害を生みやすいという背景もあり、それだけのコストをかけても抗弁の接続を認めて、悪質業者の排除を優先するという政策がとられている（小塚荘一郎＝森田果『支払決済法』（商事法務、2010）177頁など）。

5) 日本クレジット協会「クレジットカード不正使用被害の発生状況」より。

者の手に渡っていることから、発生した損害を誰がどのようにして負担するのかが問題になる。

　クレジットカード会員規約によると、不正利用された金額もカード保有者が負担することを原則とした上で、紛失届・盗難届を遅滞なく警察に提出し、かつカード発行会社に紛失・盗難を通知した場合には、不正使用分の請求を免除する仕組みになっている。それによる損失てん補は、一般的にカード発行会社を被保険者とするクレジットカード盗難保険によりカバーされると説明されている（もっとも、このコストはカード保有者からの年会費や加盟店手数料によりカバーされていると考えられ、結果的には、関係者全員でコストをカバーしていることになる）。また、規約では、不正利用による代金をカード利用者に免除しないケースをいくつか定めている。その中で重要なものは、①会員の故意や重過失によって損害が発生した場合、②不正利用した者がカード保有者の家族である場合、③カード発行業者に対する紛失・盗難の通知よりも61日以前に損害が発生した場合などがこれに該当する。いずれも、カード保有者による十分な注意があり、損害等の連絡が速やかに行えれば、被害を少なくできる事柄ばかりであり、そのことを反映して、判例も会員規約の内容について全体的には公序良俗に反するものでなく、有効であるとしている[6]。

　また、上述のような盗難等による不正利用ではなく、カード保有者の承諾のもとにカード保有者以外がそのクレジットカードを利用するいわゆる「名義貸し」のような場合もあるかもしれない。架空の取引を行い加盟店の資金繰りを助けるケースや、過去に不払いを起こして自己の名義ではカードが持てないために知り合いのカードを使わせてもらうようなケースがこれに該当すると考えられるが、カード会員規約では、他人に対するカードの貸与を禁止しており、これに違反した場合、カード保有者が支払義務を負い、免除も行わないことになっている[7]。

[6]　大阪地判平成5年10月18日判タ845号254頁。本件は、息子が親のクレジットカードを無断で使用した場合に、カード会員（父親）の支払義務はカード利用限度額の範囲に制限されるとされた事例であり、クレジットカードの不正使用に関する規約の適法性および、会員の支払義務の範囲について判断した初めての裁判例でもある。

[7]　もっとも、加盟店やカード会社が名義貸しに関与している場合には、民法93条但書や民法94条（虚偽表示）が適用され、名義貸主の責任は否定される（東京高判平成12年9月28日判時1735号57頁や長崎地判平成元年6月30日判時1325号128頁等）。

さらに、クレジットカードを利用した際の支払の場合には、売上票への署名が求められてカード上の署名と照合されるが、最近では、署名だと真似されるケースもあるため、暗証番号の入力が求められる場合が増えてきている。この行為は、利用額の支払義務がカード保有者に発生するための要件のようにも考えられるが、実際には、加盟店が加盟店契約上の実施義務を負い、会員自身は、カード規約上の受忍義務を負担しているだけである。ただ、このような作業は、カード発行会社が提供する仕組みの一つでもあり、カード保有者にとって安全な利用のための環境が提供されていないと判断されるくらいのルーズな運用が行われていた場合、カード保有者に対する売上額請求が認められないケースもある[8]。

　なお、クレジットカードが偽造された場合は、上記のようなケースとは違い、偽造カード上の名義や磁気データ等が本来のカード保有者と同じであったとしても、保有者が支払義務を負うことはない[9]。

2　ネット上のキャッシュレス決済

　電子商取引では、特にB to C取引を中心にクレジットカード決済以外に、銀行によるインターネットバンキングサービスを利用しての振込みや、わが国で広く利用されているコンビニエンスストアでの収納代行サービスや商品を配送する運送業者による代金引換サービス（代引き）がある。以下、それぞれのサービス内容別に検討する。なお、電子マネーやポイントの利用については、2010年4月より施行された資金決済法の内容とともに次節以降で解説する。

(1)　振込

（ア）振込の仕組み

　インターネットバンキングやキャッシュカードを利用したATMによる振込

---

8)　名古屋地判平成12年8月29日金法1601号42頁。本件は、クレジットカードが会員に無断で使用された場合、加盟店が会員本人の確認義務を怠ったときは、無断利用の利用代金の二分の一については、クレジット会社が会員に対して支払請求をすることが、権利の濫用として許されないとされた事例である。
9)　カード保有者が偽造カードの作出にかかわっている場合は、状況は違うと考えられ、規約上も責任を保有者が負うとするものもあるが、規定がない場合でも、民法110条（表見代理）や民法715条（不法行為）等が問題となる。

も通常の窓口を経て行われる振替えを電子化したものであり、振込は電子商取引の場合であってももっとも基本的な決済の形であることには変わりがない。

振込は、受取人に対して振込依頼人が支払を行おうとするときに、振込依頼人の持つ預金債権を受取人に移転するという形で決済が完了する、預金債権を決済手段とする支払手段である。相手方に対して低コスト・迅速・安全に支払を行うことができることから一般の隔地間の取引のみならず、特に多額取引・企業間取引の大半は銀行振込であるといってよい。

振込は、依頼人が、受取人名義の預金口座に資金を振り込むことを金融機関に委託する送金方法であり、受取人が、送金される金融機関に普通預金または当座預金の口座を保有していることが前提となる。依頼人からの委託により送金をする金融機関を「仕向金融機関」、受取人が口座を保有し送金される金融機関を「被仕向金融機関」という。振込の手順は、以下の図4-2の通りになる。

(イ) 振込が抱えるリスク

振込は銀行が介在していることもあり、安全性が高いものの、依然いくつかの部分でのリスクも抱えている。まず、第一に、売買契約などから発生した原因関係に基づく決済を実現するために、振込依頼人から受取人への資金移動をもたらす行為であることに伴うリスクである。例えば、誤った受取人に振込してしまったケース（誤振込）などの原因関係に帰結しない（関連性がない）資金移動がなされた場合どうなるのかが問題になる。

また、振込の場合、決済のための手段が預金債権であるため、最終的には預金が現金化されたり、口座に送られてきた資金を使って、さらに続けて決済を行う場合などにおいて、無権限者が預金債権を処分するという預金取引が伴うことにより発生する可能性がある取引リスクも考えられる[10]（このような誤振込や無権限取引の問題は第5節でさらに検討する）。

---

10) このようなケースが問題となったものに偽造・盗難キャッシュカードの問題がある。結果的に、平成17年に制定された「偽造カード等及び盗難カード等を用いて行われる不正な機械式預貯金払戻し等から預貯金者の保護等に関する法律」（通称「預金者保護法」）により一定の預金者保護は図られるようになったが、依然、偽造・盗難キャッシュカードによる被害はいっこうに減る傾向にない（この点は、第1章第5節2に詳しい）。

図4-2　振込の手順

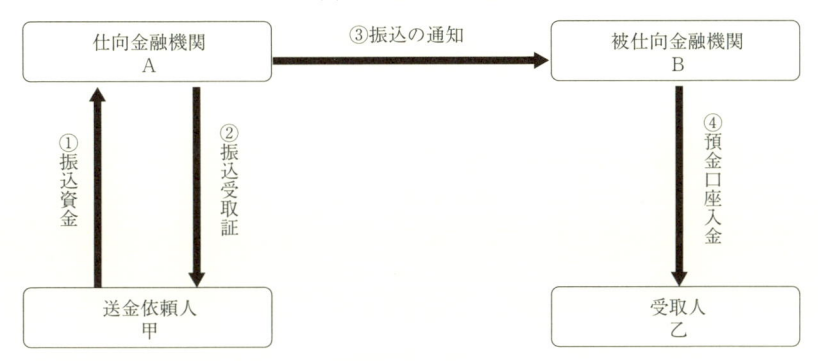

```
仕向金融機関      ③振込の通知      被仕向金融機関
    A         ───────────→          B

①             ②                        ④
振             振                        預
込             込                        金
資             受                        口
金             取                        座
               証                        入
                                         金

送金依頼人                              受取人
   甲                                    乙
```

① 送金依頼人甲が、仕向金融機関Aに対して、被仕向金融機関Bの受取人乙の口座に資金を入金するように依頼
② 振込の依頼を受けたA金融機関は、振込代金受領後、甲に「振込受取証」を交付
③ A金融機関は、B金融機関に対して乙の預金口座へ入金するように通知
④ B金融機関は、乙の口座に資金を入金

（2）収納代行

（ア）仕組み

　収納代行サービス（以下、「収納代行」とする）の定義は明確にはないが、商品の代金やサービスの利用代金の支払において、商品・サービスの提供者から依頼を受けたコンビニエンスストア等の事業者に対し、その購入者、利用者が支払を行い、事業者が受け取ったりした金銭を（時には収納機関経由で）商品・サービスの提供者（債権者）に支払う仕組みになっている。この取引について、その資金流れと権利関係についてもう少し詳しく述べてみると、商品・役務を販売した事業者がコンビニエンスストア加盟店に代金の受領権限を授与し、消費者が店頭で現金を交付することにより、支払が行われている。各コンビニエンスストア加盟店（フランチャイズ系であったりする場合、本部で）から事業者に対する決済は、銀行振込みにより行われるので、銀行預金が決済通貨ということになる。どのコンビニ事業者も、受領権限を得ているとは限らないものの、一般に代理受領であると解釈されており、代理受領権限を持っている場合は、現金がコンビニエンスストアに支払われた時点で原因関係上の支払も終了したという説明になっているが、その点については以下のようにいくつかの法的論点を抱えている。

第1節　代金決済の方法と時期

（イ）為替取引との類似性

「為替」の概念には判例等からも明らかになっている「隔地間で直接現金を輸送せずに資金を移動する仕組み」というのがある（詳細は第2節1を参照）。コンビニエンスストア加盟店が、店頭で受け取った金銭をそのまま銀行に持ち込み、債権者の銀行へ送金依頼をすれば、為替取引そのものは銀行が行ったことになるが、加盟店が受け取った金銭をコンビニエンスストアの本部に連絡して、本部で集計し、そのうえで、本部の銀行口座からまとめて収納機関の銀行口座に入金する仕組みになっている場合、資金を移動させる仕組みをコンビニエンスストアチェーンで持っているとも考えられる。また、加盟店が受領した金銭をコンビニエンスストア本部の銀行口座に振込み、本部でその金銭をまとめて払い先の仕分けを行い、そのうえで、複数収納機関の銀行口座に振込みを行うことについても、銀行の送金ネットワークが取り込まれてはいるものの、主体的に資金移動させる仕組みを構築しているとも解釈できる。

（ウ）代理受領権との関係

収納代行については従来より、代理受領であるという考え方から、代理受領時点で決済は完了し、その後の行為は支払を受けたコンビ等が自らの行為として行うことや、支払人から明確に資金移動の依頼を受けていないという理由で、収納代行は為替取引に該当しないという主張がなされてきた[11]。

それに対して、為替取引に該当するか否かは代理受領権の有無といった法的形式ではなく、経済機能の観点から見て、資金移動の仕組みが存在するかどうかで判断されるべきではないかという考え方があり、そこでは、上述の「隔地間において直接現金を輸送せずに資金を移動させる仕組み」により、資金を経済的信用のもとに受け取っているという事実を重要視し、代理受領権があっても為替取引に該当しうるのではないかという考えが展開されてきた。また、この考え方の背景には、（現状、相当数の変化もみられるが）すべての収納代行のケースで、収納代行業者が代金を受領した時点で決済が終了する、別の言葉で言えば、原因関係たる契約上の債務が必ず消滅するかどうかが約定等で明らかにさ

11）片岡義広「決済と銀行法の『為替取引』の概念についての試論」金融法務事情1841号（2008）43～44頁、ならびに藤池智則「事業会社による決済サービスに係る公法上の規制の検討」金融法務事情1631号（2002）19頁など。

れているというわけではなく、受取人が資金を受け取るところまで保証しているわけではないと解釈されているということがある[12]。

(エ) 銀行の付随業務との関係

(ウ) と関連して、収納代行を為替取引としない説には、銀行法の付随業務（銀行法 10 条 2 項 9 号）との関係を主張するものがある。銀行の付随業務（「国、地方公共団体、その他の会社等の金銭の収納その他金銭に係る事務の取扱い」）は為替取引とは区別されており、その具体的な中身として、①各種公共料金の自動振込み、②株払込金の受入れ、株式配当金ならびに社債等元利金に支払業務、加えて、③クレジットカード会社と提携したキャッシングサービスなどが挙げられ[13]、これらの業務が収納代行と似た側面もあることから、この規定から収納代行は為替取引にあたらないという主張もある[14]。

これに対しては、銀行法上の付随業務はあくまでも他業禁止になっている銀行が銀行業に付随する業務として、例外的に行うことができることとして認められているにすぎないため、銀行以外が収納代行をして、為替取引を行ってよいという意味ではないという反論がある[15]。確かに、銀行は固有業務として為替取引ができることになっており、それに付随する収納事務を行うことができるという法的構造にあることからいえば、付随業務との関連性から収納代行を議論するのは妥当ではない。

(オ) 収納代行と資金決済法

前回の資金決済法制定時には資金移動業が新たに設けられたものの、為替取引の概念は銀行のそれと同じであり、収納代行については、法制定の過程で議論されたものの、共通した認識を得ることが困難とされ、その位置づけについても従来のままとなっている。

---

12) 高橋康文編著『詳説資金決済に関する法制』（商事法務、2010）59 頁。資金決済法の制定時において、経済産業省の「商取引支払い小委員会報告書」でも、コンビニエンスストアの収納代行サービスにおいて代理受領であることを関係事業者間で契約上明確にすることや領収書を交付する、などの二重弁済や不正請求の防止策が挙げられていることも収納代行＝代理受領権があるということにはなっていない現実を示している。
13) 大蔵省銀行局金融法令研究会編『新銀行法精義』（大蔵財務協会、1983）150 頁等。
14) 藤池・前掲注 (11) 21 頁。
15) 高橋・前掲注 (12) 169 頁。

収納代行については、その社会的機能から考えても為替取引に当たりうるとしたほうが明確ではあるが、そもそも、銀行や資金移動業の社会的機能の重要性とは違うことから、銀行並みないしは資金移動業者と同じ規制である必要はないと考えられる。もっとも、どの程度のレベル感が妥当であるかは難しく、また、資金決済法施行後に新たに問題となっている決済代行業[16]の一類型であるという考え方もあり、資金決済法施行後も残された課題となっている。

(3) 代金引換サービス

　代金引換サービスについても、収納代行と同じように明確な定義はないが、商品を購入した者の自宅等に商品を搬送するときに、商品を搬送する運送業者が、商品の販売者（債権者）から依頼を受けて、商品引渡しの際に購入者から対価の支払を受けて、販売者に対して受け取った資金を渡すものである[17]といえる。同時履行が担保されているという点で収納代行とは性質が違うものだが、為替取引との比較からすると、債務者から対価の支払を受けて、資金を債権者にわたす資金移動サービスであることには変わりなく、収納代行同様、為替取引に類似するものと考えられる。特に業務の仕組みとして、為替取引の仕組みを構築しているかが問題となるが、単に運送業者が受け取った金銭を直ちに債権者に銀行送金する場合などは為替取引の仕組みはないので、直接的には為替取引ではないと考えられるが、運送業者の従業員が受領した金銭が運送業者の支店に一回保存され、運送業者の本店口座から売主等の債権者の口座へ振込みが行われる場合には為替取引の仕組みが存在するとも考えられる。また、

---

[16]　決済代行業については、その業務が事業者に決済手段・環境を提供する確立した定義がない。業態として①事業者に決済手段・環境を提供するのと、カード会社や加盟店との間で代金や情報のやりとりを担う2つの機能を併せ持ったものであるが、「クレジットカード取引において、カード会社と加盟店の契約を取り次ぎ、あるいは複数の店子を取りまとめて包括的にカード会社と加盟店契約し、店子のクレジットカード会社に代わって取り次ぐ事業者」（内閣府　消費者委員会向け資料「クレジットカードの仕組と決済代行業者の位置づけ」（山本国際コンサルタンツ））と位置づけて、絞り込みをしている。現在、特に問題とされているのは、詐欺的な出会い系サイトや情報商材モールなどの悪徳事業者がカード会社の直接の加盟店としてではなく、決済代行業者を通じてカード決済を提供しているケースがあり、悪徳業者との直接連絡が取れない、対応が不誠実、決済代行業者が悪徳業者に決済手段を積極的に決済手段を提供しているのではないかという非難が相次いでいるところにある。今後、どのような対策規制が適切なのかが検討されていく予定である。

[17]　金融庁金融審議会決済ワーキンググループ　第8回～11回までの資料を参考。

複数の購入者（債務者）から複数の販売者（債権者）に対する支払を仕分け処理して引き渡す場合にも為替取引に当たる可能性があると考えられる[18]。

(4) エスクローサービス

エスクローサービスとは図4-3のように、商取引において、商品の引渡しが完了するまでの間、当該商品の売買代金を第三者が預かるとともに、売主に対して保証し、商品の引渡しが完了した時点で売主に対して当該代金が支払われるサービスである。

米国ではもともと遠隔地に住んでいる人が土地・家屋等を購入する際に、その不動産の形状や価値を確認し、かつ、お互い信頼関係が必ずしも確立していなくても、仲介者としてエスクローが存在することで、取引の円滑化が進むなどしており、カリフォルニア州金融法等では、銀行等への法規制と並んで、エスクローサービスへの規制が行われている。

最近では、インターネットオークションなどで落札者が代金を支払ったにもかかわらず、商品が届かないなどの問題が報道等でも取り上げられることがあるが、このようなトラブルに対してインターネット事業者等からエスクローサービスが提供されている。

エスクローは、商品の引渡しと代金支払の同時履行を確保するものであり、

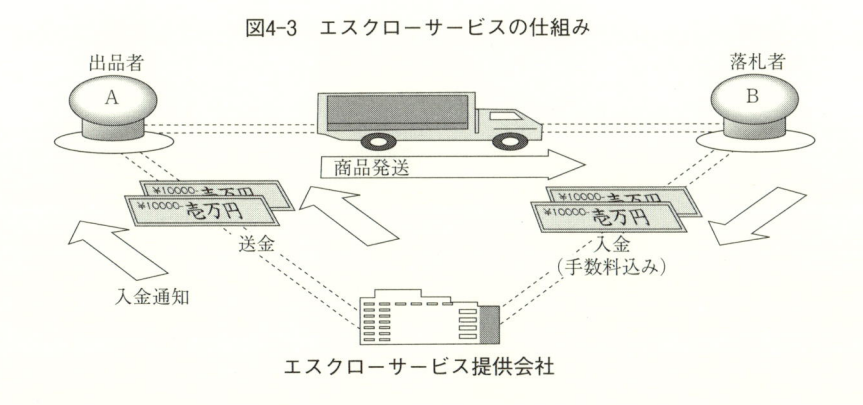

図4-3 エスクローサービスの仕組み

---

18) 髙橋・前掲注（12）171頁。

必ずしもその内容に為替取引の仕組みがあるとはいえないが、為替取引の仕組みが作られるなら、為替業者として資金移動業者として実施することは可能ということになる[19]。また、資金の受入れを行うことから出資法との関係も問題となりうるものの、資金移動業者であれば、出資法上の預り金には該当しないと考えられる。

第2節　資金決済法

　2010年4月1日の資金決済法の施行により決済をめぐる法制度は大きく変容した。本節では、施行前と現在とを比較しながら具体的にどのように資金決済をめぐる法制度が変貌したか、その背景や原因にも触れつつ、検討してみよう。

1　資金決済をめぐる従前の法制度と問題点

　従来、資金決済のうち、いわゆる送金に該当する「為替」取引は、銀行法（2条2項、4条1項）ならびに出資法により銀行のみが行える業務として定められ、長く銀行の固有業務となってきた。また、判例でも「為替取引」の定義について「顧客から、隔地者間で直接現金を輸送せずに資金を移動する仕組みを利用して資金を移動することを内容とする依頼を受けて、これを引き受けること」（最判平成13年3月12日刑集55巻2号97頁）とされており、なんらかの仕組みで送金サービス（以後、法の名前に合わせて、資金移動業とする）を行うこと、イコール「為替取引」を提供しているということになる。

　この「為替取引」が以前に銀行だけの業務だったのには、一定の理由がある。考えてみると、送金を行う際には、顧客から資金を業者が受け取る行為（受信行為）と実際に資金を動かす指図を行う行為（執行行為）があるということから、送金を行う為替業者が倒産したり、不適切な業務の執行を行うことで、顧客や受取人に大きな被害が及ぶ可能性がある。また、そうなれば、資金移動サービスに対する信頼が失われるだろう。そこで、為替取引の安全性を高め、そのう

---

19)　エスクロー業者が資金の受け渡し専用銀行口座を設け、多数の売主・買主を仲介する場合には為替取引にあたる。

えで、利用者保護を図る目的のために、「資金」の受入れを行い、その安全性を維持するために財務や業務の健全性に規制を加えている銀行に限ってきたのである。

しかし、銀行は社会・経済全体に果たしている役割、特に「預金」というまさに一番身近な基本的な金融資産を守るという社会的役割を担っていることから、かなり厳重な規制のもとにおかれていることから、運営上のコストが高く、また、兼業規制も課せられていることから、一般事業者が銀行になって資金移動サービスを営みながら資金移動業を行うことは法の問題のみならず、ビジネスモデル上も成立しない形になっていた。

その結果、海外では普通に存在する送金業者などはわが国へは進出できず、その反面、これまでの最高裁判例で刑事罰を受けた事例が、地下銀行経由で海外送金を行った事例で、それ以外に「為替取引」をめぐる事案がほとんどなかった。そのため、そもそも「為替取引」の概念等について踏み込んだ議論が十分になされないままに、一部のサービス提供者や実務家で「為替取引」には該当しないという解釈のもと、業務を開始し、営業を行うという非常にいびつな状況が発生していた。とりわけ、収納代行や代金引換業務等の資金移動サービスについては、「為替取引」としての規制が発動されず、十二分な利用者保護のための法規制がないまま、現在に至っている。これらの収納代行業者や代金引換業務の提供者については、受け取った資金の保全を図るための手立てがなされていない場合が多く、業者破綻が発生した場合、収納者や代金引換依頼者が損害を被る可能性がある。さらに、この場合の債権者と支払者である債務者の間の法律関係を決める約款の整備も、取引の多様性もあって、十分に進んでおらず、支払人の保護にはかなり不安が残る状況にある[20]。

また、Paypal など、海外では銀行でない送金機関が存在し、銀行と違い、安価な送金サービスを提供したり、メールアドレスを口座番号のように使って送金を手軽にできる仕組みが存在していたが、最近では、BtoC や CtoC といった個人が関与する電子商取引の世界での決済に活発に使われているが、わが国では上述の銀行法を中心とした規制により、送金機関が存在できない形にな

---

20) 岩原紳作「金融法制の革新——資金決済法と電子記録債権制度」ジュリスト 1391 号（2009）8-9 頁。

っている。もっとも、現在のように外国人労働者の数が増えていること、そして、国際間の電子商取引での決済額も増加してくると、海外への送金チャネルに限界があり、かつ、コストが高い銀行経由での送金は社会の全般的なニーズを果たせなくなってきており、新たな資金決済方法の潜在的ニーズが高まってきていた。

さらに、2000年代に入って以降、急速にその利用が伸びてきている電子マネーについても、そのスキームの大半は、「金額に応ずる対価を得て、電子的に記録された金銭情報で、その移転によって契約に基づく、一定範囲の金銭債務の弁済としての効力を有するもの」であり、支払がサービスや物の購入の前に行われることから、一種のプリペイドカードと考えられ、従来、前払式証票規制法（通称「プリカ法」）に基づいて発行されてきた。また、マネーと呼ばれてはいるものの、法律上で定められた通貨（「法貨」）ではなく、契約内容で法律構成が決められていたものだった。

その一方で、前払式証票規制法2条の定義を見ると、「電子的価値が証票に記録されていること」とあり、ICカードやICカード内蔵型携帯電話を利用しての電子マネーはともかく、価値そのものが証票になく、発行者のサーバー等に保存・管理されているもの（「サーバー管理型電子マネー」）については、前払式証票規制法上の範疇にないことになる。前払式証票規制法では、発行者は利用者保護のため、未使用残高の50％を供託する仕組みが定められており（もっとも、このことは、発行者が倒産しても50％しか残高の半分しか返ってこないという考え方もある）、その結果、価値の入金またはその利用に関してまったく同じような経済効果があるにもかかわらず、前払式証票規制法の規制の範疇になかったサーバー管理型電子マネーとSuicaなど一般に広く普及しているICカード型との間には、利用者保護の仕組みに大きな差が発生した。しかも、Suicaの機能がある定期券をなくしたときに発行者にすぐ届け出ると、もともと入っていた残高が守られるのでわかるように、ICカード型といえども、実際の残高のコントロールは、発行者のサーバーにあるのが普通になってきており、このことからも、「電子的価値が証票に記録されていること」という概念自体が実際の電子マネービジネスでも通用しなくなっていたという現実もあり、従来の前払式証票規制法ではもはや既存の前払式の電子マネーですらカバーできていない状

況になっていた。

2　決済をめぐる法改正の経緯

　上述のように資金決済については、従来、銀行を中心とした制度整備が行われており、IT の発展に伴う、情報通信技術の発展に対する金融分野における対応も、従来の銀行制度とそれに関連する監督制度を中心に議論が行われてきた。しかし情報通信技術の発展により、電子マネーを含むプリペイドカード、ポイント、収納代行サービス等の銀行以外の事業者が資金決済に関するサービスを展開するという方向性に向かっている。

　このような資金決済に関するサービスの法制度のありようを議論するため、平成 19 年 7 月に金融庁金融研究研修センターにおいて「決済に関する研究会」(座長：岩原紳作東京大学教授) が開催され、同年 12 月にその論点が、報告書「決済に関する論点の中間的な整理について」を通じて公表された。これを参考に、同月に公表された「市場強化プラン (金融・資本市場競争力強化プラン)」で、「安全かつ効率的で利便性の高い決済システム等の構築」を目標に、平成 20 年春頃から金融審議会での審議を開始するとされた。

　それを受けて、平成 20 年 5 月に金融審議会金融分科第二部会のもとに、「決済に関するワーキング・グループ (以下、決済 WG とする)」(座長：岩原紳作東京大学教授) が設けられ、銀行間を除いた様々なタイプの資金決済に関するサービスについて、サービスを提供する事業者、利用者、有識者からなるメンバーにより 12 回もの議論が行われ、平成 21 年 1 月に報告書「資金決済に関する制度整備について──イノベーションの促進と利用者保護」が取りまとめられた。この「決済に関する研究会」から「決済 WG」では、利用者保護を確保しながら、どのように決済イノベーションを促進するかが議論された。その中で、上述のサーバー管理型電子マネーに対する規制を従来の紙式・IC 型の前払式支払手段と同様な規制とすること、また、様々な送金ニーズを背景に、銀行以外に一般の事業者に為替取引を行うことを認める等については一定のコンセンサスを得ることができ、利用者保護の水準の統一化と IT イノベーションへの対応としては進歩が見られ、報告書でも制度整備 (法制度化) を図ることが適当とされた。

しかし、結果的にコンセンサスをとることができず、積み残しとなった案件もある。それが前述の収納代行・代金引換えの問題である。上述したように、そもそも、収納代行業者は「為替」行為を行っているのではないかという法的な疑問もあるが、利用者保護の観点からは、利用者にとって、収納代行業者にお金を払ったあとに、受取人に送金される前に収納代行業者が破綻した場合に、その資金の保護がどう考えられるか、また、入金がないと受取人が判断した場合、再度利用者に請求が行く可能性があるのではないかというのが論点となっていた。これに対して業界側からは、利用者はコンビニエンスストアや宅配業者等に資金を預けた段階で領収書をもらっており、その段階で、いったん債権債務関係は終了しており、その債権債務は資金を預かった業者に移転し、その債務は宅配業者が受取人に対して負うものであるという法律構成を主張し、本法制定時には最終的なコンセンサスは得られなかった。また、「ポイント」についての規制も、ポイントの範囲・定義がいまだ明らかでないこともあり、今回の規制の対象にはなっていない。

　これらの議論と報告書の内容を受け、金融庁において「資金決済に関する法律案」が策定され、平成21年3月6日に閣議決定の後、国会提出の後、衆参両院で全会一致で可決・成立し、6月24日に公布された。その後、内閣府令や事務ガイドライン等の下位規定の整備がなされ、最終的に平成22年3月1日に公布・公表され、法は4月1日より施行された。

3　資金決済法の概要

　金融庁では「資金決済に関する法律」の制定にあたって、『資金決済に関するサービス』の社会的インフラとしての重要性」と「我が国金融・資本市場の機能強化の必要性」の2点を法整備の背景として挙げている。
この2点をさらに具体的に示したのが次の3つの論点である。
　①「サービスの提供の促進による利用者利便の向上・イノベーションの促進」
　②「利用者等の保護とサービスの適切な実施の確保」
　③「資金決済システムの安全性、効率性、利便性の向上」
　「サービスの提供の促進による利用者利便の向上とイノベーションの促進」

とは、銀行法上によって規定されていたサービスを開放し、さまざまな事業者が多様な決済サービスを提供することで利用者の利便性向上を競い合いながら、その中から新しい技術やビジネスが生まれる機会を創出させるということである。

「利用者等の保護とサービスの適切な実施の確保」とは、ルールは開放するものの、一定の規制をかけるということを意味している。資金決済法は「開放と規制」の両面から成り立っているということができる。そして、「資金決済システムの安全性、効率性、利便性の向上」は以下のように国としての競争力強化を意図している。そもそも資金決済は、社会的インフラとしての重要性が高かったため公共財として極めて規制の厳しい銀行等がほぼ独占的に行っていた。今世紀に入って、金融市場が拡大するに従い、わが国金融・資本市場の機能強化が必要となってきた。国の競争力強化のために、金融インフラを強化しなければならないと考えられるようになったのである。

なお、資金決済法は、全部で8章で構成されているが、そのうち、第2章か

図4-4 資金決済に関する法律の概要

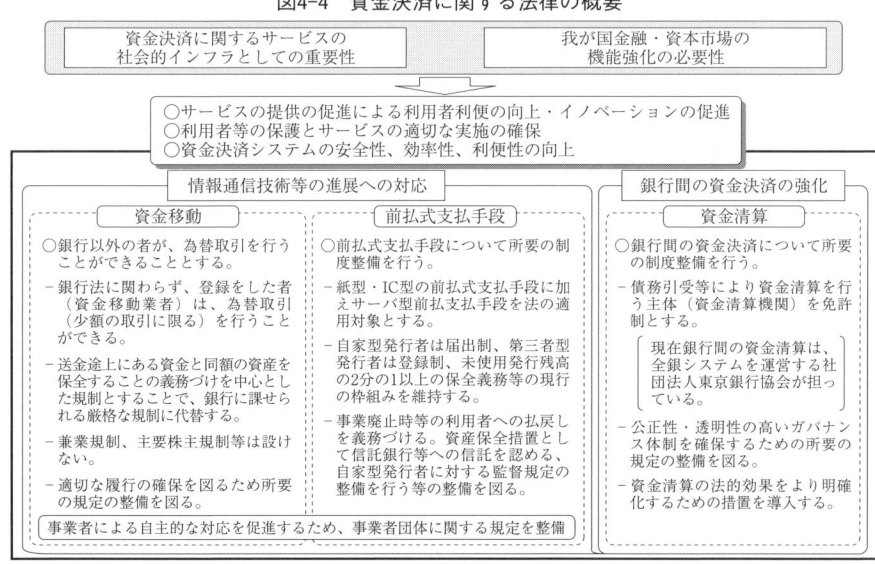

資金決済に関するサービスの社会的インフラとしての重要性	我が国金融・資本市場の機能強化の必要性

○サービスの提供の促進による利用者利便の向上・イノベーションの促進
○利用者等の保護とサービスの適切な実施の確保
○資金決済システムの安全性、効率性、利便性の向上

情報通信技術等の進展への対応		銀行間の資金決済の強化
資金移動	**前払式支払手段**	**資金清算**
○銀行以外の者が、為替取引を行うことができることとする。 －銀行法に関わらず、登録をした者（資金移動業者）は、為替取引（少額の取引に限る）を行うことができる。 －送金途上にある資金と同額の資産を保全することの義務づけを中心とした規制とすることで、銀行に課せられる厳格な規制に代替する。 －兼業規制、主要株主規制等は設けない。 －適切な履行の確保を図るため所要の規定の整備を図る。	○前払式支払手段について所要の制度整備を行う。 －紙型・IC型の前払式支払手段に加えサーバ型前払式支払手段を法の適用対象とする。 －自家型発行者は届出制、第三者型発行者は登録制、未使用発行残高の2分の1以上の保全義務等の現行の枠組みを維持する。 －事業廃止時等の利用者への払戻しを義務づける。資産保全措置として信託銀行等への信託を認める、自家型発行者に対する監督規定の整備を行う等の整備を図る。	○銀行間の資金決済について所要の制度整備を行う。 －債務引受等により資金清算を行う主体（資金清算機関）を免許制とする。 現在銀行間の資金清算は、全銀システムを運営する社団法人東京銀行協会が担っている。 －公正性・透明性の高いガバナンス体制を確保するための所要の規定の整備を図る。 －資金清算の法的効果をより明確化するための措置を導入する。
事業者による自主的な対応を促進するため、事業者団体に関する規定を整備		

（出所）http://www.fsa.go.jp/common/about/pamphlet/shin-kessai.pdf

ら第4章までがそれぞれ、前払式支払手段（第2章）、資金移動（第3章）、資金清算（第4章）に関する規制がある。以下、特に本章と関連性が強い前払式支払手段と資金移動の部分を中心に概要を説明する。

(1) 前払式支払手段

　資金決済法による前払式支払手段についての最大の課題は、上記でも指摘した現行の前払式証票規制法の適用の対象外であった「サーバー型」電子マネーを適用対象に取り込むことであった。「サーバー型」電子マネー[21]とは、前述した利用者の手元にあるカードや携帯電話に金額のデータが記録されず、発行者がセンターサーバーで一括してデータを管理する形式の電子マネーのことを指すが、今回、法の対象である「前払式支払手段」の定義を「証票、電子機器その他の物に記載され、又は電磁的方法により記録される金額に応ずる対価を得て発行される証票等又は番号、記号その他の符号であって、その発行する者が指定する者から物品を購入し、若しくは借り受け、又は役務の提供を受ける場合に、これらの対価の弁済のために提示・交付、通知その他の方法により使用できるもの」（資金決済法3条1項）として、サーバー管理型電子マネーが含まれることを明確化し、現在、流通する電子マネーの大半を占める前払式のものと統一的な取り扱いがなされることになった。

　また、このサーバー管理型を取り込んだことで、従来、電子マネーに義務づけられてきた券面に法定事項を表示する義務（「①氏名・商号又は名称、②前払式支払手段の支払可能額等、③物品の購入若しくは借受けを行い、若しくは役務の提供を受ける場合にこれらの代価の弁済のために使用し、又は物品の給付若しくは役務の提供を請求することができる期間または期限が設けられるときは、当該期間又は期限。④前払式支払手段の発行および利用に関する利用者からの苦情又は相談に応ずる営業所または事務室の所在地または連絡先等」（同法13条1項）を表示するのが原則）についても2項で、「前払式支払手段にかかる証票等又は当該前払い式支払手段と一体となっている書画その他のものを利用者に対し交付することがない場合」（つまりサーバー管理型電子マネー）については、「内閣府令で定める方法により」①から④までの情報を提

---

21)　2007年度には、「サーバー管理型」電子マネーの発行高は、およそ1,500億円に達したと推定されている（シーメディア「電子決済総覧2009」80頁）。

供することになり、現段階では、当該電子マネーのウェブサイト上での表示が想定されている。

　なお、資金決済法においても、前払式の電子マネーであれば、前払式証票規制法の時と同様に発行保証金の供託義務（同法14条）があるが、引き続き、基準日未使用残高が政令で定める額を超えるときは、その2分の1以上に相当する金額の発行保証金を供託することは変わらない。ただし、従来、その方法が、供託もしくは、銀行保証等の方法に限定されていたのに対して、新たに信託会社と信託契約を締結することにより、発行保証金に相当する現金、預貯金、国債等を信託する方式が認められた（同法16条）。

　さらに、前払式支払手段発行者の義務として新たに情報の安全管理義務が規定された（同法21条）。具体的な措置は内閣府令に委ねられているものの、「その発行業務にかかわる情報の漏えい、滅失またはき損の防止その他の当該情報の安全管理のために必要な措置を講じなければならない」という規定になっており、データの毀損が発生しないような情報セキュリティを含む仕組みの構築が義務づけられたが、これも従来のカードが中心の電子マネーとは違い、新しいタイプの電子マネーがインターネット等を通じて金銭データが行き交うものに変化していることに対応していることを示している。

　このように、ほとんどが実質的にはプリペイドカードである電子マネーの場合、前払式証票規制法が今回、資金決済法に取り込まれても、従来の枠組みを大きく変更したものではなく、「サーバー管理型」の電子マネーが適用対象とされたことにより、同じ機能を持ったサービスを受けるものに対し、同じような法的保護や規制が図られるようになったことが最も大きな変更点であるといえる。

(2) 資金移動

　資金移動業は、銀行等以外の者の為替取引を業として営むことであり、この登録を受けて行うものが資金移動業者となる（同法2条2項・3項）。

　37条によれば、一般事業者でも銀行等の免許なくとも資金移動業者としての登録を受ければ、銀行と同様に為替取引を行うことができ、さらに、資金移動業者は業務範囲に制限がないため、為替取引以外の業務を行うことも可能で

あり、また、第三者への資金移動業の委託も業務の適正かつ確実な遂行を確保するために必要な措置を講じれば、可能である（同法50条）。

また、40条で、資金移動業の態様が一様でなく、サービスの提供の促進を図るため、登録の要件については犯罪履歴等がないことのほかは、資金移動業を適正かつ確実に実行するために必要と認められる財産的基礎を有していること（1項3号）や体制の整備が行われていること（同項4号）、法令遵守体制の整備（同項5号）等を必要とし、事業者としての登録は具体的な事業に即して判断することとしている。

さらに、同法43条で、為替取引に関し、利用者に対して負う債務の額を各営業日ごと計算し、これに権利実行の手続に関する費用を加えた額（要履行保証額）について、内閣府令で定める期間ごとの最高額を決め、その額以上の履行保証金を1週間以内に供託所へ供託することが求められている。

加えて、資金移動業者は、情報の安全管理（同法49条）、委託先への指導（同法50条）、銀行が行う為替業務との誤認防止措置（同法51条）が義務づけられ、

図4-5　銀行法と資金決済法の比較

銀行（銀行法）	資金移動業者（資金決済法）
○為替取引は、銀行のみが行うことができる。 ○為替取引のほか、預金の受入れ、預金を原資とする資金の貸付けが可能 ○原則兼業禁止 ○免許制 ○最低資本金（政令で20億円） ○自己資本比率規制 ○預金保険制度の対象 ○議決権取得制限、株主規制、持株規制等あり ○銀行代理業者に対する規制 ○事業報告書 ○業務改善命令、役員等の解任、立入検査等 ○マネー・ロンダリング規制（犯罪収益移転防止法）の適用あり	○銀行以外の者でも、登録を受けることにより為替取引を行うことを可能にする。 ○少額取引に限定 ○預金の受入れ、預金を原資とする資金の貸付けはできない。 ○兼業規制なし（公益に反する他業を除く） ○登録制 ○業務の確実な遂行に必要な財産的基礎が必要。 ○このほか、業務遂行体制の整備、規定の遵守のための体制整備等が登録要件 ○為替取引に関し利用者に対して負う債務の全額及び還付費用の保全が必要（保全すべき最低限の額を設定） ○議決権取得制限、株主規制、持株規制等なし ○業務の委託に関する制限はないが、業者から委託先への指導等が必要 ○情報の安全管理など利用者保護のための措置必要 ○事業報告者のほか、資産保全状況等の定期報告 ○業務改善命令、立入検査等 ○マネー・ロンダリング規制（犯罪収益移転防止法）の適用あり

（出所）http://www.s-kessai.jp/pdf/shikin/shikin03pdf より

その行う為替取引については外為法上の本人確認義務等が、銀行等と同様に課せられている（附則20条、31条）。

以上のように、事実上の資金の100％供託など条件は厳しいものの、資金決済法の制定を通じて、一般事業者による為替取引への参入が可能になったのである。

(3) 資金清算

なお、資金決済法では、わが国ではこれまでなかった決済全体を包括するという目的の一環として、これまで「全銀システム」等、民間で行われていた資金清算制度に関する規則や手続について法的効力を有することを明確化にするために、銀行間の「資金清算」についての規定も以下のような内容で整備を行った。

①銀行間の債権債務の清算のために資金清算業を行うものを資金清算機関という。
②資金清算業は免許制とする。
③立ち入り検査、業務改善命令等による監督を行う。
④清算参加者が破綻した場合の資金清算の法的効果を明確化する。

4 資金決済をめぐる法制度の変遷と今後の方向性

さて、2項で辿った経緯を経て、3項のような概要の資金決済法が制定されたわけだが、この資金決済法は以下のように従来の金融法制とは違いいくつかの点で画期的な立法であると同時に、今後の新しい金融法制度の方向性を予感させるものになっている。

まず、繰り返しになるが、資金決済法は利用者保護を図るとともに、事業者が決済ビジネスと適正に行う環境の整備を行うことにより、資金決済システムの強化を図るという目的で立法された。その中で、特に、明治以来、銀行のみに許されてきた為替取引が銀行以外の業者にも開放されたことは画期的であり、このことにより資金決済に関するサービスのイノベーションを促進し、利用者の利便向上をもたらすことを狙った新たなビジネスの育成・発展を目的としたものである。無論、資金決済ビジネス自体が国民経済全体に確実・安全なもの

として認識され、利用される必要がある以上、利用者保護や取引の安全性の確保は必要であり、そのための所与の規制法的な部分は不可欠ではあるものの、資金決済ビジネスの包括的法律として整備されていることからも、資金決済法自体は、制度整備の性格がかなり強いものになっている。

また、別の大きな見方で捉えると、今回の資金決済法の成立は、金融法制の変遷を考えたとき、これまでの変遷のパターンとはかなり違ったものになっている。最近の金融商品取引法や保険法・保険業法の例でもわかるように、従来、金融法制の整備は明治以来もともとあった金融市場ないしは金融サービスの拡大・近代化にともなう市場整備のために行われてきたものが主流であったが、今回の資金決済法は、それらとは明らかに性格が異なっている。IT技術の進歩に伴う決済にかかわるテクノロジーの向上とビジネスモデルの拡大に法制度の整備が後押しされた結果として誕生した法であり、また、元来、業法を中心とする金融法が規制を主たる目的とするのに対して、これまで銀行を主体として行われてきた「為替」を資金決済業者にも認めるという規制緩和色が強く、その内容も兼業規制等、通常の金融法制の専業性が強いものに対して、兼業規制や議決権取得制限・株主規制・持株規制のない、比較的容易に誰でも決済、については金融業の世界への参入が可能になるような形にすることで、参入推進を図るなど、イノベーションを強く意識したものになっている。反面、従来、法ではなく、検査マニュアルや事務ガイドライン、ないしは業界ガイドライン等でカバーしてきた情報安全管理等、IT独自の問題についても条文が入っていることも、決済のIT化を意識した法制度整備であったかを物語っている。

なお、金融のIT化を意識して策定された法律としては、平成20年に施行された電子記録債権法もある。これまでの手形債権や指名債権とは異なる債権としてより効率的で安全な債権譲渡・分割の仕組みとして登場したものだが、これまでの手形をリプレイスするものであり、それが決済のIT化により進められているという点でも、今回の資金決済法とは「同じ性格を持っている」といってもよいと考えられる。

第3節　電子マネー

1　電子マネーの定義と分類

　1990年代から電子マネーについては様々な定義が行われてきたが、揺籃期のその時期を過ぎ、ICカードやインターネット技術の向上もあり、利用範囲が拡大し、ポイントサービスとの連携等が進み、日々使われる決済ツールになってきているにも関わらず、未だ、わが国における法律上の明確な定義はあるわけではない[22]。

　この電子マネーの分類については複数の視点から分けた見方がある。

①価値の存在

　電子マネー自体の価値を基本とするか、それとも、支払価値は発行の対価と考えるか。

②価値が記録・保存される媒体による分類

・電子マネーの移転により決済が完結し、利用者間で支価価値が転々流通するもの（オープンループ型）

・電子マネーにより支払いを行った場合に、電子マネーが発行者に還流して、発行者の預金口座から資金の移動があるもの（クローズドループ型）

③支払時期による分類

　電子マネーと称されるものでも、その支払時期によって、プリペイド（前払い）、同時（デビット）、後払い（ポストペイ）と3つのタイプのものがある。このうち、少額決済を中心にした新しい決済クレジットカードも登場して

---

[22]　現に、「利用者から受け入れる資金に応じて発行される電磁的記録を利用者間で授受し、あるいは更新することにより決済が行われる仕組み又は電磁的記録自体」（電子取引法研究会報告書（平成11年））、「利用者から受け入れられる資金に応じて発行される電磁的記録を利用者間で授受し、あるいは、更新することによって決済が行われる仕組み」（第2次マネー懇談会報告書（平成10年））など、様々な定義が設定されてきたが、いずれも、電子マネーがまだ実験段階で一般に利用されてこなかった時期での定義であり、比較的幅広な定義となっている。その後、SuicaやEdyなどの登場をうけて、「その金額に応ずる対価を得て電磁的に記録された金額情報であって、その記録者との契約関係に基づき、それを移転することによって、契約に基づく一定の範囲の金銭債務の弁済としての効力を有するもの」（杉浦宣彦＝片岡義広「電子マネーの将来とその法的基盤」金融庁金融研究研修センター　Discussion Paper（2003）という定義が登場し、現在ある電子マネーの大半を占める前払式の電子マネーの定義に関してはこの定義が一般的なものとされている。

おり、プリペイドカードと合わせた形で電子マネーとするものもあるが、クレジットカードの仕組みであることには変わりがなく、また、デビットカードは、前述のように銀行の預金口座間の資金移転のためのツールであり、従来の電子的資金移動と変わりない。
④価値がどのような媒体に記録・保管されるのかによる分類
　　・紙、磁気カード、ICカード、サーバー管理などによる分類
　　・支払手段そのものに価値が記録されるストアドバリュー型、コンピュータのサーバーに価値が記録されるアクセス型（ネットワーク型）の分類
⑤発行会社による分類
　　交通系・流通系あるいはネット系かなど
このうえで法的性質でもって分類する形もあり、それぞれ金券、有価証券、債権、当事者の合意としてとらえる見方がある。

　このような状況の下で、現段階においてわが国では、デビットカード主体の欧米とは違い電子マネーの普及が進んでいる。その理由として、銀行口座の利用がいらない、鉄道等交通機関の乗車券等とリンクしている、稼働時間の制限がない、利用促進のための様々な特典がある等の利用者側メリットに加え、決済が簡素にでき、貨幣の取り扱い、については銀行へ行く必要がないという店舗側のメリットも存在する。

　ビジネスモデルとしても、もともと紙式の商品券だったものが磁気カードになり、さらにICカード化する中で利用できる範囲が拡大し普及につながった経緯もあることから、電子マネーの大半は、ICカード等の媒体それ自体に価値があるというよりは、発行者が発行の対価として得た金銭や預金を価値の裏づけとするものであり、その大半は前払式支払手段にあたると考えられる。従来は、前払式証票規制法で規制され、利用者保護の仕組みも作られていたが、現在は技術の進歩ともに、「証票」がないサーバー管理型での電子マネー[23]が主流となってきており、「証票」がないものは前払式証票規制法の規制を受けないことから、同じような経済効果があるにも関わらず、規制や利用者保護の

---

23)　これには「証票」に該当するようなICカードがある場合も含む。大量のデータを処理するような電子マネーになると、もはやカードは利用の意思を表示する＋残高を確認するためのツールとなり、むしろ、金銭データは、発行者のサーバーで管理している形になってきている。

バランスが悪くなるということが発生したことから、資金決済法では、前払式の電子マネーについては、サーバー管理型も含んだ形で、2010年4月以降は「前払式支払手段」の部分で規制や利用者保護の方法が決められている。

2 電子マネーをめぐる法

(1) 電子マネー利用時における法律関係

電子マネーは「無因」の支払ツールであるとされる。というのも、商品やサービス購入時に加盟店で利用し、そののちに商品等を間違っていたことに気が付き、返品等を行ったとしても、カード利用約款等からは、引き落とされた電子マネーが回復されることはない。仮に店員が金額打ち間違いをして、電子マネーの中の金銭価値が必要以上に移転されたとしても、電子マネーは回復されることはない（もっとも、そのような場合に加盟店が代金や差額の返還請求義務を負わないわけではなく、現金を利用者に返金することになる）。つまり、もともとの原因関係と支払関係は区別されており、直接的には影響を与えない仕組みになっている。このような仕組みにしていることにより、錯誤の成否や債務不履行の有無などの事実認定等を電子マネー発行業者が紛争のたびに判断を求められるようなことにはならず、効率的な運営を行うことができるのみならず、電子マネーの仕組み全体のコストを抑えるのにも役立っている[24]。

(2) 電子マネーの抱えるリスク

現在、普及している前払式の電子マネーの多くは、ICカードを利用したものになっているが、このカードが紛失・盗難・偽造された場合、どのようなことになるのか検討する必要がある。

まず、カードそれ自体が無記名式の場合、紛失や盗難が発生したとしても、損害が利用者が負担することになっている。無記名であるがために、盗まれたものか紛失したものかを利用された店舗が判断することは難しいからであり、また、この状態であると、財布に入れた現金と同じ状態であり、利用者に注意義務を負わせることにも合理性がある。もっとも、損害額をできるだけ少なく

---

24) 小塚＝森田・前掲注(3) 24頁。

するために、カードに入金できる金額は、一般的に2万円ないしは3万円以下に設定されているものが多く、現状でも制限額フルに常時入金している利用者は極めて少ない。

これに対して、記名式（例えば、定期券付き交通カードに入っている電子マネー）のものでは、紛失・盗難等に気が付いた利用者が発行者に速やかに連絡すれば、利用停止・再発行の措置を取る仕組みになっているものが多い。しかし、利用の際に本人確認が行われているわけではないので、連絡前に第三者に使われてしまっていると、その分の金銭価値までは戻ってこない。

また、ICカードの毀損やデータ異常の場合の取り扱いについては、一般的に電子マネー発行者の方で、利用履歴を確認すればよいことから、残高返還や再発行ができることになっている。もっとも電子マネーが利用できる範囲の拡大とともに、決済データも様々な経路で発行者に流れる形になっており、途中経路のサーバーのダウン等で障害が起きた場合の責任関係をどうするのか等は今後さらに検討を進めていく必要がある。

第4節　ポイント

商店で商品・サービスを購入する際に値引き、おまけ、景品の配布といったサービスやスタンプ台紙にスタンプを押し、集めたスタンプで商品券を提供するサービス、割引券の配布などが行われる場合がある。このようなサービスは、昭和30年代から存在したといわれており、現在でも、商店街にある店舗が、共同で購入額に応じたスタンプ・シールを配布する、いわゆる「トレーディングスタンプ」などがあるが、最近では家電量販店によるポイントサービスや航空会社のマイレージサービスなどの登場で、大きな発展をみせており、上記のようないわゆる「ポイント」の発行額は野村総合研究所等の調査によれば2009年の段階ですでに1兆円以上に達している。

ポイントについては有効期限や交換割合が一方的に変更されることもあり、発行額が近年大きくなってきたこともあり利用者保護の必要性も指摘されている。さらに利用機会が拡大するとともに、他のポイントへの交換や前払式支払手段等への交換も可能となってきており、そのネットワークは拡大の一途であ

った（図4-6参照）。最終的に現金に交換可能なものも登場してきていることから、支払手段としての保護や規制などをどうするのか検討が必要な時期にきている。

図4-6　ポイントサービスのネットワーク拡大

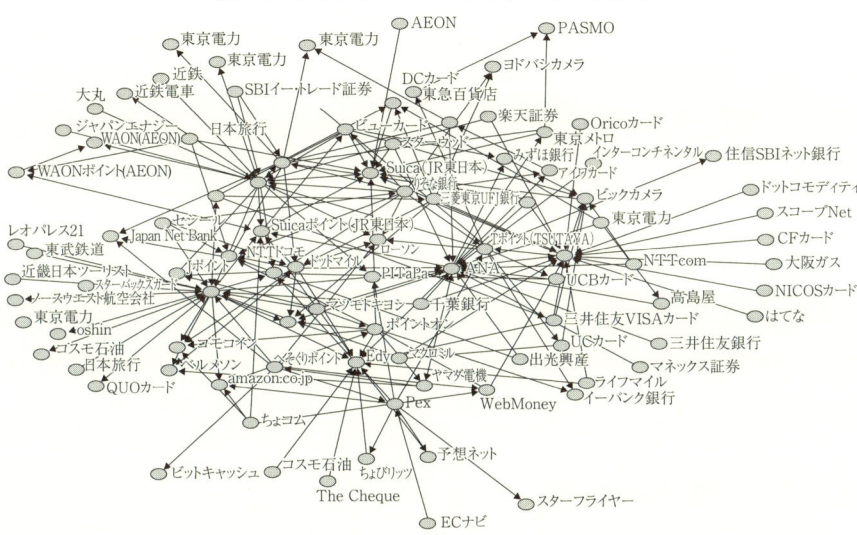

（出所）NTTドコモモバイル社会研究所，杉浦宣彦＝遊橋裕泰＝宮脇啓透『モバイルバリュー・ビジネス──電子マネー・企業ポイント・仮想通貨の見方・考え方』（中央経済社，2008）より

1　ポイントの性質と対価性

(1)　ポイントの性質

　上記でも明らかのようにポイントの種類はまちまちであり、法的性質をひとつにまとめることは困難であることから、個別の契約ごとに検討する必要があるが、一言でいえば、「おまけ」であり、法的に定義づけようとすると、「ポイント保有者が発行者に対して、商品・サービスの提供または代金の値引き、代金への充当を請求できる権利」[25]とまとめることができるだろう。この定義によれば、ポイントは前払式証票と同様のものともいえるが、ポイントの原資は事業者の販売促進費や広告宣伝費により負担されており、前払式証票とは違い、利用者が直接的に負担しているわけではない。対価を得ずに発行されるもので

あるため、前払式証票の定義にはあたらず、現状では利用者保護のための法的規制は存在していない。

(2) 前払式支払手段と関係——対価性をめぐる議論を中心に

前述したようにポイントと前払式支払手段は非常に似た権利であり、その間の違いは、権利の取得に対して費用を要しているかどうかの対価性があるかないかで決まる。前払式証票は対価があるのに対して、ポイントはなく、また、商品の購入時（店舗への来店時）などに発行されることから、単独で発売されておらず、無償で交付される[26]。

この対価性があるかないかの基準については、有償割合が50％を超える場合に対価性があると判断するのが妥当であるというと考えられている。有償割合が50％超である場合にもし全額資産保全されていないとすれば、資金決済法上の前払式支払手段が基準日未使用残高の2分の1に相当する発行補償金を供託する義務（資金決済法14条1項）と比較しても不均衡になるからである[27]。

(3) ポイントの交換（移動）

ポイントサービスの中には、ポイントAの保有者である甲が発行者の乙に対して、丙が発行するポイントBへの交換を求めることができるサービスがある場合がある。このようなポイント交換が発生したとき、ポイントに対価性があるかないかが問題となる。

対価があるとする立場では、ポイントAの発行者乙やポイントBを発行する丙がそれぞれ無償でポイントを発行してはいるものの、AからBへポイントが交換されるということは、貯めたポイントAを利用して、提供される商品にポイントBが存在するということであり、そうなると、乙が丙に対価を払うことにより、甲にポイントBが渡されることになるから、前払式支払手段と類似し

---

25) 高橋・前掲注（12）104頁。
26) これに対して、購入の際に「代金の値引き＋値引き相当額の前払式証票の販売」が強制的に行われているという見方もある（松本恒雄「ポイントサービスの法的性質と消費者保護の問題」国民生活2007年9月号9頁）。
27) 渡邉雅之＝井上真一郎『Q&A 資金決済法・改正割賦販売法——新しい決済サービスに関する法制の横断的解説』（金融財政事情研究会、2010）41頁。

ていると解説する。

これに対して、それに反対の立場では、
① おまけであるポイントを利用して別のポイントを得るだけで、利用者は対価を払っていない。
② ポイント交換を経たポイントかどうかで、ポイント発行者としても利用者としても価値が異なるとは考えていないので、そのような区別は期待されていない。
③ もともとポイントは無償で発行されたものであるにも関わらず、そのポイントに前払式支払手段のような資金保全などを求めるのは過剰規制である。

さらには、ポイント交換することでその価値が減価するケースが多いことやスキームとしてもともと転売されることを予定していないものであることなどを挙げて、対価性を否定する理論の展開がなされている。

無償で発行されているポイントにどこまで対価性があるかないかを考えるのかについては、そのポイントの使われ方等にも影響されることから一概に決めることはできず、さらなる議論が必要だろう[28]。

(4) 会計基準との関係

現在のところ、ポイントに関連しては、個別の会計処理の基準はなく、その発行業者は、企業会計原則等にのっとり会計処理をしている。ポイント発行業者の事業内容等、ポイントの性質ならびに内容などにより異なるが、以下のような会計処理が一般的になされていると考えられる。
① ポイントを発行した時点で費用計上
② ポイントが使用された時点で費用処理
③ ポイントが使用された時点で売上値引き

---

28) もっともポイントが請求権であることは確かであり、財産的価値があることは間違いない。平成20年5月に他人のポイントを利用して商品を手に入れた事案の場合に電子計算機使用詐欺（刑法246条の2）として検挙されたケースもあり、特にポイントを交換することで別のサービスや商品を得ることができる財産権を得ることや、上記のような不正に電磁的記録を作り、それで、商品やサービスの請求権を得たとするならばポイント＝財産的価値であることは疑いのないことであり、その交換に関して、価値の差額を埋めたり、価値を買うために資金を提供する場合はやはり前払式支払手段との類似性を指摘せざるをえない。

④ポイントが使用された時点で費用処理し、期末に未使用ポイント残高に対
　　　した過去の実績を勘案して引当金計上
　このうち、最近では、ポイント制度の確立とともに、過去データの蓄積もで
きてきていることから、一般的に②形式での会計処理が多いといわれている。
つまり、未使用のポイントに関して、過去の使用実績等を予想して将来使用が
見込まれる部分を見積もって、当該部分を貸借対照表に引当金として負債に計
上するとともに、損益計算書上の費用の計上する形である。このように、わが
国の会計基準では、ポイントそれ自体は販売しているものという前提に立って
いないと考えられる。
　いずれにせよ、2007年6月に発表された国際財務報告解釈指針委員会の「カ
スタマー・ロイヤリティ・プログラムの解釈指針」では、販売価格からポイン
ト金額を控除して売上計上し、ポイント金額を負債として計上、そのうえで、
ポイント使用時にポイント負債が減少した分を売上計上することとされている。
このように国際会計基準では、「おまけ」としてではなく、ポイント自体が価
値を持つものとして負債計上されることから、ポイントが対価をもって販売さ
れるものとして理解することも可能であると考えられるが、前払式支払手段に
ついてはその販売額に消費税が課せられないことなどについて、前払式支払手
段と同様に問題になると考えられる。もっとも、このような引当て制度があっ
たとしても、直ちに利用者保護につながるわけではないことにも留意すべきだ
ろう。

2　支払手段としてのポイント

(1) ポイントでの支払

　ポイント、電子マネー、現金と、このどれを利用しても対価性というポイン
トを除けばモノの購入やサービスの提供を受けることは可能であり、それらの
機能はほぼ同じということができる。もっとも、ポイントはもともとマーケテ
ィングの手段として、顧客の囲い込みや提供する商品やサービスを拡大するた
めに発行されたものであり、利用されることで事業者が資金負担することから、
その発行には自ずから制約があるし、また、最近でこそ、それぞれのポイント
の結びつき等が問題となるものの、その発行方法や価値に対する事業者の考え

方も違うことから種類も多様で、一概に一つの概念で語ることは容易ではない。事業者からすると、発行額が増えれば増えるほど、負担が増加するものであり、また、囲いこみのためのネットワーク拡大のための交換経路を拡大する傾向も見られるが、これもすでに、交換経路を増やした場合に、発行体の期待に反して自分の店舗にもどらず、違う所でモノを買ったり、サービスを受けるために利用されてしまうなどの問題点が指摘されているケースもあり、経路の拡大についても事業者と限定的にならざるをえない。

　加えて、対価性がないことから、支払手段としての利用を進めようと思っても、自由に入手することもできず、また、支払の相手方の同意がないといけないがそれは、あくまでも発行者や受領者（交換可能な場合）ならびに利用者との間の合意・契約に基づくものと考えられることから、その利用についての強制力は限定的であり、支払手段としての機能は高くなく、限定的であるといえる。

　このようにポイントは発行する事業者の負担ならびに対価性がないことからの支払手段としての限界から、支払手段としての保護、金融機能として機能の維持しうる必要性はそれほど高いものではなく、今回の資金決済法でもポイントの定義を決め、支払手段として位置づけるような制度整備は行われていない[29]。

　もっとも、このような制度整備の必要性は低いとしても、事業者により利用者が使えるはずだったポイントが一方的に不利な形に変更されるケース（例えば、利用できるサービスや対象物、さらには交換比率が急に不利な形にされたり、これまでなかった利用期限が設けられたり、短くされたりしたようなケース）では、利用者保護

---

[29]　もっとも、資金決済法のほかに、犯罪収益防止法や景品表示法との関連について若干検討しておく必要性があるかもしれない。まず、ポイントに換金性があるものもあることから、マネーロンダリングの可能性を指摘する声もあるが、商品券を利用する場合でもマネーロンダリングの可能性があったとしても犯罪収益防止法の対象にはならないし、ポイントの場合は自由に購入できないものが大半で、マネーロンダリングにすぐに結びつく可能性は極めて低く、犯罪収益防止法がポイントに適用される機会は少ないと考えられる。また、景品表示法上の景品類にポイントが該当するのかも問題となるが、同法2条3項によると「顧客を誘引するための手段として、……事業者が自己の供給する商品または役務の提供に付随して相手方に提供する物品、金銭その他の経済上の利益であって内閣総理大臣に指定されるもの」が景品等に該当するが、家電量販店等で提供されるポイントについては、その支払うべき対価の減額（値引き）に充てられるものであり、景品類等にはあたらないとされる（衆議院財務金融委員会（平成21年4月21日）。中島公正取引委員会事務総局経済取引局取引部長の答弁等）。

第4節　ポイント

を図る必要性があるのではないかという考え方もある。金融取引や資金決済の観点とは異なるものの、今後の検討が必要な部分であろう[30]。

では、以下、ポイントの中でも普及度が高いゲームポイントについて少し触れてみよう。

(2) ゲームポイント

「ポイント」と称されるもののうち、「おまけ」、「景品」ではなく、オンラインゲームに使用するためのクーポンやチップなどと称するポイントがあり、これはネット上のバーチャル世界（例えば、セカンドライフ）でも使われることがあるが、これらは通常のポイントとは異なり、利用される前に販売されるものであり、対価性もあることから前払式支払手段に該当し、資金決済法の適用を受ける。しかし、すべてのゲームポイントが法の適用を受けるわけではなく、旧前払式証票規制法でも特定の施設での利用に際し発行される食券その他の証票等で、当該施設または場所の利用者が通常使用するものは適用除外とされており、ゲームポイントのようにゲームセンターなどの一定の場所で使用されることから同法の適用除外とされ、資金決済法でも同様の取り扱いとなっている。ただ、資金決済法では無体物である前払式証票についても適用が及ぶことから、インターネット上のゲームポイントについては、規制を科せられる範囲であるかないか、検討を行う必要がある。

また、ゲームポイントについては、インターネット上のオンラインゲームで利用される場合、比較的長い期間でゲームポイントが保存・利用される場合がある。有効期限が6月以内におさまらない場合、資金決済法の適用が及ぶ。また、ゲームポイントがゲームに利用されて、残った時に換金が可能である場合、払戻禁止の問題が資金決済法との関係で問題となる[31]。さらに、資金決済法

---

30) 経済産業省のポイント研究会報告書でも、ポイントプログラムを通じての利用者とのトラブルの大半が利用者が抱いている期待・認識から発生しているという指摘もあり、平成20年1月には、それらの解消のために「企業ポイントに関する消費者保護のあり方（ガイドライン）」が公表されている。
31) 特定のゲームポイントが資金決済法上の前払式支払手段としての規制の範疇にないことが明らかになった場合、払戻禁止の適用も受けないことになるとも考えられるが、資金決済法での払戻禁止に関する規定は、銀行法の違反とならないようにするために機能しており、資金決済法の適用を受けない場合でも払戻しを行うと、銀行法や出資法への抵触がありうる。

との関連でいけば、ゲームポイントがゲーム内の仮想店舗などで商品等の購入の支払に利用できる場合、ゲームポイントが対価を得て発行されるものである場合、前払式支払手段となり、法の規制の範疇に入ることになる。

第5節　電子金融取引における誤振込みと無権限取引

　従来から、銀行取引における誤振込みや無権限取引については幅広く議論されているが、上述のように金融ビジネスの電子化が進行するにつれ、インターネットバンキングサービスや、資金移動業、さらに収納代行など、機能的にはこれまでの銀行取引と同じであるにも関わらず、多様化が進んでいるが、誤振込や無権限取引といった問題点もまた同様に発生ないしは発生の可能性が指摘されているところである。本節では、インターネットバンキングサービスや収納代行さらには資金移動業におけるこれらの問題に触れ、誤振込みや無権限取引に関する新たな論点・解釈も含めて、説明することにする。

1　インターネットバンキングサービスにおける誤振込みと無権限取引

(1) 振込サービスの電子化に伴うルールの整備

　繰り返しになるが、上述のように銀行のインターネットバンキングサービスは、通常の銀行の窓口サービスを電子化しただけとも考えられることから、その取引（振込み）における法律関係や法理論にはこれまでの銀行取引におけるそれと比較しても大きな違いはほとんどないといってよい。

　振込みは依頼人から振込依頼を受けた銀行が依頼人の指定した受取人の取引銀行（被仕向銀行）にある受取人の預金口座に一定金額を入金することを内容とする取引であり、その法的性質は委任契約であるとされる（名古屋高判昭和51年1月28日金法795号44頁）。

　しかし、今や振込みもATMやインターネットバンキングサービスを通じた電子的処理がその大半を占めており、これらを利用した振込取引においてはときにコンピュータシステムや通信回線の障害等が原因で受取人口座への入金不能や入金遅延が発生することがある。この場合、依頼人が損害を受けた場合、依頼人が通信回線業者やシステムを作ったITベンダー等に直接責任を追及す

ることは困難であることから、仕向銀行に一定の責任を負わせる必要があるとし、そのために委任契約であるものの、請負契約（民法632条）的性格があるのではという指摘もある。

　そのことを反映して、かつては、米国のEFT法等を類似した法制度を検討すべきという流れもあったが、現段階では、平成6年3月に制定された全国銀行協会の振込ひな形が制定され、振込取引における振込依頼人と仕向銀行との権利関係の明確化が図られている。もっとも、この規程はその1条にあるように、振込依頼書または振込機（ATM）により振込依頼をする本支店為替ならびに他行為替による国内本支店宛ての振込依頼に適用するものとされ、インターネットバンキングサービス等は含まれておらず、やや片手落ちの状況になっている[32]。

(2) 誤振込みのケース

　誤振込みに関しては、一般的に、入金があった時点で預金債権が成立することから、誤振込みの場合も、受取人は預金債権をいったん取得し、振込依頼人が受取人に対して振込依頼額の不当返還請求権を取得することになり、従来判例もその方向で準則が構成されてきた（最判昭和52年8月9日民集31巻4号742頁、最判平成9年4月26日民集50巻5号1267頁など）。しかし、振込依頼人の保護の問題だけでなく、その後の銀行を巻き込んだトラブル解決の手間を鑑みても原因関係や振込委託の瑕疵によるリスクの軽減のために、錯誤等に気が付くようなシステムを構築することも重要である。例えば、インターネットバンキングサービスにおいて、各銀行では確認画面の設置、明白な錯誤を発見した時には振込依頼人に確認するシステムを構築していることが多い。また、銀行によっては時間帯にもよるが、全銀ネットが稼働している時間帯などでは、送り先

---

[32]　また、わが国では振込みが適切に終了しなかった場合の責任関係について不明な部分がある。米国のUCCやUNC IT RALの国際振込モデル法では、振込みが完了しなかった場合、振込依頼人は、仕向銀行に振込金額の返還を請求できるようなルール（資金返還保証ルール）が定められているが、わが国の判例（最判平成6年1月20日金法1383号37頁）では不十分な振込指図に基づいて被仕向銀行が誤った預金口座に入金してしまった場合でも振込依頼人に対して仕向銀行は責任を負わないとしており、振込みが完了しない理由・原因が時に素人である振込依頼人にはわかりにくいという現実を鑑みれば、発生しうるリスクを知り、また、それを軽減できる立場にある銀行がもう一歩踏み込んだ責任を負うような考え方があってもよいように思われる。

の口座番号等を入力した際に、先方の口座番号・口座名が自動的に出てきて確認できるようなステップが踏めるつくりになっているものもある。このような仕組みを持っているかいないかにより銀行の責任の度合が変わるケースが考えられる。

　また、誤振込みの特殊なケースとして、「振り込め詐欺」がある。振り込め詐欺とは、一般的に電話やはがきなどの文書などで相手をだまし、金銭の振り込みを要求する犯罪行為であるが、最近では、金銭授受の方法が振込みだけではなく、指定場所へ持参させる・宅配便や郵便で送付させる・代理人が被害者の自宅に受け取りに現れるなど多様化している。この振り込め詐欺については振り込め詐欺救済法（犯罪利用預金口座等に係る資金による被害回復分配金の支払等に関する法律）が2009年に制定されており、詐欺で利用された受取人口座を停止し、被害者へ資金を回復する形での被害者保護・救済ならびに犯罪行為の抑止が図られている。

2　収納代行・資金移動業における誤振込みと権限外取引

　前述のように銀行振込みと同じような構造を持つものとして、収納代行と資金移動業があるが、コンビニエンスストア等の収納代行では、通常は払込票にあるバーコードにより取引が確認され、決済代行業者等を経て、代金債権が決済される形なので、まず誤振込みのようなことは発生しない。しかし、ダイヤルQ2関連の判例（最判平成13年3月27日判時1760号82頁）[33]等にもあるように、無権限者による原因取引から生じた代金債権を決済してよいかという点は問題となる。また、収納代行の場合、その多くで代金を送金する側だけでなく、受領する側についても代行して、代金債権の移動の仲介を行う決済代行業が利用されているが、すでに受領側が不正業者だった場合などに代行業者の責任がどこまであるのかについては、すでに社会問題化してきており、不正ないしは無権限取引のリスクがある場合、そのリスク負担をどのようにするかについては、銀行取引の場合と同様の問題が存在すると考えられるだろう。

---

[33]　固定電話を用いた収納代行サービス（ダイヤルQ2）に関して、加入電話契約者以外が原因関係となる取引を行ったとしても、特段の事情がない限り、代金債務は発生していないとして電話会社に対する不当利得返還請求が認められたケース。

なお、資金移動業についても、銀行の為替業務と同じ業務を行うことから、当然、誤振込や権限外取引が行われる可能性について銀行の場合と同様に考え、検討する必要がある。資金移動業の場合、国内よりも海外への送金を行っている業者が現状では多いことから、誤振込の場合でも、海外送金のケースと同様の国と国とをまたがった問題となる可能性が大きいが、資金決済法では、「履行保証金制度」[34]（資金決済法43条等）があり、資金移動業者が送金金額と同額の供託を資金が到着するまでの間行っていることになっていることから、誤振込の発生に関して、送金依頼人に落ち度がなく、資金移動業者はないし、業者が提携している当地の（銀行等を含む）業者に何らかの原因がある場合は、供託金額から送金金額を依頼人に返還することで一定の利用者保護は図れることになる。また、無権限取引に関しても、銀行とまったく同じようなケースが想定されるが、資金移動業者は犯罪収益移転防止法2条2項に定められた「特定事業者」として本人確認義務があり、また、外国為替取引の場合は、「外為法」上の本人確認義務や内国税の確保を図るために、国外送金等で調書の提出を要求している「国外送金調書法」上からも氏名等の確認義務が適用される。

34）　資金移動業者は、1週間ごとの各期間について当該1週間における「要供託額」（未達債務＋権利実行の手続きに関する費用の額の合計額）以上の額の保証金を、当該1週間の期間の末日から1週間以内に、その本店の最寄りの供託所に供託する必要がある。なお、未達債務の額は、各営業日における未達債務算出時点における資金移動業者が利用者に対して負担する為替取引にかかる債務の額とされ、受取人に現金が交付されたり、口座に入金されたり、受取人が商品・役務の提供を受けるときの代金支払いに充当するなどして債務が消されるまで変わらない。

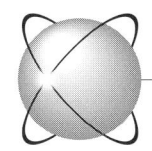

第❺章
履行障害・トラブル

　本章は、インターネットを利用した取引（電子商取引）において生じうる履行障害とその周辺の問題を概観し、各場合における関係者の責任について検討する。契約に基づく債権債務関係は、契約の締結により発生し、各債務が契約の趣旨に従って履行されれば、目的を達成して消滅する。しかし、何らかの原因により、契約の趣旨に従った履行が行われず、そのため債権者が契約で予定された利益を得られない場合がある。ここでは、このような状態を広く指して「履行障害」という。

　電子商取引は、電子的なシステムを利用して物や情報やサービスなどの取引を行うものであることから、当該電子商取引自体の当事者（売主または役務提供者等と買主または役務受領者等）だけではなく、プロバイダ、キャリアなど様々な者がこれに関与することになる。そのため、履行障害が生ずる原因にも多様なものが存在しうるし、その原因に応じて法的な責任の所在とその限界も異なりうる。中でも、システム上の不具合による履行障害は、電子商取引に特有の問題であることから、その責任のあり方については検討を要する。

　そこで、以下ではまず、履行障害・トラブルの全般的状況を概観し、次に、典型的な契約違反の履行障害における関係者の民事責任について検討し、さらに、システムの障害によってネットユーザーが株取引等につき取引機会を喪失した場合の問題、クラウドコンピューティングでシステムダウンが生じた場合における関係事業者の責任の問題などについても若干の検討を加える。

第1節　電子商取引における履行障害・トラブルの全般的状況

1　売主等の債務不履行

　電子商取引に関わる履行障害として、第一に挙げられるのは、取引の一方の当事者である売主または役務提供者（以下、売主等という）が、取引の目的となった物、情報、サービスなどを提供する債務を履行せず、あるいは、一応の履行はしたが、履行が契約に適合していなかったという類型である。売主等の債務不履行自体は、電子商取引に特有の問題ではない。しかし、インターネットでは、現実の店舗販売に比べて、格段に低いコストで容易にネット上の店舗の開設その他の形での販売行為やその販売のための宣伝活動をすることが可能であるため、経済的基盤が脆弱である者や信用のおけない者が売主等として登場する場合も多く、トラブルが生じやすい。また、インターネットの匿名性という特性から、売主等の契約責任の追及に特有の困難が生ずることもある。さらに、インターネットモールやネットオークションでの購入においては、一般の消費者は、当該モールの運営業者やオークション運営業者の名声や信用力を信頼して取引に入ることも多いが、このような信頼がどの限度で法的に保護されうるかも問題となりうる。

2　不適切な表示に関わる履行障害

　履行内容が契約に適合していないと主張される紛争は、ネットにおける不適切な表示に起因して生ずることも少なくない。ネットショッピングでは、多くの場合、買主はもっぱらネットに掲げられた表示・広告に依拠して取引に入るので、表示が不適切であれば、現実の給付内容が買主等の期待に合致しないという事態が生ずることになる。特にインターネットオークションにおいては、届いた物の品質等が買主の期待と食い違うという形でのトラブルが少なくない。このような表示・広告については、私法上、まずは契約の締結過程におけるトラブルの問題として捉え、不実告知等による取消し（消費者契約法4条1項・2項）や、錯誤無効（民法95条）の主張をすることが考えられよう。しかし他方、事情によっては、契約の解釈を通して、表示・広告に記載されたことが契約内容

になっていると認められる可能性もある。そしてその場合には、給付されたものがそれと食い違っていたことは、履行内容の契約不適合という形での履行障害の問題として捉えることができ、買主等としては、売主等の債務不履行責任または瑕疵担保責任を追及することも考えられることになろう。また、買主等は、不適切な表示を信頼して契約をしたことにより生じた損害について、売主等に対し、不法行為による損害賠償請求をすることも考えられる。

3 売主等のくもがくれ、なりすまし

売主等の債務不履行の中には、売主等が契約締結後に履行をしないままくもがくれしてしまったという場合もあるし、その中には、もともと売主等が、詐欺的な意図の下で契約を行っていたというケースも含まれる。また、そもそも契約の履行がないので買主が問い合わせたところ、なりすましによる契約であることが判明したというトラブルもある。これらも、その一部は契約締結過程の問題として整理することができようし、なりすましについては、契約の当事者（効果帰属当事者）の確定も前提として問題となる。しかし、買主等から見ればこれも、契約締結後、契約で予定した通りの履行が得られない場合のひとつともいうことができ、履行障害あるいはそれに隣接する問題として捉えた上で、その損害回復のための法的手段を検討することも考えられる。

4 インターネットにおけるネズミ講・マルチ商法

インターネットは、多数の者への情報送信を容易にする。そのため、インターネットは、ネズミ講やマルチ商法の格好の舞台になりやすいと指摘されている[1]。

例えば、次のような相談事例について考えてみよう。「あるとき、『お金儲け情報』と題するメールを受けた。そこには、たった3000円の元手で数週間後には100万円以上の大金が手に入るというマネーゲームが記載されていた。具体的には、記載されている3人の口座にそれぞれ1000円を送金したら、今度は冒頭の一人の名前を消してその代わりに自分の名前を末尾の欄に追加するこ

---

1) 日弁連消費者439頁〔横山哲夫〕。

とができ、それを他の人に（できるだけ多くの人に）送信すれば、今度は自分が後続の多数の人からの送金を受けられるようになり、大金を得ることができるという。そこで、その記載に従って送金等を行ったが、自分は後続の人からの利益をまったく得ることができなかった」。これは、参加者が無限に増加することを前提に、後順位者の出えんする金品から、先順位者が自己の出えんを上回る金品を受領するという内容の金品配当組織であり、法律で禁止されている無限連鎖講（いわゆるネズミ講）に該当し、開設者・運営者、勧誘者には、刑事罰が科される（無限連鎖講の防止に関する法律3条ないし7条）。また、私法上は、その入会契約は公序良俗違反（民法90条）により無効と解され（広島高判昭和61年10月23日判時1218号83頁など）、主催者あるいは勧誘行為者らは、被害者に対して、不法行為責任（民法709条）を負う（大阪高判平成5年6月29日判時1475号77頁）。

　一方、連鎖販売取引（いわゆるマルチ商法）[2]に関するトラブルとして、次のような例がある。「メールで、ある商品の購入と販売組織への入会を勧誘された。他の人をさらに勧誘して入会させ組織が拡大すれば利益が得られるという。そこで、商品代金、入会金その他の名目で金銭を支払ったが、思ったように他者を勧誘することができず、負担だけを負うことになった」。連鎖販売取引については、商品販売等の取引の要素があるため、全面禁止はされていないが、階層組織を拡大すれば利益が上がるという点で、ネズミ講と共通する幻惑性と危険がある。そこで、これにつき特定商取引法は、不当勧誘や誇大広告の禁止、書面交付の義務づけなど、厳格な規制を設けており（特定商取引法33条以下）、それに違反する行為は、同法により行政処分（同法38条、39条）や刑事罰（同法70条以下）の対象とされている。インターネットによる連鎖販売取引の勧誘には、同法の規制に違反しているものも少なくない。商品取引等の形をとっていても、その実体がない場合（商品の価値がほとんどない場合等）には、実質的にネズミ講に該当する違法性の強い取引として公序良俗違反（民法90条）により無効ということができる。そうでない場合は、直ちに私法上無効とまではいえないとしても、連鎖販売加入者（店舗等によらないで当該販売等を行う個人）は、特定商取引

2）「マルチ商法（multi-level marketing）」とは、「連鎖販売取引」あるいはそれと類似する取引形態の通称である。このうち、合法的な取引を除き違法なものだけを指してマルチ商法と呼ばれることもあるが、本章では、このような限定はしていない。

法における連鎖販売取引の規定に従い、クーリングオフを行うことができるし（特定商取引法40条）、クーリングオフの期間経過後でも将来に向かって契約を解除することができる（同法40条の2）。また、同法は、統括者や勧誘者の不実告知等により誤認して意思表示をした加入者の取消権も規定している（同法40条の3）。

5　プロバイダのシステム障害に起因する履行障害

　インターネットを利用して行う電子商取引においては、通信手段であるネット環境がプロバイダのシステム障害などによって途絶されたことによって、履行障害が生ずることがある。例えば、デジタルコンテンツが取引の対象とされた場合において、そのデジタルコンテンツの給付が、プロバイダのシステム障害により一時不可能となり、履行遅滞に陥るということも考えられよう。また、当事者間で、ネットでの発注処理を前提として、株式その他、金融商品等の取引を継続的に行っている場合において、ある時期のシステム障害により、適時の指図ができなかったことにより大きな損害が発生することも考えられ、その場合の関係事業者の責任が問題となる。

6　クラウドコンピューティングにおけるシステムダウン

　インターネットによるサービス提供契約の一類型として、いわゆるクラウドコンピューティングがある。クラウドコンピューティングにおいては、クラウドにデータとその処理が集約され、経営そのものがクラウドに依存することになる場合もある。このような場合において、クラウドのシステム障害により、一定の期間、処理が不可能となり、あるいはさらに管理を委ねていたデータが失われたときには、顧客に莫大な損害が発生するという事態も考えられ、その場合におけるクラウドコンピューティング事業者の責任も問題となる。

7　情報の流出

　電子商取引において取引相手方に集められた個人情報・企業情報が流出し、あるいは悪用されるというトラブルがある。特にクラウドコンピューティングにおいては、クラウドに情報が集約されることから、その情報が流出した場合

には深刻な事態が生じうる。この場合、契約当事者間では、情報管理義務違反が問題となり、被害者は契約相手方の債務不履行責任を追及することが考えられる。一方で、被害者としては、契約当事者に限らず、情報流出に何らかの形で関与した者たちに対して、その不法行為責任を追及するという方法も考えられる。

以下では、上に掲げた諸問題のうち、1（→第2節）、5（→第3節）および6（→第4節）を中心に取り上げてさらに検討する。2と3の問題も、1との関わりの中でさらに若干言及する（→第2節）。

第2節　履行障害・トラブルにおける関係者の責任

1　取引当事者の責任

(1) 売主の契約責任

電子商取引において、取引の一方当事者である売主等が契約に従って債務の履行をしない場合、買主等は、相手方である売主等の特定が可能である限り、その相手方に対して、民法の一般的な規定に基づき履行の請求を行い、あるいは一定の要件の下で債務不履行に基づく契約の解除や損害賠償の請求等をすることができる。これを、電子商取引での売買に即してまず簡単に確認しよう。

(ア) 買主の履行請求権

履行がない場合、買主はまず、原則として、契約通りの履行を売主に対して請求することができる。しかし、例外的に、履行が物理的に不可能となり、その他当該契約の趣旨に照らして期待できなくなった（契約の趣旨に照らした不能）と認められる場合においては、買主はもはや履行を請求することはできない。例えば、中古品のような特定物が電子商取引の目的物とされた場合において、その目的物が滅失した場合などはこれに当たるといえよう。これに対し、目的物が種類物である場合には、例えば売主が当該買主に引き渡すために倉庫に入れておいた物が、未だ特定（民法401条2項）が生じていない段階で焼失したとしても、市場から調達できる限り履行が不可能になったとはいえないので、買主はなお、売主に対する履行請求権を失わない。

一応の履行はあったが、それが契約に適合しないものであった場合にも、買主は、原則として、契約に適合した履行の請求をすることができる。ただし、特定物の給付を目的とする契約において、その特定物の品質や性能等が契約に適合しない（つまり「瑕疵」がある）場合には、現行法上（改正の議論がなされてはいるが）、買主としては、瑕疵のない物の履行を請求することはできず、瑕疵担保の規定に基づく契約解除や損害賠償請求の方法をとることになる（民法570条）。したがって、例えば、ネットオークションで中古品のバッグを購入したけれど、ネットに記載されていた説明と異なり正規品ではなかったという場合には、買主は、正規品の引渡しを請求するという形での履行請求はできず、570条の規定に基づき、契約を解除して代金の返還（＋損害賠償）を請求するか、解除せずに損害賠償の請求をするという手段をとることになろう（この問題については、後述（オ）も参照）。

（イ）契約解除

履行期が到来しても売主からの履行がない場合（履行遅滞）には、買主は、売主に対して相当な期間を定めて催告をし、相当期間内に売主による履行がないときは、契約を解除することができる（民法541条）。契約に適合しない内容の不完全な給付がなされたときも、原則として、履行遅滞に準じ、買主は催告をした上で契約を解除することができる。

例外的に、催告せずに解除することができる場合もある。催告は、履行を促して売主に再び履行の機会を与えることに意味があるので、もはや履行を促す意味がない場合には、催告を要しないのである。より具体的には、履行が契約の趣旨に照らして不能となっている場合（民法543条）や、契約の性質や趣旨によれば一定の時期より後の履行では契約目的を達成することができないと認められるような場合（定期行為）においてその時期を経過したとき（民法542条）には、買主は、催告をすることなく直ちに契約を解除することができる。

一方、不履行が契約目的に照らして極めて軽微であり契約目的の達成を妨げるとはいえないような場合には、催告をしても契約を解除することはできない（大判昭和13年9月30日民集17巻1775頁、最判昭和36年11月21日民集15巻10号2507頁、最判昭和43年2月23日民集22巻2号281頁、最判昭和51年12月20日民集30巻11号1064頁など）。一部が履行不能となった場合は、残部のみでは契約目的

を達成することができない場合に限り、契約全体を解除することができ、そうでない場合は、その不能となった一部についてのみ契約を解除しうるにとどまる[3]。

　なお、特定物の給付を目的とする契約において、その特定物に瑕疵がある場合には、買主は瑕疵のない物の引渡しを請求することはできないので（上述（ア））、催告は問題とならない。この場合、買主は、瑕疵担保責任の規定に基づき、①目的物に「瑕疵」があること（「瑕疵」については後述（オ）でさらに触れる）、②その瑕疵が「隠れた」瑕疵、つまり取引上要求される注意をもっても発見されない瑕疵（買主の善意無過失）であること[4]、および、③その瑕疵のためにその契約をした目的を達することができないこと、という要件をすべて充たす限りにおいて、契約を解除することができる（民法570条、566条1項）。

　一般の債務不履行による解除の場合（瑕疵担保による解除ではない場合）に、解除のために債務者の帰責事由を要するかについては議論がある。現行法上、履行不能については、その債務の不履行が、債務者つまり売主等の責めに帰することができない事由によるとき（例えば予期できない天災事変による場合）は、債務不履行による解除はできないと規定されている（民法543条但書）[5]。そして伝統的な通説は、履行不能との均衡上、履行不能以外の債務不履行の場合においても、不履行が債務者の帰責事由によらない場合には債権者は解除できないと解してきた[6]。もっとも、近時は、契約の解除は契約の拘束力からの解放手段であることから、解除の要件として帰責事由を問題とすべきではないとする解釈論が有力に主張されており[7]、立法論としても、帰責事由を解除の要件から切り離す方向での改正論が有力である[8]。なお、債務不履行の規律とは異なり、

3）　新版注釈民法（13）703頁〔甲斐道太郎〕。
4）　我妻栄『債権各論中巻一（民法講義Ⅶ）』（岩波書店、1957）289頁など通説。
5）　この規定によると、債務者の帰責事由の存在が解除のための積極的な要件というわけではなく、債権者による解除の主張に対して、債務者が帰責事由の不存在を抗弁として主張できることになる。
6）　我妻栄『債権各論上巻（民法講義Ⅵ）』（岩波書店、1954）156頁、松坂佐一『民法提要 債権各論（第5版）』（有斐閣、1993）57頁、三宅正男『契約法（総論）』（青林書院、1978）187頁等。
7）　内田貴『民法Ⅱ 債権各論（第2版）』（東京大学出版会、2007）89頁、近江幸治『民法講義Ⅴ（第3版）』（成文堂、2006）80頁、潮見佳男『債権総論Ⅰ（第2版）』（信山社、2003）430頁以下等。辰巳直彦「契約解除と帰責事由」林良平＝甲斐道太郎編『谷口知平先生追悼論文集・第2巻』（信山社、1993）331頁も参照。判例の分析として、渡辺達徳「民法541条による契約解除と『帰責事由』（1）（2）」商学討究44巻1・2合併号239頁、3号81頁（1993～1994）。

瑕疵担保に基づく解除については、現行の規定でも、売主の帰責事由は要件とされていない（民法570条）。

契約が解除された場合には、両当事者は原状回復義務を負う（民法545条1項）。つまり買主は、自分がすでに受け取っていた給付があればそれを返還し、すでに払った代金があればその返還を請求することができる（民法545条、546条、533条）。

なお、電子商取引は、特定商取引法の定める「通信販売」に該当するので、買主は、異なる内容の特約がない限り、目的物の引渡しを受けた日から起算して8日が経過するまでの間は、特定商取引法15条の2の規定（いわゆる返品権に関する規定）に基づき契約を解除することができる（通信販売についてはクーリングオフは認められておらず、この規定に基づく解除も、クーリングオフとは異なる）。この規定は、債務不履行を要件とするものではなく、したがって履行障害に直接関係する規定ということはできないが、買主が受け取った品物が自分の期待していたものと異なると感じるようなトラブルにおいて、容易に利用できる法的手段として重要である。もっとも、クーリングオフとは異なり、同条は強行規定ではなく、同条に基づく解除等の権利は特約によって排除または制限することができるし（ただし、同条の定めに従いその特約が広告等に表示されていることを要する。逆に、より長い返品期間を定める特約も可能であり、その場合はその期間内は解除ができる）、返品が観念できない役務の販売は、同条の対象とされていない。また、同条所定の8日という期間を経過すれば、この規定に基づく解除はできない。さらに、同条に基づく解除は、損害賠償とは直ちには結びつかない。そこで、上記のような債務不履行または瑕疵担保に基づく解除や損害賠償などの法的手段を検討する意味はなお大きい。

（ウ）損害賠償請求

債務者である売主が契約に従った履行をしないというタイプの履行障害の場合には、買主は、契約の解除とあわせ、あるいは契約を解除せずに、所定の要

---

8) 民法（債権法）改正検討委員会編『債権法改正の基本方針』（商事法務、2009）146頁参照。2009年11月から開始された法制審議会民法（債権関係）部会における審議でも、解除の要件として債務者の帰責事由を不要とする方向での検討が行われている。同部会から2013年3月11日に公表された「民法（債権関係）の改正に関する中間試案」第11, 1参照（http://www.moj.go.jp/shingi1/shingikai_saiken.html）。

件のもとで損害賠償の請求をすることができる（民法415条）。

　まず、履行が履行期に遅れた場合において、遅滞による損害が買主に発生したときには、買主は売主に対し、その遅滞による損害の賠償を請求することができる。契約に適合しない不完全な履行がなされた場合にも、買主は、それによる損害の賠償を売主に対して請求することができる。履行不能の場合には、買主は契約を解除せずに履行に代わる損害の賠償（填補賠償）を請求することもできる（これに対し、履行遅滞の場合には、債権者である買主等は、解除をして初めて填補賠償を請求することができると解されている。大判大正4年6月12日民録21巻931頁）。

　買主が売主の債務不履行を理由に契約を解除した場合には、前述のとおり（上記（イ））、買主はすでに支払っていた代金等の返還を請求することができるが（民法545条1項）、代金の返還では解消できない損害が残る場合には、その損害の賠償もあわせて請求することができる（同条3項）。

　債務不履行による損害賠償請求の要件として債務者の帰責事由を要するかについても、議論がある。民法は、履行不能による損害賠償について、「債務者の責めに帰すべき事由によって」という要件を明確に規定しており（民415条後段）、伝統的な通説は、ここでも、履行不能と他の債務不履行との均衡から、債務不履行に基づく損害賠償一般について、債務者の帰責事由が要件であると解し、ここにおける「帰責事由」とは、債務者の故意・過失またはそれと同視すべき事由と解してきた[9]（もっとも、不法行為による損害賠償とは異なり、債務不履行による損害賠償においては、損害賠償を請求する債権者の側が債務者の帰責事由を立証するのではなく、逆に債務者が帰責事由の不存在につき立証責任を負うと解されてきた[10]）。しかし、この点についても、近時は有力な異論がある。すなわち、債務不履行責任の根拠は契約の拘束力にあり、当事者の行動の自由を保障する原理としての過失責任主義によるべきものではないとして、帰責事由の要件を不要とする解釈論が展開されており[11]、立法論としても、民法の債権法改正の議論において、帰責事由を損害賠償の要件とするか否かがひとつの重要な争点となって

9）　我妻栄『新訂債権総論（民法講義Ⅳ）』（岩波書店、1964）105頁など。
10）　我妻・前掲注9）105頁。大判大正10年11月22日民録27輯1979頁など。
11）　潮見佳男『プラクティス民法　債権総論（第3版）』（信山社、2007）110頁。平井宜雄『債権総論（第2版）』（弘文堂、1994）78頁、80頁によれば、判例も帰責事由を故意過失と同視してきた訳ではないとされる。

いるのである[12]。もっとも、帰責事由を要件とする（帰責事由がない場合には債務者は債務不履行による損害賠償責任を負わないとする）立場を前提としても、どのような場合に「帰責事由」の不存在が認められるかは問題であり、伝統的通説を見直し、これを限定的に捉える解釈がありえよう。判例でも、従来から、帰責事由は必ずしも債務者側の故意・過失と同義に解されているわけではなく、帰責事由の不存在による免責は、容易には認められてこなかったのである[13]。

なお、給付目的物に隠れた瑕疵があるときには、買主は、売主に対し瑕疵担保に基づく損害賠償を請求することもできる。その場合には、一方で、売主の帰責事由は要件とならない（売主の無過失責任）が（民570条）、他方で、その賠償の範囲には、債務不履行による場合のような転売利益などは含まれず、信頼利益に限られるものと解されてきた[14]。

(エ) 売主の責めに帰することができない事由による履行不能

例えば、インターネットで中古品の売買をした場合において、契約締結後、予期できない天災事変や保管場所の延焼などにより目的物が滅失するなど、売主（債務者）の責めに帰することができない事由によって履行が不能となる場合も考えられる。このような場合、伝統的な解釈によると、売主の帰責事由の要件が欠けているので、買主は売主の債務不履行責任を追及することはできない。この場合、売主の履行義務は帰責事由のない履行不能によって消滅し、買主は売主に対し、履行の請求も、契約の解除も、履行に代わる損害賠償の請求もすることができないことになる。

しかし、この場合に、買主は履行を得られないのになお代金支払義務を負うのかは、さらに問題となる。これは、従来、「危険負担」の問題として扱われ

---

12) 民法（債権法）改正検討委員会編・前掲注8) 137頁。法制審議会における検討については、前掲注8)「民法（債権関係）の改正に関する中間試案」第10, 1と、同中間試案の概要および補足説明参照。
13) 判例の分析として、中田裕康『債権総論』（岩波書店、2008) 124頁以下参照。
14) 信頼利益とは、瑕疵がないものと信頼したことにより被った損害であり、通常は、瑕疵による減価分がこれに当たるといえよう。裁判例には、中古車のガソリンタンクのガソリン漏れを瑕疵と認めて修理費用相当額の損害賠償請求を認めたものもある（東京地判平成16年4月15日判時1909号55頁）。しかし、中古車のメーター巻き戻しにより実際の走行距離が表示の8倍以上であった事案において、「瑕疵」は認めたが、瑕疵担保責任において賠償されるべき損害は信頼利益であるから、修補費用や弁護士費用はこれに含まれないとした裁判例もある（大阪地判平成20年6月10日判タ1290号176頁）。

てきた。すなわち、民法536条によれば、一方の債務が債務者の責めに帰すべからざる事由による履行不能により消滅したときは、他方の債務も消滅するのが原則とされているが（危険負担の債務者主義）、民法534条は、その重大な例外（危険負担の債権者主義）を規定している。それによれば、例えば特定物の売買（中古品の売買などがこれに該当する）において、目的物が滅失して売主の債務が履行不能になり消滅した場合でも、買主の代金支払義務は存続することになる。しかし、民法534条の規定については、双務契約における対価的牽連性に反するとして立法論上批判が多く、解釈論としても、目的物の支配が買主に移った時以降に同条の適用を限定するべきだなどとして、534条を制限的に解する見解が有力に主張されてきた。民法の債権法改正の議論においては、解除制度の見直しとも関連して、危険負担制度を廃止するという考え方[15]が有力に主張されている[16]。

もっとも、現行法の下でも、実際の取引においては、契約条項の中で、危険負担に関する特約が設けられていることが多いので、その場合には、当該条項が不当条項として無効とされるような特別の事情がない限り、その特約の定めに従うことになろう。

(オ) ネットオークションなどにおける目的物の瑕疵

ネットオークションにおける中古品の売買のように特定物が契約の目的とされた場合において、その目的物に隠れた瑕疵があったときは、買主は、瑕疵担保責任の規定に基づいて、売主に対し損害の賠償を請求することができ、その瑕疵のために契約の目的を達成することができない場合には、契約を解除することができる（民法570条、566条）。この場合の損害賠償請求および解除には、売主の帰責事由は、条文上も要件とされていない（帰責事由の不存在を立証しても売主は責任を免れない）。

もっとも、ネットオークションで届いた商品が買主の期待と食い違っていたというような場合に、常に瑕疵担保責任を問いうる訳ではないことに注意を要

---

15) その場合でも、危険の移転時期（不可抗力による目的物の滅失等の危険がいつ買主に移るか）に関する規定は残ることになる。
16) 法制審議会民法（債権関係）部会 前掲注8)「民法（債権関係）の改正に関する中間試案」第12, 1。潮見佳男『債権総論Ⅰ（第2版）』（信山社、2003）344頁以下、山本敬三『民法講義Ⅳ-1 契約』（有斐閣、2005）176〜177頁も参照。

する。すなわち、まず、売主の瑕疵担保責任を問うためには、「瑕疵」が存在することを要するが、中古品の売買の場合、新品とは異なり、ある程度の汚れや品質の劣化があることは契約で織り込み済みのことが多く、その織り込み済みの汚れや劣化は「瑕疵」とはいえない。そもそも瑕疵担保責任は、有償契約において、当事者間で予定した給付の対価バランスが崩れた場合において、それを回復させるための制度である。したがって、ここにいう「瑕疵」とは、目的物が契約で予定された品質・性能を欠くことをいうものと解すべきである（主観的瑕疵概念）[17]。裁判例の中には、瑕疵を、目的物が「通常有すべき性質」を欠く場合と表現するものもあるが（例えば、前掲大阪地判平成20年6月10日、前掲東京地判平成16年4月15日）、その表現の下でも、当該契約でどのようなものが予定されていたかが実際には考慮されているのであって、およそ契約とは無関係に「通常の性質」が定まるものではない。つまり、瑕疵の存否の判断基準は契約にあり、当該目的物が、単なる買主の期待はずれであるにとどまるときは瑕疵とはいえないが、その期待したところが契約の内容に取り込まれ、目的物が契約で予定された品質・性能を欠いていると認められる場合（織り込み済みの範囲を逸脱している場合）には、瑕疵が存在するといえよう[18]。

　裁判例では、インターネットオークションで購入した中古自動車につき、実際の走行距離が表示の8倍以上であった場合（前掲大阪地判平成20年6月10日）や、ガソリンタンクのガソリン漏れが生じていた場合（前掲東京地判平成16年4月15日）において、民法570条の「瑕疵」の存在を認めたものがある。

---

17)　森田修「判批」消費者法判例百選68頁、後掲注18)の判例も参照。
18)　電子商取引のケースではないが、最判平成22年6月1日（民集64巻4号953頁）は、売買目的である土地に基準値を超えるふっ素が含まれていたことが民法750条の「瑕疵」に当たるかが問題となった事件で、当事者が契約でどのような品質性能を有することを予定していたかが基準となるとしている（当該事案では瑕疵を否定）。また、例えば、本文に引用のインターネットオークションに関する前掲東京地判平成16年4月15日も、修理費用を買主が負担することを見込んで売買代金が決定されるような場合には、買主が修理代金を負担することが見込まれる範囲の損傷などは、これを当該自動車の瑕疵というのは相当でないとする。結局、瑕疵の認定は、契約解釈の問題に帰着するといえよう。沖野真已「インターネット取引——消費者が行うインターネットによる商品の購入契約」野村豊弘先生還暦記念『二一世紀判例契約法の最前線』（判例タイムズ社、2006）362頁も参照。

瑕疵担保責任の成立が認められるためには、「瑕疵」の存在に加えて、その瑕疵が「隠れた」瑕疵であること（買主の善意無過失）を要すること、瑕疵担保に基づいて契約を解除するためには、その隠れた瑕疵のために契約の目的を達することができないと認められることが必要であること、瑕疵担保に基づく損害賠償請求は、信頼利益の賠償に限られると解されてきたことなどについては、上記（イ）のとおりである。

(2) 免責条項が置かれている場合

　電子商取引においても、契約条項の中に、売主等の責任の一部または全部を免除する条項が置かれている場合は少なくない。しかしその場合でも、その条項が法律上無効であれば、買主等はなお、法律の規定に基づき売主等に対して権利行使することが可能である。

(ア) 履行障害に関わる免責条項とその有効性

　当該電子商取引が、消費者契約法2条に規定する「消費者」と「事業者」との間の「消費者契約」に該当する場合には、同法が適用されることになる。同法によれば、事業者の債務不履行による損害の賠償責任を全部免除する条項は無効とされ（8条1項1号）、事業者の債務の履行に際してなされた不法行為による損害の賠償責任を全部免除する条項も同様に無効とされる（8条1項3号）。これらの債務不履行、不法行為による損害の賠償責任を一部免除する条項（例えば、賠償額の上限を設定している場合）も、当該事業者、その代表者またはその使用する者の故意または重過失による場合は無効とされる（8条1項2号、4号）。事業者側に軽過失しか存しなかった場合には、一部免除条項は8条により直ちに無効とされるわけではないが、その不履行の内容や態様、責任制限の程度などに照らし、当該条項が信義則に反して消費者の利益を一方的に害するものであると認められる場合には、なお無効とされる（10条）。事業者の瑕疵担保による損害賠償責任を全部免除する条項も、原則として無効であるが（8条1項5号）、当該事業者が瑕疵のない代替給付や修補の責任を負うこととされている場合や、第三者が損害賠償、代替給付または修補の責任を負うことがあらかじめ契約で定められている場合は、この限りではない（同条2項）。消費者の解除権の行使を排除または制限する条項については、消費者契約法に具体的な規定

はないが、これも当該契約をめぐる事情に照らし、信義則に反して消費者の利益を一方的に害すると認められる場合は無効とされる（10条）。

なお、消費者契約に該当しない場合でも、当該免責条項が強行規定に反しまたは公序良俗に反する場合（民法90条）には無効とされる（不当条項の問題については、第2章をさらに参照）。

(イ) オークションサイトの「ノークレーム・ノーリターン」

免責条項とも関わって特に問題となるのは、インターネットオークションサイトの「ノークレーム・ノーリターン」表示の趣旨と効力である（ノークレーム・ノーリターン特約の詳細については、第2章第1節、第11章第4節も参照）。

インターネットオークションで中古品を購入したが、届いた品物が買主の予想していた状態と異なるため、買主が契約を解消したいと考えてそれを売主に対して通知し代金の返還を求めたところ、売主から、ネット上に「ノークレーム・ノーリターン」（「苦情・返品には応じられません」）の旨を明示しており、それを前提に買主は契約をしたのであるから契約解消には応じられない、として拒絶されるというトラブルが少なくない。このような場合、果たして買主（落札者）はもはや売主（出品者）の契約責任を追及することはできないのであろうか。

前提として、中古品の売買の場合には、新品とは異なり、一定の品質の劣化等が存在することは契約で織り込み済みのことも多く、届いた物が買主のイメージと違うことや期待外れだったことが、常に売主の瑕疵担保責任や債務不履行責任を基礎づけうるわけではないこと、しかし他方、中古品売買であっても、目的物が契約で予定された品質・性能を欠くと認められるときには、売主の瑕疵担保責任、債務不履行責任が生じうることは、前述のとおりである。ここでは、買主が本来、民法等の規定によれば売主の契約責任を追及しうる場合であることを前提に、「ノークレーム・ノーリターン」の記載がその買主の権利にいかなる影響を及ぼすかを検討する。

まず、このような「ノークレーム・ノーリターン」の趣旨、つまり当該契約条項の解釈が問題となる。もし、問題となった「ノークレーム・ノーリターン」条項において、瑕疵担保や債務不履行に基づく買主の契約解除権や損害賠償請求権を否定するものであることが明確に記載されていない場合には、当該条項は、単に買主の任意の解除を否定するものであるにとどまり[19]、売主の

契約責任を免除して買主の解除権等を否定するものではないと解される余地が残ることもあろう[20]。なぜなら、買主が一般的に有する権利を買主の予期に反して特に制限し不利益を課すためには、その制限される範囲が、買主に理解できるような形で具体的に明示され合意の内容とされたと認められることを要すると解され、そのような明確性が欠けている場合には、「ノークレーム・ノーリターン」の記載によって売主の契約責任を免除する旨の特約が成立したとは認められないと解されうるからである[21]（「不明確解釈準則」が妥当すべき場面といえよう）。

　一方、ネットの注文画面に、瑕疵担保や債務不履行に基づく買主の法的主張を認めない旨が明確に記載されている場合は、免責特約が一応成立していることを前提に、その効力が検討されるべきことになる。売主が事業者で買主が消費者である場合には、前述のとおり、消費者契約法の適用があり、売主の瑕疵担保や債務不履行に基づく損害賠償責任を免除する条項の効力は、同法8条の要件を充たす限り無効とされうるし、買主の解除権を排除する条項の効力は、同法10条により無効とされうる。消費者契約に該当しない場合（例えば、出品者が「事業者」とはいえない場合）は、消費者契約法の適用はないが、その場合でも、目的物の瑕疵を売主が知っていた場合は、瑕疵担保責任を負わない旨の特約は民法上無効とされる（民法572条）。

　なお、売主（出品者）が、当該目的物について、事実に反し誤解を招くよう

19）　本文で触れたとおり、特定商取引法では、インターネット通販を含め、売主と買主（ただし、営業目的でない場合に限る）との間の通信販売については、売主が返品不可などの特約を所定の方法で表示していない限り、買主は引渡日から8日間は契約の解除等を行うことができるとされているので（15条の2）このいわゆる返品権を排除する趣旨と解されうる場合もありえよう。
20）　多くの文献では、これは瑕疵担保責任免除特約であることを前提に、その効力の検討を行っているが（例えば、東弁消費者相談288頁）、その前に、条項の解釈による解決の余地があろう。
21）　最判平成17年12月16日判時1921号61頁参照。同判決は、建物の賃借人にその賃貸借において生ずる通常損耗についての原状回復義務を負わせるのは、賃借人に予期しない特別の負担を課すことになるから、賃借人に同義務が認められるためには、少なくとも、賃借人が補修費用を負担することになる通常損耗の範囲が賃貸借契約書の条項自体に具体的に明記されているか、仮に賃貸借契約書では明らかでない場合には、賃貸人が口頭により説明し、賃借人がその旨を明確に認識し、それを合意の内容としたものと認められるなど、その旨の特約（「通常損耗補修特約」）が明確に合意されていることが必要であるとし、本件ではかかる特約の成立は認められないとした。同判決は、直接には特約の成立を否定したものであるが、条項の趣旨が不明瞭な場合に、条項使用者である賃貸人に不利な解釈（通常損耗は含まない）を採ったものと見ることもできよう。

な記載をしていた場合において、買主（落札者）が誤認して申込みをなし、商品が届いてからそれに気づいたというような場合には、買主は、債務不履行や瑕疵担保に基づく責任追及以外に、取消し、または無効の主張をなすことも考えられる。すなわち、当該契約が消費者契約の場合であれば、不実告知に基づく取消し（消費者契約法4条1項1号）や、不利益事実の不告知に基づく取消し（同条1項2号）の手段が考えられるし、消費者契約以外も含め、錯誤無効の主張（民法95条）や詐欺による取消し（民法96条）の手段も考えられる。これらの規定は強行規定としての性質を有するから、契約条項によってこれらの買主の権利が排除されることはない（これを排除する旨の特約は無効である）。

(3) 売主等の不法行為責任

第1節で述べたように、電子商取引における履行障害関係のトラブルには、売主側の表示・広告が不適切であったことに起因する場合が少なくない。この場合、一方で、意思表示の瑕疵を理由に無効主張や取消権の行使が認められる可能性があること、しかし他方で、契約の解釈を通して、その表示された内容が契約内容として取り込まれたと認められる場合には、その表示された内容と異なる目的物の給付は、契約に適合しない履行として債務不履行または瑕疵担保の問題となる可能性があることはすでに触れた。しかしさらに、不適切な表示により買主が誤解して契約をしたという場合については、売主の説明義務違反を理由に売主に対して損害賠償を請求するという方法も考えられる。この説明義務違反の法的性質と損害賠償請求の法的根拠については、不法行為（民法709条）と捉えるもののほか、これを契約関係当事者の付随義務の違反と捉え、債務不履行（民法415条）に基づく損害賠償請求を認めるべきだとする学説も主張されてきた。判例（最判平成23年4月23日民集65巻3号1405頁）には、契約の一方当事者が、当該契約の締結に先立ち、信義則上の説明義務に違反して、当該契約を締結すべきか否かに関する判断に影響を及ぼすべき情報を相手方に提供しなかった場合には、その当事者は、相手方が当該契約を締結したことにより被った損害につき、不法行為による賠償責任を負うことはあるとしても、当該契約の債務不履行による賠償責任を負うことはないとしたものがある。

第1節3で触れた雲隠れやなりすましその他の詐欺的取引についても、一方

では契約の不成立、無効、取消しを主張し、あるいは、契約の解釈を前提にその当事者の契約責任を追及するという方法が考えられようが、他方では、不法行為に基づいて損害賠償を請求するという方法も考えられる。しかしいずれにしても、このような詐欺的取引の場合には、請求の相手方を特定することが困難な場合も少なくないし、特定ができたとしてもその直接の相手には資産が残っていないという場合もある（後述（4）も参照）。

　不法行為による請求の場合、契約責任とは異なり、契約当事者に限らず広く違法な行為に関与した者を相手に請求をすることができること（例えば会社を名乗って詐欺的な取引がなされた場合に、たとえ会社自体は消滅したとしても、関与した個人に対する賠償は可能となる）、賠償の対象に弁護士費用や慰謝料まで認められうる場合があること等の点で、買主にとって、契約責任の追及より有利なこともある[22]。

(4) 相手方に対する請求が事実上困難な場合

(ア) 相手方の特定

　取引の相手方に対して法的手段を行使するためには、請求者の方でまず、相手方を特定することを要する。しかし、電子商取引においては、相手方の特定が困難なこともあり、その場合には相手方に対する請求が事実上困難となる。

　このような事態は、インターネットにおける匿名性という特質にも起因する。すなわち、インターネットでは、現実の店舗販売等の従来型の取引に比べ、匿名での情報発信行為が行われやすく、それが、なりすましや雲隠れという不正な行為につながりやすい。特にインターネットオークションにおいては、出品者の特定に関する情報が不十分であることが少なくない。ネットオークションで購入した品物が不着の場合などには、買主は、サイトに記載された出品者のメールアドレスに問い合わせ、履行を促すことになろうが、それでも出品者が

---

[22] 逆に、不法行為構成の方が被害者にとって不利な点として、一般に、権利行使の期間制限（民法724条。特に、同条前段によると、損害および加害者を知った時から3年で消滅時効にかかるとされている）と、過失の立証責任を被害者が負うことがあげられる。もっとも、立証責任については、債務不履行でも付随義務違反が問題となる場合には、被害者（債権者）がその義務の内容とそれに加害者（債務者）が違反した事実を具体的に立証しなければならないので、債務不履行によるか不法行為によるかで、実際上の負担の違いは大きくはない。

応じず、あるいは応答がない場合には、ID番号やメールアドレスなどの限られた情報を手がかりに相手方の特定を試みることになる。

ところで、プロバイダ責任制限法4条では、一定の場合に、被害者はプロバイダに対し発信者情報の開示を請求することができるとされている[23]。そこで、インターネットにおいて詐欺的取引被害が生じているような場合にも、同法に基づいてプロバイダに対し発信者情報の開示請求ができるのかが問題となるが、これは一般には否定的に解されてきた。なぜなら、プロバイダ責任制限法は、インターネット上での「情報流通によって」権利侵害が生じたことを要件としているからである[24]。つまり、同法は典型的には、名誉毀損、プライバシー侵害、著作権侵害などの事態を想定したものであって、相手方に不履行があるにすぎない場合は、「情報流通によって」という要件が欠けていると解されてきたからである。もっとも、学説の一部では、インターネット上の虚偽情報を信用して被害にあったという詐欺被害においても、当該虚偽情報と被害との間に因果関係の相当性を肯定できる場合には、同法を適用する余地があるとする見解が主張されており[25]、さらに立法論として、仮に同法の適用が文理解釈上無理であるとすれば何らかの立法的措置が必要だとする見解も主張されている[26]。特に消費者にとって、電子商取引において詐欺をはたらいた相手方の特定が難しく、責任追及や被害回復が事実上困難な場合が多いということに鑑みるなら、被害者保護の観点から、一方でプロバイダ等による発信者情報の開示が濫用されないように配慮しつつも、一定の要件のもとで運営者に対して取引相手の情報開示を請求しうるとするなど、立法的な手当が必要であるといえ

---

[23] プロバイダ責任制限法4条によれば、特定電気通信による情報の流通によって自己の権利を侵害されたとする者は、①侵害情報の流通によって当該開示の請求をする者の権利が侵害されたことが明らかであり、かつ、②当該発信者情報が、被害者の損害賠償請求権行使のために必要である場合その他発信者情報の開示を受けるべき正当な理由があるときに限り、プロバイダ等に対し、そのプロバイダ等が保有する発信者情報の開示を請求することができるとされ(1項)、開示を請求されたプロバイダ等は、開示するかどうかについて当該発信者の意見を聴かなければならないとされている(2項)。
[24] 総務省総合通信基盤局消費者行政課『プロバイダ責任制限法(改訂版)』(第一法規、2011) 27〜28頁、松本恒雄「インターネット取引と消費者保護」法とコンピュータ22号 (2004年) 46頁以下。同法4条1項の定める発信者情報開示請求の要件に関する裁判例として、東京地判平成22年12月7日(判例集未登載) も参照。
[25] 東弁消費者相談152頁。
[26] 日弁連消費者447頁〔横山哲夫〕。齋藤雅弘「判批」消費者法判例百選238頁も、同法の改正による発信者情報開示の対象拡大が望まれるとする。

よう（詳しくは、第6章第3節1参照）。

（イ）相手方の無資力

　電子商取引においては、取引の相手方の資力に問題がある場合も少なくない。すなわち、現実の店舗を構えて商売を開始する場合に比べ、電子商取引の場合には、格段に低コストで手軽に、販売等の活動を開始することが可能である。誰でも容易に事業を開始できるということは、一方ではインターネットの大きな利点でもあるが、他方で消費者の立場から見ると、経済基盤の脆弱な者や信用のおけない者が売主として数多く登場するという危険が存在するのである。売主等に対し表示義務を課し、広告規制を行うなど、特定商取引法などによる法的な対応も行われてはいるが、消費者にとってはなお、売主の信用力をチェックすることは容易でなく、画面に現れる魅力的・誘惑的な広告を見て取引に入ってしまいがちである。契約に従った履行がないという履行障害の場合において、たとえ相手方を特定することができたとしても、その相手方が無資力の状態にあるときには、相手方から履行またはそれに代わる損害賠償を現実に得られる可能性は低い。そこで、下記のとおり、直接の相手方以外の者に対する法的手段についても検討されるべきことになる。

2　売主の不履行等におけるモール・オークションサイト運営者の責任

　前述のとおり、買主は契約通りの履行が得られない場合において、一定の要件の下で売主の債務不履行等の責任を追及することが法的には可能であるが、不履行に陥った売主が所在不明になり、あるいは経済的に破綻した場合には、事実上、その損害を売主から回収することは難しい。特にネット上の詐欺被害等については、被害回復が困難な場合が多い。そこで、このような場合、とりわけ詐欺被害の場合に、買主が、当該取引に何らかの形で関与した第三者に対して、責任を追及することができないかが問題となる。これに関して特に問題となるのは、ネットオークションにおけるオークション運営業者の責任や、インターネットのショッピング・モールで取引が行われた場合におけるモール運営業者の責任であろう。

(1) オークション運営業者の責任

インターネットオークションを利用して商品を落札し代金を支払ったが、商品の交付を受けられなかったという者らが、オークションサイトを運営する事業者に対して、債務不履行または不法行為に基づいて責任を追及した訴訟の判決はすでにいくつか見られる。しかし、未だこのような場合における責任の有無の判断基準に関する判例法理が明確になったとはいえない状況にある。

裁判例の中には、例えば、オークション業者は利用者間に成立した売買に関与せず利用者がすべて責任を負う旨の利用規約が存在したことを強調して、運営業者はその故意または重過失に起因する損害を除き責任を負わないとして、その責任を否定したもの（神戸地姫路支判平成17年8月9日判時1929号81頁）、オークション事業者は、落札後の出品者、落札者間の交渉の過程には一切関与しておらず、なんら出品者と落札者との間の売買契約の締結に尽力していないから、民事仲立人あるいはそれに類似した立場であるとは認められないとして、その責任を否定したもの（名古屋高判平成20年11月11日判例集未登載）などがある。しかし一方、同じく結論的にはオークション事業者の責任を否定したものにおいても、その前提として、事業者には、時宜に即して相応の注意喚起措置をとるべき義務があるということを一般論として認めたものがある。ただし、当該事案においては、事業者は、利用者間のトラブル事例等を紹介するページを設けるなど、詐欺被害防止に向けた注意喚起を実施・拡充してきており、時宜に即して相応の注意喚起措置をとっていたとした（名古屋地平成20年3月28日判時2009号89頁：前掲名古屋高判平成20年11月11日の原審）。

オークション事業者の取引に対する関与の仕方は様々でありうる。オークション事業者自体が出品者として表示されている場合には、たとえ実際には他の者による出品物の場合でも、オークション事業者は契約当事者の解釈により、または外観法理（商法14条の類推適用など）によって、売主としての責任を負うべきである[27]。また、オークション事業者が、出品行為を代行する場合、ま

---

27) 準則88頁も、オークション事業者自体がシステム上は売主として表示された場合には、売主としての責任を負うとする。なお、電子商取引ではないが、売主であるような誤解を招く表示をした者に対して外観法理に基づく責任を認めた最近の判例として、最判平成7年11月30日（民集49巻9号2972頁）がある。

たは特定の出品者または出品物を推奨する場合には、特に当該出品者や出品物についての調査義務を負うというべきであり、その義務違反による損害については賠償責任を負うこととなろう。問題は、オークション事業者が取引に対してこのような実質的な関与を有しない場合であり、その場合は、確かに前者と同列には論じられない。しかし、オークション事業者は、不特定多数の者が取引に入ることを予定したシステムを自ら提供し、それによって直接間接の利益を得ている以上、そのシステムの利用によって詐欺等の被害が生じないよう、システムの安全性確保のための措置をとるべき義務があるというべきである[28]。このようなシステム責任論を含め、オークション事業者の責任に関する法理についてのさらなる検討が必要である（第11章参照）[29]。また、その際、利用規約における免責特約の効力についても、このような取引の特性を考慮して検討がなされるべきであろう（契約条項の効力については、さらに第2章参照）。

(2) モール運営業者の責任

　モール運営業者についても、(1)の最後に触れたことと共通する問題がある。つまり、まず、モールショップへの発注の仕方やその宛先の記載などにより、あたかもモール運営業者が売主またはそれに準ずる立場にあるような外観を備えている場合には、運営者が外観法理（商法14条の類推適用）により、履行障害トラブルについての責任を負うこととなりえよう。準則も、その可能性を認めている[30]。

---

[28]　吉川・ハンドブック143頁参照。
[29]　河野俊行「インターネットオークションの法的分析――民商法の観点から (1) (2)」NBL730号（2002年）733号も参照。ちなみに、プロバイダ責任制限法3条1項は、プロバイダ等が情報流通による被害者（名誉毀損等の被害者）に対して責任を負うのは、①当該情報の不特定の者に対する送信を防止する措置を講ずることがプロバイダ等に技術的に可能であり、かつ、②プロバイダ等が、<1> 当該情報の流通によって他人の権利が侵害されていることを知っていたか、または、<2> 当該情報の流通を知り、他人の権利がこれにより侵害されていることを知ることができたと認めるに足りる相当の理由があるとき、とされている。プロバイダ責任制限法では、表現の自由や通信の秘密保護の要請と被害者保護の要請との調整が問題となっていたのに対し、ここでは営業の自由（経済的自由）と被害者保護の調整が問題となるなど、想定された問題状況に違いもある。しかし少なくとも、オークション事業者が、問題となった出品者による詐欺の被害発生の事実を知りまたは知ることができたと認められるときには、当該出品者による出品を禁止する等の措置を講ずべきであり、これを怠ったことにより生じた詐欺被害については、損害賠償責任を負うというべきであろう（システム責任としては、このほか、未然の防止措置や注意喚起措置も問題となる）。

しかし第二に、モール運営業者が、このような外観も備えておらず、個々の取引に直接実質的な関与をしていない場合であっても、モール運営業者は、モールの開設によって、一般の利用者ないし消費者に対して信頼を与え、モールの運営およびそこでの取引により直接間接に利益を得ているのであり、しかも、モール運営業者は個々のショップの信用性などを調査できる立場にある以上、モール内における詐欺等のトラブル防止のために一定の注意義務を負う（ショップにつき一定の調査をすることその他の適切な方法でトラブル防止措置をとること）と解されよう。準則は、個別のサイバーショップとの取引によって生じた損害について、モール運営者は、原則として責任を負わないとしている[31]。確かに、この場合、モール運営業者に対して、売買契約当事者としての責任を追及することはできないであろう。しかし、運営業者の注意義務違反による不法行為責任の余地は、なお検討されるべきである（準則も、例外的に責任を負う場合もあるとしている[32]）。モール運営業者の注意義務の具体的内容は、オークション事業者の場合とは異なりうるであろうが、必要な注意を怠り、詐欺をはたらくショップを漫然と放置したモール運営者は、被害者に対して損害賠償責任を負うことがあるというべきである[33]。この点についても、さらに詳しい解釈上、立法上の検討を要するといえよう（第10章も参照）。

第3節　システム障害による履行障害——システム障害による取引機会の喪失を中心に

1　システム障害に起因する契約トラブル

履行障害に関する電子商取引特有の問題として、システム障害に起因する履行障害という問題がある。システム障害は、契約のいくつかの段階において、トラブルを引き起こしうる。

---

30)　準則81～83頁。
31)　準則81頁。
32)　準則81～84頁。同書の解説の中でも、商法14条の類推適用による表見責任のほか、不法行為責任またはモール利用契約上の付随義務違反に基づく責任が問われうる場合や、保証責任が問われる場合について言及されている。
33)　東弁消費者相談16頁も、報償責任法理または外観法理に基づく責任の可能性を主張している。

まず、インターネットを介して意思表示を行う場合に、システム障害によりその到達が遅れ、または到達しなかったという場合がある。これは、基本的には契約の成立に関わる問題であり、より具体的には、インターネットを介した意思表示の効力発生時期と、電子商取引における契約の成立時期（意思表示不到達のリスクを誰が負担するかにも関わる）が問題となる（電子契約特例法4条によれば、電子承諾通知については、民法526条1項の適用が排除されている。そこで、電子商取引における意思表示には、承諾の意思表示も含め、民法の一般原則である到達主義（民法97条）が適用され（不到達のリスクは発信者が負う）、契約も承諾通知が到達した時にはじめて成立することとなる。第1章参照）。

　第二に、契約が成立したことを前提に、その契約の履行が、システム障害のために妨げられる場合がある。例えば、契約の履行そのものが、インターネットを介して行われることが予定されていた場合であり、とりわけ、デジタルコンテンツの取引などがこれに該当する。この場合、売主はどこまでのことをすれば履行を完了したといえるか、どこまでのシステム障害のリスクを売主が負うべきかが、それぞれ問題となろう。前者については、配信されたものが買主側のプロバイダから受信可能な状態となれば、履行は完了したといえようし、たとえ買主側のパソコンの不具合等により、現実に受け取って認識することができなかったとしても、買主は売主に対して不履行による責任を問うことはできないというべきであろう[34]。それ以前の段階で、介在する複数のプロバイダのいずれかにおけるシステム障害により履行が妨げられた場合は、売主側の履行が完了していないので、少なくとも客観的には債務者の不履行である。履行がもはや不可能（契約の趣旨に照らした不能）になったという例外的事態でない限り、買主は、あらためて売主に対して履行を請求することができる。売主が債務不履行による損害賠償責任等を負うか否かは、伝統的な債務不履行論に即して言えば、理論的には当該システム障害が売主の責めに帰することのできな

---

34) 意思表示の到達の意義につき、判例は、相手方によって直接受領されまたは了知されることまでは要さず、意思表示または通知を記載した書面が、相手方のいわゆる支配権内に置かれることをもって足りるとしている（最判昭和43年12月17日民集22巻13号2998頁）。債務の履行としてどこまで要するかは、契約の趣旨によるが、インターネットを介した履行の場合、その履行方法を選択した当事者の趣旨は、通常、買主が目的のコンテンツ等を受け取れる状態に置くことで完了ということにあると解されよう。

い事由によるものといえるか否かにかかることになろう（ただし、この点につき議論があることにつき、本章第2節1 (1) を参照）。もっとも、売主が目的物（デジタルコンテンツ等）を買主のもとに届ける債務（一種の持参債務）を負っている限り、その履行過程で生じたシステム障害等のリスクは、基本的には売主が負うことが予定されているということができ、売主の帰責事由不存在による免責の主張は容易には認められまい。もちろん、買主に対して損害を賠償した売主は、所定の要件が充たされる限り、システム障害を発生させたプロバイダに対して、不法行為（民法709条）または債務不履行（民法415条）により損害賠償を請求できる余地はある。

第三に、近時浮上してきた具体的な問題として、オンライントレードにおけるシステム障害の問題を挙げることができる。この問題については、次項でさらに検討を行うこととしよう。

2　オンライントレードにおけるシステム障害と取引機会の喪失

(1) オンライントレードの普及とそれに伴う問題

インターネットの普及に伴って、ネット証券などのオンライントレードが急速に普及してきた。すなわち、インターネットを通じて、個人が自宅や職場でも容易に株価その他の関連情報をリアルタイムで確認できる環境が出現したこと、ネットでの取引は従来型の株取引の方法と比較して、手軽であり、取引手数料も安いことなどの理由から、サラリーマン、主婦、学生などを含め、幅広い層がオンライントレードに参入することになったのである。同様に、ネットによる外国為替（FX）取引についても、手軽さと、高利益の期待のゆえに、その取引に孕むリスクを十分に認識しないまま参入する人が増加し、これに関わるトラブルの件数も増大している。このような取引に関しては、事業者側の説明義務や、適合性の原則の問題など、金融取引一般に関わる問題も存するが、ここでは、特にネット取引特有の問題として、システム障害に起因する問題を取り扱う。

(2) ネット証券のシステム障害と株取引の機会喪失

ネット証券では、多数の者が口座を開設し、常時取引が行われている。しか

し、株価に影響を及ぼしうる事件についてのニュースが流れるなどにより一時的に大量の注文が入ったことその他の理由から、サーバーのシステムがダウンすることもある。その場合、利用者は、復旧までの間、取引画面にログインすることができず、あるいは発注や取消しの操作が不可能になることがある。株価は時々刻々と変化し、利用者は、適時に取引をすることに大きな利害関係を有するし、システムダウンの間に株価が大きく変動した場合（特に、大量注文のためにシステムダウンした場合などにはその可能性が高い）には、取引機会が失われたことによって、利用者には大きな損害が生ずることがある。現に、近年になって、証券会社におけるシステム障害の事件がたびたび発生し、平成17年11月11日には、東京証券取引所のシステム障害により全銘柄の取引が一時停止されるという重大な事態も発生した。

(3) 金融商品取引法上の規制と金融庁による行政処分

このようなトラブルを防ぐための法的措置として、一方では、金融商品取引法上の行政規制がある。すなわち、金融商品取引法40条2号は、金融商品取引業者等が該当してはならない業務運営状況として、「業務の運営の状況が公益に反し、又は投資者の保護に支障を生ずるおそれがあるものとして内閣府令で定める状況」を掲げている。これを受けて、金融商品取引業等に関する内閣府令（平成19年内閣府令52号）の123条が一連の状況を掲げているが、このうち特に同条1項14号は、「電子情報処理組織の管理が十分でないと認められる状況」を定めている。そこで、金融庁は、ネット証券においてシステム障害が生じて顧客の被害が生じた場合などにおいてしばしば、当該証券会社には、金融商品取引業等にかかる「電子情報処理組織の管理が十分でないと認められる状況に該当する」という法令違反の事実が認められたとして、業務停止命令、業務改善命令などの行政処分を行ってきた[35]。

そのような処分例においては、当該証券会社の外部委託先であるASP（アプリケーション・サービス・プロバイダ）に対する管理体制が不十分であること、容量不足に起因するシステム障害防止に対する対策が不十分であること、設計ミ

---

35) 平成19年改正前の証券取引法でも、証券取引業者等に関して同様の規定が存在した。

スまたはテスト漏れに起因するシステム障害防止策が適切に講じられていないこと、運用ミスに起因するシステム障害防止策が適切に講じられていないこと、これらによりシステム障害を発生させるに至ったこと、「受注済・発注未済取引の失効処理」を実施する判断基準または判断指針など、システム障害時の取扱いが事前に具体化・明確化されていなかったことから対応が遅れ顧客の拘束時間を増大させ被害を拡大させたこと等が挙げられている[36]。

(4) 証券会社等の責任

他方で、現実に、システム障害による取引機会の喪失により損害が生じた場合に、その被害者らが証券会社に対して損害賠償を請求することができるかが問題となる。

まず、前提として、顧客とネット証券会社との間には、オンラインでの株式等取引に関する基本契約（ネット取引口座開設契約など）が締結されている。それによれば、本来証券会社は、取引時間内であれば、いつでも顧客の注文を受ける義務があるということができ、それを履行しなかったことは証券会社の債務不履行に当たる。そこで顧客は、債務不履行による損害の賠償を証券会社に対して請求することが考えられる。もっとも、顧客のパソコンの不具合によって発注が行えなかったにすぎない場合は、そもそも証券会社には不履行があったとはいえず、証券会社の不履行責任を問うことはできない。顧客側のプロバイダのシステム障害によって発注が行えなかった場合も同様である。この後者の場合には、顧客は、システム障害を起こしたプロバイダに対して損害賠償を請求することが一応は考えられるが、証券取引の機会喪失によって生じた損害が、プロバイダのシステム障害との間で相当因果関係の範囲内にある損害（民法416条）といえるのかが問題となろうし、その問題を措くとしても、プロバイダの免責条項が置かれていれば、それが有効である限り制限を受けることになろう。

証券会社のシステム障害による場合には、顧客は、証券会社の債務不履行責任を追及することになる。この場合、理論的には、証券会社が自らの帰責事由の不存在を主張立証すれば不履行責任を免れることができるが、実際には、こ

---

[36] このような行政処分については、金融庁のHP（http://www.fsa.go.jp）に掲載されている。

のような場合において帰責事由の不存在が認められる余地は、平時においてはほとんどないといえよう[37]。ただし、証券会社が、システム障害の場合について、顧客による利用が期待できるような適切な代替措置を講じており、かつ、それを顧客に周知徹底させる措置が講じられていた場合において、その代替措置を用いれば損害の発生または拡大を防ぐことができた場合には、その限度で、当該損害と証券会社の当該システム障害との間には相当因果関係がないことになり、損害賠償責任を免れうるといえよう[38]。

なお、証券会社の債務不履行責任について、証券会社と顧客との基本契約において責任制限条項が置かれている場合にどうなるかも、さらに問題となる。基本的には、これも一般の債務不履行について述べたことと同様であり、当該取引が消費者契約に該当する場合には、「システム障害による責任を一切負わない」旨の条項は全部免責条項として無効であり（消費者契約法8条1項1号）、責任の一部を制限する条項も、証券会社側の故意または重過失による場合は無効である（同法8条1項3号）。証券会社がシステム障害の危険を認識しうる状態にありそれを回避することが可能であったにもかかわらず、回避措置をとらずにシステム障害による損害の発生・拡大を引き起こしたような場合には[39]、重過失が認められうるといえよう[40]。重過失とまでいえない場合であっても、契約をめぐる諸事情や責任制限の程度などに照らして、信義則に反して消費者の利益を一方的に害する条項と認められる場合は無効となる（同法10条）。これらについても、不履行一般について前述したとおりである。

---

37) 注文が殺到する事態についても、証券会社としても当然に予定した上でそれに耐えられるシステムを用意すべきであるから、例えば注文が殺到したからシステム障害が生じたということをもって、帰責事由を否定する理由にはならないであろう。外国為替証拠金取引において、外国為替証拠金取引業者が、自らのコンピュータシステムが不十分であったことにより、ロスカット・ルールに従ったカバー取引を発注できず、カバー取引および反対売買（売建玉）の成立を遅延させ、その結果、当該顧客が損害を受けたときには、当該業者は、当該取引における注意義務に違反したものとして、当該顧客に対する不法行為責任を負うとした裁判例がある（東京地判平成20年7月16日金法1871号51頁）。
38) 東弁消費者相談295頁参照。
39) 上記の行政処分の事例には、そのような事態が示されている。
40) 東弁消費者相談295頁。前掲注(37)の事件（東京地判平成20年7月16日）において、取引業者は、約款に基づきシステム不具合による損害については免責されると主張したが、裁判所は、消費者契約法8条1項1号、3号の規定に照らせば、本件約款は取引業者に帰責性の認められない事態によって顧客に生じた損害について免責する趣旨にすぎないものと解するべきであり、本件のように取引業者に帰責事由があるときには適用はなく、免責は認められないとした。

第4節　クラウドコンピューティングのシステムダウンと責任問題

本節では、特にクラウドコンピューティングにおいてシステムダウンが生じた場合の問題について検討する。

1　クラウドコンピューティングの普及

インターネットの普及に伴い、いわゆるクラウドコンピューティングが次第に普及してきた。クラウドコンピューティング（cloud computing）とは、インターネットを基礎としたコンピュータやネットワークの一つの利用形態であり、一般にインターネットを通じてサービス提供事業者のサーバーにアクセスして、ソフトウェアの利用、ソフトウェア開発環境の利用、あるいはサーバーの利用が可能になるというものをいう（クラウドコンピューティングの詳細については、第13章第3節を参照）。従来は、コンピュータの利用者は、ハードウェア、ソフトウェア、データなどを自分自身で保有・管理していたが、クラウドコンピューティングでは、ユーザーは最低限のネット接続環境を用意すれば足り、実際の処理の実行は、サービスを提供する事業者側が設置したコンピュータおよびコンピュータ間のネットワークで行われる[41]。

クラウドコンピューティングは、ユーザーにとっては、クラウドコンピューティングのサービス提供事業者の保有する機能を低価格で利用し、多様なサービスを受けることができるという利点がある。つまり、ユーザーは、コンピュータ自体の購入費用、ソフトウェアの購入・開発費用、ネットの管理費用、及びデータ管理の手間などを軽減することができ、最新技術への対応も低コストで可能となる。このようなことから、近年、クラウドコンピューティングが急速に普及してきた。日本政府各機関でも、クラウドコンピューティング時代における情報通信技術の推進と関連市場の創出、情報システムの信頼性向上などを目指して取り組みを進めているところである[42]。

---

41) ユーザーは、インターネットの向こうからサービスを受けて、それに対する利用料金を払うことになる。「クラウド（雲）」という呼称は、この場合におけるインターネットをイメージして呼ばれるようになったともいわれるが、その定義やこの呼称の由来については明確ではない。寺本振透編集代表・西村あさひ法律事務所『クラウド時代の法律実務』（商事法務、2010）2頁参照。

2 クラウドコンピューティングにおける問題の発生——システムダウンによる損害

しかし、クラウドコンピューティングについては、いくつかの重大な危険も指摘されている。すなわち、まず、データの集中化により、クラウドがハッカーの格好の攻撃対象となり、顧客の個人情報や経営情報などを含むデータが流出し、データが悪用される危険が存在する。この場合、情報漏洩により損害を被った被害者は、クラウドコンピューティング事業者に対して、債務不履行または不法行為を理由として、損害賠償を請求することが考えられる。その責任の有無は、クラウドコンピューティング事業者が、情報セキュリティに関する契約上の義務を履行したといえるかにかかってくるといえよう。

第二に、クラウドコンピューティングでは、データがクラウド事業者に集約されるので、クラウド提供企業のシステム障害やネットワークの障害により、長時間サービスの利用ができない状態が続き、あるいはクラウドのデータが消失した場合には、ユーザーに多大な損害が生ずる危険がある。特に、ユーザーである企業が、クラウドに依存した経営を行っていた場合には、営業の停止に追い込まれ、あるいは経営を揺るがされる事態にもなりかねない。この問題は、履行障害との関係で特に重要であることから、次項でさらに検討しよう。

3 事業者の責任

クラウドコンピューティング・サービスがシステムダウン等によってユーザーに生じた損害に対し、クラウドコンピューティング事業者は、いかなる責任を負うのか。ここでも、当該事業者が契約上の義務を履行できなかった場合には、契約相手方に対し、契約違反または不法行為に基づく損害賠償責任を負う

---

42) 近時のものとしては、高度情報通信ネットワーク社会推進戦略本部（IT戦略本部）による「新たな情報通信技術戦略」（2010年5月11日）http://www.kantei.go.jp/jp/sinseichousenryaku/sinseichou01.pdf、「新たな情報通信技術戦略工程表（平成24年7月4日改訂）」http://www.kantei.go.jp/jp/singi/it2/ 総務省のクラウドコンピューティング時代のデータセンター活性化策に関する検討会報告書（2010年5月）http://www.soumu.go.jp/main_content/000067988.pdf、経済産業省のクラウドコンピューティングと日本の競争力に関する研究会報告書（2010年8月）http://www.meti.go.jp/press/20100816001/20100816001-3.pdf などを挙げることができる。詳しくは、寺本・前掲注（41）15頁以下参照。

可能性があるといえよう。

(1) 事業者の義務の内容

クラウドコンピューティング利用契約は、準委任契約として捉えることができ、事業者は、当該サービスの提供につき善管注意義務を負う（民法644条、656条）。善管注意義務の具体的な内容や水準は、契約によって異なりうるが、一方の当事者の高度な専門性を前提にした契約においては一般に、当該当事者は専門家としての高度の注意義務を負うと解されてきた[43]。クラウドコンピューティング利用契約においても、クラウドコンピューティング事業者は、サービスの提供およびその前提としてのシステムの管理・運営につき、専門家としての高度の注意義務を負うこととなろう。

より具体的には、システムダウン等を回避するための措置が十分に採られていたか、不測の事態によりシステムダウンが発生した場合に、次善の手段によって損害の拡大を防ぐための適切な措置が採られていたか、ユーザーの貴重なデータがシステムダウン等によって消失しないよう、バックアップ措置が講じられていたか、ユーザーに対して適切かつ十分な注意喚起が行われていたか等の点が、義務違反の判断において重要となってこよう。

(2) 免責条項とその効力

クラウドコンピューティング利用契約においては、クラウドコンピューティング事業者の損害賠償責任を免除する旨の免責条項が置かれていることが多い。この場合、問題となった履行障害が免責条項に該当するときには、当該条項が有効である限りにおいて、事業者は責任を免れることになる。そこで、ここでも免責条項の有効性が問題となる。

前述のとおり、当該契約が消費者契約に該当する場合には、消費者契約法8条の適用により、債務不履行または不法行為に基づく損害賠償責任の全部を免除する旨の契約条項は無効（消費者契約法8条1項1号・2号）、損害賠償責任の一部を免除する旨の契約条項も、事業者側の故意または重大な過失によるもので

---

[43] 川井健編『専門家の責任』（日本評論社、1993）5頁以下、山本敬三『民法講義Ⅳ-1 契約』（有斐閣、2005）712頁以下。

あった場合には無効とされる（消費者契約法8条1項3号・4号）。事業者側に軽過失しかない場合にも、当該債務不履行の態様、免責の範囲その他の事情に鑑みて消費者の利益を一方的に害すると認められる場合には、同法10条により無効とされうる。

　クラウドコンピューティング利用契約が消費者契約に該当しない場合には、消費者契約法の適用はない。実際、クラウドコンピューティング・サービスは、企業が利用するケースが増加しており、しかも、ユーザーが企業である場合には、システムダウン等の履行障害による損害は莫大なものとなる可能性がある。前述のとおり、消費者契約法の適用がない場合においても、免責条項は、一般法である民法の規定により、とりわけ公序良俗違反（民法90条）として無効とされる可能性がある。一般的には、ここでも、故意または重過失により義務違反の責任を免除する条項はその限りで無効と解されうるし、軽過失の場合においても、免責の範囲や義務違反の態様、当事者の関係等によっては無効とされる可能性がある。

　もっとも、今日および将来の情報化社会において、クラウドコンピューティング・サービスは、電力・水道・運送などに準ずるようなインフラ事業としての性質も持ち、その低価格性と安定性を維持するために事業者の過大な負担を回避する必要性は高いとも指摘されており[44]、消費者契約法10条、民法90条の適用の検討においては、この点も考慮に入れる必要があろう。

44）　寺本・前掲注（41）256頁。

第❻章 紛争処理

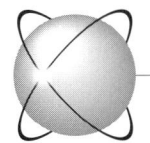

第1節　デジタル証拠の証拠能力、証拠調べ方法

1　取引書面の必要性とIT書面一括法

　電子商取引は、一般にコンピュータ・ネットワークを用いたデジタル情報の交換により行われる。通常の取引と異なり、文書が紙媒体でやり取りされるのではなくデジタル情報のままネットを通じてやり取りされる。そこで交換されたデジタル情報は、コンピュータの記憶装置に記録されていたり、フロッピーディスクやコンパクトディスクなどの記録用メディアに記録されている。もちろん、その取引記録を紙媒体にプリントアウトして保存することはあるが、このプリントアウトは取引記録の写しであり、取引当事者が意思表示を記録した契約書の原本というわけではない。

　ところで日本法は、契約の方式として文書を要求することは原則としてなく、方式自由が採用されている[1]。また証拠方法としても、契約の証明に文書を必要とするとの制度[2]は原則として採用しておらず、自由心証主義が徹底されている[3]。そこで紙媒体による文書のやり取りを行わない電子商取引も、方式や

---

[1]　ただし、贈与は書面によらなければ撤回できる。民法550条参照。また、近時の改正により保証契約も書面を要求された。民法446条2項。なお、同条3項は電磁的記録によることで書面要件を充足したものとみなしている。
[2]　例えばフランス民法1341条は、一定額以上の契約の立証に公署証書または私署証書を必要とする。
[3]　民事訴訟法247条。例外として、訴訟代理権の証明につき民事訴訟規則15条、23条、管轄の合意につき民訴法11条2項など参照。このうち管轄合意については11条3項により電磁的記録によることが認められているが、代理権の証明に関する民訴規則には電磁的記録による代替が認められていない。

証拠の制限がある法制とは異なり、原則として有効に締結し、立証することが可能である。この意味で、電子商取引の普及によって日本の契約法が大きく変革を迫られるということはなかった。

　もっとも、特別法上で書面交付を要求する例は数多く存在する。そこで、平成 12 年に IT 書面一括法により、50 の法律[4]について書面の交付を、顧客の承諾を得て、書面に記載すべき事項等を電子情報処理組織を使用する方法その他の情報通信の技術を利用する方法により提供することができることとし、その場合には、書面の交付をしたものとみなすとの改正を施した（この法律につき詳細は、第 2 章第 2 節参照）。

　特別法による書面要件がない一般の取引に関しても、電子的手段によらない通常の取引では紙媒体による契約書、受領証、領収書、その他の証拠書類がやり取りされており、これら紙媒体による証拠を確保することで取引の安定を図ってきた。改ざんや偽造の可能性を考えると、紙媒体だからといって当然に確実な証拠とはいい難いが、ともかく物理的な存在があることで安全と考えられてきた。これに対してデジタル情報の交換により契約が成立する電子商取引では、デジタル情報の記録を改ざんすることが容易で痕跡も残らないという「常識」により、そのような記録が証拠として通用するか疑われていた。そこで、デジタル情報を記録した媒体が民事裁判の証拠として認められるかどうか、認められるとすればどのような方法により証拠調べがなされるか、その際紙媒体の文書に要求される形式的証拠力はデジタル情報の記録媒体にどのように適用されるかが問われてきた。

2　準文書

(1) デジタル情報の証拠能力と証拠調べの方法

　まず、民事訴訟法上は、証拠調べの対象とすることのできる一般的な資格、すなわち証拠能力には原則として制限がない。したがって、デジタル情報を記録した媒体が証拠調べの対象（証拠方法）となりうることには疑いがない。か

---

4)　経産省サイトにある PDF 資料により、対象法律一覧を参照されたい。http://www.meti.go.jp/kohosys/press/0001048/0/1020syomen.pdf

つては無断録音テープとの関係で証拠能力が論じられたが、これは違法収集証拠に証拠能力が認められるかどうかが問題となった[5]のであり、デジタル情報であることを理由に証拠能力が問われたわけではない。

次に、デジタル情報を記録した媒体を文書証拠として取り調べるべきか、検証物として取り調べるべきかは議論があり、書証説、検証説、新書証説などが対立してきた[6]。デジタル情報が作成者の思想を記録している場合には、その思想内容を証拠資料とする手続である書証であり、物の形状などを認識する手続である検証によることは適当ではない。検証説の利点として、職権により鑑定を命じることができるという点が挙げられるが、実際上は証拠調べを申し出た当事者のイニシアティブに委ねておけば足りる。これに対してデジタル情報が図面、音声、動画等の形態の情報である場合は、物の形状等を裁判官の五官を通じて感得するという証拠調べ方法である検証が馴染む。

新書証説は、コンピュータ用磁気テープを取り調べ媒体とする場合を前提に、そのままでは見読可能ではない磁気テープを可能文書とし、これをプリントアウトして見読可能な状態にしたもの（紙媒体の書面）を生成文書と名付けた上で、生成文書を原本として証拠調べを行うべきだとする。この見解は現在でも有力だが、必ずしも現在のデジタル情報の存在形態や電子署名のあり方に適合的なものではない。デジタル情報それ自体は現在でも見読可能なものではないが、これを人間が利用する場合には必ずしもプリントアウトすることなく、デジタル情報のままでネットワークを通じて交換するのであり、その際に電子署名を付して形式的証拠力を付与することもありうる。また法廷で閲覧する際も、必ずしもプリントアウトされるとは限らないし、動画や音声のようにプリントアウトが不可能なものもある。しかし、いずれにしても法廷でデジタル情報を取り調べるにあたっては、何らかの媒体に記録し、これをディスプレー装置に映し出して閲覧するか、音声データであれば聞き取るか、あるいはプリントアウトして見読する必要がある。こうした利用実態からすれば、デジタル情報その

---

[5] 裁判例に現れたものとして、東京高判昭和52年7月15日判時867号60頁、盛岡地判昭和59年8月10日判時1135号98頁。
[6] 従前の議論の状況につき、加藤新太郎「新種証拠と証拠調べの方式」『講座民事訴訟5』（弘文堂、1983）211頁以下（同『手続裁量論』（弘文堂、1996）所収）参照。

ものが本来は原本と位置づけるべきだが、デジタル情報そのものは有体物ではないので、現時点ではこれを証拠方法と位置づけることには無理がある。したがって、新書証説の用語法を借りるならば、デジタル情報そのものは可能文書であり、デジタル情報が記録された有体物たる記録媒体を生成文書として、証拠調べの対象たる証拠方法と考えるべきである。

その際、原本と写しとの関係は、電子商取引の過程で取り交わされた契約書データであれば、あくまで当事者が取引過程で使用して最初に記録した媒体が原本となるべきだが、法律行為等の内容を直接記載したものでなければ、必ずしも厳密に原本と写しとを区別する必要はない。印刷物を書証として使用する場合と同様に、同一の原本が多数存在することもありえてよい。ただし、その改ざん可能性を審理する場合には、最初に作成された記録媒体を証拠調べの対象とすることとなろう。

このように考えると、法廷で取り調べてきたプリントアウトは写しに相当する。また音声、動画、その他のデジタルデータを法廷で視聴した場合は、証拠方法を直接見聞きした場合と同様に考えることになる。

(2) 現行民訴法の規定

現行法は準文書として「図面、写真、録音テープ、ビデオテープその他の情報を表すために作成された物件」と規定しているので、これらの情報の内容を看取する証拠調べは書証の節の規定によることとなる。

また民事訴訟規則は、録音テープ等の反訳文書を書証として提出した場合における原データ複製物の提出義務（民訴法規則144条）と、写真または録音テープ等自体を証拠方法として提出した場合における証拠説明書および内容説明書面の提出義務（民訴法規則148条および149条）を規定している。これらの規定は、デジタル情報についても、その反訳文書やプリントアウトを文書として証拠方法にする場合と、デジタル情報の記録媒体自体を準文書として証拠方法にする場合とに応用が可能である。

(3) 電子署名法

デジタル情報の記録媒体を証拠方法とする場合に、紙媒体の書面と異なり、

署名または押印を現実に施すことはできないので、紙媒体の書面における形式的証拠力の推定規定（民訴法214条2項および4項）はそのままでは適用されない。そこで、デジタル情報に真正性、すなわち作成者の意思に基づいて作成されたことを担保する仕組みとして、いわゆる電子署名に形式的証拠力の推定を認めることが必要となった。

このために制定された法律が、電子署名法（平成12年法律102号）であり、同法3条は以下のように定める。

3条　電磁的記録であって情報を表すために作成されたもの（公務員が職務上作成したものを除く。）は、当該電磁的記録に記録された情報について本人による電子署名（これを行うために必要な符号及び物件を適正に管理することにより、本人だけが行うことができることとなるものに限る。）が行われているときは、真正に成立したものと推定する。

ここでいう電子署名の定義は、同法2条に以下のように定められている。

2条　この法律において「電子署名」とは、電磁的記録（電子的方式、磁気的方式その他人の知覚によっては認識することができない方式で作られる記録であって、電子計算機による情報処理の用に供されるものをいう。以下同じ。）に記録することができる情報について行われる措置であって、次の要件のいずれにも該当するものをいう。
　一　当該情報が当該措置を行った者の作成に係るものであることを示すためのものであること。
　二　当該情報について改変が行われていないかどうかを確認することができるものであること。
2　この法律において「認証業務」とは、自らが行う電子署名についてその業務を利用する者（以下「利用者」という。）その他の者の求めに応じ、当該利用者が電子署名を行ったものであることを確認するために用いられる事項が当該利用者に係るものであることを証明する業務をいう。
3　この法律において「特定認証業務」とは、電子署名のうち、その方式に応じ

て本人だけが行うことができるものとして主務省令で定める基準に適合するものについて行われる認証業務をいう。

　要するに、電子署名とは、デジタル情報に一定の措置を施すことで、その措置を行った者の作成にかかるものであることおよび改変されていないことを確認できるものを意味し、そのうち真正な成立の推定を受けるには本人だけが電子署名を行うことができるものであることが必要であり、そのためには主務省令で定める基準に適合する方式でなされたことが必要である。
　なお、電子署名に関する詳細は、第3章第8節を参照されたい。

3　デジタルフォレンジックによる真正の証明

　あらかじめ電子署名が施され、かつその電子証明書が添付されたデジタル情報であれば、真正な成立が推定されるが、一般のデジタル情報には電子署名がされているわけではない。そして、ネットワークを介した取引では特に、通常の電子メールのやりとりや文書ファイルのやりとりによって合意形成がなされていくのが通例である。そのような場合に、電子メールの内容や電子データの内容が作成者の意思に基づいて作成されたものかどうかが争われた場合には、その文書の真正な成立を主張する者において改ざんされていないことを証明しなければならない。
　その証明は、例えばプリントアウトされたデジタルデータでは不可能だが、デジタル情報を作成したコンピュータおよびその記憶装置を検証することが出来れば、ある程度は可能となる。そこでデジタルフォレンジックと呼ばれる技術が有用となりうる。
　デジタルフォレンジックとは、「インシデントレスポンス（コンピュータやネットワーク等の資源及び環境の不正使用、サービス妨害行為、データの破壊、意図しない情報の開示等、並びにそれらへ至るための行為（事象）等への対応等を言う。）や法的紛争・訴訟に対し、電磁的記録の証拠保全及び調査・分析を行うとともに、電磁的記録の改ざん・毀損等についての分析・情報収集等を行う一連の科学的調査手法・技術」と定義されている[7]。一般には、刑事捜査において押収したコンピュータの分析と証拠保全に用いられることが多く、ま

たアメリカの連邦民訴規則に定められたデジタル情報のディスカバリ手続[8]においてもデジタルフォレンジック技術に基づく関連電子データの保全、収集、分析と抽出が不可欠なものとされている[9]。

挙証者が保有するデジタル情報で、紛争の相手方が作成したものの真正な成立を立証するには、当該デジタル情報の作成日や作成者、修正履歴などを記した付加情報[10]を明らかにしたり、定期的バックアップが行われている状況下では一定時点でのデジタル情報の内容と現在の情報との一致不一致などを積み上げていくことが考えられる。もっとも、改ざんされていないことを確実に立証するよりは、むしろ逆に改ざんがされていた場合にそのことを明らかにするために、あるいは廃棄されてしまったデジタル情報を復元することのために、デジタルフォレンジック技術は有用であろうと思われる。

第2節　ADR

1　電子商取引にADRが適している理由

電子商取引に関する紛争は、企業同士の紛争（B to B）および企業と消費者の間の紛争（B to C）とがあるが、そのいずれにおいても裁判外での紛争解決手続に適している面がある。というのも、電子商取引に関するB to B紛争は技術的専門性の高い争点を含むことがあり、裁判所による判断を求めるよりも信頼できる専門家の調停や裁定に委ねた方が早期かつ実質に即した解決をもたらしやすいとの期待が成り立つ。またB to C紛争では、専門性に加えて係争額が小さく、複雑で法律専門家の関与が必要となる裁判手続よりも簡易な裁判外紛争解決手続が必要である。さらに、電子商取引は対面取引ではないことから、当事者同士が遠隔地に所在する場合が予想され、国内のみならず国外との

---

7)　特定非営利活動法人デジタル・フォレンジック研究会による定義である。http://www.digitalforensic.jp/wdfitm/wdf.html 参照。
8)　これをeディスカバリという。連邦民訴規則34条など参照。ディスカバリとeディスカバリについては、町村泰貴＝小向太郎編『実践的eディスカバリ』（NTT出版、2010）参照。
9)　その技術的な手順について、町村＝小向・前掲注（8）88頁以下〔西山俊彦〕参照。
10)　これをメタデータという。

取引が行われることもまれではない。その上、電子商取引の当事者は原則として情報ネットワークを用いた意思伝達に慣れている者が多い。したがってその紛争解決にも情報ネットワークを用いたシステムが用いられることが適合的だが、現時点では日本の裁判所の司法手続に情報ネットワークを活用したオンラインシステムが導入されていない。そこでこの点でもオンラインシステムを導入することのできる裁判外紛争解決手続が適している。

電子商取引に関する紛争に ADR が適合的であることは、1999 年の OECD による「電子商取引に関する消費者保護ガイドライン」からも明らかである。この文書でも ADR が特に取り上げられて、消費者のアクセスが保障されるべきだとされていた。この原則的な立場は、その後 2007 年の OECD による「消費者の紛争解決及び救済に関する理事会勧告」において、強化され具体化されている[11]。

2　電子商取引に関連する ADR

現在のところ、電子商取引に関する紛争全般に特化した裁判外紛争解決手続は日本には存在しないが、電子商取引に関連する紛争解決機関として代表的なものを挙げるなら、以下のようなものがある。

まず、企業間の紛争を主に取り扱うものとして、財団法人ソフトウェア情報センター（Softic）に設置されたソフトウェア紛争解決センター[12]は、法務省の認証 ADR 機関[13]として、企業の情報システム等コンピュータソフトウェア、デジタルコンテンツおよびデータベースに関する取引または知的財産権に関する紛争を対象とした仲裁・和解あっせんの手続を設けている。また日本商事仲裁協会（JCAA）[14]も、法務省の認証 ADR 機関として企業間の商事紛争に関する国内外の仲裁・調停を行っている。もっとも、いずれの機関も ADR 機関としての認証を取得した以後、公表された統計によれば取り扱い実績はほとんどない。

---

11)　http://www.consumer.go.jp/seisaku/caa/kokusai/oecd.html 参照。
12)　http://www.softic.or.jp/adr/index.htm
13)　http://www.moj.go.jp/KANBOU/ADR/index.html
14)　http://www.jcaa.or.jp/

法務省の認証ADR以外では、日本知的財産仲裁センター[15]が行っている知的財産紛争に関する調停・仲裁手続があり、件数は年間5件から20件超のときもあり、かなりの実績を積み重ねている。同センターはまた、電子商取引の基盤を形成するドメイン名紛争に関して日本ネットワークインフォメーションセンター（JPNIC）の定めたJPドメイン名紛争処理方針に基づく解決手続[16]を実施している日本で唯一の機関[17]でもある。このJPドメイン名紛争解決手続は、日本レジストリサービス（JPRS）に登録されたドメイン名を対象として、その登録または使用により権利が害されると主張する者の申立てに基づき、当該ドメイン名の登録者との間におけるドメイン名移転または取消しの紛争について裁定をするものである。JPRS以外の登録によるドメイン名、例えば.comドメインや.netドメインなどについては、ICANN[18]の定めた統一ドメイン名紛争処理方針（UDRP）[19]により同種の手続が定められている。このUDRPに基づく紛争解決手続を実施しているのは、世界知的財産機構（WIPO）[20]などである。

　JPドメイン名紛争解決手続は、2000年に発足以降、既済事件数が78件（85ドメイン名）[21]にのぼっており、海外におけるドメイン名紛争とは比較にならない少なさとはいえ、日本国内の民間ADR機関としては着実な成果をあげていると評価できる。

　B to Cの電子商取引についてはECネットワークによるあっせん手続[22]が代表的なものとして挙げられる。これはネットショップを会員とする組織で、会員であるネットショップから消費者とのトラブルについて申し立てて消費者の同意を得てあっせんが行われるほか、消費者側からのあっせん申立てには会員ショップは応諾義務を負う。さらに両当事者の希望があればあっせん案を提示し、これに対しても原則として会員ショップには同意義務がある。

15）　http://www.ip-adr.gr.jp/
16）　この手続については松尾和子＝佐藤恵太編『ドメインネーム紛争』（弘文堂、2001）参照。
17）　http://www.ip-adr.gr.jp/business/domain/
18）　The Internet Corporation for Assigned Names and Numbers
19）　http://www.icann.org/en/dndr/udrp/policy.htm
20）　http://www.wipo.int/portal/index.html.en
21）　2011年1月までの数字である。
22）　http://www.ecnetwork.jp/public/netshop/assen.html

この他、一般的な消費者向けADRも電子商取引を対象としているが、特に国民生活センターのADR（紛争解決委員会）[23]でも、ドロップシッピングに関する紛争やインターネットを通じたサイドビジネスに関する紛争など、消費者がインターネットに関連して紛争に巻き込まれたケースを数多く扱っている。

3 ODR

電子商取引に関する紛争には、同じく情報ネットワークを用いた紛争解決手続が用いられることが適合的と考えられる。そこで、Online Dispute Resolution（ODR）という概念がかねてから提唱されてきた[24]。

実験的なプロジェクトとしては、アメリカのヴァーチャル・マジストレイトおよびオンライン・オンブズ・オフィス、またカナダのサイバートライビューナルなどが挙げられる[25]。そしてオンライン技術を用いた裁判外紛争解決手続は、伝統的なADR機関にも技術的に受け入れられ、必ずしも特別の存在というわけではなくなった。例えば、アメリカにおいて鉄道および航空に関する労働争議の調停および仲裁を行う機関であるNational Mediation Board[26]は、1934年設立のアメリカ連邦政府独立行政委員会だが、オンラインツールを利用して調停仲裁手続の処理にあたっている[27]。

ODRを構成する技術的なモジュールとしては、まずオンラインでの事件申立てを可能にするe-filingシステム、手続実施機関から当事者に対する通知等を情報ネットワークにより行う電子送達システム、当事者および手続実施機関とのコミュニケーションを図るオンラインカンファレンスシステム、そして当事者間の交渉を促進させるeネゴシエーションシステムなどが考えられる。これらのモジュールは、それぞれ文字データによるものからビデオカンファレン

---

23) http://www.kokusen.go.jp/adr/hunsou/index.html
24) 町村泰貴「インターネット社会とADR（上・下）」NBL689号（2000）6頁、690号（2000）45頁、カリム・ベンイェクレフ＆ヴィンセント・ゴートレ「サイバーADR——カナダ」およびルウェリン・ジョゼフ・ギボンズ「サイバーADR——アメリカ」いずれも指宿信編集代表『サイバースペース法』（日本評論社、2000）。本格的な研究書としてはEthan Katsh, Janet Rifkin, *Online Dispute Resolution*, Jossey-Bass（2001）がある。
25) これらの実験プロジェクトにつき、前出の文献参照。
26) http://www.nmb.gov/
27) http://www.nmb.gov/adrservices/odr.html

スを用いるものなど、バリエーションがありうる。またこれらのモジュールを駆使して、情報ネットワーク上で完結したODRを構築することもありうるし、必要なモジュールのみを用いて既存の手続の効率化を図ることもありうる。上記のNMBのように伝統的なADR実施機関がODRを導入する場合は、部分的な導入による効率化が目的である。そしてすべてをオンライン上で完結させる論理的な必然性は必ずしもない。もっとも、オンライン上の取引に関する紛争解決は、オンライン上で完結したODRによることが利用者にとって便宜であることは否めない。そのような手続が用意され、当事者によって選択可能な状態にあることが望ましいのである。

第3節　その他の電子商取引紛争上の課題

1　電子商取引と発信者情報開示

　ウェブ上のショップで取引をする場合は、現実の店舗や事業者個人の所在を物理的に確認することなく取引を行うことがありうる。その場合、特定商取引法は通信販売としての表示義務を課している（特定商取引法11条5号に基づく特定商取引に関する法律施行規則8条参照）が、悪質な事業者の場合は必ずしも表示を正確に行っていない例もある。そのような場合に、契約トラブルとなって顧客が返金を求めるような場合に、事業者の連絡先がわからないため法的手段をとれないという事態が発生する。

　あるいは、オンラインショッピングに関連してショップの評価を顧客が行ったり、逆に顧客の評価をショップ側が行うということがある。ショップ自身のサイトにそのような評価欄が設けられていることもあるが、ショップが所属する電子モールに評価ポイントと自由記述ができる掲示板が設置されていたり、あるいはショップとは全く関係のない口コミサイトや電子掲示板などに口コミが書かれることがありうる。この評価や口コミが事実に反してショップや顧客の名誉・信用を著しく傷つけるものであった場合には、その法的責任を追及することにもなるが、評価や口コミの発信者が誰かがわからないという事態が発生する。

このようにオンライン取引当事者は、必ずしも互いの氏名・名称や住所等を把握しないまま取引を行うので、トラブルとなったときに訴訟提起などの法的手段に必要な情報が欠けている場合がある。そこで、プロバイダ責任制限法に基づく発信者情報開示請求権により、ショップに設置されたサーバーや口コミサイトまたは掲示板に残されたIPアドレスをホスティング・プロバイダに開示させ、さらにそのIPアドレスを使用していた日時からアクセス・プロバイダに発信者情報を開示させることが考えられる。

こうした方法は、評価や口コミにより名誉や信用が毀損されたというケースでは用いることができるが、詐欺的な取引を行ったショップが身元情報を偽っており、雲隠れしてしまったような場合には用いることができない。プロバイダ責任制限法4条は、特定電気通信による情報の流通によって自己の権利を侵害されたことを要件としており、他人の名誉や信用を毀損する情報や著作権等を侵害する情報の流通はこれに該当するが、詐欺商法の広告はその情報自体によって権利が侵害されたとはいい難いからである。

また、電子メールによる広告から取引に入った場合に、電子メール送信者が明らかでないときでも発信者情報開示請求権は使えない。発信者情報開示請求権は、特定電気通信であることを要件としており、これは「不特定の者によって受信されることを目的とする電気通信」をいうので、特定人に宛てて送信される電子メールは該当しないと解されている[28]。

そこで、日本弁護士連合会は「消費者の救済のための発信者情報開示制度に関する意見書」[29]を公表している。この意見書は、特定商取引法に発信者情報開示請求権を創設すべきとの結論で、その際には①消費者に対して電気通信を用いて違法に権利侵害した場合を広く対象とすること、②メール送信も対象とすること、③発信者の特定および権利救済に必要な情報かつ保存している情報について開示を可能とすること、④プロバイダに対する民事請求権を創設すること、⑤消費者が不当な立証責任を負わされないようにすること、⑥発信者へ

---

28) もっとも、メールアドレスを自動生成するなどして不特定多数人に向けて送信する迷惑メールのような例では、電子メールといえども「不特定の者によって受信されることを目的とする電気通信」に該当すると解する余地はあると思われる。

29) 2010年11月16日付けである。http://w3.nichibenren.or.jp/ja/opinion/report/data/101116_2.pdf

の事前通知も特段の事情があれば省略できるようにすること、⑦請求者の住所地を裁判籍とすることを求めている。

2011年2月現在、総務省「利用者視点を踏まえたICTサービスに係る諸問題に関する研究会」の「プロバイダ責任制限法検証WG」では、発信者情報開示請求権について立法論的な検討を進めていたが、同年4月21日の会合にて提言案が示され、これが原則として承認され研究会に報告された。この提言案によれば、現時点で法改正をする必要性が特段見受けられないとの、いわばゼロ回答となっている[30]。

2　電子的自力救済

ネットワークを通じてソフトウェアの売買が行われる場合、当該ソフトウェアの利用条件を遵守しているかどうか、売主が買主のコンピュータから情報を得て確認し、利用条件を逸脱する利用は機械的に抑制したり、場合によってはサンクションを加えたりすることがありうる。このことが販売条件として事前に買主に開示され、承諾した場合に限って販売するということであれば問題はないが、そのような同意を得ることなく無断で、買主のデータを売主側に送信することは、一種のスパイウェアであり、問題がある。

実際に問題が表面化した例としては、「DDChecker」と「TN Player」が利用者情報の無許諾送信機能を有していたとして公開停止とされた事例[31]がある。

法的には、他人の財産に損害を与えることは、それが権利の自力救済だったとしても違法性は否定されない。単に利用者の情報を許諾なく送信するプログラムを組み込んでいるだけであれば、必ずしも違法とはいえないが、不正なソフトウェアの使用に対して、当該ソフトウェアの使用が停止されるにとどまらず、利用者のコンピュータの記録を消去したり、動作を妨害したりすれば、電子計算機損害等業務妨害（刑法234条の2）に該当する場合もあろう。注意が必要である。

---

30)　提言案につき、http://www.soumu.go.jp/main_content/000117157.pdf
31)　2008年3月におけるベクターの通知。http://www.vector.co.jp/info/080314_system_maint.html参照。

第7章

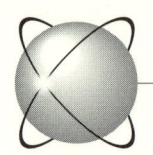

国際取引

　本章では、消費者と事業者間の電子商取引（B to C）に重点を置きつつ、その渉外的な法律問題について検討する。具体的には、異なる法域に所在する消費者と事業者間の電子商取引に関連する準拠法決定ルール、属地的適用が想定される公法規制や絶対的強行法規の適用問題、およびこうした取引を巡る法的紛争の国際裁判管轄ルール等が主たる問題である。また、必要な範囲において、事業者同士の電子商取引（B to B）やインターネット上の知的財産権侵害を巡る抵触法上の問題についても言及を行う。

第1節　準拠法

1　契約準拠法

(1) 概説

　現在のわが国の主たる国際私法は、法の適用に関する通則法（以下「法適用通則法」という）であり、電子商取引にかかる契約準拠法の決定にあたっても、同法に規定されたルールが適用される。法適用通則法は、契約締結がオフラインによるものであるか、オンラインによるものであるかを問わず、契約準拠法の決定ルールを一律に定めており、電子商取引に関する特則を設けているわけではない。したがって、電子商取引についても基本的には、伝統的なオフラインでの契約締結と同じ準拠法決定ルールが適用されることになる。

　そのうえで、法適用通則法11条では、消費者保護という政策目的を抵触法上も考慮すべく、消費者と事業者間の契約準拠法について特則を設けている。すなわち、法適用通則法7条によれば、契約準拠法は当事者自治の原則に基づき、当事者が契約締結時に合意した地の法に拠るのが原則であるが、消費者と

事業者間の契約においては、消費者が交渉力および情報・知識量の面で事業者に劣るため、事業者主導の下で消費者保護の配慮に乏しい地の実質法が準拠法として選択されるおそれがある。そこで、こうした事態を回避することを目的として、抵触法の観点から消費者保護を図るための特別なルールを設けている[1]。したがって、電子商取引のうち、事業者同士や消費者同士で行われるものについては、専ら当事者自治の原則に基づき準拠法が決定されるのに対して、消費者と事業者間で行われるものについては、当事者自治の原則を法適用通則法11条により修正する形で、準拠法が決定されることになる。

(2) 消費者契約の実質的成立要件および効力

まず消費者と事業者間の契約（以下「消費者契約」という）において準拠法に関する合意がある場合には、当該契約の実質的成立要件および効力については、当事者が合意した地の法が準拠法として適用される。この限りでは、当事者自治の原則が妥当するが、消費者契約では契約一般とは異なり、当事者間で合意した準拠法が消費者の常居所地法と異なる場合において、消費者が常居所地法中の特定の強行法規を適用すべき旨の意思を事業者に対して表示したときには、その強行法規が規定する事項について、当事者間で合意した準拠法に加えて、当該強行法規も適用されることになる（法適用通則法11条1項）。契約債務の準拠法に関する欧州共同体条約（以下「ローマ条約」という）、およびその後継規則である契約債務の準拠法に関する欧州議会および理事会規則（以下「ローマⅠ規則」という）では、当事者自治の原則に対して実質的な制限を加える形で、当事者の主観的な法選択により、消費者の常居所地法中の強行法規に基づき消費者に与えられる保護を奪うことを認めない旨の規定が置かれている（ローマ条約5条2項、ローマⅠ規則6条2項）。法適用通則法における消費者契約の準拠法決定ルールは、こうしたローマ条約等の規定を参照しつつ[2]も、必ずしもこれら欧州の立法例と規定内容を一にするものではない[3]。法適用通則法の制定過程

---

1) 小出邦夫編著『逐条解説　法の適用に関する通則法』（商事法務、2009）134頁〔湯川毅〕。
2) 法務省民事局参事官室「国際私法の現代化に関する要綱中間試案補足説明」（2005年3月）40頁以下（別冊NBL編集部編『法の適用に関する通則法関係資料と解説』（商事法務、2006）所収、以下「要綱中間試案補足説明」という））、法例研究会『法例の見直しに関する諸問題(1)—契約・債権譲渡等の準拠法について』（商事法務、2003）50頁以下〔西谷祐子〕。

において、ローマ条約等の採用した優遇比較原則では優遇性の比較に時間と労力を要し訴訟コストの増大や手続の遅延を招くこと等が懸念された結果、最終的には、既述のような 11 条 1 項の規定が設けられることとなった経緯はあるが[4]、いずれにしても、こうした法適用通則法の規定は、消費者の常居所地法をその保護基準とする見地に立って設けられたものと位置付けることができるであろう[5]。ネット上の消費者契約では通常、事業者が予め作成した約款を表示し消費者がその約款をクリックにより同意してはじめて契約締結に至ることができる "click-wrap agreement" が利用されており、契約準拠法の選択を主導するのは事業者に他ならない。しかしながら、こうした取引形態は、事業者が事実上一方的に契約準拠法を定め、消費者にこれを強要しているのと同じである。米国においては、ネット取引ではクリックにより消費者の同意を得ることが相対的に容易であることを踏まえて、こうした click-wrap agreement の有効性をより厳格に解すべきとの見解が示されている[6]。具体的な立法内容や見解に相違はあるものの、押し並べて言えば、国際的には、消費者契約の締結にあたり、事業者主導による一方的な準拠法指定に対して消費者保護の観点から何らかの制約を課すべきとの議論が一般的潮流として存在していると評価することができるであろう。

　次に、消費者契約において準拠法の合意がない場合はどうか。この点、一般的な契約の場合には、客観的連結により、契約締結地、履行地、当事者の国籍・常居所地、同一の当事者間で過去締結された契約の準拠法等を考慮しつつ、最密接関係地法を探ることになる（法適用通則法 8 条 1 項）。また、特徴的給付の理論に基づき、契約において特徴的給付を行う当事者の常居所地法を最密接関係地法と推定する旨の規定が設けられている（同条 2 項）。これに対して、消費者契約の場合には、これら一般的な契約に関する規定の適用は排除され、その

---

3) 林貴美「消費者契約・労働契約の準拠法決定についての特則」日本国際経済法学会編『国際経済法講座Ⅱ（取引・財産・手続）』（法律文化社、2012）56 頁。
4) 要綱中間試案補足説明・前掲注（2）43 頁、林・前掲注（3）56 頁。
5) 渡辺惺之「インターネットによる国際的な民事紛争と裁判」高橋和之ほか編『インターネットと法（第 4 版）』（有斐閣、2010）341 頁。
6) Z.S.Tang, Electronic Consumer Contracts in the Conflict of Laws（Hart Pub., 2009), at 238ff. なお、嶋拓哉「電子商取引訴訟の国際裁判管轄を巡る米国判決の動向について」国際商事法務 38 巻 10 号（2010）1376 頁も参照。

実質的成立要件および効力は契約締結時における消費者の常居所地法によって決せられることになる（同法11条2項）。電子商取引の場合であっても、それが法適用通則法11条1項の規定する消費者契約の要件を満たす限りは、かかる消費者契約の準拠法に関する特則が適用されると考えるべきであろう。なお、ネット上の消費者契約においては、事業者によって約款が一方的に作成・表示され消費者にはその修正を行う方途が残されていないことを理由に、約款内容や使用言語等から黙示意思の探求を行うことには極力慎重であるべきとする見解が示されている[7]。この点に関しては、①行為地への客観的連結を予定していた法例とは異なり、法適用通則法では準拠法の合意がない場合には最密接関係地への客観的連結が予定されており、かかる客観的連結を通じて、柔軟な準拠法決定により具体的妥当性を確保することが可能になったことから、法適用通則法の下では黙示意思の探求を限定的に行うに止めるべきとの解釈論が強まっていること[8]、②対面式の契約締結に比べて、ネット上のclick-wrap agreementでは消費者の同意を得るのが相対的に容易であること、③黙示意思の探求においては、使用言語等が重要な考慮要素と考えられているが、いまやこうした要素はネット上では即時に変換可能であること、といった点をも追加的に考慮して、かかる見解に賛同したいと考える。

　もっとも、法適用通則法11条6項では、消費者契約に該当する場合であっても、上述の消費者契約の準拠法に関する特則が適用されず、契約に関する一般原則（法適用通則法7条以下）に拠るべき類型が規定されている。このうち、電子商取引と関連があるのは、①消費者が、事業者の勧誘によらずして、その常居所地と異なる地に所在する事業者の事業所において、全債務の履行を受ける場合（同法11条6項2号）、②契約締結時に事業者が消費者の常居所地を知らず、かつ知らないことに相当の理由がある場合（同項3号）、③契約締結時に事業者が相手方の消費者性を誤認し、かつその誤認に相当の理由がある場合（同項4号）である。①は、能動的消費者といわれる類型であり、消費者が海外の

---

[7]　渡辺・前掲注（5）342頁。
[8]　櫻田嘉章＝道垣内正人編『注釈国際私法（第1巻）』（有斐閣、2011）191〜195頁〔中西康〕、北澤安紀「国際契約の準拠法」須網隆夫ほか編『ビジネス法務体系Ⅳ　国際ビジネスと法』（日本評論社、2009）125頁、野村美明「契約の準拠法Ⅰ－当事者による法選択と強行法規」日本国際経済法学会編『国際経済法講座Ⅱ（取引・財産・手続）』（法律文化社、2012）8〜9頁等。

ホテルの宿泊予約をそのウェブサイトから行い宿泊した場合が典型例である。他方で、事業者が電子メール等を通じて特定の消費者に対して自社ホテルへの宿泊を勧誘しているような場合には、かかる適用除外を認める必要はなく、法適用通則法11条に定める消費者契約に関する特則をそのまま適用して差し支えないと考えられている。②については、ネット上の音楽・映像配信等に関する契約を締結する場合が典型例として挙げられる。消費者宛に商品を送付する必要がある場合と異なり、こうしたコンテンツ取引はネット上で完結する性格のものであり、事業者が消費者の常居所地を知らないことにつき相当の理由があると考えられる。また③については、消費者が事業者向けの販売サイトにアクセスし、事業者であるかのように振る舞い商品を購入した場合が典型例である。近年パソコン機器の製造販売業者がウェブサイト上で、個人向けと事業者向けに分けて製品販売の画面を設けているが、消費者たる個人が事業者向けの販売画面にアクセスし、自身が事業者であるかのように個人情報の記載を行った（例えば、「○○株式会社代表取締役××」といった肩書きを付して、自身の名前を記載する等）うえで、事業者向けにカスタマイズされた機器を購入した場合には、パソコン機器製造販売業者がその購入者の消費者性を誤認するにつき相当の理由があると考えられる。こうした場合は、上記③の要件を充足すると考えて差し支えない[9]。

(3) 消費者契約の方式

一般に、契約の方式に関する準拠法は、契約の実質的成立要件および効力に関する準拠法もしくは行為地法に拠ることになる（法適用通則法10条1項・2項）。とりわけ当事者が異なる法域に所在している場合には、契約の実質的成立要件および効力に関する準拠法のほかに、申込みと承諾をセットとして捉えたうえで、ともに申込発信地法または承諾発信地法のいずれかの方式に適合していれば、それも有効とされている（同条4項）。いずれにしても、一般的な契約については、法域ごとに要求される方式が異なるが、こうした状況の下でも、極力方式上の不備を理由として契約の成立が妨げられないようにするために、選択

---

9) 澤木敬郎＝道垣内正人『国際私法入門（第7版）』（有斐閣、2012）212～213頁。

的連結が取り入れられている[10]。

これに対して、消費者契約の方式については、上記のような契約一般とは異なり、消費者による慎重な契約締結を促すために、方式にかかる抵触法ルールを厳格化し、基本的には、消費者の常居所地法の基準に拠るべきとの見解を採用するに至っている[11]。すなわち、当事者が消費者契約の実質的成立要件および効力に関する準拠法として、消費者の常居所地法以外の法を選択した場合であっても、消費者が、方式につきその常居所地法中の強行法規を適用すべき旨の意思を事業者に表示したときには、方式に関してその強行法規が定める事項については、当該強行法規のみが適用される（法適用通則法 11 条 3 項）。また、当事者が消費者契約の実質的成立要件および効力に関する準拠法として、消費者の常居所地法を選択した場合であって、消費者が、方式はその常居所地法に拠るべき旨の意思を事業者に表示したときには、方式に関して当該消費者の常居所地法のみが適用される（同条 4 項）。さらに、当事者間において消費者契約の実質的成立要件および効力に関する準拠法の合意がない場合には、客観的連結に基づき、方式は消費者の常居所地法に拠ることになる（同条 5 項）。

(4) 消費者契約の準拠法決定ルールに対する評価と問題点

既に述べたとおり、法適用通則法では、一般的な契約とは別に消費者契約の準拠法決定ルールの特則を設け、消費者保護という従来実質法的価値として位置付けられてきた目的を抵触法の領域においても共有し、その抵触法的昇華を図ったものである。優遇比較原則を規定するローマ条約およびローマⅠ規則に止まらず、準拠法の主観的連結を排除し消費者の常居所地への客観的連結を規定するスイス国際私法など、比較法的に見れば、消費者契約の準拠法決定ルールについては必ずしも具体的な規定内容が統一されているわけではない。しかしながら、近時のいずれの立法例をとっても、消費者保護という理念を抵触法的視点から体現する規定内容になっていると評価することは可能である。わが国の法適用通則法も、具体的な内容において相違はあるものの、これら海外の

---

[10] 櫻田＝道垣内編・前掲注 (8) 231 頁〔神前禎〕、木棚照一ほか『国際私法概論（第 5 版）』（有斐閣、2007）154 頁〔松岡博〕。

[11] 渡辺・前掲注 (5) 343 頁。

立法との間で、大枠においてその基本理念を共有しつつ、消費者契約に関する特則を策定するに至った。消費者保護という理念を抵触法上の準拠法決定ルールにも反映させることについては、交渉力や知識量等の面において消費者と事業者の間に事実上埋めがたい差が存在している以上、その合理性を肯定して差し支えないであろう。

もっとも、法適用通則法では、ローマ条約等と異なり、消費者の常居所地法中の強行法規が適用されるのは、消費者が当該強行法規を適用すべき旨の意思を事業者に対し表示した場合に限られている（11 条 1 項）。このように法適用通則法では、消費者の常居所地法中の強行法規を適用するためには消費者による援用意思の表示が要求されるが、これによって、実務的および理論的な視点からいくつか解決すべき問題が生ずることになる。

第一に、この規定によれば、裁判官が職権で消費者の常居所地法中の強行法規を適用する可能性は排除されており、消費者が援用意思を表示しない限り、消費者の常居所地法中の強行法規を適用し得ないとの帰結を生じるが、これでは弱者たる消費者に過度な負担を課すことになってしまうとの批判がある[12]。この点については、裁判所による釈明権（民事訴訟法 149 条）の行使を活用することで支障は生じないとの見解もある[13]。確かに、消費者がその常居所地法の援用を行うか否かが当事者の勝敗の分かれ目になる可能性が高いといえることから、その限りで釈明権の行使が許容されると考える余地は十分にあるが、他方で釈明権の行使が当事者の公平を害するおそれも存在しており、その行使には自ずと限界があることに留意しておく必要はあるであろう。

---

12) 西谷祐子「消費者契約及び労働契約の準拠法と絶対的強行法規の適用問題」国際私法年報 9 号（2008）33 頁、石黒一憲『国際私法（第 2 版）』（新世社、2007）103 頁。なお、第 164 回国会参議院法務委員会［平成 18 年 4 月 18 日開催］では、当時の与党の委員からもこうした懸念が示されていた（詳細は、嶋拓哉「わが国抵触法体系における利息制限法の位置付けに関する一考察－利息制限法の絶対的強行法規性を巡る議論（5・完）」国際商事法務 38 巻 6 号（2010）785 頁［脚注 227］を参照）。
13) 手塚裕之「弁護士がみる法の適用に関する通則法の意義と影響について」法律のひろば 59 巻 9 号（2006）52～53 頁、および「座談会　法適用通則法の成立をめぐって」ジュリスト 1325 号（2006）25 頁〔手塚裕之発言〕。なお、この点については、法適用通則法 11 条 1 項に問題があることを認めつつ、「解釈論上は、消費者が常居所地法上の特定の法的効果までは主張していない場合であっても、抽象的に常居所地法を援用している場合には、その意思表示から『特定の強行法規を適用すべき旨』を客観的に認識できると解することで、同規定の要件を緩和する方向が望ましい」との見解も示されている（西谷・前掲注（12）34 頁）。

第二に、常居所地の確定は裁判所の職権によることを踏まえると、消費者が自身の常居所地法中の強行法規の適用意思を表示することには一定の困難が伴うとの批判がある[14]。この点についても、裁判所による釈明権に期待するほかないが、裁判所が職権により消費者の常居所地を具体的に確定させることを前提にしたうえで、消費者にその地の法中の強行法規の援用を要求するという構造自体に無理があるというべきであり、果たして消費者保護という所期の目的に照らして問題なしとし得ないであろう。

　第三に、法適用通則法では、当事者の合意により選択された契約準拠法と消費者の常居所地法の適用結果の優遇比較を行うとするローマ条約等の手法を否定し[15]、消費者がその常居所地法中の強行法規を援用した場合には、契約準拠法に加えて、当該常居所地法中の強行法規も累積的に適用されると規定した。しかしながら、果たして、こうした法適用通則法における構成が抵触法の基本的な考え方に照らして問題ないといえるであろうか。まず立法過程では、この消費者による援用の意思表示は「常居所地法上の特定の強行法規が準拠法となるという効果を発生せしめる実体法上の意思表示」と整理されている[16]が、そもそも国際私法における主観的法選択は法域指定に止まり、ある法域内の特定法規というレベルにおいて選択を行い得るものではない。したがって、消費者の常居所地法中の特定の強行法規が準拠法になるという整理は国際私法の基本的な考え方との間に齟齬を生ぜしめるというべきであろう。次に、立法担当者は訴訟関係者の負担軽減という観点から優遇比較の採用を否定するが、法廷地の消費者保護規制の国際的強行性が肯定される場合には、契約準拠法、消費者の常居所地法中の強行法規、および絶対的強行法規としての法廷地の消費者保護規制の適用関係が別途問題にならざるを得ない。その限りで、前二者の適用関係を整理したところで、事案を巡る国際的な法の適用関係のすべてが解決されるわけではないという点には留意する必要があろう。さらにこれは立法論的視点からの批判となるが、渉外的な消費者契約について複数法域の法規範を

---

14) 櫻田嘉章『国際私法（第6版）』（有斐閣、2012）233頁、櫻田＝道垣内編・前掲注(8) 262頁〔西谷祐子〕。
15) 小出編著・前掲注(1) 137頁〔湯川毅〕。
16) 要綱中間試案補足説明・前掲注(2) 43頁。

累積的に適用することで純粋内国的な消費者契約よりも厚く保護することの立法政策上の当否も問題となる。実質法的価値と抵触法的価値の混淆という視点から優遇比較を批判する[17]のであれば、そのスタンスを徹底させたうえで、実質法的価値の抵触法的昇華を突き詰めていくべきであり、結局のところ、それは消費者常居所地法への客観的連結に帰着すると考えられる[18]。そもそもローマ条約およびその後継のローマⅠ規則は、当事者が主観的に選択した法を巡り実質法的指定と抵触法的指定の間を往来するかのような規定を設けているが、これとは異なり、消費者契約の準拠法に関して主観的法選択を排除し消費者の常居所地法への客観的連結を実現した、スイス国際私法のあり方を十分に参照すべきであったように思われる[19]。

2 不法行為準拠法

(1) 概説

渉外的な電子商取引に関連して生じ得る不法行為としては、①詐欺的行為、②生産物責任、③名誉・信用棄損、④知的財産権侵害といった類型が想定される。法適用通則法では、原則として不法行為の準拠法を結果発生地法とするが、その地での結果発生が予見不可能であった場合に加害行為地法に拠るとの規定が設けられている（17条）。これは一般的な不法行為を巡る準拠法決定ルールである。さらに法適用通則法では、個別の不法行為類型について特則を設けて、不法行為一般とは異なる特別な準拠法決定ルールを規定することとなった。一つは、生産物の瑕疵によって生じる不法行為責任（生産物責任）に関する特則であり、原則として被害者が生産物の引渡しを受けた地に連結するが、同地での引渡しに通常予見可能性がない場合には、例外的に生産業者等の主たる事務所所在地法に拠る旨が規定された（18条）。またいま一つは、名誉・信用棄損等の拡散型不法行為の場合について特則を設け、被害者の常居所地法に拠る旨を規定した（19条）。後者の立法理由としては、被害者の常居所地を連結点とす

---

17) 小出編著・前掲注 (1) 137 頁〔湯川毅〕。
18) 石黒・前掲注 (12) 104〜106 頁。
19) なお、西谷・前掲注 (12) 35 頁では、「わが国の将来の立法論としては、消費者の常居所地への客観的連結という手法も十分検討に値するように思われる」としている。

ることで、被害者の保護や加害者の予見可能性が確保されることに加えて、被害者の常居所地において、名誉・信用毀損による最も重大な社会的損害が発生していると考えられること等が挙げられる[20]。

　もっとも、当事者間の契約に基づく義務に違反して不法行為が行われたこと等の事情に照らして、法適用通則法 17 条から 19 条の規定に基づき指定される準拠法所属国より密接な関係を有する他の地があるときには、当該他の地の法を適用することになる（20 条）。また、不法行為発生後であれば、第三者の権利を害さない範囲において、当事者自治による不法行為準拠法の変更も認められている（21 条）。さらに、不法行為の成立および効力については、準拠外国法のみならず日本の不法行為法も累積的に適用される。したがって、準拠外国法上、不法行為の成立が認められても、日本法上その成立が肯定されない限りは、不法行為は不成立という結論に帰着する。また、準拠外国法上認められる救済方法であっても、日本法上かかる方法による救済が許容されていない場合には、わが国裁判所は最終的に当該救済方法を命ずることはできない（22 条）[21]。

(2) 詐欺的行為

　詐欺的行為については、事業者がウェブサイト上において商品情報を掲載し、これを信じた顧客がサイトを通じて当該商品を購入したが、後にそのサイトの掲載情報が虚偽であったことが判明した場合が典型例として挙げられる。この場合、被害者である消費者が複数国に所在することが想定されるが、法適用通則法 17 条の原則に沿って、個々の消費者の所在地が結果発生地であるとして、これら各消費者の所在地法が不法行為準拠法となるであろう[22]。もっとも、事業者がサイト上で明示的に特定国の居住者とは取引を行わない意思を表示していたり、あるいは最新技術を用いて特定国から自身のサイトに接続不可能な造りを設けていたにも関わらず、当該特定国の居住者がわざわざ事業者のサイトに接続し商品を購入したときには、事業者にとって当該特定国での結果発生

---

20) 小出編著・前掲注（1）223 頁〔和波宏典〕。
21) 法適用通則法 22 条は、法例 11 条 2 項および 3 項を実質的に継承しており、一般に特別留保条項と称される。同条の詳細については、櫻田＝道垣内編・前掲注（8）526 頁以下〔神前禎〕を参照。
22) 横溝大「電子商取引と各国法の抵触－解釈論的検討を中心に」中里実＝石黒一憲編著『電子社会と法システム』（新世社、2002）337 頁も同旨。

は予見不可能であるから、加害行為地法、すなわち虚偽情報の発信地が不法行為準拠法になると思われる（法適用通則法17条但書）。

　また、詐欺的行為等の不法行為が当事者間に既に存在する契約に違反して行われるような場合も存在する。例えば、インターネットバンキング等において、預金者が銀行等のウェブサイトを通じて預金の移動を指図したものの、銀行等のシステム上で当該指図内容とは異なる処理を行い、結果として預金者に損害を生ぜしめたケースについて、準拠法をどのように決すべきであろうか。これは銀行等と預金者間の預金契約に基づく義務に違反して不法行為が行われた事案であり、従来より請求権競合として議論されてきた問題の一態様である[23]。結論としては、法適用通則法20条に基づき、契約準拠法、この場合には消費者契約の特則（法適用通則法11条）等に拠り指定される預金契約の準拠法が適用されると考えられる。

(3) 生産物責任

　法適用通則法が生産物責任の準拠法決定ルールについて特則を設けたのは、生産物責任に一般的不法行為の準拠法決定ルールを適用した場合に問題が生じるおそれを考慮した結果である。具体的には、①生産物は転々流通するため、結果発生地が過度に拡散し、また偶然的に決まる可能性があるほか、生産物責任が各国実質法上危険責任としての性格を付与されていることを踏まえると、結果発生地への連結は加害者に酷な結果を生ぜしめる場合があること、②加害行為地法の適用にあたっても、生産物の生産・流通過程に様々な行為が介在するため、具体的な加害行為を特定することが困難となり得ること、の2点である[24]。

　生産物は有体物に限らず無体物も含むと考えられる[25]が、有体物の場合には、ネット等のオンライン上で契約を締結しても、その引渡しは郵送等の形で物理的になされる以上、問題の所在はオフラインで契約締結がなされた場合と何ら

---

23) 国際私法上の請求権競合の問題については、道垣内正人『ポイント国際私法総論（第2版）』（有斐閣、2007）103頁以下、山田鐐一『国際私法（第3版）』（有斐閣、2004）363～364頁、国友明彦『国際私法上の当事者利益による性質決定』（有斐閣、2002）33頁以下等を参照。
24) 小出編著・前掲注(1) 202～203頁〔和波宏典〕。
25) 澤木＝道垣内・前掲(9) 229頁、櫻田＝道垣内編・前掲注(8) 467頁〔佐野寛〕。

変わらない。いわゆる電子商取引で独自の問題が生じるとすれば、無体物であろう。例えば、ソフトウェアの製造販売事業者が消費者に対して、自身のウェブサイトからソフトウェアのダウンロードを許可したが、そのソフトウェアにウィルスが付着しており、消費者のパソコンに格納しているデータ等が破壊されたような場合である。消費者はソフトウェアの購入にあたって、自身の住所を記載していれば兎も角、そうでない場合に、結果発生地、すなわち消費者によりダウンロードがなされた地について、事業者に予見可能性があるとされるかが問題となり得るであろう。ただ、この設例のように、オンラインで完結するソフトウェア取引では、事業者は消費者の地理的所在に関わらず販売を行っていることが多いが、そのことはダウンロードがあらゆる地で行われる可能性を事業者が了知していることに他ならない。事業者に要求される予見可能性は、主観的事情に基づく個別具体的なものではなく、客観的な規範の問題であるとする[26]と、こうした場合には、一般的には事業者の予見可能性を肯定して差し支えない。もっとも、事業者が自身のサイトに、特定の地域からのアクセスを遮断する造りを設けていたにも関らず、消費者がかかる地域からサイトにアクセスを行いソフトウェアのダウンロードを行った場合には、法適用通則法18条但書に基づき、事業者の主たる事業所所在地法が準拠法になると思われる。

(4) 名誉・信用毀損

名誉毀損に関しては、例えば、事業者がウェブサイト上において自身の商品を宣伝販売していたが、その文面の中で同業他社の名誉を毀損する書き込みを行ったり、同業他社の類似商品についてその信用を失墜させるような根拠なき情報を掲載する場合がこれに該当する。こうした事案は、加害者である事業者の発した情報がインターネット等を通じて伝播し容易に国境を越えて広がっていくため、拡散型不法行為と称される。法適用通則法において、かかる不法行為の特別類型が一般不法行為とは別個の単位法律関係として規定されていることは既述のとおりである。こうした場合には、法適用通則法19条に基づき、被害者である同業他社の主たる事業所所在地法が準拠法とされる。

---

[26] 櫻田＝道垣内編・前掲注（8）474頁〔佐野寛〕、小出編著・前掲注（1）205～206頁〔和波宏典〕。

もっとも、例えば、ある商品の信用を失墜させる情報がネットを通じて提供された場合であって、当該商品を販売している事業者について、本社直営店舗と各国の現地法人の経営する店舗が並存しているときには、準拠法決定にあたって如何なる取扱いがなされるであろうか。法適用通則法 19 条によれば、被害者が法人である場合には、当該法人の主たる事業所の所在地法が準拠法とされるが、この事案では、本社直営店舗の損害については本社所在地法が、各国の現地法人の経営店舗の損害については各現地法人所在地法が、それぞれ適用されることになりそうである。この点、道垣内正人教授は、かかる結論の妥当性に疑問を呈し、「（法適用）通則法 20 条により、明らかに密接に関係する地の法として、（中略）一国における損害は、本社直営の店舗の損害であろうと現地法人経営の店舗の損害であろうと、その国の法による」（括弧内は執筆者による）との見解を提示している[27]。この場合、店舗の経営主体の別は損害の発生にとって形式的・偶然的なものでしかなく、店舗経営主体の別に関わらず、損害を被った店舗所在地国単位で同一の準拠法に基づき事案処理を行うのが適当であると考えられる。この道垣内教授の見解を支持したい。

　また、ネット上、特定の地域でのみ通用する言語により情報が発信されたが、その地域に被害者の常居所がない場合はどうか。渡辺惺之教授は、こうした事案は被害者の常居所地が最密接関係地であるとする法適用通則法 19 条の規定の前提が維持できない場合であるとし、同法 20 条により最密接関係地を探求するのが妥当であるとの見解を提示する[28]。原則としては、この見解に賛同するが、もっとも、ネット上の情報発信の場合には、書籍等によるべき場合[29]よりも慎重な判断が求められると思われる。すなわち、使用言語如何によっては、被害者の常居所地で使用されている言語への翻訳がネット上比較的容易に実現することもある。こうした場合には、被害者の常居所地でかかる情報が閲

---

27) 澤木＝道垣内・前掲注（9）233～234 頁。他方で、渡辺惺之教授は、「多国籍企業体の主幹企業が原告として、全世界的に生じた損害を一体的に請求する場合、19 条によれば、その主たる事務所所在地国の法律が準拠法となるであろう。これとは異なり、いずれかの国の子会社が原告として被害救済を請求する場合は、その原告となった子会社の被った被害について、その主たる事務所所在地国の法律により判断することになるであろう」とし、道垣内教授とは異なる見解を提示する（渡辺・前掲注（5）357 頁）。
28) 渡辺・前掲注（5）355～356 頁。
29) 澤木＝道垣内・前掲注（9）234 頁。

覧される可能性も高いと考えられる。また、加害者が情報をいかなる態様で発信しているか、受信地域に制限を加えているかといった要素も考慮されるべきであろう。

(5) 知的財産権侵害

近時クローズアップされているのが、インターネットを通じた知的財産権侵害である。電子商取引が拡大していく過程で、国境を越えた知的財産権侵害が生じるおそれがあり、知的財産権の抵触法上の取扱いは理論的な問題に止まらず、実務的にも重要な問題として認識されるに至っている。例えば、日本の事業者がウェブサイト上、外国の特許権者の了解を得ずに無断で、その特許権を利用して製造した商品を掲載し当該外国への輸出・販売を図る場合や、外国の著作権を侵害する形で電子書籍を販売する場合等がこれに該当する。また、外国製造業者の著名な商品の類似品をその商標名を使い販売している場合も、外国の商標権侵害に当たることになる。このような国境を越える形で知的財産権侵害が生じた場合に、如何なる準拠法決定ルールに基づき事案処理を行うのが適切であるかがここでの中心的な問題である。

(ア) 差止め・廃棄請求と損害賠償請求を抵触法上別に取扱う見解

まず、外国知的財産権の侵害を理由として日本の裁判所に訴訟を提起するケースでは、裁判実務は差止め・廃棄請求と損害賠償請求で性質決定上の取扱いを異にする見解に拠っている。カードリーダー事件は、わが国で被告企業が原告企業の米国特許権の技術範囲に属する製品を製造し米国に輸出・販売していたところ、原告が、自身の米国特許権に基づき、製造の差止め・製品の廃棄および損害賠償を求めて、わが国裁判所に提訴した事案である。その最高裁判決（最判平成14年9月26日民集56巻7号1551頁）では、差止め・廃棄請求は外国の知的財産権の独占的排他的効力に基づくものであるとし、「特許権の効力」として性質決定を行う一方で、損害賠償請求については、特許権特有の問題ではなく、あくまでも社会の法益保護を目的とするものであるとして、「不法行為」として性質決定を行った。そのうえで、「特許権侵害を理由とする損害賠償請求については、（中略）法律関係の性質は不法行為であり、その準拠法については、法例11条1項［法適用通則法17条］によるべきである」（括弧内は執筆者

による）とする一方で、差止め・廃棄請求は特許権の効力の問題であるとして、権利登録国法が準拠法になるとの判断を示している。また、著作権侵害についても、下級審ではあるが、差止請求等と損害賠償請求を区別して性質決定を行うとの判断が示されているところである（東京地判平成 16 年 5 月 31 日判時 1936 号 140 頁、知財高判平成 20 年 12 月 24 日民集 65 巻 9 号 3363 頁、東京地判平成 21 年 4 月 30 日判時 2061 号 83 頁、東京地判平成 24 年 7 月 11 日最高裁 HP）[30]。

　差止請求等と損害賠償請求で性質決定を区々行うことを支持する学説からも、カードリーダー事件の論理構成に対して強い批判が寄せられているのも事実である[31]。しかしながら、これら学説は、特許権の成立・効力の問題を、特許権に関する属地主義の原則を踏まえ公法上の問題と捉えるか、私法上の問題として準拠法決定ルールに委ねるかという違いはあるものの、最高裁と同じく、差止請求等と損害賠償請求で区々の性質決定を行い、前者については権利登録国（あるいは権利付与国）法を、後者については不法行為準拠法を、各々適用すべきとの見解では、概ね一致をみている[32]。例えば、山田鐐一教授は、「前掲最高裁平成 14 年 9 月 26 日判決は、特許権にもとづく差止めおよび廃棄請求については、特許権の効力の問題として特許権が登録された国の法によるが、損害賠償請求については、特許権特有の問題ではなく、財産権の侵害に対する民事上の救済の一環にほかならないから、不法行為の問題として、法例 11 条が適用されるとしている。この見解が妥当であろう」とし、最高裁の立場を肯定している[33]。道垣内正人教授は、「製造差止請求や在庫品廃棄請求のようなものは特許権の効力であり、特許権侵害による損害賠償請求は不法行為の問題であると区分することには十分に理由があると解される。（中略）特許権の効力は必ず当該特許権の付与国法によるのに対し、不法行為に基づく損害賠償請求は

---

30)　なお、著作権侵害の抵触規定について、これら下級審裁判例は、差止請求についてはベルヌ条約 5 条 2 項に、損害賠償請求については法適用通則法 17 条に、それぞれ根拠を求めており、裁判実務はほぼ固まっている。学説でも、こうした裁判実務を支持する見解が有力である。詳細については、嶋拓哉「判批」平成 24 年度重要判例解説（2013）297 〜 298 頁を参照。
31)　道垣内正人「判批」平成 14 年度重要判例解説（2003）279 頁以下、横溝大「判批」法学協会雑誌 120 巻 11 号（2003）191 頁以下等がある。
32)　例えば、櫻田嘉章「判批」平成 18 年度重要判例解説（2007）293 〜 294 頁。
33)　山田・前掲注（23）391 頁。なお、齋藤彰「判批」平成 11 年度重要判例解説（2000）301 頁も同旨である。

(法適用)通則法17条以下の規定により原則的には結果発生地法(中略)による」(括弧内は執筆者による)との見解を示している[34]。また山本隆司弁護士は、「著作権の性質に立ち返れば、著作権は市場に対する排他的支配権であり、差止請求権等はその本質的効果である。したがって、著作権侵害に基づく差止請求権に対しては、ベルヌ条約5条2項の適用を待つまでもなく属地主義の原則によって、保護国法(権利付与国法)が適用される。これに対して、損害賠償請求権は、不法行為という一般的制度に基づく効果であって、著作権の直接の効果ではない。したがって、ベルヌ条約5条2項は、著作権の効果である差止請求権等の準拠法を保護国法(権利付与国法)（ママ）を規定するにとどまり、不法行為に基づく損害賠償請求権については規定していないと解すべきである」との見解を提示している[35]。

なお、横溝大教授は、「特許法は公権力性の度合いの高い強行的適用法規であり(中略)特許権の効力に関する法の適用関係は、法例に規定される単位法律関係に関する準拠法選択とは次元の違う問題である」[36]との立場に拠ったうえで、カードリーダー事件について「本判決は、その文言にも拘らず、外国特許権に基づく差止請求に関する法規を強行的適用法規と見た上で、外国強行的適用法規の我が国での適用に関する一例を示したのだ」との見解を示している[37]。横溝教授の見解は、外国知的財産権に基づく差止請求等に関する法規を強行的適用法規として準拠法選択規則の対象外であるとするものであり、上述の見解

---

34) 道垣内正人「特許権をめぐる国際私法上の問題」知財管理60巻6号(2010) 886〜887頁。
35) 山本隆司「公衆送信権侵害の準拠法」『半田正夫先生古稀記念論集　著作権法と民法の現代的課題』(法学書院、2003) 261〜262頁。そのうえで山本弁護士は、著作権侵害に基づく損害賠償請求権の準拠法について、「著作権制度は権利者に市場支配権を認めるものであるから、その侵害に対する差止請求権と損害賠償請求権は、両者併せて救済方法として完結する関係にある。したがって、著作権侵害に対する損害賠償請求権は不法行為の効果であるとしても、いかなる事情があろうと最密接関係地法は保護国法であって、(法適用)通則法20条によって保護国法以外を適用することは不適当であろう」(括弧内は執筆者による)との見解を示している(山本隆司「その2　著作権法の視点から−著作権の属地性と国際裁判管轄および準拠法の決定」道垣内正人＝山本隆司「共同報告　インターネットを通じた著作権侵害についての国際裁判管轄及び準拠法」著作権研究37号(2010) 122頁)。
36) 浅野有紀＝横溝大「抵触法におけるリアリズム法学の意義と限界」金沢法学45巻2号(2003) 308頁〔脚注160・横溝大執筆〕。横溝大「電子商取引に関する抵触法上の諸問題−解釈論的検討を中心として」民商法雑誌124巻2号(2001) 11〜12頁も参照。
37) 横溝・前掲注(31) 194頁。なお、同「知的財産法における属地主義の原則」知的財産法政策学研究2号(2004) 29〜30頁も参照。

とはその内容を異にするが、抵触法のレベルで差止請求等と損害賠償請求を区別するという点では、結果としてこれら見解と同一の立場に拠っている。

(イ) 差止め・廃棄請求と損害賠償請求を抵触法上一体として取扱う見解

これに対して、外国知的財産権の侵害について差止請求等と損害賠償請求を区別せず、一体として性質決定を行うべきとする見解も存在する。木棚照一教授は「差止請求と損害賠償請求に関しては比較法的にみても権利侵害、侵害に対する救済等の表題の下で実質法上一緒に規定されている国が多く、権利侵害に関する救済はこの双方とその他の救済方法によって各国ごとにそれらのバランスが全体として取れるように構成されているので、損害賠償と差止その他の救済方法をそれぞれ別の法律関係として法性決定して、異なる準拠法を適用するとすれば、場合によっては適応問題が生じる可能性がある。このような法性決定はできる限り避けるべきである」との見解を示している[38]。また元永和彦教授は、「損害賠償請求の可否が特許権の効力ではないとは言えないし、ある一定の作為・不作為を求めることができるか否かも特許権固有の問題ではなく、当該社会の法益保護を目的とするものだと言えないこともないのである。両者を分かつところに合理的な理由があるか疑問である」とする[39]ほか、石黒一憲教授は、カードリーダー事件の多数意見において、差止請求等と損害賠償請求とで単位法律関係を別にしたことについて、わが国特許法では差止請求権に関する条文は存在するが、特許法は不法行為法の延長として位置付けられるものではなく、損害賠償請求はあくまで民法709条の不法行為の規定により基礎付けられるとする、日本の特許法（法廷地実質法）上の区分を、抵触法のレベルに平行移動させたことに起因するとした上で、これを「わが実質法上の論理の不当な混入」であると批判する[40]。

---

38) 木棚照一『国際知的財産法』（日本評論社、2009）388頁。なお同「判批」民商法雑誌129巻1号（2003）118頁も参照。
39) 元永和彦「特許権の国際的な保護についての一考察」『筑波大学大学院企業法学専攻十周年記念論集　現代企業法学の研究』（信山社、2001）580頁。また、金彦叔『知的財産権と国際私法』（信山社、2006）33頁参照。
40) 石黒一憲『国境を越える知的財産』（信山社、2005）375頁。なお、櫻田嘉章＝道垣内正人編『国際私法判例百選（新法対応補正版）』（有斐閣、2007）75頁〔西谷祐子〕および駒田泰土「著作権をめぐる国際裁判管轄及び準拠法について」国際私法年報6号（2004）74頁も、知的財産権侵害に基づく差止請求と損害賠償請求について一体として性質決定を行うべきとの見解に立っている。

そのうえで、差止請求等と損害賠償請求を抵触法上一体として取扱う立場は、前提として、知的財産権の領域においても、内外法平等を前提として、問題となっている法律関係にその最密接関係地法を適用するという抵触法の基本原則を維持する。もっとも、その具体的な処理にあたっては必ずしも見解が統一されているわけではなく、大別すると、①不法行為の問題として法適用通則法17条以下に基づき不法行為準拠法に拠るとする見解、②知的財産権の効力の問題として、パリ条約またはベルヌ条約等の規定を踏まえ保護国法に拠るとする見解がある。前者①の代表的な見解は木棚教授のものである。同教授は、「少なくとも抵触法上は差止め・廃棄請求も損害賠償請求とともに違法な侵害に対する法的効果として一体的に捉えれば足り」るとし、「いずれも不法行為の効果と法性決定するほうが困難な適応問題を生じる可能性を回避し、かつ、属地主義の原則を緩和することができるので、市場のグローバル化に適合した解決が可能になる」との結論を提示する[41]。他方で、後者②の見解では、特許権についてはパリ条約4条の2、著作権についてはベルヌ条約5条2項の規定（あるいはその趣旨）を踏まえて、知的財産権侵害の準拠法として「保護国法」が指定されるとする。こうした見解の提唱者は、カードリーダー事件最高裁判決の多数意見ではその準拠法を権利登録国法に求めるが、パリ条約4条の2の趣旨に照らして、最も直接的に影響を受ける特許法秩序は何処の国であるかという問題意識に基づき、準拠法たる保護国法を決すべきであるとし、本件紛争事案を踏まえれば、それは日本法になるとの判断を示している[42]。もっとも、寺本振透教授は前述のパリ条約やベルヌ条約の規定がそれ自体準拠法決定ルールであり、かつわが国において自働執行性を有するとする[43]一方で、石黒教授は、これら条約の規定を各国の抵触規定の適用を排除するまでに完全性・明確性を有する抵触規範とは考えておらず、憲法98条2項に基づく条約の自働執行的効力により、わが国における抵触法的処理一般に対して条約上の枠を課すに過ぎないとする[44]など、識者によってその立論には違いがある。いずれ

---

41) 木棚照一「判批」発明100巻6号（2003）100頁。
42) 石黒・前掲注（40）346〜371頁、寺本振透「準拠法と国際裁判管轄をめぐる諸問題」ジュリスト1405号（2010）63〜67頁。
43) 寺本・前掲注（42）66頁。

にせよ、こうした見解によれば、事案の具体的事情に則して保護国法を決することになるが、例えば、典型的なクラウドコンピューティングサービスを前提とする場合には、情報をダウンロードする者（受信者）の所在地を保護国とする見解が示されている[45]。確かに、インターネットの領域では、発信行為者は低コストで簡単に世界中から発信場所を選択できるため、知的財産法上の保護が低レベルである国から発信を行うという法律回避行動が生じるおそれが高く[46]、むしろ受信国法主義を採用するのが適切なケースも多いと考えられる。

第2節　行政・刑事規制の渉外的側面

1　行政・刑事規制の適用

(1) 国家管轄権理論との関係

　民事法の領域でも各国法規の国際的適用範囲が問題となり得るが、かかる問題は通常の準拠法決定の過程において処理されるのが通常である。仮にある事案に対して準拠法中のある実質法規定の適用の可否が問題となる場合において、当該実質法規定の地理的射程がその事案に及ばないときには、法廷地国において、当該実質法規定を不適用として扱うだけのことである。民事法の領域においては、各国実質法規定の適用が法廷地の準拠法決定ルールに委ねられ処理がなされることから、一般には国際法上の問題を生ぜしめないと考えるべきである[47]。

　これに対して、国家法（非民事法）の領域においては、法廷地国は自国の法規範のみを適用することから、国際法上の問題としてその域外適用を議論すべき必要が生じる。つまり、「国家法の域外適用という形での国家管轄権の行使が一般国際法上どこまで許容されるのか」といった問題設定がなされることに

---

44) 石黒・前掲注（40）190～193頁。なお、金彦叙「知的財産権の国際的保護と法の抵触（2）」法学協会雑誌126巻9号（2009）211頁も同旨。
45) 寺本・前掲注（42）67頁。
46) 道垣内正人「インターネットを通じた不法行為・著作権侵害の準拠法」日本国際経済法学会年報8号（1999）171頁。
47) 石黒一憲『国際民事訴訟法』（新世社、1996）13頁。

なるのであって、これは一般国際法上の国家管轄権論の中で位置付けられるべき問題である。この点を論じる前提として、国家管轄権は立法、行政および司法に代表される国家の主権的な権限を意味する[48]とし、通常は、立法管轄権、執行管轄権および裁判管轄権に分類されて論じられることが多い。もっとも、行政・刑事規制の領域においては、一国の行政機関や裁判所が直接外国の規制法を適用して私人の行動を公法的に制約するようなことは行われておらず、自国の機関や裁判所は常に自国の行政・刑事法規を適用することになる。その限りで、行政・刑事規制の領域において、国家管轄権に対する一般国際法上の制約を論ずるにあたっては、立法管轄権と裁判管轄権を分けて論じる必要はないであろう[49]。他方で、執行管轄権の問題は立法管轄権あるいは裁判管轄権の問題とは異なり、ある国が、他国の領域内において当該他国の同意なくして自国の公権力を行使するという、いわば国境を越えた実力行使が議論の対象になる。執行管轄権の概念には様々な混乱があると指摘されているが、一般的には、ある国が他国領域内で執行行為を行った場合の他国主権侵害の問題として捉えていけばよいということになる[50]。

(2) 行政・刑事規制の域外適用

ここでの問題は、ある渉外性を有する事案に対して、わが国の行政機関または裁判所が自国の行政・刑罰法規の適用を行うか否かという点にあり、まさに行政・刑事規制の域外適用が議論の対象になる。

まずわが国の刑法をみると、1条において国内犯処罰の原則が掲げられており、8条では、他の法令中の刑罰が適用される場合であっても、当該他の法令中に特別の規定がなければ、国内犯処罰の原則が適用される旨規定されている[51]。例えば、金融商品取引法197条1項5号では相場操縦行為に対する罰則が規定されているが、外国の居住者が日本の株式相場を操縦する目的で、ネットを通じて外国の金融機関に日本株式の売買委託を行うといった事案につい

---

48) R. Y. Jennings, Extraterritorial Jurisdiction and the United States Antitrust Laws, The British Year Book of International Law 1957 (Oxford University Press, 1958), 146, 148ff. また、山本草二『国際法（新版・補訂）』（有斐閣、2004）231頁以下も参照。
49) 石黒一憲『現代国際私法（上）』（東京大学出版会、1986）190頁。
50) 石黒・前掲注（47）14頁。

ては、金融商品取引法上、国外犯処罰に関する明示の規定がない以上、刑法1条に規定される属地主義の原則に沿って処罰の可否が決せられることになると考えられる[52]。問題はこうした事案が属地主義によりカバーされ、わが国の金融商品取引法上の処罰の対象に含めることができるかである。刑法1条に規定する属地主義の解釈を巡っては偏在説が通説的地位にあり、行為、結果を問わず構成要件該当事実の一部でもわが国内で発生していれば日本の刑罰規定の適用が肯定される[53]。もっとも、金融商品取引法は、刑罰の適用にあたって、一定の類型に属する取引行為を一律禁止する行為規制の考え方を採用しており、具体的な結果発生の有無を問題にはしない。結局のところ、偏在説に立脚したとしても、上述の事案において委託された取引の執行も外国の取引所でなされる場合には、相場操縦の実行行為、つまりは構成要件該当事実のすべてが日本国外で生じていると評価されることから、外国の居住者をわが国の金融商品取引法に基づき処罰することは難しいと思われる[54]。

　もっとも、刑法2条から4条の2の条項は何らかの形ではあれ国外犯を処罰する規定であり、わが国刑法は属地主義を基本原則に据えつつも、これらの特別規定により補完し、限定的ではあるが属地主義の相対化を図っている[55]。電子商取引との関係でいえば、海外に所在する日本国民たる事業者がウェブサイト上故意に間違った情報を提供することにより顧客を騙し商品を販売したケースでは、刑法3条14号に基づいて、同法246条（詐欺罪）が適用されることになる。また、海外に所在する日本国民たる事業者がホストコンピュータ内の顧客データベースファイルの記録を改竄しこれを使用に供し得る状態に置いたようなケースでも、刑法3条3号に基づいて、同法161条の2（電磁的記録不正

---

51)　大塚仁ほか編『大コンメンタール刑法（第1巻）』（青林書院、1991）70頁〔古田佑紀〕、川端博ほか編『裁判例コンメンタール刑法（第1巻）』（立花書房、2006）3頁〔三浦守〕、西田典之ほか編『注釈刑法（第1巻　総論）』（有斐閣、2010）30頁〔高山佳奈子〕。
52)　証券取引法の域外適用と刑法8条との関係については、石黒一憲「証券取引法の国際的適用に関する諸問題」証券研究102巻（1992）11頁以下を参照。
53)　西田ほか編・前掲注（51）30～31頁〔高山佳奈子〕、辰井聡子「刑法の適用範囲」西田典之ほか編『刑法の争点』（有斐閣、2007）12頁。
54)　他方において、外国の居住者が、ネットを通じて日本の金融機関に日本株式の売買委託を行っているような場合については、取引の執行が日本の取引所を通じてなされることから、行為の一部が日本国内で行われているとして、わが国金融商品取引法の刑罰規定の適用が認められるべきであろう。
55)　石黒・前掲注（49）193頁も同旨。

作出罪・同供用罪）が適用されることになる。さらに、海外に所在する事業者がウェブサイトを通じたフィッシングにより顧客のクレジットカード情報やキャッシュカード情報を不正に取得し、偽造カードを作成のうえ商品の購入や預貯金の引出しを行った場合には、刑法2条7号に基づき、国籍を問わずすべての国外犯に対して、同法163条の2以下（支払用カード電磁的記録に関する罪）の規定が適用されることになるであろう。

　これに対して、行政規制の域外適用については、各行政規制の地理的射程の画定問題として検討を行っていく必要があるが、その検討は未だ十分になされているとは言い難いのが現状である。例えば、外国為替および外国貿易法（以下「外為法」という）では、その5条に適用範囲に関する規定が置かれており、同条に基づき日本法人の海外支店には外為法上の規制が及ぶが、海外現地法人には同様の規制は及ばないとの扱いとなる[56]が、国家管轄権の議論との関係では、こうした議論に合理性を見いだすのは難しいであろう。属地主義を維持し、わが国内で実行行為がなされた場合に限りわが国行政規制を適用するとの見解も見受けられる[57]が、そうした中にあって、石黒一憲教授は、行為地のみに着目する属地主義の原則を離れ、自国内で規制対象たる行為がなされていなくとも、自国内にその行為の実質的影響が及んでいる場合には、自国の規制法適用を肯定する効果理論の有用性を説くに至った[58]。そこには、属地主義の観点に固執し、国内の取るに足らない行為を理由として事案全体へのわが国の行政規制の適用を認めるとすれば、結果として国際法上看過し得ない程度に過度な域外適用を惹起するとの懸念が存在しており、むしろ効果理論に沿って、個別事案毎に、自国政策上の関心の程度と自国との内国牽連性を勘案したうえで、合理的な範囲で自国行政規制の域外適用が探求されるべきとの問題意識が反映されていると解するべきである。実際にも、独占禁止法の域外適用にあたって効果理論に基づく運用を提唱した方針が示されている[59]ほか、独占禁止法の領域を中心に、学説においても、効果理論に立脚した見解が次第に認知さ

---

56)　実際に、イラク・クウェート資産凍結措置との関係において、邦銀等の海外支店によるイラク・クウェート側への支払は外為法上の規制を受けたのに対して、邦銀等の現地法人による支払は同法上の規制対象外とされたことにつき、石黒・前掲注（12）65頁以下を参照。
57)　松下満雄『経済法概説（第5版）』（有斐閣、2011）209頁。
58)　石黒・前掲注（47）15頁以下。

れるに至っている[60]。もっとも、効果理論にしても、わが国への軽微な影響を捉えて域外適用を肯定するとすれば、結局は属地主義に基づく法適用に対する懸念と同様に、過度な域外適用を惹起する惧れが存在するというべきであり、政策上の関心の程度と事案の内国牽連性に基づいて、合理的な範囲で行政規制の域外適用を行っていくことが重要であると考える。

2 絶対的強行法規の適用

(1) 概念整理

　法廷地実質法の中には、準拠法の指定の如何に関わらず、裁判所の職権により適用される国際的強行性を帯びた法規範が存在するとされる。こうした法規範は絶対的強行法規や介入規範と称されるが、わが国においても、一般に、独占禁止法、証券取引法、消費者法、労働法等多様な領域において、これら国際的な強行法規性を有する条項が存在すると考えられている[61]。こうした法領域は従来の私法・公法二元論では論じ尽くせない性格を有しており、そこでは「私法の公法化」という現象が生じている。かかる公法化した私法ルールを、日本法が準拠法となった場合にのみ適用される相対的強行法規に対比し、絶対的強行法規として位置付け、より強い政策目的を体現したものとして、準拠法如何に関わらずその属地的適用を認めるのである[62]。絶対的強行法規と公法規制との線引きは実際には難しいが、絶対的強行法規があくまで私法体系に属し、法律行為がその法規に抵触した場合に何らかの私法的効力（例えば、無効や

---

59)　公正取引委員会事務局編『ダンピング規制と競争政策－独占禁止法の域外適用（独占禁止法渉外問題研究会報告書）』（大蔵省印刷局、1990）51頁以下。
60)　白石忠志『独占禁止法（第2版）』（有斐閣、2009）405頁以下、根岸哲＝舟田正之『独占禁止法概説（第4版）』（有斐閣、2010）62頁以下等を参照。なお、金融商品取引法上の行政規制に関連して、属地主義を基本としつつ、適宜効果主義を加味して適用範囲を調整する、いわゆる「修正効果主義」を提唱するものとして、松尾直彦「金融商品取引法の国際的適用範囲」東京大学法科大学院ローレビュー6巻（2011）276頁以下がある。
61)　かかる事象を、公法規定の属地的適用として捉えるか、それとも絶対的強行法規の特別連結として捉えるかは、第三国の絶対的強行法規の適用を巡って大きな差異を齎しかねない。前者ではなく、後者として当該事象を捉えた場合には、準拠法所属国でも法廷地国でもない第三国の絶対的強行法規として、具体的な事案とその第三国の密接関連性および当該強行法規の趣旨を考慮して適用がなされる可能性があることに留意する必要がある（道垣内・前掲注（23）77～78頁、松岡博『現代国際私法講義』（法律文化社、2008）112～113頁）。
62)　道垣内・前掲注（23）72～81頁。

取消し)を生ぜしめるのに対して、公法規制はその違反が直接的に法律行為の私法的効力に影響を及ぼさないという点に両者の相違を求めることができる[63]。

石黒一憲教授は、絶対的強行法規の適用問題を論じるにあたって、「これは契約準拠法の決定の仕方と深くかかわる問題である」[64]とし、本問題の議論の帰趨は契約準拠法決定のあり方如何に左右されるとの認識を明確に提示する。道垣内正人教授も、「外国法を準拠法として選択することにより、日本の強行法規の適用を易々と逃れてしまうのではないかということが懸念される」[65]との問題提起を行ったうえで、「もっとも、そもそも、そのような懸念は法律関係全般説に対するものというよりは、当事者自治そのものに対するものであると考えられる」[66]として、絶対的強行法規の適用問題が当事者自治の原則をどの範囲で認めるかという問題と表裏一体の関係にあるとの問題意識を、石黒教授と共有する。もっとも、両者の最大の相違点は当事者自治の原則から派生する問題への対処方針にある。石黒教授は、契約準拠法の決定においても最密接関係地を探る客観的連結政策を採用し、当事者自治の原則に制約を加えることにより、事案の内国牽連性が十分に存在する場合には日本法を契約準拠法に指定するとの帰結を齎すことを優先的に考える[67]。これに対して、道垣内教授は、契約準拠法の決定過程において当事者自治の原則を最大限重視するという伝統的な立場を維持したうえで、そこから派生する問題点を絶対的強行法規の適用という手法を積極的に用いて解決するという道を模索する。また、私法の公法化という現象がわが国の法体系の随所において発生している[68]こともあり、絶対的強行法規の特別連結論を「必ずしも当事者自治によって準拠法が定まる場合にのみ適用されるのではなく、その性質上、国際私法により準拠法決定がされるすべての場合に適用される一般理論と位置づけるべきである」[69](傍点は執筆者による)と主張する[70]。

---

63) 嶋拓哉「法体系における介入規範の適用問題について－抵触法と実質法の協働という視点から」国際私法年報14号(2013)126～127頁。
64) 石黒一憲『金融取引と国際訴訟』(有斐閣、1983)40頁。
65) 道垣内正人「民法と他領域(9)国際私法」内田貴＝大村敦志編『民法の争点』(有斐閣、2007)26頁。
66) 道垣内・前掲注(65)26頁。
67) 石黒・前掲注(64)40頁。
68) 澤木＝道垣内・前掲注(9)184頁。

(2) 消費者保護法規の絶対的強行法規性を巡るわが国の議論

　わが国の裁判例の中には、労働法の領域において絶対的強行法規の存在を肯定したと見做し得るものがある[71]が、消費者法の領域において同様の判断が示された事案は未だ存在していない。もっとも、学説上は、消費者法の領域において、どの範囲で絶対的強行法規を認めるかという問題を巡って、いくつかの見解が示されるに至っている。

　まず道垣内教授の見解がある。既に紹介したとおり、同教授は当事者自治の原則を広範に認める立場を維持しつつ、そこから生じる実際的な問題の解決のために、絶対的強行法規を積極的に活用するとの立場に依拠している。そのうえで、国際的強行性を有する消費者保護法規の具体例として、消費者契約法8から10条、特定商取引に関する法律9条8項、24条8項、40条4項、48条8項、58条4項、割賦販売法5条2項、18条の5第7項、30条の2の4第2項、30条の4第2項、35条2項、35条の3の10第15項等を列挙している[72]。これに対して、西谷祐子教授は、絶対的強行法規に関するドイツの伝統的通説に依拠して、「私人間の権利義務の調整を目的とする法規まで絶対的強行法規に含めることは背理であり、あくまで国家の政治的・社会的・経済的秩序の維持を目的とする法規だけを絶対的強行法規と解すべき」[73]とし、絶対的強行法規の範囲を限定的に捉える見解に拠っている。具体的な絶対的強行法規の例示にあたっても、消費者契約法8～10条の規定は当事者の格差是正を目的とするものであり相対的強行法規に止まると考えるなど、総じて抑制的なスタンスが窺われる。

　もっとも、わが国では絶対的強行法規に関する議論が十分に尽くされているとは言い難い。例えば、ある事案について法適用通則法11条1項により援用された消費者の常居所地法中の強行法規と、法廷地たるわが国の絶対的強行法

---

69)　澤木＝道垣内・前掲注（9）184頁。
70)　絶対的強行法規の適用が、当事者自治原則が妥当する国際契約法の領域に止まらず、客観的連結が妥当する国際不法行為法や国際家族法の領域でも問題となることについては、嶋・前掲注（63）123～124頁を参照。
71)　東京地決昭和40年4月26日労民集16巻2号308頁、東京高判平成16年1月29日判時1848号25頁、東京地判平成16年2月24日判時1853号38頁。
72)　澤木＝道垣内・前掲注（9）213頁。
73)　西谷・前掲注（12）42頁、櫻田＝道垣内編・前掲注（8）268頁〔西谷祐子〕。

規が別個に適用される場合に、いずれを優先すべきかという点が問題となり得るが、わが国ではこの点に関する議論が十分になされていない。これに関連して、西谷教授は、消費者がわが国に常居所を有するケースを念頭に置いたうえで、「わが国の絶対的強行法規は、当該事案がその事項的及び場所的適用範囲内にあるかぎり常に適用され、法適用通則法11条1項及び12条1項にも優先する」[74]との見解を示している。従前よりドイツ連邦最高裁は、法適用通則法11条に相当するドイツ民法施行法（以下「EGBGB」という）29条優先適用説に立脚しており[75]、学説でもこれを支持する見解が多数を占めていたが、わが国とドイツでは抵触法体系に違いがある以上、わが国において、必ずしもドイツと同様の解釈論を展開する必然性はない。法適用通則法11条に基づきわが国実質法上の消費者保護規定の適用が認められるのは、消費者の常居所地がわが国に所在しており、その消費者が当該消費者保護規定の援用意思の表示を行った場合等に限定されるが、既に述べたとおり（本章第1節1 (4)）、こうした規定のあり方を巡っては、実務的および理論的な視点からいくつか解決すべき問題が存在している。もちろん、わが国実質法上の消費者保護規定すべてについて絶対的強行法規としての位置付けを認めるわけではないが、その一部について国際的強行性を肯定することにより、消費者による援用意思の表示の有無にかかわらず、裁判官の職権での適用が可能になることから、少なくともその限りにおいて、法適用通則法11条に関して指摘される実務的な問題は解消されることになるであろう。あくまでもこうした実際的な観点のみに立てば、法適用通則法11条と絶対的強行法規との適用関係について、わが国ではドイツのように、消費者契約に関する抵触規定を優先適用する意義に乏しく、むしろ法適用通則法11条の難点を補うためにも、絶対的強行法規の適用を優先することで差支えないと思われる[76]。

---

74) 西谷・前掲注（12）45頁、櫻田＝道垣内編・前掲注（8）270頁〔西谷祐子〕。
75) BGHZ 123, 380; BGHZ 135, 124; BGHZ 165, 248. なお、これら判決の概要については、嶋拓哉「ドイツ抵触法上の消費者保護規定と介入規範に関する一考察－連邦最高裁判決を足掛かりとして」北大法学論集60巻6号（2010）468〜482頁。

第 3 節　国際裁判管轄

1　従来の判例法理と近時条文化をめぐる動き

　従来、財産関係事件の国際裁判管轄に関しては、マレーシア航空事件の最高裁判決（最判昭和 56 年 10 月 16 日民集 35 巻 7 号 1224 頁）において、わが国には国際裁判管轄に関する規定が存在しないとの立場に拠りつつ、当事者間の公平、裁判の適正・迅速を期するという理念により条理に従って判断すべきであるとし、具体的には、民事訴訟法の国内土地管轄の規定に基づく裁判籍のいずれかがわが国内にあるときは、わが国の国際裁判管轄を肯定するのが条理に適うとする準則が示されるに至った[77]。もっとも、その後の下級審判例では、この一般準則を適用しつつも個別事案処理の具体的妥当性を確保するために、民事訴訟法の国内土地管轄の規定に基づく裁判籍のいずれかがわが国内に所在する場合であっても、特段の事情があると認められるときには、わが国の国際裁判管轄を否定すべきとの立場が示されることになり、こうした特段の事情論は最高裁でも採用されることになった（最判平成 9 年 11 月 11 日民集 51 巻 10 号 4055 頁）。これまでの裁判例を分析すると、特段の事情論は、マレーシア航空事件で最高裁が示した基準を個別事案に当てはめた結果、わが国の国際裁判管轄が認められるものの、それに伴い被告の不利益等の弊害が生じる場合には、例外的にわが国の国際裁判管轄を否定し、かかる弊害を除去する機能を果たしてきたと位置付けることができる。もっとも、学説の中からは、特段の事情論に対して、一般準則に拠らしめるべき国際裁判管轄の判断を専ら個別事情の具体的審査に委ねるものであり、実質的にはマレーシア航空事件の一般準則の換骨奪胎を図る

---

[76]　もっとも、こうした見解は、あくまで法適用通則法 11 条の実務上の問題点を解消するための実際的な視点にのみ立脚し導出したものである。本来的には、法適用通則法 11 条の問題点は改正という立法上の選択肢も含め同条の内在的問題として解決されるべきであることに変わりはない。また法適用通則法には、従前の EGBGB34 条のような絶対的強行法規の適用を明示した規定が設けられておらず、またわが国実質法規定には、その国際的強行性や国際的な適用範囲を明示したものも存在していない（なお、EGBGB34 条は現在廃止され、ローマⅠ規則 9 条がこれを規定する）。したがって、こうした状況の下で、絶対的強行法規としてわが国実質法規定を徒に適用することは当事者の予見可能性の観点から問題も多い。その意味で、消費者保護規定の国際的強行性を緩やかに捉えることの副作用をも十分考慮すべきことは論を俟たない。
[77]　横溝・前掲注（22）324 ～ 325 頁。櫻田＝道垣内編・前掲注（40）166 頁〔多田望〕。

ものであるとの見解も示されていたところである[78]。なお、特段の事情の有無を検討するにあたっては、被告の予測の範囲、証拠の集中、日本および外国で訴訟を行う場合の被告の応訴負担の程度、契約内容および趣旨、義務履行地および準拠法に関する合意の有無、被告の拠点といった要素が総合的に勘案されることになる[79]。

そうした中、国際裁判管轄法制の整備に関する法務大臣からの諮問第86号に基づき、平成20年10月以降、法務省法制審議会国際裁判管轄法制部会において、国際裁判管轄ルールの法整備に向けて要綱案の策定作業が進められてきた。その結果、平成22年2月には要綱が取り纏められ[80]、平成22年3月2日付けで、同要綱に基づいた「民事訴訟法及び民事保全法の一部を改正する法律案」が国会に提出された。その後、平成23年4月に法律が成立し、翌24年4月1日より施行されたところである（以下、本改正後の民事訴訟法を「改正民事訴訟法」という）。本改正では基本的には、特段の事情論も含めて従来の国際裁判管轄に関する判例法理を条文化することに重点が置かれているが、他方において、消費者契約訴訟に関する管轄規定に代表されるように、海外の立法動向や学説の見解を踏まえた条項が新設されるに至っている。以下では、従来の判例法理や学説の蓄積を踏まえつつ、改正民事訴訟法の規定に沿って、電子商取引訴訟を巡る国際裁判管轄ルールについて説明を加える。

2 消費者契約訴訟

(1) 概説

改正民事訴訟法では、消費者契約訴訟に関する国際裁判管轄について明文の規定を置いている。具体的には、消費者契約に関連して、①消費者から事業者に対する訴えについては、普通裁判籍や特別裁判籍等他の管轄原因がある場合に加えて、訴え提起時または消費者契約締結時における消費者の住所が日本国

---

78) 早川吉尚「判例における『特段の事情』の機能と国際裁判管轄立法」ジュリスト1386号（2009）25頁。
79) 横溝・前掲注（22）325頁。なお、本案の準拠法が日本法か否かという要素がわが国の国際裁判管轄の決定との間で高い相関を有するとの実証分析も示されている（早川・前掲注（78）27～28頁）。
80) 「国際裁判管轄法制の整備に関する要綱案」は、平成22年2月5日開催の法制審議会第161回会議で原案どおり採択され、直ちに法務大臣に答申が提出された。

内にある場合にも、わが国の国際裁判管轄権が認められる（3条の4第1項）。他方において、②事業者から消費者に対する訴えについては、消費者の普通裁判籍が日本にある場合に限り、わが国の国際裁判管轄権が認められる（同条3項）。

また、改正民事訴訟法は消費者契約訴訟に関する合意管轄について特別の規定を置き、紛争発生前になされた管轄合意の有効性を制限することとした。すなわち、紛争発生前の管轄合意についてその有効性が認められるのは、①契約締結時に消費者の住所が日本国内にあり、事業者と消費者が日本に管轄を認める合意をした場合（ただし、当該合意が専属管轄合意としてなされた場合であっても、あくまで非専属的管轄合意と見做される（3条7第5項1号））、②消費者が、事業者との管轄合意に基づいて、わが国裁判所に訴訟を提起した場合（同項2号前段）、③事業者が、外国裁判所に訴えを提起した場合において、消費者が日本を管轄地とする事業者との管轄合意を援用したとき（同項2号後段）、に限られるとした。消費者が事業者との関係で相対的に弱い立場にあることを踏まえて、両者の実質的な力関係を均衡させるための配慮を払う一方で、取引相手方である事業者の予見可能性の確保をも考慮していることに留意が必要である。

なお、改正民事訴訟法では、法適用通則法11条6項で規定する能動的消費者に関する例外を設けず、こうした消費者であっても、消費者契約訴訟に関する国際裁判管轄のルールに服するとしている。この点に関連して、平成21年7月10日開催の法制審議会国際裁判管轄法制部会第10回会議で取りまとめられた「国際裁判管轄法制に関する中間試案（案）」（以下「中間試案（案）」という）[81]では、「いわゆる能動的消費者については、常居所地と異なる法域に赴いて契約を締結するなどした以上、消費者保護規範も含め、その消費者が赴いた地の法が適用されることは合理的であると考えられる。国際裁判管轄の規律についても、当事者の予測可能性を考慮することは必要となるが、能動的消費者について消費者契約に関する規律の適用を除外すると、消費者は一時的に滞在したにすぎない外国の裁判所で応訴することを強いられることになり、実質的にその権利を主張することが困難になることは、消費者の住所地国で契約した場合と変わりがないことから、いわゆる能動的消費者の適用除外の規定は不要と考

---

81) 中間試案（案）は、法務省ウェブサイトよりダウンロード可能である（http://www.moj.go.jp/content/000012267.pdf）。

えられる」との補足説明を行っている[82]。

なお、改正民事訴訟法では、国際裁判管轄について応訴管轄の一般規定が設けられている（3条の8）が、消費者契約訴訟のための特別の応訴管轄規定はない。したがって、以下では、応訴管轄に関する説明は行わない。

(2) 消費者による事業者に対する訴訟提起

第一に、消費者と事業者の間に管轄合意が存在しない場合には、消費者は、事業者の普通裁判籍および特別裁判籍に基づきわが国の国際裁判管轄が認められないときであっても、契約締結時の消費者の住所もしくは訴え提起時の消費者の住所がわが国に所在していれば、わが国の国際裁判管轄が肯定されることになる（改正民事訴訟法3条の4第1項）。わが国居住の消費者と外国企業との間の電子商取引を巡り前者（消費者）が訴訟を提起する場合を想定すると、当該取引に関する債務の履行地がわが国内になく（同法3条の3第1号）、当該取引に関する業務を行う外国企業の事務所等もわが国内になく（同条4号）、かつ外国企業がわが国内で継続的な事業活動を行っていないとき（同条5号）には、とりわけ実際的な意味を持つ規定内容であると考えられる。この規定が設けられたことにより、消費者契約を巡り、わが国の消費者が外国の事業者に対して訴訟を提起する場合には、一般の契約訴訟に比して、わが国の国際裁判管轄が広範に認められることになる。その立法理由としては、①訴え提起時に住所を有

---

[82] 中間試案（案）11頁。神前禎教授は、消費者による事業者に対する訴訟提起に関しては、法適用通則法11条6項類似の例外規定を設ける余地があるとしつつも、①訴訟の入り口の問題である国際裁判管轄の有無について判断するために多くの細かな事実認定が必要になるのは適当でなく、可能な限り単純なルールとするのが望ましいこと、②法適用通則法11条6項1号但書や2号但書に該当するケースであっても事業者の営業所がわが国にある場合には、当該消費者契約が国内の営業所の業務と関連しないものであったとしても、消費者による事業者に対する訴訟提起を肯定してよいと考えられること、を理由として、国際裁判管轄に関して能動的消費者の例外規定を盛り込むことに否定的な見解を示している（神前禎「消費者契約および労働契約の訴えに関する国際裁判管轄」ジュリスト1386号（2009）47～48頁）。私見では、こうした神前教授の主張のうち、②の理由付けには異論があるが、法適用通則法11条6項に規定する消費者類型について国際裁判管轄の問題で例外規定を設ける必要はなく、必要があれば、改正民事訴訟法3条の9を活用して、特別の事情を認定したうえで、例外的にわが国の管轄を否定すれば足りるであろう（北坂尚洋「消費者契約事件・労働関係事件の国際裁判管轄」日本国際経済法学会編『国際経済講座Ⅱ（取引・財産・手続）』（法律文化社、2012）184頁も同旨）。なお、能動的消費者に関して国際裁判管轄の例外規定を設けるべきであったと主張するものとして、澤木＝道垣内・前掲注(9) 290～291頁。

する国の裁判所が消費者にとって最もアクセスしやすいこと、②契約締結時の消費者住所地国であれば、事業者にとっても予測可能性が高く、消費者にとっても、同国で紛争解決がなされることを予期していたと考えられること、③契約締結地には証拠が所在している可能性が高いことなどが挙げられている[83]。このうち、契約締結時の消費者の住所地国のみならず訴え提起時の消費者の住所地国にも国際裁判管轄を認めている点は特徴的である。法制審議会国際裁判管轄法制部会のメンバーである道垣内正人教授は、要綱策定の審議過程において、「訴え提起時の消費者の住所地管轄を認めるには、事業者側がその地に向けたビジネスを何かやっているといった条件を付けるべきではないかと思います。（中略）その条件を余り厳しくすると、結局、継続的事業活動と一緒になってしまいますから、そうではなくて、もっと軽い条件でいいのですが、その地に向けた営業あるいは事業活動を行っているといった条件をつけるのであれば、私は消費者の訴え提起時の住所地に管轄を認めることに賛成することができます」との見解を示している[84]。こうした道垣内教授の見解は、消費者から事業者に対する訴えについて、契約締結時の消費者住所地に限り管轄権を認めるか、それとも訴え提起時の消費者住所地にも付加的に管轄権を認めるかを巡って議論がなされた際に示されたものであるが、そこで同教授が論じている内容は、電子商取引訴訟の国際裁判管轄を巡る近時の米国判例法理（ターゲティング

---

83) 佐藤達文＝小林康彦編著『一問一答　平成23年度民事訴訟法等改正』（商事法務、2012) 87頁。
84) 法制審議会国際裁判管轄法制部会第12回会議［平成21年10月2日開催］議事録5～6頁。もっとも、道垣内教授の見解が米国のターゲティング理論と通ずる点があるとしても、両者を同等と見做してよいかは判然としない。なお、神前禎教授は、平成21年7月に公表された「国際裁判管轄法制に関する中間試案」の解説・検討にあたり、ブリュッセルⅠ規則15条1項 (c) を参照しつつ、「消費者の住所地国であるわが国において、またはそれに対して、事業者が何らかの活動を行っている場合には、事業者にとってわが国において訴訟を提起されることは予期しうるものであり、仮に、当該消費者契約が事業者のわが国における活動とは無関係のものであったとしても、消費者によるわが国での訴訟提起について、わが国の国際裁判管轄を原則として肯定して良いと思われる」との見解を示している（神前・前掲注（82）48頁）。神前教授の見解によれば、米国のターゲティング理論に比して、電子商取引にかかる法的紛争について、わが国の国際裁判管轄が相対的に広く認められるとの結論に帰着するものと考えられる。
　他方で、山田恒久教授は、消費者による訴訟提起時にその者の住所地がわが国に所在する場合には、事業者がわが国で事業活動を行っていることを条件にすることなく、わが国の国際裁判管轄を肯定して差し支えないとする立場を提示する（同「インターネットを介した取引・不法行為事件の国際裁判管轄」日本国際経済法学会編『国際経済法講座Ⅱ（取引・財産・手続）』（法律文化社、2012）207～208頁）。

理論)[85]に通ずるものがあるといえる。結局、法制審議会国際裁判管轄法制部会の審議ではその後、道垣内教授が指摘した論点について追加的な議論が展開された形跡は窺われないが、わが国において国際裁判管轄の有無を論じるにあたって、具体的な事情が考慮され個別事案の妥当な解決に重点が置かれている現状を踏まえると、同じく事案処理の個別具体的な妥当性を追求する米国判例の動向を分析することは、少なくとも実務上、一定程度の重要性を有するものと位置付けることができよう[86]。消費者の訴え提起時の住所がわが国内にあることを理由として、消費者が事業者に対して訴訟を提起する場合には、消費者による訴訟へのアクセス拡大と事業者の予見可能性の確保という二つの要請の狭間で、事業者による事業活動とわが国との関連性を要件として課すか、当該要件を課すとすれば事業者が消費者の住所地国たるわが国においてどの程度の事業活動を展開していることをもって当該要件の充足を認めるかといった問題が、わが国においても、特別の事情（改正民事訴訟法3条の9）を巡る解釈論として議論の俎上に上ってくる可能性があると考えられる。

第二に、消費者と事業者の間に管轄合意が存在する場合である。この場合に、わが国において消費者が事業者に対して訴訟を提起できるのは、①紛争発生後に管轄合意がなされ、その合意によりわが国に管轄が認められている場合、②紛争発生前に、わが国に管轄を認める合意がなされ、契約締結時に消費者がわが国に住所を有していた場合（改正民事訴訟法3条の7第5項1号）、③紛争発生前にわが国に管轄を認める合意がなされ、消費者がこれに基づきわが国で訴訟を提起した場合（同項2号前段）に限られる。ここでの問題関心は、紛争発生前に管轄合意がなされた場合（すなわち、②と③）に集中するが、特にかかる事前の管轄合意の有効性を判断するにあたっては、事業者の予見可能性とのバランスを確保しつつ、管轄合意が存在することにより、消費者が訴訟を提起する機会

---

85) 米国のターゲティング理論の詳細については、嶋・前掲注（6）1376〜1377頁を参照。
86) 横溝・前掲（36）15頁［脚注36］も同旨。なお、国際裁判管轄を巡る従来のわが国裁判例においては、事案処理の個別具体的な妥当性を確保するため特段の事情論が展開されてきた経緯があるが、改正民事訴訟法においても、これを明文で規定する条項が盛り込まれている（3条の9［なお、法律上の文言は「特段の事情」ではなく、「特別の事情」である］）。こうした条項の存在に鑑みると、民事訴訟法改正後も、裁判実務においては、国際裁判管轄を巡り、当該条項に基づき、「特別の事情」論を用いて事案処理の具体的妥当性を確保するというスタンスが維持されるものと考えられる。

が不当に奪われる事態を回避することが重要であると考えられる。改正民事訴訟法では、②の場合に関連して、消費者と事業者間の管轄合意が、契約締結時における消費者の住所地国にのみ管轄を認める専属的なものであったとしても、それを非専属的なものと見做す旨の規定を設けている（3条の7第5項1号括弧書き）。したがって、かかる管轄合意の存在を理由として、消費者は契約締結時の自身の住所地国での訴訟提起を強いられるわけではない。消費者は、たとえ事業者との間で、契約締結時における自身の住所地国たる外国に専属管轄を認める合意を行った場合であっても、改正民事訴訟法3条の2、3条の3または3条の4第1項等の要件を満たすのであれば、わが国での訴訟提起を妨げられることはないということである。他方で、③に示したとおり、消費者は、事業者との事前の管轄合意に基づき、合意した地での訴訟提起を選択することも可能である。ただし、消費者が事業者との専属管轄合意に基づき外国裁判所に訴訟を提起した場合において、その後で消費者が日本の裁判所に訴訟を提起したとしても、日本の裁判所は、事業者からの抗弁に沿ってその専属管轄合意の効力を認め、訴えの却下を行うことができる[87]。消費者が外国裁判所において専属管轄合意を既に援用していることから、その合意の効力を認めても消費者の不利益にはならないし、また事業者の予見可能性の確保にも資すると考えられるからである。

(3) 事業者による消費者に対する訴訟提起

　第一に、管轄合意が存在しない場合において、事業者が消費者に対してわが国裁判所で訴訟を提起できるのは、消費者の普通裁判籍がわが国にあるときに限られ、特別裁判籍を規定した改正民事訴訟法3条の3の適用が排除されている（同法3条の4第3項）。これは、消費者が事業者による訴えの提起時に住所等を有する国以外において応訴することが事実上不可能に近いことを考慮したものである[88]。したがって、わが国所在の事業者と外国所在の消費者との間に合意管轄が存在しない場合には、応訴管轄が成立するとき等を除き、原則として、事業者は消費者に対する訴訟をわが国において提起し得ない。

---

87) 佐藤＝小林編著・前掲注（83）147頁。
88) 佐藤＝小林編著・前掲注（83）90頁。

第二に、消費者と事業者の間に合意管轄が存在する場合である。この場合に、わが国において事業者が消費者に対して訴訟を提起できるのは、①紛争発生後に管轄合意がなされ、その合意によりわが国に管轄が認められている場合、②紛争発生前に、わが国に管轄を認める合意がなされ、契約締結時に消費者がわが国に住所を有していた場合（改正民事訴訟法3条の7第5項1号）、③紛争発生前にわが国に管轄を認める合意がなされ、消費者がこれを援用した場合（同項2号後段）に限られる。このうち、②については、契約締結時の消費者の住所地国がわが国である場合に、わが国の国際裁判管轄を肯定したとしても、消費者、事業者双方の予見可能性を確保できるほか、消費者としては、契約締結時に住所を有していた以上、わが国の法制度や言語、取引慣習等を一般に了知していると考えられ、わが国での応訴が困難とは認められないと思われる[89]。ただし、ここでの管轄合意には非専属的な効力しか認められない。したがって、事業者と消費者の間で外国に専属管轄を認める合意が成立していたとしても、消費者がわが国に住所を有するのであれば、事業者はその専属管轄合意の存在に関わらず、わが国での訴訟提起を妨げられない。また③は、具体的には、事業者が外国の裁判所に訴えを提起したのに対して、消費者がその外国裁判所においてわが国に専属管轄を認める合意を援用し訴えが却下された場合において、その後事業者がわが国裁判所に訴訟を提起したときには、当該専属管轄合意に基づき、わが国の国際裁判管轄が肯定されるといった事象を指す。消費者が自己の利益のために管轄合意を積極的に活用した以上は、もはやその有効性を争えないとする、一種の禁反言の原則に基づく規定と解されている[90]。

3　不法行為訴訟

(1) 概説

　改正民事訴訟法では、不法行為訴訟の特別裁判籍について、「不法行為があった地が日本国内にあるとき（外国で行われた加害行為の結果が日本国内で発生した場合において、日本国内におけるその結果の発生が通常予見することのできないものであったときを除く。）。」という規定が設けられている（3条の3

---

[89]　佐藤＝小林編著・前掲注（83）145頁。
[90]　澤木＝道垣内・前掲注（9）291頁。

第 8 号）。従来同法 5 条 9 号に依拠して国際裁判管轄の有無を判断してきたが、同条項の「不法行為があった地」という文言を巡っては、加害行為地と結果発生地の双方を含むとする解釈がなされてきた[91]。改正民事訴訟法 3 条の 3 第 8 号においても、基本的にこの解釈が維持されている[92]。

こうした解釈が実質的な意義を有するのは隔地的不法行為のケースであるが、外国が加害行為地であり、わが国が結果発生地である場合において、わが国における当該結果発生が通常予見することができないときには、わが国の国際裁判管轄が否定されるのも括弧書きの規定文言より明らかである。こうした括弧書き規定の根拠は、①一般に予見できない国での裁判を加害者に強いるのは、加害者の応訴負担が大きくなり、当事者間の衡平を欠くと考えられること、②予見可能性を欠く場合には、結果発生地に証拠等が所在している可能性はさほど高くないと考えられること、等に求められる[93]。

なお、結果発生地に関しては、従前より、派生的・二次的発生地を含めるか否かで争いがあった。これを肯定する見解もあった[94]が、多数説は、このような形で結果発生地を拡大することに対しては、事実上、被害者の住所地管轄を認めるに等しくなるとして否定的であり、結果発生地は物理的・直接的な損害の発生地に限定すべきと考えられてきた[95]。しかしながら、従来の多数説の目的は加害者の予見可能性の確保にあったが、改正民事訴訟法 3 条の 3 第 8 号の括弧書き規定により、かかる目的が明文で担保されたことを踏まえて、本改正後は、二次的・派生的な損害の発生地であっても、結果発生地に含めてよいとの解釈が示されるに至っている[96]。

---

91) 高橋宏志「国際裁判管轄」澤木敬郎＝青山善充編『国際民事訴訟法の理論』（有斐閣、1987）62 〜 63 頁、佐野寛「不法行為地の管轄権」高桑昭＝道垣内正人編『新・裁判実務体系 3　国際民事訴訟法（財産法関係）』（青林書院、2002）92 頁、多田望「不法行為地管轄」国際私法年報 10 号（2009）55 頁、越山和広「義務履行地、財産所在地、不法行為地の特別裁判籍」ジュリスト 1386 号（2009）43 頁。
92) 櫻田・前掲注（14）363 頁、澤木＝道垣内・前掲注（9）284 頁。
93) 佐藤＝小林編著・前掲注（83）70 頁。
94) 谷口安平＝井上治典編『新・判例コンメンタール民事訴訟法（1）』（三省堂、1993）75 〜 76 頁〔渡辺惺之〕、石黒一憲『国際民事訴訟法』（新世社、1996）150 〜 151 頁。
95) 新堂幸司＝小嶋武司編『注釈民事訴訟法（1）』（有斐閣、1991）131 頁〔道垣内正人〕、斎藤秀夫ほか編『注解民事訴訟法（5）（第 2 版）』（第一法規、1991）444 頁〔山本和彦〕等。

(2) 詐欺的行為・生産物責任

　詐欺的行為については、典型的には、外国の事業者がウェブサイト上で虚偽の情報を提供し、これに基づき日本の消費者が購入契約を締結する事案が想定される。こうした事案においては、外国事業者としては日本における自身のサイトの閲覧可能性を認識していることから、通常は日本における結果発生を予見できたはずであり、改正民事訴訟法3条の3第8号に基づき、わが国の国際裁判管轄を肯定して差し支えないと考えられる。もっとも、外国事業者が自身のウェブサイトを日本で閲覧できない仕組みを作っていたにも関わらず、日本の消費者がそうした仕組みをかいくぐり契約締結に至ったようなケースでは例外的に、わが国での結果発生について予見可能性がないとされ、わが国の不法行為地管轄が否定されることになるであろう。

　また、生産物責任については、外国のソフトウェア製造販売事業者が日本の消費者に対して、自身のウェブサイトからソフトウェアのダウンロードを許可したが、そのソフトウェアにウィルスが付着しており、消費者のパソコンに格納しているデータ等が破壊されたような事案が想定される。こうした事案についてわが国の国際裁判管轄を論じるにあたっても、上記の詐欺的行為の事案と同様の議論が概ね妥当するものと思われる。

　なお、上記いずれの事案においても、外国の事業者がウェブサイトを通じて、わが国において継続的に販売等の事業活動を行っていたと評価され得る場合には別途、改正民事訴訟法3条の3第5号に基づいても、わが国の国際裁判管轄が肯定されると考えられる[97]。

(3) 名誉・信用毀損

　名誉・信用毀損については、外国の事業者が自身のウェブサイト上に、同業他社である日本の事業者の名誉を棄損する書き込みを行ったり、同業他社の類似商品についてその信用を失墜させるような根拠なき情報を掲載する事案が考

---

96) 澤木＝道垣内・前掲注 (9) 285 頁。なお、同様の結論を示唆するものとして、櫻田・前掲注 (14) 363 頁。他方、改正後も二次的・派生的損害発生地の管轄を認めないとの見解を維持するものとして、本間靖規ほか『国際民事手続法 (第2版)』(有斐閣、2012) 61 頁〔中野俊一郎〕。
97) 本間ほか・前掲注 (96) 55 頁〔中野俊一郎〕。

えられる。こうした事案では、同業他社である日本の事業者の信用失墜という結果はわが国で生じており、かつウェブサイトに特定地域での閲覧制限を課していない限りは、通常は外国の事業者はわが国でのかかる結果発生につき予見可能性を有しているはずである。したがって、特別の事情がない限りは、上記のような事案ではわが国の国際裁判管轄が肯定されることになろう。

　もっとも、ある国の事業者を対象としたインターネット上の書き込みは、当該国のみで閲覧されるものではなく、閲覧制限等の処理がなされていない限り、世界中の広範な地域で閲覧することができる。したがって、これら閲覧地がすべて結果発生地に該当すると考えれば、世界中のあらゆる地に不法行為地管轄が認められる可能性がある（直接管轄の局面で論じれば、外国に所在しわが国に何ら拠点を有しない事業者に対する名誉・信用毀損について、わが国の国際裁判管轄が肯定される余地もある）。従前より、学説においては、こうした場合には、加害者の予見可能性、頒布・配信の態様、使用言語等を総合的に勘案して、結果発生地の認定を制限すべしとの見解[98]や、閲覧地であれば一応結果発生地に該当するとしつつも、加害者の予見可能性に欠けるときには、衡平の観点から管轄を否定すべしとの見解[99]等が提示されていた。この点、改正民事訴訟法では、加害者の予見可能性の有無を基準として、結果発生地の認定が制限される（3条の3第8号の括弧書き）が、たとえ結果発生地として認定された場合であっても、特別の事情があるとされるときには、例外的にその地の管轄が否定されることになる（3条の9）と考えられる。

(4) 知的財産権侵害

(ア) 登録知的財産権の存否、効力および登録等に関する訴え

　改正民事訴訟法では、知的財産権関連訴訟のうち、登録または登記に関する訴えについては、登録等をすべき地が日本国内にある場合に、設定の登録により発生する知的財産権の存否または効力に関する訴えについては、登録が日本においてなされたものである場合に、それぞれ日本に専属管轄がある旨を規定

---

98) 中西康「マスメディアによる名誉毀損・サイバースペースでの著作権侵害等の管轄権」高桑昭＝垣内正人編『新・裁判実務体系3　国際民事訴訟法（財産法関係）』（青林書院、2002）104頁。
99) 渡辺・前掲注(5) 352頁。

している（3条の5第2項、第3項）。わが国で登録がなされている知的財産権に関して、その存否、有効性および各種登録が争点となる訴訟については、登録国たるわが国に専属管轄を認めるというのがその趣旨である[100]。これら規定の根拠は、登録知的財産権は各国の行政処分により付与されることが多く、その存否や有効性を判断するために最適な地は登録国であると考えられるほか、たとえ登録国以外の国の裁判所が登録知的財産権の無効確認請求を認容したとしても、結局登録国において所定の手続を執ることが要求されることに求められる[101]。登録知的財産権の存否、有効性および各種登録を巡る問題は、その行政処分性を勘案すれば、国家主権と緊密に結びつくことから、登録国が専属的に判断権限を有するべきとする取扱いは一般に受入れられるところであろう[102]。

　この点に関連して、原告が被告企業に在籍していた当時、米国特許権にかかる発明を行ったが、被告企業との間で特許を受ける権利の譲渡契約を締結していないこと等を理由として、被告企業等が有する米国特許権の返還を求めた事案がある。この判決（東京地判平成15年9月26日最高裁HP）では、特許権のような実体法上の権利は返還請求という給付の訴えの対象とはなり得ないとの理由に基づき原告の主張を退けたが、傍論において、「本件特許は米国特許であるところ、米国特許権の登録に係る訴えは、専ら同国における特許権の帰属の問題であって、我が国の裁判所の国際裁判管轄を認める余地はない」との見解が示されている。これなどは、外国特許権の登録に関する訴訟がわが国の裁判所に提起されたとしても、登録にかかる判断は登録国たる外国で専属的になされるべきものであり、わが国の国際裁判管轄は否定されるとの見解に立脚するものとして位置付け得るであろう[103]。

---

100) 道垣内・前掲注（34）888～889頁。
101) 佐藤＝小林編著・前掲注（83）110頁。
102) 道垣内・前掲注（34）889頁。
103) もっとも、東京地判平成5年10月22日（知的裁集26巻2号729頁）は、原告が被告に対して、米国特許庁において同国特許権の自身への譲渡登録手続を行うように求めた事案であるが、わが国の国際裁判管轄の有無に言及することなく、原告の請求を認容している。また、東京地判平成16年3月4日最高裁HPは、原告と被告はヨルダン登録の商標権の譲渡契約を締結していたが、原告は同契約を解除したと主張したうえで、同商標権の被告への移転登録抹消手続を求めた事案であるが、同様にわが国の国際裁判管轄について判断することなく、原告の請求を棄却している。

もっとも、電子商取引関連訴訟においては、上記問題が直接争点となるということは想定しがたく、むしろネット上での知的財産権侵害訴訟の審理過程で侵害の対象とされる登録知的財産権の存否や有効性が問題となるケースが大半であろう。仮に外国の登録知的財産権の侵害を巡りわが国で訴訟が提起された場合には、その前提として、外国の当該登録知的財産権の有効性が問題となり得るが、わが国裁判所がこの点につき一切の判断をなし得ず、したがって、被告は抗弁として外国の登録知的財産権が無効である旨を主張できないと考えるべきであろうか。この点に関して、従来、否定的な見解も示されていたが[104]、近年では、こうした外国の登録知的財産権であっても、わが国裁判所において、当該知的財産権が無効である旨の抗弁の提出を認める見解が有力である。例えば、わが国で係属する侵害訴訟において無効の抗弁を主張しうるかどうかは当該侵害訴訟の基礎になる知的財産権の登録国の実体法上の問題であるとして、登録国法上そうした抗弁が認められていれば問題なく行い得るとの見解[105]や、わが国訴訟法上前提問題に関する判断には既判力等が生じないので、前提問題として外国の登録知的財産権の有効性について判断しても差し支えないとの見解[106]はその代表例であろう[107]。サンゴ砂事件は、サンゴ化石微粉末を健康食品として米国にも輸出販売している原告（日本企業）が、「健康増進のための組成物」に関する米国特許権を有する被告（日本企業）に対し、原告による米国内での上記健康食品の販売につき被告が米国内における差止請求権を有しないことの確認等を求めた事案であるが、その判決（東京地判平成15年10月16日判時1874号23頁）中において、「特許権の成立を否定し、あるいは特許権を無効とする判決を求める訴訟については、一般に、当該特許権の登録国の専属管轄に

---

104)　吉藤幸耕（熊谷健一補訂）『特許法概説（第13版）』（有斐閣、1998）480頁。
105)　「座談会　知的財産実務にみる国際裁判管轄」Law&Technology 48号（2010）7〜8頁〔高部眞規子・三村量一発言〕、佐藤＝小林編著・前掲注（83）115頁。
106)　道垣内・前掲注（34）889〜890頁。
107)　同様の見解に立つものとして、木棚照一「日本における知的財産紛争の国際裁判管轄権」季刊企業と法創造1巻3号（2004）237頁、茶園成樹「外国特許権侵害事件の国際裁判管轄」日本工業所有権法学会年報21号（1997）75頁。また、欧州のマックス・プランク研究所による知的財産権における抵触法原則第2次草案（European Max Planck Group on Conflict of Laws in Intellectual Property, Principles for Conflict of Laws in Intellectual Property, 2nd Preliminary Draft（2009）[http://www.ip.mpg.de/shared/data/pdf/draft-clip-principles-06-06-2009.pdf]、以下「CLIPS抵触法原則第2次草案」という）でも、こうした見解に基づく条項が盛り込まれている（2：401条2項）。

属するものと解されている。特許権に基づく差止請求訴訟においては、相手方において当該特許の無効を抗弁として主張して特許権者の請求を争うことが、実定法ないし判例法上認められている場合も少なくないが、このような場合において、当該抗弁が理由があるものとして特許権者の差止請求が棄却されたとしても、当該特許についての無効判断は、当該差止請求訴訟の判決における理由中の判断として訴訟当事者間において効力を有するものにすぎず、当該特許権を対世的に無効とするものではないから、当該抗弁が許容されていることが登録国以外の国の国際裁判管轄を否定する理由となるものではなく、差止請求訴訟において相手方から特許無効の抗弁が主張されているとしても、登録国以外の国の裁判所において当該訴訟の審理を遂行することを妨げる理由となるものでもない。本件は、米国特許権に基づく差止請求権の存否が争われている事案であるところ、米国においては、差止請求訴訟において相手方が特許無効を抗弁として主張することができることが、法律に明文で規定されているものであるが（米国特許法282条2項）、当該訴訟における特許無効の判断により、当該特許が直ちに対世的に無効となるものではない」との判断を示しており、裁判実務も近時有力説と同じ立場に拠っていると考えてよいであろう。

（イ）登録を要しない知的財産権の存否および効力に関する訴え

　登録を要しない知的財産権の存否および効力に関しても、判決が対世的効力を有すべき国の裁判所に専属管轄を認めるという見解もあり得るが、少なくともわが国の裁判例はこうした立場に依拠していない。ウルトラマン事件は、日本法人がタイ在住の非居住者を相手取り不法行為に基づく損害賠償請求を行った事案であるが、原告は、それに加えて、本事案の中で、日本において被告が著作権を有しないことの確認請求やタイにおいて原告が著作権を有することの確認請求等、日本内外における著作権の帰属を巡る問題も含めて争点として訴訟の提起を行った。その最高裁判決（最判平成13年6月8日民集55巻4号727頁）では、タイにおける著作権を原告が有することの確認請求についても、わが国の国際裁判管轄を肯定しているが、この最高裁判決は、外国における著作権の帰属を巡る問題について、当該外国に専属管轄が認められるわけではなく、したがって、わが国の国際裁判管轄を肯定する余地があることを示している[108]。

　この点について、道垣内正人教授は、ウルトラマン事件の控訴審判決（東京

高判平成 12 年 3 月 16 日民集 55 巻 4 号 778 頁）に関連して、「特許権をはじめとする工業所有権については、その付与の国家行為性の故に、その有効・無効についての裁判は登録国の専属管轄とされるのが一般的であるのに対し、著作権は私権の一つとして位置づけられ、特別扱いをする必要はなく、一般の民事事件の管轄規則に従うものとされている。したがって、外国法上の著作権の帰属をめぐる紛争であっても、外国法を準拠法とする他の私権をめぐる事件と同様に管轄の判断をすれば足りる」[109]との見解を提示する[110]。こうした見解は、1999 年 10 月 30 日付でハーグ国際私法会議において作成された民事及び商事に関する国際裁判管轄及び外国判決に関する条約準備草案（以下「ハーグ国際裁判管轄条約準備草案」という）12 条 4 項[111]や、CLIPS 抵触法原則第 2 次草案 2：401 条 2 項とも整合的である。

（ウ）知的財産権に基づく差止めおよび損害賠償請求訴訟

典型的には、ウェブサイト上で外国知的財産権の侵害が行われた場合に、外国知的財産権に基づき、わが国裁判所に侵害行為の差止めまたは損害賠償訴訟を提起し得るかという問題である。従来より、知的財産権侵害訴訟はその専属管轄性を認めず、通常の民事訴訟として、裁判籍に関する一般規定に基づきわが国の国際裁判管轄の有無を判断するのが通説的見解であった[112]。

また、従前より裁判実務もこの立場に依拠している。著作権侵害訴訟として

---

108) 木棚・前掲注（107）238 頁も同旨。
109) 斉藤博＝半田正夫編『著作権判例百選（第 3 版）』（有斐閣、2001）234～235 頁〔道垣内正人〕。
110) 早川吉尚「判批」民商法雑誌 131 巻 3 号（2004）101 頁も、「本件判決は、外国著作権の帰属を確認する請求の国際裁判管轄における専属管轄性を否定したと評価される初めての最高裁判決として登場したのであり、その点にも本判決は大きな意義を有すると思われる」としており、同旨の見解として位置付けられる。また、横溝大「判批」法学協会雑誌 119 巻 10 号（2002）215 頁は、本件請求が確認請求であり、外国著作権法が強行的適用法規であると考える場合であっても、当該外国法に基づく直接の公権力行使がわが国内でなされるわけではないので特段の問題は生じないとしている。同教授も、本判決が著作権の法的性質について明確な判断を下したとは言えないとしつつも、本判決を外国著作権の帰属確認請求訴訟の専属管轄性を否定したものとして位置付けているように思われる。
111) 同条約準備草案については、道垣内正人編著『ハーグ国際裁判管轄条約』（商事法務、2009）50 頁以下を参照。
112) 木棚・前掲注（38）『国際知的財産法』217～222 頁、渡辺惺之「日本」木棚照一編『国際知的財産侵害訴訟の基礎理論』（経済産業調査会、2003）138 頁、茶園成樹「知的財産権関係事件の国際裁判管轄」国際私法年報 11 号（2010）73 頁、杉浦正樹「渉外問題」飯村敏明＝設樂隆一編著『知的財産関係訴訟』（青林書院、2008）279 頁、申美穂「知的財産権侵害訴訟に関する国際裁判管轄について（一）」法学論叢 155 巻 2 号（2004）34 頁等。

はウルトラマン事件がある。本事案では、日本法人である原告がタイ居住の被告に対して、上述の不法行為損害賠償請求や確認請求のほかに、被告が日本国外における本件著作物の独占的利用権者であり、その著作権につき原告と取引することは被告の独占的利用権の侵害に当たる旨の警告書を日本国内の第三者に送付する被告の行為につき差止めを請求したが、最高裁は、この差止請求についても客観的併合によりわが国の国際裁判管轄を認める旨の判断を下している。他方、特許権侵害訴訟としては、米国特許権に基づく差止請求権の不存在確認が求められたサンゴ砂事件があるが、東京地裁は本案審理の前提として、わが国の国際裁判管轄を肯定する旨を判示している[113]。ハーグ国際裁判管轄条約準備草案12条4項の作成過程において、イギリスからは、登録知的財産権については単に当該権利の帰属や有効性のみならず、差止請求等の侵害訴訟についても登録国に専属管轄権を認めるべきとの見解が示されたが、侵害訴訟を登録国の専属管轄とすることには他国からの反対が強く、最終的にはこれが見送られた経緯がある[114]。サンゴ砂事件の判示内容は、こうした国際的な潮流とも整合的であるといえよう[115]。

　このような学説、裁判実務の流れを受けて、改正民事訴訟法でも、登録を要しない知的財産権に止まらず、登録知的財産権であっても、その侵害訴訟に関して専属管轄性を認めていない[116]。

---

113)　カードリーダー事件も米国特許権に基づく侵害行為差止めおよび損害賠償請求が争われた事案である。その最高裁判決では国際裁判管轄の問題に言及していないものの、本案審理を行っていることから、この事案についても、国際裁判管轄を肯定しているものと解される（茶園・前掲注（112）72頁を参照）。
114)　渡辺惺之「国際的な特許侵害訴訟の裁判管轄は専属管轄化すべきか？－ハーグ条約準備草案の提起した問題」知財研フォーラム44号（2001）4頁以下、木棚・前掲注（38）『国際知的財産法』351頁、石黒・前掲注（40）411～412頁。
115)　河野俊行編『知的財産権と渉外民事訴訟』（弘文堂、2010）210頁以下〔茶園成樹〕および227頁以下〔河野俊行〕を参照。
116)　佐藤＝小林編著・前掲注（83）113～114頁。

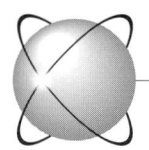

第❽章 個人情報の保護

　本章では、「個人情報の保護に関する法律」（以下、本章では「個人情報保護法」または「法」という）について概観する。電子商取引を行う大半の事業者は、商品、サービス、デジタルコンテンツ等の配送、提供および決済等に関連して消費者の「個人情報」を取り扱わざるを得ない。今日では顧客管理をデータベース上で行うことが一般的であり、顧客からの保有個人データの開示等の求めや自己の個人情報に関連した苦情処理などにも対応しなくてはならない。業務の多くが個人情報と関連している。「個人情報取扱事業者の義務」の内容を理解し遵守することは、電子商取引を行う上で必要不可欠といってよいだろう。

　なお、個人情報保護法は自社の顧客等の消費者だけの問題ではなく、ここで解説するところは、自社の労働者の個人情報についても適用される。

第1節　個人情報保護法の適用

　個人情報保護法は、「主務大臣」（行政）による事業者規制法（いわゆる業法）という性質を有する法律である。商取引一般において個人情報保護法の適用が問題となるのは、基本的に次の2つの要件を満たす場合である[2]。

　①主体的要件（行政規制の客体）
　　その事業を行う者が「個人情報取扱事業者」であること（法2条4項）

1）　個人情報保護法の解説書は多数発行されているが、本章では、主に最新情報をフォローし、かつ通説的見解としてまとまっている、岡村久道『個人情報保護法（新訂版）』（商事法務、2009）、宇賀克也『個人情報保護法の逐条解説（第3版）』（有斐閣、2009）、石井夏生利『個人情報保護法の理念と現代的展開——プライバシー権の歴史と国際的視点』（勁草書房、2008）を参考にした。
2）　「個人情報取扱事業者の義務」および「罰則」の適用については、この2つの要件の他に「③適用除外に該当しないこと」（法50条）という消極的要件を指摘しなくてはならないが、電子商取引では例外的ケースであることからその解説を省いた。

②客体的要件（行政規制の対象情報）

その事業者が取り扱う情報（対象情報）が「個人情報」であること（法2条1項）[3]

1 主体的要件（行政規制の客体）──「個人情報取扱事業者」

(1) 意義

「個人情報取扱事業者」とは、国の機関、地方公共団体、独立行政法人等、地方独立行政法人ならびにその取り扱う個人情報の量および利用方法からみて個人の権利利益を害するおそれが少ない者を除いた「個人情報データベース等」（法2条2項）を事業の用に供している者をいう。

(ア)「取り扱う個人情報の量及び利用方法からみて個人の権利利益を害するおそれが少ない者」

これは、「個人情報の保護に関する法律施行令」（以下「施行令」という）2条が、その事業の用に供する「個人データ」（法2条4項）によって識別される特定の個人の数の合計が過去6ヶ月以内のいずれの日においても5000人を超えない者と定めている[4]。要するに、個人情報取扱事業者の義務を課すのが酷である零細事業者を除くという趣旨である。

(イ)「事業の用に供している」

「事業」とは、一定の目的をもって反復継続して遂行される同種の行為であって、かつ一般社会通念上事業と認められるものをいい、営利事業のみを対象とするものではない（「個人情報の保護に関する法律についての経済産業分野を対象とするガイドライン」（平成21年10月9日厚生労働省・経済産業省告示第2号）、以下「経済産業分野ガイドライン」という。5頁参照）。

(2) 5000人の立証

電子商取引に限らず事業者の多くは、多数の顧客情報（データベース）と取引

---

[3] 義務によっては、「個人データ」（法2条4項）または「保有個人データ」（法2条5項）であることを求める。
[4] 5000人を超えるか否かは、当該事業者の管理するすべての「個人情報データベース等」を構成する個人情報によって識別される特定の個人の数の総和により判断する。ただし、同一個人の重複分は除くものとする（「経済産業分野ガイドライン」5頁参照）。

先担当者や労働者の名簿、それから市販の紳士録や職員録などの名簿類を有していることもあって、「個人情報取扱事業者」であることが明白であり、実務上、本要件の検討は省略されることが大半である[5]。

　実際、小規模事業者については5000人を超えるか否かの立証が難しく、いわゆるアングラ事業者に対する行政規制が困難であるという点については立法的課題として認識しておく必要がある。

　例えば、図8-1のA社は、過去6ヶ月のうち、一瞬5000人を超える個人データを保有していることから「個人情報取扱事業者」に該当する。一方、B社は、7ヶ月前には優に5000人を越える個人データを有していたが、過去6ヶ月は一度も5000人を超えていないことから「個人情報取扱事業者」に該当せず、義務規定の適用はない。

　なお、本ケースでは、過去6ヶ月の起算日が1ヶ月早まるとA社は個人情

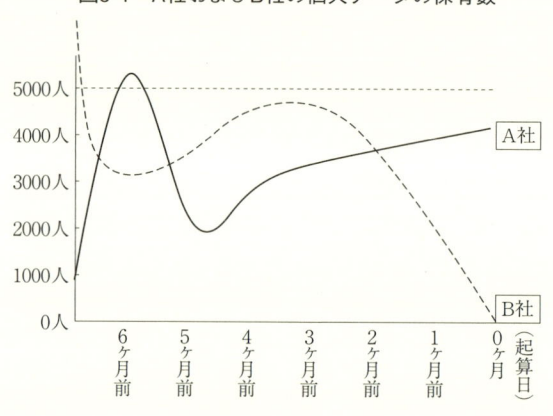

図8-1　A社およびB社の個人データの保有数

---

[5]　結果的に、規模や業種にかかわりなく民間事業者が広く規律される民間包括規制となっており、いわゆる過剰反応、過小反応といった法適用の混乱が生じる一因となっている。なお、医療、金融、電気通信といった分野別の業種の特性を踏まえた法規制は別途個別法に委ねることとしたが、個別的規律はもっぱら各主務大臣の制定する個人情報保護ガイドライン（告示）で行われている。告示では法的義務の修正ができないため、法的義務を伴わない任意的ルールで運用的にしのいでいるといってよい。電子商取引の場面では、経済産業分野ガイドラインのほか、総務省の定める「電気通信事業における個人情報保護に関するガイドライン」と総務大臣の指定にかかる認定個人情報保護団体である（財）日本データ通信協会の策定した「電気通信事業における個人情報保護指針」を参照すべきであろう。

取扱事業者に該当せず、逆に 1 ヶ月遅れると B 社は個人情報取扱事業者に該当することになる。

(3)「過去 6 ヶ月以内」の起算日

「過去 6 ヶ月以内」の起算日については、主務大臣の解釈指針が示されておらず理論的問題を残している。

図8-2 起算日の解釈

| 5月 | 6月 | 7月 | 8月 違反日▼ | ……… | 4月 | 5月 発覚日▼ | 6月 | 7月 | 8月 | 9月 処分日▼ |

「過去 6 ヶ月以内」の起算日としては、図 8-2 に示したように、義務に違反した日、違反した事実が発覚した日（事業者が知った日、主務大臣が知った日、新聞等で報道された日）や主務大臣が最初に関与した日（報告の徴収の日、助言または勧告の日、行政処分（命令）の日）などが考えられるが、義務違反の日を起算日にすべきである。なぜなら、事業者は（違反）行為の時に個人情報取扱事業者という身分を有している必要があるからである。その他の日は、行為時に個人情報取扱事業者ではないケースが生じうる点で不当である[6]。

なお、従業者が密かに顧客データを複製し持ち出した場合などのように、従業者の監督義務に違反した日から事業者がその事実を知るまでの間に数年の期間を要するケースもあり、主務大臣は例えば 2 年前のある日を起算日として、そこからさらに過去 6 ヶ月の個人データの保有数を調査せねばならないということになり、5000 人を前後する事業者への権限行使は困難なことが多い。こ

---

6)「個人情報データベース等」を作成した日という見解もあるが、法が 5000 人のカウントの対象を「個人データ」としている点ではなはだしく不合理である。なぜなら、個人データは「個人情報データベース等」を構成する個人情報のことをいい、「個人情報データベース等」作成日からさかのぼる 6 ヶ月において個人データは存在しないからである。

のことは主務大臣に限らず、開示等の求めを行う本人もまた同じ立証の困難に直面することになる[7]。法技術的観点からも見直しが必要であろう。

(4) クラッカー等第三者からの脅威への対応

　某社ゲーム機とビデオ配信サービスのネットワークから個人情報が約1億人分漏洩するという事件が一時期社会問題になったが、これは、第三者からサーバ上の既知の脆弱性を突かれ、アクセス権限を取得され、データベースに不正アクセスされたものである。同社は「アノニマス」というグループから、サーバへの攻撃や店舗での座り込みの呼びかけに加え、経営陣の家族の名前や所属を公表されるなどの攻撃を受けていたことを発表している。なお、アノニマスは本流出事件への関与は否定している。

　同社が個人情報取扱事業者に該当することについては事業規模や流出データの数からも立証するまでもないことであるが、一方、アノニマスのようなクラッカーおよびクラッカー集団の構成メンバーが国内に居住しているとして、その者に対して、主務大臣は報告の徴収を行うことができるか。「事業」性ありと解釈できたとしても「5,000人」の要件を立証することは困難であろう。

　今後、こうした第三者（クラッカー等）からの脅威という同種事案に対して、行政は漏えい事業者だけではなく攻撃をしかけた第三者（クラッカー等）にも行政調査を行い、必要に応じて処分するなど一定の法規制を検討していかざるをえない。現行個人情報保護法では、「報告の徴収」（法32条）が個人情報取扱事業者に対して認められている権限であるため、個人情報取扱事業者であるか否か、その前提となる調査は任意的なものにとどまるほかない。相手方事業者が非協力的である場合は、過去6ヶ月以内に一瞬でも5000人を越える個人データを保有していたことを立証することはできず、クラッカー等への法の適用は事実上不可能ということになる。

　住所録データを不正取得する違法アプリ開発事業者に対する個人情報保護法の適用も、同様に困難である。

---

[7] 法25条1項（開示）を根拠に裁判所に対して開示請求訴訟を提起しうるという有力説があるが、その場合、原告である本人に「個人情報取扱事業者」の立証責任があると思われるが本件の論点については十分な検討がなされていない。

2 客体的要件（行政規制の対象情報）──「個人情報」、「個人データ」、「保有個人データ」

　個人情報保護法は、「個人情報」を「特定個人を識別できる情報」と広く定義している。もし、個人情報取扱事業者の義務を広くこの「個人情報」の取扱いについて課した場合には、その対象があまりにも広範な事象に及ぶことから過剰な負担を事業者に強いる結果となる。そこで、法は、「個人情報」の概念の中に「個人データ」という概念を設け、さらに「個人データ」の概念の中に「保有個人データ」という概念を設け、対象情報の範囲を三段階に絞り込みながら、義務の範囲を三段階に拡大するという構成を採用したものである。

　法は、「個人情報」について、①利用目的の特定（法15条）、②利用目的による制限（法16条）、③適正な取得（法17条）、④取得に関しての利用目的の通知等（法18条）、⑤苦情の処理（法31条）の5つの義務を課している。

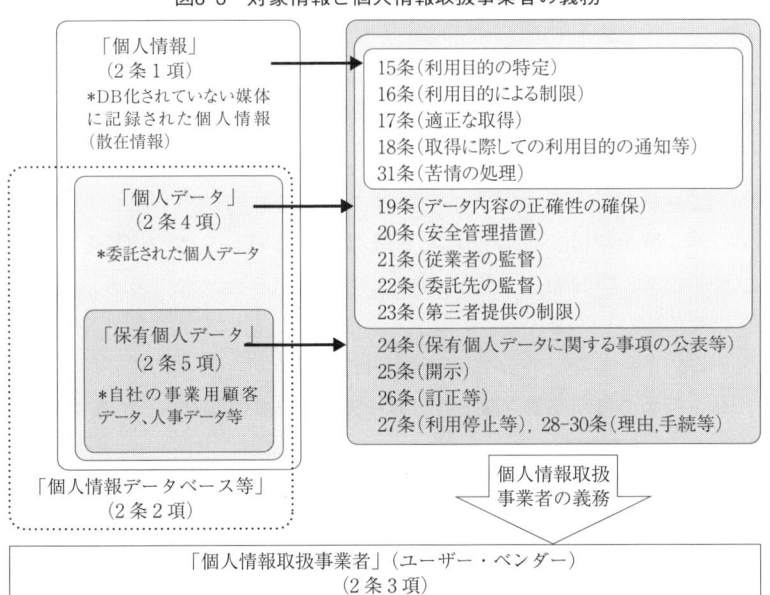

図8-3　対象情報と個人情報取扱事業者の義務

「個人情報」（2条1項）
＊DB化されていない媒体に記録された個人情報（散在情報）
- 15条（利用目的の特定）
- 16条（利用目的による制限）
- 17条（適正な取得）
- 18条（取得に際しての利用目的の通知等）
- 31条（苦情の処理）

「個人データ」（2条4項）
＊委託された個人データ
- 19条（データ内容の正確性の確保）
- 20条（安全管理措置）
- 21条（従業者の監督）
- 22条（委託先の監督）
- 23条（第三者提供の制限）

「保有個人データ」（2条5項）
＊自社の事業用顧客データ、人事データ等
- 24条（保有個人データに関する事項の公表等）
- 25条（開示）
- 26条（訂正等）
- 27条（利用停止等）、28-30条（理由、手続等）

「個人情報データベース等」（2条2項）

⇩ 個人情報取扱事業者の義務

「個人情報取扱事業者」（ユーザー・ベンダー）（2条3項）

（出所）岡村久道『個人情報保護法〔新訂版〕』（商事法務、2009）144頁の図を基に作成。

「個人データ」については、上述した個人情報の5つの義務に加え、⑥データ内容の正確性の確保（法19条）、⑦安全管理措置（法20条）、⑧従業者の監督（法21条）、⑨委託先の監督（法22条）、⑩第三者提供の制限（法23条）を課し、合計10の義務を課している。

「保有個人データ」については、この個人データの10の義務に加え、⑪保有個人データに関する事項の公表等（法24条）、⑫開示（法25条）、⑬訂正等（法26条）、⑭利用停止等（法27条）、その他、開示等の手続関連の義務（法28条～30条）の7つの義務を課し、本法の定めるすべての個人情報取扱事業者の義務17ヶ条を課している（図8-3参照）。

以下、順に「個人情報」、「個人データ」、「保有個人データ」の定義を確認する。

(1) 個人情報

「個人情報」とは、①生存する個人に関する情報であって、当該情報に含まれる記述等により特定の個人を識別することができるものをいう。それに加えて、②他の情報と容易に照合することができて、それによって特定の個人を識別することができるものを含む（法2条1項）。

要するに、「個人情報」は、①氏名、住所などが記述された文書やデータのように取り扱っている情報から、生存する特定の個人を識別できる情報と、②氏名等が記述されておらず顧客番号だけで識別されている文書やデータなど取り扱っている情報だけでは特定個人を識別できないが、他の情報と容易に照合することができ、それにより特定の個人を識別することができる情報と大きく2つに区分することができる。

以下、図8-4を参照しながら判断の基準を確認する。

（ア）特定個人の識別情報（事業者が取り扱っている情報から、生存する特定の個人を識別できる場合）

①個人に関する情報であること

　財務情報など法人等団体に関する情報は対象から除外される。ただし、取締役、監査役など会社の機関を構成する者は法人等団体情報ではなく個人に関する情報として取り扱われるので注意が必要である。

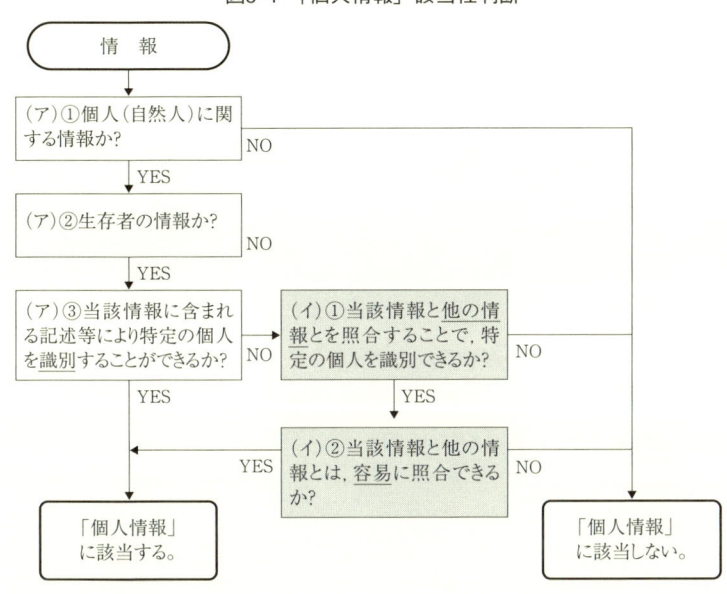

図8-4 「個人情報」該当性判断

```
           情　報
             │
             ▼
 (ア)①個人（自然人）に関
 する情報か？ ──NO──→
             │
            YES
             ▼
 (ア)②生存者の情報か？ ──NO──→
             │
            YES
             ▼
 (ア)③当該情報に含まれ       (イ)①当該情報と他の情
 る記述等により特定の個人 ──NO──→ 報とを照合することで，特 ──NO──→
 を識別することができるか？    定の個人を識別できるか？
             │              │
            YES            YES
             │              ▼
             │          (イ)②当該情報と他の情
             ←────YES── 報とは，容易に照合できる ──NO──→
                         か？
             ▼                              ▼
       「個人情報」                    「個人情報」
       に該当する。                    に該当しない。
```

②生存者の情報であること

　　死者の情報は対象から除外される。ただし、事業者の人事データベース等によっては故人の氏名等が遺族である社員の個人情報に含まれることがある。

③当該情報に含まれる記述等により特定の個人を識別できること

　　特定個人を識別するとは、多くは氏名、住所等の文字によってなされるが、顔写真や動画など影像情報も含む。外来者を撮影している防犯ビデオの影像情報のように、たとえ氏名不詳であっても顔などの特徴により個体としての識別ができていれば対象情報となる。また、コールセンターなどで氏名を名乗った場合はその録音記録なども対象情報となる。

　なお、個人情報であるか否かの判断においては、公開情報か非公開情報かは問わない。また、プライバシー性、センシティブ性の有無なども問わない。特定個人の識別性という客観的な基準で判断する。そのため事業者にとっても本人にとってもどうでもよいような情報までもが個人情報として管理対象になっ

てしまうという問題がある。

　(イ) 特定個人の識別「可能」情報（取り扱っている情報だけでは特定個人を識別できないが、他の情報と容易に照合することができ、それにより特定の個人を識別することができる場合）

①当該情報と他の情報とを照合することで生存する特定の個人を識別できること

　顧客番号と顧客データベース、社員番号と人事データベースというようにマッチングすることで本人の氏名などがわかる数字や記号などを個人情報に含める。

②当該情報と他の情報とが容易に照合できること

　ここで、「容易に」とは、他社等に問い合わせることなく社内のデータベース等や広く公開されている情報などとマッチングできる状態をいう。

(2) 個人データ

「個人データ」とは、「個人情報データベース等」（法2条2項）を構成する個人情報をいう。ここで「個人情報データベース等」とは、次のいわゆる、(ア) コンピュータ処理情報と (イ) マニュアル処理情報のことをいう（法2条4項）。

　(ア) コンピュータ処理情報

　特定の個人情報を電子計算機を用いて検索することができるように体系的に構成したもの。

　(イ) マニュアル処理情報

　前号に掲げるもののほか、個人情報を一定の規則に従って整理することにより特定の個人情報を容易に検索することができるように体系的に構成した情報の集合物であって、目次、索引その他検索を容易にするためのものを有するもの（施行令1条）。

　要するに、データベースに記録された個人情報（デジタル情報）と容易に検索できるようにファイリングされた個人情報（アナログ情報）のことを「個人データ」と呼んでいる。この場合、データベースから他の媒体に記録した保管用の個人情報やデータベースから出力された紙媒体（帳票等）に印字された個人情報なども「個人データ」に該当するので注意が必要である。なお、データベー

スに入力する前の申込用紙等に記載されている個人情報や記憶してメモ用紙に筆記した個人情報は「個人データ」には該当しない。

(3) 保有個人データ

「保有個人データ」とは、個人情報取扱事業者が、開示等を行うことのできる権限を有する個人データのことをいうが、(ア) その存否が明らかになることにより公益その他の利益が害されるものとして政令で定めるもの、または (イ) 6ヶ月以内 (施行令4条) に消去することとなるものは除外する (法2条5項)。ここで「開示等」とは、開示、内容の訂正、追加または削除、利用の停止、消去および第三者への提供の停止のことをいう。要するに、自社の顧客データや自社の人事データなど他社から委託された個人データではなく、自社の判断で本人に対して開示等を行いうる個人データのことである。

また、「その存否が明らかになることにより公益その他の利益が害されるものとして政令で定めるもの」とは、次の4項目である (施行令3条)。これらの事項に該当する場合は、「保有個人データ」ではないため、本人からの開示等の求めに応じる必要がない。

① 当該個人データの存否が明らかになることにより、本人または第三者の生命、身体または財産に危害が及ぶおそれがあるもの
② 当該個人データの存否が明らかになることにより、違法または不当な行為を助長し、または誘発するおそれがあるもの
③ 当該個人データの存否が明らかになることにより、国の安全が害されるおそれ、他国もしくは国際機関との信頼関係が損なわれるおそれまたは他国もしくは国際機関との交渉上不利益を被るおそれがあるもの
④ 当該個人データの存否が明らかになることにより、犯罪の予防、鎮圧または捜査その他の公共の安全と秩序の維持に支障が及ぶおそれがあるもの

第 2 節　個人情報取扱事業者の義務

1　「個人情報」の取得

(1) 個人情報の適正な取得

　個人情報取扱事業者は、ネットや電話・FAX、はがき等を介して、または顧客等本人から直接、記名式アンケートの回答や申込み等を受け付けたり、外部のデータベースサービス等を利用して個人情報を取得することがあるが、その場合に「偽りその他不正の手段」によって個人情報を取得することは禁止されている（法17条）。

　ここで「偽りその他不正の手段」とは脅したり、だましたり、闇名簿屋などを利用することをいう。主な事例は次のとおりである。

①親の同意がなく、十分な判断能力を有していない子どもから、取得状況から考えて関係のない親の収入事情などの家族の個人情報を取得する場合

②法23条に規定する第三者提供制限違反をするよう強要して個人情報を取得した場合

③他の事業者に指示して上記①または②などの不正の手段で個人情報を取得させ、その事業者から個人情報を取得する場合

④本人の同意を得ることなく、かつ、法23条の各項各号に定める方法によることなく個人情報が提供されようとしていることを知り、または容易に知ることができるにもかかわらず、当該個人情報を取得する場合

⑤上記①または②などの不正の手段で個人情報が取得されたことを知り、または容易に知ることができるにもかかわらず、当該個人情報を取得する場合

　なお、この義務に違反すると個人情報取扱事業者は、本人から自己の個人情報の利用停止を求められることがある（法27条）。

(2) 利用目的の明示と通知・公表

　個人情報の取得のあり方は様々であるが、法は、①本人から直接書面に記載された当該本人の個人情報を取得する場合（以下「直接書面取得」という）（法18

条2項）と②それ以外の取得（法18条1項）との2つに大別している。①については利用目的を明示することを、②については、利用目的の事前公表または事後の通知もしくは公表を義務づけている（表8-1および図8-5参照）。

表8-1 「個人情報」の取得の態様と「利用目的」の通知等の方法

「個人情報」の取得の態様	「利用目的」の通知等の方法
①直接書面取得（法18条2項） ・契約を締結することに伴って契約書に記載された当該本人の個人情報を取得する場合 ・その他の書面に記載された当該本人の個人情報を取得する場合	【事前明示】 あらかじめ、本人に対し、その利用目的を明示すること。
＊本人から一方的に書面を送りつけてきたことによる取得（法18条1項）	【事前公表or事後通知／公表】 下記参照。ただし、即時に廃棄し、取り扱わないのであれば事後通知または公表は不要であろう。
②上記①（直接書面取得）以外の取得（法18条1項） ・「本人」から書面によらずに直接取得する場合（口頭等音声情報、防犯カメラ等影像情報など） ・人を介さずに公開情報等から取得する場合 ・「第三者」から取得する場合	【事前公表or事後通知／公表】 あらかじめその利用目的を公表している場合を除き、速やかに、その利用目的を、本人に通知し、または公表すること。
・「委託」（法23条4項1号）されること（受託）により取得する場合（法18条1項）	【事前公表or事後通知／公表】 同上。ただし、委託元の利用目的の範囲内で取り扱うこと。

（ア）直接書面取得の場合

ここで「書面」とは、契約書、申込用紙、アンケート調査における記名式回答用紙などの文書類のほか、パソコンや携帯電話のウェブ画面なども入る。本人から「直接」取得するとは、第三者を介さず、また公開情報を通じることなく、本人から取得することである。その方法としては、例えば、対面での書面の受け取り、封書、はがき、FAX等の受信やパソコンや携帯電話等電子デバイス上で入力されたデータの受信などがある。

このように直接本人から書面に記載された個人情報を取得する場合には、あらかじめ、本人に対し、契約書その他の書面（ウェブ画面含む）等にその個人情報の利用目的を明示しなければならない（法18条2項）。

なお、本人から一方的に書面を送りつけてきた場合には本条の適用はなく、

事後通知または公表で足りる（法18条1項）。即時に廃棄するのであればそれもいらない。

（イ）直接書面取得以外の取得

直接書面取得以外での個人情報の取得とは、次のようなケースである。

①書面によらない直接取得

　例えば、コールセンターなどで口頭の音声情報を記録する場合や防犯カメラ等の影像情報を記録する場合など

②公開情報からの取得

　例えば、ネット上の情報や書籍、雑誌、新聞、官報など文献情報から取得する場合など

③「第三者」からの取得

　例えば、データベース事業者等から情報を購入する場合など

上述のように直接書面取得する以外のすべてのケースにおいては、あらかじめその利用目的を公表している場合を除き、速やかに、その利用目的を、本人に通知し、または公表しなければならない（法18条1項）。個人情報取扱事業者は通知による方法と公表による方法のいずれかを選択できるが、費用等の関係から自社のホームページを通じて公表するのが一般的である。

その他、「委託」（法23条4項1号）されること（受託）により取得する場合、「合併等事業承継」（法23条4項2号）により取得する場合がある。いずれも事前公表または事後通知もしくは事後公表することで足りる（法18条1項）。ただし、委託元の利用目的、事業承継前の利用目的の範囲内で取り扱わなければならない。

なお、利用目的を本人に通知し、または公表することにより、本人または第三者の生命、身体、財産その他の権利利益を害するおそれがある場合や当該個人情報取扱事業者の権利または正当な利益を害するおそれがある場合、取得の状況からみて利用目的が明らかであると認められる場合は本条の義務の適用はない（法18条4項）。

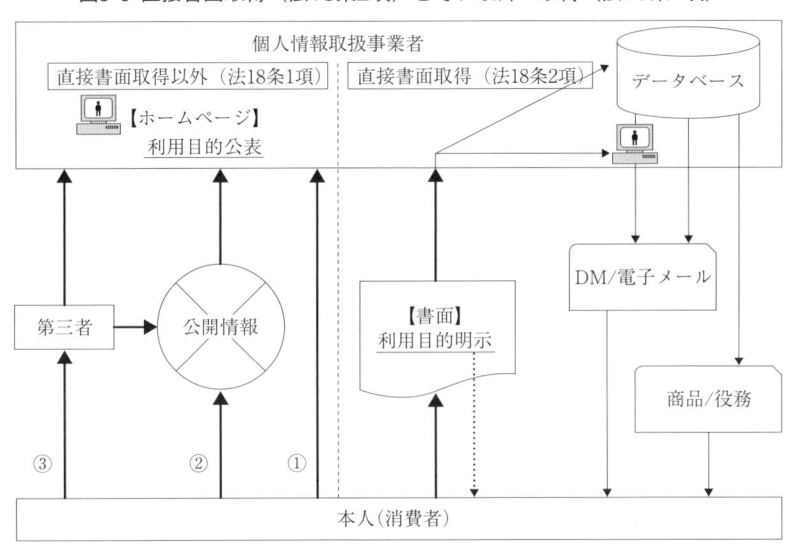

図8-5 直接書面取得（法18条2項）とそれ以外の取得（法18条1項）

2 「利用目的」の管理――「利用目的」の特定とその変更方法など

(1) 利用目的の特定（利用目的の起案と決裁）

　利用目的の内容は、個人の権利利益を侵害するものではなく、かつ公序良俗に反するものでない限り、原則として個人情報取扱事業者の判断で自由に記述することができる。ただし、その利用目的は、「できる限り特定」されていなければならない（法15条1項）。

(ア)「できる限り特定」

　「できる限り特定」とは、個人情報が利用目的の制限の範囲内で取り扱われているか否かが本人および主務大臣からみて客観的に判断できる程度に明確に記述されていること、かつ、本人からみて、自分の個人情報がどのように利用されるのかがある程度推測できる程度に具体的な内容が示されていることをいう。

① 「利用目的」の範囲の明確性

「利用目的」の範囲は、「○○事業」のように業種の指定により明確性を示すこととされている。会社の定款等に規定されている事業の内容に照らして記述するとよい。

② 「利用目的」の内容の具体性

その業において何に用いるのか、例えば、商品の発送、アフターサービス、新商品・サービスに関するお知らせといったように具体的に利用の内容を示すことが求められる。あくまで最終的にどのような目的で個人情報を利用するかを記載する。名簿販売目的など第三者提供する場合はその旨を記載しなければならない。

(イ) 「利用目的」の具体例

経済産業分野ガイドラインでは、次のような事例を示している[8]。

【具体的に利用目的を特定している事例】

事例1) 「○○事業における商品の発送、関連するアフターサービス、新商品・サービスに関する情報のお知らせのために利用いたします。」

事例2) 「ご記入いただいた氏名、住所、電話番号は、名簿として販売することがあります。」

事例3) 例えば、情報処理サービスを行っている事業者の場合であれば、「給与計算処理サービス、あて名印刷サービス、伝票の印刷・発送サービス等の情報処理サービスを業として行うために、委託された個人情報を取り扱います。」のようにすれば利用目的を特定したことになる。

【具体的に利用目的を特定していない事例】

事例1) 「事業活動に用いるため」

事例2) 「提供するサービスの向上のため」

事例3) 「マーケティング活動に用いるため」

---

8) 経済産業分野ガイドライン 2-2-1. (1) 個人情報の特定、14-15頁参照。

(2) 利用目的による制限

　個人情報取扱事業者は、利用目的の達成に必要な範囲（法15条1項）を超えて、個人情報を取り扱ってはならない（法16条1項）。

　ただし、①法令に基づく場合、②人の生命、身体または財産の保護のために必要がある場合であって、本人の同意を得ることが困難であるとき、③公衆衛生の向上または児童の健全な育成の推進のために特に必要がある場合であって、本人の同意を得ることが困難であるとき、④国等に協力する場合には、「本人の同意」なく個人情報を取り扱うことができる（法16条3項）。

(3) 利用目的の変更

　(ア) 小さな変更

　個人情報取扱事業者は、特定した利用目的（法15条1項）と相当の関連性を有すると合理的に認められる範囲内で個人情報を取り扱うことができる。「相当の関連性を有すると合理的に認められる範囲内」とは、例えば、当初「当社の行う○○事業における新商品・サービスに関する情報のお知らせ」とした利用目的に新たに「既存の商品・サービスに関する情報のお知らせ」を追加することができる。

　ただし、ここで変更された利用目的は、面談、郵便、電話、電子メール等いずれかの方法によって「本人に通知」するか、または自社のホームページへの掲載による方法等で「公表」しなければならない（法18条3項）。

　(イ) 大きな変更

　特定した利用目的の達成に必要な範囲を超えて個人情報を取り扱う場合は、事前に「本人の同意」を得なければならない（法16条1項）。事前の本人同意があれば、利用目的は変更可能である。

(4) 利用目的の管理

　利用目的の特定作業（法15条1項）は、①個人情報を誰がどのように取得するか、②誰がどのような方法で管理するか（ファイルやデータベースの特定）、③どのような部署がどのような業務で利用するか、④最終的に誰がそれをどの時期に消去するのかという個人情報のライフサイクル全般を全社的に見渡して行

わなければならない。

　データベースに格納された個人情報は、取得した部門だけではなく、営業、広告宣伝、配送、コールセンターといった様々な部門が参照し、それぞれの業務で利用することが一般的だからである。

　利用目的を詳細に記述すればするほど本人保護には資するが、個人情報取扱事業者の個人情報の取扱いの自由度は狭まり個人情報の有用性は低下することになる。一方、適法な範囲で可能な限り抽象的に記述した場合は、その逆となる。全社的な業務フローを踏まえ、ビジネスに支障が生じないよう利用目的の内容を適法に起案しなくてはならない。

　目的外利用（法16条1項）による違反行為をなくすためには、個人情報を利用する者が必要な時にいつでも特定した利用目的を参照できる仕組みがなくてはならない。例えば、ダイレクトメールを発送していいかどうか、第三者提供していいかどうか、後日、社内のさまざまな部門が利用目的を確認する必要に迫られる。また、利用目的の通知の求め（法24条2項）や苦情処理（法31条）など顧客対応の場面でも、顧客の氏名等を手がかりに過去に明示、公表、通知した利用目的を参照し本人に伝えなければならないのである。

　個人情報は、契約書、申込書、アンケートなど日々のビジネス（オンラインショッピング、携帯サイト）等を通じて日々大量に取得されるものである。部署ごとに、サービス、商品の種類ごとに、業務モデルごとに、顧客との接点ごとに、多くの利用目的の特定が必要となる。現場でその都度、利用目的を起案していては、早晩社内は管理しきれない数の利用目的であふれかえることになるだろう。また、それぞれ取得した個人情報と特定した利用目的とをセットで、かつ参照可能な状態で管理する手法も十分に確立されていないのが現状である。実は多くの個人情報取扱事業者は潜在的違法状態にあるといってよい[9]。

　法16条1項、法24条2項、法31条の遵守のためには、①利用目的の起案権限と承認（決済）権限の所在を明確に社内規程で定めておくこと（社内で一元的に管理する仕組みの整備）、それから、②社内の関連部署の担当者が必要な時に

9）　潜在的違法状態にあるか否かを簡単に見わけるには、各個人情報取扱事業者に、現在の利用目的の総数をヒアリングするとよい。総数すら即答できない状態であれば、その利用目的の参照等管理機能の程度は法令遵守に十分なものとはいい難い。大手企業においては台帳管理では足りず顧客データベースの機能追加のための情報化投資を要する問題である。

いつでも利用目的を参照できるデータベース管理の確立が求められるのである。

3　「個人データ」の「提供」

「個人データ」の「提供」には次のものがある。なお、「提供」の方法は多様である。例えば、①データベース等へのアクセス権を付与する方法、②電子メール等により送信する方法、③媒体に記録または用紙に印刷し直接手交する方法、④郵便等により送付する方法、⑤FAX等で送信する方法などがある。また、本人以外の者に直接閲覧させる方法[10]なども個人データの提供と解する運用もみられる[11]。

(1)「第三者」への提供（一般に第三者提供した後は安全管理義務から解放される）
　（ア）本人の同意[12]による第三者提供（法23条1項柱書）
　（イ）本人の同意によらない第三者提供
　　（ⅰ）例外規定による第三者提供（法23条1項1号～4号）
　　（ⅱ）いわゆるオプトアウト手続きによる第三者提供（法23条2項・3項）
(2)「第三者」以外への提供（本人の同意を得ることなく提供できる[13]）
　（ア）「委託先」への提供（法23条4項1号、法22条）
　（イ）「合併等事業承継」に伴う（存続会社等への）提供（法23条4項2号）
　（ウ）「共同利用」のための（個人データ管理責任者等への）提供（法23条4項3号、法23条5項）

---

10) 個人情報保護法は媒体情報の取扱いを規律したものであるが、ハードディスクという媒体に記録された個人データをディスプレイ等への出力装置を使って表示し相手方に情報伝達する行為は「提供」に該当するという解釈である。なお、本人に対するものは「開示」と解することになろう。本人同意等23条の適用にかかる問題ではないからである。
11)「個人情報データベース等」を閲覧し"記憶した"個人情報を手書きメモにより手交する方法は「提供」行為ということもできるが、そのメモ書きは出力帳票に印字された個人情報と異なり「個人データ」に該当するとはいえず法23条の適用はないと解するほかない。プリンタという出力装置を経たかどうかを問題にしているのではなく、いったん人の脳内情報としたことに着目するわけである。この場合は媒体情報管理の問題から守秘の問題に移行する。ただし、その情報源となった「個人情報データベース等」の管理体制に問題があった場合は法20条以下の安全管理義務違反を問うことは可能であろう。なお、本件は契約法上の守秘義務や情報の内容や管理態勢を勘案しプライバシー侵害（不法行為）や不正競争防止法の営業秘密等の問題として検討することもできよう。

(1)「第三者」への提供
　(ア)「第三者」に提供するときは本人の事前同意が必要（原則）
　他社に特定の個人データを送信するなど個人情報取扱事業者が「個人データ」を第三者に提供する場合には、本人の事前同意を得なければならない（法23条1項柱書）。同様に、親会社や子会社などグループ会社の間で個人データを交換する場合、フランチャイズ組織の本部と加盟店の間で個人データを交換する場合、それから不特定多数に公開する場合なども本人の事前同意が必要である。なお、同一事業者内の部門間で個人データを送受信することは第三者提供にはあたらない。
　(イ) 本人の事前同意が不要な第三者提供（例外）
　(i)　例外規定による第三者提供
　　①法令に基づく場合、②人の生命、身体又は財産の保護のために必要がある場合であって、本人の同意を得ることが困難であるとき、③公衆衛生の向上又は児童の健全な育成の推進のために特に必要がある場合であって、本人の同意を得ることが困難であるとき、④国等に協力する場合には、本人の事前同意がなくとも第三者提供することができる（法23条1項1号～4号）。
　(ii)　オプトアウト手続による第三者提供
　　個人情報取扱事業者は、いわゆるオプトアウト手続によって本人の同意なく「個人データ」を第三者に提供することができる（法23条2項）。オプトアウト手続きは、本人の求めに応じて第三者へ提供することを停止するとともに、あらかじめ以下の①～④までの情報を本人が容易に知りうる状態に置いている場合に認められる。

---

12)　本法のいう本人の同意は民法の定める「意思表示」と同義であるかどうかは検討しなくてはならない。意思の不存在や瑕疵があった場合、民法の錯誤等の規定が準用されるのかどうか。無効という評価や取消しがなされた場合、行政法上の取締規定である法23条1項の同意そのものがなかったということになるのかどうか。個人情報保護法と民法法理（契約法理・法律行為論）の問題となる。なお、個人情報の取得に際して詐欺や強迫があった場合は法17条（適正な取得）の違反を問いうる。
13)　あくまでも個人情報保護法上の「個人データ」に関して本人同意は不要とするものである。一般に特定の媒体に記録された情報が唯一「個人データ」の性質を有するということはなく、いわゆるプライバシーの権利に属する情報など他の性質もあわせ持つ複合的情報として存在することの方がむしろ常態であるというべきであろう。その場合は、個人情報保護法上適法であったとしても他の法令において違法と評価されることがある。例えば第三者の同意（承諾）なく第三者提供したことがプライバシー侵害として不法行為を構成することがありうる。

① 第三者への提供を利用目的としていること
　個人情報の取得時にその旨通知等していることが必要である。
② 第三者に提供される個人データの項目
　例えば、氏名、住所、電話番号、商品購入履歴といったように列挙する。
③ 第三者への提供の手段または方法
　例えば、書籍（名簿）出版、名簿データベースの一般利用、インターネットへの掲載（公開）、プリントアウトして顧客に提供といった内容を記載する。
④ 本人の求めに応じて当該本人が識別される個人データの第三者への提供を停止すること

(2) 第三者以外への提供（本人の同意は不要）
(ア)「委託先」への提供
　個人情報取扱事業者（委託元）が、「個人データ」の取り扱いに関する業務の全部または一部を委託する場合、その委託先はここでいう「第三者」には該当しない。委託元は、本人の事前同意なく「個人データ」を委託先に提供することができる（法23条4項1号）。
　なお、第三者提供と委託先提供の違いであるが、第三者提供とは、本人の事前同意の下でその個人データを第三者に「あげること」をいう。したがって、その第三者は個人データを返還する必要はない。また、提供した後は、原則として第三者の個人データの安全管理上の問題について責任を問われることもない。一方、「委託」（委託先への提供）とは、個人データを委託先に「預けること」をいう。したがって、契約にしたがって、当該個人データを返却または消去しなければならない。また、委託元である個人情報取扱事業者は、委託先に対する監督義務を負う（法22条）。

(イ)「合併等事業承継」に伴う提供
　新規分野へ進出、グループ再編、買収企業による既存分野及び関連事業の強化、関連会社等持株比率の引き上げなどを目的として、合併（吸収合併・新設合併）、株式買収、資産買収（営業譲渡・会社分割・資産譲渡）、および資本参加などM&Aが行われることがある。こうした事業の承継に伴って「個人データ」が提供される場合は、ここでいう「第三者」には該当しない。本人の事前同意な

く「個人データ」を提供することができる。ただし、この場合、譲渡された個人情報取扱事業者は、譲渡前の利用目的の範囲内で利用しなければならない。

(ウ)「共同利用」のための提供

個人データを特定の者との間で共同して利用する場合、以下のa～dの情報を事前に本人に通知し、または本人が容易に知りうる状態に置いておくとともに、共同して利用することを明らかにしている場合は、ここでいう「第三者」には該当しない。本人の事前同意なく「個人データ」を提供することができる。

> ①共同して利用される個人データの項目
>   氏名、住所、電話番号、商品購入履歴などの項目を列挙する。
> ②共同利用者の範囲
>   原則として事業者名を個別に列挙する。
> ③利用する者の利用目的
>   共同利用する者の共通の利用目的である。
> ④個人データの管理について責任を有する者の氏名又は名称
>   共同利用者の中で、第一次的に苦情の受付・処理、開示・訂正等を行う権限を有する事業者を「責任を有する者」といい、共同利用者の内部の担当責任者をいうのではない。

(3) 第三者提供の制限とその例外条項の濫用

委託、事業承継、共同利用を「第三者」への提供に該当せず、従って本人同意は不要と定めたのは、当該提供事業者の内部関係とみなし得るような社会的実態があるからであって、いわば事業者の私的自治の拡張とも評価し得る事実があるからである。こうした社会的実態と離れて形式的、技巧的に法律構成によって潜脱できるものではない。

例えば、次のような潜脱的解釈を弄した手法がある。いずれも違法と解すべきであろう。

(ア) 委託（法23条4項1号）を使った潜脱手法

委託を装い、個人データを永続的に提供し、実質的に委託先における業務に利用する潜脱手法（ただし、利用目的の制限（16条）と委託元における委託先の監督義

務（法22条）が及ぶ）。

　（イ）事業承継（法23条4項2号）を使った潜脱手法
　事業承継の範囲を最小化する潜脱手法。例えばメルマガ事業の営業譲渡と称して実質的に顧客名簿（メールアドレス等）を本人同意なく提供する潜脱手法。

　（ウ）共同利用（法23条4項3号）を使った潜脱手法
　共同利用の実態がなく、またその範囲の外延が本人から見て明らかではない状態で、共同利用者の範囲に記載される事業者名を自由に増減し個人データを提供できるよう約款で定める濫用的手法。

　以上はいずれも、実質的に「第三者」に該当するというほかなく、本人同意（法23条1項）またはオプトアウト手続（同条2項）が必要となる。

　法目的である個人の権利利益の保護（法1条）と個人の尊重の理念（法3条）の下では、「第三者」に該当せず内部関係に近いものとして、本人同意またはオプトアウト手続を不要とする法23条4項の適用は厳格に解釈されるべきである。データ利活用の必要性のみから、むやみに拡張的に解釈されてはならない。「第三者」に該当しないとされる委託（法23条4項1号）も事業承継（同項2号）も共同利用（同項3号）も自由に法律構成し得るものではなく、その事実関係を基礎に決定されるものである。なお、法律構成を先行し、それに業務を合わせることは当然許容される。

　例えば、共同利用の範囲に記載された加盟事業者に共同利用のための個人情報データベース等へのアクセス権を付与することなく、共同利用としての実態がない場合、すなわち、単に個人データを第三者に提供することの法的根拠として約款上「共同利用」と法的に構成することは、「共同して利用する場合」（法23条4項3号）に該当せず、その点において共同利用の要件を充足しているとはいえない。

　また、共同利用者の範囲が多様な業種に及びかつ日々拡大する場合などは、その範囲が本人にまったく予見できないことから、本人から見て「特定の者」（法23条4項3号）ということはできない。

　要するに、これらの行為は、共同利用の実態がないにも関わらず、単に約款およびホームページへの法定事項の掲載をもって、共同利用の外形を粉飾しているにすぎず、それは本人同意とオプトアウト手続を回避する僭脱的手段を講

じていることにほかならない。電子商取引にともないポイント制等を採用し消費者の個人情報を取り扱う場合には、その法律構成が適法なものであるか十分な検討が必要であろう。

4 「個人データ」の「安全」管理

(1)「個人データ」の正確性の確保

「個人データ」は、利用目的の達成に必要な範囲内において、正確かつ最新の内容に保つよう努めなければならない（法19条）。国の管理していた年金データベースの事例のように、顧客データベースの個人データが不正確な場合は、事業者の業務に支障が生じるだけではなく顧客本人に不利益が発生することがあるからである。なお、データ内容に誤りがある場合は、一定の条件で本人の求めに応じて訂正等を行う義務がある。

(2)「個人データ」の侵害からの安全の確保

「個人データ」には、漏えい、滅失、き損といったリスクが存在する。それらは従業者や委託先の故意や過失が原因で、または第三者の違法行為や自然災害等が原因で現実に発生することがある。こうしたリスクの現実化を未然に防

表8-2 個人データの脅威の類型と安全の確保に関する義務規定

脅威者の類型	個人データの漏えい・滅失・き損の例	個人情報取扱事業者の義務
①第三者など	・物理的侵入や不正アクセスによる個人データの漏えいや破壊、改ざん、ウィルス混入等による個人データの破壊や外部への不正送信など外部からの脅威	・安全管理措置義務（法20条）
②従業者	・従業者のアクセス権限の濫用または無権限による不正取得、不正利用、物理媒体によるデータ持出しやデータの送信などの不正行為（故意） ・過失による漏えい（メールの誤送信など）、入力ミス ・その他内部からの脅威	・従業者の監督義務（法21条）
③委託先	・第三者による不正アクセス、ウィルス混入、物理的侵入など外部からの脅威（委託先の法20条違反の問題） ・委託先従業者による不正取得、不正利用、過失による漏えいなど委託先内部における脅威（委託先の法21条違反の問題） ・再委託先の不正行為、過失（委託先の法22条違反の問題）	・委託先の監督義務（法22条）

止するため、個人情報取扱事業者は、必要かつ適切な安全管理措置を講ずることが義務づけられている（表8-2参照）。

(3) 安全管理措置

　必要かつ適切な安全管理とは、次のような組織的、人的、技術的、物理的な安全管理措置を講ずることをいう。どの程度の措置を講じるべきかについては、法20条は具体的な基準を示してはいない。主務大臣の告示したガイドライン等を参考に、事業の性質などに照らして各個人情報取扱事業者の社内規程等において、具体的に定めていくほかない[14]。

　従業者は、個人データをできるだけ社外に持ち出さず、持ち出す場合は必要最小限とし必要に応じて暗号化するなどの対策が求められる。また、メールの誤送信や紛失などがないよう留意しなくてはならない。

（ア）組織的安全管理措置として講じなければならない事項
①個人データの安全管理措置を講じるための組織体制の整備
②個人データの安全管理措置を定める規程等の整備と規程等に従った運用
③個人データの取扱状況を一覧できる手段の整備
④個人データの安全管理措置の評価、見直しおよび改善
⑤事故または違反への対処

（イ）人的安全管理措置として講じなければならない事項
①雇用契約時における従業者との非開示契約の締結、および委託契約等（派遣契約を含む）における委託者と受託者間での非開示契約の締結
②従業者に対する内部規程等の周知・教育・訓練の実施
　（管理者が定めた規程等を守るように監督することについては、法21条を参照）

（ウ）技術的安全管理措置として講じなければならない事項
①個人データへのアクセスにおける識別と認証
②個人データへのアクセス制御
③個人データへのアクセス権限の管理
④個人データのアクセスの記録

---

[14] 経済産業分野ガイドライン2-2-3. 個人データの管理、24-40頁参照。

⑤個人データを取り扱う情報システムについての不正ソフトウェア対策
⑥個人データの移送・送信時の対策
⑦個人データを取り扱う情報システムの動作確認時の対策
⑧個人データを取り扱う情報システムの監視
(エ) 物理的安全管理措置として講じなければならない事項
①入退館 (室) 管理の実施
②盗難等の防止
③機器・装置等の物理的な保護

【必要かつ適切な安全管理措置を講じているとはいえない場合】[15]

事例1) 公開されることを前提としていない個人データが事業者のウェブ画面上で不特定多数に公開されている状態を個人情報取扱事業者が放置している場合

事例2) 組織変更が行われ、個人データにアクセスする必要がなくなった従業者が個人データにアクセスできる状態を個人情報取扱事業者が放置していた場合で、その従業者が個人データを漏えいした場合

事例3) 本人が継続的にサービスを受けるために登録していた個人データが、システム障害により破損したが、採取したつもりのバックアップも破損しており、個人データを復旧できずに滅失またはき損し、本人がサービスの提供を受けられなくなった場合

事例4) 個人データに対してアクセス制御が実施されておらず、アクセスを許可されていない従業者がそこから個人データを入手して漏えいした場合

事例5) 個人データをバックアップした媒体が、持ち出しを許可されていない者により持ち出し可能な状態になっており、その媒体が持ち出されてしまった場合

---

(4) 従業者の監督

個人情報取扱事業者は、その従業者に「個人データ」を取り扱わせるにあたっては、当該個人データの安全管理が図られるよう当該従業者に対する必要か

---

[15] 経済産業分野ガイドライン 2-2-3-2.安全管理措置、25頁参照。

つ適切な監督を行わなければならない（法21条）。

　ここで「従業者」とは、個人情報取扱事業者の組織内にあって直接間接に事業者の指揮監督を受けて事業者の業務に従事している者をいい、雇用関係にある従業員（正社員、契約社員、嘱託社員、パート社員、アルバイト社員等）や派遣社員のみならず、取締役、執行役、理事、監査役、監事等も含まれる。

> **【従業者に対して必要かつ適切な監督を行っていない場合】**[16]
> 事例1）　従業者が、個人データの安全管理措置を定める規程等に従って業務を行っていることを、あらかじめ定めた間隔で定期的に確認せず、結果、個人データが漏えいした場合
> 事例2）　内部規程等に違反して個人データが入ったノート型パソコンまたは可搬型外部記録媒体を繰り返し持ち出されていたにもかかわらず、その行為を放置した結果、紛失し、個人データが漏えいした場合

(5) 委託先の監督

　法は、委託先は「第三者提供の制限」における「第三者」には該当せず、したがって本人同意は不要と定めている（法23条4項2号）。しかし、それでは、自己の個人データがどのように取り扱われているのか本人はまったく関与できず安全管理に対する不安が残ることになる。そこで、委託に伴う個人情報の安全性の確保についての責任の所在を明確にするため、委託元である個人情報取扱事業者に対して、委託先に対し必要かつ適切な監督を行うことを義務づけたものである（法22条）。

　ここで、委託先に対する必要かつ適切な監督とは、①「委託先選定基準」を作成しそれに基づき、委託先の選定を行い、②「委託契約書」に必要な条項を盛り込んだうえ、③それが遵守されているかどうかを点検することなどをいう。

> **【個人データの取扱いを委託する場合に契約に盛り込むことが望まれる事項】**[17]
> ・委託者および受託者の責任の明確化
> ・個人データの安全管理に関する事項

---

16)　経済産業分野ガイドライン 2-2-3-3. 従業者の監督、38頁参照。
17)　経済産業分野ガイドライン 2-2-3-4. 委託先の監督、40頁参照。

> ・個人データの漏えい防止、盗用禁止に関する事項
> ・委託契約範囲外の加工、利用の禁止
> ・委託契約範囲外の複写、複製の禁止
> ・委託契約期間
> ・委託契約終了後の個人データの返還・消去・廃棄に関する事項
> ・再委託に関する事項
> 　・再委託を行うにあたっての委託者への文書による報告
> ・個人データの取扱状況に関する委託者への報告の内容および頻度
> ・契約内容が遵守されていることの確認（例えば、情報セキュリティ監査なども含まれる。）
> ・契約内容が遵守されなかった場合の措置
> ・セキュリティ事件・事故が発生した場合の報告・連絡に関する事項

5　「保有個人データ」と「本人」からの「開示等」への対応

(1) 開示の求め

　個人情報取扱事業者は、本人から、自己の「保有個人データ」の開示を求められたときは、本人に対し、遅滞なく、書面の交付による方法または開示の求めを行った者が同意した方法によって当該保有個人データを開示しなければならない（法25条1項、施行令6条）。開示の求めの主体は「本人」であり、開示義務者は「個人情報取扱事業者」である[18]。

(ア) 開示の求めの対象となる情報

　開示の求めの対象となる情報は、その本人の「保有個人データ」である。ただし、①本人または第三者の生命、身体、財産その他の権利利益を害するおそれがある場合（法25条1項1号）はその全部または一部を開示しないことができる。例えば、医療機関等において、病名等を開示することにより、本人の心身状況を悪化させるおそれがある場合や未成年である本人の保有個人データに本人のプライバシー情報が含まれている場合に、その代理人である親権者が開示の求めをしてきたときは、親子間の利益相反の問題が生じうるので注意が必要である。また、②当該個人情報取扱事業者の業務の適正な実施に著しい支障を及ぼすおそれがある場合（同条1項2号）もその全部または一部を開示しない

ことができる。
　(イ) 開示の求めの効果
　(i)　開示の義務
　個人情報取扱事業者は、本人に対し、遅滞なく、書面の交付による方法または開示の求めを行った者が同意した方法によって当該保有個人データを開示しなければならない（法25条1項、施行令6条）。
　(ii)　非開示の場合の通知義務
　保有個人データの全部または一部について開示しない旨の決定をしたときは、本人に対し、遅滞なく、その旨を通知しなければならない（同条2項）。なお、通知する場合は、本人に対してその理由を説明するよう努めなければならない（法28条）。
　(ウ) 開示の求めの手続
　個人情報取扱事業者は、利用目的の通知（法24条2項）、開示（法25条1項）、変更等（法26条1項）または利用停止等（法27条1項）、もしくは第三者提供の停止（法27条2項）の規定による求め（以下この条において「開示等の求め」という）に関してその求めを受け付ける方法を定めることができる。この場合において、本人は、当該方法に従って、開示等の求めを行わなければならない（法29条1項）。
　個人情報取扱事業者は、本人に対し、開示等の求めに関し、その対象となる

---

18)　開示（法25条1項）または訂正等（法26条1項）、利用停止等（法27条1項）、第三者提供の停止（法27条2項）、利用目的の通知（法24条2項）を根拠に裁判上開示等請求権が認められるか。すなわち、本条項を行政上の取締規定と解するだけではなく、開示等請求訴訟を提起しうる民事規定と解することができるかという問題がある。筆者は消極説である。個人情報取扱事業者の立証が困難である上に開示等の請求に必要な訴訟手続規定の多くを欠いており、民事執行・保全手続等全てを判例に委ねるという見解は司法権の限界を逸脱するものであり首肯し難い。保有個人データは必ずしもプライバシー権等人格権に対応した情報ではなく、請求権の客体として管理を義務づけ作為請求に応えるべき実質を有していない。また、苦情処理（法31条）という他の本人関与の義務が努力義務にすぎないこととのバランスを失する。さらに過剰反応が問題となっている今日、保有個人データ全てが請求権の客体として厳格な管理下に置くことはさらなる過剰な情報化投資を余儀なくされ企業実務も耐えられない。特に利用目的の通知（法24条2項）の請求訴訟が可能かどうかは十分に検討されていない。判例で補充し得る範囲を超えており立法的に解決するほかない。なお、開示（法25条1項）については、東京地判平成19年6月27日（判時1978号27頁）があり、裁判上の具体的請求権を否定している。詳細は、弊著「第2章　個人情報保護法とプライバシーの権利――「開示等の求め」の法的性質」堀部政男編著『プライバシー・個人情報保護の新課題』（商事法務、2010）参照。

保有個人データを特定するに足りる事項の提示を求めることができる。この場合において、個人情報取扱事業者は、本人が容易かつ的確に開示等の求めをすることができるよう、当該保有個人データの特定に資する情報の提供その他本人の利便を考慮した適切な措置をとらなければならない（法29条2項）。なお、開示等の求めに応じる手続を定めるにあたっては、本人に過重な負担を課するものとならないよう配慮しなければならない（法29条4項）。

（エ）開示等の求めを受け付ける方法として定めることができる事項（施行令7条）

①開示等の求めの申出先

②開示等の求めに際して提出すべき書面（電子的方式、磁気的方式その他人の知覚によっては認識することができない方式で作られる記録を含む）の様式その他の開示等の求めの方式

③開示等の求めをする者が本人または代理人であることの確認の方法

　開示等の求めは、代理人（未成年者または成年被後見人の法定代理人・本人が委任した代理人）によってすることができる（法29条3項、施行令8条）。

④手数料の徴収方法

　個人情報取扱事業者は、開示を求められたときは、手数料を徴収することができる（法30条1項）。手数料を徴収する場合は、実費を勘案して合理的な範囲内でその額を定めなければならない（同条2項）。定めなかった場合は無料で対応することとなる。

（2）訂正等の求め

　個人情報取扱事業者は、本人から「保有個人データ」の内容が事実でないという理由によって当該保有個人データの内容の訂正、追加または削除（以下この条において「訂正等」という）を求められた場合には、利用目的の達成に必要な範囲内において、遅滞なく必要な調査を行い、その結果に基づき、当該保有個人データの内容の訂正等を行わなければならない（法26条1項）。

　個人情報取扱事業者は、保有個人データの内容の全部もしくは一部について訂正等を行ったとき、または訂正等を行わない旨の決定をしたときは、本人に対し、遅滞なく、その旨（訂正等を行ったときは、その内容を含む）を通知しなければならない。なお、訂正等の求めについては手数料を徴収することはできない。

(3) 利用停止等の求め

　個人情報取扱事業者は、本人から「保有個人データ」が①利用目的の制限（法16条）の規定に違反して取り扱われている（目的外利用）という理由、または②適正な取得（法17条）の規定に違反して取得されたものであるという理由によって、当該保有個人データの利用の停止または消去（以下この条において「利用停止等」という）を求められた場合であって、その求めに理由があることが判明したときは、違反を是正するために必要な限度で、遅滞なく、当該保有個人データの利用停止等を行わなければならない（法27条1項）。

　保有個人データの全部もしくは一部について利用停止等を行ったときもしくは利用停止等を行わない旨の決定をしたとき、または前項の規定に基づき求められた保有個人データの全部もしくは一部について第三者への提供を停止したときもしくは第三者への提供を停止しない旨の決定をしたときは、本人に対し、遅滞なく、その旨を通知しなければならない（同条3項）。

　「保有個人データ」の利用停止等に多額の費用を要する場合その他の利用停止等を行うことが困難な場合であって、本人の権利利益を保護するため必要なこれに代わるべき措置をとるときは利用停止等を行わなくともよい（法27条1項但書）。

(4) 第三者提供の停止の求め

　個人情報取扱事業者は、本人から「保有個人データ」が第三者提供の制限（法23条1項）の規定に違反して第三者に提供されているという理由によって、その保有個人データの第三者への提供の停止を求められた場合であって、その求めに理由があることが判明したときは、遅滞なく、その保有個人データの第三者への提供を停止しなければならない（法27条2項）。保有個人データの第三者への提供の停止に多額の費用を要する場合その他の第三者への提供を停止することが困難な場合であって、本人の権利利益を保護するため必要なこれに代わるべき措置をとるときは、第三者提供の停止に応じる必要はない（法27条2項但書）。

6　苦情の処理

　法は、内閣府消費者庁、主務大臣、地方公共団体の窓口、認定個人情報保護団体等に対して本人からの「個人情報」の取扱いに関する苦情処理に対応するよう求めている。個人情報取扱事業者においても、必要な体制の整備に努めなければならない（法31条）。

　消費者等本人は、こうした多様な苦情処理のルートが定められたことによって、訴訟等をするまでもない比較的簡易な救済の可能性が広がってきつつあるといえる。個人情報取扱事業者においては、顧客満足度の向上の視点からも適切な対応が望まれるところである。

　なお、相談を受けた国や地方公共団体等から、個人情報取扱事業者に対して事実関係等の問い合わせが入ることがある。これらへの適切な対応も重要な業務の一つとなる。

第3節　違反事業者への対応——主務大臣の関与と罰則

1　行政規制

　主務大臣は、個人情報取扱事業者の義務に関連して、次の権限を有している（図8-6参照）。

(1) 報告の徴収

　個人情報取扱事業者の義務に関連して、個人情報取扱事業者に対し「個人情報」の取扱いに関して報告をさせることができる（法32条）。いわゆる行政調査であるが、立入調査まで認めるものではない。

(2) 助言

　個人情報取扱事業者の義務規定の施行に必要な限度において、個人情報取扱事業者に対し、「個人情報」の取扱いに関し必要な助言をすることができる（法33条）。いわゆる助成的な行政指導のことである。

(3) 勧告

　個人情報取扱事業者が法16条から18条まで、20条から27条までまたは30

図8-6 主務大臣の権限

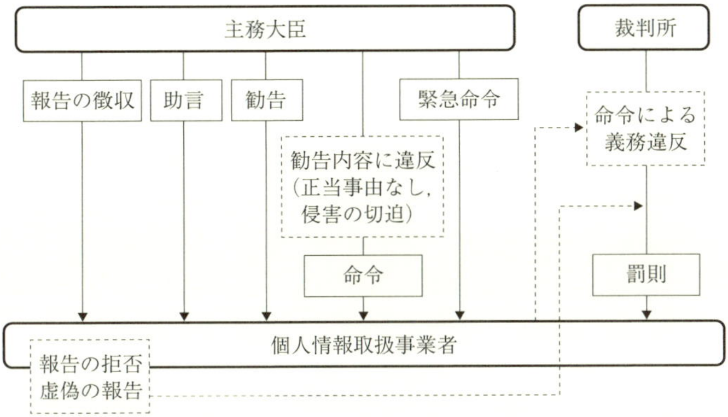

```
                    主務大臣                      裁判所
    ┌─────┬─────┬─────┬─────┐        │
 報告の徴収  助言  勧告      緊急命令      命令による
    │     │     │         │         義務違反
    │     │  ┌─勧告内容に違反─┐     │
    │     │  │ (正当事由なし，│     │
    │     │  │  侵害の切迫)  │     │
    │     │  └──────┬──────┘     │
    │     │        命令          罰則
    │     │         │            │
 ┌─報告の拒否─┐  個人情報取扱事業者
 │ 虚偽の報告 │
 └──────┘
```

条2項の規定に違反した場合において個人の権利利益を保護するため必要があると認めるときは、当該個人情報取扱事業者に対し、当該違反行為の中止その他違反を是正するために必要な措置をとるべき旨を勧告することができる（法34条1項）。

いわゆる規制的な行政指導であり、事業者において勧告に従うべき法的義務までは発生しない。ただし、勧告に従わない場合は次に述べる命令を受けることがある。

(4) 命令・緊急命令

勧告を受けた個人情報取扱事業者が正当な理由がなくてその勧告にかかる措置をとらなかった場合において個人の重大な権利利益の侵害が切迫していると認めるときは、当該個人情報取扱事業者に対し、その勧告にかかる措置をとるべきことを命ずることができる（法34条2項）。いわゆる行政処分でありその内容は法的義務となる。なお、処分に先立ち勧告がなされる。

ただし、個人情報取扱事業者が法16条、17条、20条から22条までまたは23条1項の規定に違反した場合において個人の重大な権利利益を害する事実があるため緊急に措置をとる必要があると認めるときは、当該個人情報取扱事業者に対し、当該違反行為の中止その他違反を是正するために必要な措置をとるべきことを命ずることができる（法34条3項）。同じく行政処分であるが、これを緊急命令ということがある。

なお、命令に従わない場合は、次に述べる罰則が科されることがある。

2　罰則

命令（法34条2項）または緊急命令（同条3項）の規定に基づく命令に違反した者は、6月以下の懲役または30万円以下の罰金が科せられる（法56条）。報告の徴収（法32条）の規定による報告をせず、または虚偽の報告をした者は、30万円以下の罰金が科せられる（法57条）。

法人（法人でない団体で代表者または管理人の定めのあるものを含む）の代表者または法人もしくは人の代理人、使用人その他の従業者が、その法人または人の業務に関して、法56条または57条の違反行為をしたときは、行為者を罰するほか、その法人または人に対しても、各本条の罰金刑を科する（法58条1項）。これを両罰規定という。

いずれの場合も、主務大臣が告訴し裁判所（刑事裁判）の判決によって決まる。

なお、個人情報取扱事業者の義務と行政規制および罰則の関係を一覧表にまとめたのが、次の表8-3である。

第4節　表示義務と法定公表事項

個人情報取扱事業者の義務は、「同意」義務よりも利用目的の「明示」や「通知又は公表」といった表示系の義務がその多くを占めている。そうした義務の多くは自社ホームページへの表示（公表）を通じて遵守することができる（法定公表事項）。

1　プライバシーポリシー（個人情報保護方針）

「個人情報の保護に関する基本方針」（閣議決定）において各社のウェブ画面中に記載し広く公表することが推奨されている。ただし、法的義務ではなく告示[20]で推奨されているものである。その法的性質は必ずしも明らかではない。まずは、法的義務である法定公表事項の対応が優先されるべきであろう。

20）「個人情報の保護に関する基本方針」（平成16年4月2日閣議決定、平成20年4月25日一部変更、平成21年9月1日一部変更）。

表 8-3　個人情報取扱事業者の義務と主務大臣の関与等[19]

個人情報取扱事業者の義務	対象情報	主務大臣の関与					裁判所
		報告徴収 §32	助言 §33	勧告 §34 Ⅰ	命令 §34 Ⅱ	緊急命令 §34 Ⅲ	罰則 §56
利用目的の特定（§15 Ⅰ・Ⅱ）	個人情報	○	○	×	×	×	×
利用目的による制限（§16 Ⅰ・Ⅱ）		○	○	○	○	○	●
適正な取得（§17）		○	○	○	○	○	●
利用目的の通知等（§18 Ⅰ〜Ⅲ）		○	○	○	○	×	●
データ内容の正確性確保（§19）	個人データ	○	○	×	×	×	×
安全管理措置（§20） 従業者の監督（§21） 委託先の監督（§22）		○	○	○	○	○	●
第三者提供の制限（§23 Ⅰ） （§23 Ⅲ・Ⅴ）		○ ○	○ ○	○ ○	○ ○	○ ×	● ●
保有個人データに関する事項の公表等（§24 Ⅰ〜Ⅲ）	保有個人データ	○	○	○	○	×	●
開示（§25 Ⅰ・Ⅱ） 訂正等（§26 Ⅰ・Ⅱ） 利用停止等（§27 Ⅰ〜Ⅲ）		○	○	○	○	×	●
理由の説明（§28）		○	○	×	×	×	×
開示等の求めに応じる手続（§29 Ⅱ・Ⅳ）		○	○	×	×	×	×
手数料（§30 Ⅱ）		○	○	○	○	×	●
苦情の処理（§31 Ⅰ・Ⅱ）	個人情報	○	○	×	×	×	×

---

19)　この表は筆者において作成し、その後経済産業省の資料としたものである。

2　法定公表事項

　個人情報取扱事業者の義務は、本人の事前同意（法16条1項、法23条1項）よりも、利用目的の「明示」（法18条2項）、「通知又は公表」（法18条1項）、「本人が容易に知り得る状態」（法23条2項等）といった表示系の義務がその多くを占めている。「明示」の場合は、申込用紙やアンケート用紙や入力画面など個別に利用目的をわかりやすく表示しなければならないが、「公表」等は、自社のウェブ画面中のトップページから1回程度のクリックで到達できる場所へ掲載することで足りる義務である。すなわち、法定公表事項のページを設けそこに表示するだけでよい。無論、「通知」を選択することも可能ではあるが、一般にホームページを通じた「公表」の方がはるかに費用がかからず、また、迅速確実に法令を遵守することができる。したがって、「公表」等の表示を義務づけられているものは、すべて「法定公表事項」として特定ウェブサイトに集中的に掲載すべきであろう。このことは、社会や消費者に向けたワンストップの情報開示ともなり、また従業者からみても利用目的の確認に便利であるという利点がある。以下で示したひな型（表8-4）を参考に、その根拠条文等を確認しながら、対応に漏れがないかどうか点検してみるとよいだろう。

表 8-4 「個人情報の保護に関する法律」に基づく公表等事項（例）

1. 利用目的の公表に関する事項（法 18 条 1 項）

(1) 直接書面以外で取得する場合の個人情報の「利用目的」（法 18 条 1 項）
　お客さまから直接書面（ウェブページを含みます。）に記載された個人情報を取得する場合（直接書面取得）は、当該書面中に利用目的を明示致します（法 18 条 2 項）。それ以外で個人情報を取得する場合は、次の利用目的の制限の範囲内で取り扱うものと致します（法 18 条 1 項）。ただし、以下の (2)、(3)、(4) の場合、取得の状況からみて利用目的が明らかな場合はその限りではありません（法 23 条 4 項）。

	個人情報の名称	利用目的
①		（変更前の利用目的）2005. 4. 1 ～ 2007. 3.3 1 （変更後の利用目的）2007. 4. 1 ～
②		

(2) 委託された個人データの「利用目的」（法第 18 条第 1 項、法第 23 条第 4 項第 1 号）
当社が取扱いを委託されている個人データの「利用目的」は次のとおりです。

	個人情報の名称	利用目的
①		
②		

(3) 合併、事業承継に伴い取得した個人データの「利用目的」

（法 18 条 1 項、法 23 条 4 項 2 号）

当社と〇〇〇〇株式会社との [合併・事業承継] に伴い、〇〇〇〇株式会社の保有する次の個人データを平成〇年〇月〇日付で取得致しました。なお、当該個人データの「利用目的」は、〇〇〇〇株式会社において特定した「利用目的」と同じです。

	個人情報の名称	利用目的
①	〇〇会員サービスの顧客名簿	
②	労働者名簿	

2.「共同利用」に関する事項（法23条4項3号、法23条5項）

次の①の○○○○○に関する顧客情報（個人データ）を、②に示した事業者間で共同利用させて頂きます。

①	共同して利用される個人データの項目	
	ア 氏名 イ 住所 ウ 電話番号	エ FAX番号 オ 電子メールアドレス カ 注文内容（商品名・数量・対価）
②	共同して利用する者の範囲	
	○○○○株式会社（東京都文京区） ○○○○株式会社（大阪府大阪市） ○○○○株式会社（京都府京都市） ○○○○株式会社（北海道札幌市） ○○○○株式会社（福岡県福岡市）　　　　　　　　　　　　　　　以上5社	
③	共同して利用する者の利用目的	
④	当該個人データの管理について責任を有する事業者の名称	
	○○○○株式会社（個人情報保護対策室） 　　〒000-0000　東京都文京区○○○1-2-3　○○○ビル 　　TEL　03-0000-0000　　　FAX　03-0000-0000 　　e-mail　****@******.com	

3. 保有個人データに関して「本人の知り得る状態」に置くべき事項
（法24条1項）

当社が取り扱っている保有個人データの「利用目的」は次のとおりです。

	保有個人データの名称	利用目的
①	○○○○サービスに係る顧客データベース	（変更前の利用目的）〜 2007.3.31 （変更後の利用目的）2007.4.1〜

4.「苦情」の受付窓口に関する事項
（法24条1項4号、施行令5条、法31条）

(1) 個人情報の取扱いに関する苦情の申出先
　　当社の個人情報の取扱いに関する苦情については、下記までお申し出下さい。

□ 郵便による場合	〒000-0000 東京都○○区○○0丁目0番0号　○○○○ビル ○○○○株式会社　個人情報保護対策室
□ 電話による場合	03-0000-0000　（10：00～17：30）
□ 電子メールによる場合	****@****.com
□ ご来社による場合	平日営業時間（9：00～17：30）内に本社（上記①の住所）窓口までお出で下さい。

(2) 当社の所属する「認定個人情報保護団体」の名称及び苦情の申出先
　　お客様と当社との個人情報の取扱いに関する苦情相談については、財団法人○○○○○○でも、受け付けております。

□ 郵便による場合	〒000-0000 東京都××区××0丁目0番0号　財団法人○○○○○○
□ 電話による場合	03-0000-0000　（9：30～17：00）
□ 電子メールによる場合	****@****.com
□ 面談による場合	詳細は、本団体にお問い合わせ下さい。

5．開示等の求めに応じる手続等に関する事項
（法29条・法30条）

(1) 開示・変更等・利用停止等（以下「開示等」という。）の求め、または利用目的の通知の求めの対象となる保有個人データについて（法29条2項後文）
開示等の対象となる個人情報データベース等の名称は、下記のとおりです。

①	○○○○サービスに係る顧客データベース
②	
③	
④	
⑤	

第4節　表示義務と法定公表事項

(2) 開示等の求め、または利用目的の通知の求めの申出先
　開示等の求め、または利用目的の通知の求めは下記宛、所定の申請書に必要書類を添付の上、郵送によりお願い申し上げます。なお、封筒に朱書きで「開示等申請書類在中」とお書き添え頂ければ幸いです。

> 〒000-0000　東京都ＸＸ区ＸＸ　Ｘ丁目Ｘ番Ｘ号　ＸＸＸＸＸビル
> 　　　　　　株式会社ＸＸＸＸＸ　個人情報保護対策室

(3) 開示等の求め、または利用目的の通知の求めの際に提出すべき書類
　開示等の求め、または利用目的の通知の求めの際には、次の申請書（①）をダウンロードし、所定の事項をご記入の上、本人確認のための書類（②）を同封し、上記(2)の申出先宛にご郵送下さい。

① 当社所定の申請書

- □ 開示申請書
- □ 変更等申請書
- □ 利用停止等申請書
- □ 利用目的通知申請書
- □ 第三者提供の停止申請書

② 本人確認のための書類
　次のア～カのうち、いずれかの書類を同封して下さい。

- ア．運転免許証の写し1通
  - ＊有効期限内のもので、各都道府県公安委員会発行のもの。国際運転免許証は除く。
- イ．学生証の写し1通
  - ＊有効期限内のもので、顔写真、生年月日、現住所が記載されているもの。
  - ＊学生証に現住所が記載されていない場合は、住民票、または現住所が記載されている公共料金領収証もしくは請求書の写しも添付のこと。
- ウ．日本国の旅券（パスポート）の写し1通
  - ＊有効期限内のもので、現住所が記載されているもの。
- エ．健康保険証の写し1通と、住民票、または現住所が記載されている公共料金領収証 or 請求書の写し1通　（合計2通）
- オ．障害者手帳、療育手帳、または精神障害者保健福祉手帳いずれかの写し1通
  - ＊現住所が記載されているもの。
  - ＊現住所が記載されていない場合は、住民票、または現住所が記載されている公共料金領収証もしくは請求書も添付のこと。

カ．外国人登録証明書の写し１通と、旅券（パスポート）、公共料金領収証or請求書、または米軍ＩＤカードいずれかの写し１通　（合計２通）

(4) 代理人による開示等または利用目的の通知を求める場合
　　開示等、または利用目的の通知を求める者が、①未成年者又は成年被後見人の法定代理人、もしくは②本人が委任した代理人である場合は、前項の本人確認のための書類（(3)②）に加え、下記の書類を提出して下さい。

① 法定代理人の場合　（下記の３通）

☐ 当社所定の申告書１通

☐ 法定代理権があることを確認するための書類（戸籍謄本）１通
ただし、親権者の場合は扶養家族（未成年の子）が記載された保険証の写しでも可。

☐ 未成年者又は成年被後見人の法定代理人本人であることを確認するための書類
（法定代理人の運転免許証、または旅券（パスポート）の写し）　１通

② 委任による代理人の場合　（下記の２通）

☐ 当社所定の委任状　１通

☐ 本人の印鑑証明書　１通

(5) 開示または利用目的の通知を求める際の手数料及びその徴収方法（法30条）
　　開示の求め、または利用目的の通知の求めを１回申請するごとに、ＸＸＸ円（税込）を申し受けます。
＊「個人情報データベース等」１つにつき、１回の申請とさせて頂きます。
＊ＸＸＸ円分の郵便切手または郵便小為替を申請書類に同封して下さい。
＊手数料が不足していた場合、および手数料が同封されていなかった場合は、その旨ご連絡致しますが、所定の期間内にお支払いがない場合は、開示の求め、または利用目的の通知の求めが当初よりなかったものとして対応させて頂きます。
＊開示しない旨、または利用目的の通知をしない旨を決定した場合についても手数料の返却は致しません（決定通知の郵券代など回答業務の実費に充当させて頂きます）。

(6) 開示等の求めに対する回答方法
　　開示等の求めに対する回答は「書面」を原則とし、本人の現住所に郵送（書留）致します。
＊１　書面以外で回答する場合は、事前に申請者の同意を得るものとします。
＊２　開示等の求めに際して取得した個人情報の「利用目的」について
　　開示等の求め、または利用目的の通知の求めにともない取得した個人情報は、それらの回答業務、および対応業務の改善のために取り扱うものとします。なお、提出頂いた書類は、開示等の求めに対する回答が終了した日の月の末日より２年間保存し、その後廃棄致します。

＊3　不開示等の事由について（確認）
　次の事項に該当する場合は、申請対象情報（保有個人データ）の全部または一部について、開示・変更等・利用停止等をしない旨、または利用目的の通知をしない旨の決定を行います。かかる決定をした場合は、その旨とその理由を付記して通知致します。
① 申請書に記載されている住所・本人確認のための書類に記載されている住所・当社の登録住所が一致しないときなど本人が確認できない場合
② 代理人による申請に際して、代理権が確認できない場合
③ 所定の申請書類に不備があった場合
④ 開示の求めの対象が「保有個人データ」に該当しない場合
⑤ 本人又は第三者の生命、身体、財産その他の権利利益を害するおそれがある場合
⑥ 当社の業務の適正な実施に著しい支障を及ぼすおそれがある場合
⑦ 他の法令に違反することとなる場合

以　上

第 2 部　各論

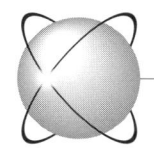

第❾章
インターネット通販

第1節　インターネット通販の実情と取引の特質

1　インターネット通販の実情

　消費生活のICT（Information and communication technology）化の進展にともなって、インターネットを利用した消費者向けの電子商取引（インターネット通販やネットショッピングなどと呼ばれるが、本章では「ネット通販」と表記する）の市場は急速に拡大している。

　消費者のネット通販の利用動向をみても、日常生活に必要な各種の商品や権利（チケットなど）の購入や、デジタルコンテンツの提供を含め様々なサービス等の購入にも広く利用されている。

　ネット通販は、インターネットに接続されているサーバーに電子データの形式で記録され、存在する仮想店舗に消費者がアクセスし、消費者の使用するコンピュータやモバイル端末などの画面上に表示される商品等の宣伝や広告を閲覧して商品等を選択し、通常はその画面上の操作により取引に必要な契約の申込みの手続等を行う商取引である。インターネットオークション（同じく「ネットオークション」と表記する）も、取引方法が競争売買である点と取引当事者の双方が消費者の場合があることに相違はあるが、基本的には同様の取引である。

　インターネット上の店舗やその他取引に必要なデータが蓄えられているサーバーへのアクセスの手段には、多種多様なものがある。消費者のコンピュータ（PC）からアクセスするもの、スマートフォンや携帯電話端末、その他のモバイル端末[1]からアクセスするものに限らず、IPTV（Internet Protocol Television）端末[2]やカーナビゲーション・システム（PND：Portable Navigation Device または

Personal Navigation Device）端末[3]を利用してインターネットにアクセスし、取引を行うものなどがある。

　ネット通販において取引の対象となるものは、商品（物品）に限らず、音楽データのダウンロードや上記のIPTVのように動画の配信サービスにかかる取引やゲームサイトなども急成長しており、多種多様なサービス（役務）の取引にも利用されている。また、ネット通販は、映画鑑賞等のチケット類や鉄道の乗車券、航空便のチケットの購入にも広く利用されているが、これらは「権利」の取引と考えられる。クーポン販売サイトでレストランなどを利用できるクーポンを購入するのも「権利」の取引と考えられる[4]。

　さらに、インターネットを利用したサービス（役務）提供ビジネスとして少し広く捉えると、ブログを開設し、インターネット上で公開するためのサービス（ブログサービス）の提供、SNS（Social Network Service）の利用やインターネット上の動画共有サービス[5]の提供あるいは口コミサイト[6]やQ&Aコミュニ

1）　スマートフォンの他にもインターネットにアクセス可能な各種の無線端末がある（アマゾン社の「Kindle」やアップル社の「iPad」などもその1つ）。また、現在販売されているゲーム機には、インターネット接続端末としての機能を備えているものも多いが、これらの機器を利用したものもその例である。
2）　光ファイバー回線（FTTH）やADSL回線、高速の無線回線（LTEなど）などのブロードバンド回線を利用して、専用のIP網により映像や音声を利用者に視聴・聴取させるサービスである。利用者からサーバーにアクセスして映像・音声データ等のダウンロードをした上で視聴・聴取させる「オン・デマンド」と、事業者のサーバーからデータをダウンロードしながら同時に再生も行われる「ストリーミング」がある。
3）　従前のカーナビゲーションシステムが、自動車のトランクルーム等に装置を備え付けて使用するのに対し、ナビゲーション端末を小型軽量化して取り外しや持ち運びができるようにしたもの。
4）　クーポン販売サイトは、インターネット上で商品の共同購入者を募集して、通常の購入価格より安価で商品の購入ができる「ギャザリング」と呼ばれる販売方法のクーポン版である。比較的狭い範囲の地域（東京の23区や新宿区あるいは渋谷道玄坂地区限定など）の店舗（飲食店やエステサロン、レジャー施設）などが、その店舗が利用できる格安なクーポンをクーポン販売を行うサイトに出品し、出品した店舗とクーポン販売サイトが決定した一定員数以上の購入者がこれに応募すれば取引が成立し、購入者は割引価格でクーポンを購入できる。もし、定められた員数まで購入者が集まらなければ取引は不成立となる方法でクーポンを販売するインターネット上のサイトである。クーポン販売サイトの規約を見ると、サイトがクーポンの売主の立場で取引を行うもの（債権譲渡型）と、クーポンが利用できる店舗とクーポン利用者との間のクーポン取引（ギャザリングによる）の場の提供とするもの（場所貸し型）、及びクーポンサイドがクーポンが利用できる店舗の広告掲載と集金代行サービスを行うもの（広告・集金代行型）の3つの形態がある（経済産業省「準則」（平成24年11月）i. 94頁）。
5）　「YouTube」「GyaO!」「ニコニコ動画」などが代表例。
6）　「価格.com（http://kakaku.com/）」や「フォートラベル（http://4travel.jp/）」などがその例。

ティサイト[7]などにおけるサービスの提供も広く利用されている。これらのサービスは無料で提供が受けられるものが多いが、無料のサービス提供に連動したり、それに付随して有償のサービス提供が行われたり[8]、商品の購入ができるものもある。また、無料のサービス提供が有償の取引の広告・宣伝や誘引手段として利用されていることを踏まえると、これも広い意味ではネット通販と考えられる。

　なお、ブログやSNS、口コミサイトなどは、消費者が内容を生成していくメディア（CGM）としての特徴もあり[9]、消費者個人から発信された情報がデータベース化され、そのデータが公表、利用されることでさらなる書き込み等を誘引し、これらの連続・連環を通じてデータベースの内容が進化する。「ビッグデータ」と呼ばれるものがその進化の態様のひとつである。CGM（UGC）をマーケティングツールとして捉え、広告・宣伝活動に積極的に活用する事業者も多いが、反面、これらの情報が事業者の事業活動に大きな影響を与えるようにもなってきている。その意味では、インターネットの普及により、一面では消費者が単に「消費する者」であることから離れて、市場を動かす知識と知恵と力を持ち始めたともいえよう。

2　ネット通販の特質

(1)　電子商取引の法的意義とネット通販

　わが国の法令の上で「電子商取引」という文言を、直接、定義するものは見当たらない。本章では、事業者と消費者間および消費者相互間（もちろん事業者相互間でも同様）における取引に必要な意思表示が、「電磁的方法」によってなされるものを広く電子商取引と捉えておくことにする。

---

7)　「教えて！Goo（http://oshiete.goo.ne.jp/）」や「はてな（http://www.hatena.ne.jp/）」などがその例。
8)　「フリーミアム」と呼ばれる取引手法である。TVコマーシャルなどで「無料」と謳っているゲームサイトの多くが、実際にはゲームを楽しむのに必要なアイテムを有料で購入させるなど、有料で提供されるサービスの部分も多い。にもかかわらず「無料」を強調するこれらのサイトの顧客誘引方法には問題がある。
9)　このようなインターネット上のメディアは「消費者生成メディア（CGM：Consumer Generated Media）」あるいは「ユーザー生成コンテンツ（UGC：User Generated Content）」と呼ばれている。

電磁的方法は、コンピュータを用いて「電磁的記録」（一般的にいう「電子データ」のことであり、本章では以下「電子データ」という）を電気通信設備（「電気通信回線」のことであり有線・無線を含む：電気通信事業法2条1号・2号）を介して送受信することで相互に相手方のコンピュータに提供する方法のことを意味するといえる。したがって、電子商取引はコンピュータを電気通信回線によって相互に接続して、情報の処理とやりとりを電子データによって行う仕組みや方法を、取引に必要な意思表示のための道具として用いる取引ということができる。そして、取引に必要な意思表示の電子データの送受信を行うためにインターネット網を利用する消費者取引が、ネット通販ということになる。

(2) 取引対象

ネット通販の取引対象には特段の限定はない。電子データによる情報の取引や権利の販売やサービス（役務）の提供のように、契約の締結だけでなく電子データの送受信によって履行まで完結するものもある。

(3) 取引主体

ネット通販の取引主体には、事業者（Business）と消費者（Consumer）のいずれも取引主体となりうるので、①B‐C間取引（「B to C」や「B2C」と表記されることもある）、②C‐C間取引（C to CまたはC2C）および③B‐B間取引（B to BまたはB2B）の3つのパターンがある。①は、ネット通販や事業者が出品し消費者が落札して取引するネットオークションがその典型例であり、②は、個々の消費者が通信手段として電子メールのやりとりなどにより、契約の締結を行う場合も考えられるが、通常は消費者が出品者となるネットオークションにおいて消費者が落札者となる取引がその典型的な例である。ネット通販は、これらのうち主として①の取引にかかるものである。③事業者間（B‐B間）取引もめざましい拡大を遂げているが、本章ではこの点は触れない。

(4) 取引形態

ネット通販における取引の形態としては、①個別の相対売買（相対取引：ネットショッピング）、②競争売買（競争取引：ネットオークション）および③売買や役務

提供（取引）の委託・取次にかかる取引（ネットオークションの出品代行など）がある。

(5) 取引関与者の種類
　ネット通販に関与する事業者の種別としては、その役割や種類に応じて整理すると、おおむね次のとおりである。
①ネットショップ
　インターネット上に仮想店舗を開設し、自らが、直接、売主となって消費者に商品等を販売する事業者である。特定商取引法（以下、特商法とする）が適用される通信販売業者（販売業者・役務提供事業者）に該当するものが大多数であろう。商品の販売だけでなく各種役務（サービス）を提供したり、情報の提供やデジタルコンテンツの提供を行う事業者も含まれる[10]。
②インターネットショッピングモール運営事業者
　インターネット上でショッピングモールサイトを開設し、そこに販売業者や役務提供事業者の仮想店舗を出店させて消費者向けに商品等を販売、提供できる場所を提供したり、これら取引に付随するサービス提供を行う事業者である。
③ネットオークション運営業事者
　インターネット上で競争売買が可能な場所や仕組み（システム）を利用させたり、それに付随する各種のサービスの提供を行う事業者である。例えば楽天、Yahooなどは上記の②と③の両方を運営している。
④情報提供事業者
　上記①のIP、CPあるいはACPなどであり、価格比較サイト、検索サイトなどのネット上の情報提供その他の各種サービス提供事業者のことである。
⑤アフィリエイトにかかわる事業者
　アフィリエイトは「アフィリエイト・プログラム（Affiliate Program）」の略語であり、インターネット広告の仕組みの一種である。ホームページやブログを開設する者、あるいはメールマガジンを配信している者が、これらのページや配信メールの中に、バナー広告を貼り付けたり商品等の紹介や推奨記事を掲載

10）　情報提供事業者やコンテンツ提供事業者は、IP（Information provider）、CP（Contents provider）あるいはACP（Application contents provider）と呼ばれることが多い。

図9-1　アフィリエイトの仕組み

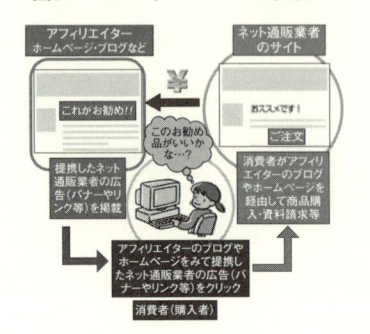

図9-2　ドロップシッピングの仕組み

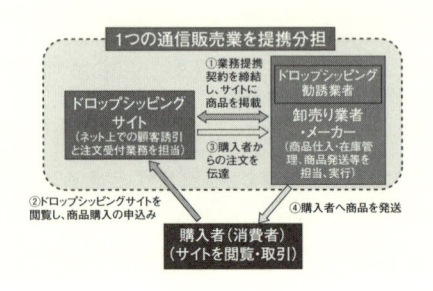

して、それら商品等の販売を行っている事業者のサイトへ飛ぶことができるリンクを張り、利用者がそのリンクを経由してリンク先事業者から商品等の購入をしたり、あるいはその事業者に対し資料請求したりすると、ホームページやブログなどの開設者（紹介者・推奨者）等に報酬が支払われる仕組みである（「成果連動型広告」あるいは「成功報酬型広告」などとも呼ばれる。図9-1参照）。自分のホームページなどに掲載した記事や広告にリンクを張るなどして、アフィリエイトプログラムを行う者は「アフィリエイター」と呼ばれている。

　アフィリエイターには、それを事業あるいは営業としている者（これらの者は広告事業者といえる）もあるが、消費者が副収入を得るために行っている場合も多く、後者の場合ではインターネット上の宣伝・広告活動を消費者に代行してもらうような仕組みということもできる。

　アフィリエイトでは、販売業者や役務提供事業者が自らあるいは広告代理店を介して、その商品、役務の宣伝・広告をしてもらうためにアフィリエイターを募集し、宣伝・広告活動を委託する場合が多い。他方、アフィリエイト業務を行えば収入が得られると勧誘して、そのために必要な機器（パソコン）やノウハウ、サービスの提供（ホームページやブログ作成支援やコンサルタント業務など）有償で販売することを目的としている業者（アフィリエイト業務の勧誘業者）もある。アフィリエイト業務により収入が得られるとして商品の販売や役務提供を誘引する行為は、特商法51条の業務提供誘引販売取引に該当する場合がある（後述第3項1（5））。

⑥ドロップシッピングにかかわる事業者

　ドロップシッピングは、ネット通販の仕組みを利用し、購入者からの注文はドロップシッピングを行う者のサイトで受け付け、その注文を仲介業者あるいはメーカー・卸業者等に繋ぎ、商品はメーカー・卸業者等から直接購入者に配送される仕組みの取引である（図9-2参照）。

　この仕組みでは、購入者への商品等の販売価格はドロップシッピングサイトの開設・運営者が自己の判断で決定でき、また、在庫を持つ必要はない点などにメリットがあるとされ、個人がネット通販事業に参入しやすくするものといわれている。ドロップシッピングサイトを開設、運営する者は「ドロップシッパー」と呼ばれることもある。

　アフィリエイトの場合と同様に、ドロップシッパーになりネット通販を始めれば収益が上げられると誘引して、ドロップシッピングサイトを開設・運営をするために必要な機器（パソコンなど）を販売したり、そのノウハウや運営に必要なサービス（ホームページ作成支援や集客等のコンサルタント業務など[11]）を有償で提供することを勧誘する事業者もある。

　ドロップシッピング業務により収入が得られると誘引して、これらの有償の取引をさせる行為も、特商法の業務提供誘引販売取引に該当する場合がある（後述第3節1（5））。

⑦決済業者（エスクロー、クレジット業者、決済代行業者、電子マネー発行・決済業者）

　ネット通販における各種の代金決済手段を利用させるサービスを提供する事業者である。このうちエスクロー業者は、ネット通販やネットオークションで消費者が購入した商品について代金の支払と商品の引渡しが同時に行われるように仲立ちする業者である。

　また、代金の決済を代行する業者には、自らはクレジット会社の包括加盟店となり、さらにその下に決済代行を希望するネット上のショップなどの事業者を募集し、これらショップ等と消費者との取引における代金の決済代行を行う業者（クレジット決済代行業者）と、消費者が購入した商品等の代金をネットショ

---

[11]　ドロップシッパーのウェブページが、検索エンジン（Google、Yahoo、Bingなど）の検索結果の上位に表示されるようにドロップシッパーのウェブページの構成や内容を修正する（Search Engine Optimization：SEO）などの対策業務の契約を勧誘する場合が多い。

ップへ立替払い（先払い）し、その後、購入者からコンビニ等を通じて一括して立替払金の支払を受ける決済代行業者（例えば「後払い.com」）などがある。後者の決済代行業者の取引は、その形態の上では個別信用購入あっせん（割賦販売法2条4項）の形態と同じであることも多いが、通常、消費者からの支払は1〜2週間程度の一括払いであるため、割賦販売法2条4項の適用はない取引形態となっている。

　これに対し、前者のクレジット決済代行は、アダルトサイトや出会い系サイトの利用料金の決済に多用されている。アダルトサイト業者などは、通常、直接にはクレジットカード会社の加盟店になれない事業者であるし、また、クレジットカード会社の包括加盟店との間で決済代行契約を締結することも事実上困難である[12]。しかし、海外のクレジットカード会社の包括加盟店となった決済代行業者と決済代行契約を締結し、国際ブランドのクレジットカードの決済システムを利用することで、通常ではクレジットカード会社の加盟店にもなれず、また、包括加盟店とも契約できないアダルトサイトや出会い系サイトの取引についても、事実上、クレジット決済を利用させる結果となっている[13]。

---

12)　割賦購入あっせんについて、①取次店およびこれらに類する慣行の禁止、および、②実質的な販売店等を直接、審査・管理を行うことなく、加盟店と同様に取り扱う、いわゆる枝番・子番の禁止を要請した経済産業省の「割賦購入あっせん業者における加盟店管理に強化について」の通達（平成14年5月15日付）および、クレジットカード取引（総合割賦購入あっせん）においても同様の要請をした「割賦購入あっせん業者における加盟店管理の強化・徹底について」の経済産業省の通達（平成16年12月22日付）により、いわゆる包括加盟店によるクレジット取引は、原則として事実上禁止されている。これを受けて、社団法人日本クレジット協会は「包括信用購入あっせんに係る自主規制規則」において、提携販売店等について、加盟店と同等の審査を行っている場合などを除き、同協会に加盟するクレジットカード会社は、その加盟店が提携する枝番・子番先の販売店等との取引を行わないことを規定している（同規則76条）。そのため、現状では我が国の国内のクレジットカード会社の場合には、宅配業者が荷主と受取人との間の取引にクレジットカード決済を利用する場合（物流型）やネット通販におけるショッピングモールがそのモールへの出品者と購入者との間の取引にクレジットカード決済を利用する場合（ネットモール型）くらいしか、クレジットカード会社が包括加盟店契約を締結することはないとされている。

13)　クレジットカード会社の主要な業務には、加盟店を獲得するアクワイアリング（acquiring）とクレジットカードホルダー（会員）を獲得するイシュアリング（issuering）の2種類がある。加盟店獲得業務（acquiring）を行うクレジットカード会社のことをアクワイヤラー（acquirer）と呼び、クレジットカードホルダー（会員）を獲得する業務を行うカード会社をイシュアー（issuer）と呼ぶ。両方の業務を兼ねているカード会社が多数である。販売店がクレジットカードのホルダー（保有者）との間でカード決済をするには、アクワイアラーとの加盟店契約が必要となる。また、クレジットカード発行者（イシュアー）と加盟店契約会社（アクワイアラー）が同じ会社である場合の取引（例えばA社発行のクレジットカードがA社の加盟店で使用された場合の取引）を「オン・アス（on-us）

アダルトサイトや出会い系サイトでクレジット決済代行が利用される場合、そもそも決済の前提となる取引自体に問題があることが多いので、消費者とのトラブルが目立っている。

⑧電気通信サービス提供事業者（通信キャリア、プロバイダ〔ISP：Internet service provider〕など）

電気通信サービスは、ネット通販を含め電子商取引全般のインフラとなるサービスの提供であるが、これに関する法律関係は電気通信事業法などの通信法制および電気通信サービスの契約約款などに基づき契約により規律されている。なお、特商法では電気通信サービスを提供する役務取引は、多くのものは同法の適用除外とされている（特商法26条1項8号ニ、特商法施行令5条の「別表第2」の32〔本章では、以下、特商法施行令を「特商令」、特商法施行規則を「特商則」と表記する〕）。

しかし、その他の①から⑦の事業者については、特商法の2008（平成20）年改正により商品と役務について政令指定制が廃止されたことから、それぞれ特商法の適用を受ける場合が従前よりも格段に多くなった[14]。

(6) 電子商取引の特質とネット通販

電子商取引は、取引に必要な意思表示のやりとりが電子データ（電磁的方法）によってなされるため、電子データが持っている特徴が、そのまま取引の特質に反映される。また、ネット通販やネットオークションでは、情報の伝送、媒

取引」と呼び、イシュアーとアクワイアラーが別の会社である場合の取引（例えば、A社発行のクレジットカードがVISAやMasterなどの決済機構に加盟している別のクレジット会社（B社＝アクワイアラー）の加盟店で使用された場合）の取引は「ノン・オン・アス（non-on-us）取引」と呼ばれる。出会い系サイトやアダルトサイトに利用されている決済代行は、ノン・オン・アス取引の場合がほとんどである。

14) たとえば、特商令の別表第2の25で適用除外とされている包括信用購入あっせんは、割販法30条1項の包括信用購入あっせん業者が行う同法2条3項の役務提供とされており、同法2条3項では、同項1号において、①特定の販売業者が行う購入者への商品・権利の販売、役務提供であること、②その販売・役務提供を条件とした与信であること、③販売代金相当額をその販売業者に交付していることおよび④販売業者に交付された金額を購入者から2ヶ月以上の期間までに受領すること（2月以上の繰延べ払い）の要件を満たす与信、および、同項2号のリボルビング払いの場合しか規定されておらず、マンスリクリアの包括信用購入あっせんは特商法の適用除外として明示されていない。この規定からするとマンスリクリアの包括信用購入あっせん取引は、特商法が適用されると解される。この点については、圓山茂夫「クレジットカードの翌月一括払いカード決済（マンスリークリア）契約への特定商取引法の適用について」消費者法ニュース82号（2010）150頁、齋藤・池本・石戸谷94頁を参照。

介のインフラはインターネットであるから、インターネットの持っている特質もそのまま取引の特質に反映される。このことから、ネット通販の特質を整理すると、次のようになると思われる。

(ア) 電子工学の技術、情報通信および情報処理技術に依存していること

ネット通販を含め電子商取引では、交換される情報は人間には直接認識できない電子データであり、コンピュータなどの機械を媒介にしないと、人間が、直接、五感で覚知できない。

そのため、コンピュータと人間とのインターフェイスの善し悪しが、取引のしやすさはもちろん、操作ミスや勘違い(錯誤)の起きやすさなどに影響する。人間とコンピュータのインターフェイスの技術的進歩は、昨今、めざましいものがあるとはいえ、やはり利用者が操作ミスや誤認や誤った判断をおかしやすい点では革新的な進展があるとはいえない。また、情報の処理が杓子定規で画一的であり、操作と反応が冷徹な厳格さをもってなされる。人間同士であればミスや摩擦を回避することを可能とする「無駄の効用」などの働く余地がほとんどない[15]。

次に、インターネットにおける通信は、通常「ベストエフォート」と呼ばれるもので、通信の質や情報の相手方への伝達が必ずしも100%保障される役務ではなく、情報が正しく相手方に届かない場合もある。このことから、取引に必要な意思表示のやりとりの面でも過誤が起きる可能性がある。また、インターネットはいわば、情報通信の「公道」ともいえるものであり、パケット通信という通信プロトコルの仕組み上、情報通信の過程では様々な関係者が情報の流通そのものに関わり、これを担っており、多数の者がインターネット上を流通する情報にアクセス可能であるので、後述のとおりの情報の窃取、改ざん等の問題が生じる可能性がある。

(イ) 情報の質・量および人の情報処理能力に関わる問題

ネット通販では、取引の対象となるもの(取引目的物など)はもちろん、取引の要否、取引を決断する上での優劣や善し悪しなどの判断に必要な情報が、必

[15) 証券会社の担当者が、株式の注文執行において価格と株式数を取り違える誤発注を行ったことで、巨額の損失を受けた事例(東京地判平成21年12月4日判時2072号54頁)などがその好例であろう。

ずしも的確に提供されているとはいえない現実もある。そのため、購入者の反応や判断が軽率になりやすいし、情報がたくさん提供されているからといっても必ずしも適切な選択がなされているとはいえないという状況がある。

コンピュータと情報通信技術の発達は、人も社会も情報化させることから、ネット通販では情報が質、量とも多くなるので、結論は逆ではないかと考えるのが普通であろう。確かに、コンピュータリテラシーやインターネットリテラシーの高い人が、時間と手間を掛ければインターネットを駆使して詳細で有用な情報の収集が可能であり、これらの情報を的確に理解、分析できれば情報自体の量や質の不足や当事者の理解、認識の不足などの心配はないこともあろう。

しかし、ネット通販では、現実に消費者が取引を行う場面において必要な情報は、事業者から一方的に提供される情報に限られているし、その情報を前提にして現実の取引行為（申込みなどの操作）がなされる仕組みのものがほとんどである。その意味で、情報が多いように見えても、実は消費者に本当に必要とされる情報が足りているのかどうか疑問がある場合が少なくない[16]。また、一般的な意味でも情報の洪水の中にいる現代の消費者が、情報過多の海で適切な認識、判断や選択ができるかというとむしろそうではないのが人間の実態ではないだろうか[17]。

---

16) アフィリエイターが、ブログなどである商品についての自分の使用感や感想、評価、意見などを述べている場合、製造者・販売者や広告主から報酬を貰ってその意見や感想を掲載しているのか、あるいは全くの無報酬で個人の趣味やボランタリーな趣旨で感想等を掲載しているのかの区別を明確に表示しているのか否かによって、そのアフィリエイターの感想などが購入者の購入動機や契約意思の形成に与える影響はかなり異なる。レストランの口コミサイトの「ステルスマーケティング」（「ステマ」と略される）と呼ばれる「やらせ」の問題がその例である。これらの区別情報の表示のないアフィリエイターの見解や意見が公正で適正な情報提供といえるか否かはかなり疑問がある。なお、アメリカの連邦取引委員会（FTC）では、このような推奨がFTC法違反となる場合についてのガイドライン（Guides Concerning the Use of Endorsements and Testimonials in Advertising：FTC 16 CFR Part 255）を制定している。
17) 情報が増えれば人は適切で合理的な選択が可能かというとそうではない。むしろ、人は情報が過多、複雑なものに対応するときは「良い証拠が一つで十分」という簡便反応（Heuristics）による対応をしてしまう。人にはこのような意味で原始的な自動性というものが備わっている。人の簡便反応ないし自動反応は、インターネットなどに代表される現代の高度情報化社会ではいっそう強く働く。高度情報化社会では、なおさら情報量が増大し、選択の幅の拡大する反面、その情報を人が処理する（＝アクセス、取り込み、理解、統合、保持する）ことが難しくなり、一層、簡便反応（現代的な簡便反応）に陥ってしまうと指摘されている（ロバード・B・チャルディーニ『影響力の武器（第2版）』（誠信書房、2008）参照）。

（ウ）情報の信頼性

さらに、インターネット網など電気通信設備を用いた情報通信ネットワークの場合、情報伝達のスピードが非常に早く、伝達範囲が極めて広範囲である。

このことは、事業者からみると電子データによる広告・宣伝は伝搬の範囲が単に広いだけでなく、伝達費用、頒布費用の面ではテレビ、新聞・雑誌等に比べてはるかに安価で行えるというメリットがある。例えば、地方の個人商店でも、極めて安価でまた簡便に日本国中の消費者に向けて広告・宣伝が可能であるし、日本語がわかる相手であれば全世界に向けて宣伝・広告が可能である。また、逆にテレビコマーシャルや新聞や雑誌の紙面広告では多額の費用がかかるが、このようなメディアによる宣伝・広告の場合には、消費者から見ればそもそもこれら媒体に広告・宣伝を載せられる事業者は、それ相当の規模と信用のあるものだと判断できるし、その結論はあながち間違いではない。しかし、インターネット上での広告・宣伝では、このような信用は成り立たない。

また、インターネットを利用して情報の伝達、処理を行う場合、情報の内容の改変や変質がされやすく、保存、蓄積されるデータが物理的に脆弱である。加えて、ネットワークの中を流れる電子データは複製が容易であるし、データ自体では複製したものとされたものの区別は消費者には困難である。そのため、例えば有名企業に「なりすまし」て広告・宣伝をしたり、欺瞞的な広告・宣伝を容易にかつ広範囲に伝搬させることもできる。

（エ）個人情報の収集・利用の容易さ

ネット通販では、広告・宣伝の情報が一方的に送られてくるだけではなく、消費者からのレスポンス（反応）が即時に、広告・宣伝を発している相手方事業者などに収集、保存されてしまう。例えば、質問に答えながら画面をめくっていくウェブページでは、それらの質問の回答が即時に事業者側のサーバーに返送され、データベースとして蓄積されていく。

また、最近では、インターネット上の情報を閲覧するためのブラウザに組み込まれている「Cookie」を利用したり、あるいは消費者の利用しているコンピュータに記録されているウェブページなどの閲覧情報を自動的に収集し、広告に利用する方法である「行動ターゲティング広告」と呼ばれる広告手法が拡大している[18]。行動ターゲティング広告では、情報を収集されたり、それが利

用されていることについて消費者が全く認識していなかったり、あるいは認識していたとしても消費者の予測を超えて収集、利用されてしまうという事態も生じている。

　このようにして蓄積された利用者個人のウェブの閲覧履歴やネット通販やその決済履歴等の生活行動履歴（ライフログ）を利用することは、個人情報の取得、保存および利用等としても極めて大きな問題であるだけでなく、個人のプライバシーの侵害としても重大な問題である。特に、ネット上の電子データの伝送の要となるプロバイダがこれら情報を収集し、管理、保存する場合、個々の取引や決済の履歴あるいはウェブ等の閲覧履歴を統合し、関連づけて保存、管理することが容易であり、従前なら関連づけられなかった情報が統合されることによって、個人情報が個別に収集される段階では予想もされない個人情報（個人をほとんど丸裸にするような情報）として整理、統合、再構成された情報の取得や活用が可能とすることになるビッグデータの利用などは極めて問題性が高い[19]。とりわけ、こうして収集、保存されたライフログをプロバイダ自身が活用したり、あるいは他の事業者等に利用させることとなった場合の個人情報

---

[18]　このような仕組みの広告は、従前は「Cookie」の機能を利用する方法が主だったが、近時は、ウェブサーバーへのアクセス履歴の情報を消費者の使用するパソコンから収集して広告に活用する方式も開発されている。例えば「楽天」（http://ad4u.drecom.co.jp/medium_rakuten）は「ad4U」という方式の行動ターゲティング広告を行っている。「楽天」はこの方式をデフォルトで採用しており、履歴情報の収集を望まない場合には、利用者が自分で設定を解除する必要がある（http://grp01.ias.rakuten.co.jp/optout/index.html）。また、「Yahoo」は「インタレストマッチ」という消費者のネット上の閲覧行動履歴の分析に連動する広告配信を導入しているし、マイクロソフトも「DRIVEpm」という同様の広告配信方式を導入している。さらに、携帯電話端末を使用したインターネット利用では、携帯電話機の「個体識別番号」を利用して、消費者のアクセス履歴を収集、分析して広告配信に活用する行動ターゲティング広告も導入されている。また、グーグルのOSを使用するスマートフォンでは、OSの機能として端末に記録されている、連絡先、電話番号、メールアドレス、通信履歴、GPSの位置情報などを収集して「android. provider. ContactsContract. Data.」としてサーバーに記録し、そのデータをスマートフォンのアプリケーションに利用できるようにしてある。そのため、同社のOSを利用したスマートフォンでは、利用者がほとんど自覚することなく、これらの情報が様々な取引や宣伝、広告のために利用されてしまっている実態がある。なお、グーグルは、2012年3月、それまで提供するサービス毎に定めていたプライバシーポリシーを一つに統一し、同社の各種のサービスにおけるユーザーの利用履歴や情報を包括的に収集して、行動ターゲティング広告やコンテンツ提供に利用できるように変更した。しかし、このような情報収集と利用は、個人情報保護の観点から問題があるとして、アメリカのFTCやEUの欧州委員会などから懸念が表明されている。

[19]　このような情報が犯罪に利用された場合の恐ろしさは、想像を絶する。この問題を扱った小説ジェフリー・ディーヴァー著、池田真紀子訳『ソウル・コレクター』（文藝春秋、2009）が実に興味深い。

保護における問題性やプライバシーの侵害の危険性は非常に大きい[20]。

第2節　インターネット通販と契約

1　ネット通販における契約締結の方法と形態

　ネット通販は、契約当事者が地理的、物理的に離れた場所にいながら取引に必要な契約締結を行うものであり、「隔地者間契約」のひとつである。この場合、申込みや承諾の意思表示のやりとりおよびそれらを合致させるために必要な操作や手順が、インターネット等の情報通信ネットワークとコンピュータを用いて行われる点に特徴があることは既述した。

　インターネットとコンピュータを用いて、契約締結に必要な申込みと承諾の意思表示のやりとりを行う方法としては、通常、① Hypertext Transfer Protocol（HTTP）を利用し、ウェブページ上で行う方法（具体的には、ネット通販業者のウェブページ上の画面表示にしたがって、商品等の選択を行い、その後、購入者の情報や支払方法などの情報をその画面からキーボードやマウスを使って入力して「注文」ボタンなどをクリックする方法）に限らず、② Simple mail Transfer Protocol（SMTP）を利用して、電子メールで意思表示を行う方法（具体的には、(a) ネット通販事業者が送信した電子メールに対し、契約の申込みや承諾となるテキストメッセージをメールソフトで作成して電子メールとして送信したり、(b) 事業者のウェブページ上の表示を見て、購入者が契約の申込みや承諾となるテキストメッセージを電子メールとして作成し、送信する方法）の両方が含まれる[21]。

---

[20]　近時、通信ネットワークを通過するパケットのヘッダ情報やヘッダ部分以外のデータ本体の情報を解析し、通信の特徴や振舞いを分析する DPI（Deep Packet Inspection）技術を利用して、プロバイダに蓄積された利用者の行動履歴から趣味や嗜好を分析し、それを活用した行動ターゲティング広告も使われている。しかし、DPI 技術を活用した行動ターゲティング広告は、通信の秘密を侵害するものであり、通信当事者の同意がなければかかる情報の収集、分析、利用は許されないが、むしろ重大なプライバシーの侵害と考えるべきである。なお、この点は、総務省「利用者視点を踏まえた ICT サービスに係る諸問題に関する研究会」第二次提言（平成22年5月）(http://www.soumu.go.jp/main_content/000067551.pdf) 参照。

[21]　電子メールでも、ウェブメールの通信プロトコルの基本部分は SMTP ではなく HTTP である。電子メールの通信プロトコルには、この他にも携帯電話や PHS 同士で短いテキストメッセージをやりとりする「SMS」（Short Message Service）あるいは「テキストメッセージサービス」と呼ばれて

実際のネット通販における契約締結の方法は、②の（b）の方法を採用するネット通販業者もあるが、ほとんどの場合が①の方法によっている。②の（a）の方法が使われるのは、迷惑メールを一方的に送り付けてそれに返信してきた消費者との間で契約締結をするような場面であろう。

　わが国の通信販売は、歴史的にも、また、特商法の規制を踏まえた経営上の方策としても、消費者からの申込みの意思表示をしてもらう方式がデファクト・スタンダードとなっている。そのため、ネット通販における契約締結の方式としては、①と②のいずれの場合でも消費者から申込みの意思表示をしてもらい、ネット通販業者が承諾の意思表示を返す方式がほとんどである。

2　ネット通販における契約の成立

(1) 申込みの誘引と申込み、承諾

　契約は、申込みの意思表示と承諾の意思表示が合致すると成立する。

　申込みと承諾の意思表示が合致したといえるためには、それぞれの意思表示の内容が、成立する契約の重要な部分（契約の要素）について一致する必要があるが、反面、その範囲で一致しておりさえすれば、契約は成立すると考えられている[22]。契約の要素は、民法の典型契約では、通常、それぞれの典型契約を規定する最初の条文に書かれているので（例えば、売買なら民法555条）、そこに書かれている範囲で一致すると契約は成立すると考えられ、ネット通販でもこの点は同様である[23]（第1章第2節参照）。

　ところで、ネット通販において、もし、通販業者のウェブページの表示（商品や権利、サービスとその価格等の取引条件を画像や文字で表示し、購入を誘引する行為）が、契約の申込みだと考えるとすると、顧客がこれらの表示を見て、商品等を注文する行為は契約の承諾ということになる。したがって、この場合は顧客の注文のクリックによって売買契約が成立し、ネット通販業者は商品・権利の引

いるものもある。なお、特商法では「SMS」が「電磁的方法」に含まれることが条文上も明らかである（特商則11条の2）。
22)　大村敦志『基本民法Ⅱ（第2版）』（有斐閣、2005）13頁。
23)　ネット通販では、通常は確認画面で表示されている対象物、数量、代金額で売買したり役務提供を受けることが契約の要素に該当し、それ以外の契約の付随部分の合意は、通販業者が表示している規約や取引条件、取引規定によって、合意の内容に取り込まれることになる。

渡しや役務提供が法律上の義務となる。本来の売買価格より安価な価格を誤ってウェブページに表示してしまったとしても、錯誤の成否はともかく[24]、契約は顧客の承諾で成立するので、ネット通販業者は誤った安い価格で商品を販売しなければならなくなる。

　また、特商法は通信販売業者が前払い式通信販売を行う場合には、契約の成否や成立した契約の内容等について書面等による通知義務を課しているので（特商法13条）、前払いでは通知に必要な手間やコストがかかることから、わが国では、ネット通販に限らず多くの通販業者が商品等を先に送付し、代金は後払いとしている。そのため、顧客の注文ボタンのクリックにより契約が成立すると考えると、その顧客から適正に代金の回収ができないリスクがありそうだと考えられても商品の発送が必要となるし、実際に代金回収が不能となった場合のコストや代金回収自体のコストも増えるが、これらをネット通販業者が負担する覚悟しなければならなくなる。

　さらに、通信販売では従前から特約に基づく合意ベースの返品制度が広く利用されていたし、また、2008年の特商法改正により、補充的ではあるが法定返品権も認められたことから、例えば、注文はするが頻繁に返品してくる顧客に対しても、契約が成立してしまった以上はいったんは商品等を送付しなければならず、返品に伴うリスクや解約処理に必要なコストなどの負担も必要となってくる。

　これらの事情から、通信販売業者としては顧客の側からの意思表示は申込みとして扱い、これに対し、通信販売業者が契約締結に応じるか否かを判断した上で承諾を行って契約を成立させる方が合理的である。この場合、ウェブページの表示はもとより、カタログ、新聞・雑誌の広告にしろ、TVやラジオの放送にしろ、これらの媒体によって通信販売業者が商品等の購入を呼び掛ける行為は、契約締結の申込みではなく「申込みの誘引」、いわば宣伝・広告や勧誘としての性質をもつ行為と評価される必要がある。実際にも、ウェブページ等に掲載されている取引規約等の中に、顧客からの注文は申込みの誘引であって通販業者が承諾することで契約が成立する旨が明記されている場合もあるが、

---

24) このようなミスの場合には錯誤となるとしても、ネット通販業者に重過失（民法95条1項但書）が認められ、無効の主張ができない場合が多いであろう。

規約や取引条件に明示されていない場合でも、取引当事者の合理的意思や取引通念から考えて、「申込みの誘引」と解される[25]。

　したがって、ネット通販でもウェブページ上の商品等の表示は申込みではなく「申込みの誘引」であり、これに対し購入者からの申込みがなされ、ネット通販業者が承諾をして初めて契約が成立すると考えることになる。

(2) ネット通販において「申込み」と評価される行為

　ネット通販では、通販業者のウェブ画面中で項目の選択、数値や文字の入力、ボタンのクリックなどの操作を行いながら購入の手続を進めていく。契約の申込みの意思表示となる操作もこの中に含まれるが、問題はこれらのクリックやその他の画面上の操作には様々なものがあり、そのうち契約の申込みとなるものとそうではない操作との区別が難しい場合が少なくない[26]。また、申込みの手続きが段階を踏んでなされる構成になっており、どの時点で契約の申込みとなるのかが不明確な場合も少なくない[27]。

　そのため、ウェブ上の画面である操作を行ったことが、契約の申込みの意思表示と評価されるには、どのような操作であればよいのか問題となる。例えば

---

[25]　東京地判平成17年9月2日（判時1922号105頁）は、顧客がサイト上においてパソコンが1台2,787円と表示されていたのを見て、パソコン3台を注文し、送料込みで3台分の代金合計13,086円で買い受ける旨のメールを送信したところ、ショッピングモールサイトから受注確認メールを受信したものの、売り手であるネットショップからは注文に応じないとする旨のメールを受信したという事例について、「インターネットのショッピングサイト上に商品及びその価格等を表示する行為は、店頭で販売する場合に商品を陳列することと同様の行為であると解するのが相当であるから、申込の誘引に当たるというべきである。そして、買い手の注文は申込みに当たり、売り手が買い手の注文に対する承諾をしたときに契約が成立するとみるべきである。」と判示して、ネットショップのホームページ上の表示の意義は「申込みの誘引」であって、申込みではないから顧客からの注文メールがネットショップに届いたとしても、承諾の意思表示がない以上、契約は成立しないとしている。
[26]　このような場合に顧客が誤った申込みをしないようにするために、特商法は確認画面の表示をしていないなど、通信販売業者が顧客の意思に反して契約の申込みをさせる行為を規制している（特商法14条1項2号）。この点は後述する（第3節1(3)(オ)）。
[27]　申込者の個人認証をクレジットカードの認証を利用してネット取引の当事者の認証に代用しているサイトが多い。これらのサイトでは、申込みの手続きが完了しない段階で操作を行っている者にクレジットカード番号などを入力させる構成をとるものが多く、カード番号を入力した後に最終的な申込手続きの完了前に申込みを中断しても、カード番号の入力の時点で契約の申込みが完了したと扱ってしまうシステム構築を行っているものがある。この場合、申込みが完了していないので、契約が成立しているとはいえないにもかかわらず、手数料等がクレジットカードで引き落とされてしまうという極めて不正な結果を消費者に押しつけているサイトもある。

「送信」というボタンがあっても、それをクリックすることが画面の表示を更新して新たな画面を表示させる操作を行うものであるのか、あるいは申込みのために入力した情報をネット通販業者に送信する操作をするものなのかは一義的には判断できない。

　また、クリックボタンに「注文」や「申込み」との表示がなされていたとしても、注文内容の確認画面が表示されなかったり、取引条件の表示がまったくなされていない場合には、これらのボタンをクリックしただけで契約締結の申込みをしたと評価してよいのかどうかも問題である。

　これらの場合の基本的な考え方を整理すると、次のとおりとなると思われる。
①申込みを行う意思をもって、意思表示を実現することとなるとみられる表示や説明のあるボタンのクリックなどの画面上の操作を行った場合に、申込みの意思表示の実現行為を行ったものと評価できることは問題ない。しかし、
②申込みを行う意思がなく、意思表示を実現する操作となるとはみられない表示や説明しかないボタンのクリックなどの画面上の操作を行った場合には、その操作によりネット通販業者側のシステム構成上承諾の意思表示が表示された（あるいは契約や取引成立の表示がされた）としても、申込みの実現行為とは評価できない。
③また、申込みを行う意思がなかったが、意思表示を実現する操作と通常、理解、判断できる表示、説明のあるものをクリック等した場合は、錯誤の問題になると考える。
④そして、意思表示を実現する操作となるとみられるか否か明確には判断できない表示や説明などしかないボタンのクリック等の場合に、その操作を行うことによって申込みを行ったと評価できるか否かは、確認画面の有無やクリックボタン等の説明や表示の仕方、内容と、その操作により意思実現との対応関係が明確であるか否かにより判断されると考える。

　意思表示の内容となる事項を確認する画面が表示され、その画面と一覧性が確保されている状態で、「注文」や「申込み」と表示されているクリックボタンを押し下げる等の操作をすれば、通常、それによって契約の申込みとなることの対応関係が明確であるから申込みの意思実現行為と評価できる。

しかし、確認画面が表示されず、クリックボタンの押し下げなどの操作と申込者が実現しようとする意思表示の内容との対応関係が明らかでない場合には、契約の成立に必要十分な申込みの意思表示とは評価されないと考える[28]。

なお、これらの判断において、クリックボタンなどの操作についての表示や説明が意思表示を実現する操作や行為と理解、判断できるか否かは、一般の消費者の理解、判断を前提にして社会通念に照らし判断されることになろう。

(3) ショップの規約、モール等の会員規約が契約内容となる要件

ネット通販でも契約の成立の有無については、契約の要素について意思の合致があれば契約が成立するとされるが、それ以外の付随的部分が契約に取り込まれるか否かは、どのような状況下で顧客がどのような操作をすれば、これらが契約内容として取り込まれるのかによって結論が異なる。

この点は、第2章第1節で詳しく述べられているので、そちらに譲る。

(4) ネット通販における契約の成立時期

この点は第1章第2節の4において詳しく述べられているので、そちらを参照されたい。

(5) ネット通販と錯誤

(ア) 電子消費者契約における錯誤の特例

意思表示を行った者に重過失がある場合には、錯誤があっても意思表示の無効の主張はできないが（民法95条但書）、ネット通販では、人とコンピュータとのインターフェイスの悪さなどから、クリックミスや入力ミスなど意思表示の

---

[28] 経済産業省「準則」（平成24年11月）iii.3頁は、コンピュータの画面上でライセンス契約をする場合（クリックオン契約の場合）について、「ユーザーが、画面上で『（ライセンス契約に）同意する』というボタンをクリックする前に、ライセンス契約の内容を認識し、契約締結の意思をもってクリックした場合は、ライセンス契約が成立（民法第526条第2項）している」とし、「ライセンス契約への同意を求める画面構成や同意ボタンがインストールを進める上での他の画面構成や他のボタンと外形的な差がなく、かつライセンス契約への同意についての確認画面もない場合」には、契約が成立していない可能性があるという考え方を示している。この考え方は、ライセンス契約以外の契約の成否に関しても、ウエッブ画面上のある操作や行為が、契約の申込みの意思を実現する行為と評価しうるか否かのひとつの判断基準となると考える。

間違いを犯しやすい特徴を持つ。そのため、消費者がこのような間違いを犯した場合でも意思表示の無効の主張ができるようにするために、電子契約特例法が錯誤の特例を定めている（電子契約特例法3条）。

（イ）特例の要件

この特例が適用されるためには、まず、積極的な要件として、①意思表示が電子消費者契約（電子契約特例法2条1項）にかかるものであること、②電子消費者契約の要素の錯誤であって、同法に定める2つの場合（後述（エ）①、②）の錯誤（電子契約特例法3条1・2号）であることを必要としている。

（ウ）電子消費者契約とは

電子契約特例法の規定する「電子消費者契約」とは次の①ないし③の要件を満たす契約である（電子契約特例法2条1項）。

①消費者と事業者間の契約であること

②電磁的方法によりコンピュータの映像画面を介して締結される契約であること

③事業者がその画面に表示する方法に従って消費者がコンピュータで申込みや承諾を行う場合であること

これらの要件のうち、①は消費者契約法の「消費者契約」の定義と同旨である。②の要件は、3つに分解される。まず、第一は、やりとりされる意思表示が電磁的方法によるものであることである。電磁的方法は、電子情報処理組織を使用する方法その他の情報通信の技術を利用する方法であり、コンピュータを相互に電気通信回線で接続したシステムを使用して意思表示をやりとりする方法である。インターネットを利用する方法は、その典型例であるので、一般のネット通販はすべてこれに該当する。

第二に、コンピュータを利用する方法である必要があるが、ここでいうコンピュータは、ラップトップコンピュータやデスクトップコンピュータのように、いかにもコンピュータ然としている機器に限らず、論理計算ができるICチップ（CPU：中央演算処理装置）が組み込まれている機器であれば、すべて含まれる[29]。

さらに、第三にはこのような意味の機器には画面が表示できる装置がついている必要があり、意思表示はこの画面を介して行われる必要がある。例えば携

帯電話機を用いた場合であっても、携帯サイトで画面の表示を見ながら注文をする場合には適用があるが、携帯電話をかけて音声応答サーバーの指示にしたがって、プッシュホン機能で信号を送るような方法の場合には、電子消費者契約には該当しない。しかし、電磁的方法であれば、必ずしもインターネットを利用した場合に限らず、通信販売業者の専用の通信回線を介する契約でも適用がある[30]。

最後の③の要件の趣旨は、申込みや承諾は、事業者がその画面に表示する方法に従って消費者がコンピュータを操作して行う場合である必要があり、通常は、商品等の表示ページから商品等の選択をしたり、プルダウンメニューなどから数量や金額を選択すると購入予定商品等の一覧が表示され、その後、購入者の個人情報や支払方法等の情報を通販事業者が構築した画面構成に従って入力し、注文ボタンをクリックすることで申込みや承諾をする場合に限られるという意味である。

したがって、本節1で述べた契約締結の形態のうち、①の場合がこれに該当し、②の（a）は該当しないことは明らかである。また、②の（b）の場合も申込みのために作成する電子メールは、消費者のメールソフトの電子メール作成画面で作成されるものであり通信販売業者が構築した画面ではないので、原則としてこの要件には該当しないと考えられる。

（エ）電子契約特例法の錯誤

電子契約特例法に基づく錯誤の特例が認められるためには、どんな錯誤でもよいという訳ではなく、電子消費者契約の要素に錯誤があった場合であって、その錯誤が次の①または②に該当するものでなければならない。

①消費者がその使用する電子計算機を用いて送信した時に当該事業者との間で電子消費者契約の申込みまたはその承諾の意思表示を行う意思がなかっ

---

[29] 携帯電話機やモバイル端末は当然これに含まれるし、前述のPTV端末やPND端末も含まれる。そればかりか、例えばCPUを内蔵し、ディスプレイが附属していれば通常の家電製品（例えば、ネットに接続できるTV受信機、ゲーム機や冷蔵庫など）を使用する契約も、本法の「電子消費者契約」に該当する。

[30] 例えば、コンビニなどに設置されている情報端末がインターネットではなく専用の情報通信回線を経由して本部のサーバーに接続されている場合には、この端末を利用して、旅行の申込みやコンサートなどのチケット、航空券の購入をしたような場合、この端末がインターネットに接続しているかどうかは、電子契約特例法の適用上は関係ない。

たとき（申込みや承諾の意思が欠けていた場合）
②消費者がその使用する電子計算機を用いて送信した時に当該電子消費者契約の申込みまたはその承諾の意思表示と異なる内容の意思表示を行う意思があったとき（異なる内容の意思表示をする意思であった場合）
である。

①は、まだ、申込みする意思はないのに、例えばリンク先の情報をみるつもりでクリックしたり、次頁を表示させるつもりで誤って申込みや注文のボタンをクリックしてしまったような場合であり、②は、数量の間違いや商品の選択間違い、サイズや色の選択の間違い（Ｍサイズを注文するつもりで誤ってＳサイズをクリックしたり、選択してしまった場合）などによる注文のクリックの場合である。

このように電子契約特例法の錯誤の特例では、民法で錯誤が認められる場合のすべてを取り込んでいるわけではない。ネット通販では動機が表示されることはほとんど考えられないので、動機の錯誤に適用されることはないと思われる。

（オ）特例の適用除外

次の①および②の場合には電子契約特例法の特例は適用されず、電子消費者契約の申込みや承諾の意思表示に錯誤があった場合は、民法の原則（重過失があれば無効の主張はできない）に戻る（電子契約特例法２条１項、３条）。

①事業者が消費者の真意を確認する措置を講じている場合[31]

立法担当者（経済産業省）は、図9-3-1や図9-3-2のような画面上の表示を確認措置の例とする[32]。

②消費者が確認措置を不要とする意思を表明した場合

消費者が、確認措置を不要とする意思を表明したと考えられる画面構成の例としては、消費者の意思を積極的に確認する構成である必要があり、確認を必

---

[31] 特商法は、通信販売規制として、ネット通販の場合、単に確認画面の表示を義務づけるだけでなく、申込みの内容を訂正できる措置をとることも義務づけているが、電子契約特例法で錯誤の特例の適用が除外される要件としては、この点の表示は不要である。特商法と電子契約特例法では、他方が行政上の義務づけ、他方が民法の特例を定める民事法との違いはあるが、類似の制度となっているので両法の相違に注意する必要がある。

[32] 経済産業省商務情報政策局情報経済課「電子契約特例法について」〜電子消費者契約及び電子承諾通知に関する民法の特例に関する法律〜の施行に当たって（平成13年）（http://www.meti.go.jp/topic/downloadfiles/e11213aj.pdf）。

図9-3-1　申込みの意思表示となることの確認画面の例

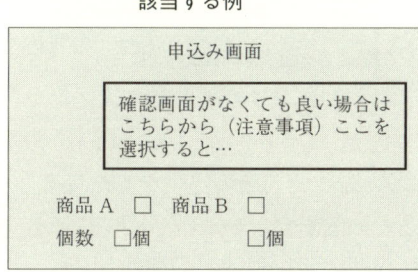

```
 申込み画面
商品A
 (説明)………
 ┌──────┐
 │購入します│
 └──────┘
     ↓
 確認画面
商品Aを申し込む購入す
ることになります。よろ
しいですか？
 ┌──┐    ┌──┐
 │確認│    │取消│
 └──┘    └──┘
```

図9-3-2　申込み内容を訂正できる機会を与える画面の例

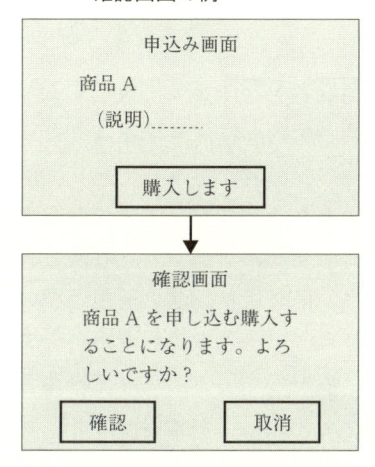

```
 申込み画面
商品A □　商品B ☑
個数 □個……⑪個
 ┌────┐
 │ 次へ │
 └────┘
     ↓
 確認画面
申込み内容
商品B　11個………
 ┌──┐    ┌──┐
 │申込む│  │戻る│
 └──┘    └──┘
```

図9-4-1　確認措置不要の意思表明に該当する例

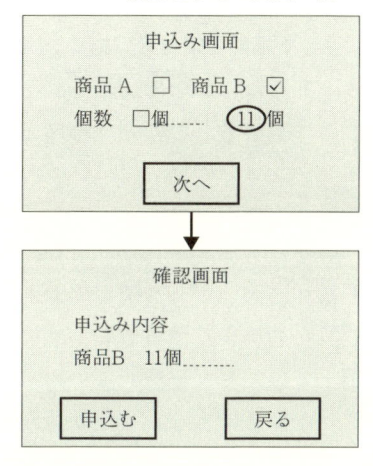

```
 申込み画面
┌─────────────┐
│確認画面がなくても良い場合は│
│こちらから（注意事項）ここを│
│選択すると…       │
└─────────────┘
商品A □　商品B □
個数 □個      □個
```

図9-4-2　確認措置不要の意思表明に該当しない例

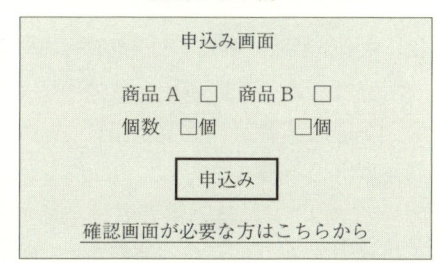

```
 申込み画面
商品A □　商品B □
個数 □個      □個
 ┌────┐
 │ 申込み │
 └────┘
確認画面が必要な方はこちらから
```

要とすることを消極的に問うような画面構成では意思の表明をしたとはいえない。

　具体例として立法担当者（経済産業省）は、図9-4-1のようなものであれば、消費者が、確認措置を不要とする意思を表明したと考えられるが、図9-4-2のような構成の場合には、確認措置を不要とする意思を表明したとはいえないとする。

3 ネット通販と消費者契約法

(1) ネット通販と消費者契約

　ネット通販において締結される契約は、消費者契約法2条に規定する「消費者」と「事業者」との間で締結される「消費者契約」に該当する。また、ネットオークションの場合には、オークションへの出品者が事業者であり、落札者が消費者である場合や逆に出品者が消費者であり落札者が事業者である場合には、いずれも出品者と落札者間の契約は消費者契約に該当する。しかし、出品者と落札者がいずれも消費者である場合には、消費者契約法の適用はない。

　これらの場合、消費者契約法の適用の有無は、出品者や落札者が自分の属性を偽っていたり、秘匿していたことにより、取引の相手方からみて事業者であることが認識できなかったか否かとは関係なく、契約当事者の一方が客観的にみて当該取引において消費者契約法2条2号の「事業者」に該当するか否かによって判断される。

(2) ネット通販における不当勧誘行為によって締結された契約の取消し

　消費者と事業者間のネット通販で締結された契約は消費者契約であるので、ネット通販業者が、重要事項について不実告知（消費者契約法4条1項1号）や不利益事実の不告知を行ったり（同法4条2項）、断定的判断の提供をした場合（同法4条1項2号）には、消費者は契約の申込みの意思表示の取消しができるといえそうである。しかし、消費者契約法は、意思表示の取消しの要件として、不実告知や不利益事実の不告知、断定的判断の提供は事業者が消費者契約の「締結について勧誘をするに際し」なされたことを必要としている（同法4条1項本文・2項本文）。ネット通販の場合、事業者のウェブページ上の表示によって消費者が契約締結の意思表示をすることになるので、ネット通販業者のウェブ上の表示が「勧誘」といえるかどうか問題となる。

　消費者契約法に関する立法担当者の解説（以下「消費者庁解説」という）では、広告、チラシの配布、商品の陳列、店頭に備え付けあるいは顧客の求めに応じて手交するパンフレット・説明書、約款の店頭掲示・交付・説明等は「不特定多数向けのもの等客観的にみて特定の消費者に働きかけ、個別の契約締結の意

思の形成に直接に影響を与えるとは考えられない場合」であるから、消費者契約法4条の「勧誘」には該当しないとする[33]。ネット通販におけるウェブ上の表示も不特定多数向けのように見えるし、商品紹介画面で販売する商品を表示しているのは店頭で商品を陳列しているのと変わりないようにも見える。また、消費者からアクセスして商品の説明等のウェブ上の表示を閲覧するものであるから、顧客の求めに応じてパンフレットを交付しているのと同様のものとみることも可能である。そのため、立法担当者の解釈をそのままあてはめると、消費者がネット通販業者のウェブページ上の不実表示を見て、誤認をして商品等の購入申込みをしても「勧誘をするに際し」とはいえないから、消費者契約法により申込みの意思表示を取り消すことはできないことになる。

しかし、消費者契約法の「勧誘」の意義は、消費者の契約意思の形成に影響を与える行為は広く含むと解すべきであり、消費者庁解説が例示しているようないわゆる「宣伝・広告」の場合であっても「勧誘」に含まれると解すべきである[34]。また、消費者庁解説が例示しているようなリアルのツールによる宣伝・広告行為は「勧誘」には含まれないとの解釈をとるとしても、インターネットという情報通信ツールの特徴からみて、やはり「勧誘」に該当すると考えられる。なぜなら、まず、インターネットによる情報通信は双方向性があるし、その仕組みからネット通販では消費者に対する契約締結に向けた働きかけとなる情報は不特定多数ではなく、直接、当該消費者に向けられて提供されている点で質的な相違がある。また、新聞、テレビや雑誌、パンフレット等のリアルなツールによる宣伝・広告等の場合に比べ、インターネットでは当該消費者に特化したり個別化した情報を伝えることが可能であり、新聞、テレビや雑誌、

---

33) 消費者庁企画課編『逐条解説・消費者契約法(第2版)』(商事法務、2010) 108頁。
34) 落合誠一『消費者契約法』(有斐閣、2001) 73頁も「『勧誘』とは、事業者が消費者に対し契約締結の意思表示をさせようとする一切の働きかけをいう。口頭、態度、文書あるいは電子的手段による等契約締結の意思表示をさせようとする働きかけであれば、その方法は問わない。」とし、「不特定多数向けの広告、チラシ等であっても、当該消費者がそれをみて誤認し、それによって当該消費者契約の申込みまたはその承諾の意思表示をしたときは、『勧誘』に該当する」としている。同旨の考え方を採るものとして、池本誠司「不実告知と断定的判断の提供」法学セミナー549号 (2000) 20頁、山本豊「消費者契約法 (2)」法学教室242号 (2000) 87頁、道垣内弘人「消費者契約と情報提供義務」ジュリスト1200号 (2001) 50頁、日弁連消費者87頁、日弁連消費者問題対策委員編『コンメンタール消費者契約法 (第2版)』(商事法務、2010) 65頁などがある。

パンフレット等による働きかけより、消費者に契約締結の意思表示をさせる点での影響力はインターネットの場合の方が高い効果がある。これらの特質からすれば、消費者庁解釈を前提にしてもネット通販の場合には、通販業者のウェブページ上の表示は「勧誘」に該当すると解されるからである。

(3) 不当条項の無効

　意思表示の取消しの場合と異なり、不当条項の効力に関する消費者契約法8条から10条の規定では「勧誘」は問題とならないので、ネット通販においてこれらの条項に反する規約や取引条件が定められていた場合には、消費者契約法のこれらの条項に従って、その規約や取引条件にかかる契約条項の全部または一部が無効となる。

　具体的には、①解除に伴う違約金や損害賠償額を予定する条項は、平均的な損害額を超える部分は無効となるし（消費者契約法8条）、②履行遅滞の場合の違約金、遅延損害金は14.6％が限度となり（消費者契約法9条）、また、③民商法の任意規定と比べて、消費者の権利を制限し、義務を加重する条項であって信義則に反して消費者の利益を一方的に害する条項は無効とされる（消費者契約法10条）ことは、他のリアルの手段による契約の場合と同様である。

　なお、この点は、第2章第1節2も参照されたい。

4　ネット通販における未成年者取引

(1) 未成年者取引

　未成年者がネット通販を行った場合、親権者の同意がなければ未成年者が締結した契約の意思表示は取り消すことができる（民法5条）。ネット通販では、相対取引と異なり、申込者の外見や風貌から年齢を推測することはできないので通販業者からみると、予期しない取引で申込みの意思表示の取消しを主張されることもある。

(2) 年齢認証と詐術

　ネット通販では、取引を申し込む者が年齢の認証を求められる場合が少なくない[35]。年齢認証の趣旨や目的は、ネット通販において通販業者が申込者か

らいきなり未成年者取消しを主張されるリスクを軽減させるためであることもあるが、多くの場合、風俗営業等の規制及び業務の適正化等に関する法律（以下、本章では「風営法」という）や出会い系規制法などの行政取締法規によって年齢認証が事業者に義務づけられていることによる。

　いずれの場合であっても、事業者側が契約の申込みを受け付ける際の年齢確認に対し、未成年者が制限行為能力者には該当しない年齢であると偽って回答した場合に、「詐術」（民法21条）に該当し、意思表示の取消しができなくなるかどうかが問題となる。

　「詐術」の意義について最判昭和44年2月13日（民集23巻2号291頁）は、「無能力者が能力者であることを誤信させるために、相手方に対し積極的術策を用いた場合にかぎるものではなく、無能力者が、ふつうに人を欺くに足りる言動を用いて相手方の誤信を誘起し、または誤信を強めた場合をも包含する」とする。この考え方からすると、ネット通販の取引の申込みの際に求められた年齢確認に対し、20歳未満の者が20歳以上である旨を回答した場合なども「詐術」と評価される可能性が高い。

　しかし、上記の最高裁判決も詐術に該当するという判断は、無能力者（現行民法では制限行為能力者）の言動全体を捉えて判断することを前提にしており、この点は「詐術」にはあたらないとの判断においても妥当すると考える。

　そして、ネット通販の場合の年齢認証の方法も様々であり、単に画面に20歳以上か否かの質問を表示して、それに「はい」か「いいえ」で回答させる（いずれかのボタンをクリックさせるなど）の方法もあれば、申込者の生年月日や年齢を画面上で直接入力させることで年齢確認をする構成となっているものもある。後者の場合には、積極的に年齢を偽る行為を未成年者自らが行っていると評価され、「詐術」に該当し取消しができない可能性が高い。しかし、ネット通販では、前述したインターネットのもつ特質がリアルの世界での宣伝・広告などと比較して、契約意思の形成に対しいっそう強く働くものであることに加え、ウェブ画面の構成の仕方やその画面で提供される情報の内容や見る者に与

35）　クレジットカード取引では、カードホルダーに関する情報の入力を通じて、本人の認証が行われるので、事実上、年齢の認証もカード会員であるか否かの認証において、事実上、一緒に行われていると考えられる。

える影響力の性質や強さにより、そのサイトの取引に誘引されてしまう度合いも異なっている。社会経験も乏しく、誘惑的な刺激に対して耐性の備わっていない未成年者の場合にはこれらの事情も勘案して「詐術」か否かを判断する必要がある。これを踏まえると、単に20歳未満か否か（通常は、18歳未満か否かの確認がほとんど）の質問に解答させるだけの場合には、「いいえ」をクリックしたからといって、それだけで直ちに「詐術」に該当するとは解されないというべきである[36]。

　さらに、特に未成年者取引のトラブルが多く発生しがちなアダルトサイトや出会い系サイトでは、それ以外のネット通販の場合と比較しても、一層、未成年者が誘惑され、取引に誘引されてしまう可能性が高いことに加え、これらのサイトにおける年齢確認は民法上の制限行為能力者か否かの確認の為ではなく、これら業務の規制法により遵守すべき年齢確認義務を果たす必要から、申込者が18歳以上か否かの確認を求める構成となっているものがほとんどである。したがって、これらの行政取締目的の義務づけから18歳以上か否かを回答させる年齢確認の場合には、そもそも年齢確認の趣旨、目的が民法上の制限行為能力者か否かの確認とは異なっているので、サイト側の誘引によって未成年者が取引に引き込まれることにより、この質問に対し18歳未満の者が18歳以上との回答をしたことをもって、直ちに民法21条の「詐術」に該当するとは解されないというべきである。

---

[36] 経済産業省「準則」（平成24年11月）i. 52頁では、「詐術を用いたと認められるか否かは、単に未成年者が成年である旨回答したことだけをもって判断されるものではなく、事業者が故意にかかる回答を誘導したのではないかなど、最終的には取引の内容、商品の性質や事業者の設定する画面構成等個別の事情を考慮して、判断されるものと解される。」とし、具体例として「未成年者の場合は親権者の同意が必要である」旨、申込み画面上で明確に表示・警告したうえで、申込者に年齢または生年月日の入力を求めているにもかかわらず、未成年者が、自己が成年になるような虚偽の年齢または生年月日を入力した場合は詐術に当たる可能性があるが、単に「成年ですか」との問いに「はい」のボタンをクリックさせる場合や利用規約の一部に「未成年者の場合は法定代理人の同意が必要です」と記載してあるのみである場合は取消しが可能と思われるとしている。

第3節　インターネット通販の法規制

1　特商法

(1) 通信販売の該当性

(ア) 通信販売

　特商法は、販売業者または役務提供事業者が郵便その他の特商則で定める方法（この方法は特商法では「郵便等」と表記）により売買契約または役務提供契約の申込みを受けて行う商品もしくは指定権利の販売または役務の提供であって電話勧誘販売に該当しないものを「通信販売」と定義し（特商法2条2項)、「郵便等」には「通信機器又は情報処理の用に供する機器を利用する方法」が含まれている（特商則2条）。

　販売業者または役務提供事業者が、コンピュータと電気通信設備（回線）を用いて電子データで申込みを受付ける方法は「郵便等」に該当するので、この方法によって顧客から申込みを受付ける取引はすべて「通信販売」である。なお、情報通信のために利用する手段はインターネットに限らない。事業者の用意する専用の情報通信回線を介して申込みの受け付けをする場合も含まれる。

　したがって、事業者がネット通販において商品、指定権利の販売、役務提供にかかる契約の申込みをインターネットにより受付けている場合は、特商法の通信販売規制に服する。具体的にはネット通販のショップ、ネットオークションの出品者（売主)、インターネット上の有償の情報提供事業者（CP) やその他のサービス提供事業者（ASP)、ネットオークションサービスの提供事業者、ドロップシッピングに関わる事業者などは、特商法の定める適用除外に該当しない限り、特商法の通信販売規制の対象となる。なお、アフィリエイターは他の通信販売業者の宣伝・広告の一部を担当する仕組みのものがほとんどであり、アフィリエイター自身が顧客から注文を受け付ける業務を行っているとみられる事情がなければアフィリエイターは特商法の通信販売を行っているとは解されない。

(イ) 事業者性

　特商法の適用を受ける主体は、販売業者または役務提供事業者であるが、有

償で反復継続して商品や権利の販売を行う者や役務提供の取引を行う者は広く含まれる。

　特商法の適用のある事業者は「営利目的」をもって事業を行う者である必要があるとする見解もあるが[37]、反復継続して有償の事業活動を行う者であれば足り、必ずしも営利を目的とする事業者であることは必要ないと解する[38]。したがって、宗教法人や公益社団・公益財団法人、その他の非営利法人などがネット通販を行っている場合も、特商法の他の適用除外に該当しない限り、同法の適用が排除されることはないと解する。

　ところで、ネットオークションでは、個人が不要品を売却するために出品をしている程度であれば、ある程度反復、継続して出品していても販売業者とは見られないが、ほかから商品を仕入れたり、販売の委託を受ける等によりかなりの数量、回数の出品を繰り返すに至った場合には通信販売を行う事業者と評価され、特商法の適用を受けることになる。

　問題は、どのような取引をどの程度行えば、特商法の適用を受けるようになるかであるが、少なくともネットオークションで営業的利益を上げようとの意思（営利の意思）の下に取引を反復、継続するつもりで出品を行えば、初回の取引から特商法の適用があると評価できる。しかし、かかる意思は出品者の内心の問題であるので、客観的に判断することは難しい。そこで、取引の回数や量、取引金額などの客観的指標から通信販売の事業を行っていると評価、判断できれば、特商法の適用の有無が明確になるが、この場合でも取引回数や取引の個数、分量や金額で基準を設けるのは簡単ではない。

　このような事情を踏まえて、経済産業省は次のようなガイドラインを設け、少なくともこのガイドラインの基準を超える回数、量、金額の取引を行っている者は通信販売の事業者に該当し、特商法の適用があるものと評価することにしている[39]。

　このガイドラインでは、まず、「全てのカテゴリー・商品について」の基準

---

[37] 消費者庁取引物価対策課・経済産業省商務情報政策局消費経済対策課編『特定商取引に関する法律の解説（平成21年版）』（商事法務、2010）38頁、578頁、圓山茂夫『詳解特商法の理論と実務（第2版）』（民事法研究会、2010）33頁。
[38] 齋藤・池本・石戸谷51頁参照。

として、例えば、
　①過去1ヶ月に200点以上又は一時点において100点以上の商品を新規出品している場合
　②落札額の合計が過去1ヶ月に100万円以上である場合
　③落札額の合計が過去1年間に1,000万円以上である場合
には、特別の事情がある場合を除き、営利の意思を持って反復継続して取引を行う者として販売業者に該当すると考えられるとしている。
　また、「特定のカテゴリー・商品について」の基準として、例えば、
①家電製品等について、同一の商品を一時点において5点以上出品している場合
②自動車・二輪車の部品等について、同一の商品を一時点において3点以上出品している場合
③CD・DVD・パソコン用ソフトについて、同一の商品を一時点において3点以上出品している場合
④いわゆるブランド品に該当する商品を一時点において20点以上出品している場合
⑤インクカートリッジに該当する商品を一時点において20点以上出品している場合
⑥健康食品に該当する商品を一時点において20点以上出品している場合
⑦チケット等に該当する商品を一時点において20点以上出品している場合
には、通常、販売業者にあたると考えられるとする。
　経済産業省のまとめたこのガイドラインの基準は、この基準を超える数量、回数、金額の取引をしていれば、客観的にも通信販売における販売業者と評価できるとした基準であり、これらを下回った取引しかしていない場合でも通信販売における販売業者と評価、判断されることは十分にありうることである。

39）　経済産業省大臣官房商務流通審議官発各経済産業局長及び内閣府沖縄総合事務局長あて「特定商取引に関する法律等の施行について」（平成21年8月6日：以下、本章では「経産省通達」と表記する）の別添1「インターネット・オークションにおける『販売業者』にかかるガイドライン」http://www.no-trouble.go.jp/#1400000。

(ウ) 取引対象

　2008（平成20）年改正前の特商法は、取引の対象となるものについて政令指定制を採用し、特商令で指定された商品、権利又は役務でない限り、通信販売においても同法の適用はなかった。しかし、2008（平成20）年改正により商品と役務については政令指定制が廃止され、特商法26条で別に定める適用除外に該当しない限り、すべての商品と役務の通信販売に適用されるようになった（施行は2009（平成21）年12月1日）。なお、権利については依然として政令指定制が採用されており、通信販売でも特商令で指定された次の①から③の権利の取引でないと特商法は適用されない（特商令3条の「別表第1」）。しかし、商品と役務について政令指定制が廃止された状況下では、特商法の適用されない指定権利の概念や範囲は限定的に解すべきである[40]。

①保養のための施設またはスポーツ施設を利用する権利（例：ゴルフやスポーツクラブの会員権）

②映画、演劇、音楽、スポーツ、写真または絵画、彫刻その他の美術工芸品を鑑賞し、または観覧する権利（例：観覧・鑑賞用チケット）

③語学の教授を受ける権利（例：語学のレッスンチケット）

　商品、役務について通信販売における政令指定制が廃止されたことから、ネット通販においても、従前は特商法の適用対象外であったオークションサイトを利用させる役務（サービス）はもとより、有料の情報提供サービスやインターネット上の各種のサービス提供は特商法26条の定める適用除外に該当しない限り、すべて特商法が適用されることになった。また、生鮮食料品も適用除外とはなっていないので、これらをインターネット上で販売する場合にも特商法の適用がある[41]。同様に、医薬品のネット販売も特商法の適用がある。

---

40) 商品と役務について政令指定制を廃止した後における指定権利制の意義や特商法の適用が排除される権利取引についての考え方については、齋藤雅弘「特定商取引に関する法律における商品・役務の概念と指定権利制」現代消費者法8号（2010）67頁参照。

41) 特商法26条4項2号では、生鮮食料品のような「相当の期間品質を保持することが難しく、品質低下により価額が著しく減少するおそれがある商品として政令が指定するもの」については、クーリング・オフ規定などの適用が排除されるが、現状ではこの政令は定められていないし、特商法26条4項2号により適用除外の対象となるのは訪問販売と電話勧誘販売に限られているから、いずれにしてもネット通販では生鮮食料品が特商法の除外とはなっていない。

(2) 適用除外

（ア）取引の主体や相手方の属性などから特商法の適用を除外する場合

　取引の主体や相手方の属性などから特商法の除外されているものには、次の取引がある（特商法26条1項1～5号）。これらに該当するネット通販には特商法の適用はない。

　①営業のためにもしくは営業としての契約締結にかかるもの
　②外国にある者への販売、役務提供
　③国、地方公共団体の行う販売、役務提供
　④法律に基づく組合、その連合会および中央会、国家公務員共済組合ならびに労働組合がその構成員に対して行う販売、役務提供
　⑤事業者がその従業員に対して行う販売、役務提供

　なお、顧客側の属性に事業者性があるため「営業のために若しくは営業として」に該当することが争点となることが少なくない。しかし、特商法は消費者契約法のように顧客側の属性が「消費者」である場合に限定して適用をしている訳ではなく、例えば株式会社などの営利法人であっても、当該取引が「営業のために若しくは営業として」に該当しなければ特商法の適用除外とされることはない[42]。

（イ）特定の取引について特商法が適用除外とする規定をおいているもの

　ある特定の種類の取引について特商法が自ら適用除外としているものは、次のとおりである（特商法26条1項6・7号・8号イ～ハ）。これらの取引がインターネット上で行われた場合にも特商法の適用はない。

　①株式会社以外の者が発行する新聞紙の販売（特商法26条1項6号）
　②弁護士、外国法事務弁護士が行う弁護士法に基づく弁護士業務（役務提供）

---

[42] 通信販売の例ではないが、訪問販売では、①会社による消火器薬剤充填契約のクーリング・オフを認めた例（神戸地判平成15年3月4日金判1178号48頁、その控訴審の大阪高判平成15年7月30日消費者法ニュース57号155頁、②個人で印刷画工業を営んでいた顧客との電話機リース契約が「営業のため」とはいえないと判示した名古屋高判平成19年11月19日判時2010号74頁、③社会保険労務士としての活動はほとんどしておらず、その営業には契約した高性能の電話機は必要ないとして、「営業のためもしくは営業として」とはいえないと判示した東京地判平成20年7月29日判タ1285号295頁や、電話勧誘販売による医療事務速習講座のテキスト等購入の事案では、④旧訪問販売法第10条第1項第1号（現行の特商法26条1項1号）の「営業のため若しくは営業として」には該当しないとした津地判平成15年4月2日消費者法ニュース56号158頁、控訴審の名古屋高判平成15年12月25日消費者法ニュース59号139頁）などの例がある。

（同項7号）
③金融商品取引法に基づき、金融商品取引業者、同仲介業者および登録金融機関が行う商品の販売・役務提供、認定投資者保護団体および証券金融会社が行う役務提供（同項8号イ）
④宅建業者（法律に基づき宅建業を営める信託銀行、認定金融機関を含む）が行う宅建業法に基づく商品販売、役務提供（同項8号ロ）
⑤旅行業者および旅行代理業者が行う旅行業法に基づく、役務提供（同項8号ハ）

（ウ）適用除外とすべき取引の特定を特商法が政令に委任しているもの

　適用除外とすべき取引の特定を特商法が政令に委任し、特商令が適用除外として規定している取引の概要は次の①から⑤のとおりである（特商法26条1項8号ニ、特商令5条：詳細は同政令の「別表第2」を参照）。これら特商令で指定されている取引をインターネット上で行う場合も、特商法が全面的に適用除外となる。なお、特商令5条（別表第2）に列挙されている法律の適用のある取引がすべて適用除外となるのではなく、「別表第2」は特商法の適用除外となる取引を各法律毎に条文を挙げて具体的に特定しているので、「別表第2」に列挙されている各法律の条項で特定された取引のみが特商法の適用除外となる。

①金融取引に関するもの（19法律）
　金融商品取引業、銀行業、保険業など、金融機関が行う取引であり、具体例としては有価証券の売買、預貯金業務、保険の引受などである。

②通信・放送に関するもの（4法律）
　電気通信事業、放送事業など、通信・放送に関する役務提供であり、具体例としては電話サービス、インターネット接続サービス、ケーブルテレビでの放送、衛星放送などがこれに該当する。

③運輸に関するもの（9法律）
　航空運送、陸運、海運など、輸送機関によって乗客や貨物を輸送する役務提供であり、具体例としては航空運送事業、鉄道事業、バス・タクシー等の運送、フェリーの運送などの運送役務の提供が該当する。

④法律に基づく国家資格を得て行う業務に関するもの（7法律）
　具体的には、公認会計士、司法書士、土地家屋調査士、行政書士、税理士、

社会保険労務士、弁理士が提供するサービス（役務）の取引である。

⑤その他の類型（10法律）

具体的には、商品先物取引、海外商品先物取引、商品投資顧問業、不動産特定共同事業など金融商品取引法の対象とはなっていない投資取引、投機取引における役務提供や自動車整備業、倉庫業、国民年金、信用購入斡旋、積立式宅地建物販売、裁判外紛争解決手続における役務提供など、上記の①〜④以外の類型の取引である。

（エ）電気通信サービス・放送サービスと特商法の適用関係

ICTの進展により、近時では携帯電話端末やその他のモバイル端末とこれらの端末を利用する携帯電話サービスや電気通信サービスなども、店舗ではなくインターネット上で販売されることが増えてきている。インターネット上で行われるこれらの商品の販売や通信サービスなどの役務提供は特商法の通信販売に該当するが、電気通信サービス（電気通信事業法2条5号の電気通信事業者が行う同条4号の役務）は特商法の適用除外とされているので、商品たる端末機器には特商法の通信販売規制が及ぶが通信サービスの提供には規制が及ばないことになる。

また、他方で消費者向けの各種の映像配信サービスの提供が拡大しており、これらの契約の申込みがインターネットを利用してなされる場合は通信販売に該当する。映像配信サービスには様々なものがあり、サービス提供自体にかかわる法律の適用関係も複雑であり、そのため特商法の適用関係もわかりずらくなっている。

映像配信サービスとして通常行われているものには、①地デジの再放送、②専用チャンネルによる番組放送、③ビデオ・オン・デマンドによる映像配信などがあるが、①と②は、他人の電気通信設備（電気通信事業法2条2号）を利用した放送であり、放送法の適用を受けることから（同法2条1号）、特商法の適用は除外される（特商令「別表第2」の21号）。しかし、③は電気通信事業法上の電気通信役務の提供ではあるが、同法により届出が必要とされない事業（役務提供）であるので、特商法の適用除外とはならないと解される[43]。

第3節　インターネット通販の法規制　319

(3) 特商法の通信販売規制
　(ア) 行政規制の概要
　ネット通販も「通信販売」に該当するので、ネット通販の販売業者または役務提供事業者は特商法の定める次の①ないし④の規制に服する。
　①広告における一定事項の表示の義務づけ（積極的広告規制：特商法 11 条、特商則 8 条）と誇大広告等の禁止（消極的広告規制：特商法 12 条、特商則 11 条）
　②予め承諾をしていない者に対する電子メール広告の提供の禁止等（迷惑メール規制：特商法 12 条の 3、12 条の 4）
　③前払い式通信販売の場合の契約成立等の通知の義務づけ（特商法 13 条、特商則 12 条）
　④通信販売の取引の公正および購入者等の利益が害されるおそれのある行為の規制（特商法 14 条）

　(イ) 広告規制
　上記（ア）①の広告規制は、通信販売についての広告をする場合には必ず表示しなければならない事項の表示の義務づけ（積極的広告規制：特商法 11 条）と誇大広告等の禁止（消極的広告規制：同法 12 条）の 2 つがある。
　広告規制に違反した場合には、主務大臣による指示（特商法 14 条 1 項）や業務停止命令（特商法 15 条）の対象となり、主務大臣の指示に違反した場合には 100 万円以下の罰金（特商法 72 条 2 号）、業務停止命令に違反した場合には 2 年以下の懲役または 300 万円以下の罰金に処せられ、またはこれらが併科される（特商法 70 条の 2）。また、誇大広告等の禁止（特商法 12 条）に違反する表示をし

---

43) 特商令の別表第 2 の 32 号で適用除外されるのは、電気通信事業法 2 条 5 号に規定する同法 9 条の登録を受けた者および 16 条 1 項の届出をした者の行う同法 2 条 4 号の役務取引のみである。したがって、同法 9 条の登録や同法 16 条に基づく登録や届出の必要のない電気通信事業者の行う役務は特商法の適用除外とはされていない。ビデオ・オン・デマンドによる映像配信サービスの提供は、「電気通信役務」には該当するが「他人の通信の媒介」ではなく、また、自ら電気通信回線設備（伝送路設備と一体として設置される交換設備並びにこれらの附属設備）を設置することなく電気通信役務を提供する事業（電気通信事業）なので、電気通信事業法に基づく登録や届出は不要である。そのため、ビデオ・オン・デマンドによる映像配信サービスの提供事業者の行う役務提供は、特商法の適用除外には含まれず同法の適用がある。なお、「電気通信事業」の解釈については、総務省総合通信基盤局電気通信事業部データ通信課編「電気通信事業参入マニュアル（追補版）」(http://www.soumu.go.jp/main_sosiki/joho_tsusin/policyreports/japanese/misc/Entry-Manual/TBmanual02/entry02_01.pdf) を参照。

た者には、直罰（100万円以下の罰金：同法72条3号）が定められている。
　(i) 積極的広告規制
　ネット通販を行う販売業者または役務提供事業者が「通信販売をする場合」の商品や指定権利、役務の「販売条件や提供条件について広告するとき」は、表9-1の①～⑬の事項を表示することが義務づけられている（特商法11条、特商則8条）。販売条件や取引条件についての広告をする場合の義務であるから、販売や役務提供とは関係のない企業のイメージ広告などの場合には表示義務はない。

　通信販売では、商品等の紹介の広告の態様や広告に割けるスペース等が多種多様であり、あらゆる場合について上記の表示をすべて義務づけることは現実的ではないので、広告中に請求により表示を義務づけられる事項を記載した書面、またはこれらの事項を記録した電子データを遅滞なく提供する旨の表示をする場合には、特商則の規定に従って表示の省略が可能である（特商法11条本文但書）。表示の省略ができる場合は、表9-2のとおりである。

　また、販売業者等が「電子情報処理組織を使用する方法により広告する場合」つまり、コンピュータをインターネットなどの電気通信回線で相互に接続して電子データをやりとりする方式による広告の場合（ネット通販はこれに該当する）に、省略が認められるためには、次の①から③の方法により特商法11条各号に掲げる事項の一部を提供する旨の表示をする必要がある（特商則10条3項）。ただし、①と②の場合は、記録されたファイルがプリントアウトできるものでなければならない（特商則10条4項1号）。

①販売業者または役務提供事業者の使用に係る電子計算機と顧客の使用に係る電子計算機とを接続する電気通信回線を通じて送信し、受信者の使用に係る電子計算機に備えられたファイルに記録する方法（同項1号）
　広告事項を記録した電子データを電子メールなどで送信し、受信した顧客のコンピュータに保存してもらう方法である。

②販売業者または役務提供事業者の使用に係る電子計算機に備えられたファイルに記録された書面に記載すべき事項を電気通信回線を通じて顧客の閲覧に供し、当該顧客の使用に係る電子計算機に備えられたファイルに当該事項を記録する方法（同項2号）

表9-1

表示が義務づけられている事項	条文
①商品もしくは権利の販売価格または役務の対価(販売価格に商品の送料が含まれない場合には、販売価格および商品の送料)	特商法11条1号
②商品もしくは権利の代金または役務の対価の支払の時期および方法	特商法11条2号
③商品の引渡時期もしくは権利の移転時期または役務の提供時期	特商法11条3号
④商品もしくは指定権利の売買契約の申込みの撤回または売買契約の解除に関する事項(特商法の法定返品権と異なる特約がある場合には、その内容を含む)	特商法11条4号
⑤販売業者または役務提供事業者の氏名または名称、住所および電話番号	特商法11条5号、特商則8条1号
⑥販売業者または役務提供事業者が法人であって、電子情報処理組織を使用する方法により広告をする場合には、その代表者または通信販売に関する業務の責任者の氏名	特商法11条5号、特商則8条2号
⑦申込みの有効期限があるときは、その期限	特商法11条5号、特商則8条3号
⑧前記①の金銭以外に購入者または役務の提供を受ける者の負担すべき金銭があるときは、その内容およびその額	特商法11条5号、特商則8条4号
⑨商品に隠れた瑕疵がある場合、販売業者の責任についての定めがあるときは、その内容	特商法11条5号、特商則8条5号
⑩磁気的方法または光学的方法によりコンピュータのプログラムを記録した物を販売する場合、またはコンピュータにより映画、演劇、音楽、スポーツ、写真もしくは絵画、彫刻その他の美術工芸品を鑑賞させ、もしくは観覧させる役務を提供する場合、もしくはプログラムをコンピュータのファイルに記録し、もしくは記録させる役務の提供をする場合には、その商品または役務を利用するために必要なコンピュータの仕様および性能その他の必要な条件	特商法11条5号、特商則8条6号
⑪前記⑧〜⑩以外に商品の販売数量の制限その他の特別の商品もしくは権利の販売条件、または役務の提供条件があるときは、その内容	特商法11条5号、特商則8条7号
⑫広告の表示事項の一部を表示しない場合であって、特商法11条但書の書面(カタログや説明書の書面)を請求した者に当該書面に係る金銭を負担させるときは、その額	特商法11条5号、特商則8条8号
⑬販売業者または役務提供事業者が、通信販売電子メール広告をする場合には、販売業者または役務提供事業者の電子メールアドレス	特商法11条5号、特商則8条9号

表 9-2

表 示 事 項			販売価格・送料その他消費者の負担する金銭（特商法 11 条 1 号、特商則 8 条 4 号）	
			全部表示する場合	全部表示しない場合
代金等についての表示（特商法 11 条 2 号）	支払時期	前払いの場合	×	○
		後払いの場合	○	
	支払方法		○	
商品の引渡時期・権利の移転時期・役務の提供時期（特商法 11 条 3 号）	遅滞なく商品送付した場合		○	○
	それ以外の場合		×	
返品特約（返品の可否・返品期間等の返品条件、送料の負担の有無）（特商法 11 条 4 号）			×	×
販売業者の氏名・名称、住所・電話番号（特商則 8 条 1 号）			○	○
法人が電子情報処理組織を使用する方法で広告して通信販売を行う場合における法人の代表者または通信販売の業務責任者の氏名（特商則 8 条 2 号）			○	○
申込みの有効期限（特商則 8 条 3 号）			×	×
商品の隠れた瑕疵に関する販売業者の責任 (特商則 8 条 5 号)	販売業者が責任を負わない場合		×	○
	それ以外の場合		○	
ソフトウエアの販売または映画、音楽、写真等のデジタルコンテンツを観覧等させる役務提供におけるコンピュータの動作環境等の条件（特商則 8 条 6 号）			×	×
販売数量の制限等特別の販売条件（特商則 8 条 7 号）			×	×
請求により送付する書面の価格（特商則 8 条 8 号）			×	×
電子メールで広告する場合の電子メールアドレス（特商則 8 条 9 号）			×	×

（○は省略できるもの、×はできないもの）

 通信販売業者のウェブページで広告事項を閲覧させ、そのデータを顧客のコンピュータに保存してもらう方法である。

③顧客の使用に係る電子計算機に書面に記載すべき事項を記録するためのファイルが備えられていない場合に、販売業者または役務提供事業者の使用に係る電子計算機に専ら当該顧客の用に供するために備えられたファイルに記録された当該事項を電気通信回線を通じて顧客の閲覧に供する方法（同項 3 号）

 通信販売業者のサーバーに広告事項の電子データを記録し、その記録にセキュリティをかけ、該当する顧客のみが ID・パスワードなどを入力することで

その電子データにアクセスできるようにして、閲覧させる方法である。ただし、この方法の場合は、6ヶ月間データの消去、改変ができないものである必要がある（特商則10条4項2号）[44]。

(ii) 誇大広告等の禁止

特商法は、通信販売において広告をする場合には、次の①または②のとおりの顧客を誤認させるような広告（誇大広告等）の禁止（消極的広告規制）を定めている（特商法12条）。

①著しく事実に相違する表示
②著しく優良・有利であると人を誤信させる表示

誇大広告等の禁止の対象となる広告事項は、表9-3のとおりである（特商法12条、特商則11条）。

(iii) 不実証広告規制

特商法は、誇大広告等の禁止（特商法12条）に違反する疑いのある表示を行った通信販売業者に対し、一定の期間を定めてその表示の裏付けとなる合理的根拠を示す資料の提出を命じ、定められた期間内にかかる資料を提出しない場合には、当該通信販売業者の行った表示が特商法12条に該当するものとみなして、指示処分や業務停止命令を発令することができることとしている（特商

表9-3

禁止される広告事項	条文
①商品の種類、性能、品質もしくは効能、役務の種類、内容もしくは効果または権利の種類、内容もしくはその権利に係る役務の種類、効果	特商法12条、特商則11条1号
②返品特約を含め商品もしくは権利の売買契約の申込みの撤回又は売買契約の解除に関する事項	特商法12条
③商品、権利もしくは役務、販売業者もしくは役務提供事業者または販売業者もしくは役務提供事業者の営む事業についての国、地方公共団体。通信販売協会その他著名な法人その他の団体または著名な個人の関与	特商法12条、特商則11条2号
④商品の原産地もしくは製造地、商標または製造者名	特商法12条、特商則11条3号
⑤特商法11条各号に掲げる事項	特商法12条、特商則11条4号

---

44) この方法は、顧客のコンピュータにファイルの記録ができない場合を前提にしている（例えば、少し機種の古い携帯電話機ではICメモリなど電子データをダウンロードして記録できる記録デバイスが組み込まれていなかった）が、顧客のコンピュータにファイルが記録できる場合でも、この方法を採用することは可能である。

法12条の2)[45]。

　特商法12条の2によって、違反事実が擬制されることになる表示事項は、上記の表9-3の事項である。合理的資料の提出の猶予期間は、原則として15日間とされており、15日以内に次の2点を裏付ける資料の提出が命じられる[46]。

　①表示にかかる事項が客観的な事実に基づいて実証されたものであること
　②広告中の表示が、この事実に適合していること

　15日間にこれら資料の提出がない場合には、指示処分（特商法14条1項）および業務停止命令（特商法15条）の発令に際しては、違反事実の存在が擬制される。しかし、業務停止命令違反罪（特商法70条の2）および指示処分違反罪（特商法72条2号）の認定においては、擬制の効果はない（注46の「運用指針」参照）。

　（ウ）迷惑メール規制
　（ⅰ）オプトイン規制の導入
　特商法も特定電子メール法と同様に迷惑メールを規制する条項を置いている。
　迷惑メール規制は特定電子メール法が通信インフラの適正な利用を確保する観点からの送信規制として捉えているのに対し、特商法は迷惑メールを広告・宣伝の手段と捉え、表示・広告規制の対象としている。特商法は、2008（平成20）年改正により商業上の広告・宣伝メールのオプトアウト規制をやめ、広告・宣伝メールの送信自体を原則として禁止し、広告の相手方が送信を請求したり、承諾した場合に限り送信を認める規制「オプトイン規制」に転換した。これらのオプトイン規制に違反した場合は、特商法では行政処分（指示や業務停止命令）や罰則の対象となる（特商法14条、15条、38条、39条、56条、57条、72条）。
　特定電子メール法も特商法と同時になされた法改正によりオプトイン規制を

45）　特商法は、通信販売以外の取引類型についても不実証広告規制を導入している。ただし、違反事実の存在が擬制される対象は、不実告知の禁止の場合と誇大広告等の禁止の場合で違いを設けている。不実告知の禁止においては、商品・権利、役務の種類や商品の性能、品質、役務の効能などの取引の目的となるものおよび特定利益、業務提供利益に関する事実に限定されているのに対し（特商法6条の2、21条の2、34条の2、44条の2、52条の2）、誇大広告等の禁止では誇大広告等が禁止される事項であれば契約条件等についての事項についても擬制の効果が認められる（特商法12条の2、36条の2、43条の2、54条の2）。しかし、契約条件について、不実証広告規制が実際に機能する場合はあまり考えられない。
46）　経産省通達の別添4「特定商取引に関する法律第6条の2等の運用指針」（http://www.no-trouble.go.jp/#1400000）。

導入した。特定電子メール法のオプトイン規制に違反して迷惑メールを送信すると措置命令の対象になるし（特定電子メール法7条）、措置命令に違反すると刑事罰の制裁を受ける（同法34条2号）。

(ii) 規制の対象となる電子メール

特商法および特定電子メール法において規制の対象となる電子メールおよび規制対象者等は表9-4のとおりである。

(iii) オプトイン規制の適用除外

表9-5のそれぞれ1ないし4の除外事由に該当する電子メール広告や特定電子メールは、オプトイン規制の対象とはならない（特商法12条の3第1項、36条の3第1項、54条の3第1項、特定電子メール法3条1項）。

電子メール広告や特定電子メールの送信の相手方の承諾や請求を通信販売業者がどのように得るかによっては、オプトイン制度の実効性にかなり大きな違いが出る。特商法は、電子メール広告の承諾を得たり請求を受ける場合において、顧客の意に反する承諾または請求が容易に行われないよう、顧客がコンピュータの操作を行う際に電子メール広告を受けることについての承諾または請求となることを、顧客が容易に認識できるように表示していないことを行政処分（指示）の対象としている（特商法14条1項3号、特商則16条2項1号・2号）。

顧客が容易に認識できる表示か否かについては、いわゆる「デフォルト・オン」方式が許されるか否かが問題となる。たとえば、ネット通販の注文ボタンをクリックする際に、電子メール広告の送信を「承諾する」あるいは「請求する」の欄に当初からチェックが付けられていたり、これらの承諾等を選択した状態となっており、購入者がこれらのチェックを外すなどの操作をせずに注文ボタンをクリックすると、電子メール広告の配信を承諾したり、請求をしたりすることになってしまう方式が採用されている場合である。ネット通販のサイトではこのような方式を採用しているものも多い。

しかし、デフォルト・オン方式の場合、その表示に気づかずにクリックしてしまうと電子メール広告配信の承諾や請求と扱われてしまうので、最低限、そのクリックボタンと同一画面内の近傍に、一覧性のある状態で承諾や請求についてデフォルト・オンとなっていること、ならびに承諾や請求を希望しない場合の措置の仕方が、表示の文字の大きさ、フォントはもとより、その文字の色

表 9-4 迷惑メール規制の対象

法律名			特定商取引法	特定電子メール法
目的			広告規制 (消費者保護と取引の公正の観点)	送信規制 (電子メールの送受信上の支障の防止の観点)
規制対象メール	名称		電子メール広告	特定電子メール
	対象となる電子メール	通信方式	①電子情報処理組織を使用して電磁的記録を相手方の使用に係る電子計算機に送信して提供する方法(他人に委託して行う場合を含む：SMTPによるものが想定されているが、技術的限定はない) ②電話番号を送受信のために用いて電磁的記録を相手方の使用に係る携帯して使用する通信端末機器に送信して提供する方法(他人に委託して行う場合を含む：SMS)	①その全部または一部においてシンプルメールトランスファープロトコル(SMTP)が用いられる通信方式 ②携帯して使用する通信端末機器に、電話番号を送受信のために用いて通信文その他の情報を伝達する通信方式(SMS)
		送信主体	①通信販売業者 ②連鎖販売業者(統括者、勧誘者および一般連鎖販売販売業者) ③業務提供誘引販売業者 ④通信販売電子メール広告受託事業者(①ないし③の事業者から電子メール広告の承諾・請求の受付業務、記録作成保存業務およびオプトアウトの通知先等の表示業務の一括委託を受けた事業者)	営利を目的とする団体、営業を行う個人
		送信目的	①通信販売に係る商品、指定権利の販売条件、役務の提供条件についての広告を行うための手段として送信するもの ②連鎖販売取引に係る広告を行うための手段として送信するもの ③業務提供誘引販売取引に係る広告を行うための手段として送信するもの	自己または他人の営業につき広告または宣伝を行うための手段として送信するもの
		送信先	条文の上では限定なし	日本の国内にあるサーバーからの送信または国内にあるサーバーへの送信
規制対象者と行為	通信販売業者 通信販売電子メール広告受託事業者 連鎖販売取引業者 業務提供誘引販売業者		規制対象行為 これらの事業者が行う電子メールという手段による広告をすること(広告行為)	規制対象行為
				送信者 / 営利目的で営業につき広告・宣伝を行うための手段としての電子メールの送信をすること(送信行為)
架空メール等対策				①送信者情報を偽った送信の禁止(特定電子メール法5条) ②架空電子メールアドレスによる送信の禁止(特定電子メール法6条) ③送信者情報を偽った電子メールの送信、一時に多数の架空電子メールアドレス宛のメール送信により電子メール通信役務の円滑な提供に支障が生じるおそれがある場合の役務提供の拒絶(特定電子メール法11条) ④外国執行当局への情報提供(特定電子メール法30条)
主務大臣			内閣総理大臣(消費者庁長官)および経済産業大臣	内閣総理大臣(消費者庁長官)および総務大臣

表9-5 迷惑メール規制の内容

	法律名		特定商取引法	特定電子メール法
規制内容	行為規制		除外事由に該当しない限り 電子メール広告を行うことを禁止	除外事由に該当しない限り 特定電子メールの送信禁止
		オプトイン規制の除外事由	1. 相手方となる者の請求に基づき、電子メール広告をするとき（特商法12条の3第1項1号） 2. 売買契約、役務提供契約の申込みまたは契約締結をした者に対し、インターネットの電子メール（SMTP）または携帯電話のショートメッセージサービス（SMS）により、当該契約の申込みの受理、申込みの内容ならびに契約の成立、契約内容および履行に関する事項のうち重要なもの通知するのに付随して電子メール広告をするとき（特商法12条の3第1項2号、特商則11条の2・3） 3. 相手方の請求に基づいて、またはその承諾を得て送信される電磁的記録（例：メールマガジン）の一部に掲載することにより広告がなされる場合（特商法12条の3第1項3号、特商則11条の4第1号） 4. 電磁的記録の一部に広告を掲載することを条件として利用者に対し電磁的方法の使用に係る役務を提供する者による役務提供（例：フリーメールサービス）に際して、広告がなされる場合（特商法12条の3第1項3号、特商則11条の4第2号）	1. あらかじめ送信を求めまたは送信に同意する旨を送信者または送信委託者に通知した者（特定電子メール法3条1項1号） 2. 次の(1)または(2)の方法により自己の電子メールアドレスを送信者または送信委託者に対し通知した者（特定電子メール法3条1項2号）。ただし、特定電子メール法3条3項本文のメール受信拒絶の通知に該当する場合は除外事由に該当しない（総務省令2条2項） (1) 適宜の方法でよい場合（特定電子メール法3条1項2号・総務省令2条1項1号） ①契約の申込みをした者または契約を締結した者に対し当該契約の申込み、内容または履行に関する事項を通知するために送信される電子メールにおいて広告または宣伝が付随的に行われる場合（総務省令6条1号） ②フリーメールの場合（電子メールの受信をする者に対し広告または宣伝が行われることを条件として提供される電子メール通信役務を用いて電子メールが送信される場合）であって、その電子メールにおいて当該電子メール通信役務の提供をする者により広告または宣伝が付随的に行われる場合（総務省令6条2号） ③メールマガジン（広告または宣伝以外の行為を主たる目的として送信される電子メール。ただし、電子メールの受信をする者の意思に反することなく送信されるものに限る）において広告または宣伝が付随的に行われる場合（総務省令6条3号） ④同意の取得や確認のために電子メールを送信し、その結果、受信者から同意の通知を受けた場合に、それ以降特定電子メールを送信する場合（特定電子メール法3条1項1号の通知［送信の請求・同意する旨の通知メール］の受領のために送信される以上1ないし③の特定電子メール：総務省令2条1項2号） (2) 書面による通知が必要な場合 上記①ないし④以外の場合（総務省令2条1項本文） 3. 当該特定電子メールを手段とする広告または宣伝に係る営業を営む者と取引関係にある者（特定電子メール法3条1項3号） 4. 自己の電子メールアドレスをインターネットを利用して公表（公衆が閲覧することができる状態に置いていること）している団体または営業を営む個人（（特定電子メール法3条1項4号：ただし、特定電子メールの送信をしないように求める旨の文言が付加されている場合は除く）
		オプトアウト規制	電子メール広告の承諾または請求をした者から電子メール広告の提供を受けない意思表示を受けたときは、その相手方に対して行う電子メール広告の禁止	電子メールの送信を求めた者または送信を承諾した者などから特定電子メール送信拒絶の通知を受けたときはその通知に示された意思に反する特定電子メール送信の禁止（特定電子メール法3条3項） ただし、オプトインの除外事由の2.(1)の①ないし③の場合は、禁止されない。
	オプトインの請求・同意を証する記録の保存・義務を	保存方法	①ウェブサイトの画面から相手方からの請求または承諾を得た場合は、個別の当該請求または承諾があったことを示す書面または電子データその他の記録（以下「記録」という）。ただし、販売業者等が、当該請求または承諾を得る際に、ウェブサイトの画面上の定型的なフォーマットにおいて相手方が表示した請求または承諾の意思表示に係る情報を自動的に送信先リストとして作成している場合で、消費者の意に反した請求または承諾が容易に行われないよう表示するなどしている場合には、当該定型的なフォーマット等の方法を示す記録およびそれを用いた時期を示す記録で代えることができる（特商法12条の3第3項、特商則11条の5第1項1号）。	以下の(1)または(2)の記録を必要に応じ提示できる方法とする（総務省令4条1項）。 (1) オプトインの通知をした者の個別の電子メールアドレス（特定電子メールのあて先とするものに限る）に係る当該通知を受けた際の状況を示す記録（当該通知を受けた時期および方法等）（総務省令5条1号） (2) 特定電子メールのあて先とすることができる電子メールアドレスが区別できるようにされている記録に加えて、以下の区分に応じた記録（総務省令5条2号） ①オプトインの通知をしようとする者に対し書面を提示し、または交付することにより当該通知を受けた場合：当該書面に記載した定型的な事項の記録

規制内容	オプトインの請求・同意を証する記録の保存義務	保存方法	②電子メール、書面その他の方法により相手方からの請求または承諾を得た場合は、個別の当該請求または承諾があったことを示す記録。ただし、販売業者等が定型的なフォーマット等を用いて得た当該請求または承諾の意思表示に係る情報をそのまま送信先リストとして作成している場合で、消費者の意に反した請求または承諾が容易に行われないよう表示するなどしている場合には、当該請求または承諾を得る際に用いた定型的なフォーマット等の方法を示す記録およびそれを用いた時期を示す記録で代えることができる（特商法12条の3第3項、特商則11条の5第1項2号）。	②オプトインの通知をしようとする者に対し電子メールの送信をすることにより当該通知を受けた場合：当該電子メールの通信文のうち定型的な部分 ③オプトインの通知をしようとする者に対しインターネットを利用して通信文を伝達することにより当該通知を受けた場合：当該通信文の伝達の際に当該通知をした者の通信端末機器に表示された定型的な事項の記録		
		保存期間	記録は、販売業者等が、相手方に対し通信販売電子メール広告を行った日から3年間保存しなければならない（特商法12条の3第3項、特商則11条の5第2項）	当該記録に係る特定電子メールの送信をしないこととなった日から起算して1ヶ月を経過する日までとする。ただし、特定電子メール法7条の規定による命令を受けた場合にあっては、当該命令を受けた日から起算して1年を経過する日または当該記録に係る送信を最後に行った日（当該命令を受けた日から起算して1年を経過する日までの期間内の日に限る）のいずれか遅い日までとする（総務省令4条2項）。		
	表示義務	氏名・名称	①販売業者または役務提供事業者の氏名・名称 ②通信販売に関する業務の責任者の氏名	任意の場所	当該送信者または当該送信委託者のうち当該送信に責任を有する者の氏名・名称（特定電子メール法4条1号）	特定電子メールの任意の場所への記載で足りるが、受信者が当該事項を容易に認識できる場所であること（総務省令7条1項1号）
		拒絶の通知先	拒絶通知先の電子メールアドレス、URLなど（特商則11条の6第1号・2号）		拒絶通知先の電子メールアドレス、URL（特定電子メール法4条2号）	
		オプトアウトの記載	電子メール広告の提供を受けない旨の意思を表示することができる旨（特商法12条の3第4項、特商則11条の6）	電子メール広告の本文に容易に認識できるように表示すること（特商則11条の6）	特定電子メールを送信しないように求める通知を拒絶通知先（電子メールアドレス、URLに対応するリンク）に行うことができる旨（特定電子メール法4条3号、総務省令9条1号）	受信拒絶先の表示の直前または直後（ただし、電子メールの返信により拒絶通知ができる場合には、当該特定電子メール中の任意の場所でよい）（総務省令7条1項2号）	通信文で用いられるものと同一の文字コードを用いて符号化することにより表示が必要（総務省令7条2項）
		住所	販売業者または役務提供事業者の住所（特商法11条5号、特商則8条1号）	任意の場所	当該送信者または当該送信委託者のうち当該送信に責任を有する者の住所（特定電子メール法4条3号、総務省令9条2号）	任意の場所でよいが、当該特定電子メール以外の場所に表示する場合は、当該特定電子メール中の任意の場所に、その表示場所を示す情報（リンク先URLなど）を表示すること（総務省令7条1項3号）
		苦情の受付先	―	―	苦情・問い合わせが可能な電話番号、特定電子メールアドレスまたはURLに対応するリンクの表示（特定電子メール法4条3号、総務省令9条3号）	
		その他	①販売業者または役務提供事業者の電子メールアドレス（特商法11条5号、特商則8条9号） ②上記以外の特商法11条各号および特商則8条に定める事項	任意の場所	―	―

と画面の地色や配色なども総合して、顧客に認識しやすいように明記されているのでない限り、「容易に認識できる表示」とはいえない[47]。

(iv) 記録の保存義務
(a) 保存義務

　通信販売業者（連鎖販売業者および業務提供誘引販売業者も同じ）は、表9-5のとおり、電子メール広告をするとき相手方から電子メール広告配信の承諾を得たこと、または電子メール広告配信の請求を受けたことの記録を作成し、それを保存する義務がある（特商法12条の3第3項、36条の3第3項、54条の3第3項）。特定電子メール法も、同様の記録保存義務を定めている（同法3条2項）。

(b) 保存すべき記録

　特商法では、作成して保存すべき記録の内容は、承諾や請求を受け付けた方法によって表9-5の特商法の欄の①または②のとおりとされており（特商則11条の5第1号、27条の3第1号、42条の3第1号）、特定電子メール法でも同表の特定電子メール法の欄の①または②のいずれかの記録を、必要に応じ提示することができる方法とされている（総務省令5条1項）。

(c) 保存期間

　承諾を得たり、請求を受けた記録の保存期間は、特商法では電子メール広告を行った日から3年間としている（特商則11条の5第2号、27条の3第2号、42条の3第2号）が、特定電子メール法では、その特定電子メールの送信をしなくなった日から起算して1ヶ月とされており（総務省令4条2項）、特商法よりかなり短い保存期間となっている（表9-5）。

(v) オプトアウト規制

　電子メール広告配信の承諾や請求をした場合であっても、表9-5のとおり、送信の相手方からその配信を受けない旨の意思表示がなされ、通信販売業者、連鎖販売業者および業務提供誘引販売業者がそれを受領したときは、その意思表示をした相手方に対する電子メール広告の送信が禁止される（特商法13条の3第2項、36条の3第2項、54条の3第2項）。同様のオプトアウト規制は、特定電子メール法でも規定されている（特定電子メール法3条3項）。

---

[47] 経産省通達の別添6「電子メール広告をすることの承諾・請求の取得等に係る『容易に認識できるように表示していないこと』に係るガイドライン」(http://www.no-trouble.go.jp/#1400000)。

また、通信販売業者や連鎖販売業者および業務提供誘引販売業者には、表9-5のとおり、オプトアウトの通知先等を電子メール広告の中に配信の相手方が容易に認識できるよう表示する義務も課されている（特商法12条の3第4項、36条の3第4項、54条の3第4項）。特定電子メール法でも任意の方法でよいが、表9-5のとおり特定電子メールの送信をしないように求める電子メールアドレスを明らかにして通知する義務がある（総務省令5条）。

（vi）電子メール広告受託業者の義務

　電子メール広告をする主体が、次の①ないし③の業務のすべてを他の事業者に一括して委託する場合には（一部の委託の場合は含まれない）、電子メール広告の配信を委託した広告主たる通信販売業者や連鎖販売業者、業務提供誘引販売業者（電子メール広告委託者）ではなく、これら業務を一括して受託した事業者（特商法ではこの事業者は「電子メール広告受託事業者」と表記）が記録の保存義務と受信拒絶先の表示義務を負う（特商法12条の4）。

①電子メール広告の送信について、消費者からの請求を受け付けたり、承諾を得る業務

②消費者からの請求や承諾があったことの記録保存の業務

③消費者からの受信拒否の連絡先等を電子メール広告に表示する業務

　なお、特定電子メール法では、「他人の営業につき広告又は宣伝を行うための手段として送信をする電子メール」も「特定電子メール」に含まれているので（特定電子メール法2条2号）、特商法が規定する電子メール配信受託業者も特定電子メールの送信者であるから、特定電子メール法の適用があるのは当然である。

（エ）前払い式通信販売の場合の通知義務

（i）通知義務

　販売業者または役務提供事業者は、前払い式通信販売（次の①と②の要件をいずれも満たす通信販売のことである）場合には、顧客からの契約の申込みに対し、承諾等の通知をすべき義務がある（特商法13条1項）。

①商品、指定権利または役務について売買契約または役務提供契約の申込みをした者から、その商品の引渡し、もしくは権利の移転または役務の提供に先立って、これらの代金や対価の全部または一部を受領することとする

通信販売を行う場合であり
②顧客から郵便等により、これらの商品もしくは権利の売買契約または役務の提供契約の申込みを受け、かつ、それらの代金や対価の全部または一部を受領したとき
(ii) 通知すべき事項

前払い式通信販売では、表9-6の①から⑦の事項を、遅滞なく書面または電磁的方法によって通知する義務がある。この通知の方法は特商法で定める方法により行う必要がある（特商法13条1項、特商則12条）。通知すべき事項と通知の方法は特商則12条から14条に規定されている。前払い式通信販売における電磁的方法による通知の方法は、広告を省略することができる場合の電子データの提供の方法と同じであるので、その内容は前述（(イ)参照）のとおりである。

(オ) 通信販売の取引の公正および購入者等の利益が害されるおそれのある行為の規制
(i) 「指示」処分の対象となる行為

通信販売業者が、通信販売の取引の公正および購入者等の利益が害されるおそれのある行為として特商法が定めている行為を行うと、主務大臣から指示処分を受ける（特商法11条、12条、12条の3、13条、14条）。その行為をまとめると

表9-6 前払い式通販における通知事項

通知すべき事項	条　　文
①顧客からの申込みを承諾する旨または承諾しない旨	特商法13条1項、特商則12条1号
②代金等の受領前に顧客からの申込みを承諾する旨または承諾しない旨をその顧客に通知してある場合には、すでに通知してある旨	特商法13条1項、特商則12条1号
③販売業者または役務提供事業者の氏名または名称、住所および電話番号	特商法13条1項、特商則12条2号
④受領した金銭の額およびそれ以前に受領した金額があるときは、その合計額	特商法13条1項、特商則12条3号
⑤当該金銭を受領した年月日	特商法13条1項、特商則12条4号
⑥申込みを受けた商品名およびその数量または権利もしくは役務の種類	特商法13条1項、特商則12条5号
⑦申込みを承諾するときは、その商品の引渡時期もしくは権利の移転時期または役務の提供時期	特商法13条1項、特商則12条6号

表9-7 指示の対象となる行為

指示の対象となる行為	条　　文
①広告規制違反行為	特商法14条1項、11条、12条
②電子メール広告に関するオプトイン規制違反	特商法14条1項、12条の3（同条5項を除く）
③前払式通信販売における契約成立等に関する通知義務違反	特商法14条1項、13条1項
④通信販売により締結された契約に基づく債務もしくはその解除によって生ずる債務の全部または一部の履行の拒否または不当遅延	特商法14条1項1号
⑤顧客の意思に反して売買契約もしくは役務提供契約の申込みをさせようとする行為として特商則で定めるもの	特商法14条1項2号、特商則16条1項
⑥以上のほか、通信販売に関する行為であって、通信販売に係る取引の公正および購入者または役務の提供を受ける者の利益を害するおそれがあるものとして特商則が定めるもの	特商法14条1項3号、特商則16条2項

表9-7のとおりである。

(ii) 顧客の意思に反する契約申込みをさせる行為の規制（特商法14条、特商則16条）

特商法は、ネット通販において顧客に申込みをさせる場合、契約の申込みであることが容易に認識できなかったり、不実表示等を行う等により、消費者の意思に反して申込みをさせようとする行為として、次の①および②の行為を指示処分の対象の行為としている（特商則16条1項）。

①電子契約にかかる電子計算機の操作がその電子契約の申込みとなることを、顧客がその操作を行う際に容易に認識できるように表示していないこと（同項1号）

②申込みの内容を、顧客が電子契約にかかる電子計算機の操作を行う際に容易に確認し、および訂正できるようにしていないこと（特商則16条1項2号）

具体的には、契約の申込みとなるのか、次のページやリンク先を表示させるなど単にウェブページの表示を変更する操作なのか容易に判別できないような画面構成で契約の申込みをさせたり、ウェブページのボタンなどをクリックしたら、いきなり有料サイトの入会申込みとして処理されたり、ひとつの有料サービス提供のサイトに登録したところ、それとは別の有料サイトにも登録したものとして扱われたりする行為が①に該当し、顧客が申込みとして入力した事

項の確認画面が表示されないなど、申込み内容が容易に確認できない表示やいったん入力した申込み事項の訂正ができなかったり、訂正するのが手続上やコンピュータの操作やホームページの画面構成上容易ではなかったりするのが、②の場合である。

　これらの規制は「電子契約」の場合を対象としている。特商則16条2項では「電子契約」とは、「販売業者または役務提供事業者と顧客との間で電磁的方法により電子計算機の映像面を介して締結される売買契約または役務提供契約であって、販売業者や役務提供事業者またはこれらの委託を受けた者がその映像画面に表示する手続に従って、顧客がその使用する電子計算機を用いて送信することによって契約の申込みができるものをいう」としている。この定義は電子契約法の定義とほぼ同じであり、電子契約の定義については電子契約法の説明において述べたとおりである（2（5）（ウ）参照）。電子契約の定義からすると、上記の①および②の行為が行政処分の対象となるのは、インターネットを利用した通信販売のうち、ウェブページの画面を介して契約の申込みを行う場合であって、通信販売業者側が定めた契約申込み手順やフォーマットに従って、画面上のボタンをクリックするなどの方法により契約の申込みを行う場合に限られる。

　したがって、ネット通販でも、例えば電子メールで顧客が自由に申込みの意思表示の内容を作成して送信することで申込みとなるような場合には、申込みのフォーマットを通信販売業者側が決めていないので、規制の対象とはならないと解される。

　その意に反する申込みをさせようとする行為に該当するか否かについては、経済産業省が「ガイドライン」を定めており、その内容は次のとおりである[48]。

【確認画面の表示例】
　図9-5-1と図9-5-2は、いずれも契約の申込みに際してクリックするボタンの表示が「注文を確定する」や「注文」となっており、取引通念上これをクリックすれば契約の申込みとなることが容易に認識できるから、特商法の規制に適合しているとされている。これに対し、図9-5-3は、これに相当するボタン

---

[48]　経済産業省通達の別添7「インターネット通販における『意に反して契約の申込みをさせようとする行為』に係るガイドライン」（http://www.no-trouble.go.jp/#1400000）。

図 9-5-1　確認画面の表示例（1）　　　図 9-5-2　確認画面の表示例（2）

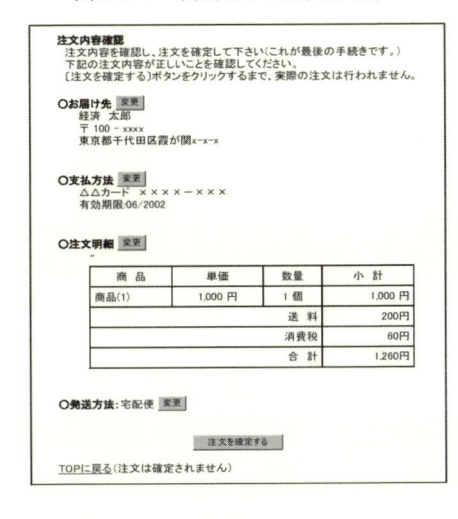

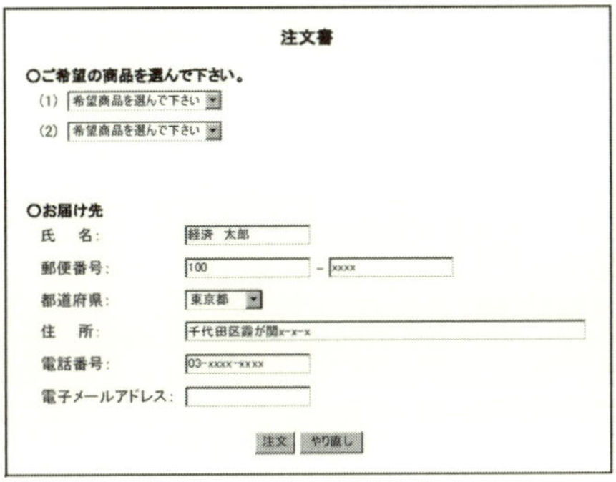

図 9-5-3　確認画面の表示例（3）

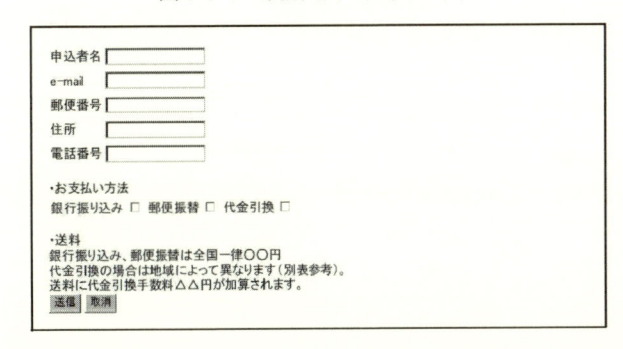

の表示は「送信」となっており、このクリックボタンの表示では、契約の申込みとなるのか否かが容易に判断できないので、特商法に違反するとされている。

【訂正画面の表示例】

次に、画面の表示が訂正が容易にできるようになっているか否かについては、図 9-6-1 は最終の確認画面中にブラウザの戻るボタンで前ページに戻ることで訂正ができることが説明されているので、容易に訂正ができる表示となってい

第 3 節　インターネット通販の法規制　　335

るとされている。これに対し、図9-6-2では、申込みを訂正することの可否もその方法もいずれも表示されていないし、図9-6-3では、申込みをするか取り消すかの二者択一しかできず、訂正の方法が表示されていないので、申込みを

図9-6-1　訂正画面の表示例（1）

図9-6-2　訂正画面の表示例（2）

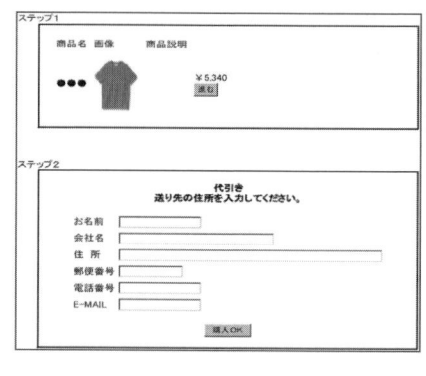

図9-6-3　訂正画面の表示例（3）

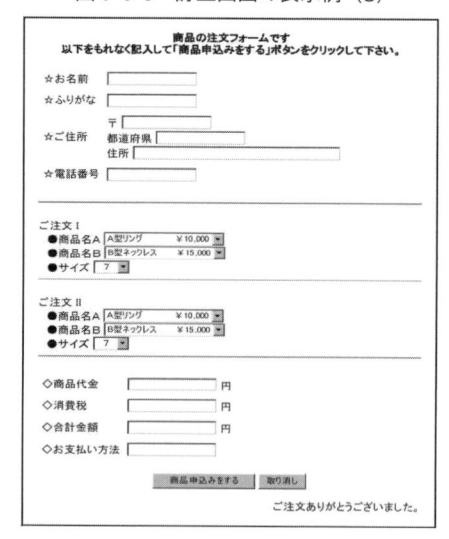

容易に訂正できる表示とはいえず、特商法の規制に反するとしている。

(4) 法定返品権
(ア) 返品制度
　通信販売の場合、消費者がインターネットのウェブページやカタログ、テレビ放送などを見て購入する商品を選択するので、商品を直接手にとって確認できないことから、サイズ違いや色合いなど、購入の申込み時に認識していた事柄や抱いていたイメージと実際に届いた商品のそれとが異なる場合が少なくない。この場合、通信販売により購入した商品に関する契約の解消が認められないとすると、消費者は不要あるいは期待違いの商品に対する対価の支払を求められ、苦情や紛争となる。

　このような不都合を回避するために、通信販売では、従前から特約による返品制度が広く利用されてきた。従前の返品制度は、通信販売業者がその宣伝・広告中に返品特約を表示することにより、その表示を踏まえて申込みをした購入者との間で返品特約の付加された売買契約が締結され、商品が届いた後に購入者がその商品を不要と判断した場合には、商品を返品することによって売買契約の解除を認めるというものである。

　法律的には、特約に定められた条件に従い、受領した商品の返還をすることによって、当該商品にかかる売買契約を解除できる権利が留保された売買契約と考えることになろう。

　また、前記のとおり、特商法は従前から通信販売業者に対して返品特約の有無、内容等に関する表示義務を課すことによって（特商法11条4号）、購入者に返品特約付きの取引ができる通信販売業者か否か、その返品特約の内容や条件についての情報を提供し、購入者がその情報によって取引の相手方、取引の可否・内容を適正に選択できるようにしていた。

　しかし、特商法の定める表示義務は、行政法上の義務であり、違反があった場合は通信販売業者に対する行政処分（特商法14条、15条）の対象とはなっても、特約の表示がない以上は原則として民事効は認められなかった。

　そのため、返品表示の有無や内容をめぐって、苦情や紛争も少なくなかったことから、2008（平成20）年の特商法の改正により、新たに民事効としての返

品権が同法によって規定された。

　（イ）法定返品権

　特商法では、通信販売の購入者は、通信販売によって売買契約の申込みまたは契約締結をした場合には、次の①、②の場合を除き、その契約にかかる商品の引渡しまたは指定権利の移転を受けた日から起算して8日以内は、契約の申込みの撤回または契約解除ができると規定し（特商法15条の2第1項）、通信販売業者が返品に関する特約を広告に表示していなかった場合に購入者等に意思表示の撤回、契約の解除を認めている。

①通信販売業者が申込みの撤回等についての特約を広告に表示していた場合
②通信販売業者との契約が、電子契約法の定める電子消費者契約である場合、その他特商則で定める場合には、その広告に表示し、かつ、広告に表示する方法以外の方法であって特商則で定める方法により表示していた場合

　特商法の返品権は、通信販売業者による返品特約の表示がない場合の補充的な意思表示の撤回権や契約の解除権であるので、返品特約に関する表示がなされている場合には、その表示された内容が特商法の法定返品権より優先する。ただし、ネット通販などのように「電子消費者契約」（電子契約特例法2条1項）に該当する通信販売の場合（上記の②の場合）には、広告・宣伝中における返品に関する表示だけでなく、注文確認画面にも返品に関する表示をしておかないと、表示がないものと扱われ法定返品権が認められる（特商則16条の2）。

　特商法の定める法定返品権では、商品と指定権利の取引は対象とされているが、役務取引は対象とはされていない。通信販売による役務取引については、民法の考え方によることになる。継続的な役務提供契約では、相手方に不利益な時期における解約では損害賠償が必要な場合があるが（民法651条2項）、特約がない限り中途解約自体は自由である（民法651条1項）。

　法定返品権の効果については、特商法は商品、権利の引取りまたは返還に要する費用は、購入者の負担としているが（特商法15条の2第2項）、それ以外の効果については規定がなく、民法の原則に従うことになる。したがって、撤回や解除の意思表示はクーリング・オフとは異なり、書面による必要はないし、撤回・解除の効力の発生は「到達主義」による。また、購入者の故意、過失により目的物を著しく損傷したり返還が不能となったとき、あるいは加工したり

改造によってこれを他の種類の物に変えたときは、解除権は消滅し（民法548条1項）、解除により通信販売業者に損害を与えた場合には、購入者はそれを賠償する責任がある（民法545条3項）。

なお、返品特約の表示については、経済産業省が「ガイドライン」を作成している[49]。わかりやすい表示とわかりにくい表示の具体例と考えられるのは、図9-7-1と図9-7-2のとおりである。

図9-7-1
インターネットにより広告をする場合（最終申込み画面における消費者に分かりやすい表示方法）

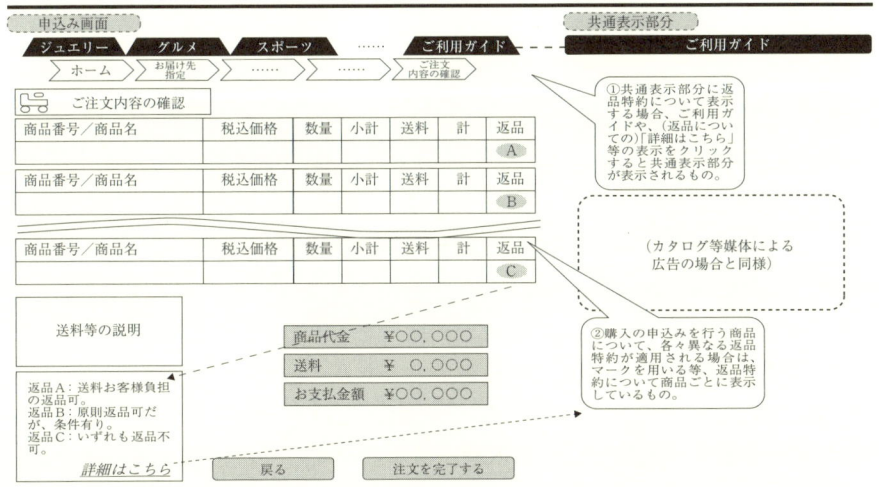

---

49) 経産省通達の別添5の「通信販売における返品特約の表示についてのガイドライン」参照（http://www.no-trouble.go.jp/#1400000）。

図9-7-2
インターネットにより広告をする場合（最終申込み画面における消費者に分かりやすい表示方法）

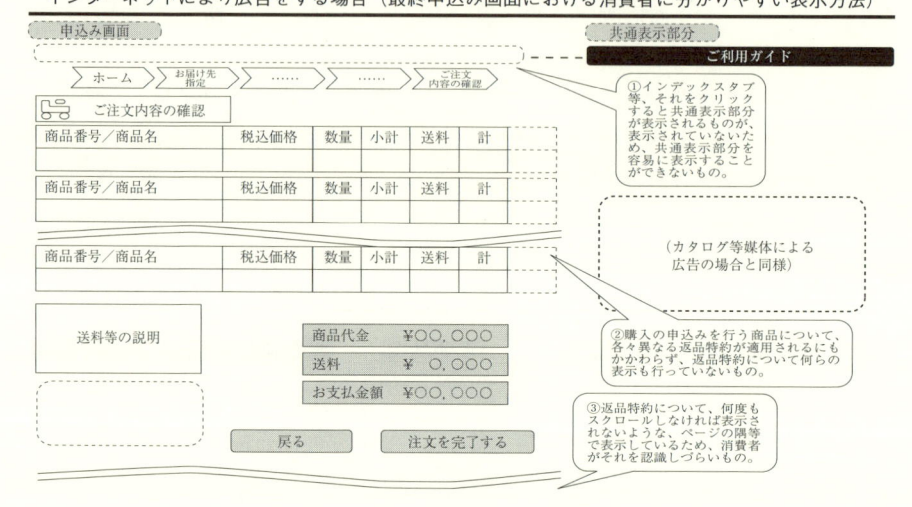

[申込み画面の図：ホーム → お届け先指定 → …… → …… → ご注文内容の確認。商品番号／商品名、税込価格、数量、小計、送料、計の表が3段。送料等の説明、商品代金¥○○,○○○、送料¥○,○○○、お支払金額¥○○,○○○、戻る／注文を完了するボタン。共通表示部分「ご利用ガイド」。吹き出し：①インデックスタブ等、それをクリックすると共通表示部分が表示されるものが、表示されていないため、共通表示部分を容易に表示することができないもの。（カタログ等媒体による広告の場合と同様）②購入の申込みを行う商品について、各々異なる返品特約が適用されるにもかかわらず、返品特約について何らの表示も行っていないもの。③返品特約について、何度もスクロールしなければ表示されないような、ページの隅等で表示しているため、消費者がそれを認識しづらいもの。]

(5) インターネットを利用した取引における特商法のその他の規制

（ア）連鎖販売取引（マルチ商法）

特商法は、次の①から⑤のいずれかの取引をする者が、それぞれの取引において「特定利益」という利益を収受しうることをもってこれらの販売活動の従事者になるよう誘引し、「特定負担」と呼ばれる負担を伴う取引をすることを「連鎖販売取引」と規定し、この取引を事業として行うことを「連鎖販売業」と規定している（特商法33条1項）。ここにいう「商品」は物品に限らず、施設を利用しまたは役務の提供を受ける権利を含む概念であるし、「取引」には、新たに取引関係に入る場合に限らず、取引の「条件の変更（ランクアップなど）」も含む（特商法33条1項）。連鎖販売取引をネット上で行う場合は、もちろん特商法が適用される。

　①商品の再販売をする者
　②商品の受託販売をする者
　③商品の販売のあっせんをする者
　④同種役務の提供をする者
　⑤同種役務の提供をあっせんする者

連鎖販売取引や連鎖販売業の定義にある「特定負担」は、経済的な負担であれば金額の多寡は問わない。また「特定利益」は、「商品」の場合は、その再販売、受託販売または販売のあっせんをする「他の者」が提供する利益（取引料その他の主務省令で定める要件に該当する次の利益の全部または一部）のことであり[50]、役務提供の場合は、自ら役務提供をするまたは役務提供のあっせんをする「他の者」が提供する利益（同上）のことである。

「他の者」の概念を正確に理解するのは難しいが、一般的には連鎖販売の組織の他の加入者のことを意味する。しかし、取引の時点で現に組織に加入している者である必要はなく、これから加入しようとする者を広く含む。

連鎖販売取引や連鎖販売業にかかわる者には、統括者、勧誘者、連鎖販売業を行う者、一般連鎖販売業者および連鎖販売加入者の別があり、それぞれ連鎖販売取引における役割や地位、行っている取引や業務の別に応じて区別される。その関係は図9-8のとおりである（特商法33条2項、33条の2、34条1項）[51]。

特商法は、連鎖販売取引（特商法33条）にかかわる者に対し、氏名等の明示義務（特商法33条の2）、不実告知や故意による重要事項の不告知などの禁止行為（特商法34条）、概要書面および契約書面の交付義務（特商法37条）や広告規制（特商法35条ないし37条）などの非常に厳格な規制を掛けている。そのため、インターネット上だけで完結する連鎖販売取引は、書面交付義務に違反することになるので、インターネット上で電子データのやりとりのみで連鎖販売取引を行うことはできない[52]。

---

[50] 「取引料」とは、取引料、加盟料、保証金その他名義を問わず、取引をするに際し、または取引条件を変更するに際し提供される金品を意味し（特商法33条3項）、「特定利益」とは次の①ないし③のいずれかとされている（特商則24条）。①他の者が提供する取引料により生ずるもの（加盟料・保証金など）、②他の者に対する商品の販売または同種役務の提供もしくは役務の提供のあっせんをする他の者に対する役務の提供により生ずるもの（販売マージンなど）、③他の者が取引料の提供もしくは商品の購入を行う場合または役務提供、役務の提供のあっせんをする他の者が取引料の提供もしくは役務の対価の支払を行う場合に当該他の者以外の者が提供する金品により生ずるもの（統括者・本部からのボーナス、褒賞金など）。

[51] 連鎖販売加入者が勧誘者となる場合や連鎖販売加入者が一般連鎖販売業者に該当しない場合も条文の文理からは考えられないことはないが、現実の勧誘者や一般連鎖販売業者ではあまり想定できない。

[52] インターネット上の連鎖販売業者の行政処分例としては、インターネット上の仮想空間サービス等を提供する連鎖販売業者の不実告知の禁止違反等を理由とする業務停止命令（平成21年11月27日）（http://www.caa.go.jp/trade/pdf/091127kouhyou_1.pdf）などがある。

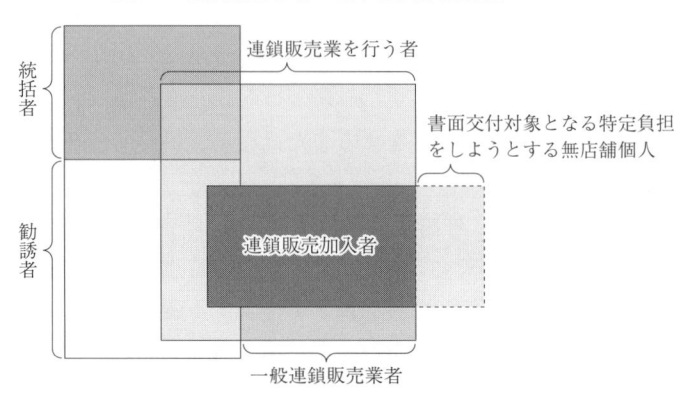

図9-8　連鎖販売取引の当事者関係概念図

　連鎖販売取引の宣伝・広告については、統括者、勧誘者のみならず一般連鎖販売業者（いわゆる「ディストリビューター」）も広告規制の対象とされており（特商法35条、特商則25条、26条）、この広告については手段、方法が限定されていないので、インターネット上で行う宣伝・広告にも適用される。また、広告規制の内容としては、特定利益の計算方法などのように広告をする場合には必ず表示が義務づけられる広告規制（積極的広告規制：特商法35条3号、特商則26条2項）および誇大広告等の禁止（特商法36条、特商則27条）が定められている。また、連鎖販売取引でも通信販売と同様にオプトイン方式の迷惑メール規制がなされていることは既述のとおりである（特商法36条の3、36条の4）。

　また、特商法では、連鎖販売取引につき店舗その他これに類似する設備によらないで行う個人（上記の図9-8の「連鎖販売加入者」のこと）との契約には20日間のクーリング・オフが認められているし（特商法40条）、この期間経過後も中途解約権が認められている（特商法40条の2第1項）。さらに、連鎖販売契約の締結から1年未満であれば、連鎖販売契約が中途解約された場合は、90日以内に連鎖販売加入者が引渡しを受け（仕入れ）た商品の売買契約を解除することが認められているし（特商法40条の2第2項）、連鎖販売加入者には、不実告知の禁止または故意による重要事項の不告知の禁止違反の勧誘によって締結した契約の意思表示の取消権も認められている（特商法43条の3）。

（イ）　業務提供誘引販売取引（内職・モニター商法）

　特商法は、いわゆる内職・モニター商法と呼ばれる「業務提供誘引販売取引」（特商法51条）について、中途解約権およびそれに伴う商品販売契約の解除権を除き、連鎖販売取引とほぼ同様の厳しい規制を掛けている。

　「業務提供誘引販売取引」とは、事業者から提供またはあっせんされる業務に従事することにより「業務提供利益」という利益を収受しうることをもって誘引し、商品の購入、役務の提供の契約や取引料の支払などの「特定負担」を行わせる取引である（特商法51条）。ここにいう「商品」の意義も、連鎖販売取引と同義である（特商法33条）。

　「業務提供利益」とは、次の２つの要件を満たす利益のことである（特商法51条）。

　①販売（あっせん含む）される物品または提供（あっせん含む）される役務を利用する業務に従事することにより得られる利益
　②従事する業務はその商品の販売・あっせんまたはその役務の提供・あっせんを行う者が自ら提供を行い、またはあっせんを行うもの

　また「特定負担」とは、商品の購入の対価、役務の対価の支払や取引料（取引料、登録料、保証金その他いかなる名義をもってするかを問わず、取引をするに際し、または取引条件を変更するに際し提供される金品）を意味する（特商法51条）。特定負担は、連鎖販売取引と同じく、金額の多寡は問わない。

　取引の手段、方法がインターネットを利用したものであっても、特商法の規定する上記の業務提供誘引販売取引から除外されることはなく、同法の定める定義に該当する限り、特商法の規制を受ける。積極的広告規制（特商法53条、特商則40条）および誇大広告等の禁止（特商法54条、特商則42条）やオプトイン方式の迷惑メール規制（特商法54条の３、54条の４）も規定されているので、インターネットで業務提供誘引販売取引を誘引する場合には、これらの厳しい規制を受ける。

　ネット通販で、業務提供誘引販売取引の該当性が問題となるのは、ドロップシッピングやアフィリエイトの業務を行うことを勧誘する取引である。

　アフィリエイトやドロップシッピングを行うことを勧誘する事業者の取引において表9-8の１ないし６の事実が認められる場合には「業務提供誘引販売取

表9-8

	「業務提供誘引販売取引」の要件	アフィリエイト	ドロップシッピング
1	物品の販売または役務提供の事業	①HPやブログ制作の講習（役務提供）②アフィリエイトによる広告業のノウハウの提供	HP作成、ドロップシッピングシステムの利用、サポート
2	その物品または役務を利用する業務	HP、ブログを用い、あるいは提供されたノウハウにより行う宣伝、広告活動（広告業）	・提供されたHP、ドロップシッピングのシステムを利用して商品を販売する業務（小売業） ・販売業務の形態によって、次の2種類がある ①委託販売、販売の取次、販売のあっせん（*1） ②再販売（*2）
3	勧誘者が「自ら提供する」または「あっせん」する業務	アフィリエイターが掲載する広告を、アフィリエイトの役務提供を行う業者が自ら依頼すれば「提供」、他の販売業者の商品等の広告掲載を依頼すると「あっせん」	①委託販売、販売の取次またはあっせんの場合→HP、ドロップシッピングシステムを利用して行う委託販売、取次販売または販売のあっせんという仕事（この仕事=役務提供）を自ら提供、あっせん（*3） ②再販売の場合 →ドロップシッピングは、ドロップシッピングサイトとこれを誘引する業者とが一つの通信販売業を提携し、分担して遂行していると見ることができるので、誘引事業者がそれ自身の仕事や第三者との間の仕事を提供するとの内容の誘引を行っている場合には、この要件に該当する。 ③具体例 →誘引業者がドロップシッピングサイトで購入する顧客を紹介する、あっせんすると誘引 →誘引業者の指示、指導に従ってドロップシッピングを行えば、これだけ（月○○万円は）収益が上がるとして誘引 →誘引業者の提供する○○の商品を掲載して販売すればこれだけ（月○○万円は）収益が上がるとして誘引
4	ドロップシッパー・アフィリエイターが従事する「業務」	HPやブログの制作、それによる宣伝、広告活動	販売する商品のHPへの掲載、注文の受付、注文の取次ぎ、商品送付の依頼、メール対応、代金回収などの活動
5	収受しうることをもって誘引する「業務提供利益」	HPやブログの広告、宣伝を見て①商品を購入した人が支払った代金の一定割合②そこで広告、宣伝されている商品の販売サイトを閲覧したことに対する報酬	①委託販売、販売の取次や販売のあっせんでは、それを委託した事業者が、ドロップシッパーの販売活動によって商品等を販売できたことによる小売利益の一部を、ドロップシッパーが委託料として得ることになり、それが特定利益 ②再販売では、ドロップシッパーが自ら販売したことにより取得できる小売利益が特定利益
6	伴う「特定負担」	①HPやブログ制作のための講習や研修の対価②広告業ノウハウの対価③その他（保証金、加盟金等々）	HP制作作成、システム利用料、サポート料

*1—ドロップシッパーは販売契約の当事者にはならないので、この形態は本来のドロップシッピングの形態ではない。この形態のものもあるがドロップシッパーが「通信販売業者」にならないようにするためと思われる。
*2—この形態が、本来のドロップシッピング
*3—委託販売、取次販売または販売のあっせんでは、これらの行為を行うドロップシッパーは販売活動そのものを行うだけで、契約上の売主のらないから、「役務提供」の業務に従事していると考えられる。

引」に該当すると考えられる[53]。

2　割賦販売法

(1) ネット通販におけるクレジットカード決済

　ネット通販における決済手段としては、クレジットカード（包括信用購入あっせん）が多用されている。ネット通販では、有体物たるクレジットカード自体を販売業者に提示することは不可能であるので、カード会員の氏名、カード番号、有効期限などを画面の操作によって入力し、これらを電磁的方法によって通知することにより、クレジットカードの決済ができる[54]。

　割賦販売法（以下、本章では「割販法」とする）は、従前、「証票等」という文言で販売信用を受けられる資格を証明するものを定義していたので、条文上は有体物しか前提にされていなかった。しかし、2000年の割販法改正により、「証票等」（2008年改正により現在は「カード等」に）に「番号、記号その他の符号」が含まれることとされ、また、これらを「通知」することもクレジットカードの「提示」と同じ扱いとされた。このことから、条文の文言上もネット通販におけるクレジットカード取引決済が割販法の適用対象であることが明確となっている（割販法2条3項）。

　電子商取引における決済手段としてのクレジットカードについては、第4章で論じられているので、詳しくは第4章の解説に譲ることとし、本章では、ネット通販におけるクレジットカード決済におけるトラブル事例を中心に述べる。

---

53) ドロップシッピングの勧誘業者については、自社と契約すればネットショップでの受注の連絡などの簡単な仕事で月収数十万円が確実に得られるなどと消費者に告げて、高額なドロップシッピングサービス契約を締結させた事業者に対し、不実告知の禁止違反などを理由にして東京都知事から業務停止命令（平成22年3月1日）が発せられた例（http://www.metro.tokyo.jp/INET/OSHIRASE/2010/03/20k31300.htm）がある。
54) VISAやMasterなどの国際ブランドでは、決済の普遍性や汎用性を高めるためにカード番号と有効期限のみを管理し、カードホルダーの住所、氏名などの個人情報は基本的にはイッシュアーが管理するものとされている。そのため、国際ブランドのクレジットカードの決済システムでは、カード番号と有効期限のみでオーソリゼーションがなされてしまうこともある。そのため、オーソリゼーションに必要なデータがこれらに限られ、本人確認のために他の付加データを用いてカードホルダーの正当権限を確認するには限界があるようである。また、CATやCCT端末を利用してオーソリゼーションを行う場合は別にして、フロアリミット（オーソリ金額：現在は3万円）以下の場合には、加盟店はその都度カード会社にオーソリゼーションをとる必要がないので、やはり本人認証がほとんどなされずに決済承認がなされてしまうことがある。

(2) ネット通販のクレジットカード決済とトラブル

　ネット通販におけるクレジットカード決済のトラブルでは、無権限者がカード番号等を入力してカード名義人になりすましてカード決済をする場合と、アダルトサイトや出会い系サイトなどわが国の国内でアクワイヤラーの正規の加盟店になれない事業者に代わってクレジットカード決済の代行を行う決済代行をめぐるトラブルが目立つ。

(ア) **無権限者によるクレジット取引**

（ⅰ）　ネット通販における権限確認方法と無権限利用の場合の責任分担

　リアルの取引でクレジットカード決済をする場合には、カード裏面の署名（サイン）と取引に際して作成される取引伝票（帳票）になされた署名とを比較、対照することにより、取引当事者がカードホルダーであることの確認（認証）を行うのが原則である。この他に暗証番号（パスワード）の入力を求められ、事前登録されている暗証番号との対照により正当な権限者か否かの確認がなされる方法も採用されている。

　サイン照合では他人による署名の模倣が困難であることを前提に、カードホルダーがカードを受領した際に行った署名と取引時点での署名の対照によってカードホルダー自身による利用、つまり正当権限の確認を行う方法を採っているし、暗証番号方式では本人しか知り得ない暗証番号が使われたことで、本人認証を行っている。また、サイン照合の場合、加盟店がサイン照合を怠ったり、あるいはサインの相違を見逃して、無権限者にクレジットカードを利用させてしまった場合には、カード名義人に帰責事由がない限り、無権限の他人によるクレジットカード利用による支払義務は負わないのが原則である。なお、スーパーマーケットなどでの買物では、従来からクレジットカードの「サインレス取引」が広く行われているが、それは、取引金額が小さくフロアリミット以下の取引がほとんどであり、また、食料品や衣料品、雑貨などの日常的生活に必要な商品等を購入する場合であるので、不正利用や無権限利用がそれほど多くはないという実態に基づいている。

　しかし、ネット通販では、多くの場合、クレジットカード名義人の氏名、カード番号およびカードの有効期限を入力させ、その情報がイッシュアーに登録されている情報と一致することだけで、当該取引を行っている者の本人確認を

済ませてしまっている。

　ネット通販の場合には、このような決済手順、決済方法の方が簡便であり、消費者にとっても便宜であることがその理由とされている。一方で利便性があることはそのとおりであるとしても、ネット通販においてかかる簡便な方法が採用されていることにより生じる無権限取引のリスクのほとんどをカードホルダーに転嫁してまうことは、表見法理からみても公正とはいえまい。

　簡便な方法を採ることによって利益を得ているのは、むしろクレジットカード会社側であり[55]、生じるリスクは、そのような仕組みを構築し、利用させているクレジットカード会社側も相応の負担するのが公正であろう。特に、上記のように名義人とカード番号、有効期限の入力と送信のみで本人確認をする仕組みの下では、手元にクレジットカードの現物を用意しておく必要すらない。何らかの方法、例えば他人のカードの拾得、窃取はもちろん、カードの窃取はせずにカード面上の記載を記憶しておくだけでも不正利用は可能であるし、カードホルダーが備忘のためにカード番号などをメモしたものを見ても同様の無権限利用が容易であるから、なおさら、無権限取引がなされやすい仕組みである。

　そのような危険を内包している仕組みを積極的に構築し、利用させている以上は、危険責任の考え方からみても、その危険が現実化した場合の負担は原則的にはクレジットカード会社が負うのが公正である。もし、カード会社がそのようなリスクを引き受けることを回避したいのであれば、ネット通販におけるカード決済には暗証番号（パスワード）の入力やその他カードホルダー本人でなければ操作できない方策や手順を必要とする仕組みを採用するべきである。

　(ii)　無権限取引におけるクレジットカード会員規約の責任規定の趣旨

　ところで、クレジットカードの利用については、クレジットカード会社の定めた「カード会員規約」などにより、カードの紛失、盗難事故などの場合の責

---

55)　通常は、アクワイヤラーが加盟店から販売に応じた手数料を取得できるし、分割払いならイッシュアーもカード会員から分割手数料を取得できる。また、クレジットカードが利用できる取引の方が、消費者が使う金額がかなり増加するという研究結果があるが（ロバード・B・チャルディーニ・前掲注(17)参照）、このようなクレジットカードのもつ行動心理学的な特質も踏まえれば、暗証番号の入力などの余分な手続を踏まずに簡便にクレジットカードが利用できる仕組みの方が、クレジット会社側にとって大きな利益をもたらす。

任やカード会社やカード会員の免責について特別の規定が設けられている。

　これらの規約では、カードを紛失し、または盗難にあった場合などカードが無権限者により不正に利用された場合であっても、そのために生ずる支払についてはカード会員の責任となることを定め、例外的に、カード会社への連絡、所定の届出書の提出および警察署への届出などを行った場合に限り、一定期間（連絡の受理日から遡及して60日前以降）に生じた損害のみカード会社が負担することとしている例がほとんどである。

　また、これに該当する場合でも、①カード会員の故意または過失に起因する場合、②カード会員の家族、同居人、留守番その他会員の委託を受けて身の回りの世話をする者など、会員の関係者が自ら行いもしくは加担した不正使用に起因する場合、③カード会員規約に違反した状況で紛失、盗難が生じた場合、④紛失、盗難による第三者の不正使用が会員の生年月日、電話番号等個人情報のカード会員の責めに帰すべき事由による漏洩と因果関係にある場合、⑤カード利用の際使用された暗証番号と登録された暗証番号が一致している場合などには、カードの不正利用による損失はすべてカード会員の負担とする、などの条項が定められているものがほとんどである。

　これらのカード会員規約の定める条項が文字通り適用されるとすると、ネット通販におけるクレジットカードの不正利用では、名義を使われたカード会員は、ほとんどの場合に利用代金の支払を余儀なくされることになりそうである。

　しかしながら、まず、第1にカード会員規約はクレジットカード会社が一方的に策定し、カード会員になろうとする者に対し、包括して承諾を求める契約条件であって、カード会員になろうとする者（通常は消費者であろう）は、契約条項についての交渉の余地はない。また、第2に、リアルの取引であれば、クレジットカードそれ自体の提示だけではなく、前述のとおりサイン照合により無権限者による利用の有無をチェックできる仕組みが用意されているが、ネット通販では名義人名とカード番号、有効期限のみの入力で済ませるなど、その権限チェック機能の程度もかなり低いものが多い。これらの事情を踏まえると、前述のようなカード会員規約は、カードの無権限利用がされたとしてもカード会員に帰責事由がある場合には免責されないという民法の原則（表見法理）を確認したものにすぎないと考えるべきであり、それ以上に表見法理の適用され

る要件（例えば、帰責事由がなくても免責されないとするなど）をカードホルダーにとって不利益となる効果を定めた条項と解すべきではない[56]。

とすると、上記のようなカード会員規約が存在していたとしても、これらの条項の趣旨はカード会員に帰責事由がある場合には無権限利用による損害をカード会員が負担することを確認的に規定したものと解釈すべきであるから[57]、カード会員に帰責事由が認められない場合には、これらの規約を根拠に無権限利用による責任を問われることはないと解する。もし、カード会員の責任を加重した規定との趣旨であれば消費者契約法10条に反し無効となることも考えられる。

しかしながら、このような解釈を踏まえても、カード会員規約の定める場合（前記①ないし⑤参照）は、類型的にカード会員に帰責事由がある場合を定めていると考えられるものが多いので、現実には帰責事由の有無についての立証責任は事実上カード会員側に負わされることが多いであろう。

(iii) 未成年者による親のカードの不正利用

ネット通販では、アダルトサイトや出会い系サイトの利用をめぐる紛争やトラブルがかなり多くなっており、その多くがクレジットカード決済、それも後

---

[56] クレジットカードの不正利用とカード会員の責任については、尾島茂樹「クレジット・カードの不正使用と会員の責任」クレジット研究16号（1996）109頁、松本恒雄「クレジット・カードの不正使用と利用限度額」法学セミナー478号（1994）72頁、同「クレジットカードの紛失と立替金支払義務」金融法務事情1331号（1992）76頁、執行秀幸「クレジットカードの不正使用による会員の代金支払義務と利用限度額」ジュリスト1062号（1995）109頁、山本豊「重過失によって家族に盗まれたクレジットカードがカード会社への盗難通知後に不正使用された場合のカード楷書の責任」判例タイムズ863号（1995）25頁、潮見佳男「民法実践ゼミナール第3回『クレジットカードが盗まれた』」法学教室202号（1997）81頁など参照。

[57] 権利外観を信頼した者の保護という点では共通性があるものとして、預金過誤払いの場合の金融機関の免責を定めた預金取引規定の趣旨や効力の問題がある。預金取引規定の趣旨については、民法478条の要件を具体化したものにすぎず、同条により金融機関が免責される場合の要件や効果について、合意による特別の法的効果を付与するものではないと解されている（高見澤＝齋藤＝野間編著『預金者保護法ハンドブック』（日本評論社、2006）15頁、矢尾渉「第3講 過誤払いと民法478条」金融商事判例1211号（2005）14頁など参照。この点については多数の裁判例があるが、一例として東京高判平成9年9月18日（判タ984号188頁）を挙げておく。同判決は「本件免責条項においては、控訴人が払戻請求書の印影を届出の印鑑と相当の注意をもって照合すべきことが規定されているから、本件免責条項も、民法478条の定める債権の準占有者に対する弁済の一場合を注意的に規定したものにすぎず、銀行が免責されるには、民法478条に規定された場合と同様、銀行が払戻請求を行った者が正当な権利者であると信じたことに過失がなかったことを要するものと解するのが相当である。」と判示している。

述の決済代行業者を通じたクレジットカード決済がなされている実態がある。

　インターネットの利用は、パーソナルな空間や状況でなされることが多く、未成年者が親に内緒でアダルトサイトや出会い系サイトにアクセスし、その決済を親のクレジットカードの名義やカード番号などを入力して行ったことで紛争となっている事案が多い。この場合、前述した「詐術」の問題もあるが、アダルトサイトや出会い系サイトとの間の役務提供契約については、未成年者取消し（民法5条2項）が可能である。しかし、これらの取引における代金決済をクレジットカードで行った場合のカード名義人とクレジットカード会社間の立替払契約については、別の問題がある。仮に立替払契約の取消しが認められたとしても、クレジットカードの会員規約では、ほとんどの規約が親族や友人、知人がクレジットカードを無権限で利用した場合でもカード会員（カード名義人）がその支払義務を負う旨やカード会社の立替金相当額の損害賠償責任を負う旨が定められているので、この規約の効力がそのまま認められると、カード名義人である親が支払を請求されることになる。

　しかしながら、インターネットを利用した取引において、未成年者が親のクレジットカードを無断使用した場合も、前述の（i）および（ii）の考え方が妥当すると考えるべきであろう。

　特に、インターネット上の取引においてクレジットカード決済をするに際し、クレジットカード会社が暗証番号の入力などの無権限者の利用を可能な限り排除するシステムを用意していない場合には、カード会員規約の規定のみを根拠にして、親の責任を首肯することはできないと解する。

　この点について、長崎地佐世保支判平成20年4月24日（金判1300号71頁）は、家族による無権限利用（盗難）の場合には、カード会員が補償されず免責されないとの会員規約の趣旨について、カード会社側が会員の家族によるカードの「盗難」であることさえ主張立証すれば、会員の帰責性まで主張立証しなくても補償規約の適用が除外されることを明らかにしたにとどまり、カード会員側が自己に帰責性がないことを主張立証し、補償規約の適用を受けようとする余地を排斥する趣旨ではないとし、この事案では父親には重過失は認められないと認定して、カード会員である父親の支払義務を否定する判断をしている。この判決は、機械払い方式による預金払戻しにおいて、その方法を預金者に明

示し、その預金払戻しシステムの設置管理の全体について、可能な限度で無権限者による払戻しを排除しうるよう注意義務を尽くしていないかぎり、金融機関には預金の払戻について過失が認められるとする最判平成15年4月8日（民集57巻4号337頁）の趣旨を援用しているが、無権限者によるクレジットカード利用を可能な限り排除しうるシステムの構築をしていない場合には、そのことによる損失の負担はクレジットカード会社が負うべきである。

(イ) 国際ブランドのカードを利用したアダルトサイト等の利用料金の決済代行

(ⅰ) 決済代行の仕組みと実情

本章第1節2(5)⑦でも指摘したが、VISAやMasterなどの国際ブランドのクレジットカードを利用してアダルトサイトや出会い系サイトの利用料金のカード決済を代行する業者とのトラブルが増えている[58]。

クレジットカードの決済代行の仕組みは、図9-9のとおりである。この仕組みでは、クレジットカード会社（アクワイヤラー）の包括加盟店となった決済代行業者が、決済代行を希望する業者を募集し、これら業者と代行決済契約を締結する。決済代行業者と契約した業者と取引した顧客の商品代金やサービスの利用料金の支払のために、顧客のクレジットカードの名義人名やカード番号等の決済に必要なデータを決済代行業者に通知し、決済代行業者が自らの売上げとしてアクワイヤラーに通知してカード決済が行われる。イッシュアーが顧客から取り立てたクレジット代金は、アクワイヤラーを通じて決済代行業者に支払われ、代行業者が手数料を控除して決済代行の依頼業者に支払をしている。

わが国のアクワイヤラーでも、例えばインターネットショッピングモールに出品している小規模のネットショップとそのショップの購入者との取引の決済のために、アクワイヤラーがショッピングモール運営事業者との間で包括加盟店契約を締結し、ショッピングモールがネットショップの決済代行を行う例（前述の「ネットモール型」）などがある。しかし、ほとんどのアクワイヤラーはア

---

58) 国際ブランドカードは、イッシュアーとアクワイヤラー間の決済が国境を跨ぐクレジットカード取引ができるカードであり、国際決済におけるイッシュアー業務とアクワイヤラー業務のいずれも1社で行うアメリカン・エキスプレス、ダイナースおよびJCBと、各国の銀行、クレジットカード会社をフランチャイズ会員とし、統一したブランドのクレジットカードを発行し、会員間の信用照会やセキュリティおよび決済システムの構築、運用を行うVISA InternationalおよびMasterCard Worldwideの2つの種別がある。

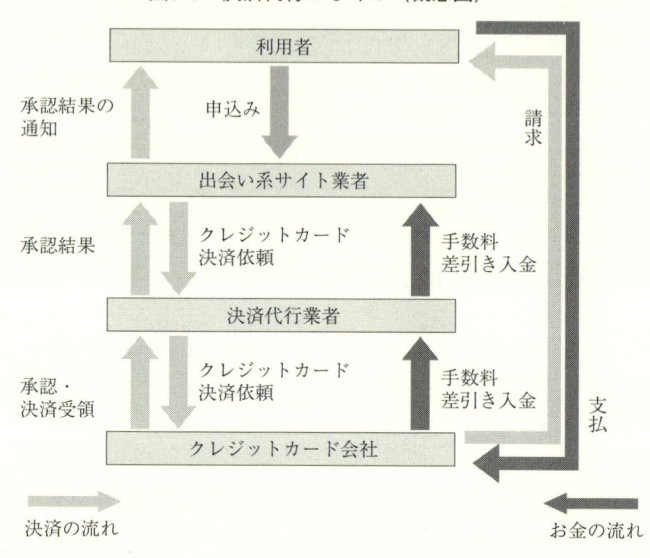

図9-9　決済代行のしくみ（概念図）

```
                    利用者
         承認結果の ↑  ↓ 申込み              ↑
         通知                                 │ 請求
                 出会い系サイト業者
         承認結果 ↑  ↓ クレジットカード  ↑ 手数料
                    決済依頼           差引き入金
                 決済代行業者
         承認・  ↑  ↓ クレジットカード  ↑ 手数料
         決済受領   決済依頼           差引き入金  ↓ 支払
                 クレジットカード会社
           →決済の流れ              ←お金の流れ
```

ダルトサイトや出会い系サイトの業者と直接加盟店契約を締結していないし、また、これらの業者と決済代行の取引をする決済代行業者との間で包括加盟店契約を締結してはいないと説明されている[59]。

　アダルトサイトや出会い系サイト業者の決済代行を行っている業者の多くは、海外に法人を設立し、その国や地域のアクワイヤラーと包括加盟店契約を締結して、わが国の国内で決済代行を希望する業者を募集して、これら業者と決済代行にかかる契約を締結して決済代行業務を行っている。その仕組みは図9-10のとおりである。

　この図からもわかるとおり、問題を生じさせている決済代行の仕組みは多くの場合、イッシュアーとアクワイヤラーが分離しているノン・オン・アス取引であり、かつまた、アクワイヤラーが海外のクレジットカード会社であるため、わが国の国内の出会い系サイトやアダルトサイトの取引の問題点を踏まえた包括加盟店に対する加盟店管理がなされていないという実情がある。

---

59) 消費者庁の「第3回インターネット消費者取引研究会」における島貫構成員の説明（http://www.caa.go.jp/adjustments/pdf/101015adjustments_5.pdf）。

図9-10　国際カードによる決済代行の仕組み

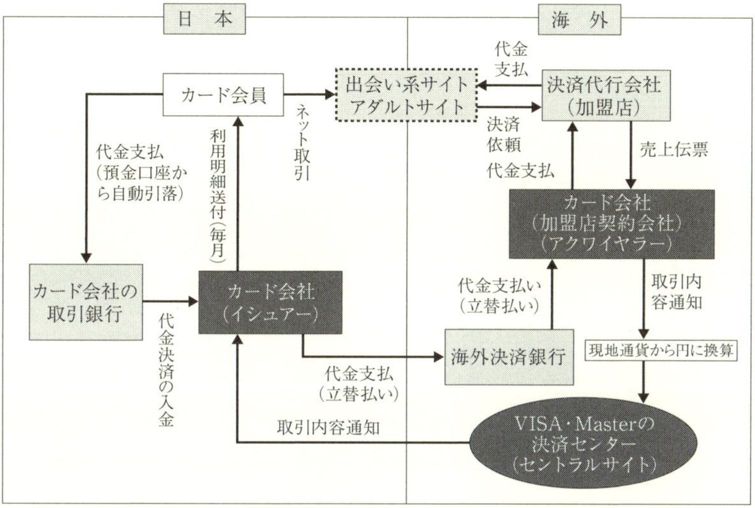
日本
海外
カード会員
出会い系サイト
アダルトサイト
決済代行会社
（加盟店）
代金
支払
決済
依頼
ネット取引
代金支払
（預金口座から自動引落）
利用明細送付（毎月）
売上伝票
代金支払
カード会社
（加盟店契約会社）
（アクワイヤラー）
カード会社の
取引銀行
カード会社
（イシュアー）
代金決済の入金
代金支払い
（立替払い）
取引内
容通知
海外決済銀行
現地通貨から円に換算
代金支払
（立替払い）
取引内容通知
VISA・Masterの
決済センター
（セントラルサイト）

(ii)　決済代行に対する法的規制の現状と問題点

割販法では、アクワイヤラーの加盟店について、まず「包括信用購入あっせん関係立替払取次ぎ」という行為を規定し、それを業とする者を「包括信用購入あっせん関係立替払取次業者」と規定して（割販法30条の2の3第4項）、アクワイヤラー加盟店にも書面交付義務（同条項）、与信限度額を超える与信取引となる場合のカード交付の禁止（割販法34条1項）などの規制を及ぼしている[60]。しかし、アクワイヤラー加盟店が決済代行業者である場合にその下にある加盟店（出会い系サイトやアダルトサイトの業者）が包括信用購入あっせんの立替払取次ぎを行う場合については、割販法は何も手当をしていない。

国際ブランドのカードによる決済代行のトラブルは、事実上のアクワイヤリング業務を行っている決済代行業者の業務の適正さの確保の問題であり、また、決済代行業者の行うそれを「加盟店管理」と呼べるとすれば、決済代行業者に

60)　国際ブランドのクレジットカードの決済代行業者は、海外法人であることが多いのでこの場合にわが国の割販法が適用されるか否か問題となるが、これらの業者の実態からみれば、営業の本拠は海外ではなくわが国の国内であり、事務所も営業活動も国内で行われている以上、わが国の国内における包括信用購入あっせん関係立替払取次ぎ業務については割販法の規制が及ぶと解する。

よる決済代行依頼業者（アダルトサイトや出会い系サイトなど）に対する加盟店管理の問題である。しかし、割販法は、そもそもアクワイヤラー業務について正面から法の適用対象にするというコンセプトに欠けており、例外的にしか規制を及ぼしていない[61]。

　他方、イッシュアーに対する規制としては、割販法は購入者からの苦情についてイッシュアーに対し必要な措置をとる義務を定め（割販法35条の3の5）、ノン・オン・アス取引についても消費者保護にかかる苦情の申し出があった場合には、発生状況に応じて調査することを義務づけ（割販法施行規則（以下「割販則」という）60条3号イ・ロ）、調査の結果に基づきクレジット業務に関し改善が必要な場合には所用の措置を講じる義務を課している（割販則60条4号）。ところが、国際ブランドのカードでは、決済システム上のアクワイヤラーは海外のクレジット会社であるので、わが国の国内のイッシュアーが「所用の措置を講じる」ことが難しい場合が多く、苦情やトラブルの解決には無力な場合が多い。

　しかしながら、国際ブランドのクレジットカード決済機構では、例えば、VISAのようにアクワイヤラーと加盟店は同一国内でなければならないというルール（クロスボーダー契約の禁止）を定めているものもあり[62]、わが国で問題を

----

61) 割販法30条の5の2が包括購入あっせん業者に対する業務の運営に関する措置を定めているが、この規定はオン・アス取引の場合もノン・オン・アス取引でアクワイヤリング業務を他業者（他のアクワイヤラーや決済代行業者）に委託する場合も含めた包括信用購入あっせん業者の「業務」について、その運営の適切性確保のために必要な措置をとることを要請していると解される。また、割販法35条の16第3項がアクワイヤラーである包括信用購入あっせん業者に対するクレジットカード番号等の適切な管理等についての規定を置いているが、この規定もアクワイヤラーの業務も対象としていると解される。しかし、これ以外にアクワイヤラーの行う業務について直接的な規制を規定したと考えられるものは見当たらない。なお、決済代行に対する割販法の適用関係については松尾善紀「インターネット取引被害とクレジット決済代行業者に対する規制について（上）（下）」消費者法ニュース85号（2010）147頁、同86号（2011）117頁参照。

62) 「VISA International Operating Regulations」のVol.1 General Rules 15 Nov 2008では、次のとおりの規定がある（IPSPとはInternet Payment Service Providerのこと）。
4.1.C.1 Restrictions on Cross-Border Merchant Contracting
An Acquirer must only contract with a merchant Outlet within its Country of Domicile, as specified in the Visa International By-Laws Section 2.10. The country of the Sponsored Merchant, not the country of the IPSP, determines the Acquirer's jurisdiction.
また、クロスボーダー契約では、下記のとおり、VISAの書面による許可が必要とされるようになっている（http://usa.visa.com/merchants/operations/op_regulations.html）。
Requires a prospective cross-border Acquirer to seek written permission from Visa before signing a Merchant Agreement with any Merchant located in another country where there is no indigenous Acquirer.

生じさせている決済代行業者の多くは営業の本拠がわが国の国内にあって決済代行業務を国内で行っている点からすると、実際には国際ブランドの定めるこのルールに違反していると考えられる。この場合、わが国のイッシュアーが国際ブランドを経由して、海外のアクワイアラーが契約する決済代行業者について、そのアクワイヤラーに対する「加盟店に対する異議申立て」を行うことで解約を依頼することも可能ではあるが[63]、これも海外アクワイヤラーの任意の対応を促すものであり、どれだけ実効性があるのか疑問である[64]。

ところで、クレジットカードの決済代行は割販法の包括信用購入あっせんの仕組みを利用したものであり、包括信用購入あっせん自体が代金決済という「役務」提供取引である。しかし、前述（注14）したように特商法は、割販法30条1項の包括信用購入あっせん業者が行う同法2条3項の役務提供は適用除外としているが、これには該当しないマンスリクリアの包括信用購入あっせん（クレジットカード）による販売信用供与の役務提供は、特商法の適用除外とはなっていないと解される。国際ブランドのクレジットカードの決済システムを利用した決済代行サービス（役務）の提供も、マンスリクリアの包括信用購入あっせんによる決済サービス（役務）の一部を構成する要素であり、また、その重要な部分でもある。とすれば、この方法による決済代行サービス（役務）の提供の申込みを決済代行業者が自らネット上で受け付ける場合や、出会い系サイトやアダルトサイトがその利用料金の支払方法として利用者からネットで申込みを受け付ける場合は、特商法の適用があると考えられる。

この場合、決済代行業者が有償でこの役務提供を行っているか否かが論点となるが、決済代行を依頼する業者（アダルトサイト等）が顧客から支払わせる料金の中に、決済代行業者の手数料が事実上含まれていると見ることも可能であるから、特商法の通信販売規制を受けるとの解釈も可能ではないだろうか。

---

63) 注（59）のクレジットカード会社の立場で参加している構成員の説明。なお、国内のイッシュアーの他の取り組みとしては、この構成員の説明ではイッシュアーが決済代行業者に対するキャンセル交渉を代行することもあるという。
64) なお、VISAでは「マーチャント・フラウド・パフォーマンス・プログラム」という不正取引の多い決済代行業者に対するモニタリングと契約解消といったプログラムを実施しており、これを活用することで不正な取引で国際クレジットカードが利用される被害の防止につながる可能性がある（土井裕明「決済代行問題の解決案について」消費者法ニュース88号（2011）222頁）。

したがって、これらの事業者（アダルトサイト等および決済代行業者）が国際クレジットカードを利用する決済代行の役務提供の申込みをインターネットで受け付けて取引する場合には、かかる仕組みで提供される役務、つまり決済代行の実質的内容の表示義務があるというべきである（特商法11条、特商則8条）。具体的には、クレジット手数料のみならず決済代行手数料の金額（特商法11条1号）、その支払時期（同条2号）、決済役務の提供時期（同条3号）、包括信用購入あっせん役務およびクレジット決済代行役務の提供事業者の氏名、名称、住所、電話番号（同条4号）などを表示する義務があると解する[65]。

(iii)　国際ブランドカードを利用したクレジットカード決済代行における民事ルール

　前掲図9-10の仕組みを前提すると、割販法2条3項の規定する包括信用購入あっせんにおける「特定の販売業者から商品若しくは権利を購入し、又は特定の役務提供事業者から役務の提供を受ける」という要件（特定性：割販法2条3項）は満たしていると考えられるから、決済代行の場合でも、最低支払金額（リボルビングで38,000円、それ以外で40,000円）および2ヶ月以上という支払期間の要件がクリアされれば、割販法の適用があると解される[66]。

　この場合は、割販法の規定する抗弁の対抗（割販法30条の4第1項）が認められることになるが[67]、マンスリクリアの決済だとすると実際には抗弁の対抗

---

65)　消費者委員会「決済代行業者を経由したクレジットカード決済によるインターネット取引の被害対策に関する提言」（平成22年10月22日）では、通信販売業者による決済代行業者に係る表示の義務づけが提言されている。また、消費者庁が主催した「インターネット消費者取引研究会」の報告を踏まえて、一般社団法人モバイル・コンテンツ・フォーラムが運営主体となって2011年7月1日から「決済代行登録制度」がスタートした。これは、業界団体が行う任意の登録制度であり、ここに登録している決済代行業者には、規約の遵守が求められ、決済代行業者が介在していることや、登録簿への登録がされていること、登録簿へのリンク表示などが規約上規定されている（http://www.kessaidaikou.jp/common/pdf/kiyaku.pdf）。

66)　福崎博孝＝永岡亜也子「"出会えない系サイト"国際クレジットカード決済に潜む問題点」消費者法ニュース85号（2010）144頁。

67)　抗弁の対抗は、カード会員がイッシュアーに対して主張することができるが、イッシュアーはカード会員から支払が拒絶されるので、支払を受けられない立替金についての損失を転嫁するには、原則的には国際ブランドの決済システムを通じて、アクワイヤラーからチャージバックしてもらうしか方法がないことになる。抗弁の対抗の場面に限らず、カード会員からの苦情申立てやチャージバック手続をとることの要請を受けた場合でも、同様の状況に置かれる。そのため、チャージバックが認められないとイッシュアーは損失転嫁ができない状況に置かれるので、イッシュアーには国際ブランドカードを利用した決済代行のトラブルについて、積極的に解決をしようとするインセンティブが働きにくい実態がある。

ができない。

　そのため、国際ブランドのカードを利用した決済代行のトラブルを民事的に解決する方法としては、国際ブランドの決済機構が定めている「チャージバック」制度を活用する位しか手立てはないと思われる。しかし、国際ブランドの決済機構が定めるチャージバック制度は加盟するカード会社間のルールであり、個々のカードホルダーに認められた権利ではないし、チャージバックが認められる理由ないし根拠（チャージバックリーズン）は限定されており、出会い系サイトやアダルトサイトの利用をめぐるトラブルで問題となる契約の不成立、詐欺、錯誤や未成年者取消しなどを理由としてチャージバックが認められるのは簡単ではない。そのため、現実的な対応としては、利用者（あるいはその代理人である弁護士や消費生活センター）が決済代行業者との交渉により、クレジット会社と加盟店間の「赤伝処理」と同じように決済代行業者と契約している出会い系サイトやアダルトサイト業者との間で「赤伝処理」をしてもらうことにより、巻き戻しを実現しているのが実情である。

3　不当景品類及び不当表示防止法

(1) 不当景品類及び不当表示防止法とネット通販

　不当景品類及び不当表示防止法（本章では、以下「景表法」という）は、一般消費者による自主的かつ合理的な選択を阻害するおそれのある行為の制限および禁止を定め、消費者の商品選択の適正をはかる観点から、顧客誘引手段として、供給する商品や役務に関する不当な表示を禁止している（景表法4条1項）。

　景表法は、同法の規制対象となる「表示」を内閣総理大臣の告示によって定めているが（景表法2条4項）、事業者が行う取引の類型によって適用対象を限定していない。景表法が適用対象として指定している「表示」には「情報処理の用に供する機器による広告その他の表示（インターネット、パソコン通信等によるものを含む。）」（内閣総理大臣「指定告示」2の（五））が含まれるので[68]、ネット通販における通販業者のウェブページ上の表示も景表法の適用対象である。

　したがって、ウェブページ上の表示に不当表示があると、景表法によって内閣総理大臣（消費者庁長官）から行為の差止め等の措置命令を受ける（景表法6条）。

(2) 景表法の禁止する不当表示

　景表法が禁止する不当表示は、不当に顧客を誘引し、一般消費者による自主的かつ合理的な選択を阻害するおそれがあると認められる次の表示である。

　①商品または役務の品質、規格その他の内容について、一般消費者に対し、実際のものよりも著しく優良であると示し、または事実に相違して当該事業者と同種もしくは類似の商品もしくは役務を供給している他の事業者にかかるものよりも著しく優良であると示す表示（景表法4条1項1号：品質・規格その他の給付の内容についての優良誤認表示）

　②商品または役務の価格その他の取引条件について、実際のものまたは当該事業者と同種もしくは類似の商品もしくは役務を供給している他の事業者にかかるものよりも取引の相手方に著しく有利であると一般消費者に誤認される表示（景表法4条1項2号：価格その他の取引条件についての優良誤認表示）

　③前2号に掲げるもののほか、商品または役務の取引に関する事項について一般消費者に誤認されるおそれがある表示であって内閣総理大臣が指定するもの（景表法4条1項3号：その他取引に関する事項についての誤認表示）

　ネット通販において、いかなる表示が景表法の禁止する不当表示に該当するのかについては、公正取引委員会がガイドライン「消費者向け電子商取引における表示についての景品表示法上の問題点と留意事項」を策定しており、同法の所管が消費者庁に移った後も同ガイドラインは消費者庁のガイドラインとして機能している[69]。

　ネット通販に特徴的な優良誤認表示の例としては、上記のガイドラインでも指摘されているが、たとえばウェブページで「通常価格5000円のところ、特

---

[68]　消費者庁および消費者委員会の発足に伴い、景表法が消費者庁の所掌事務とされたことにより、従前の法律、政令、省令、指定およびその他の処分または通知の効力や文言の読み替えがなされている。例えば、消費者庁及び消費者委員会設置法の施行に伴う関係法律の整備に関する法律（平成21年法律第49号）の附則第4条1項は「この法律の施行前にこの法律による改正前のそれぞれの法律（これに基づく命令を含む。以下「旧法令」という。）の規定によりされた免許、許可、認可、承認、指定その他の処分又は通知その他の行為は、法令に別段の定めがあるもののほか、この法律の施行後は、この法律による改正後のそれぞれの法律（これに基づく命令を含む。以下「新法令」という。）の相当規定によりされた免許、許可、認可、承認、指定その他の処分又は通知その他の行為とみなす。」と規定し、消費者庁の発足による所掌事務の移管後は、従前の公正取引委員会告示が内閣総理大臣告示とみなされている。

[69]　http://www.caa.go.jp/representation/pdf/100121premiums_38.pdf

別割引セールにつき3000円」との表示をしながら、このページの更新を半年も1年も行っていないような場合は、そもそもセール価格が通常販売価格であり、にもかかわらず特別に割り引きされた価格で購入できるかのように表示することは、景表法4条1項2号の価格についての優良誤認表示に該当する。また、近時、人気が高まっているクーポン販売サイトでのクーポン取引においても、同様の問題がある。クーポン販売サイトでは、グループで購入することでレストラン等の通常料金より割安で利用できるクーポンの購入が可能となるが、利用できる飲食店などの通常利用料金の金額を高めに表示して、いかにもクーポンサイトで購入したクーポンの金額が割安であるかのような誤認を与える販売方法は、景表法の価格に関する優良誤認表示（二重価格表示）に該当すると解される[70]。なお、このような販売方法は価格についての不実告知となる場合もある[71]。その場合は購入者は消費者契約法4条1項1号により申込みの意思表示を取り消すことが可能である[72]。

(3) アフィリエイトの不当表示と景表法

　景表法は、業態を問わずに不当な表示に対する規制をしているので、アフィリエイトの行っている宣伝、広告が景表法の禁止する不当表示に該当する場合に、アフィリエイトにも景表法違反の責任を問えそうである。しかし、景表法4条1項本文は「事業者は、自己の供給する商品又は役務の取引について」同項1号から3号に該当する表示をしてはならないと規定しているため、他人の供給する商品や役務の取引についての不当表示は、同条の規制対象とはなっていない。そのため、アフィリエイトが商品や役務の供給主体と共同して当該の宣伝、広告行為を遂行していると見られるほどにその宣伝、広告行為における

---

[70]　クーポン販売サイトでのクーポン販売では、二重価格表示の問題のほかに、クーポンの売買取引に関する取引条件自体やその表示の不明確さ、あるいは出品した店舗との間でのクーポン利用条件についての表示や説明の不十分さから生じる問題もある。

[71]　宝飾品の一般的市場価格についての不実告知を認めた大阪高判平成16年4月22日消費者法ニュース60号156頁を参照。

[72]　クーポンサイトがクーポンの直接の売主である場合は、クーポンサイトが消費者契約法の「事業者」であるが、レストランなどクーポンを利用できる店舗からクーポンの販売の委託を受けてクーポンサイトで購入者を募っている場合には、クーポンサイトはレストランなどの店舗から契約締結の媒介、委託を受けた第三者あるいは代理人と考えられるので、同法5条によりクーポンサイトの不実告知等があれば、店舗との間のクーポン売買契約の意思表示の取消しが可能であろう。

当事者の関与の共同性があれば格別、アフィリエイトの裁量で宣伝、広告の内容や方法を決定し、自らそれを実行している場合には、宣伝、広告について業務委託などの関係があったとしても、アフィリエイト自身の宣伝、広告活動は「他人の供給する」商品、役務についてのものであり、景表法の規制対象とはならないと解さざるをえないだろう[73]。この点について、消費者庁は、アフィリエイトの景表法違反行為はその宣伝・広告の主体である事業者の違反行為として同法の規制を受けると解しているが、今後は、景表法の改正を含めアフィリエイトの不当表示に対する何らかの対応が必要であると考える。

4 風営法

いわゆる「アダルトサイト」から画像の配信やダウンロードをさせる営業は、風営法の規定する「性風俗関連特殊営業」(風営法2条5項)のひとつである「映像送信型性風俗特殊営業」(風営法2条8項)として同法の規制対象となっている。なお、インターネットを利用して申込みを受け付けて、アダルト画像の有料配信サービスを提供する営業は通信販売にも該当するので、風営法だけでなく特商法も適用される。

映像送信型性風俗特殊営業とは、放送または有線放送に該当するものを除き、もっぱら、性的好奇心をそそるため、性的な行為を表す場面や衣服を脱いだ人の姿態の映像を電気通信設備を用いて伝達することにより営むものである(風営法2条8項)。

映像送信型性風俗特殊営業(アダルトサイト)を営むには、事務所を管轄する都道府県公安委員会への届出が必要である(風営法31条の7第1項)。また、映像送信型性風俗特殊営業を営む者は、街頭での広告、宣伝が規制され(風営法31条の8第1項)、18歳未満の者を客とすることが禁止されている(風営法31条の8第2項・3項)。さらに、18歳以上である旨の証明、または18歳未満の者が通常利用できない方法により料金を支払う旨の同意を受ける前に映像を

---

[73] 景表法の適用は難しいとしても、例えば金融商品に関連するアフィリエイトの行った宣伝、広告行為が不法行為上の違法であると認定され、損害賠償請求が認められたケースがあるし(東京地判平成20年10月16日先物取引裁判例集53巻352頁)、児童ポルノのアフィリエイターを募集する公告代理業者が児童ポルノ禁止法の幇助犯として摘発された例がある(日経新聞2009年4月1日夕刊)。

伝達することが禁止されている（風営法31条の8第4項）。

利用料金の支払についても、コンテンツ利用料金の徴収（取立て）を電気通信事業者に対して委託（取立委任）するには[74]、18歳未満の者が通常利用できない方法による客の依頼のみを受けることとしている場合に限られる。

アダルト画像などが記録されていたり、それを自動公衆送信ができる装置の設置者（レンタルサーバー設置者やホスティング事業者など）に対しては、わいせつ映像または児童ポルノ映像を記録したことを了知した後の送信防止措置の努力義務が課されている（風営法31条の8第5項）。

5　出会い系規制法

出会い系規制法により、出会い系サイトの営業が規制され、また、出会い系サイトを利用した18歳未満の男女（この法律では「児童」と定義されている：同法2条1項1号）に対する性交等の誘引が禁止されている（同法6条）[75]。なお、出会い系サイトはインターネットを利用して交際相手の情報提供や相互の連絡サービス提供の申込みを受け付けるものであるから通信販売に該当する。したがって、出会い系規制法だけでなく、既述のとおりの特商法の規制も受ける。

出会い系規制法は、いわゆる出会い系サイトを「インターネット異性紹介事業」と規定し、次の要件に該当するものは「インターネット異性紹介事業」に該当するとしている（同法2条2号）。

①面識のない異性との交際希望者の求めに応じ、交際相手を紹介するものであること（異性交際相手紹介目的）
②交際に関する情報をインターネット上の電子掲示板へ掲載し、公衆（不特

---

74)　例えば、携帯電話会社の公式サイトにおけるIPやCPへ支払うコンテンツ利用料金では、CPから携帯電話会社に利用料金の取立委任がなされ、この利用料金は電話料金と一緒に徴収されることになるが、このような方法での料金徴収のことである。
75)　禁止されるのは、①性交等の誘引および②対償供与による異性交際の誘引である。いずれも人（児童以外の自然人）が児童を誘引する場合と児童が人を誘引する場合の両方含む。①は「対償」を供与しない場合でも該当する。「対償」は金銭に限らず、児童にとって便益となるものを与えることが広く含まれる（服やバックを買ってあげる、ドライブに誘う、カラオケに誘う等）。なお、条文の規定ぶりからみても、これらの行為は電子掲示板への書き込み行為によってなされるものに限定されていると解され、構成要件の明確性から考えても、誘引行為が電子掲示板への書き込みではない方法によりなされた場合は、同法での処罰は難しい。その意味では、出会い系規制法は規制目的からみると適正にその目的を達することができるか否かは疑問がある。

定多数の者）が閲覧できる状態に置くこと
　③交際希望者とその電子掲示板掲載情報の閲覧者との間における電子メール等電気通信を利用した相互連絡の役務提供を行うこと
　④事業（有償・無償を問わない）であること

　出会い系サイトの営業は、事業の本拠となる事務所の所在地を管轄する都道府県公安委員会への届出が必要であり[76]、無届出営業には刑事罰の制裁がある（出会い系規制法7条・32条）。また、暴力団員等欠格事由のある者が出会い系サイトの事業を営むことは禁止されている（同法8条）。

　出会い系サイトを運営する事業者には、①広告・宣伝における児童が利用してはならない旨の明示義務（同法10条：児童による利用禁止の明示・伝達方法については同法施行規則1・2条）、②異性交際希望者が児童でないことのあらかじめの確認（同法11条：確認の方法については同法施行規則3条）、③同法の禁止する誘引行為（同法6条）を認知した場合の閲覧禁止の措置を取る義務（同法12条1項）、④児童の健全育成に障害を及ぼす行為の防止措置をとる努力義務（同法12条2項）が課されており、努力義務以外の義務違反行為に対しては、公安委員会からの指示処分と業務停止命令が規定されている（同法13条・14条）。

　また、児童に対する禁止誘引行為に限らず、無届営業や名義貸しの禁止、指示処分や業務停止命令違反などに対しては刑事罰が科されている（同法31条ないし37条）。

6　古物営業法

(1) インターネットを利用した古物取引

　中古品の買取・交換（これらの委託を含む）の営業（古物商）をするには、営業所の所在地の都道府県の公安委員会の許可を受けなければならないし（古物営業法3条1項）、古物商間の古物の売買または交換のための市場（古物市場）を営むには、その市場の所在する都道府県の公安委員会の許可を受けなければなら

---

[76]　事務所のない者では「住居」が基準になる（出会い系規制法7条1項本文）。インターネットでは電子掲示板などのシステムの電子情報が蓄えられているサーバーが海外に置かれているなど、サーバーの設置場所と営業主体の事業の本拠地が異なることがあるが、この場合でも営業の本拠地が基準となる。

ない（同条2項）。

　これらの営業をインターネットを利用して行うことも可能であるが、その場合には、古物営業法上、次のとおりの規制などが定められている。
　①古物商の営業方法が、取り扱う古物に関する事項をインターネット上で公衆に閲覧させる場合には、許可申請においてURLや電子メールアドレスを申請書に記載することが必要とされている（古物営業法5条1項6号）。また、この場合は、古物に関する事項に加え、氏名または名称、許可証番号等もインターネット上で公衆の閲覧に供する義務がある（古物営業法12条2項）。
　②古物商が、売却する古物の情報をインターネットを通じて公衆に閲覧させ、その買受けの申込みを一定の通信手段による受ける方法で行う競り売りをしようとする場合には、そのURL、電子メールアドレス、競り売りの期間等を公安委員会に届け出る義務がある（同法10条2項）。
　③古物の買取りをする場合に相手方の真偽を確認するための住所、氏名、職業および年齢を電子署名付きの電磁的方法で受け取ることが可能である（同法15条1項）。

(2) ネットオークション

　ネットオークションを運営する事業は、古物営業法の「古物競りあっせん業」に該当し、同法の適用を受ける（古物営業法2条2項3号）。

　古物営業法の規定する「古物競りあっせん業」とは、古物の売買をしようとする者のあっせんを競りの方法で行う営業とされており、ただし、この競りの方法は古物営業法施行令で定める電子情報処理組織を利用する方法に限定されている。

　同施行令3条1項、2項では、古物の売買をしようとする者の使用にかかる電子計算機（入出力装置を含む）と、その者から送信された古物に関する事項およびその買受けの申出にかかる金額を電気通信回線に接続して行う自動公衆送信により公衆の閲覧に供して競りを行う機能を有する電子計算機とを電気通信回線で接続した電子情報処理組織とされており、このような電子情報処理組織を使用する競りの方法による営業が、古物営業法2条2項3号の「古物競りあっせん業」とされている[77]。

第3節　インターネット通販の法規制

古物競りあっせん業を行うには、その営業の本拠となる事務所の所在地を管轄する公安委員会に対する届出が必要である（同法10条の2第1項）。また、古物競りあっせん業者には、①相手方確認の努力義務（同法21条の2）、②盗品等の疑いある場合の申告義務（同法21条の3）、③取引結果の記録作成・保存の努力義務（同法21条の4）が課されている。未届営業には刑事罰の制裁がある（同法34条3号）。

　また、古物競りあっせん業において、盗品等であると疑える相当の理由のある場合には警察本部長等が当該古物の競りの中止命令を発することができる（同法21条の7）。

　なお、ネットオークション事業者の業務実施方法が、国家公安委員会の定める盗品等の売買防止と速やかな発見に結びつくような方法の基準に適合していれば、公安委員会から認定を受けることができる制度がある（同法21条の5）。

　ネットオークションも有料サービスであれば、インターネット上で申込みを受けつけるオークションサービスの提供は特商法の適用を受ける通信販売である[78]。

7　無限連鎖講防止法

　無限連鎖講防止法は、金品を配当する「ねずみ講」の開設、運営、加入および加入の勧誘などを禁止し、違反者には刑事罰が科されている（無限連鎖講防止法3条、5条ないし7条）。

　1990年頃からインターネットが商用利用されるようになったことに伴い、インターネットを利用したねずみ講が出現し、次第にその被害も目立つようになった[79]。インターネットを利用したねずみ講には、①ねずみ講の宣伝、広

---

77)　古物営業法施行令では、その規定ぶりをみるとその文字通りの「あっせん」型ではなく、「情報提供」型（ポータル型）のネットオークションを規定していると考えられる。
78)　古物営業法によれば、古物商が行う取引は古物の「買受け」と「交換」なので、これをインターネットを利用して行った場合、古物商が特商法の「販売業者」に該当するか否かについては疑問がある。特商法は当初の立法当時から顧客の商品を事業者が買い取る事業や交換する事業を想定していなかったことから、買取業務や交換業務を行う事業者が「販売業者」というにはいささか無理がある。しかし、近時、いわゆる「お宝」の買取を訪問販売等により行う業者とのトラブルも増えてきているので、買取業者も特商法が適用しうるようにする必要もあり、同法の販売業者の定義ないし概念の見直しが必要である。この点は、齋藤雅弘「特定商取引関連取引の現状と課題」法律時報83巻8号（2011年）41頁参照。

告あるいは勧誘手段として、ウェブページや電子メールを利用する形態のもの、②インターネット上の役務提供やサーバーの利用権などのインターネットに関連する取引を仮装しながら、実際には金品の配当を行う組織の勧誘であるもの、あるいは、③金品配当の組織拡大そのものにウェブページの開設や電子メールが利用されるものなどがある。①の例としては、1998年に摘発されるまでわが国でも勧誘が行われていた、イタリアの会社が運営する「ペンタゴノ」と呼ばれたねずみ講がその例であり、②はアメリカでFTCが摘発し、連邦地方裁判所から差止命令などが出されて破綻した「Sky Biz」社のねずみ講がその例である。また、③の例では、ウェブページを入れ子あるいはチェーンのように繋げて開設しながら配当組織を増殖していくものや、勧誘文言などが記載されている電子メール中に数名の送金先口座を記載して（送信者の口座は最後に記載）、そのメールを多数に送信し、受信した者が記載されている送金先にメール中に記載されている金品を送金した上、最も先順位者の送金先口座を削除し、最後に新たに自己の送金先口座を記載した電子メールを作成して、多数に送信するという方法のねずみ講（電子チェーンメール型ねずみ講）があげられる。電子チェーンメール型ねずみ講は、依然として広がっている。

「無限連鎖講」とは、財産権を表彰する証券または証書を含む金品を出捐する加入者が無限に増加するものであるとして、先に加入した者が先順位者となり、以下これに連鎖して段階的に2以上の倍率で増加する加入者がそれぞれの段階に応じた後順位者となり、順次先順位者が後順位者の出捐する金品から自己の出捐した金品の価額または数量を上回る価額または数量の金品を受領することを内容とする金品の配当組織とされている（無限連鎖講防止法2条）。

この定義からすると、①や②のようなねずみ講では、その構成要件該当性は明らかである場合が多いが、③の電子チェーンメール型ねずみ講では、電子メール送信の縦の系列だけに着目すると、「不幸の手紙（メール）」などと同様のいわゆるチェーンメールであり、2以上の倍率で後順位者が増加していないよ

---

79) インターネット上のねずみ講については、齋藤雅弘「インターネット上のネズミ講（上）（下）」法学セミナー521号（1998）18頁・522号（1998）18頁、同「ねずみ講、投資・利殖詐欺、マルチ商法（上）（下）」現代消費者法2号（2009）129頁・3号（2009）120頁、齋藤・池本・石戸谷448頁以下など参照。

うにみえるし、例えば4名の送金先口座が書かれている電子メールでは、4段階進むと送信時に記載された口座が削除されるので1つのサークルが限定されていることから「無限に増加する」とはいえないので、無限連鎖講防止法に該当しないとの説明がなされることもある。

　しかし、まず、無限連鎖講防止法にいう「無限に増加する」とは、金品配当組織としての組織原理（システム）として、加入者が無限に増加することが論理的前提になっていれば足りると解されている[80]。2以上の倍率での増殖の点も、電子チェーンメール型ねずみ講では縦系列の電子チェーンメールが続くだけではなく、横にも別の系列の電子チェーンメールを送信することが組織原理（システム）となっており、そのような行為を行う必要がある（この点は、これらの電子メール中に明記されている）ので、やはり組織それ自体として2以上の倍率で増殖するものであることは明らかと考えられる。

　したがって、電子チェーンメール型ねずみ講も無限連鎖講防止法に違反する無限連鎖講であり、これを開設し、運営するだけでなく、この電子メールを送信して加入を勧誘することも同法違反として処罰される（秋田地判平成13年5月22日判例集未登載）。

8　薬事法

　医薬品のネット通販については、薬事法の規制があるため、そもそもインターネットで販売できるか否かの問題がある。しかし、特商法の適用上、医薬品は適用除外とはされていない。

　薬事法は、一般消費者に対する医薬品の販売については、店舗販売業と配置販売業しか規定しておらず（薬事法12条、24条、25条）、また、医薬品の非対面の販売を薬事法は予定していないので（薬事法1条、36条の5、36条の6）、医薬品の販売は対面で行うものとするのが従来からの厚生労働省の見解であった（薬事法施行規則15条の5〜7、15条の13、15条の14、159条の14〜17）。

　このような薬事法の規制を前提にする限り、ネット通販は対面販売ではないので、薬事法上はこれらの取引類型による販売は認められないことになる。し

---

[80]　東京高判昭和58年7月28日判時1105号154頁。同判決の上告審（最判昭和60年12月12日判時1182号156頁）もこの判断を支持している。

かし、2009（平成21）年6月に改正薬事法が施行された結果、一般消費者に対する医薬品（一般用医薬品）の販売については、副作用のリスクの観点から3つのものに分類し、それぞれ異なった取扱いがされるようになった。

すなわち、第1類（特に副作用リスクの高い医薬品：一部の胃腸薬や育毛剤など）、第2類（大部分の風邪薬、鎮痛剤など）および第3類（副作用のリスクが低いビタミン剤・整腸剤など）の3つに分類し、第1類の医薬品は従前どおり薬剤師による対面販売が必要であるが、第2類および第3類の医薬品は、薬事法が定める「登録販売者」（高卒以上で1年以上の実務経験があり、都道府県が実施する試験の合格者）が販売できることとなった。

しかし、販売方法の側面では、副作用リスクのある第1類および第2類の医薬品は対面販売が義務づけられたことから、通信販売による非対面販売が可能なのは第3類（ビタミン剤など）だけになった[81]。

医薬品の販売については、薬事法ではこのような規制がかけられているが、特商法では特段、適用除外とする規定は置いていない。医薬品のネット販売を許容すべきか否かをめぐっては、政府の規制改革会議で規制緩和の方向の意見が出されたり、ネットショップの業界からの規制緩和要求が強く出されている。なお、副作用のリスクが高い一般用医薬品をインターネット上で販売することを禁止した2009（平成21）年改正の薬事法施行規則は、最判平成25年1月11日（最高裁HP）により薬事法の委任の範囲を逸脱した違法があり、無効とされた。

なお、医薬品については、医薬品、医薬部外品、化粧品または医療用具の名称、製造方法、効能、効果または性能に関する誇大広告等の禁止（薬事法66条1・2項）および特定疾病用医薬品の広告制限（同法67条）、承認前の医薬品等の

---

81) 薬事法4条1項により薬局開設許可を受ける場合には、薬事法施行規則1条1項7号により「当該薬局以外の場所にいる者に対する郵便その他の方法による医薬品の販売又は授与（以下「郵便等販売」という。）を行おうとするときは、様式第1の2による届書」の提出を義務づけている。また、同規則15条の4は「薬局開設者は、郵便等販売を行う場合は、次に掲げるところにより行わなければならない」として、①第三類医薬品以外の医薬品を販売し、または授与しないこと、②当該薬局に貯蔵し、又は陳列している第三類医薬品を販売し、又は授与すること、③郵便等販売を行うことについて広告をするときは、当該広告に別表第1の2に掲げる情報を表示することを義務づけている。なお、薬局開設者が新たに郵便等販売を行おうとするときは、あらかじめ所定の届書を都道府県知事に提出することが義務づけられている（同規則15条の4第2項）。

広告の禁止（同法68条）を定められているので、ネット通販が認められていても、これらの規制を遵守する必要がある。

9 健康増進法、食品衛生法、JAS法

(1) 健康増進法

健康増進法は、消費者が商品購入時における適正な選択を確保するという目的と食品として販売される商品の品質や安全性の確保という2つの観点から、食品として販売される物の広告その他の表示について、健康の保持増進の効果等について著しく事実に相違または著しく人を誤認させる表示を禁止している（健康増進法32条の2第1項）。

いわゆる健康食品をネット通販で販売する場合には、同法のこの表示規制を受ける。

(2) 食品衛生法

食品衛生法は、一般消費者に対する食品、添加物、器具または容器包装に関する公衆衛生上必要な情報の正確な伝達の見地から、食品や添加物または器具、容器包装に関する表示について規格基準や表示基準を定めると同時に（食品衛生法19条）、食品・添加物・器具または容器包装に関して、公衆衛生に危害を及ぼすおそれのある虚偽・誇大広告を禁止している（同法20条）。

しかし、これら食品衛生法の規制は食品の容器包装に関する表示であるので、これら食品の販売における広告表示に対する規制とはなっていない。したがって、ネット通販においてこれらの商品を販売する際の広告表示規制としては、特商法の広告規制および景表法の不当表示規制により適正が図られることになる。

(3) JAS法

農林、畜産および水産物については、農林物資の規格化および品質表示の適正化に関する法律（以下「JAS法」という）による表示の適正が図られている。

JAS法は、飲料や食料品等が一定の品質を持つことや、特別な生産方法で作られていることを保証する「JAS規格制度」および原材料、原産地など品

質に関する一定の表示を義務づける「品質表示基準制度」を定めている。

JAS法と食品衛生法は、それぞれ表示事項を法定している。両法の趣旨、目的は異なるが、JAS法と食品衛生法により表示すべき事項としてはかなり共通する事項が定められている。これらの法律が表示事項と定めているものの関係の概要は図9-11のとおりである。

しかし、JAS法の表示も食品衛生法の場合と同様に、農林、畜産および水産物それ自体に付される表示であり、これらを販売する場合の広告表示の規制ではない。そのため、ネット通販における表示規制としては特商法および景表法の広告、表示規制によることになる。

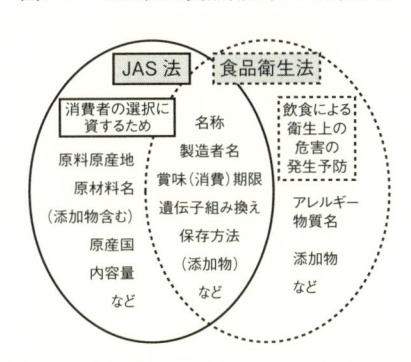

図9-11　JAS法と食品衛生法の表示事項

（JAS法）
消費者の選択に資するため
名称
原料原産地
製造者名
原材料名
賞味(消費)期限
（添加物含む）
遺伝子組み換え
原産国
保存方法
内容量
（添加物）
など
など

（食品衛生法）
飲食による衛生上の危害の発生予防
アレルギー物質名
添加物
など

10　その他の法令の広告・表示規制

以上で述べたもの以外でも、割賦販売法、貸金業法、旅行業法、医療法、宅建業法、金商法などの業法により個別に広告・表示規制が掛けられているものが少なくないが、ネット通販でこれらの取引を行う場合には、取扱商品や業種に応じて、個別の業法による広告・表示規制が課せられている。

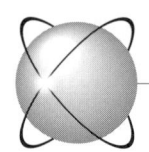

第❿章 インターネットモール

第1節 インターネットモール

1 インターネットモールの意義

　インターネットモールは、インターネット上で複数の商店のウェブサイト（電子商店）を一つにまとめて様々な商品（あるいは役務）を取引対象とするウェブサイトである。電子商店街、オンラインモール、サイバーモールなどとも呼ばれる。通常の市街地にある複数の小売店舗が集まった商業施設（ショッピングセンター）がショッピングモールと呼ばれることに擬した呼称である。

　インターネットでは二者以上の事業者が関与してサービスが組み立てられ消費者に提供されるという形態のビジネスモデルが多数構築されている。その結果、商品の売主あるいは役務提供者以外の関与者が消費者とどのような法的関係に立つのか、あるいはリスクを誰がどういう理由でどれだけ負担するのかが明確でない場合が少なくない。さらには、力関係で有利な立場に立つ者が、その立場を利用して自己に有利な内容の約款を押しつけるという場面も想定される。そこで、各当事者間の権利義務関係を合理的に保つための仕組みあるいは解釈が求められる。

　インターネットモールでは、基本的に、モール運営者、出店者、消費者（購入者）の三者が構成者となる。さらに現実には契約の履行に関係する者として信販会社や電子マネー事業者、運送事業者などが関与する場合が多いと考えられる。

　インターネットモールでは、モール運営者にとっては出店者からの手数料収入を得ることが事業活動の中心である。大手のモール運営者はネット上にモー

ルのほかに様々な事業を展開するケースも多く、モールをはじめとする各事業が相互に知名度を高めあい、ブランドの信用を高めあうという相乗効果を生み出す機能もあると考えられる。出店者にとってはモールのもつ集客力が魅力である。楽天やヤフーなどの著名モールに出店することはインターネットの世界ではステータスでもある。またサイト構築のコストが省けるなどの利点もある。他方、売上金の一部を運営者に手数料として支払う必要がある。

消費者（購入者）からみると、店舗検索が容易である、商品や価格の比較が容易であるなどの利点がある。支払決済や配送などを一括して行えるものもある。消費者が著名モールの店舗に対しては、取り扱われる商品の品質や履行に信頼を寄せるということも考えられる。他方、消費者の取引履歴等が事業者側に蓄積され、行動ターゲティング広告（顧客の行動履歴を分析して顧客の興味関心を推測し、目標を絞って配信を行う広告）の材料を提供することにもなる。

ヤフーは1996年に商用検索サイトを、楽天は1997年に「楽天市場」を開設した。このころに、インターネットモールの原型が形成されたと考えられる。このように、インターネットモールはたかだか10年あまりの歴史があるだけである。にもかかわらず、ネットショッピングは広く普及している。

事業者消費者間電子商取引（いわゆるBtoC）の市場規模は、経産省の調査[1]によると2009年に対前年比10％増加し6.7兆円であるとされている。同調査によると、取引の中でのEC化率は2.1％と現時点では低いが、毎年15％程度増加しており伸び率は著しい。また、博報堂が2010年5月に実施した調査によると、首都圏・近畿圏では、1年以内のネットショッピング利用経験者は38.3％（2000年は5.0％）でテレビや雑誌の通信販売（35.9％）を上回ったと報じられている[2]。

1）「平成21年度我が国情報経済社会における基盤整備」（電子商取引に関する市場調査）の結果公表について（http://www.meti.go.jp/press/20100720001/20100720001-1.pdf）
　なお、同調査によると事業者間取引（いわゆるBtoB）の2009年の市場規模は205兆円であり、EC化率は13.7％である。
2）博報堂生活総合研究所の調査。朝日新聞2010年9月21日朝刊。なお、この記事によれば、電子マネーの利用者は2006年の12.1％から2010年には30.0％と4年間で倍増したとも報じられている。

2　インターネットモールの法規制

　インターネットモールにおいては、モール内の出店者と消費者との間で売買等の取引が行われる。これは一種の電子商取引すなわちインターネットを利用した通信販売である。したがって、出店者と消費者の関係は事業者消費者間取引（いわゆる BtoC）として消費者契約法や特定商取引法が適用される（なお、電子商取引に対する法規制については第9章参照）。しかし、これらの法律はモール運営者と消費者との間には原則として適用はない。モール運営者は「場の提供者」にとどまり直接の契約当事者ではないと通常考えられているからである。電子商取引では問題となる電子契約特例法や景品表示法等も同様である。ただし、モール運営者が単なる「場の提供者」にとどまるかについては後に検討する。

　現実空間を占有する大型商業店舗の出店に関しては大規模小売店舗立地法等による規制が行われているのに対して、あくまで、サイバースペースの占有にとどまるインターネットモールを規制対象とする固有の法律は現状では存在しない。

第2節　インターネットモールの利用

1　利用の実例

　インターネットモールでの「買い物」が実際にはどのように行われるかについて「楽天モールでブランド品のバッグを購入する」として例示する。
　①楽天の「ポータルサイト画面」を開く。そして、自分の購入を希望するバッグを目指して順次カテゴリーを絞って商品の品番、色などを入力する。条件に適合した検索結果一覧画面が表示されるので、購入先店舗を定めてブランド、価格等を確認して商品を選択する。
　②購入を希望した商品の画面が表示される。この画面の商品の購入を決めたら、「買い物かご」ボタンをクリックして、買い物かごに入れる。なお、購入を決める際レビュー（過去の購入者の当該店舗や商品に対する評価）を参考

にする購入者も多い。
③その店舗でのすべての買い物が終了したら次の操作を行う。
・「買い物かご」から「ご注文手続きへ」をクリックする。
・注文者情報入力画面、配送先入力画面に入力する。
・ポイント使用の有無の確認、ポイント使用の場合は使用数の指定画面への入力。
・支払方法・配送方法選択画面が順次に表示されるのでそれぞれ入力する。支払方法としては、クレジットカード、銀行送金、代引きなどが選択できる。
④引き続いて「確認画面」が表示されるので、自分の入力した情報に誤りがないか確認する。この操作は、「事業者から消費者に対する確認を求める措置」(電子契約特例法3条但書)の意味を有する。確認したら「注文」ボタンをクリックすることにより注文が確定される。ここで、消費者から出店者に対して売買契約の申込みの意思表示がなされたことになる。
⑤注文者の登録メールアドレスに次のような文言で自動配信メールが届く。
「本メールはお客様のご注文情報が楽天市場のサーバに到達した時点で送信される自動配信メールです。ショップからの確認の連絡、または商品の発送をもって売買契約成立となります。」「楽天市場は、取引の当事者とはならず、取引に関する責任は負いません。したがって、万一取引に関してトラブルが生じた際には、お客様とショップとの間で直接解決していただくことになります」[3]。
⑥店舗より、確認メールが届く。これが承諾であり契約が成立する。引き続いて店舗より「商品を発送しました」とのメールが届く。
⑦メールに続いて商品が届いたら代金を支払う(上記③で決めた方法による)。

以上は典型的な流れを示したが様々なバリエーションがある。例えば、購入を希望する商品をヤフーやグーグルなどの検索サイトで探し、商品情報から出発して、購入の段階でインターネットモールに入るという場合もある。

2 出店規約

インターネットモール運営者と出店者との間には通常「出店規約」などの名

称を有する約款が存在する。これは「出店契約」とみるべきものが多い（章末資料「Ａインターネットモール出店規約」（抜粋）参照）。

この「規約」（約款）によってモール運営者と出店者との関係が規律されることになっている。これによれば、出店者乙のコンテンツをモール運営事業者甲が審査すること、乙と顧客との紛争に関して甲はあらゆる損害を負担しないことをうたっていること、出店料は甲において一方的に決定できること、顧客情報の利用について甲の企図した使用方法が前提となっていて乙の使用は甲により制限されること、など甲にかなり有利な内容である。

3 利用規約（「利用上のご注意」）

運営者が消費者に対して示した「Ａインターネットモールご利用上のご注意」がある（章末資料参照）。

一般に、モール運営者と（モール内の店舗での顧客たる）消費者との間には通常、契約関係はないと理解されている。したがって「出店規約」が約款としての性質を有するのに対して、「ご注意」は消費者に対する一方的宣言とでもいうべきものであろうか。ところがその内容は、いわば「免責特約」、「違反行為への

3） この自動配信メールはモール運営者から送信されるもので、契約成立に関わるものではないとの判例がある。出店者がヤフーのショッピングモール内のサイト上にパソコン１台2787円と表示していたのを見た者が３台分と送料として１万3086円で買う旨のメール送信をしたところ、ヤフーから受注確認メールが送信された。しかし出店者からは注文に応じない旨のメールが送信された。このような状況下での契約の成否が争われた。
　裁判所は「インターネットのショッピングサイトを利用して商品を購入する場合、売り手は、サイト開設者を通じて、商品の情報をサイト上に表示し、買い手は、商品の情報を見て、購入を希望するに至ればサイト上の操作により注文し、サイト開設者を通じて、売り手が注文を受けこれに応じる仕組みとなっている。
　このような仕組みからすると、インターネットのショッピングサイト上に商品およびその価格等を表示する行為は、店頭で販売する場合に商品を陳列することと同様の行為であると解するのが相当であるから、申込みの誘引にあたるというべきである。そして、買い手の注文は申込みにあたり、売り手が買い手の注文に対する承諾をしたときに契約が成立するとみるべきである。（中略）しかし、前記認定事実によれば、受注確認メールはヤフーが送信したものであり、売り手である被控訴人が送信したものではないから、権限のあるものによる承諾がされたものと認めることはできない。ちなみに、インターネット上での取引は、パソコンの操作によって行われるが、その操作の誤りが介在する可能性が少なくなく、相対する当事者間の取引に比べより慎重な過程を経る必要があるところ、受注確認メールは、買い手となる注文者の申込みが正確なものとして発信されたかをサイト開設者が注文者に確認するものであり、注文者の申込みの意思表示の正確性を担保するものにほかならないというべきである。」として売買契約の成立を否定した（東京地判平成17年９月２日判時1922号105頁）。契約当事者は出店者と購入者であることを考えれば当然の判断といえよう。

サンクション」、「利用登録」、「準拠法と裁判管轄の合意」など、限りなく契約条項に近い内容を包含している。そして、利用者の「ご注意」への同意擬制も定められている。すなわち、消費者は運営者の示す規約に同意してモールを利用する、という構造になっている。これは実質的に利用規約と考えられる。この「ご注意」は、法的にはどのような意味をもつのだろうか。「出店規約」同様「利用契約」となるのだろうか。これらについては「モール運営事業者と消費者との関係」として次の項で検討する。

第3節　モール運営事業者、出店者および消費者の関係

1　モール運営事業者と出店者との関係

　モール運営事業者と出店者との関係はモールへの出店契約によって規定される。モール運営者側が規約をつくってネット上で開示し、出店者がそれを承諾することにより契約が成立するという場合が多いであろう。本稿では一例として「Aインターネットモール」の規約を参照した（前掲）。モール運営者の策定する規約は、往々にして運営者側に有利な内容となりがちであるが、事業者間契約であるため公序良俗に反するなどの事情がない限り有効である。

2　出店者と消費者との関係

　出店者と消費者との関係は通信販売の当事者としての関係である。出店者はモールとリンクする自ら構築したサイト上で顧客の誘引を行い閲覧した消費者との契約の成立を企図する。いわゆる電子商取引の法律関係である（第9章参照）。

3　モール運営事業者と消費者との関係

　本書ではこの関係が特に問題となる。
　従来この点については、モール運営者と消費者との間には「契約」は存在しないことが当然の前提とされてきた[4]。しかし、インターネットモールの実態

4）　たとえば、中山信弘編『電子商取引に関する準則とその解説』別冊 NBL73 号（2002）（本書で「準則」としている文献の旧版である）など。

や「規約」を検討するとそのように言い切れるかには疑問がある。
　本書ですでに参照したAインターネットモールの「ご注意」を例に検討する。消費者はAのモールを利用しようとする場合、モール運営者Aと次のような関係に立つものとされている。なお、ここで二重カッコ内は筆者のコメントである。

①規約による拘束
　　消費者が「Aインターネットモール」を利用した場合、「ご注意」に同意したものと擬制（規約上は「このご注意に同意されたものとさせていただきます」と）する（規約改定の場合も同様）。
《ここで「規約に同意した」ということの意味は、Aモールがウェブ上に示した契約内容の誘引に対して「同意」という方法で「申込」みをさせ、Aが当該消費者にモールを利用させることにより「承諾」したという趣旨と理解することができる。》
②取引に関するAのスタンス
　　Aは取引の「場」を提供する。「取引」はすべて消費者と店舗との間で直接行われる。
《本文で述べた「モール運営事業者と消費者との関係」についての基本的スタンスの宣言である。》
③免責
　　Aは取引の当事者とならない。取引に関する責任は負わない。
　　店舗、取引の内容等、店舗における個人情報の取扱い等についてもAは関与しない。
《Aが示す②の基本的スタンスの帰結であるといえる。》
　　通信回線やコンピュータ等の障害によるシステムの中断・遅滞・中止・データの消失、データへの不正アクセスにより生じた損害、その他当グループのサービスに関してお客様に生じた損害について、Aグループはいっさい責任を負わない
　　Aは、そのウェブページ、サーバ、ドメイン等から送られるメール、コンテンツ等に、コンピュータ・ウィルス等の有害なものが含まれないことを保証しない。

Aは、消費者および店舗に対し、適宜情報提供やアドバイスを行うことがあるがそれにより責任を負うものではない。
④登録
　消費者のAインターネットモール利用に際して登録をサイト利用の条件とする場合がある。
《「利用規約」上、「登録サイトの利用を条件とする場合」がどういう場合かは明らかにされていない。しかし、モール運営者の一方的意思で、その要件を課すことができるということになる。》
⑤禁止事項
　Aインターネットモールの利用に際して次の各号の行為を行うことを禁止する。違反した場合、取引の停止、以後の取引拒絶をなしうる。
　違反行為によりAに損害が生じた場合は、その損害を賠償する責任を負う。
（ⅰ）関係者その他の第三者の権利、利益、名誉等を損ねること
（ⅱ）当初より支払う意思がないにもかかわらず注文するなど真に購入する意思なく商品を注文すること、他人になりすまして取引を行うこと
　　虚偽の情報を入力すること、その他の不正行為を行うこと
（ⅲ）法令に違反すること
（ⅳ）Aが定める各種規約に違反すること
⑥クッキー（cookie）等
　Aは、消費者のアクセス履歴および利用状況の調査等のため、サーバーにアクセスする際のIPアドレスに関する情報等およびクッキー（cookie）の技術を使用して消費者のアクセス履歴等に関する情報を収集する。消費者がブラウザでクッキーを拒否するための設定を行った場合、Aのサービスが制限される場合がある。
⑦送信コンテンツの取扱い
　消費者がAインターネットモールをご利用するにあたり、Aに対して送信したコンテンツ（「送信コンテンツ」）の取扱いは次のとおりである。
　Aは、送信コンテンツを自由に複製、公衆送信、翻訳・翻案等、著作権法上のあらゆる利用を行うことができる（Aから第三者に対する再利用許諾権限を含む）。この利用行為に関して、消費者は著作権法上の著作者人格権（公表権・

氏名表示権・同一性保持権）の主張を行わない。この利用行為について、地域の制限、著作権表示義務その他の付随条件はなく、期間は送信コンテンツの著作権が存続する限りとし、ロイヤルティ等の対価は発生しない。
⑧準拠法（日本法）の合意および管轄（第一審東京地方裁判所）の合意

　以上にみたところによれば、Aが一種の約款を消費者に示し、それに同意することをAインターネットモールの利用の条件としているとみることができる。すなわち、この限りにおいて、モール運営者であるAと消費者との間にモール利用契約（あるいは、システム利用契約とでもいうべきもの）が締結されている、と考えられる。

　この契約はモールの利用、ないしはAが構築したショッピングモールシステムの利用を基本的な内容とするものである。消費者にはその利用料の支払義務がない。その意味で後に引用するオークションサイト利用者の場合と異なる。

　しかし、消費者が経済的に完全に無償の利用者といえるかは疑問である。

　第1に、消費者の利用対価は商品価格に転嫁されている、とみられるのではないか。「そこで、サイバーモールにおける取引実態に立ち返って考えてみると、サイバーモール運営者は、サイバーモールというネットショッピングの場とそのシステムを提供することで、その場とシステムの利用者である電子店舗から出店料を徴収することによって利益を得るところ、その電子店舗が負担する出店料等は、最終的には消費者が店舗に払う商品購入代金に反映されるのが普通である。従って、実質的には、サイバーモールの利用者たる消費者が、サイバーモール運営者に対して一定の利用料を納めているのと経済的に同じ構造にあるといえる」という考え方である[5]。

　第2に、Aはモールを利用する消費者から十分な経済的利益を得ているとみる余地がある。すなわち、Aの定める「利用規約」によれば、Aは出店者経由で収集された個人情報を広範囲に利用できる仕組みとなっている。また「ご注意」によれば「Aグループは、送信コンテンツを自由に複製、公衆送信、翻訳・翻案等、著作権法上のあらゆる利用を行うことができるものとします（Aグループから第三者に対する再利用許諾権限を含みます）。この利用行為に関

5）　東弁消費者相談16頁。

して、お客様は著作権法上の著作者人格権（公表権・氏名表示権・同一性保持権）の主張を行わないものとします。ただし、この利用行為がお客様の名誉・声望を毀損する場合は除きます。また、この利用行為について、地域の制限、著作権表示義務その他の付随条件はなく、期間は送信コンテンツの著作権が存続する限りとし、ロイヤルティ等の対価は発生しません。」と定めており、消費者の書き込みについて著作権上の権利を無償で自由に利用できるものとされている[6]。

このように、モール運営者と消費者との間で「システム利用契約」が締結され、そこでは消費者も何らかの対価を提供していると考えると、モール運営者は、「システム利用契約」におけるシステム提供者であるから、当該契約に付随する義務として、「安全なシステムを提供すべき義務」があると考えられる。ただし、その具体的な内容についてはさらに検討を要する。

河野教授はインターネットオークションについてではあるが、このことを指摘され、次のような整理から、主催者と参加者との間には契約が存在し免責条項をそのまま有効とすることはできないとの論旨を展開される。「インターネットオークションの場合は、主催者のオークション用ソフトウェアを利用しなければ出品も入札もできないのだから、まずはこのソフトウェアの利用契約が参加者と主催者の間に成立していなければならない、と考えるのである。この契約は、参加者のIDとパスワードの申請が申込であり、これらを知らせるメールが参加者のメールサーバに到達した段階で契約は成立したと考えられるように思われる。（そして参加者からの料金徴収の有無によって有償契約の場合と無償契約の場合とがある、とする。）」そしてその観点から、少なくとも有償契約において「（システムエラーなどに関する）免責条項」は、システムが適正に機能することは契約上の義務であり、消費者契約法および信義則違反の可能性がある、とする。

そして、「さらに大きな問題は、インターネットオークションは『場』にす

---

[6] ネット上の書き込みが著作権保護の対象となることは「ホテルジャンキーズ事件」（東京地判平成14年4月15日判時1793号133頁）などでも明らかにされている。インターネット上のBBSへの書き込みからはいくつかのベストセラーズも生まれている。「2ちゃんねる」への多数者の書き込みをベースにした「電車男」は特に著名である。このような場合、誰が著作権者であるのかをめぐる問題が生じる可能性がある。

ぎないという基本スタンスそれ自体にある。このような理解から、あらゆるトラブルから免責という発想となっている」と主催者の掲げる免責条項を批判する。ただし、利用料金は通常、無料または低額であることから、その責任の範囲については考慮を要する、とされる[7]。

　また、準則では「通常、サイバーモール運営者と買主との間には直接の契約関係がないので、個別のサイバーショップとの取引によって生じた損害について、サイバーモール運営者が責任を負うことはないものと考えられる。」という一般論を述べているが、「トラブル放置類型」の責任原因としては「モール利用契約に付随する義務違反」という概念を提唱している。

第4節　モール運営事業者の責任

1　モール運営事業者の責任

　最初に「インターネットモール上の個別の店舗との取引で損害を受けた買主が、当該店舗に対して契約上の責任を追及しようとしたところすでに当該店舗が存在しない等の理由で不奏功となった場合に、インターネットモール運営者に対して責任を追及することができるか」というケースを検討する。

　インターネットモールに類似するものに広告媒体がある。すなわち、新聞広告に掲載された商品を購入してトラブルとなった場合に、売主たる広告主だけでなく媒体も責任を負うか、という問題である。このようなケースに関わる二つの先例を以下で取り上げる。

　一つは、いわゆる「日本コーポ分譲マンション事件」である。全国紙に掲載された広告を見て分譲マンションを購入した者が、広告主である販売業者が倒産したためマンションの引渡しを受けられなかったことから、新聞社および広告代理店に対し、売買代金相当額の損害賠償請求をしたという事例である。

　裁判所は、広告内容の真実性についての調査確認義務違反の有無を問題とし次のように判示した。「元来新聞広告は取引についての一つの情報を提供する

7）　河野俊行「インターネットオークションの法的分析（1）（2）」NBL730号（2002）13頁、733号（2002）70頁。

ものにすぎず、読者らが右広告を見たことと当該広告に係る取引をすることとの間には必然的な関係があるということはできず、とりわけこのことは不動産の購買勧誘広告について顕著であって、広告掲載にあたり広告内容の真実性を予め十分に調査確認したうえでなければ新聞紙上のその掲載をしてはならないとする一般的な法的義務が新聞社等にあるということはできないが、他方、新聞広告は、新聞紙上への掲載行為によってはじめて実現されるものであり、右広告に対する読者らの信頼は、高い情報収集能力を有する当該新聞社の報道記事に対する信頼と全く無関係に存在するものではなく、広告媒体業務に無関係に存在するものではなく、広告媒体業務にも携わる新聞社並びに同社に広告の仲介取次をする広告社としては、新聞広告のもつ影響力の大きさに照らし、広告内容の真実性に疑念を抱くべき特別の事情があって読者らに不測の損害を及ぼすおそれがあることを予見し、又は予見しえた場合には、真実性の調査確認をして虚偽広告を読者らに提供してはならない義務があり、その限りにおいて新聞広告に対する読者らの信頼を保護する必要があると解すべきである。」ただし、結論において新聞社の当該義務違反を否定して請求を棄却した。（最判平成元年9月19日裁判集民157号601頁）

　もう一つは、いわゆる「ニュー共済ファミリー事件」である。これは、官公庁の共済組合関係の記事を掲載し、共済組合員に無料配布する月刊誌「ニュー共済ファミリー」に掲載された共済組合とは無関係の不動産業者の「特選分譲地情報」なる広告を見て分譲地を購入したが、その不動産業者から手付金・中間金名目で1032万円を詐取された被害者が、月刊誌の発行者に対し、損害賠償を請求した事例である。

　裁判所は「（ニュー共済ファミリーは、公務員共済組合の機関誌かそれに類するものとして公務員が信頼を置く可能性がきわめて高く、被告もそれゆえに広告掲載等によって利益を得てきたのであるから）被告を信用し、被告の推薦する業者物件であるということで取引に入る顧客の信用を裏切らないようにすべき注意義務があり、これを避けようとするなら、被告は単に広告を掲載するだけで、取引については何らの責任を負うものではないことを表示するなどして、顧客がより慎重に取引に臨むよう配慮すべきであった」として3割の賠償を命じた（東京地判昭和60年6月27日判時1199号94頁）。

いずれも不法行為責任を前提として注意義務の存否が問題となった[8]）。

前者は、広告主に（特別の事情のある場合に限定はしているが）「真実性の調査確認義務」を認めた。後者は、調査義務に言及はせず、媒体の配布先の限定や「特選分譲地情報」との一種の推奨をしたという事情から、読者のその信用を裏切らないようにすべき注意義務違反を認めた。いずれも妥当な判断であると考えられる。

ところで、これらの広告媒体の責任の議論はインターネットモール運営者とパラレルに考えられるのだろうか。インターネットモールにおいては、出店者から掲載を求められた情報をインターネットというメディアを通じて消費者にそのまま提供しているという点では、広告媒体ときわめて類似の性格を有する。すなわち、モール運営者は、出店者の出稿データに応じて一定のスペースをその出店者および商品のために対価を得て提供し、その広告情報に不特定多数がアクセス可能にしている。モール運営者が出店者の情報の場を提供する行為は、広告媒体と広告主との関係と何ら異なるところはないというべきであろう。かえって、かつて広告媒体が雑誌や新聞など紙媒体に限られていた時代から、電波を利用した音声、さらにはテレビなどの映像へと拡張してきた流れの延長線上に位置するとみるべきものかもしれない。そうしてみると、前掲判例はモール運営者を従来の広告媒体に置き換えて考えることができる。しかしながら、一部とはいえ請求を認容した後者のような事例は希有であろう。そこで、以下においては、異なる観点からインターネットモールに即してみられるであろう類型について別途考慮したい。

①一般的にみたモール運営事業者の責任については上記で検討した。ほかに、
②購入者が売主を誤認している場合
③モール運営者が出店者のトラブルを放置している場合
④システムトラブルが発生した場合
⑤モール運営者が特定商品等を推奨等している場合
⑥モール運営者と出店者による共同不法行為と評価される場合

8）　なお、広告媒体の消費者に対する「情報提供契約」にもとづく債務不履行を論じる余地がある。しかし、「一般的には広告媒体と受け手との間に、情報提供をめぐる契約関係を認めるのは難しい」とされていることから、ここではそこまで議論を拡大しない（日弁連消費者248頁）。

などが問題となろう。

そこで②以下について場合分けをして検討する。

2 購入者が売主を誤認している場合

店舗での購入者が当該店舗ではなくモール運営者の経営する店舗から購入したと誤認するような場合である。

インターネットモールではないがスーパーマーケットの責任を認めた判例がある。裁判所は「甲の経営するスーパーマーケットの店舗の外部には、甲の商標を表示した大きな看板が掲げられ、テナントである乙の店名は表示されておらず、乙の出店している屋上への階段の登り口に設置された屋上案内板や右階段の踊り場の壁には『ペットショップ』とだけ表示され、その営業主体が甲又は乙のいずれであるかが明らかにされていないなど判示の事実関係の下においては、乙の売場では、甲の売場と異なった販売方法が採られ、従業員の制服、レシート、包装紙等も甲とは異なったものが使用され、乙のテナント名を書いた看板がつり下げられており、右店舗内の数箇所に設けられた館内表示板にはテナント名も記載されていたなど判示の事情が存するとしても、一般の買物客が乙の経営するペットショップの営業主体は甲であると誤認するのもやむを得ないような外観が存在したというべきであって、右外観を作出し又はその作出に関与した甲は、商法23条〔現行法では14条〕の類推適用により、買物客と乙との取引に関して名板貸人と同様の責任を負う」とした（最判平成7年11月30日民集49巻9号2972頁）。

商法14条は、いわゆる名板貸人の責任につき「自己の商号を使用して営業又は事業を行うことを他人に許諾した商人は、当該商人が当該営業を行うものと誤認して当該他人と取引をした者に対し、当該他人と連帯して、当該取引によって生じた債務を弁済する責任を負う」と定める。その適用の要件は、

①名板貸人が営業主であるという外観の存在

②名義使用の許諾という名板貸人の帰責事由の存在

③取引の相手方が重過失なくして名板貸人が営業主であると誤認したこととされる。この判決は、スーパーマーケットが、外観の作出に関与した場合について、商法14条の外観法理を援用して、同条の類推適用を認めたも

のである。

スーパーマーケットとインターネットモールとの間にはテナントの出店という点で類似性が認められるから、インターネットモールにおいて、
① モール利用者が店舗の営業がモール運営者の営業と誤認するのもやむを得ない外観の存在
② 外観の作出にモール運営者に帰責事由があり
③ モール利用者が重過失なくして営業主を誤認して取引をした場合には、商法14条の類推適用によりモール運営者が責任を負う場合もありうるものと解される。

ところで、この最高裁判決に対して、「現実に、誤認されることは考え難い。というのは、現在のサイバーモール利用は楽天市場など有名な大手サイバーモールに集中する事実からみれば、消費者は出店者とモール運営者の区別をつけることができるのが一般的である。消費者は自分がモール運営者でなく出店者と契約を締結したという認識がある場合は、消費者は商法23条（現14条）に基づいて運営者の責任を追及することができない。従って、現実に商法23条を類推適用してモール運営者に責任を負わせる場面はほとんどないのではないかと考えられる」という指摘がある[9]。

この指摘は、事実上インターネットモールが大手事業者の独占状態にあるということを前提とする議論である。しかし、現実にはおびただしい数の、なかにはかなりいかがわしい「サイバーモール」が存在する。インターネット上には大規模小売店舗立地法のような法的規制は存在せず誰もが自由にモール事業を展開できるからである。そしてそのようなサイトで多数の「消費者被害」と称すべきものが発生しているという現実がある。モール運営者の知名度が低いので、また、しばしば画面構成上も、消費者からはモール運営者と店舗の区別がつきにくいというケースは少なくないと考えられる。

3　モール運営者が出店者のトラブルを放置している場合

モール内の店舗の販売した商品、あるいは店舗の営業方法そのものに関して

9）　廖錦玉「サイバーモール運営者の民事責任について」(http://www.j.u-tokyo.ac.jp/~jjweb/research/MAR2004/36137.pdf)

多くのトラブルが発生し、モール運営者がその事実を認識しているにもかかわらず、それを放置し、その結果被害が拡大している場合である。

「重大な製品事故の発生が多数確認されている商品の販売が店舗でなされていることをモール運営者が知りつつ、合理的期間を超えて放置した結果、当該店舗から当該商品を購入したモール利用者に同種の製品事故による損害が発生した場合」などがこれに該当する。準則は、上記事例を挙げて「このような特段の事情がある場合には、不法行為責任又はモール利用者に対する注意義務違反（モール利用契約に付随する義務違反）に基づく責任を問われる可能性がある。」とする。

これは、モール運営者に出店者に対する「調査管理義務」というような義務を課す、ということである。調査管理義務は、サイバーモール運営者にとって、その運営するモールの安全性を保持するために必要不可欠な義務と考えられる。準則が例示するような事態は、モールの信用を根幹から毀損するものだからである。

本章で参照しているＡインターネットモールの「出店規約」には調査管理を正面からうたったものではないが、それを裏面から担保するいくつかの規定をおいている。「第６条コンテンツの表示」（甲が乙の制作したコンテンツの審査を行い、モールにふさわしいと認めた場合に当該コンテンツを利用した出店を許可しモール上に公開する）、「第21条出店停止等」（甲は、乙の店舗において商品等を購入した顧客から商品等の不着、到達遅延または返品等に関する苦情が頻発したとき、その他甲が消費者保護などの観点から出店停止等の措置が必要と判断したときには、乙の出店の停止、乙が表示したコンテンツの削除、出店停止理由の公表などができる）などがそれである。これらの規定は、モール運営者が出店者のコンテンツや事業活動を評価すること、基準に反する場合にはコンテンツ削除や出店停止等のサンクションを定めている。このような一種の「出店者管理」はモール運営者が当該モールへの消費者の信頼を維持しひいてはモールの価値を高めようとする目的にほかならない。モール運営者による出店者管理は、長期的にみれば、消費者はもとより出店者、モールにとっても本来利益となるものである。モール運営者が目先の利益にとらわれ、出店者の悪質な事業活動を知りながら放置し、消費者の不利益によって利益を得ることは信義則上許されない。そのような不作為は「出店者管理義務違

反」として不法行為あるいは「準則」のいう「モール利用契約に付随する義務違反」を構成するものと考える。

4　システムトラブル

　インターネットモールは、モール運営者が構築したシステムの上で機能するものである。その要素は、モール本体のコンピュータシステム、出店者と消費者のそれぞれの端末およびそれらをつなぐ通信システムである。これらの多様な機器や装置が、ソフト的にもハード的にも適切に機能することが、インターネットショッピングを成立させるために不可欠である。しかし、現実には、多様な要因で障害（システムトラブル）が生じうる。トラブルの発生は、モールにおける各当事者のいずれの領域においても発生しうるものである。したがって「システムトラブル」とひとことでくくってその責任を論ずることには困難がある。

　しかしながら、消費者が利用する端末装置のほとんどがパソコンまたは携帯電話端末であること、通信システムにはインターネットが利用されていることを考慮すると、トラブルの原因としては主として事業者側、とりわけモール運営者の領域で生じる可能性が高い。なぜなら、消費者側の端末は大量生産されたパソコンなどを利用していることが多いが、今日では、技術的な蓄積からその信頼性は一般に高く、多少のカスタマイズなどがなされていても機械的な安定性は維持されている。そして出店者の端末もパソコン等が使用され、モールから提供されたソフトウェアをそのままインストールする場合が多いとみられる。それに対して、モール側のサーバーには、そのモール運営のために開発されたソフトウェアをインストールする必要があり、そこには高い蓋然性でバグが潜在する。加えて、現実に発生するトラブルは、その現象からだけではいずれの領域において発生したものであるかが判然としない場合が多い。さらにモール運営者は、通常、システムトラブルが発生した場合に対応できるだけの能力を有している。

　そうしてみると、システムトラブル発生時に、それが、消費者あるいは出店者の領域で発生したものであることがモール運営者から明らかにされない限り、そのリスクはモール運営者が負うべきではないかと考える。

ところで、モール運営者がこのようにシステムトラブルによるリスクを負う場合があるとすると、その根拠をどこに求めることができるのだろうか。私はこの場合に「場屋営業の主人の責任」（商法594条1項）の類推適用が可能なのではないかと考える。

　「場屋営業」とは、客の来集を目的とする場屋での取引（商法502条7号）である。場屋営業の主人は、客から寄託を受けた物品の滅失または毀損について、それが不可抗力によって生じたものであることを証明しない限り、損害賠償責任を免れることはできないとされている（商法594条1項）。これはローマ法に淵源を有するレセプツム（reseptum）責任と呼ばれるものである。物品を受領したことに基づいて、法律上当然に課せられる結果責任であるとされてきた。歴史的には、場屋は旅店を意味し、旅店主人の社会的信用が低かった時代に、取引・交通の活発化により物品携行者の旅店利用の重要性が増し、旅客の交通の円滑・安全と携行品保護を図るために厳重な責任を旅店主人に負わせる必要性があったことからこのような制度が設けられた[10]。この責任は強行規定ではないので、消費者契約法8条に反しない範囲で免責特約は有効である。ただし「客ノ携行品ニ付キ責任ヲ負ハサル旨ヲ告示シタルトキト雖モ場屋ノ主人ハ前二項ノ責任ヲ免ルルコトヲ得ス」（商法594条3項）とされ、免責の一方的な告示だけでは免責特約としての効力は認められない。

　デパートは本来の場屋営業ではないが、「例えば、デパートについてはレセプツムの責任を認めることが適当と考えられる。けだし、多くの店舗・飲食店・催し物などを包容して客の来集を求める一個の場屋とみるべきだからである[11]」。同様に、スーパーマーケットやショッピングモールなども「場屋」の概念に含めて考えられよう。ところで、この制度が保護しようとしているのは、文理上「物品」であることは明白である。しかし、場屋において多数の人間が頻繁に出入りすることから、客自身がその所持品の安全を守りきれないことを考慮して、このような制度により客の所持品の安全を確保し、その結果、場屋が信頼される営業の場となることを企図したという政策的な背景を考えれば、

10）　服部榮三＝星川長七編『基本法コンメンタール商法総則・商行為法（第4版）』（日本評論社、1997）。田中誠二編『コンメンタール商行為法』（勁草書房、1973）。
11）　我妻栄『債権各論中巻Ⅱ』（岩波書店、1962）711頁。

その現代版と言うべきデパートやショッピングモールでは、単に客の携行品の安全にとどまらず、その取引自体の安全も射程に入ると考えられよう。これは商法594条の文理を離れるから、同条項の類推ということである。

これを敷衍すると、さらに現代的な場屋であるインターネットモールにおいても同様な類推適用が可能であると考えられる。

商法594条適用の要件は
①場屋営業者と利用客という当事者性
②目的物の寄託
③目的物の寄託中の滅失または毀損
④損害の発生
である。

インターネットモールの場合に置き換えて考えると
①インターネットモールとその利用者という当事者性
②モールまたはシステムの利用
③モールを利用して発生した事故
④損害の発生

という要件を満たした場合には、商法594条の類推適用により、モール利用者という消費者はモール運営者の責任を問うことができると解されるのである。

なお、甲の提供するインターネットオークションサービスを利用して詐欺被害にあった乙らが、甲に対し、詐欺被害を生じさせないインターネットオークションシステムを構築すべき注意義務を怠ったとして、債務不履行または不法行為に基づく損害賠償を求めた事案において、裁判所は、乙には上記サービスの利用者に対し詐欺等の被害防止に向けた注意喚起を時宜に沿って行う利用契約における信義則上の義務がある、とした判例がある。ただし、結論において乙の義務違反を否定し、甲らの請求を棄却した（名古屋地判平成20年3月28日判タ1293号172頁）。

5 モール運営者が特定商品等を推奨等している場合

モール運営者が店舗や商品の紹介にとどまらず、推奨しているような場合に、当該店舗が倒産したり、当該商品に欠陥があったりした場合には、モール運営

者が責任を負うべき場合がある。

　準則は、「モール運営事業者がモール利用者に対して、単なる情報提供、紹介を超えて特定の商品等の品質等を保証したような場合、当該商品の購入によって生じた損害について、モール運営者が責任（保証に基づく責任）を負う可能性がある」とする。

　そして、責任を負う可能性がある例として「モール運営者が特集ページを設けてインタビュー等を掲載するなどして、特定の店舗の特定商品を優良であるとして積極的に品質等を保証し、これを信じたがためにモール利用者が当該商品を購入したところ、当該商品の不良に起因してモール利用者に損害が発生した場合」、「保証に基づく責任を負わないと思われる例」として「品質等に関してモール運営者の判断が入らない形で商品又は店舗の広告を掲載しているにすぎない場合、よく売れている商品に「売れ筋」と表示した場合や、売上高やモール利用者による人気投票結果等のデータに基づいた商品や店舗の「ランキング」、「上半期ベスト3」を単に表示したにとどまる場合、モール利用者の購買履歴等に基づき、個々のモール利用者に対して、当該モール利用者の嗜好や購入商品等に関連する商品等を、当該商品の品質等に関する判断を含まない形で単に表示したにとどまる場合」が例示されている[12]。

　一般の取引事例の場合に推奨者の責任はこれまでにも議論され、またいくつかの判例もある。悪質不動産業者の広告に出た俳優のT氏に対して被害者が不法行為の幇助者として損害賠償請求した事件で、裁判所は、責任の有無を判断する際に考慮すべき要素（パンフレット中で当該土地の積極的な評価をし個人的にその業者を推奨したなど）をあげたうえで、自分の影響力や生じうる損害の大きさを認識していたとして不法行為の幇助者としての責任を認めた（大阪地判昭和32年3月30日判時1240号35頁）。他方で、違法な抵当証券商法の広告に出演した元大関であった大相撲元力士K氏の責任を否定している。元大関の主体的関与の度合いが低いと評価されたものとみられる（東京地判昭和62年7月25日判時1509号31頁）。

　しかし、これらの判例はいずれも、有名人がその知名度を利用して商品を推

12）　経済産業省「準則」（平成24年11月）i. 65頁以下。

奨したというケースである。インターネットモールがある商品を推奨するというのは、むしろ1で取り上げた「ニュー共済ファミリー事件」（東京地判昭和60年6月27日判時1199号94頁）がより類似する。そして、その機会に検討したように、インターネットモールは広告媒体の一種と考えることができるから、この判例で検討された要素（媒体の性質とその対象者との関係から醸成される消費者側の媒体への信頼）は「モール運営者が特定商品等を推奨等している場合」のモールの責任を考えるうえでも検討されるべき要素である。

6 モール運営者と出店者による共同不法行為と評価される場合

インターネットの「影」の問題として、しばしば違法サイト、悪質商法サイトの存在が指摘される。

このような違法な物品を取扱うサイト、悪質商法のサイトを束ねたサイトが存在する。これも一種のインターネットモールである。これらのモールの「出店者」である「事業者」は、しばしば、違法商品を販売したり、著しく高額で販売して暴利をむさぼり、あるいは、消費者に先履行を求めて経済的利益を得た後に自らは履行せずに連絡不能にする（くもがくれ）。消費者が当該契約を解消しようとしても連絡がとれず、連絡がとれても資力がなく、さらには返金に応じない。そのような場合には、モール運営者は、モール内出店者の違法行為を放置しているともいえるが、さらに、出店者に違法行為を慫慂する者として、出店者と共同不法行為者の地位にあると評価される場合が多いと考えられる。具体的には、個々の事情に応じて民法719条の要件該当性を検討すべき問題である。

第5節　まとめにかえて

インターネットモールを概観した。特に、モール運営事業者の消費者に対する法的責任の可能性について類型化を試みた。

「インターネットモール」あるいは「モール運営者」といわれるものには多種多様な形態があり、しかもそこで定められる規約等も千差万別である。したがって、それをひとことでくくって論じることは到底できない。結局、その実

像と約款等から実質的な評価が必要であろう。モール運営者と消費者との間には契約関係はない、と断定できないことにも注意すべきであると考える。

資料
「Aインターネットモール出店規約」
(1) 出店
　甲（モール運営事業者）は、第1項の規定に基づき乙（出店者）の制作したコンテンツにつき審査を行うものとし、そのコンテンツがモールにふさわしいと認めた場合には、当該コンテンツを利用した出店を許可し、その旨を乙に通知するとともに、当該出店ページをモール上に公開する。（6条3項）
(2) 表示
　乙は、顧客に対し、取引の当事者は乙と顧客であり、販売等に伴う権利・義務を明確に表示する。（7条3項）
(3) 責任
　乙は、顧客との間で、商品等の不着、到着遅延、瑕疵その他の紛争が生じた場合、またはコンテンツに関し第三者との間で著作権、商標権等の知的財産権もしくは人格権等に関する紛争が生じた場合には、すべて乙の責任と負担において解決するものとする。また、甲が顧客その他の第三者に損害賠償等の支払を余儀なくされた場合には、乙はその全額を甲に支払うとともに、その解決のために要した弁護士費用その他一切の諸経費を甲に支払う。（7条5項）
　甲は、乙が出店に関して被った損害（サーバまたはソフトウェアの障害・不具合・誤動作、本契約に基づく出店ページの全部または一部の滅失、サービスの全部または一部の停止、乙の出店停止、顧客との取引等によるものを含むが、それらに
限られず、またその原因のいかんを問わない）について、賠償する責任を負わない。
（22条1項）
(4) 出店料等
　乙は、甲に対し、基本出店料として別表に定める出店形態毎の金額を支払う。（12条1項）
　甲のデータベース利用料（「システム利用料」）として、本条に基づき算出される出店ページにおける販売形態毎の月間売上高（「基準売上高」）に、別表の料率を乗じた金額の合計を支払う。（13条1項）
(5) 顧客情報
　甲は、顧客の氏名、住所、電話番号、メールアドレス、性別、年齢、在学先・勤務先の名称・住所その他の属性に関する情報（「属性情報」）およびモールにおける購入履歴その他モールの利用に関する情報（「利用情報」、属性情報とあわせて「顧客情報」）の取扱いにつき、顧客から以下の承諾を得る。

①　甲および顧客から顧客情報の共有につき許諾を受けた甲のグループ会社（「甲ら」）は、メールマガジンの送付等、自己の営業のために顧客情報を利用することができる。
　②　乙は、顧客の属性情報および乙の出店ページにおける利用情報を、モールの出店ページ運営のために必要な範囲で利用することができる。
　乙は、本契約終了後、甲が書面で特に承諾した場合を除き顧客情報を利用することはできない。また、乙は契約終了にあたって甲の管理下にある顧客情報を抽出してはならない。（16条1項・同条3項）
(6) 決済
　乙は、顧客との代金決済手段としてクレジットカードを利用するときは、甲が別途定める「Ａインターネットモール決済基本規約」の定めに従うものとする。（7条2項）（他に、「Ａスーパーポイント利用規約」「Ａキャッシュ利用規約」「Ａ決済基本規約」「Ａバンク決済規約」等がある。）

「Ａインターネットモールご利用上のご注意」
　このご注意は、お客様が、Ａインターネットモールを利用されるにあたって、必要な注意事項を定めたものです。お客様がＡインターネットモールを利用されるにあたってはこのご注意を良くお読み下さい。
　お客様がＡインターネットモールを利用された場合、このご注意に同意されたものとさせていただきます。改定後にＡインターネットモールのご利用があった場合、改定後の注意事項に同意されたものとさせていただきます。
①　当グループの免責について
（ⅰ）Ａインターネットモールは、お客様に取引の「場」を提供するものです。お客様がＡインターネットモールを通して行う「取引」はすべてお客様と「サービス提供者」との間で直接行っていただくものです。当グループ各社は、取引の当事者とはならず、取引に関する責任は負いません。したがって、万一取引に関してトラブルが生じた際には、お客様とサービス提供者との間で直接解決していただくことになります。
（ⅱ）サービス提供者、取引の内容、取扱商品、サービス、ウェブページ上の記載内容、サービス提供者における個人情報の取扱い等につきましては、サービス提供者に直接お問合せください。これらに関する内容の真偽、正確性、最新性、有用性、信頼性、適法性、第三者の権利を侵害していないこと等について当グループは一切保証いたしません。
（ⅲ）通信回線やコンピュータ等の障害によるシステムの中断・遅滞・中止・データの消失、データへの不正アクセスにより生じた損害、その他当グループのサービスに関してお客様に生じた損害について、当グループは一切責任を負わないものとします。
（ⅳ）当グループは、当グループのウェブページ、サーバ、ドメイン等から送られるメール、コンテンツ等に、コンピューター・ウィルス等の有害なものが含まれないことを保証いたしません。
（ⅴ）当グループは、お客様およびサービス提供者に対し、適宜情報提供やアドバイスを行う

ことがありますが、それにより責任を負うものではありません。

② 禁止事項

　Ａインターネットモールの利用に際して、次の各号の行為を行うことを禁止します。万一、これらに違反された場合、当グループはお客様による取引を停止したり、以後の取引をお断りすることがあります。また、お客様の違反行為により当グループに損害が生じた場合は、その損害を賠償する責任を負うものとします。
（ⅰ）当グループ、他のお客様、サービス提供者その他の第三者の権利、利益、名誉等を損ねること
（ⅱ）当初より支払う意思がないにもかかわらず注文するなど真に購入する意思なく商品を注文すること、他人になりすまして取引を行うこと、虚偽の情報を入力すること、その他の不正行為を行うこと
（ⅲ）法令に違反すること
（ⅳ）当グループが定める各種規約に違反すること

③ 必要事項の登録

　お客様がＡインターネットモールを利用されるにあたって必要事項の登録をお願いする場合がございます。この場合、登録がご利用の条件となります。

④ クッキー（cookie）等について

　当グループは、お客様のアクセス履歴および利用状況の調査のため、その他お客様に最適のサービスを提供するために、お客様が当グループのサーバにアクセスする際のIPアドレスに関する情報、携帯電話端末でアクセスした場合には携帯端末の機体識別番号に関する情報、およびクッキー（cookie）の技術を使用してお客様のアクセス履歴等に関する情報を収集します。お客様がブラウザでクッキーを拒否するための設定を行った場合、Ａインターネットモールのサービスのご利用が制限される場合がありますので、あらかじめご了承願います。

⑤ 当グループのプライバシーポリシーについて（略）

⑥ 送信コンテンツの取扱について

　お客様がＡインターネットモールをご利用するにあたって、Ａグループに対して送信した、ショップ、商品・サービスなどに対するおすすめ文、レビュー、コメント、質問その他の一切のコンテンツ（以下「送信コンテンツ」といいます）の取扱につき、次のとおりとします。
（ⅰ）（略）
（ⅱ）Ａグループは、送信コンテンツを自由に複製、公衆送信、翻訳・翻案等、著作権法上のあらゆる利用を行うことができるものとします（Ａグループから第三者に対する再利用許諾権限を含みます）。この利用行為に関して、お客様は著作権法上の著作者人格権（公表権・氏名表示権・同一性保持権）の主張を行わないものとします。ただし、この利用行為がお客様の名誉・声望を毀損する場合は除きます。また、この利用行為について、地域の制限、著作権表示義務その他の付随条件はなく、期間は送信コンテンツの著作権が存続する限りとし、ロイヤルティ等の対価は発生しません。

⑦　Ａインターネットモールでのサービス
　当グループは、当グループの判断によりＡインターネットモール上のサービスのうち、全部または一部を適宜変更・廃止できるものとします。
⑧　その他
　お客様と当グループとの関係につきましては日本法が適用されるものとします。万一、お客様と当グループとの間に訴訟の必要が生じた場合には、東京地方裁判所を第一審の専属的合意管轄裁判所とします。

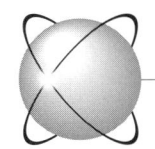

第⓫章
インターネットオークション

第1節　インターネットオークションの仕組み

1　インターネットオークションの意義

　インターネットオークションとは、一般的には、「ホームページ上で一定の入札期間を定めて売りに出された商品に対し、落札希望者が希望落札価格を書き込んで入札し、終了期限までに一番高い金額をつけた者が落札する仕組みを使って行う電子商取引」を意味する[1]。

　インターネットオークションは、世界的には 1995 年、アメリカにおいて e-Bay 社がオークションサイトを開設したのが最初である。日本では、1999 年夏にヤフージャパンがヤフーオークションを開始してからさかんになった。日本最大手であるヤフーオークションにおける出品数は飛躍的な伸びをみせており、1999 年秋頃は 9 万点ほどであったのが、2010 年 6 月時点での総出品数の一日平均は約 2200 万件にも達している（ヤフー株式会社（以下「ヤフー」という）のIRリリース）。ヤフーオークションでは、2000 年 5 月から、不動産のオークションも行っている。インターネットオークションの市場規模は、2009 年度には約 8726 億円に達している[2]。

---

[1]　中山信弘編『平成 20 年版電子商取引及び情報財取引等に関する準則と解説』別冊 NBL124 号（2008）55 頁（以下「平成 20 年版準則」という）。
[2]　株式会社野村総合研究所第 165 回 NRI メディアフォーラム http://www.nri.co.jp/publicity/mediaforum/2011/pdf/forum165.pdf

2　インターネットオークションの形態

　インターネットオークションの形態としては、インターネットオークションのサイトを運営する者（「以下「オークション事業者」という）が自ら売主として商品をオークションにかけるもの（以下「販売型」という）と、オークション事業者はホームページに商品の情報を載せるなど売買の場を提供するだけのもの（以下「仲介型」という）等があるが、仲介型が一般的であり、特に大手ほど仲介型の形態をとるものが多い。

　また、主たる売主・買主のタイプによって、BtoB 型、BtoC 型、CtoC 型にわけられる。インターネットオークションがさかんになる発端となったのはCtoC 型であるが、現在は BtoC 型が一番多くなってきている。さらに、ヤフーオークションでは、2004 年 7 月から地方自治体や国税庁、一部事務組合が出品するインターネット公売、2005 年から財務省主催の近代金貨インターネットオークションが行われている。全国地方自治体の過半数がインターネット公売へ参加契約を結んだと報告されており、これら官公庁オークションの落札総額は、2009 年度で 33 億 1754 万円あまりに達している。

　落札形式としては、競り上がり式のものと、競り下げ式によるものがあるが、前者が一般的である。

3　インターネットオークションの特長

　インターネットオークションの特長として、売主の立場からは、①販売が、業者でない個人でも容易で、②低コスト、低労力で、③時間的、場所的制約を受けずに広い市場に対して売ることが可能、④リサイクル精神を満足させることができる、というメリットがある。また、買主の立場からは、①時間的、場所的制約がない、②品数が豊富、③商品の検索や比較検討が容易、④一般の販売形態と異なり、価格を買主主導で決めることができる、⑤場合によってはかなりの低額で購入できる、⑥駆け引きを楽しめる娯楽的要素がある、というメリットがある。

4　インターネットオークションの問題点

　インターネットオークションの取引量が増えるに伴い、様々なトラブルも増加している。

　民事上のトラブルとしては、代金を支払ったのに商品が送られてこないというトラブル、説明と実際の商品が異なるというトラブル、未納を装って代金を返戻させるトラブル、出品者になりすまして代金をだまし取るトラブルなどがある。手口としては、フィッシングなどで入手した他人のIDを利用して出品し、代金をだまし取る、入金を得たら突如IDを削除するなどの「ID乗っ取り・ID突然削除」を行うもの、落札者がキャンセルしたので次点であるあなたに権利があるといって、オークション外での個別取引に持ち込み、代金をだまし取るもの（「次点・繰り上げ詐欺」）、新品で高額な電化商品を市場よりも大幅に安い価格で大量に一定期間出品し、資金繰りができなくなったところで姿をくらませる「自転車操業詐欺」（通称チャリンカー）手口などがある。

　また、刑事事件としては、代金をだまし取ったとして詐欺罪に問われたケースや、架空銀行口座の開設が有印私文書偽造罪に問われたケース、偽ブランド品の販売が商標法違反に問われたケース、DVDの海賊版の販売が著作権法違反に問われたケース、向精神薬の販売が麻薬及び向精神薬取締法違反とされたケース、被害者自身を出品したケースが問題となった名誉毀損事件、偽造した警察手帳を出品した公記号偽造被告事件、他人のID、パスワードの利用がアクセス禁止法違反に問われたケースなどがある。

　インターネットオークションの取引量が増える過程で、インターネットオークションが盗品の処分の場として利用されるケースが多く見受けられたことから、2003年9月1日、インターネット上での古物取引にかかる盗品等の売買防止、速やかな被害回復および無許可営業の排除等を目的とする「古物営業法の一部を改正する法律」が施行された。

　また、最近の傾向として、組織的犯行や計画倒産が多く見受けられ、被害規模が大型化している。IDの盗用など第三者を巻き込んだ犯罪も増えてきている。

　特に「代金を送ったのに商品が送られてこない」という典型的事例についていうならば、その原因としては、代金前払いが事実上、原則となってしまって

いること（オークション事業者の規約上はこれについて規定していないが、出品する際のデフォルト設定は代金前払いであるし、代金前払いで出品する場合がほとんどである）および利用者の本人確認がまだまだ不十分であることがあげられる。さらに、1取引当たりの平均落札額が5800円（2005年3月時点。経済産業省「新たな形態の通信販売における取引適正化に向けて」4頁）と単価が低い上に、利用者の匿名性が高く、相手方の特定が困難なため、トラブルに遭った場合に、現実的に有効な救済手段がなく、相手方に対する責任追及が困難であり、したがって悪質な出品者は安心して詐欺的行為を継続できるという要因もある。

さらに、物は送られてきたが落札者の想定した物と齟齬があったというケースも多い。これについては、インターネットオークションの一般的な形は上記「仲介型」であり、サービスの利用は自らの責任において行うべきと利用規約などにうたわれるなど自己責任が強く求められる一方で、その判断要素に乏しいという問題がある。すなわち、隔地者間取引ゆえ物を実際に見られない上に、パソコン画面上のオークション事業者が設定した出品形式の枠に沿った限られた情報しか得られず、利用者の匿名性が高いために事前に直接商品等の情報を得ることができないなどの事情があるのである。

また、インターネットオークション自体を規制する法律がなく、後述のように法的関係が不明確であることも一因であろう。

5　システム改善への流れ

インターネットオークションでのトラブルが社会問題化したのを受けて、2000年4月13日、警察庁は、ヤフーほか2社に対し、盗品の混入、詐欺および各種既製品禁制品の売買等の防止のため、以下の措置を求める警察庁生活安全局長名の要請文を発出した。

①利用者に対する本人確認の確実な実施
②児童ポルノ等禁制品の取引を防止するため、出品物の監視、削除等の確実な実施
③犯罪に関連する情報を把握した場合の警察への通報
④犯罪被害やトラブルを防止するための広報啓発等の推進

これを受けて、ヤフーでは、2000年9月26日からエスクローサービス[3]を

導入し、2001年5月28日から「本人確認費」を徴収し、当該費用を指定銀行口座からの自動引き落としもしくはクレジットカード会社への参加費請求を通じて本人確認を実施することとするとともに、一定の要件を満たす場合に被害を補償する制度を設けた。その後、エスクローの導入や被害報告のあった銀行口座の公開なども行われるようになった。

その後のヤフーで行われてきた代表的な取り組みは、以下の通りである。

① Yahoo! ペイメントの開始（2003年1月27日）
個人間のクレジットカードによる代金決済。トラブル多発口座として把握されている口座が受取口座に指定されている場合、Yahoo! ペイメント業者は振り込みを行わない。

② 2004年6月以降、新規出品者と利用歴の短い出品者に、配達記録郵便の送付による住所確認を実施。

③ 2004年11月15日、日本動画協会と知的財産権の保護対策強化について合意。

④ 2005年12月より、「不正利用検知モデル」導入。
普段の利用パターンと異なるような出品を検知し、IDの利用停止などの措置をとる。

⑤ 2006年4月、Yahoo! メールの送信元を保証する「Y!」マークを表示。

⑥ 2006年5月より、落札システム利用料の増額と共に、不正出品の早期発見のための24時間パトロールの強化、フィッシング対策等を計画。

⑦ 2006年5月、BSA（ビジネスソフトウェアアライアンス）が「Yahoo! オークション知的財産権プログラム」（知的財産権の権利者からの通知に基づき、出品物を削除するなどの措置を行うプログラム）に参加。

⑧ 2006年9月、ユーザーによる違反商品の申告機能を設ける。

⑨ 2006年11月、②の配達記録郵便の送付にかえて、受け取り時に本人確認資料（運転免許証など）の提示が必要となる「配送本人確認」を開始。

⑩ 2007年3月、⑦により、不正出品が2006年上期の約35万3000点から、

3） 出品者と落札者の間に仲介専門業者が入り、取引の代行を行うサービス。落札者がエスクロー会社に代金を払い、出品者から商品を受領したことが確認された後に、エスクロー会社から出品者に代金を交付するという形態をとるものが一般的である。

2006 年下期には約 1 万 3000 点に減少。
⑪ 2007 年 3 月、フィッシング対策として、ログイン画面にログインシール（目印となる画像や文字列）を設置。これにより、偽ログイン画面との判別ができやすくなる。
⑫ 2007 年 5 月 9 日、出品者と落札者がメールアドレスを交換せずに連絡できるサービス「取引ナビ」を開始。
⑬ 2007 年 6 月 27 日、匿名配送や匿名決済を選べる「受け取り後決済サービス」開始。
⑭ 2007 年 12 月～2008 年 2 月、未着トラブルの多いカーナビ、携帯電話本体、ギフト券について、受け取り後決済サービスか代金引換えのいずれかの利用を原則義務化。
⑮ 2008 年 3 月、匿名取引ができるエスクローサービス「受け取り後決済サービス」開始。
⑯ 2008 年 6 月、次点詐欺防止のため、入札者の ID の一部を非表示に。

これらの対策を行った結果、ヤフーオークションにおける 2005 年上期に 0.009～0.013％だった詐欺被害発生率が、2008 年 8 月には 0.003％にまで減少したと報告された。

しかし、他方で、2008 年 5 月以降、海外からランダムに ID とパスワードが入力され、ID が乗っ取られるケースが急増し、ヤフーは被害者に出品手数料を返金する措置を執った。

そして、

⑰ 2008 年 10 月、一部のユーザーにパスワード変更を求め、変更するまでログイン不可に。
⑱ 2008 年 12 月、落札額が 5000 円未満の場合も一定の要件を満たせば補償対象に。

など、さらなる対策を行っている。

⑲ 2010 年 10 月、「メルアド便」（住所・氏名を明かさなくても、メールアドレスかツイッター ID によって品物を受け取れるシステム）を配送方法に導入
⑳ 2012 年 2 月、月額 150 円以上を負担することで、一定の「郵送事故補償」「盗難補償」「破損補償」「修理補償」を受けられるサービスを開始

第2節　オークション事業者と利用者の法律関係

1　オークション事業者と利用者の間に成立する契約内容

(1) 学説

　オークション事業者はインターネットオークションというシステムを提供するのであり、実際の出品、落札行為は利用者自体が行う。インターネットオークションで行われる売買について、利用者とオークション事業者との間で何らかの契約が成立すると考えられるのか、オークション事業者が何らかの義務や責任を負うのか、従前議論されている。

　オークション事業者は、参加者との間にはオークション事業者が提供するシステムないしプログラムの利用契約が結ばれるのみであり、オークション事業者の義務はプログラムの利用を許諾することにつきるのであって、落札者と出品者間の売買契約の推移については一切の責任は負わないと主張している（プログラム利用契約説）。

　これと同旨のものとして、インターネットオークションの価値は入札、落札の一連の過程の自動化プロセスにあるとして、オークション事業者と利用者との間に結ばれる契約は、自動化プロセス実現のために開発されたソフトウェアの利用契約であるとする説がある[4]。

　これに対し、出品者と落札者間の売買に関わる一連の過程が、すべてオークション事業者の用意したシステムに従って行われること、したがって、オークション事業者は利用者の出品物が他の利用者によって落札させる目的で、出品者と落札者間の売買契約の媒介を行っていることになること、オークション事業者が落札金額に応じた料金を徴収するのは、仲立契約における報酬に該当すると考えられることから、利用者とオークション事業者との間で、仲立契約が

---

4) 河野俊行「インターネットオークションの法的分析（1）」NBL730号（2002）13頁。この説は、現行のヤフーオークションのように、落札価格に応じた料金を徴収している場合は、オークション事業者と、「売買成立（筆者注：この説は、落札時に売買成立という解釈を前提としていると思われる）を条件として成功報酬が支払われる無名契約としての仲介契約を締結したと考えるのが自然であ」るとする。ただ、そのような場合でも、報酬が低額であることから、ソフトやサーバー自体の機能維持責任とは別に派生損害の賠償が認められるためにはきわめて特別の事情が存在することが必要であろうとする。

成立していると考える余地があるとする説がある[5]（仲立契約説）。

いうまでもなく、後者のような考え方に立った方が、オークション事業者の売買契約に関する責任を問いやすくなる。

また、こうしたオークション事業者と利用者間の法律関係を論じる上で、オークション事業者が定める利用規約の内容や法的拘束力の有無が問題となってくる。

(2) 裁判例

この点につき、名古屋地判平成20年3月28日（判時2009号89頁）は、初めて詳細な判断を示した。これは、平成12年から17年にかけて商品を落札した783名の原告が、出品者に代金を支払ったにもかかわらず商品の提供を受けられなかったのは、被告の提供するシステムに、「契約及び不法行為法上の一般的な義務である詐欺被害の生じないシステム構築義務に反する瑕疵」があったためであるとして、約1億5000万円の損害賠償を求めた事例である。

当該オークション事業者の利用規約には、①本件サービスが利用者に取引の「きっかけ」を提供するものであること、②実際に売買を行うかどうかは、利用者の責任で行われること、③被告が利用者から提供される個々の商品や情報を選別、調査、管理しないこと、④本件サービスの利用は、利用者各自の自主性、自立性に委ねられており、一般の取引と変わらないこと、⑤成約、商品の送付、受領の手配等の協議は利用者間で行い、利用者が責任をもって履行するもので、被告が本件サービスの利用をきっかけにして成立した売買の解除・解約や返品・返金等には一切関与しないこと、⑥利用者間でトラブルが生じても、被告が解決に当たることはないことといった内容が盛り込まれていたので、まずこの利用規約が、利用者とオークション事業者の間の契約（以下「本件利用契約」という）の内容として成立しているのか否かが問題となった。

この点につき、前掲名古屋地判平成20年3月28日は、当該利用規約は、本件利用契約においていわゆる約款と位置づけられるとした上で、当該利用規約には本件サービスの概要や利用上の注意点が記述されており、当該利用規約を

---

[5] 大村和子「インターネットオークションにおける事業者の法的問題について」情報ネットワーク・ローレビュー 3 巻 (2004) 21 頁。

内容としない本件利用契約は極めて不明確な内容となってしまい、原告らの主張する被告の負担すべき義務すらも不明確なものとなってしまうこと、本件サービスの利用者は、本件サービスの利用にあたり、必ず当該利用規約に同意する仕組みとなっていること等から、当該利用規約は本件利用契約の内容として有効に成立しているとした[6]。

その上で、前掲名古屋地判平成20年3月28日は、本件契約の法的性質について、「本件利用料は本件サービスのシステムの利用の対価に過ぎないものと認められる。（中略）そのほか、被告が利用者間の取引に積極的に介入してその取引成立に尽力するとまで認めるに足りる証拠はなく、本件利用契約が仲立ちとしての性質を有するとはいえない。また、本件利用契約は、上記認定によっても、事実行為を委任したり、目的物の完成を請け負わせたりするものとか、あるいはこれに類似するものともいえない。」とし、仲立契約あるいは委任、請負等の契約に該当するとはいえないと判示した。

当該事件の控訴審（名古屋高判平成20年11月11日判例集未登載）でも、控訴人らは、オークション事業者は民事仲立人に当たる旨改めて主張したが、名古屋高判は、「仲立人は、他人間の法律行為の媒介をすること、すなわち他人間の法律行為（本件では売買契約の締結）に尽力する者をいう。本件においては、被控訴人は、上述のとおり、落札後の出品者、落札者間の上記交渉の過程には一切関与しておらず、何ら、出品者と落札者との間の売買契約の締結に尽力していない。確かに、被控訴人は、本件システムを運営しているが、出品者は自らの意思で本件システムのインターネットオークションに出品し、入札者も自らの意思で入札をするのであり、被控訴人が、その過程で両者に働きかけることはない。そして、落札者は、入札者の入札価格に基づき、入札期間終了時点の最高買取価格で入札した者に対し自動的に決定され、その者に、自動的に電子メールで通知が送られる。この過程は、本件システムのプログラムに従い自動的に行われており、被控訴人が、落札に向けて何らかの尽力をしているとは認め

---

[6] インターネットオークションにおける利用規約の法的拘束力を認めた先例として、神戸地姫路支判平成17年8月9日（判時1929号81頁）がある。その他、利用規約は当事者間の売買を規律するものであり、利用規約に則った返品手続を行っていないので、正当な返品理由があったとしても、当該商品を受領承認したものと認められる旨判示した東京地判平成22年3月11日（判例集未登載）がある。

られない。」と判示した。

このように、現状一般的に行われているようなインターネットオークションについては、その取引に対する関与の度合いに鑑みて、オークション事業者に仲立人や委任・請負責任を問うことは基本的に困難であるといえる。

2 オークション事業者の義務

(1) 裁判例

では、オークション事業者は、利用規約等明文による定めがない以上、利用者に対して何の責任も義務も負わないのだろうか。

この点について、前掲名古屋地判平成20年3月28日は、「本件利用契約は本件サービスのシステム利用を当然の前提としていることから、本件利用契約における信義則上、被告は原告らを含む利用者に対して、欠陥のないシステムを構築して本件サービスを提供すべき義務を負っているというべきである。」として、「欠陥のないシステムを構築して本件サービスを提供すべき義務」を認定した[7]。

さらに、同裁判所は、その義務の具体的内容として、「そのサービス提供当時におけるインターネットオークションを巡る社会情勢、関連法規、システムの技術水準、システムの構築及び維持管理に要する費用、システム導入による効果、システム利用者の利便性等を総合考慮して判断されるべきである。」として、オークション事業者の注意義務の判断基準を裁判所として初めて提示した。

その上で、当該事件では原告側が①利用者が詐欺等の被害に遭わないように時宜に応じて相応の注意喚起の措置をとる義務、②第三者機関におけるオークション利用者に対する信頼性評価システムの導入、③詐欺を行った出品者情報の提供・開示、④エスクローサービスの義務化、⑤補償制度の充実をオークション事業者の義務として主張したが、前掲名古屋地判平成20年3月28日は、①の義務のみを認めた上で、その他の義務については、実効性やオークショ

---

[7] 平成20年版準則でも、「オークション事業者は、取引の「場」を提供している以上、法律上の性質論としてはいろいろありうるが、いずれにせよ一定の注意義務を認めることが可能と考える。」とされていた（58頁）。なお、前掲名古屋高判平成20年11月11日も、地裁の認定を支持した。

事業者が被る負担等の点で問題があるとして、認めなかった。そして、平成12年から現在まで、トラブル事例を紹介するなど、時宜に即して相応の注意喚起措置をとっていたとして、①の義務違反はないとした。

なお、当該判決の事実認定においては、オークション事業者がトラブル事例の紹介を開始したのは平成14年であるとされている。それにもかかわらず、注意義務違反の検討の場面では、突如平成12年から照会を行っていたがごとく認定されており、矛盾を来たしている。オークション事業者が対策を講じ始めたのが平成14年なのであれば、それ以前の原告らの取引については注意義務違反が認められるべきだったのではないかと解される[8]。

このような当てはめの問題点はさておき、利用規約上の記載にかかわらず、場の提供者であるオークション事業者に、信義則上、被告は原告らを含む利用者に対して、欠陥のないシステムを構築して本件サービスを提供すべき義務を認めた点は評価されるべきである。特に、前記のようにオークション事業者はプログラム利用説を唱えており、この説からすれば、オークション事業者に課される義務は、「瑕疵のないプログラム」の提供に限定されるはずであった。しかし、名古屋地裁の判決は、それにとどまらず、提供するサービス全体の制度設計、システム設計について、瑕疵のないことを要求したのであり、これは特筆すべきことである。

そして、前掲名古屋地判平成20年3月28日は、オークション事業者に課される義務の具体的内容として、当該判決段階では利用者が詐欺等の被害に遭わないように時宜に応じて相応の注意喚起の措置をとる義務のみが認められたが、今後のインターネットオークションをめぐる社会情勢、関連法規、システムの技術水準、システムの構築および維持管理に要する費用、システム導入による効果、システム利用者の利便性等によって、さらなる義務がオークション事業者に課せられる可能性は十分にある。

(2) 補論

前記のように、前掲名古屋地判平成20年3月28日は、オークション事業者

---

[8] 久保田隆教授も、判例評論において同様の問題点を指摘されている（判時2045号152頁）。

に対し、信義則に基づいて欠陥のないシステムを構築して本件サービスを提供すべき義務を認めた。

これまでも、インターネットオークションに関する事例ではないが、場や機会を提供する者に、条理上、一定の注意義務が課されたケースがある。例えば、カラオケ装置につきリース業者がリース契約を締結して引き渡す際の注意義務を判示した最判平成13年3月2日（民集55巻2号185頁）や、パソコン通信のフォーラムにおいてシステムオペレーターに一定の場合に発言を削除すべき条理上の義務を認めたニフティーサーブ事件（東京高判平成13年9月5日判タ1088号94頁）、掲示板管理者に対し、名誉毀損発言の条理上の削除義務を認めた動物病院対2ちゃんねる事件（東京高判平成14年12月25日判時1816号52頁）、ゴルフ場に置かれたロッカーを安全な状態に保つ義務を認めた東京高判平成16年12月22日（金判1210号9頁）などがある。

これらの判例では、場や機会を提供する者の責任について、おおよそ、①その「場」や「機会」の利用によって、違法行為が起こる危険性が少なからず認められるか、②提供者側の「提供の仕方」によって危険を誘引しているか、③被害法益の重大性、④提供者の社会的地位（提供によって利益を得ているか）、⑤予見可能性（侵害行為が行われる蓋然性を予見すべきといえるか）、⑥結果回避可能性（容易に侵害回避のための措置を講ずることが可能か。そのような権限を有しているか）、⑦被害者側に有効な救済手段があるかといった観点から検討しているといえる。なお、これらの要件のすべてを満たさなくてはならないというものではなく、例えばゴルフ場のロッカーに関する前掲東京高判平成16年12月22日や、動物病院対2ちゃんねる事件の前掲東京高判平成14年12月25日は、かかるサービスが無償であってもなお条理上の義務を負うとしている。

インターネットオークションにおける詐欺的被害についても、これらの要件は、被害防止のための作為義務を生じさせる根拠となりうると解される。

3　利用規約による免責の有無

前掲名古屋地裁・高裁の事例は、オークション事業者による注意義務違反を認めなかったので、利用規約による免責の有無については論じられることなく終わった。

利用者が消費者である場合、事業者を全面的に免責するような条項（あるいは事業者に故意・重過失がある場合にも、責任を一部免責するような条項）は、消費者契約法8条1項1号ないし5号により、無効となる。

　そのほか、一般的に約款の法的効果を制限する場面で行われているように、①重要な事項に関する約款条項については、利用者の明白な合意がなければ契約内容にはならないとする、②当該条項の解釈として適用範囲を限定する、③公序良俗違反、信義則違反、消費者契約法10条等に基づき当該約款は（一部）無効であるとするなどの手法により、利用規約の効力を制限することが考えられる。

4　補償規定の法律問題

　現在、大手のオークション事業者は、インターネットオークションにおける取引で損害を被ったケースについて、一定の要件を満たす場合に、一定の補償を行う制度を設けている。

　補償制度の創設によって、インターネットオークションは安心して取引できる場であるというイメージが作られた一方で、オークション事業者が定める補償規定上、多くの補償外事由が定められており、さらにその規定が明確性を欠いていたことから、補償を受けられるか否かをめぐって多くの問題が生じた。

　オークション事業者が定める補償規定も、事業者が、不特定多数の顧客向けに一律に適用することを予定して一方的に作成したものであり、いわゆる約款（普通取引約款）に該当する[9]。

　そして、前記のように、消費者が不当な不利益を被らないように、約款については成否や内容について制限的に解釈・適用されている。補償対象から除外されるか否か不明確な約款条項については、「疑わしきは、約款使用者に不利に」という解釈準則を用いるなどして、消費者が不当な不利益を被らないようにすべきである。

---

[9]　インターネットオークションについて、「インターネット上に補償規定を開示したことによって、オークションの入会者に対して補償規定にある内容の損害を補償する旨の申し込みをし、オークションの参加者が事故報告によって、上記申し込みに対する承諾をしたものと認められる」として補償契約の成立を認めた判例がある（広島地判平成17年5月31日判例集未登載。広島高判平成18年1月19日判例集未登載も一審を支持した）。

なお、補償規定も時間の経過とともに詳細になってきており、現在は、補償の適用の有無について、Q＆A形式で具体例が掲載されていたりする。

5 無権限者によるオークション利用と手数料の支払義務

(1) 規約の有効性

　数年前、インターネットオークションにおいて、第三者が会員のID・パスワードを無断で利用し、当該利用者になりすまして出品を行って代金を入金させるというケースが多数発生した。このとき、オークション事業者側が、ID・パスワードを利用された会員に対して、落札手数料を請求したことから、そのような支払をする義務があるのかが問題となった[10]。

　オークション事業者は、その利用規約において、あるID・パスワードでログインしたことによって発生する課金は、いかなる場合も、当該IDの登録者に対して行う旨定めていることが多い。

　そこで、このような規約が有効なのか、いかなる場合に適用されるのかが問題となる。

(2) 類似事例の検討

　インターネットオークションにおいてID・パスワードが不正使用された場合についてのオークション事業者からの手数料の請求の可否に関する裁判例はまだ報告されていないので、参考になると思われる類似事例について紹介する。

(ア) クレジットカードの不正使用

　クレジットカードの不正使用については、かつては、すべての不正使用について会員が全責任を負うという規約が多かったが[11]、現在では、原則として会員の責任としつつ、一定の場合には会員の責任を免責するものが一般的である[12]。

---

[10] かかる請求が社会問題化したのに対し、2008年9月6日、ヤフーは、「被害者と確定すれば取り消し料など返金する」旨、ホームページ上の「お知らせ」で公表した。

[11] このような約款は、不当な約款として効力が否定されると考えられる。（松本恒雄「クレジットカードの紛失と立替金支払義務」金融法務事情1331号（1992）78頁、金田洋一「平成13年度主要民事判例解説」判例タイムズ1096号（2001）18頁参照）。

[12] 水野智幸「カードの不正使用」塩崎勤編『裁判実務体系（22）金融信用供与取引訴訟法』（青林書院、1993）442頁。

会員と同居する家族や、会員が貸与したことに基づいて会員以外の者がカードを利用した場合には、規約上、会員が責任を負うとなっているのが一般的である。このような規約については、一定の合理性があるとして、規約自体の有効性は認める判例が多い（大阪地判平成5年10月18日判タ845号254頁、札幌地判平成7年8月30日判タ902号119頁など）。しかし、これらの判例も、会員側の事情やカード会社側の過失（加盟店の過失を履行補助者としての過失ととらえる）を考慮して、請求を制限したり、過失相殺をしたりして公平を期している。

　さらに、長崎地佐世保支判平成20年4月24日（金判1300号71頁）は、会員の長男が、会員のクレジットを使用してインターネット上のアダルトサイトで無断決済したケースであるが、前記のような家族利用に関する規約があっても、会員が自己に重過失がないことを主張立証すれば補償を受けられる余地があると解するのがカード会社、会員双方の合理的意思に沿うとした上で、①インターネット上の決済についてカード識別情報以外の本人確認情報の入力を要求しておらず、可能な限りの不正使用を排除する利用方法を構築していたとはいいがたいこと（最判平成15年4月8日民集57巻4号337頁参照）、②会員にそのような利用方法があることを明示していなかったこと、③会員もそのような利用方法の存在を明確には認識していなかったことから、会員にカード識別情報の管理についての帰責性を問うことはできないとして、会員はカード利用についての支払義務を負わないとした。

　なお、インターネット上のカード決済について消費者から第三者による不正使用であると主張されると、カード会社は消費者への請求を控えるケースも多々あるとのことである。この場合、ネット上の取引には保険が適用されないため、加盟店が負担している（カード会社から立替払いを受けた分を返す）とのことである[13]。

（イ）無権限者に対する預金の払戻し

　無権限者に対する預金の払戻しについては、従前銀行側から免責約款により免責されるとか、民法478条による弁済として有効であるなどと主張されてきた。

---

[13]　山本豊「情報ネットワークと消費者法制の課題」情報ネットワーク・ローレビュー9巻1号（2010）166頁参照。

これに関する判例として、最判平成5年7月19日（判時1489号111頁）と前掲最判平成15年4月8日があり、①真正なキャッシュカードが使用され、正しい暗証番号が入力されていた場合には、銀行による暗証番号の管理が不十分であったなどの特段の事情がない限り、銀行は、免責約款により免責される（前掲最判平成5年7月19日）、②無権限者に対する払戻しについて銀行が無過失であるというためには、預金者に暗証番号等の重要性を認識させることを含め、同システムが全体として、可能な限度で無権限者による払戻しを排除しうるよう組み立てられ、運営されるものであることを要する（前掲最判平成15年4月8日）旨、判示された[14]。

なお、この二つの最高裁判例は、前者が免責約款の適用について判断したものであり、後者が民法478条の適用について判断したものであって、免責約款と民法478条の両方が問題となったものではないため、両方が問題となった場合にどのように整合的に解するべきかは明らかではない。しかし、前掲最判平成5年7月19日は、原審が当該支払システムは安全性を欠いているので、免責約款は無効であると判示したのに対し、「当時の社会通念や暗証番号解読には相応の知識と技術が必要であることから、支払システムが免責約款の効力を否定しなければならないほど安全性を欠くものではない」と判示していることからすれば、支払システムが一定の安全性を欠く場合には、免責約款の効力が否定されることを前提としているものと解される。前掲最判平成15年4月8日に関する最高裁判例解説（234頁ないし236頁）も、前掲最判平成5年7月19日は、銀行が免責約款により免責されるためには「銀行による暗証番号の管理が不十分であったなど特段の事情のない」ことを要求し、また当該事案において、銀行の採用していた現金自動支払機による支払システムが安全性を欠くものでないことを説示していることからすれば、人的な側面を含めたシステム全体の安全性を免責の要件としたものと解すべきであり、その安全性の判断にあたっては、前掲最判平成15年4月8日の示した判断基準に従って、可能な限度で無権限者による払戻しを排除しうるよう注意義務を尽くしたものとなっているか否かが問われると述べている。

---

14) 前掲最判平成5年7月19日は明確に免責約款により免責されるための要件について述べたものではないが、前後の趣旨からこのように理解されている。

（ウ）インターネットバンキング・サービスで無権限者が行った不正送金

インターネットバンキング・サービスに関する判例として、東京高判平成18 年 7 月 13 日（金法 1785 号 45 頁）や大阪地判平成 19 年 4 月 12 日（金法 1807 号 42 頁）がある。いずれも、インターネットバンキング・サービスにおける免責約款の適用が問題となった事例で、前掲最判平成 5 年 7 月 19 日と前掲最判平成 15 年 4 月 8 日に沿った判断がなされている。

これらの判決では、いずれも、銀行側は、可能な限度で無権限者による振込みを排除しうるようシステムを構築し管理していたとして、免責されている。

(3) 検討

そもそも人は、他人の行為に対して責任を負うことはなく、自己の行為についてのみ責任を負う（過失責任主義ないし自己責任主義の原則）というのが私法における基本的な原理原則である。他人が行った行為について責任を負わされる場合として「表見代理」があるが、表見代理が成立するには、①外観の存在、②相手方の善意無過失、③本人の帰責事由の 3 つを満たす必要がある。

確かに、自己責任主義の反面、契約自由の原則があり、すべての第三者利用について責任を負うという条項への同意（特約）も契約自由の原則に基づくものではあるが、他方、このような条項は約款の一部にすぎないことからすれば、自己責任主義の原則に反する結果をもたらす特約が無条件に適用されることを容認することはできないというべきである。

前掲の類似事例から考えても、少なくともいかなる第三者使用についても責任を負うという規約については、その規約がそのまま全面的に有効となる余地はないというべきである。

そして、他人による ID 等の利用について責任を負うというのは、自己責任主義・過失責任主義の例外であるから、ID 登録者が責任を負うのは、当該登録者に相応の帰責性が認められる場合であり、かつそのような帰責性を当該登録者に問う前提として、オークション事業者の提供するシステムが、可能な限度で第三者による無断使用を排除しうるよう注意義務を尽くしたものとなっていることが必要であるというべきである。

また、オークション事業者はもとより、銀行やクレジットカード会社に要求

されるシステムのセキュリティレベルは、社会情勢、関連法規、システムの技術水準、システムの構築および維持管理に要する費用、システム導入による効果、システム利用者の利便性等によって、日々変化し高度化していくものである。例えば、現在、銀行ではワンタイムパスワードやセキュリティキーボード、乱数表の利用、利用できる端末機の限定など、インターネットバンキングの安全性を高める様々な試みがなされている。クレジットカード会社でも、3-DSecureシステムが普及しつつある。したがって、現時点においては注意義務を尽くしていると判断されるシステムも、将来においては注意義務違反があるとされる可能性は十分にある。

(4) 裁判例

なお、オークション事業者が未払いシステム利用料を請求したのに対し、被告側が「なりすまされた」と主張した裁判例がある。しかしいずれも、被告自身が当該IDの真の利用者であったとされ、「なりすまし」自体が否定されている（東京地判平成22年3月11日判例集未登載、東京地判平成22年12月7日判例集未登載、東京地判平成22年12月20日判例集未登載）。

第3節　インターネットオークション取引の当事者間の法律関係

1　契約の成否、成立時期など

インターネットオークションの規約等に売買の成立時期等については、利用規約に直接的な定めがないことが多く、いつとすべきか疑義が残るところである。しかしそのような場合も、規約等における間接的な書きぶりや、当該インターネットオークションでどのような仕組みが設けられているかなどを総合的に考慮して、当事者の意思を合理的に解釈することが可能である。

例えば、いわゆるヤフーに対する集団訴訟の高裁判決である名古屋高判平成20年11月11日（判例集未登載）は、売買契約の成立時期について、次のように判示した。

「被控訴人は、落札者が決定した場合、自動的に落札者に電子メールで通

知をする。その通知の内容には、落札商品、落札価格は記載されているが、出品者を特定する情報は記載されていない。そして、上記電子メールには、『このオークションの出品者にも通知されています。支払方法や商品の受取方法については、出品者からの連絡をお待ちください。』と記載されている。

　そして、その後、落札者は、出品者からの連絡を待ち、交渉をすることになるが、この交渉は、両者が直接電子メール等を使用して行い、被控訴人はこの交渉に何ら関与することはない。この交渉の結果、出品者と落札者が合意に達すれば、商品の受渡し及び代金の支払がされることになる。しかし、合意に達しなければ、出品者は、落札者の意思に関わりなく出品を取り消すことができ（これは、出品取消システム利用料が存在することから認められる。）、他方、落札者も、落札後落札を辞退することが可能であり、この場合には、出品者が、最高額落札者を取り消すことになる。

　以上の認定事実に照らすと、落札されても、出品者も落札者もその後の交渉から離脱することが制度上認められており、必ず落札商品の引渡し及び代金の支払をしなくてはならない立場に立つわけではない。そうすると、落札により、出品者と落札者との間で売買契約が成立したと認めることはできず、上記交渉の結果合意が成立して初めて売買契約が成立したものと認めるのが相当である。

　被控訴人作成の本件ガイドラインの『出品された商品の落札に基づいて売買契約が成立した場合には』等の記述[15]は、本件サービスにおける上述の実態を前提にしたものと理解できる。」

このように、前掲名古屋高判平成 20 年 11 月 11 日は、ヤフー・オークションにおいて、落札後も出品者も落札者もその後の交渉から離脱することが制度上認められていることや、ガイドラインの規定ぶりから、落札時に売買契約が成立するものではなく、その後の出品者・落札者の交渉の結果合意が成立して初めて売買契約が成立すると判示した。

なお、このような制度やガイドラインの内容は、オークションによって異なるのはもとより、同じヤフー・オークションでもガイドラインの内容や制度が

15）　2009 年 12 月に改定された「Yahoo! オークションガイドライン」には、この記述は存在しない。

次々に変化していることに注意する必要がある。

　また、「楽天オークション」は、落札者が落札後2日以内に取引開始手続を済ませないと、取引が自動的にキャンセルされる仕組みになっており（ただし、悪い評価がつくペナルティあり）、他方、出品者も2日以内であれば出品をキャンセルできるなど（ただし、悪い評価とキャンセル料のペナルティあり）、落札後に当事者の合意によって初めて契約が成立するという面が明確に打ち出されている。

　このように、オークションやその取引時期によって仕組みや規約が異なるので、この点が実際に争点となった場合には、当該取引当時の仕組みや規約を精査する必要がある。

2　瑕疵担保責任（ノークレーム・ノーリターン）

(1) ノークレーム・ノーリターンの法的効力

　「ノークレーム・ノーリターン」は、インターネットオークションにおいて、出品者が商品説明欄に記載することの多い業界用語である。一般に、「商品に関して一切のクレームも返品も受け付けない」ということを意味する。

　この記載は、法的には免責特約に該当する。法令との関係でいうと、民法572条にいう担保責任免除の特約に該当するほか、債務不履行等、包括的に出品者が免責される旨を定めるものである。

　よって、この記載を知りながら落札した落札者との間では、原則として免責特約が成立したことになり、商品に傷などの問題があっても、契約の解除（返品、返金請求）や損害賠償請求ができないことになる。

(2) ノークレーム・ノーリターンの限界

　「ノークレーム・ノーリターン」表示のある商品を落札した場合、いかなる場合も解除や返品ができないのかが問題となる。

　まず、出品者が事業者で、落札者が一般消費者であった場合、消費者契約法8条によって、このような全面的免責の特約の効力は無効となる（同法に基づき、インターネットオークションに関する瑕疵担保責任免責の合意が無効となった事例として、大阪地判平成20年6月17日判タ1290号176頁）。ただし、当該取引が特定商取引法上の通信販売に該当する場合[16]、「ノーリターン」の記載は、特定商取引法15

条の2第1項にいう「申し込みの撤回等についての特約の広告表示」としての意味は持つことになる。

　他方、出品者が消費者の場合は、消費者契約法の適用はないので、当該免責特約は有効である。しかし、当該商品の問題が、民法570条の「隠れた瑕疵」にあたり、かつ、出品者がこれについて悪意や善意重過失であるにもかかわらずそれを説明欄に記載しなかった場合、ノークレーム・ノーリターンをうたっても、民法572条により瑕疵担保責任を負う。通常の注意を払えば気づく瑕疵などであれば、「売主が知っていた」と評価される場合が多いであろう。

　さらに、商品の瑕疵などが出品者の説明内容と著しく異なると評価できるような場合には、錯誤や説明義務違反に基づいて契約が無効ないし解除となったり、不法行為が成立したり、ノークレーム・ノーリターンの特約が錯誤無効ないし信義則違反で無効となる場合もありうる。インターネットオークションの場合、通常、商品は出品者の手元にあって現物を確認できるので、出品者はどこまでどのような説明をするかを自分の裁量で決定できるが、入札者は実物を見ずに出品者の説明と写真だけで商品を評価しなければならず、落札前には、通常出品者の連絡先は不明でオークションサイトを通じた連絡しかできない上、匿名であるため、電話などによって詳細な説明を求めることもできない。このような情報量の差からすれば、一定の場合にノークレーム・ノーリターンの効力が否定されるのは当然のことと考えられる。

(3)「隠れた瑕疵」か否か
　前記のように、商品の傷などが「隠れた瑕疵」に当たるか否かも問題となる。
　(ア) 東京地判平成16年4月15日（判時1909号55頁）
　平成15年7月にインターネットオークションで売買された中古自動車（平成2年式アルファロメオ164）の損傷が、隠れた瑕疵に当たるか否かが争われた事案である。
　出品車は、当該車両の写真を掲示し、その仕様などを説明していたほか、右、前バンパー、フェンダーの擦り傷、左、前後ドアの10円傷、左、リアドアノ

---

16) 特定商取引法の改正により、商品や役務の指定制がなくなったので、除外される場合を除き、商品や役務一般と、指定権利の通信販売に特定商取引法が適用されることになった。

ブのひび、左Rフェンダーのトランクリッドとの接点の部分の小さな塗装剥げを損傷箇所として挙げた上で、低年式、中古車だということにご理解頂ける方のみ入札して下さいと表示していた。落札開始価格は8000円だった。

　購入者は、当該車両を6万4000円で落札し、そのほか搬送費用やオークションシステム利用料を加えた合計11万6845円を出品車に支払った。しかし、搬送されてきた当該車両には、前記損傷以外に、①ガソリンタンクのガソリン漏れ、②センターマフラーの欠落、③電動ファンの錆、④ショックアブソーバーが機能しない、⑤タイヤの劣化、⑥左リアノブが割れており、外からドアが開けられない、⑦右ウィンカーの欠落、⑧運転席ドアがきちんと閉まらないといった損傷があった。そこで購入者は総額76万9245円（内訳は、出品者に払った11万6845円、保管の駐車場代5万8800円、修理費用29万3600円、慰謝料30万円）の損害賠償を求める訴訟を提起した。出品者は、同種の中古商品に比べ極めて低価格による落札であるから、その程度の瑕疵が存在することは容易に予測できたはずであるとして、売主の瑕疵担保責任を否定して争った。なお、購入者が情報誌で調べたところによれば、同年式のアルファロメオの流通価格は17万円ないし68万円であった。

　このような事案につき、原判決（東京簡判平成15年10月8日金判1231号61頁）は、中古車の売買においては売買当時にある程度の損傷が存在するのは当然であり、代金も買受後の修理費用を見込んで決定するものであり、落札価格が低廉であったことに照らし、①～⑧のような瑕疵があることは十分予測しえたはずであるとして、落札者の請求を棄却した。

　これに対して、控訴審は、「民法570条の『瑕疵』とは、売買の目的物が通常備えているべき性能などを備えていないことをいうが、本件のような中古自動車の売買においては、それまでの使用に伴い、当該自動車に損傷などが生じていることが多く、これを修復して売却する場合はともかく、これを修復しないで売却する場合には、その修理費用を<u>買主が負担することを見込んで売買代金が決定されるのが一般的であるから、このような場合には、買主が修理代金を負担することが見込まれる範囲の損傷などは、これを当該自動車の瑕疵というのは相当でない。</u>」とした上で、オークションでの開始価格も落札価格も極めて低廉であること、本件損傷以外の損傷の存在が明らかにされていたことか

らして、「本件車両は、本件サイトで指摘された損傷以外に修理を要する損傷箇所が存在することも予想された上で開始価格が設定されて出品され、かつ、本件サイトで指摘された損傷以外の損傷が実際にあったとしても、当該損傷は落札者が自ら修理することを予定して落札されたものであったというべきである。……<u>本件車両に民法 570 条の「瑕疵」があるというためには、前記した予想ないし予定を超えた損傷が存する場合であることを要する</u>」と一般論を述べた上で、②から⑧までの損傷は、これらによって、本件車両の走行それ自体が不可能であるとも、危険を伴うとも解されないから、控訴人が自ら修理することを覚悟していて当然というべき範囲内の損傷であると認められるから、本件サイトにその旨の記載がなかったとしても、これをもって、本件車両の瑕疵ということはできないとした。

他方で、損傷①（ガソリンタンクのガソリン漏れ）は、その程度が相当のものであったと認められ、引火の危険性などからして安全な走行それ自体が困難であることは明らかであるから、そのような状態は、本件車両の落札価額の低廉さ、本件サイトの記載を考慮しても、前記した予想ないし予定を超える損傷であるから、民法 570 条の「瑕疵」に当たるとし、3 万円の損害賠償を認めた。

　（イ）大阪地判平成 20 年 6 月 17 日（判タ 1290 号 176 頁）

　平成 18 年 1 月、中古の米国車（平成 10 年式輸入並行中古車）を 180 万円で落札・購入したところ、購入時の走行距離が、表示されていた約 2 万 3400km より 8 倍以上多い約 19 万 6614km であることが判明した。そこで、購入者が出品者に対し、走行距離の食い違いや、パスロックシステム、エアコン、オートマチック・トランスミッション、ブレーキにおける不具合が、「隠れた瑕疵」に当たるとして、売買契約を解除し、合計 357 万 4064 円（車両本体価格 180 万円、それまでに投じた修理点検費 106 万 9234 円、自賠責等保険料 24 万 1190 円、車検、税金費等合計 7 万 0584 円、交通費 4 万 6830 円、部品・備品代 4 万 6197 円、弁護士費用 30 万円）の賠償を求めた。なお、走行距離が約 20 万 km であることを前提にした本件車両の買取価格は 10 万円以下である。

　この点に関し、大阪地裁は、「取引市場においては、走行距離がその価格に密接に関連するところ、こうした関連性は、走行距離が長くなればなるだけ車両に対する負担、消耗が増大し、かつ、使用期間が長期にわたることを意味す

るため、車両に生じる不具合も多くなるという考え方に基づくものと推認され、その考え方に一定の合理性があることは否定できず、実際、本件車両についても、上記の意味における長距離・長期間走行に起因するものとして、後述（ウ）～（オ）の不具合〔筆者注、パスロックシステム、エアコン、オートマチック・トランスミッション、ブレーキにおける不具合のこと〕が生じていたことが認められることからすれば、本件車両の走行距離が、そのメーターに表示された約2万3400kmと異なり、実際には、約19万6614kmであったことは、それ自体が本件車両の隠れた瑕疵であると認められる。本件契約は、業者向け販売で現状引渡しを前提とし、走行キロ数が空欄になっていることから、走行距離につき、メーター表示と実際のものとの間にある程度の食い違いがあったとしても、そのことが直ちに隠れた瑕疵に当たるとはいえないと解される。しかし、本件のように、走行距離として8倍以上、その金額として約20倍もの食い違いが生じる場合には、業者向け販売、現状引渡し、走行キロ数空欄を前提にしたとしても、買主がそのような食い違いが存在することを知っていれば、180万円もの高額で購入することはないであろうから、そうした程度に至るまでの食い違いがないことについては、通常期待すべき性状の範囲に含まれると解される。」と判示した。

　なお、出品者側は瑕疵担保責任の免責の合意を主張したが、仮に合意があったとしても消費者契約法8条1項5号により無効であるとされた。

　また、損害賠償の範囲は信頼利益にとどまるとし、修理・点検費および弁護士費用以外の損害について、賠償を認めた。

(ウ) 東京地判平成23年6月14日（判例集未登載）

　インターネットオークションで売買された中古車（パジェロミニ）に、損傷があった場合について、錯誤無効の成否、瑕疵担保責任の成否、瑕疵担保責任免除特約の有効性が問題となった事例である。

　出品者の説明は、15年ものの車両で、信号停止時に白煙が出るが、日常の走行は可能というものであった。落札者は現地（京都）まで赴き、車両を確認後、落札価格より2000円低い6万1000円を払ってこれを引き取った。しかし、東京まで帰る途中、白煙のためにパトカーに止められたり、高速で走行すると度々排気音警告灯が点灯し、都度停止を迫られたため、途中で走行を断念した

のであった。

　これについて、裁判所は、出品車は長距離または高速での走行に支障がないとは説明していないとし、日常の走行が可能だという点において落札者の認識と事実の間に不一致はないから錯誤はないとした。

　また、「隠れた瑕疵」とは契約当事者の契約の趣旨に照らし、通常または特別に予定されていた品質・性能を欠く場合をいうところ、本件車両は不良箇所があるが日常の走行は可能として代金6万1000円で契約締結されたのであり、本件売買契約において予定されていた品質・性能を欠いていたとはいえないから、隠れた瑕疵はないとした。

　さらに、仮に瑕疵があるとしても、引渡し後はノークレームノーリターンという出品者側の条件が瑕疵担保責任免除特約にあたり（出品者は業者ではない）、故意に瑕疵を告げなかったという事情（民法572条）も認められないから、いずれにしても瑕疵担保責任は成立しないとした。

　（エ）**考察**

　瑕疵の存否が問題になるのは、主に中古品の売買である。中古品の売買の場合、何らかの損傷があることが多いが、出品者側ですべての損傷をあげることに限界がある上、表現の仕方や受け止め方にも個人差があるので、トラブルになりやすい。このような中で、（ア）や（イ）の判例は、いずれも、出品時に説明されなかった損傷があったからといって、それだけでは直ちに「瑕疵」に当たるものではないとし、財産的な価値として、あるいは商品が有すべき性質として、当該価格から想定される「一般的な商品像」の範疇から逸脱するような損傷がある場合、「瑕疵あり」と判断しているといえる。

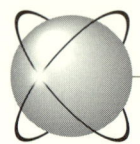

第12章 情報財・コンテンツのダウンロード

第1節　情報財取引の実情

1　インターネットの高速性と消費シフト

　情報財は、インターネットの普及・高速化によって、消費シフトが起こった。

　ソフトウェアは、かつては、フロッピーディスクやCD-ROMなどの媒体を購入することが中心であったが、現在は、インターネットにおけるダウンロード販売がかなり普及している。また、ゲームでは、媒体に依存しない、ネットワークゲームの利用が増加している。

　音楽は、レコード、CD-ROMの媒体の販売による流通が中心で、デジタルデータの流通は着メロ[1]、着うた[2]が中心であったが、米国企業による携帯音楽プレーヤーの爆発的人気や、それに伴う音楽配信サービスの開始により、若者を中心に、デジタルデータを、インターネットを通じて手軽に購入し、いつでもどこでも気軽に音楽を楽しむことが普及した。

　このような、媒体からデータへの消費シフトは、従前の媒体の売買に関する取引の検討が中心であった情報財取引を、データそれ自体の取引をどのように規律するべきかという、新たな問題へとシフトさせた。

2　音楽の流通

　音楽の分野では、CD等の媒体による販売の落ち込みは著しく、他方で、着メロ等のネットワークから音楽をダウンロードする形態での販売は、年々増加

---

[1]　「着信メロディ」の略で、携帯電話等に着信があった際に鳴るメロディのこと。
[2]　携帯電話向けの音楽ダウンロードサービスのこと。

している。

　音楽のインターネットにおけるダウンロード販売については、音楽事業者や著作権団体の強い要請により、DRM（Digital Right Management）による、主に暗号化を利用したアクセスコントロールを用いて、無断複製や視聴を制限したコンテンツの販売が主流であった。

　しかし、このような、技術を用いると、例えば音楽プレイヤーを買い換えると音楽も新たに購入しなければならない等、消費者の利便性を妨げることもあり、DRM を用いない方が、トータルの売上が伸びると指摘されていた。そのため、世界最大の音楽配信サイトで、DRM を用いないコンテンツの販売を開始された。

　日本国内では、そのような潮流に乗り遅れている感が否めない。

3　動画の流通

　インターネットの普及・高速化は、動画の情報財へも大きな影響を与えた。動画配信は、TV を中心とし、ビデオテープや DVD 等の媒体の購入が中心であったが、現在では、インターネットでのダウンロード販売が広く行われるようになった。

　ネットの配信に伴って、視聴者が、動画のデータや媒体を永久に保存するのではなく、インターネットを通じて一時的に受信し、受信後はデータを保持しないストリーミングによる配信も普及するなど、ライセンス販売ともいうべき、取引形態も広まっている。

　また、放送番組を見逃した人のために、一部の放送番組をインターネットで配信したり[3]、インターネットで配信した番組を、テレビで再生するサービス[4]が展開されるなど、放送とインターネット配信は相互に価値を高める動きがみられる。

---

[3]　現在のところ、NHK オンデマンド（http://www.nhk-ondemand.jp/）、TBS オンデマンド（http://tod.tbs.co.jp/）、フジテレビオンデマンド（http://fod.fujitv.co.jp/s/）等があげられる。
[4]　現在のところ acTVila 等があげられる。

4 ファイル共有と CGM

インターネットでは、2001年ころのブロードバンドの普及に伴い、世界的に、インターネットを通じてファイルを不特定多数で共有することを目的とするファイル共有の動きが盛んとなった。

ファイル共有は当初は、専用のフリーソフト（いわゆる「ファイル共有ソフト」）をインストールして行うのが中心であったが、その後、動画共有を中心として、専用のソフトを要さずに投稿・視聴可能な動画共有サイトとして提供する企業も出現されている。

このような、ファイル共有は、従前のビジネスモデルとは大きく異なり、著作権法に反する動画等の投稿も存在したため、このようなサービスやファイル共有ソフトの提供者の著作権法上の違法性が問題になり、日本国内だけではなく、海外においても多くの訴訟がある。

もっとも、ファイル共有ソフトの流行は、データ配信への消費者のニーズに気づかせる契機となり、音楽の配信サービスやテレビの見逃し視聴サービスへとつながった側面もある。

また、ファイル共有は、企業の作成したコンテンツを流通する場としてだけではなく、自ら作成したコンテンツを発表する場としても活用されたことから、主に動画分野において CGM[5]の隆盛を生み出した。それに対応する形で、動画共有サイトの中には、著作権管理団体との合意に至り、利用者が著作権管理楽曲を自由に利用して作成したコンテンツがアップロード可能となるケース[6]もあるなど、合法的な利用も模索されている。

5 インターネットの国際性と情報財取引

インターネットの持つ国際性は、情報財取引においても大きな影響を与えている。インターネットを通じて認知度が高まることにより、日本コンテンツの

---

[5] Consumer Generated Media（コンシューマー・ジェネレイテッド・メディア）の略、「消費者生成メディア」などと訳される。SNS（ソーシャルネットワークサービス）、クチコミサイトなどもこれにあたるとされる。
[6] Youtube やニコニコ動画などがあげられるが、著作権法の問題は、単に音楽著作権について解決すればよいというものではないため、依然として、難しい問題が横たわっている。

海外市場での評価が高まったともいえる。また、自分の居住地では見ることのできない TV 番組をインターネットで視聴するようなことも行われるようになった。主に在外邦人が海外から日本の番組を使用するニーズに応える形で、取得した画像データについてインターネットを通じて送信する機器などが販売されているが、これは、放送法の地方免許制度や現在のテレビ局のネットワーク制度との間で軋轢を生んでおり、多くの裁判例がある。

第 2 節　情報財取引に関わる当事者とその間の法律関係

1　コンテンツの利用をめぐる法改正

(1) ダウンロード違法化

　著作権法では、私的目的での複製については、権利制限規定が設けられており、著作権侵害にならないとされている。そのためインターネット上のコンテンツをダウンロードする行為が、私的目的複製の適用があるか争われていたが、平成 21 年改正で、私的目的複製の例外とされた。

（私的使用のための複製）・再委託に関する事項
第 30 条
著作権の目的となつている著作物（以下この款において単に「著作物」という。）は、個人的に又は家庭内その他これに準ずる限られた範囲内において使用すること（以下「私的使用」という。）を目的とするときは、次に掲げる場合を除き、その使用する者が複製することができる。
一〜二　（略）
三　著作権を侵害する自動公衆送信（国外で行われる自動公衆送信であって、国内で行われたとしたならば著作権の侵害となるべきものを含む。）を受信して行うデジタル方式の録音又は録画を、その事実を知りながら行う場合

　この規定は、プログレッシブダウンロード等のユーザがダウンロードを意識しない形態などにも広く適用の可能性があるため、消費者に意図しない違法の

責任を負わせる可能性がある。また、海外で行われている送信も規制の対象となっているため、ファイル共有サイト等、海外で広く用いられているサービスの利用者をどう扱うのか、明確ではないという問題がある。

しかも、この違法ダウンロードには、刑事罰は設けられていなかったが、平成23年の議員立法により「2年以下の懲役または200万円以下の罰金」となった。

違法ダウンロードは、刑法施行法27条1号により、著作権法は日本人の国外犯処罰の対象となっているため、日本が、外国で、当該国で適法とされているダウンロードサービスを行っても日本で処罰されかねない内容となっており、問題が多い。

(2) コンピュータでの利用に伴う複製

また、コンピュータを使う場合のキャッシュ等については、平成21年法改正により権利制限規定が設けられた。

【著作権法】
(電子計算機における著作物の利用に伴う複製)
第47条の8
電子計算機において、著作物を当該著作物の複製物を用いて利用する場合又は無線通信若しくは有線電気通信の送信がされる著作物を当該送信を受信して利用する場合(これらの利用又は当該複製物の使用が著作権を侵害しない場合に限る。)には、当該著作物は、これらの利用のための当該電子計算機による情報処理の過程において、当該情報処理を円滑かつ効率的に行うために必要と認められる限度で、当該電子計算機の記録媒体に記録することができる。

(複製物の目的外使用等)
第49条
次に掲げる者は、第21条の複製を行ったとみなす。
一～六(略)
七　第47条の8の規定の適用を受けて作成された著作物の複製物を、当該著作物の

同条に規定する複製物の使用に代えて使用し、又は当該著作物にかかる同条に規定する送信の受信（当該送信が受信者からの求めに応じ自動的に行われるものである場合にあっては、当該送信の受信又はこれに準ずるものとして政令で定める行為）をしないで使用して、当該著作物を利用した場合

【著作権法施行令】
第7条の6
法第49条第1項第7号の政令で定める行為は、法第47条の8の規定の適用を受けて作成された著作物の複製物を使用して当該著作物を利用するために必要なものとして送信される信号の受信とする。

　もっとも、この規定は、従前から問題とされていなかった利用である。また、違法に複製されたプログラムを利用する行為は、著作権法113条2項により侵害行為とみなされる。

(3) 技術的保護手段の拡張
　インターネットでダウンロードしたコンテンツについては、ゲーム等を中心にアクセスコントロールが付されていることがある。
　従前、コピーガードキャンセラー等については、著作権法30条1項2号により、私的複製の例外であることが規定され、著作権法120条の2で回避機器の製造・販売行為等が3年以下の懲役もしくは300万円以下の罰金、またはこれらの併科と規定されていた。
　しかし、DVD等の暗号化による方式を含んでいなかったため、平成23年法改正で、この点も規制の対象となるよう改正され、著作権法30条1項2号により私的複製の例外となる。利用者に刑事罰はないが、リッピング装置の販売には、著作権法120条の2で刑事罰の対象となる。
　また、インターネットで公開されているゲームソフトの多くも、暗号方法を用いており規制対象になる。そのため、マジコン等も規制対象になった。
　違法チューナーは、単なる視聴行為であるため著作権法での規制対象ではなく、不正競争防止法で、技術的制限手段として規制の対象となっている。現在

は、処罰規定5年以下の懲役もしくは500万円以下の罰金または併科となっている。これらのチューナー等を利用して視聴等をした場合の利用者の責任については、明文の規定がなく、今後の課題である。

【不正競争防止法】
第2条（定義）
この法律において「不正競争」とは、次に掲げるものをいう。
一～九（略）
十　営業上用いられている技術的制限手段（他人が特定の者以外の者に影像若しくは音の視聴若しくはプログラムの実行又は影像、音若しくはプログラムの記録をさせないために用いているものを除く。）により制限されている影像若しくは音の視聴若しくはプログラムの実行又は影像、音若しくはプログラムの記録（以下この号において「影像の視聴等」という。）を当該技術的制限手段の効果を妨げることにより可能とする機能を有する装置（当該装置を組み込んだ機器及び当該装置の部品一式であって容易に組み立てることができるものを含む。）若しくは当該機能を有するプログラム（当該プログラムが他のプログラムと組み合わされたものを含む。）を記録した記録媒体若しくは記憶した機器を譲渡し、引き渡し、譲渡若しくは引渡しのために展示し、輸出し、若しくは輸入し、又は当該機能を有するプログラムを電気通信回線を通じて提供する行為（当該装置又は当該プログラムが当該機能以外の機能を併せて有する場合にあっては、影像の視聴等を当該技術的制限手段の効果を妨げることにより可能とする用途に供するために行うものに限る。）

十一　他人が特定の者以外の者に影像若しくは音の視聴若しくはプログラムの実行又は影像、音若しくはプログラムの記録をさせないために営業上用いている技術的制限手段により制限されている影像若しくは音の視聴若しくはプログラムの実行又は影像、音若しくはプログラムの記録（以下この号において「影像の視聴等」という。）を当該技術的制限手段の効果を妨げることにより可能とする機能を有する装置（当該装置を組み込んだ機器及び当該装置の部品一式であって容易に組み立てることができるものを含む。）若しくは当該機能を有するプログラム（当該プログラムが他のプログラムと組み合わされたものを含む。）を記録した記録媒体若しくは記憶した機器を当該特定の者以外の者に譲渡し、引き

渡し、譲渡若しくは引渡しのために展示し、輸出し、若しくは輸入し、又は当該機能を有するプログラムを電気通信回線を通じて提供する行為（当該装置又は当該プログラムが当該機能以外の機能を併せて有する場合にあっては、影像の視聴等を当該技術的制限手段の効果を妨げることにより可能とする用途に供するために行うものに限る。）

第 21 条（罰則）
2　次の各号のいずれかに該当する者は、5 年以下の懲役若しくは 500 万円以下の罰金に処し、又はこれを併科する。
四　不正の利益を得る目的で、又は営業上技術的制限手段を用いている者に損害を加える目的で、第 2 条第 1 項第 10 号又は第 11 号に掲げる不正競争を行った者

(4) あらたな権利制限規定

　平成 23 年著作権法改正により、写真を撮影した場合にたまたま著作物が映り込んだような場合は付随対象著作物の利用により適法とされた（著作 30 条の 2）。ただし、著作権者の利益を不当に害することとなる場合は、この限りではない。
　このような、様々な著作権法の権利制限規定については、対応が遅く、硬直的であり、消費者に予想外の侵害責任を与える可能性があるため、包括的な一般規定（フェアユース）の創設が、望ましいが、現在のところ法制度化されていない。

2　コンテンツ取引をめぐる法律関係

(1) 音楽著作物

　デジタル音楽については、消費シフトが著しいため、既存業者による訴訟が多くある。
　デジタルラジオについて複製による劣化が起こらないため、放送を記録すれば、高品質の音楽が複製可能である。しかし、スターデジオ事件（東京地判平成 12 年 5 月 16 日判時 1751 号 128 頁）において、裁判所は、実質的にはデジタル音楽の複製であるという主張に対してそのような事情があっても複製には該当しないとした。

パソコン内の楽曲を携帯電話で聞くことのできるフォーマットにするために、ユーザにオンラインストレージを提供するサービスが、複製権および公衆送信権侵害に該当するかが争われたMYUTA事件（東京地判平成19年5月25日判時1979号100頁）において、裁判所は①複製行為が不可避的であって、本件サービスにおいて極めて重要なプロセスと位置付けられること、②本件サーバは、原告がこれを所有し、その支配下に設置して管理してきたこと、③原告は、本件サービスを利用するに必要不可欠な本件ユーザソフトを作成して提供していること、④ファイルの複製の態様は、原告によってシステム設計されたものであること、⑤ユーザが個人レベルでCD等の楽曲の音源データを携帯電話で利用することは、技術的に相当程度困難であること、⑥本件ユーザソフトの仕様や、ストレージでの保存に必要な条件は、原告によって予めシステム設計で決定され、その複製行為は、専ら原告の管理下にある本件サーバにおいて行われること等から複製行為の主体を事業者であるとした。
　この場合であっても、システムの利用者は、私的複製であり著作権侵害とならない。また、現在は、携帯端末の発達により一般的なフォーマットに対応しており、このようなシステム自体を必要としていない。

(2) 動画
　動画については、主に海外向け送信システムが、放送局の放送免許の権益と関連して大きく問題となった。
　録画ネット事件（知財高判平成17年11月15日最高裁HP）は、利用者ごとに1台ずつ割り当てたテレビチューナー付きのパソコンを、自己の事務所内にまとめて設置し、テレビアンテナを接続するなどして、利用者がインターネットを通じてテレビパソコンを操作してテレビ放送を録画予約し、録画された番組を海外の自宅等のパソコンに転送できる環境を提供した事案である。裁判所は、複製行為を管理し、ウェブサイトで宣伝し、毎月の保守費用の名目で利益を得ている等の理由で、事業者が複製行為を行っているとして、著作隣接権侵害を認めた。
　まねきTV事件（最決平成23年1月18日民集65巻1号121頁）は、ソニー社製のロケーションフリーTV（テレビアンテナ等を通じて受信したテレビ番組を外部のパ

ソコンから視聴できる機器。複製行為等は伴わない。）を事務所に設置して、外部からテレビ番組を視聴できるようにしたサービスについて公衆送信権侵害であると主張して差止めおよび損害賠償請求がなされた事案である。裁判所は、テレビアンテナから利用者の端末機器までの送信の主体が事業者であるとして、事業者と契約を締結することにより同サービスを利用するので、事業者からみて本件サービスの利用者は不特定の者として公衆に当たるとして、公衆送信権侵害を認めた。

ロクラクⅡ事件（最決平成23年1月20日民集65巻1号399頁）は、子機に録画データをインターネットを通じて送信可能なハードディスクレコーダーのレンタルサービスについて複製権侵害を主張して差止めおよび損害賠償請求がなされた事案である。最高裁は、複製の対象、方法、複製への関与の内容、程度等の諸要素を考慮して、誰が当該著作物の複製をしているといえるかを判断するのが相当であると判断した。

選撮見録事件（大阪高判平成19年6月14日判時1991号122頁）は、集合住宅向けにテレビ放送を対象としたハードディスクビデオレコーダーシステムについて、民放5社が著作権侵害を理由としてサービスの差止め、廃棄を求めた事案である。裁判所は、「現実の複製，公衆送信・送信可能化行為をしない者であっても，その過程を管理・支配し，かつ，これによって利益を受けている等の場合には，その者も，複製行為，公衆送信・送信可能化行為を直接に行う者と同視することができ，その結果，複製行為，公衆送信・送信可能化行為の主体と評価し得るものと解される。」とし、システム販売業者が直接の著作権侵害者であるとして、サービスの差止めを認めた。

これらのサービスの多くは、ユーザの利用が私的複製の範囲で適法とされる場合が多いと思われる。

(3) ファイル共有

ファイル共有は、その当初から著作権侵害が多く行われていたため、国外で多くの裁判例がある[7]。

日本国内の事案では、ファイルローグ事件（東京高判平成17年3月31日最高裁HP）があげられる。これは、P2Pファイル共有システムの提供者が、公衆送

信可能化権侵害の主体であるとして、音楽著作権団体が、システムの差止めと損害賠償を求めた事案である。裁判所は、「単に一般的に違法な利用もあり得るというだけにとどまらず、本件サービスが、その性質上、具体的かつ現実的な蓋然性をもって特定の類型の違法な著作権侵害行為を惹起するものであり、控訴人会社がそのことを予想しつつ本件サービスを提供して、そのような侵害行為を誘発し、しかもそれについての控訴人会社の管理があり、控訴人会社がこれにより何らかの経済的利益を得る余地があるとみられる事実があるときは、控訴人会社はまさに自らコントロール可能な行為により侵害の結果を招いている者として、その責任を問われるべきことは当然であり」として、地裁でファイル共有システムの提供者が主体であると認めた判決を維持して、システムの差止めを認めたものである。レコード会社がシステムの差止めと損害賠償を求めた事件についても、東京高裁は同日、同じ理由でファイル共有システムの差止めおよび損害賠償を認めている。

　ファイルローグ事件は、管理支配可能な P2P ファイル共有ソフトの場合で

---

7)　ナップスター事件、KaZaa 事件、グロックスター事件、Viacom vs google 事件が上げられる。ナップスター事件（米国第 9 巡回区連邦控訴裁判所 2001 年 2 月 12 日）は、ファイル共有ソフトである Napster について、利用者の直接侵害に対して間接的な寄与侵害責任および代位侵害責任を負うとした。ただし、「実際の通知及びナップスターの侵害物の削除の不履行の証明がなければ、Napster システムの存在だけでは、寄与侵害を負わせるには不十分である。」として、「①著作権で保護された特定の楽曲及び録音物と共に侵害ファイルの合理的な知識を受け、②そのようなファイルが Napster システム上で利用可能であることを知り又は知るべきであり、かつ③その作品のウイルス性の頒布を防ぐために行動しなかった範囲においてのみ」責任を負うとしており、日本におけるファイルローグ事件に比して責任を負う範囲は非常に狭い。

KaZaa 事件（オランダ最高裁 2003 年 12 月 19 日）は、オランダで、音楽団体が、ファイル共有ソフト KaZaa について、著作権侵害を止めるための適当な措置をとらなければサービスを停止することを求めた訴訟について、オランダ最高裁は、そのような措置を義務づけることを否定した。ただし、オーストラリアでは、平成 17 年 9 月 5 日に KaZaa の違法性を認める判決がでており（その後、和解に至っている）、国によってその判断は異なる。

グロックスター事件（アメリカ最高裁 2005 年 6 月 27 日）は、純粋型ファイル共有ソフトに対して、映画会社が差止めを求めた事件において、「著作権侵害を助長するために採られた表現や積極策によって明白に示された、侵害を促進する目的を持って装置を頒布する者は、第三者による侵害行為に関し結果的な責任を負う」として、事件を差し戻した。

Viacom vs Google 事件（アメリカニューヨーク州南地区連邦地判決 2010 年 6 月 23 日）は、同社の動画共有サービスについて損害賠償を求めていた事件について、通知があれば即座に応じて削除している等として、アメリカ DMCA（デジタルミレニアム著作権法）保護規定の免責のための条件を満たしていると結論づけ、請求を棄却した。この事件は、我が国の同様のサービスである TV ブレイク事件が損害賠償および差止めを認めたのと大きく判断が異なっている。

あるが、管理支配を行わない純粋型の P2P ファイル共有ソフトについては、現在のところ民事の裁判例はない。刑事事件では、Winny の開発者が、利用者による著作権の公衆送信権（著作 23 条 1 項）侵害行為の幇助犯に当たるとして起訴された事案がある。この事案において、最高裁（最決平成 23 年 12 月 19 日刑集 65 巻 9 号 1380 頁）は、幇助犯の成立要件について「ソフトの提供者において、当該ソフトを利用して現に行われようとしている具体的な著作権侵害を認識、認容しながら、その公開、提供を行い、実際に当該著作権侵害が行われた場合や、当該ソフトの性質、その客観的利用状況、提供方法などに照らし、同ソフトを入手する者のうち例外的とはいえない範囲の者が同ソフトを著作権侵害に利用する蓋然性が高いと認められる場合で、提供者もそのことを認識、認容しながら同ソフトの公開、提供を行い、実際にそれを用いて著作権侵害が行われたときに限り、当該ソフトの公開、提供行為がそれらの著作権侵害の幇助行為に当たると解するのが相当である。」との判断基準を示している。

　動画共有サイト型に関しては、ジャストオンライン事件（知財高判平成 22 年 9 月 8 日判時 2115 号 102 頁）があげられる。これは、音楽著作物の著作権等管理事業者が、動画投稿・共有サイトを運営者に対して、提供する本件サービスが著作権を侵害するとして、差止めおよび損害賠償を求めた事案である。裁判所は、「本件サービスは、本来的に著作権を侵害する蓋然性の極めて高いサービスであって、控訴人会社は、このような本件サービスのシステムを開発して維持管理し、運営することにより、同サービスを管理支配している主体であるところ、ユーザの投稿に対し、控訴人会社から対価が支払われるわけではなく、控訴人会社は、無償で動画ファイルを入手する一方で、これを本件サーバに蔵置し、送信可能化することで同サーバにアクセスするユーザに閲覧の機会を提供する本件サービスを運営することにより、広告収入等の利益を得ているものである」とし、「したがって、控訴人会社が、本件サービスを提供し、それにより経済的利益を得るために、その支配管理する本件サイトにおいて、ユーザの複製行為を誘引し、実際に本件サーバに本件管理著作物の複製権を侵害する動画が多数投稿されることを認識しながら、侵害防止措置を講じることなくこれを容認し、蔵置する行為は、ユーザによる複製行為を利用して、自ら複製行為を行ったと評価することができるものである。」として、著作権侵害の主体であ

ると認定した。また、電気通信事業者の免責を認めたプロバイダ責任制限法との関係でも「ユーザによる著作権を侵害する動画ファイルの複製又は公衆送信を誘引，招来，拡大させ，かつ，これにより利得を得る者であり，ユーザの投稿により提供されたコンテンツである「動画」を不特定多数の視聴に供していることからすると，著作権侵害を生じさせた主体，すなわち当の本人というべき者であるのみならず，発信者性の判断においては，ユーザの投稿により提供された情報（動画）を，「電気通信役務提供者の用いる特定電気通信設備の記憶媒体又は当該特定電気通信設備の送信装置」に該当する本件サーバに，「記録又は入力した」ものと評価することができるものである。したがって，控訴人会社は，「発信者」に該当するというべきである。」と判断して、免責の例外事由に該当すると判断した。

　ファイル共有に関しては、ダウンロードの違法化により、ユーザも著作権侵害の責任を負う場合があるため、注意が必要である。

3　ライセンス取引の契約関係

　情報財がインターネットで販売される場合、コンテンツの制作者が直接顧客に配信して販売している場合のほか、配信サイト等の販売事業者を介しての販売がなされる場合がある。

　配信サイト等を介して販売する場合、ライセンス（使用許諾）契約の当事者が誰かが問題になる。この点情報財の複製物である媒体の販売であれば、情報財が保存された媒体の売買と考えるべき場合が多いが、配信による場合は所有権の目的物である有体物がない。

　このようなデータの販売については、①コンテンツの制作者を諾約者、販売事業者を要約者とする、第三者のためにする使用許諾契約が成立し、第三者である利用者の受益の意思表示による効果の発生と考える場合や、②コンテンツの制作者から販売事業者に使用許諾権が与えられ、販売事業者と利用者との契約により再許諾されると考える場合、その他の場合もあるが、これは、主に制作者と販売事業者の間の契約関係によって定まることになろう。

　もっとも、利用者が契約相手を誤信し、誤信したことについて相当の理由がある場合は、権利外観理論等により（商法26条、民法110条等）、契約当事者では

ない制作者や販売事業者も相応責任を負う場合がある。

4 契約の成立、効果

配信による販売の多くは、ウェブブラウザ上のボタンをクリックすることで、購入が完了することが多い。このようなボタンをクリックした場合にも契約が成立するかが問題となる。

この問題は、ボタンのクリックをもって契約の承諾の意思表示とみなされる場合には契約成立することに問題ないが、その他でも、当事者が、契約内容を認識し、契約実現の意思を持って、ボタンをクリックした場合には、民法526条2項の「承諾の意思表示と認めるべき事実」に該当すると解するべきであろう。

もっとも、クリックの際に契約内容を認識しているかは、内心の問題であるため直接の立証は困難である。そのため、契約内容がわかりやすく表示されているか、契約確認画面を設けて契約内容を表示しているか等の契約内容を認識していない者であれば、クリックをしないような仕様となっているかが大きなファクターとなる。

5 法律関係の規律の根拠（約款、利用規約）

コンテンツのダウンロードに際しては、事業者が利用規約を設けていることが多い。

利用規約の内容は、事業者に有利な内容が記載されていることが多いが、公序良俗違反（民法90条）、消費者契約法に反するような、全部免責条項（消費者契約法8条1項1号、3号、5号）、故意・重過失の免責条項（同2号）、損害賠償または違約金の額を不当に高く定める条項（9条）、消費者の利用を一方的に害する条項（10条）は無効である。

例えば、私的複製やバックアップコピーを完全に禁止する条項や、プログラムなどについていかなる瑕疵についても責任を負わない条項などが無効と考えられる。

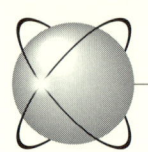

第13章 コミュニティビジネス

第1節 SNSとソーシャルアプリの法律問題

1 SNS・ソーシャルアプリの実情

　SNS（Social Networking Service）とは、人的交流を促進・サポートするコミュニティ型のウェブサイトを指し、コミュニケーションを円滑にする手段や場を提供したり、特定の趣味・趣向・テーマや地域、出身校、既知の知人・友人といった人的なつながりを通じて新たな人間関係を構築する場を提供する会員制のサービスを提供しているものをいう。自分のプロフィールや日記などを他のSNSの会員との人間関係の濃淡に応じてレベル分けをして公開したりしてコミュニケーションを図ることが企図されている。当初は入会時に「既存の参加者からの招待がないと参加できない」という仕組みを取ることが多かったが、現在は招待制をとらずに自由に登録できるSNSが多くなっている。

　SNSは2002年に創設された「Friendster」が先駆けといわれ、「MySpace」が一時世界最大となった。その後、登録資格を大学生に絞り人気を博していた「Facebook」が、現在では一般にも開放して世界最大のSNSに成長した。日本でも2004年ころからサービスが始まり、日本最初のSNSといわれる「GREE」、「mixi」が有名である。登録資格を絞った特定分野限定のSNSなども数多くあり、最近では自分でSNSを開設できるソフトウェアなども公開されている。「GREE」は携帯電話会社と提携してモバイル市場にいち早く参入して、携帯電話用のソーシャルアプリなどを先んじて展開している。

　SNSには、ユーザーの経歴や写真・アバター等を公開する「プロフィール機能」、個々のユーザーのページ内での掲示板や日記、趣味や興味を共通にす

るコミュニティ内の掲示板の投稿文等を通じて双方向のコミュニケーションを図る「コミュニティ機能」、他のユーザーとのコミュニケーションをしながらゲームをする「ソーシャルゲーム」機能、SNS内のユーザー間でのみやりとり可能なメッセージ機能（ミニメール機能）、ユーザー登録情報その他のソーシャルグラフを形成するためのユーザー検索機能など複数のサービス機能からなる。ユーザーは、これらの機能を利用してインターネット上で自由に表現活動やコミュニケーションを楽しむことができるものとなっている。

SNSの利用が携帯電話などモバイルデバイスにも広がると、ユーザー層も未成年に広がっている。青少年のインターネットを介した犯罪被害は、出会い系サイト規制法や青少年インターネット環境整備法によるフィルタリング（フィルタリング等の青少年保護のための規制については本章第4節参照）などにより有害サイトの規制が行われているが、携帯電話のSNSが、出会い系サイトの代わりに機能して児童にかかわる犯罪被害も発生しているといわれる[1]。

SNSは、ユーザーが情報をSNSサイトにアップロードして情報発信するという点では、ホスティングプロバイダと同様の機能を果たしている。SNSのようなサービスはユーザーがそのコンテンツを生成するCGM（Consumer Genarated Media）サービスのひとつであり、CGMに関する法律問題として扱われることが多い（本章第2節参照）。

2 ソーシャルアプリ

(1) ソーシャルアプリの仕組み

SNSなどで構築された人的交流関係を用いたビジネスも試みられるようになり、SNSなどの交流サイトのコミュニティをプラットホームとしてそのユーザー同士のつながりや交流関係を機能上活用するWebアプリケーションとしていわゆるソーシャルアプリケーション（以下「ソーシャルアプリ」という）が登場している。SNSなどのコミュニティで構築された人的交流関係をソーシャルグラフというが、ソーシャルアプリはソーシャルグラフと密接に関連している。すなわち、ソーシャルアプリを通じて、他のユーザーとコミュニケーシ

---

[1] 週刊東洋経済2010年10月9日号67頁。朝日新聞2010年12月9日。

ョンを図ったり、情報共有をしたり、ソーシャルグラフを活用してアプリケーションを利用することが行われる（たとえば、ソーシャルアプリとして提供されたゲームで他のユーザーと交流しながらゲームを楽しむなど）。このようにSNSを通して形成された既存の人間関係を利用し、他方で、ソーシャルアプリを利用することによってSNS内での人間関係を形成するということも可能となる。

ソーシャルアプリにとってSNSはプラットホームとして機能する。SNSは、外部のソーシャルアプリ・プロバイダ（Social Aprication Provider。以下「SAP」という）に対して、SNSのシステムを利用するための開発環境やソーシャルグラフや更新情報の取得、課金システム等の機能をAPIとして公開・提供し、SAPはこれをもとにソーシャルアプリを開発してSNSに提供する（SNS運営者自らソーシャルアプリを開発することもある）。SNSは、SAPによって開発されたアプリケーションをSNSのユーザーに提供する形をとっている。

ソーシャルアプリには、ビジネス、教育、ゲーム、エンターテインメント等さまざまなジャンルのアプリケーションがある。そのうち日本では、代表的なものとしてSNS上での他のユーザーとの交流を楽しむ形のゲーム（ソーシャルゲーム）が成長しており、日本では、Mobage、GREE、MIXIにおいてソーシャルゲームが積極的に導入されている。SNSユーザーのソーシャルアプリ体験率は64.7％という調査結果もでている[2]。

(2) ソーシャルアプリのビジネスモデル

ソーシャルアプリのビジネスモデルは、基本的な利用は「無料」としつつ、①継続的に利用したりゲームを有利にすすめるために必要となるアイテムに課金したり、②定額課金などの利用料を徴収してプレミアムサービス部分を提供する、③広告料金による収益をとる形態がある（①②は「フリーミアム」とよばれるビジネスモデル）。

GREEやDeNAでは、もともとソーシャルアプリを内製していたが、SNSにおけるソーシャルアプリはオープン化が進んでおり（2010年にGREE、DeNAの両社ともオープン化した。mixiはソーシャルゲームの事業化の当初からオープンプラットフ

2） http://www.impressrd.jp/news/100617/socialapp2010

ォームとして開始した）、ソーシャルアプリ自体はSNS運営事業者が自ら開発提供するのではなく、外部のソーシャル・アプリ・プロバイダ（SAP）がソーシャルアプリを提供し、SAPが課金収入や広告収入を得る形が多くなっている。SNS運営者はユーザーのコミュニティをネット上で管理して、写真やビデオ、購買履歴などのライフログを蓄積しており、こうしたソーシャルグラフを広告に利用したりソーシャルアプリを運営するSAPに利用させることによって、広告料やSAPの課金の収納代行や一定の割合の手数料で収益を確保する形をとる。ソーシャルアプリでは、SNS運営事業者の決済制度を用いるか、携帯電話会社などを通して料金を徴収する方法が多い。

(3) ソーシャルアプリのトラブル

　携帯電話におけるいわゆるモバイル・ソーシャルアプリについては、基本的な利用が無料ということでその参加の敷居が低くなり小学生なども利用するようになり、課金はいわゆるポイント購入という形で課金されることが多く小学生などには課金が明確に意識しづらい。そのため、未成年が課金か非課金かという境界の認識が不十分なままアイテムなどを購入することで、未成年としては負担しがたい課題な課金を請求されるという問題が発生している[3]。

　未成年者のモバイル・ソーシャルアプリの利用については課金の上限設定などのトラブル予防の措置などもとられてはいるが、未成年者の利用についてはその利用契約の未成年者取消し（民法5条）が認められる余地がある[4]。

　また、ソーシャルゲームへの敷居が低いこととゲームを通したソーシャルグラフを利用したゲーム進行が、よりソーシャルゲームへの依存度を高めてゲームへの依存状態に陥るという病理的現象も発生しているといわれる。

　なお、2012年11月一般社団法人ソーシャルゲーム協会が設立され、ソーシャルゲームに関連する自主規制を定めるに至っている（http://jasga.or.jp）。

3）　国民生活センター「『無料』のはずが高額請求、子どもに多いオンラインゲームのトラブル」(http://www.kokusen.go.jp/news/data/n-20091216_2.html)。同「「無料」のはずが高額請求！オンラインゲームでトラブル」(http://www.kokusen.go.jp/mimamori/kmj_mailmag/kmj-support23.html)。消費者庁「インターネット消費者取引に係る広告表示に関する景品表示法上の問題点及び留意事項」（平成23年）においても、フリーミアムにおける景品表示法上の問題点が指摘されている。
4）　東弁消費者相談239頁。経済産業省「準則」（平成24年11月）i. 52頁以下。

3　ソーシャルアプリ利用の法律関係

　ユーザーは、SNS の機能のひとつとしてソーシャルアプリを利用しているのが通常である。課金も多くは SNS 運営者が用意する課金の収納代行システムを利用して運用されている。

　ユーザーは、ソーシャルアプリをその機能のひとつとして擁する SNS との間で SNS の利用契約を締結しており、SNS の拡張機能としてソーシャルアプリが提供される。そのため、SNS サイトの外部運営者のサービスとしてソーシャルアプリが提供されることが多いため、SNS のユーザーは、SNS 運営事業者との間で利用契約を締結している上に、さらに当該ソーシャルアプリの運営者の提供する利用規約やポリシーにも同意して利用するのが一般である。

　まず、SAP と SNS 運営事業者との間には当該 SNS の機能のひとつとしてソーシャルアプリを提供する契約関係が存する。SNS 運営事業者は SAP が提供するソーシャルアプリを SNS の追加機能としてユーザーに提供し、SAP は SNS をプラットフォームとして活用した集客・誘導手段の提供を受け、プラットフォームの提供するマーケティング統計データや課金決済機能などの提供をも受けるという関係にある。

　また、具体的に有料アイテムなどの販売については、SNS 自体が課金するのが一般であるが、課金方法や利用に関する法律関係は、それぞれの利用規約や利用設定方法などにより規定されているものであるため、個別具体的にみる必要がある。

　ソーシャルアプリの利用に際して、SNS 運営事業者が取得したユーザーの個人情報を SAP に利用させることがある。この場合には、個人情報保護法にもとづき通知・公表した利用目的の範囲内であることを要するし（個人情報保護法 18 条、16 条）、また SAP に提供することは第三者提供（同法 23 条）にあたることにも留意する必要がある。

4　ソーシャルアプリの不具合

　ソーシャルアプリに不具合がある場合、これまでのアプリケーションソフトのようにインストールしてそれをユーザーが利用するだけという利用方法と異

なり、SNS内で当該ソーシャルアプリにアクセスする都度に利用されるASPとして提供されていることが多いから、ソーシャルアプリは、ゲーム機用ソフトウェアなどと違って、リリース・販売して終わるという性質のものではないことが多い。

　特にゲームアプリについては、その収益はアプリを販売することのみに負うものではなく、ユーザー数を維持・増加することが収益に直結するため、ユーザーが使用しはじめてわかることが技術面でも企画面でも運用面でも出てくることと、ユーザー数が日々利用することの動機づけのために新たな展開設定や利用性の向上のため、データマイニング等によって、ゲーム内容の追加・修正などが必要となる。したがって、アプリのプログラムは一定しているとは限らず、常に修正が加えられていることが多い。

　ソーシャルアプリについては、基本的にはその開発・運営についてはSAPが担当していることが多いため、ソーシャルアプリの瑕疵に関しては、SAPが一次的に責任を負うものと考えられる。ただし、このようなソーシャルアプリについては、ソフトウェアの瑕疵の問題というより、ソーシャルアプリ自体がサービス（ASP）として提供されているものがほとんどであるので、ソーシャルアプリの役務提供についての債務不履行責任（民法415条）として考えられるであろう（本章第5節3 (2) 参照）。

　ただし、ソーシャルアプリがサービスとして提供されており、開発・運営者側によってソーシャルアプリに常に調整・修正が加えられている可能性があるため、実際に不具合が生じていても、それがユーザーに認識されにくい場合もあり、またそれが本当に不具合であるのかSAPによるゲームバランスの調整であるのかが判別しにくい場合も考えられる。

　このようにSAPがソーシャルアプリを提供していることからすれば、一次的にはSAPがソーシャルアプリの不具合について責任を負うものといえる。一方でソーシャルアプリのプラットホームとしてのSNS運営事業者も、その提供するSNSの追加機能としてソーシャルアプリを提供しており、SNSからのユーザーの情報をSAPに提供することも行われ、SNS運営事業者もソーシャルアプリを提供することによってその収益をあげている[5]。ユーザーとソーシャルアプリの提供について利用規約上SNS運営事業者がそのサービスとし

第1節　SNSとソーシャルアプリの法律問題

て提供している形態をとっている限りは、ユーザーに対しての役務提供（SNS 機能）についての債務不履行責任を負う可能性もある。

利用規約において、SNS 運営事業者や SAP が免責を規定することがあるが、消費者をユーザーとする場合、消費者契約法 8 条、10 条によって免責規定が無効とされる場合がある。

第 2 節　情報共有・交流サービス

1　実態、トラブル例

ユーザーのサイトへの書き込みやメッセージの交換等の双方向コミュニケーションを可能とする CGM（Consumer Genarated Media）の利用の拡大がみられる。旧来からのウェブサイト上の掲示板システムに限らず、mixi、GREE、モバゲータウンや Facebook、LinkdIn などの SNS、プロフィール交換を主とするプロフサイト、YouTube やニコニコ動画など動画等の投稿・交換を主とする投稿サイトなど、多種多様なサービスが出現し、利用されてきている。

CGM については、たとえば、SNS のようなソーシャルメディア、ブログ、口コミサイト、Q&A コミュニティサイト、動画・画像の共有サイトなどがある。

CGM サイトには、①コンテンツプロバイダが、あるコンテンツを提供し、それに反応する形でコンシューマがコンテンツをインターネット上に直接展開する「反応型」（Amazon.com や価格 .com などのレビューなど）、②コンテンツプロバイダは、場を提供するのみで、コンシューマがコンテンツをインターネット上に直接展開する「テキスト型」（ブログ・掲示板ポータルサイトや SNS、Wikipedia など）、③コンテンツプロバイダが、場を提供する点はテキスト型と同様であるが、コンシューマはコンテンツを手元の PC で作成し、インターネット上に

5）　2009 年度第 4 四半期には大手三社（mix、DeNA、GREE）のソーシャルゲームの売上比率は 60％超に及ぶといわれている（株式会社情報通信総合研究所編『新世代モバイルデバイスの台頭』（NTT 出版、2010）187 頁）。

6）　板倉陽一郎「Consumer Genarated Media における著作権法 118 条の適用可能性」情報ネットワーク・ローレビュー 9 巻 1 号（2010）15 頁以下による。

公表する「ビジュアル型」（YouTube やニコニコ動画、pixiv など）の分類がある[6]。

著作権については、旧来からテキスト型 CGM サイトにおいて、問題が発生している。ユーザーと CGM サイト運営者間での紛争事例としては、ホテル・ジャンキーズ事件（東京高判平成 14 年 10 月 29 日判タ 1098 号 213 頁）があるが、これは書籍に掲載された書き込みがほぼデッドコピーと認定され、インターネット上の掲示板への掲示板の書き込みに著作物性（個別の記述ごとに創作性を判定している）を認めて差止めおよび損害賠償請求が認められている。「電車男」に代表されるように CGM を題材として出版物として利用するケースもみられるようになり、CGM の利用については、コンテンツプロバイダがサービス提供する場合に、利用規約によって利用する権利をコンテンツプロバイダ側が保有するような方法をとることもある。ブログ、twitter、SNS のようなソーシャルメディアでは、他人の書き込みに対するコメントやトラックバックをするということが多く行われる。ユーザーが個人的な関係に基づいてコメント等を行うとしても、不特定多数に対してその内容が送信される以上、私的使用のための複製（著作 30 条）として認められるものではなく、適法とされる引用（著作 32 条）を超える利用はその著作物の著作権を侵害することになる。

また、「ビジュアル型」のサイトのトラブルでは、投稿された動画・画像自体が著作権侵害コンテンツであるとして問題となることが多い。特に映像に関するものは、著作権者・著作隣接権者など権利関係者が多数かかわっていることもあり、権利処理が適正になされるには困難が伴うことも多く、アップロードするインターネットユーザー自身が権利処理を行うことは容易とはいえない。

平成 24 年改正著作権法により、違法にアップロードされた著作物のダウンロードが違法化された上（著作 119 条 3 項）、その違反行為に対して刑事罰が科されることとなったことから、アップロードした者の責任だけでなく、それを違法にアップロードされた動画であることを知りながらダウンロードした者の責任も問われる可能性が出てきた。

さらに、SNS では、招待制によって一種の信頼関係が構築されているコミュニティと位置づけられてきたこと、写真を含む詳細なユーザープロフィールの登録が推奨されてきたこと、ユーザーは自己の情報の公開レベルをソーシャルグラフの濃淡に応じて選択できる機能をもつものの、ユーザーは、その管理

を十分に意識しないことが多いことから、個人の情報が無防備に開示されている例も多い。

　SNSでは、SNSのウェブページを中心にソーシャルグラフが形成され、一種の仲間内意識などから安易に情報発信をすることによりトラブルが発生する例も出てくる。情報発信がSNSといった一定の範囲内にとどまっていてもインターネット上での情報の伝播力は強く、SNSなどのプロフィール機能を利用して発信元も特定される例も多い。

　安易に自己の仕事上知り得た情報をSNSやブログ・twitter上で書き込むことにより勤務先の内情や営業秘密を公表してしまったりするトラブルもある[7]。

　これらは、職務上の規律違反等に問われて使用者からの懲戒処分を受ける可能性があるし、使用者から損害賠償請求を受ける可能性もある。企業においては、ソーシャルメディアポリシー／ガイドラインを策定して、従業員に遵守を求めるといった対策も講じられてきている。

　また、利用者間のトラブル事例として、SNS外での事件の関係者のプロフィールが外部に流出し、その結果プライバシー侵害も生じている。また、個人のメールアドレスを知られることなくユーザー間でメッセージの交換ができることから、匿名での脅迫行為も可能となったり、匿名またはなりすましによる誹謗中傷（名誉毀損）も可能となる。さらに、出会い系規制法によって、インターネット異性紹介事業（出会い系規制法2条2号）には児童の利用禁止の明示（同法10条）や児童でないことの確認（同法11条）等の義務を課し、また出会い系サイトを児童が利用したり、児童との異性交際等の誘引行為を禁止（同法6条）するなどの規制がなされているが、男女の属性を問題としない一般的なSNSは、インターネット異性紹介事業にあたらないものと解されるため、出会い系サイト規制法の対象外のSNSやゲームサイトなどでの児童の性的被害が発生しているともいわれている。

---

[7]　朝日新聞2011年1月19日夕刊では、ホテルの飲食店でアルバイト勤務をしていた者が来店者の名前などをtwitterに書き込んでトラブルとなった事件が報道されている。その他、ソーシャルメディアでの情報発信がトラブルを招いた事例の紹介として、小林直樹『ソーシャルメディア炎上事件簿』（日経BP社、2011）、同『ソーシャルリスク』（日経BP社、2012）。

2 サービス利用の法律関係

(1) CGM サービス提供事業者とユーザーの法律関係

　サービスの利用に関しては、CGM サービス提供事業者と利用者との間で締結される利用契約によることとなる。通常は、CGM サービス提供事業者が設定した利用規約に対してユーザーが同意をして利用することが多い。利用規約が開示されていることをユーザーが認識した上で同意していれば、その同意の効力が発生するが、利用規約がユーザーに提示されることなく設定されている場合には同意がないものとして考えるべきである。

　また、利用規約の内容について、民法 90 条や消費者契約法 8 条、9 条、10 条といった強行法規に反する条項についても効力が生じないし[8]、規約が長文難解な中でユーザーが通常予測しえない不利益な条項については効力が否定される可能性がある。

　CGM サービスはユーザーとの間で継続的な利用関係にあるものが通常であるから、いったん同意された利用規約の変更を要する場合が生じる。いったん成立した契約は契約当事者の同意がなければその内容を変更することはできないのが原則である。そのため利用規約内で一方的に CGM サービス提供事業者が利用規約を変更できるとする条項が定められている場合がある。継続的契約の場合には変更の必要性があることもあること、多数のユーザーを相手とする場合にすべてのユーザーとの間で同意を取得することは技術的な困難を生じる場合があること、利用条件の変更にはセキュリティの強化やユーザーにとって必ずしも不利益とはならない変更もありうるので、一定の範囲では CGM サービス提供事業者による一方的変更を認めうると思われる。すなわち、サービス提供の本質的変更やユーザーの権利義務の著しい不利益変更をしない限り、一定の告知期間を設けることによってユーザーがサービスから離脱することを保証した上で一方的変更が認められることも信義則上認められる可能性があると考えられる。

---

8) 経済産業省「準則」（平成 24 年 11 月）i. 30 頁以下参照。

(2) ユーザーの権利・責任

　ユーザーが、違法コンテンツなどをアップロードするなどした場合、権利の被侵害者とユーザー間の不法行為（民法709条）の問題として考えられることができ、不法行為による損害賠償責任、差止請求権の対象ともなりうる。この点は、一般社会での権利侵害が行われた場合の問題と変わるところはない。また、ユーザーがアップロードしたテキストや動画・画像・音楽等についても、著作物性が満たされる限り（前掲東京高判平成14年10月29日参照）、それらのCGMには著作権が発生することになる。

　なお、インターネット上での書き込みにより名誉毀損が成立することもありうるが、刑法上の名誉毀損（刑法230条）の成否について、インターネットの個人利用者による表現行為であっても相当性の判断をゆるやかに解することはなく、従来の相当性の法理に従って判断すべきとされている（最決平成22年3月15日判タ1321号93頁）。

(3) CGMサービス運営事業者の責任

　SNSサービスなどのCGMサービス運営事業者は、その運営事業者と登録ユーザーとの契約（利用規約をその内容とする）に基づいて規律される。運営事業者については、違法情報を媒介した場合に他人の権利を侵害した情報を媒介した責任と登録ユーザーとの契約上の責任が問題となる。

　名誉毀損や著作権侵害のコンテンツなどCGMサービスにおいて権利侵害情報がアップロードされた場合には、運営事業者がその情報による権利侵害を認識可能で、かつ当該情報の送信を削除することが容易である場合には、運営事業者はその情報を放置したことにより、不法行為責任（民法709条、719条）を負う可能性がある。ただし、プロバイダ責任制限法3条1項によって、免責を受ける場合はある[9][10]。

　他方で、CGMサービスのユーザーとの間には契約関係が生じていることがあり（通常はユーザーの利用規約への同意の形を経て契約関係に立つものと考えられる）、

9）　総務省「プロバイダ責任制限法逐条解説」（http://www.soumu.go.jp/main_sosiki/joho_tsusin/chikujyokaisetu.pdf）、プロバイダ責任制限法ガイドライン（http://www.isplaw.jp/）。
10）　CGMサービスは通常プロバイダ責任制限法上の「特定電気通信」に該当する。

利用規約で定められている運営事業者がコンテンツの削除ができる旨の規定に従って適法に削除することができる。しかし、運営事業者がユーザーとの間でサービス提供義務を負っている場合、適法な情報であるにもかかわらずその情報を削除したときは、ユーザーに対して債務不履行責任または不法行為責任を負う可能性が生じる。これについては、プロバイダ責任制限法3条2項によって、運営事業者は免責を受ける場合がある[11]。

　ただし、現実に生じている訴訟事件の事案では、特に個人の権利を侵害したとして削除請求をしている場合には、違法とは断定できなくとも社会通念からみて不適切な情報について問題となる事案が多く、またそのような紛争で匿名ユーザーによる情報投稿がなされている場合には、削除されたことによりその情報を掲載したユーザーに実害が生じるというケースも多いとは思われない。このようなケースでは、削除したことで運営者が責任を問われる可能性は少ないと思われる。

　契約関係に立たない誰でも書き込みができるような掲示板の場合には、掲示板の管理権限の範囲内の行為として認める余地があれば、運営事業者が責任を負うことがないことも考えられる[12]。

第3節　クラウドコンピューティング

1　クラウドコンピューティングの概念

　クラウドコンピューティングは、明確に定義づけがなされてはいないが、一般に、インターネットを通じてサービス提供事業者のサーバーにアクセスして、ソフトウェアの利用、ソフトウェアの開発環境の利用ないしはサーバーの利用が可能になるというコンピュータ処理のサービス利用形態をいう[13]。インターネットをイメージ図で表現するときにインターネットをクラウド（雲　cloud）と表現したことに発するといわれており、2006年にGoogleのCEOであるエリック・シュミットが「クラウドコンピューティング」と表現したのがはじまり

---

11)　経済産業省「準則」（平成24年11月）ii.1頁以下。
12)　総務省「インターネット上の違法有害情報への対応に関する研究会報告書」（2000）18頁。

とされている。

　サービス対象として、一般に SaaS（Software as a Service。インターネット経由のソフトウェアパッケージの提供。Google Apps など）、PssS（Platform as a Service。インターネット経由のアプリケーション実行用のプラットフォームの提供。Force.com など）、HaaS または IaaS（Hardware as a Service、Infrastructuer as a Service。インターネット経由のハードウェアやインフラの提供。Amazon EC2 など）に分類される。

　また、クラウドサービスの運用モデルとして、プライベート・クラウド（特定のユーザーのために単独で運用する）、パブリック・クラウド（不特定多数のユーザーのために運用する）、ハイブリット・クラウド（これらのクラウドの組み合わせをして運用する）というモデル分類もなされる。プライベート・クラウドは、そもそもホスティングとどう違うのかははっきりしないが、クラウドサービスとして一般に多く利用されているのはパブリック・クラウドであり、従来のコンピュータサービス提供形態からみてもっともクラウドコンピューティングの特徴をもっともよく備えているモデルといえる。

　クラウドコンピューティングでは、ユーザーの内製のシステムと異なり、初期導入期間が短期であること、初期投資が不要となること、運用上の拡張性・柔軟性と管理・保守コスト軽減が図れることなどにおいて、ユーザーに利用メリットがあるものとされる。総務省の「スマート・クラウド研究会報告書」（2010年5月）では、クラウドサービスの特徴として、拡張性（scalability）・可用性（availability）・俊敏性（agility）・計測可能性（Measured Service）・経済性（economy）をあげている（なお、第5章第4節も参照のこと）[14]。

---

13)　米国の国立標準技術研究所（NIST）は、「クラウドコンピューティングとは、設計可能なコンピュータ資源（ネットワーク、サーバー、ストレージ、アプリケーション、サービス）の共用場所（Pool）へ、簡単かつオンデマンドでネットワーク・アクセスすることを可能にするモデルである。それらコンピュータ資源は、少ない管理とサービスプロバイダーとの作業でありながら迅速に供給され公開することができる」(Cloud computing is a model for enabling convenient, on-demand network access to a shared pool of configurable computing resources (e.g., networks, servers, storage, applications, and services) that can be rapidly provisioned and released with minimal management effort or service provider interaction.) と定義している（http://csrc.nist.gov/groups/SNS/cloud-computing/）。

14)　http://www.soumu.go.jp/main_sosiki/kenkyu/smart_kuraudo/index.html

2　ユーザーとの間の法律関係

　クラウドコンピューティングでは、ユーザーはクラウドの存在をほとんど意識せずにサービスの提供を受けることになるが、ユーザーのコンピュータはクライアントとしての機能に限られてくる。クラウドでデータの加工等の集中処理がなされることも多い（現実にはクラウドの中ではデータ分散処理されていることがほとんどであるが、法的問題としてはサーバー・クライアント型の処理をモデルとして基本的に考えながら物理的コンピュータの分散処理を考慮していくのが思考方法として便宜と思われる）。その作業はクラウドの中で行われ、データもクラウドの中に保管されることになり、ユーザーが保持するデータが、クラウドコンピューティングのサービス事業者の管理下におかれることとなる。クラウドコンピューティングの利用についての不安は、「既存のシステムと簡単に融合させられない」、「見えないところで管理されていると思うと不安がある」、「便利そうだが信頼性が心配」、「事業者を変更しても、特定のクラウドサービスで利用していたデータを再利用できるかどうかがわからない」といったように利用にあたって懸念される事項が述べられることも多い。

　そこで、こうした懸念に対しては技術的な課題解決によることができる部分もあるが、その運用上クラウドのユーザーとサービス事業者との間の法律関係の規律によって解決すべき課題が出てくる。クラウドコンピューティング利用においては、基本的にユーザーとサービス事業者間との契約によってこれらの懸念を払拭する方向で規律することが必要となる。

(1)　ユーザーとサービス事業者との法律関係
（ア）利用契約による規律

　クラウドコンピューティングの利用契約は、準委任契約としての性質をもつと考えられるが、ユーザーとサービス事業者との間は、利用契約または約款によってその利用関係が定まる。ただし、個人や中小企業による利用の場合、交渉によりその内容の改変をすることは事実上困難であり、サービス事業者の提供する利用規約という約款により定められることが多いであろう。また、一般的なパブリック・クラウドにおけるサービス提供は、サービス事業者は特定の

契約をすべてのユーザーと画一的に締結することを想定している。一般にクラウドコンピューティングサービスが規模の経済メリットを享受してサービス提供を行い、クラウドコンピューティングのサービス事業者は大企業が多いことから、クラウドを利用しようとするユーザーはサービス事業者の用意した契約条件に従って契約をすることを余儀なくされることとなる。さらに、現在のクラウドコンピューティングの指導的役割を果たしてきた企業に海外企業が多いことから、海外のサービス事業者によるクラウドのサービスでは、準拠法や裁判管轄の規定がサービス事業者によって一方的に有利に定められる可能性もある。現実に、たとえば Google の Gmail を利用する場合は、カリフォルニア所在の Google Inc. との契約となり、準拠法はカリフォルニア州法、カリフォルニア州サンタクララ郡内所在の裁判所の専属管轄という規定になっている[15]。こうしたサービス事業者寄りの規定が存在することについては、ユーザーは利用にあたって十分な注意と検討が必要となる。

(イ) SLA の位置づけ

クラウドコンピューティングでは、提供するソフトウェアやハードウェアは、インターネット等を通じたサービスとして提供されるものであり、そのような特質から常時完全な状態でのサービス提供がなされることをサービス事業者に要求することが困難であるという特質がある。したがって、サービスの信頼性や可用性に関しては、SLA (Service Level Agreement、サービス品質契約) によって一定の保証を与えることになる。SLA は、一般には「IT サービスの提供者と委託者の間で、IT サービスの契約を締結する際に、提供するサービスの範囲・内容及び前提となる諸事情を踏まえた上で、サービスの品質に対する要求水準を規定するとともに、規定した内容が適正に実現されるための運営ルールを両者の合意として明文化したもの」[16]であるとされる。

現在のところ、SLA はサービス事業者によってまちまちなものであるため、クラウドサービスの中から、サービス事業者から提供される SLA のレベルを検討してその導入の可否を検討することが必要となろうし、信頼性をもったク

---

15) http://www.google.com/accounts/TOS?hl=ja
16) 独立行政法人情報処理推進機構「情報システムに係る政府調達への SLA 導入ガイドライン」2004 年 3 月 (http://www.meti.go.jp/policy/it_policy/tyoutatu/sla-guideline.pdf)。

ラウドコンピューティングの健全な発展のためにはセキュリティ水準の標準化が必要となる。2008年1月、経済産業省では、SaaSサービスにおけるサービスレベル設定事例を元としたユーザーとサービス提供者間が事前に合意すべき事項や望ましいサービスレベルに関する指針として「SaaS向けSLAガイドライン」[17]を策定し、同年同月、総務省でもASP・SaaS事業者が、提供するサービスの特徴に基づいた適切な情報セキュリティ対策の実施を検討する際の具体的な指針として「ASP・SaaSにおける情報セキュリティ対策ガイドライン」[18]を策定している。これらのガイドラインに基づいて、ユーザーがクラウドサービスの適切な選択の判断をすることが望ましいものといえる。

(2) ベンダーロックインのリスク

　契約当初の契約条件の問題に限らず、ユーザーが利用してきたクラウド・サービスのサービス事業者を変更する場合には、その変更の条件について事前に十分な検討を要する。すなわち、クラウドコンピューティングでは、プラットホームとしてのクラウド（PssS）だけでなくサービス事業者が用意したソフトウェアまでサービス事業者によるSaaSまであり、これまで利用してきたクラウドサービスから別のクラウドサービスへ乗り換える場合には、時間的・技術的・費用的な制約が生じる。サービス事業者との契約の更新による契約条件変更に伴うサービスの乗り換えや、サービス事業者のクラウドサービスの事業停止または終了や事業者自身の倒産のリスクなど、ベンダーロックインによりユーザーがリスクを負う可能性も視野に入れる必要がある。一時的なプロジェクトのためにクラウドサービスを利用する場合には、当該プロジェクトの終了によってサービス契約を終了させるだけでよいが、基幹システムなど長期的に利用する場合には、ベンダーロックインについて十分に考慮しなければならなくなる。契約終了時のユーザーが他のサービス事業者への移行にあたっての猶予期間（たとえば、契約終了・サービス停止前に十分な移行作業のための期間を確保されているかどうか）やデータの扱い、ユーザーが移行に際してサービス事業者に対して行使しうる権利等について、契約条項上で問題がないのかを検討する必要が

---

17) http://www.meti.go.jp/press/20080121004/03_guide_line_set.pdf
18) http://www.soumu.go.jp/menu_news/s-news/2008/pdf/080130_3_bt3.pdf

生じる。

3 ユーザーの立場で不具合や損害が生じた場合の法律関係

(1) SLA 不達成やクラウドの不具合・事故

　SLA が、サービス事業者の義務規定として合意された場合には、このサービス事業者のサービスレベルを達成できないとき、サービス事業者は債務不履行責任を負うこととなるが、SLA が努力目標として規定されている場合には、サービスレベルの不達成が債務不履行を直ちに構成するものとはいえなくなる。しかしながら、努力目標として SLA を定めた場合であっても、一般的に稼働しているクラウドサービスの一般的期待水準を保つ義務はあるものというべきである。この保たれるべき水準は、クラウドサービスの対価、規模、サービス内容等を総合的に考慮して判断することになると思われる。特にセキュリティ水準については、クラウドサービスがインターネットというオープンネットワークを介することを前提とすれば、一定の水準が想定されうるというべきであろう。

　なお、サービスレベルの不達成の場合を想定して、サービス事業者が料金減額等一定のペナルティを課される条項が含まれる場合がある。こうした条項が含まれている場合には、SLA は単なる努力目標ではなく義務規定として効力を持つと解するのが合理的であろう。サービス事業者の契約には、ペナルティとして無料でのサービス期間の追加や利用料金の減額・返還などを定める例もある。このペナルティが損害賠償額の上限を画するという規定であれば一部免責規定となる一方で、ユーザーからするとサービスレベル不達成による損害の算定をすることなく一定の責任追及ができるという意味がある（免責条項とその効力については、第5章第4節3 (2) を参照）。

　ただし、一般消費者を利用対象者として設定されている場合には、消費者契約法8条、10条（および法の適用に関する通則法11条）により免責や損害賠償額の制限が無効となる可能性がある。

　ユーザーの情報がサービス事業者のサーバーから情報漏洩が発生した場合、ユーザーとサービス事業者の間では契約に基づいてその規律がなされることになる。ユーザーの顧客情報などは契約によって一定の保証や利用内容が定めら

れていることが多いと思われるが、その機密性がどこまで保証されているとみるかは、契約の解釈によることになる。クラウド・コンピューティングがビジネス上利用される場合、消費者が一方当事者である場合の消費者保護法規のような強行法規による修正がなされる場合は少なく、サービス事業者の免責規定の存在が重要となる。

　情報主体が、ユーザーの顧客のように別個に存在する場合、ユーザーは、サービス事業者の免責規定によって求償が得られないまま顧客に対して債務不履行ないしは不法行為責任を問われるということになりかねない。（システムダウンの場合の責任について、第5章第4節も参照のこと）。

(2) 個別の法的問題点について

(ア) 個人情報保護法との関係

　個人情報保護法では、第三者提供が制限されている（個人情報保護法23条）。第三者提供の「第三者」とは、提供元となる個人情報取扱事業者および本人以外の者をいい、第三者に「提供」するとは、個人データを第三者が閲覧可能な状態におくことをいうから[19]、形式的には第三者提供に該当するものということができる。しかしながら、同法23条4項1号で、「個人情報取扱事業者が利用目的の達成に必要な範囲内において個人データの取扱いの全部又は一部を委託する場合」は、この第三者にあたらないものとされている。これは、外部委託処理の普及に対応して、委託行為がこの第三者提供によって不可能となることを避けるという趣旨に基づくものである。個人情報取扱事業者は、そもそも「その取り扱う個人データの漏えい、滅失又はき損の防止その他の個人データの安全管理のために必要かつ適切な措置を講じなければならない」ものとして安全管理措置（情報セキュリティ）を講じるべき具体的義務を課されている（同法20条）。こうした委託関係が存する場合は、同法22条によって委託先の監督義務が委託元である個人情報取扱事業者に課され、個人データの適正な取扱に関する責任の所在が明確になっていることを担保として「第三者」から除外することとしているものである。

---

[19] 岡村久道『個人情報保護法（新訂版）』（商事法務、2009）244、245頁。

上記の趣旨からクラウドコンピューティングにおいて、サービス事業者のサーバー上に個人情報を置くこととした場合には、第三者提供にはあたらないものというべきである。クラウドコンピューティングのユーザーは、自らが個人情報取扱事業者としての義務を果たすために、クラウド・コンピューティングのサービス事業者との間で秘密保持義務等を課すなどにより安全管理措置をとる必要があるものと考えられる。

　さらに第三者提供にあたらないものとしても、クラウドコンピューティングのサービス事業者は個人情報をユーザーから委託されたものとして、ユーザーからの委託先としてユーザーの監督に服するのか（同法22条）という問題がある。この点、「個人データの取扱の全部又は一部を委託する場合」とは、個人情報取扱事業者が個人データの取扱の全部・一部を他の者に行わせることを内容とする契約一切をいい、請負、準委任、その他契約の形態・種類を問わないものとされている[20]。したがって、ユーザーがクラウドコンピューティングにおいて個人データを取り扱う場合、同法23条によってクラウドコンピューティングのサービス事業者に対する監督義務が生じることになり、必要かつ適切な監督をなすべきこととなる。クラウドコンピューティングの事業者は、パブリック・クラウドの場合には統一的な約款によってサービス提供を行うことが多い。そのため、クラウドコンピューティングのサービス中で個人データが扱われる可能性は容易に推測できるため、クラウド契約の約款中で、個人情報の流出防止をはじめとする保護のための措置が確保されるよう、ユーザーとクラウドコンピューティングのサービス事業者間で責任等を明確に定める約款の条項が規定されることが望まれる。現実にはSLAの中でサービス事業者の安全管理措置のレベルが明示され、それによってユーザーがサービス利用を選択することとなる。また、サービス事業者のサービス内容について、ユーザーが管理することはできない。そのため、ユーザーとしてはサービス事業者に安全管理措置の実施状況や法令順守状況等を確認し、サービス事業者からの報告書を監査証明付きで取得するなどによりその安全管理措置や法令遵守状況等を確認できるようにしておくことは必要と考えられる（個人情報に限らず、会社の内部

---

[20] 岡村・前掲注(19) 229頁。総務省「電気通信事業における個人情報保護に関するガイドラインの解説」(平成22年7月29日版) 18頁 (http://www.soumu.go.jp/main_content/000076223.pdf)。

統制監査との関係でもこの点は問題となる)。個人情報に限らず、ユーザーが自らサービスをコントロールする必要がある情報の取扱にクラウドを利用する際には、パブリックでよいのかプライベートにすべきなのか、SaaS なのか HaaS にすべきなのかというようにどのような形態のクラウドサービスを利用するのかについて選択肢を検討することにならざるをえない。

また、クラウドコンピューティングのサービス事業者自身が個人情報保護法の個人情報取扱事業者として個人情報保護法の義務規定を適用されるかも問題となりうる。郵便局や宅配事業者に配送を委託するような場合には、通常は送付物の中に個人情報が含まれているか否かを認識することなく取り扱っているので、事業の用に供しているとは認められず、同法第4章第1節が定める義務は適用されないと解されている[21]。このことからすると、クラウドのユーザーから取り扱うデータを個人情報として明示され、あるいはその管理を目的としてサービス事業者がサービス提供をしているような場合でなければ、クラウドコンピューティングのサービス事業者が同法の義務規定を適用されることはないように解される。

クラウドコンピューティングにおいては、物理的に海外にコンピュータを設置して処理することも当然ありうることであるが、個人情報保護法では、データの海外移転については、何ら言及されるところがない。総務省の「ASP・SaaS 事業者が医療情報を取り扱う際の安全管理に関するガイドライン」(2009年7月)[22]において、ASP・SaaS 事業者が国内法が及ぶ範囲内にサーバ等を設置することを要求するなど個別の業界のガイドラインで定められているにとどまる。EUのデータ保護指令のように、包括的に域外へのデータ移転について一定の水準を要求する方策も検討されるべきであろう。

(イ) クラウド上の情報の帰属問題

クラウドコンピューティングで扱われるデータは、「電磁的記録」の形態で、サービス事業者のサーバ内で管理されることが多い。電磁的記録として存在

---

21) 経済産業省「個人情報の保護に関する法律についての経済産業分野を対象とするガイドライン」等に関するQ&A」(2008年2月2日) 61問、http://www.meti.go.jp/policy/it_policy/privacy/q&a.htm。
22) http://www.soumu.go.jp/main_content/000030806.pdf

する情報は、媒体たる有体物にその情報が記録される場合には、その有体物との一体性の限度で物として保護されうるが、電磁的記録自体がそれ自体として財産権の対象ではなく当然には保護されない。その情報が著作物であれば、著作権が発生し、著作権法による一定の保護があり、また営業秘密であれば不正競争防止法によって、不正開示行為や不正使用行為は禁止されうる。こうした無体財産権法によって保護されない限り、クラウドに存在する電磁的記録を直接的排他的に支配する権利は存在しない。

　そのため、ユーザーが、サービス事業者のサービスの提供を打ち切り、あるいは別業者に移転するという場合、契約内容にデータ等の返還条項がなければ、クラウドサービス業者に対してデータの返還請求権を認めることはきわめて困難となる。この点でも、サービス事業者との間の契約の中でのデータの取扱の規定は重要な意味をもつこととなる。

　(ウ) 海外の公権力によるデータ開示・タッピングのリスク

　日本においては、通信の秘密が憲法上定められ (憲法21条2項)、電気通信事業法でも取扱中にかかる通信の秘密は侵してはならない (電気通信事業法4条) というように通信中のデータは、厳密に保護されている。また、サーバー内のデータについても、押収・差押等は一定の司法的手続が履践されることが要求されている。

　しかしながら、海外の公権力によるデータの取得・盗聴についての法的規律は、日本と同程度の制度的保障がある保証はない。サーバー上ないしは通信上のデータの強制的開示、取得の可能性は、国内のみで完結するクラウドコンピューティングにおけるよりリスクは高まる。これについては、データの暗号化や断片化・分散といった技術的保安措置をとることも可能ではあるが、ユーザーの自己防衛的な技術的措置だけでなくデータの国外への移転についての契約上の制限などの措置をとる必要が出てくる場合もあるであろう。

　また、捜索・差押については、パブリック・クラウドにおいてはひとつのサーバー上に複数の利用者が共存しているいわゆるマルチ・テナントによる運用がなされているので、捜索・差押が直接の対象者以外のユーザーのデータにも影響を与えることがあるというリスクも生じる。

(エ) 営業秘密（機密性の保持）とクラウドサービス

　営業秘密とは、「秘密として管理されている生産方法、販売方法その他の事業活動に有用な技術上又は営業上の情報であって、公然と知られていないものをいう」（不正競争防止法2条6項）。ここにいう「秘密として管理されている」（秘密管理性）とは、当該営業秘密について従業員および外部者から認識可能な程度に客観的に秘密としての管理状態を維持していることをいい、具体的には当該情報にアクセスできる者が制限されていること、当該情報にアクセスした者が当該情報が営業秘密であることを客観的に認識できるようにしていることなどが必要と解され、要求される情報管理の程度や態様は、秘密として管理される情報の性質、保有形態、企業の規模等によって決せられるものというべきであるとされる[23]。そのため、クラウドサービスにおいてデータをサービス事業者の管理するコンピュータ内に保管することで、秘密管理性を保持しうること、すなわち少なくとも①当該情報にアクセスできる者が制限されていること、②当該情報にアクセスした者が、当該情報が営業秘密であることを客観的に認識できるようにしていることを吟味しなければならない。サービス事業者は、クラウドサービスに供しているコンピュータの管理権限を有しているから、コンピュータ内に置かれている営業秘密に対してアクセスする可能性は残されている。この点をとらえて、秘密管理性が認められるためには、ユーザーがサービス事業者に優越する営業秘密へのアクセス管理権限を有してシステム的にアクセス可能性を排除しなければならないと考えると、秘密管理性は保持できないという結論になる可能性がある。そうだとすると、契約上の守秘義務やサービス事業者がコンピュータのアクセス権限を利用してサービス事業者による可読的なアクセスを行わないという契約上の義務を課すことにより秘密管理性の要件を満たしているといえなければ、営業秘密をクラウドサービスで利用できないこととなる。しかし、秘密管理性は具体的状況に応じて判断されるべきことを前提としていることからすると、クラウドコンピューティングにおいてシステム的なアクセス可能性のみをもって秘密管理性が否定されるとは一概にはいえないようにも思われる。ただ、この機密性の保持という観点からのリス

---

[23] 名古屋地判平成20年3月13日判時2030号107頁。東京地判平成12年9月28日判時1764号104頁も同旨。

クは、クラウドコンピューティングには不可避のリスクということはできる[24]。

第4節　フィルタリングと自主規制

1　青少年インターネット環境整備法

　インターネットが普及してくるに伴い、青少年も容易に情報収集やコミュニケーション手段としてインターネットを利用できる環境が形成されてきた。他方で出会い系サイト等のいわゆる有害サイトが多数存在し、特に青少年のインターネット利用は携帯電話を通じて行われることが多い実態があり、青少年が犯罪に巻き込まれる事件が多く発生してきたことを背景として、2008年6月青少年インターネット環境整備法（青少年が安全に安心してインターネットを利用できる環境の整備に関する法律）が制定された（2009年4月1日施行）。
　これ以前にも、出会い系規制法によりインターネット異性紹介事業（出会い系サイト事業）において、当該事業者に児童による利用防止にかかる努力義務を規定し（出会い系規制法3条1項）、出会い系サイトに必要な電気通信役務を提供する事業者（ISPや携帯電話会社など）にもフィルタリングサービス等を提供する努力義務を規定し（同法3条2項）、児童の保護者にもフィルタリングサービス等を利用する努力義務が課されていた[25]。

2　青少年インターネット環境整備法の義務

　青少年インターネット環境整備法によって、「青少年」（18歳未満の者。青少年インターネット環境整備法1条1項）が、インターネットを適切に活用する能力を習得することを基本理念として、青少年が安全に安心してインターネットを利用できるようにするための施策を行うものとされ（同法3条第1項）、国および地方公共団体（同法4条）、関係事業者（同法5条）、保護者（同法6条）に対して

---

24)　パブリッククラウドにおいては秘密管理性を保持できないとすることを重視するものとして、夏井高人「クラウドコンピューティングサービスと営業の秘密」情報ネットワーク・ローレビュー9巻1号（2010）93頁。
25)　平成20年改正によって、児童による出会い系サイトの利用防止努力義務の措置の例示としてフィルタリングが法文上も明記された。

それぞれの責務を定めている[26]。

そして、この施策の推進は、青少年有害情報フィルタリングソフトウェアの性能の向上および利用の普及、青少年のインターネットの利用に関係する事業を行う者による青少年が青少年有害情報の閲覧をすることを防止するための措置等により、青少年がインターネットを利用して青少年有害情報の閲覧をする機会をできるだけ少なくすることを第二の理念として（同法3条2項）、その具体的施策のひとつとして青少年有害情報フィルタリングサービスなどの提供を関係事業者に義務づけている（同法17条以下）。なお、この義務違反については罰則はない。

3　フィルタリング

フィルタリングは、インターネットを利用して公衆の閲覧に供されている情報を一定の基準に基づき選別した上インターネットを利用する者の閲覧を制限することをいう（青少年インターネット環境整備法2条1項9号・10号。なお、出会い系規制法3条2項）。フィルタリングサービスの提供の方式は、現在のところ主たる方式として「ホワイトリスト方式」（安全と思われるサイトをリスト化してそのリスト以外のアクセスを制限する方式）、「ブラックリスト方式」（有害情報を掲載するサイトをリストに掲載されたサイトへのアクセスを禁止する方式）、「利用時間制限」（一定の時間帯のアクセスを制限する）という方法がある。

現在、リスト化に関し、第三者機関としてモバイルコンテンツについて一般社団法人モバイルコンテンツ審査・運用監視機構（EMA）によりブラックリスト方式のフィルタリングリストが提供され、一般社団法人インターネットコンテンツ審査監視機構（I-ROI）によりコンテンツ提供者のセルフレイティングにおける健全性認定が行われている。

社団法人電気通信事業者協会によると、フィルタリングサービスは2012年12月末には831万件が利用されている[27]。携帯電話インターネット接続事業者は、契約者または使用者が青少年の場合には原則として青少年有害情報フィ

---

[26]　内閣府＝総務省＝経済産業省「青少年が安全に安心してインターネットを利用できる環境の整備等に関する法律関係法令条文解説」（平成21年3月、http://www8.cao.go.jp/youth/youth-harm/law/pdf/kaisetsu.pdf）。

ルタリングサービスの利用を条件としてインターネット接続役務を提供しなければならないが（同法 17 条 1 項）、保護者がフィルタリングサービスを利用しない旨の申出をすると提供義務が免除されるため（同法 17 条 1 項ただし書）、保護者が不要とするケースも多いものとみられている。内閣府が 2012 年秋に実施した「青少年のインターネット利用環境実態調査」[28]における 18 歳未満への携帯電話の利用調査によると、2012 年 11 月末時点でフィルタリングの利用率は、小学生は 76.5％、中学生は 68.9％、高校生は 54.4％と、学校が上に進むに従って低くなっている。

また、インターネット接続役務提供事業者（電気通信事業法 2 条 3 項に規定する電気通信役務を提供する電気通信事業者（同法 2 条 6 項））は、インターネット接続役務の提供を受けるユーザーから求められた場合にフィルタリングサービスを提供する義務がある（青少年インターネット環境整備法 18 条本文）。通信機能を有するゲーム機などインターネットと接続する機能を有する機器であって青少年により使用されるもの（携帯電話端末及びＰＨＳ端末を除く）の製造事業者は、原則として青少年有害情報フィルタリングサービスの利用を容易にする措置を講じた上で販売しなければならない（同法 19 条）。また、特定サーバー管理者[29]は、青少年閲覧防止措置（同法 21 条）、連絡受付体制整備（同法 22 条）、青少年閲覧防止措置に関する記録の作成・保存（同法 23 条）について努力義務がある。

4　フィルタリングの問題点

青少年が安全に安心してインターネットを利用できる環境を作るという立法目的には正当性はあるが、法律上の青少年有害情報（同法 2 条 3 号・4 号）という概念が明確な外縁をもつものではないため[30]、インターネット上の表現の自由（憲法 21 条）を侵すことにならないかという問題がある。

フィルタリングサービスの提供義務は法的義務ではあるが、本法における閲

---

27)　http://www.tca.or.jp/press_release/2013/0222_553.html
28)　http://www8.cao.go.jp/youth/youth-harm/chousa/h24/net-jittai/pdf-index.html
29)　インターネットを利用した公衆による情報の閲覧の用に供されるサーバー（以下「特定サーバー」という）を用いて、他人の求めに応じ情報をインターネットを利用して公衆による閲覧ができる状態におき、これを閲覧させる役務を提供する者をいう（同法 2 条 11 項）。
30)　「青少年有害情報」とは、インターネットを利用して公衆の閲覧（視聴を含む。以下同じ）に供されている情報であって青少年の健全な成長を著しく阻害するものをいう（同法 2 条 3 号）。

覧防止措置義務等の責務は努力義務にとどまり、フィルタリングサービスの利用の最終的な判断は保護者に委ねていること、本法では罰則がないことなど、懸念される問題点を回避しようとした立法とはなっている。「ユーザー視点を踏まえたICTサービスに係る諸問題に関する研究会」による「青少年が安全に安心してインターネットを利用できる環境の整備に関する中間報告」(平成23年2月7日)においても有害性判断への行政不干渉の方向性についても確認されているのは、表現の自由との抵触の問題を受けてのことといえる。

　他方で立法目的の達成のためには、本法の立場からはフィルタリングの普及を促進していく必要があるということになるが、前述のとおりフィルタリングの普及率は十分とはいえず自主的取組では限界があるのは否めない。また、フィルタリングサービスの利用については、一部自治体では条例でフィルタリングサービスの保護者による安易なフィルタリング解除を防止するため、フィルタリング不要の申出をする際の理由の限定および理由書の提出義務を規定する条例も制定するなどフィルタリングサービス利用の促進を自治体も図りつつある。しかし、保護者が契約しているが実際に子どもが利用している携帯電話も多くあり、必ずしも適切なフィルタリング利用がなされているとはいえない。自主規制の方法としてはフィルタリングのほかにもゾーニング[31]の手法も検討されうるしフィルタリングとゾーニングとの連動も検討されうる。ただ、表現の自由、特に表現内容に着目した制限である以上、その合憲性は厳格な審査によるべきであり、より制限的でない手段であるのかどうかをとりうる技術水準との兼ね合いで検討されていくべきものと考えられる。フィルタリングもゾーニングも青少年の健全なインターネット環境整備という一種の予防措置であるが、少なくとも違法情報に対する法の対応こそが第一義の対応であるべきであることには留意すべきである。

　携帯電話のフィルタリングサービスを始めた当初は、掲示板・ブログ・プロフィール・SNSといった双方向利用が可能なサイトは、すべて「コミュニケ

---

[31] アクセスできる商品・サービス等を区分けすることにより、一定の年齢により購入・閲覧することができるものを制限すること。インターネット上では年齢認証の確実化には限界があり、現在のところは厳密なゾーニングは困難であるし、年齢認証の確実化には個人情報保護も問題となってくる可能性がある。

ーション」カテゴリとして、フィルタリングリスト上の分類をされ、一律に閲覧制限対象とされていた。青少年有害情報にとどまらない過度のフィルタリングによる閲覧制限は、表現の自由を侵害するおそれもある。インターネットのサービス実態に則して法の目的達成に必要最小限の制約に限られるべきである。

　インターネットの情報は時々刻々と変動する可能性があるものであるから、第三者機関によるレイティングやリストも不断に更新することが必要となり、また広汎な制限とならないようリスト化もレイティングのレベルを細分化されたリストが的確なフィルタリングには求められてくる。フィルタリングがユーザーである青少年の主体的選択によるものではなく、その手法は情報規制がユーザーにとってみえにくいものであること、カスタマイズ性が不十分で画一的になる傾向があること、民間の自主規制としての運用がなされているが、フィルタリングが法律に基づくものであることから民間の自主規制に国が一定の方向性を与える可能性もあることなどが懸念される。したがって、第三者機関のリスティングについての信頼性・公正性・透明性・国や事業者からの独立性の確保が強く求められるものと考えられる。

　さらには、技術の発展に伴ってスマートフォン等の無線 LAN にも接続可能な携帯電話端末や携帯電話回線の利用が可能なタブレット型パーソナルコンピュータ等の出現により、端末機器、ブラウザおよび接続形態が多様化している。たとえば、携帯電話には従来携帯電話事業者のゲートウェイサーバで一括してフィルタリングを行うことができるという特徴があったが、現在では無線 LAN を介して通信することができるようになるなど、必ずしも携帯電話会社がゲートウェイサーバーで提供するフィルタリングサービスで十分ではなくなってきている。また、スマートフォン上で事後的にインストールして利用できる通信サービスのアプリケーションによってフィルタリングサービスを回避してアクセスすることも可能となる。このような多様化した電気通信サービスの中で現在の法によるフィルタリング提供等に関する義務規定を適切に適用できるのか、法の分類する事業者類型の義務規定のあり方がそもそも適切といえるのかの問題も生じている[32]。

5　ブロッキング

　フィルタリングは、インターネットのユーザー側で有害情報を掲載するサイトへのアクセスを遮断する仕組みであるが、ブロッキングは、インターネット上の情報を送信中継する過程で中継者（ISPなど）が、すべてのユーザーに対してアクセスを遮断する仕組みである。これは、ユーザー側が選択的にアクセスを制限するものではなく、あらゆるユーザーに対して送信を制限するため、表現の自由への制約度合いが強い。アクセスを通信事業者側で遮断してしまうため、通信の秘密の侵害の問題となる（電気通信事業法4条1項、同法179条により罰則も存する）。そこで、ブロッキングをしても違法性を阻却することができないかという観点から、児童ポルノ画像など反社会的な有害情報としてコンセンサスが得られるものについてのみ遮断する方策が模索されていた。「安心ネットづくり促進協議会児童ポルノ対策作業部会法的問題検討サブワーキング報告書」（平成22年（2010年）3月30日）[33]においてブロッキング措置につき、児童ポルノサイトに限られる例外的な許容について法的には緊急避難を根拠とすることが示された。

　ブロッキングは、2010年7月27日に政府の犯罪対策閣僚会議でとりまとめられた「児童ポルノ排除総合対策」にも盛り込まれたもので、民間の取り組みとして導入されている。ISP等の関連事業者が自主的に実施することが可能となるように、アドレスリストの迅速な作成・提供等実効性のあるブロッキングの自主的導入に向けた環境整備、ISPによる実効性のあるブロッキングの自主的導入の促進、一般ユーザーに対する広報・啓発を行うことを目指している。

　平成23年3月に設立された社団法人インターネットコンテンツセーフティ協会において「児童ポルノ流通防止対策専門委員会」を立ち上げ、「DNSブロッキング（DNSポイズニング）」と呼ばれる方式からスタートしている。DNSブロッキングでは、ドメインごとに遮断してしまうので、児童ポルノを掲載して

---

32) これに関し、利用者視点を踏まえたICTサービスに係る諸問題に関する研究会「青少年が安全に安心してインターネットを利用できる環境の整備に関する提言（平成23年10月）」において、フィルタリング提供義務の適用関係について検討している。
33) http://good-net.jp/modules/news/uploadFile/2010032936.pdf

いるページ以外もブロッキングされてしまうため、まったく関係ないページまでもブロッキングに巻き込まれる可能性がある（オーバーブロッキング）。表現の自由の制約として過度に広汎なものとならないように留意されるべきである。

第5節　ネットゲームにおける法的諸問題

　インターネットを利用したゲームには、たとえば任天堂 DS や Playstation3 といったゲーム専用機器を用いるものもあるが、ここでは、一般的なコンピュータ上で動作するオンラインゲームなどを主に想定して検討する。

1　仮想空間サービス

　仮想空間・仮想世界（Virtual Space,Virtul World）は、コンピュータやネットワーク上に構築された空間・世界であり、ここにおいてネットワークに参加する者は仮想化世界において活動・取引をする。

　インターネットで構築された仮想世界におけるコミュニケーションサービスは、掲示板サービス、同時性・双方向性を志向したチャットや、個人の情報発信が容易なブログ等へと分化したが、インターネット自体の普及による大衆化とインターネットの基盤となる通信回線の進化・高速化、コンピュータの能力の高度化によって動画や表現技術が進化して現実に近い仮想化空間を演出できるようになり、ビジネスとしても普及してきた。仮想空間サービスでもっとも先進的で話題となったものに、2007年ころからブームとなった Second Life がある。

　3D 空間でコンピュータグラフィックスによって作られた Second Life の世界では、仮想世界の環境の自由度も高く、仮想世界での分身であるアバターの設定の自由度も高められ、仮想世界内での自由取引も可能となってそこでの通貨リンデンドルも現実にドルに換金を認める（リアルマネートレードの公認）という、より自由度の高い仮想世界を表出させた。

　Second Life はブームとなった時期は過ぎ去ったといわれているとはいえ、ウェブ技術内でも仮想空間サービスを実現させるようなアバターコミュニケーションサービスも出現するなど、仮想空間サービスは今後もひとつのインター

ネットビジネスのモデルサービスであると思われる。

2 仮想空間サービスの法律問題

仮想空間サービスでは、一つの閉じた世界を作出しており、そこでは、ユーザーが特定のアバターを通して活動し、ユーザーが制作したコンテンツ（UGC: User Generated Content）が存在し、かつ現実世界と同様の経済活動さえ行われている。

(1) リアルマネートレード

(ア) リアルマネートレードの意義

リアルマネートレード（Real Money Trading）とは、MMORPG（Massively Multiplayer Online Role-Playing Game（マッシブリー・マルチプレイヤー・オンライン・ロール・プレイング・ゲーム、多人数同時参加型オンラインRPG。「多人数同時参加型オンラインRPG」などのコンピュータを用いたRPGの一種）などのオンラインゲームのアイテムやゲーム・サイト内で利用される仮想通貨等（以下「ゲーム内アイテム等」という）を現実の通貨（Real Money）等の現実世界の経済的価値と交換する行為をいう。

MMORPGでは一般的にはゲーム内の秩序やゲームの構成を重視して利用規約で禁止されているため、RMTはユーザーの利用規約条項の違反によりゲーム運営事業者との契約違反となる。RMTが多くのゲーム運営事業者の利用規約で禁止されているのは、RMT目当てとして仮想通貨やアイテムを収集することを目的とするユーザーが出現することを防止するためといわれている。すなわち仮想通貨やRMTで取引されるレアアイテムをゲーム内で取得するには通常大量の時間を要したり、仮想空間内の特定の場所やキャラクターとの戦闘といったユーザーの行為を必要とする。そこで、仮想通貨やレアアイテムを効率的に取得するために、組織的にゲーム内で仮想通貨やレアアイテム取得目的のゲーム参加行為をしたり、あるいは「BOT」と呼ばれるプログラムを操作してゲーム内の特定の行為を反復継続して行わせるなどして仮想通貨やレアアイテムを収集する行為を行う。一般のユーザーからすれば、RMT目的の収集組織のユーザーやBOTによってゲームが占拠されてしまい、あるいは不正ア

クセスやアイテムを詐欺的に他のユーザーから掠め取るなどの行為も誘発し、ユーザー間の公平性を失うことになる。また、ゲーム運営事業者が意図したゲーム構成を破壊したりゲームバランスを崩すことにより、ゲーム運営事業者へのユーザーの運営不信を生ずるなどのため、そのような行為を抑止する必要がある。さらにRMTがマネーロンダリング（資金洗浄）に利用されている可能性やRMTによる収益に適正な課税がなされているかが問題であるとも指摘されている[34]。

　RMT事業者自身がユーザーアカウントをもって仮想通貨等を収集したりBOTを利用した場合には、RMT事業者自身が利用規約違反をしているといえるため、利用規約に基づいてアカウントの停止等の措置をとることができる。RMT事業者自身がユーザーアカウントを有していなくともRMT事業者が仮想通貨の購入をウェブサイトなどで募ったりしている場合には、ユーザーの利用規約違反行為を積極的に誘発しているものといえるため、RMT事業者には債権侵害による不法行為が成立する可能性もある[35][36]。ゲーム運営事業者の中には、RMTを容認しているものもある。Second Lifeでは、RMTはリンデンラボ社が設定した交換レートによるリンデンドルとドルとの換金という形で認められているが、その交換レートは利用規約上リンデンラボ社で自由に設定・変更できるものであり、リンデンラボ者が貨幣交換のマッチングをサポートするという形態での許容であり、かつ交換の保証はなされていない。

（イ）リアルマネートレードの法的性質

　上述のように、ゲーム内アイテム等を、ゲーム外で現実の通貨等の経済的価値をもって売買すること（RMT）は、ゲーム内でゲーム運営事業者に対して当該ゲーム内でゲーム内アイテム等を使用できるという債権を、現実の通貨等を対価として、譲渡する（債権をその同一性をかえず債権者の意思によって他人

---

34) 読売新聞2008年11月5日。
35) 岡村久道＝森亮二『インターネットの法律Q＆A』（電気通信振興会、2009）98頁参照。
36) 刑事上、他人のIDとパスワードを盗取して不正にRMTのためにアイテム等を入手した者に対し、不正転売により仮想世界における秩序が乱され、ゲーム運営会社の業務に支障が生じたとして偽計業務妨害の成立が問題となりうることが指摘されている（http://www.itmedia.co.jp/news/articles/1012/14/news013.html）。なお、RMTにからんだ刑事事件では、リネージュ2事件、ラグナロクオンライン事件等不正アクセス禁止法違反で検挙される例が多い。

に移転させること）を意味するものと考えられる。そうすると、ゲーム運営事業者は債務者にあたり、ゲーム内アイテム等をゲーム内で使用することができるという債権を有する譲渡人が、債務者に通知するか債務者の承諾がないと債務者にその譲渡を対抗できないということになる（民法467条1項）。ゲーム運営事業者が利用規約においてゲーム内アイテムのゲーム外取引（RMT）を禁止している場合、ゲーム外でゲーム内アイテム等を譲渡する行為は、譲渡禁止特約違反の債権譲渡として扱われることになる（同条2項）。譲渡禁止特約は善意の第三者には対抗できないものの、当該ゲーム内アイテム等を取引する者は当該ゲームのユーザーでなければゲーム内アイテムの引き渡しをすることが不可能であるから（ゲーム等の仮想社会内で引渡しが行われるはずである）、譲受人が善意の第三者であることはないと考えられる。したがって、譲受人はゲーム運営事業者にゲーム内アイテム等の譲り受けを対抗できず、譲受人は譲り受けたゲーム内アイテム等を利用する権利を有さないということになる。

さらに、ゲーム内アイテム等を譲り受けた譲受人は、当該ゲーム運営事業者との間を規律する利用規約に違反したものとして、利用規約に基づきゲームを利用する権利を失う等の制裁を受けることがありうる。

RMTを行った当事者間では、債権譲渡契約に基づく権利主張をすることは考えられるものの、前述のとおりゲーム運営事業者に対してはRMTで行われた譲渡の履行を求めることはできず、ゲーム運営事業者によってアカウント停止やアイテム等の没収によってアイテム等の利用ができなくなることをもって債務不履行として債権譲渡契約の解除等により売買代金の返還ないしは損害賠償を請求することが認められる可能性がある。ただし、RMTの禁止の約款を知りまたは知りうべきであったにもかかわらずあえてRMTを行った場合には、代金返還請求等が信義則上認められない可能性もありえよう[37]。

---

37) そもそもサーバー管理者によりサーバー利用規約違反を理由とした資格停止などの措置が実行されれば足りる場合が多く、民法上の債務不履行責任は原則として発生しないとする見解がある。また、RMTによる権利移転について現行法の枠内では履行を求めることは困難であるとする（大阪弁護士会知的財産法実務研究会編『デジタルコンテンツ法（下巻）』（商事法務、2004）340～342頁）。

(2) UGC・アイテムをめぐる問題

　仮想空間サービス内では、リアルワールドに類似した活動が行われており、UGC や運営者から提供されたアイテムをめぐる問題が考えられる。MMORPG（多人数同時参加型オンラインロールプレイングゲーム Massively Multiplayer Online Role Playing Game）では、もともと運営者から提供されたアイテムは、誰でも簡単に入手できるものから貴重なものまであったため、ゲームに参加するユーザーは、貴重なアイテムを入手するために長時間を費やすことを要するものもあった。そのため、現実世界において、目的とするアイテムを金銭を支払って取引してアイテムを入手する等のリアルマネートレーディング（RMT、Real-Money Trading）を行うということが発生した。

(ア) アイテム等に関する権利

　仮想空間サービスにおける UGC については、たとえば Second Life ではユーザーが自ら Second Life 内でのアイテムを創作できるため、これらについて仮想アイテムについての所有権（Virtual Property）を主張することも考えられる[38]。

　現実世界での有体物に対しては、物を直接かつ排他的に支配することができる権利として所有権など物権が成立する。仮想社会内で使用され、または取引されうるアイテムやキャラクター、仮想通貨などは、当該仮想社会内では事実上直接かつ排他的に支配できているとしても、有体物に対する直接かつ排他的支配権として観念される物権は成立しえないであろう。仮に仮想世界の中でユーザーに物権のような排他的支配権を認めてしまうと、仮想世界を運営する事業者は、そのサービスを中断したり廃止したりする場合には、事業者が任意にこれを改廃することができなくなりユーザーのアイテム等の権利関係の処理に困難をきたし混乱を生じる可能性が大きい。

　仮想社会内でのアイテム等は、あくまで仮想空間サービスの運営事業者が設定した仮想世界の中での創作物ないしは情報財にとどまり、これに有体物を前提とする所有権・物権という観念は困難であって、著作権等の無体財産権による保護が一定程度考えられるというにとどまると考えられる。すなわち、仮想

---

[38] 海外では、仮想アイテムにまつわる裁判が起きているとのことである（中崎尚「バーチャルワールド（仮想世界・仮想空間）における法的問題点〈1〉」NBL926 号（2010）64 頁）。

空間サービスの運営事業者が設定した仮想世界の中、すなわち運営事業者の管理するサーバー内のデータベース中に、情報（電磁的記録）として保存されているにすぎずそれを運営事業者の提供するプログラム内で映像としてユーザーがサービス提供を受けている限りにおいて再現しているだけであり、排他的権利として扱える物理的存在ではない。したがって、仮想アイテムが法的に保護されるのかは、無体物に対しても認められる既存の知的財産権が認められるのかという点から考えざるをえない。特許等の登録が必要な知的財産権については登録が可能かというハードルがあるが、無方式主義をとる著作権は著作物性が認められれば法的保護の対象となりうる。仮想アイテムが、プログラムのアウトプットとしてのアイテム映像が創作性を認められる限りは美術の著作物として保護されることとなろう[39]。仮想アイテムがたとえば建築物であるとしても、それはあくまでプログラムのアウトプットとしての映像が保護対象となるのであるから美術の著作物として考えればよい[40]。

　一定の知的財産権としての保護が認められる場合を除くと、アイテム等のユーザーの権利は運営事業者との関係でその情報の管理についての運営事業者とユーザーとの間の利用規約などの契約に基づく債権債務関係として法的には規律されるものと思われる。前述のとおりUGC等に独自の権利を認めるとすれば、仮想空間サービスを提供する事業者が半永久的に管理し、データ消失の場合に補償の必要が生じるなど事業者の負担も大きくならざるをえず、アイテム等の仕様も固定化してゲーム運営自体にも支障が生じる可能性がある[41]。

　さらに、現実世界における商標権等の無体財産権との関係についても、仮想世界が閉じた世界であるということとの関係で、アイテム等の上に示された商標等と現実世界における権利との関係をどのようにとらえるかの問題も発生する。

　たとえば、商標は、商標法において「商品」または「役務」について使用するものであり、「商品」は有体物であると解されるのが一般であり、「役務」は

---

39) 中山信弘『著作権法』（有斐閣、2007）105頁。田村善之『著作権法概説（第2版）』（有斐閣、2001）103頁。
40) 中崎・前掲注（38）54頁。
41) 特にソーシャルゲームでは、利用者の継続的利用のために常時仕様等の操作を要するといわれている。

他人のためにする労務または便益であって独立して商取引の目的たりうるものをいうため、両者とも商取引の対象となりうるものに限られる。したがって、仮想空間サービス内では取引の対象となってもそれが現実の通貨との換金性を認められない場合に、仮想アイテムの取引が商取引といえるのか疑問がある。また、仮想空間における仮想アイテムに付するなどの使用が、商標の使用にあたるかどうかも問題となる。そもそも仮想アイテムに商標を付するという行為が商標法での指定商品や指定役務が本来現実社会でなされた区分と異なるということになると、仮想アイテムにおける商標の表示が同一性・類似性を有するか検討しなければならない。たとえば仮想空間内で現実と同一の商品の仮想アイテム化をしたものが商標権者が提供するものであるとの誤認混同が生じうるような出所識別機能を発揮する場合には、商標権侵害が認められることもあろう（最判昭和36年6月27日民集15巻6号1730頁など）。

(イ) ユーザー間の不法行為

仮想空間サービス内で、ユーザーが特定のユーザーのキャラクター・アバターの評判をおとしめる名誉毀損行為や、アバターやアイテムの破壊行為などを行った場合に、どのように考えるべきであろうか。

仮想空間内での名誉毀損行為は、あくまで仮想空間内でのアバター等に対するものである。名誉毀損行為はあくまでアバター等であり、それが特定の実在のユーザーの名誉に直結しているという特別な事情がなければ、仮想空間内で独自に法的に保護されるべき名誉といったものが観念されているとまではいい難いものと思われる。したがって、アバター等がその仮想空間内でそのアバター等を操作する特定のユーザーを示すことが明らかになっているなどアバター等への名誉毀損行為が特定の実在のユーザーの名誉を侵害したと評価できる場合に限って不法行為が成立するものと考えるべきである。

また、仮想空間内のアバター（プレイヤー）やアイテムの破壊行為などは、プレイヤーキラー（Player Killer, PK）の愉快犯的な攻撃や他のプレイヤーの所持アイテムや所持金を奪う目的での攻撃によりなされることが多い。もともとプレイヤー同士で攻撃しあうことなどを企図しているゲームでは、これらはゲームの趣旨に沿った行為といえるが、そうでない場合には、アバターやアイテム破壊行為は、当該ゲームでは想定した行為ではないため、攻撃されたユーザー

にとっては迷惑行為として考えることができる。ただし、これが財産的損害として認められるかどうかというと、あくまで仮想空間内の創作物ないしはゲーム制作者により設定されたデータでしかないため、アバターの生命やアイテム自体を法的に保護すべき利益としてその利益を侵害されたとまでは容易に認められることはないものと思われる。仮想空間内の秩序維持のために運営事業者によりプレイヤーキリングを規制したり、利用規約で禁止するなどの対応や、それらの行為があったことを認めた運営事業者によるデータ復活によって救済されることも考えられ、仮想空間内での措置によって満足すべきものともいえる。プレイヤーキリングの対象となったユーザーが、仮想空間内での継続的な活動に多大なる支障を受けてその活動が継続困難となり、アバターやアイテム破壊行為の動機・態様が悪質であったりする場合に、例外的に違法性が認められる余地はありうる。

(3) 仮想通貨ないしはポイント

仮想空間内で利用される仮想通貨（交換価値）は、ユーザーが現実の通貨を支払って購入することもあるし、ゲームのプレイ時間に応じまたはゲーム内で一定の行為をすることによって獲得する仮想通貨（以下、対価の支払により獲得されたものを「仮想通貨」対価の支払のないものを「ポイント」という）として得られる場合もある。

対価を支払ってユーザーが取得した「仮想通貨」とポイントとが区別できることを前提に考えると、「仮想通貨」は、電磁的方法により記録される金額に応ずる対価を得て発行される番号、記号その他の符号であって、発行者等から役務を提供を受ける場合に、これらの代価の弁済のために通知その他の方法により使用することができるものといえるから[42]「前払式支払手段」に該当するものと考えられる（資金決済法3条1項1号）。これは当該前払式支払手段にかかる金額情報が、前払式支払手段発行者の管理するセンターサーバーに記録され、ユーザーに対して交付されるIDやIDと一体となって交付される書面、カード等は、価値情報が記録されていないものであるから「サーバ型前払式支払手

---

42) 金融庁「事務ガイドライン第三分冊：金融会社関係「5 前払式支払手段発行者関係」」Ⅰ-1-3 (3)（注）。

段」といえる。

　したがって、「仮想通貨」の発行者が自家型発行者（同法3条6項）の場合には届出（同法5条）が、第三者型発行者（同法3条7項）の場合には登録（同法7条）が必要となる。発行者には情報提供義務が課され（同法13条、前払式支払手段府令21条・22条）、基準日における「仮想通貨」の未使用残高が基準額（現在は1000万円、資金決済法施行令6条）を超えることとなった場合には当該基準日未使用残高の2分の1以上の額に相当する額の発行保証金を供託する義務がある（同法14条1項、前払式支払手段府令24条）。

　対価を支払わないでユーザーが獲得する「ポイント」は、前払式支払手段とはならないから「仮想通貨」のような資金決済法の規制を受けないこととなる。なお、たとえばゲームの利用料金の支払に対応してポイントが発行されそれがゲーム内で利用されるごとに減算されていくような場合には、前払式支払手段として認められると考えられる[43]。

　しかし、「仮想通貨」も「ポイント」もSecond Lifeのように区別されずに仮想社会の中で流通している場合にはどのように解すべきか問題となる。この点、無償部分と有償部分とが区別できない以上、全体について前払式支払手段として扱われるべきものと考えられる[44]。

(4) 運営者との紛争の解決

　ネットゲームでは、接続障害が発生してゲームの利用に支障をきたすとか、利用規約違反のユーザーがみられるが運営事業者がその利用規約違反について対応をしない、身に覚えがないのに強制的な利用停止がなされたなどの苦情が発生している[45]。ネットゲームでは、UGC・アイテム・仮想通貨（以下「UGC等」という）の保持はユーザーがゲーム内で保持している特定のアバターに紐付けされているのが一般である。そのため、運営者からのユーザーのアカウン

---

43)　資金決済法府令案パブコメ回答4、5頁4番参照（http://www.fsa.go.jp/news/21/kinyu/20100223-1/00.pdf）。
44)　金融庁「事務ガイドライン第三分冊：金融会社関係「5 前払式支払手段発行者関係」」I－2－1(3)参照。
45)　国民生活センター「オンラインゲームに関するトラブルが急増」（http://www.kokusen.go.jp/news/data/n-20051207_2.html）。

ト停止が運営上で大きな問題となりうる。MMORPGでは、ユーザーが規約違反を理由にアカウントを停止・剥奪されることによるトラブルも発生している。ユーザーとしてはアカウント停止により、それまでに得られたアイテム・仮想通貨が利用できない事態になり、当該ユーザーにとっては深刻な問題となることがある。そうしたアカウント停止によりユーザーのUGC等を利用できなくなった損害が、経済的価値の損失として法律上保護されるのかという問題も生じる。

　UGC等の利用が、ユーザーアカウント停止等により妨げられたとしても、前述のとおり現在のところ独自の財貨性を認めることはできないと考えるべきであるから、そうしたUGC等の喪失を独自に損害として認めることは困難であろう。運営者の故意・過失によってユーザーが受けた損失は、運営事業者の提供するサービスを利用できなくなったことによる役務提供の停止自体を損害として認められるにとどまるものと思われる。

　また、そもそも運営者のアカウント停止の是非を解決するのには困難が伴うことが多い。利用規約上で、裁判管轄・準拠法が運営者によって定められていることが多く、損害賠償責任についても一部または全部が免責されていることが多いし、一定の仲裁条項や運営者に一方的な判断権を与える条項が定められていることもある。これらは、運営者に一方的に有利な条項であることが多い。利用規約の内容によっては消費者契約法8条、10条によって無効とされる可能性もある。ただし、仮想空間サービスにおけるユーザーが消費者として保護されるのかについては一律には論じられない。Second Lifeなどのリアルマネートレードが行われている仮想空間サービス内での活動態様によって事業者性が認められる可能性もあるように思われ、常に消費者に該当するのかは検討の余地がある。また、法の適用に関する通則法11条では、消費者保護の特則があるものの、こうした仮想空間の問題においての適用の可否は明確とはいえない。

第5節　ネットゲームにおける法的諸問題

第14章 ネットを利用した詐欺的取引

本章は、電子商取引においてみられるネットを利用した詐欺的取引について検討し、典型的な詐欺的取引の具体例と刑法との関係、民法上の法的問題点について考察する。

第1節　詐欺的取引総論

1　ネットを利用した詐欺的取引

ネット上の財産取引には、①時間的、場所的制約の不存在、②匿名性、非対面性、③双方向的な情報流通といった特徴がある。ネットを利用した詐欺的取引には多種多様なものがあるが、ネット上の財産取引の特徴を悪用しているのが特徴である。取引をしようとする者は、ネットを利用することによって取引を簡易迅速に行うことができ、また、事業者にとっては低コストで商圏を広げることができるという、消費者にとっては選択の幅が広がるというメリットがある。インターネット網の整備やPC・携帯電話の普及に伴い、ネットを利用した財産取引は拡大の一途をたどっている。しかし、ネット上の財産取引は、詐欺を行う者にとっても、自分が表に現れることなく、安価に大量に詐欺的取引が可能であるというメリットがあり、これは消費者にとってネット取引のデメリットとして現れる。

ネットを利用した詐欺的取引の事例としては、オンラインショッピング詐欺やオークション詐欺が典型である。売る側の詐欺として、代金先払いのケースで代金を払ったのに商品を送ってこないものや、送られてきた商品が見本と違うというものがあり、また、買う側の詐欺として、代金後払いのケースで商品を受け取ったのに代金を払わないとか、なりすまし詐欺といったものがある。

このような事例は、通信販売でもみられるところであり、ネット上の取引に限ったことではないが、ネットを利用した取引の場合、資本のない業者や個人であっても簡単に全世界の消費者に対して出店やオークションの出品についての情報を発信することができる一方、インターネット上の情報からだけではその情報の真偽を見抜くことが困難であるので、詐欺的取引の温床となりやすい。

また、ワンクリック詐欺、ポップアップ詐欺といったネット特有の詐欺的取引もある。ネット特有の詐欺的取引は、主にネットの即時性や双方向的な情報流通という特徴を悪用している。

さらに、内職商法類似のアフィリエイト商法やドロップシッピング商法といった悪徳商法ないし詐欺商法は、ネット上の新しい広告・販売手法を題材とした詐欺的取引である。

2　刑事責任

ネットを利用した詐欺的取引について成立する犯罪について概観する。

(1)　欺罔行為

(ア) 詐欺罪（刑法246条）

一般的な詐欺罪の構成要件は、被害者を欺罔し、その瑕疵のある意思に基づいて財物を交付させ、または財産上の利益を取得することである。

商人などが、取引上、ある程度誇大した表現を用いてその商品を吹聴するような例は、日常生活において一般に見受けられるところであり、必ずしも欺罔行為とはいえないが、取引上の重要な事項に関して具体的に人を錯誤に陥れるための方策が講じられ、それが買主の購買意思の決定に影響を与えるような場合には、欺罔行為があると解すべきとされる[1]。また、通常の社会人であればその虚偽性を看破しうる行為であっても、社会経験に乏しいため、錯誤に陥るような場合には、当該被欺罔者との関係では欺罔行為があるということができる[2]。

ネット上においても、商品や役務を実際に提供する意思がなかったり、代金を支払う意思がなかったりするにもかかわらず、これをあるものと偽る欺罔行

---

1)　大塚仁『刑法各論（第3版増補版）』（有斐閣、2005）246頁。
2)　山口厚『刑法各論（第2版）』（有斐閣、2010）251頁。

為により、一般人を錯誤に陥れて商品等や代金を交付させる行為は詐欺罪の構成要件に該当する。ネット上の取引の場合、対面したり会話をしたりといった直接的な欺罔ではなくインターネットというネットワークを介しての欺罔であるが、相手方を騙して相手方に処分行為をさせている場合には詐欺罪が成立する。

(イ) 電子計算機使用詐欺罪（刑法246条の2）

通常の詐欺罪は、人に対する欺罔行為とそれに基づく処分行為が構成要件となっている。ネット上で他人のIDを利用して他人になりすましたり、他人のクレジットカードを利用したりして、電子計算機上、他人の課金においてコンテンツを利用するなどした場合には、人への欺罔行為や人による処分行為がないので一般の詐欺罪は成立しないが、電子計算機使用詐欺罪が成立する可能性がある[3)4)]。

(ウ) 不正アクセス禁止法違反

他人のIDやパスワードを不正に使用して、その者になりすましてアクセス認証を受ける行為は不正アクセス禁止法違反となる（3条）。従来、フィッシング行為そのものは不可罰であったが、平成24年改正により、不正取得罪（4条）や不正保管罪（6条）、フィッシングサイト開設・メール送信罪（7条）が新設され、不正使用の前段階も規制対象とされた。

(エ) 支払用カード電磁的記録に関する罪（刑法第18章の2）

支払用カード電磁的記録に関する罪は、平成13年刑法改正により新設された。使用したクレジットカード、プリペイドカードなどの支払用カードが偽造カードであった場合には、支払用カード電磁的記録不正作出罪（刑法163条の2）が成立する。

---

3) 窃取した他人名義のクレジットカードをいわゆる出会い系サイトの利用代金決済に使用して財産上不法の利益を得た行為につき、電子計算機使用詐欺罪の適用を高裁で初めて認めた事例（大阪高判平成17年6月16日高刑速報集平17年259頁）。
4) 窃取したクレジットカードの名義人氏名等を冒用してこれらをクレジットカード決済代行業者の使用する電子計算機に入力送信して電子マネーの利用権を取得した行為が電子計算機使用詐欺罪に当たるとされた事例（最決平成18年2月14日判時1928号158頁）。

(2) 他人・虚偽人名義の口座利用

　詐欺により金員を詐取しようとする者は、他人名義や虚偽人名義の預金口座を利用するのが一般的である。

（ア）有印私文書偽造罪・同行使罪（刑法 159 条・161 条）、詐欺罪

　他人名義の銀行口座を開設した場合には、他人の印章などを利用して他人名義の権利、義務、事実証明に関する文書を行使目的で偽造したといえ、有印私文書偽造罪・同行使罪が成立する。実在しない名義を用いた場合であっても、文書偽造罪は文書に対する公共の信頼を保護しているので、一見して虚偽であることが明らかではない場合は文書偽造罪が成立する。口座開設に伴い銀行から預金通帳やキャッシュカードの交付を受けることは、詐欺罪にあたる。

（イ）本人確認法違反、詐欺罪

　本人確認法（平 14 年法 32 号）により銀行の本人確認が厳格になったことから、口座の売買が横行し、売買された口座が犯罪に利用されるケースが増加した。そこで、本人確認法の改正により、なりすまし目的や有償で預金通帳やキャッシュカードを譲渡・譲受する行為や、譲渡・譲受のために人を勧誘・誘引する行為が禁じられるに至った（平成 16 年改正）。これにより、口座の売買はもとより、インターネット上などで預貯金通帳・キャッシュカードなどの売買を広告することも違法となる。

　また通帳等を他人に譲渡する目的で預金口座を開設した場合、銀行から預金通帳やキャッシュカードを騙し取ったという詐欺罪が成立する。

(3) 預金引出行為など

　被害者が口座に振り込んだ金銭の占有は金融機関にあり、ネット詐欺を行った者はこれを正当に引き出す権限がないから、これを引き出す行為は新たな法益侵害であり、被害者に対する詐欺罪とは別に、金融機関に対する詐欺罪ないし窃盗罪が成立する。

（ア）詐欺罪

　通帳および印鑑を使用して金融機関の窓口において預貯金を引き出す行為は、金融機関職員に対して正当な引き出し権限があるように装うという欺罔行為によって職員を誤信させ、職員の処分行為により金員の交付を受けているので、

詐欺罪が成立する。

　（イ）窃盗罪（刑法 235 条）

　キャッシュカードを使用して金融機関の ATM から預貯金を引き出す行為は、人に対する欺罔行為や人による財産的処分行為がなく詐欺罪にはあたらない。この場合は、正当な権限なくして現金を引き出して取得しているので、窃盗罪となる。なお、自分名義の口座からの引き出しであっても窃盗が成立する場合がある[5]。

　（ウ）電子計算機使用詐欺罪

　キャッシュカードを使用して金融機関の ATM で他人の預金口座から自分の預金口座に預金を引き移す行為は、現金を引き出して取得したわけではないから窃盗罪にはならず、電子計算機使用詐欺罪が成立する。

(4) コンピューターウィルスの利用

　平成 23 年刑法改正により、不正指令電磁的記録に関する罪（いわゆるコンピュータウィルスに関する罪）が新設された（刑法 168 条の 2 以下）。

　これは、正当な理由がないのに、人の電子計算機における実行の用に供する目的で、人が電子計算機を使用するに際してその意図に沿うべき動作をさせずまたはその意図に反する動作をさせるべき不正な指令を与える電磁的記録を作成、提供、供用、取得、保管する行為を処罰するものである。

第 2 節　詐欺的取引各論

1　ワンクリック詐欺

(1) 具体例

　（ア）ワンクリック詐欺の意義

　ワンクリック詐欺とは、携帯電話やパソコンに届いた勧誘メールや広告メー

---

[5]　送金銀行の手違いで自己の普通預金口座に過剰入金された金員を自己のキャッシュカードを用いて現金自動支払機から引き出したことが、窃盗罪にあたるとされた事例（東京高判平成 6 年 9 月 12 日判時 1545 号 113 頁）。

ル、ブログのトラックバックなどに記載されいている URL や、各種ウェブサイト上の画像、アイコン、認証ボタンおよびリンクなどをクリックしただけで、「会員登録ありがとうございます」や「登録が完了しました」などと表示された有料サイトに誘導されて、高額の入会金や登録料金などの料金を請求されるネット上の詐欺的取引の一つである。特に、出会い系サイトやアダルトサイトで多発している。一度クリックしただけで、勝手に入会や登録をされてしまうことから、このネット詐欺は「ワンクリック詐欺」と呼ばれている。不当・架空請求の一種であるが、一方的に葉書等で料金等を請求されるケースと異なり、利用者がパソコンや携帯電話を自分で操作をすることをきっかけとして請求が行われることで、ネットを利用して契約が成立したかのように装うところに特徴がある。

　ワンクリック詐欺の中には、携帯電話のショートメッセージサービスを巧妙に悪用する例がある。これは、①ショートメッセージサービスを用いて、ユーザーへ個々の携帯電話番号に対応した URL を記載したメールを送信する、②ユーザーが送信されてきたメールに記載されている URL をクリックすることで、ネット詐欺師はアクセスしたユーザーの携帯電話番号を把握できる、③ネット詐欺師は把握したユーザーの携帯電話番号宛てに利用料金を請求する、といった手口である。一般に、携帯電話のインターネット接続機能を利用してサイトにアクセスしたことによって相手方に携帯電話番号を把握されることはないが、この手口では、サイトにアクセスした時点でアクセスした携帯電話の番号が相手方に把握されてしまう点が特徴である。

　古典的なワンクリック詐欺は、例えば、アダルトサイトのサンプル画像や、勧誘メールや広告メールの本文中の「お得情報はここをクリック！」「18歳以上の方」などと記載された URL をクリックしたとたん、会員登録完了と登録料振込請求の表示が出るものである。

　また、有料であることや申込画面であることがわかりにくいものの、一応ウェブサイトに申し込み画面であることが表示されているケースや、リンク先に、「18歳以上の方」をクリックすることで自動的に入会になることや利用料金が発生することなどが記載されているというケースもある。

（イ）ツークリック詐欺

　後述の電子契約特例法を意識してワンクリック詐欺をさらに巧妙に進化させたネット詐欺として、ツークリック詐欺とよばれるものがある。

　ワンクリック詐欺の場合は、ウェブサイト上のアイコンや広告メールに記載されたURLをクリックすると、直ちに有料サイトに誘導されるが、ツークリック詐欺の場合は、最初のアイコンやURLをクリックすると、次に、利用料金や規約などが記載された確認画面が表示される。ただし、有料である旨や具体的な利用料金は、規約や注意事項の中に小さく記載されていたり、スクロールしなければ見えないような場所に記載されていたりすることがほとんどである。2つめの画面において注意事項や規約などをよく読まずに、「はい」や「OK」の認証ボタンをクリック（2回目のクリック）してしまうと、その後はワンクリック詐欺同様、「入会ありがとうございます」や「登録が完了しました」などと書かれた有料サイトに誘導され、高額の入会金や登録料金などの払う必要の無い料金を請求される画面が表示される。

（ウ）クリック詐欺の手口

　ワンクリック詐欺にしろツークリック詐欺にしろ、この手のクリック詐欺の手口のポイントは、いかにしてアイコンをクリックさせて自分の有料サイトに誘導するかということと、その有料サイトでいかにしてお金を振り込ませるかの2点にある。そこで、ウェブサイトやメール上には、思わずクリックして確認してみたくなる画像や勧誘文句が仕掛けられているし、有料である旨や利用料金の記載がなかったり、無料と誤信させる表示があったりする。また、自分のサイトへ誘導した後は、個人情報を取得済みであるかのように装ったり（パソコンのIPアドレスやホスト名、携帯電話の場合には機種名、個体識別番号、位置情報などが画面上に表示される）、契約が成立しているかのような文面を表示したりしているので、利用者は、契約が成立していると誤信したり、個人情報を知られていると思い込んだりして、やむを得ずお金を振り込んでしまう。「個人情報を取得したので支払いが無い場合は法的措置を取らせていただきます」のような脅しの内容が書かれていることもある。

　さらに、サイト先に記載されているアドレスや電話番号に連絡することによって、かえって個人情報であるメールアドレスや電話番号を知られてしまい、

執拗に請求されるケースもある。

(2) 行政規制
　(ア) 特定商取引法
　特定商取引法12条は、通信販売における虚偽誇大広告を禁止している。サイトやメールの本文中に、商品代金または役務の対価が「無料」と表示されているにもかかわらず、利用規約等に商品代金または役務の対価が有料と記載することは同条に違反する。
　また、特定商取引法14条は、通信販売における顧客の意に反して契約の申込みをさせようとする行為として主務省令で定めるもの[6]が顧客の利益を害するおそれがあると認めるときは、主務大臣は必要な措置をとるべきことを指示することができると規定している。ワンクリック詐欺にしろツークリック詐欺にしろ、いわゆるクリック詐欺の画面やメールの表示が顧客の意に反して契約の申し込みをさせようとする行為にあたることは明らかである。
　(イ) 消費者契約法違反
　消費者は、重要事項に対する不実の告知や不利益事実の不告知があった場合には、その契約を取り消すことができる（消費者契約法4条）。
　また、一方的に規約に書かれている違約金や遅延損害金、解約不可などの規定は無効である（消費者契約法9条・10条）。

(3) 主要な法律問題
　(ア) 契約の不成立
　契約は、申込みと承諾の意思表示が合致した場合に成立する。前述のように、クリック詐欺はクリックによって契約が成立したと装って料金を請求するのであるが、クリックが契約の申込みであるといえない場合には、そもそも申込みの意思表示がなく、契約は成立しない。

---

[6] 顧客の意に反して契約の申込みをさせようとする行為として、電子計算機の操作（クリック）が電子契約の申込みとなることを顧客が当該操作を行う際に容易に認識できるように表示していないこと（特定商取引法施行規則16条1号）、申込みの内容を顧客が容易に確認し、および訂正できるようにしていないこと（同条2号）。

クリック画面においてクリックが契約の申込みであるとの表示がまったくない場合には、クリックを契約の申込みの意思表示とみることはできないので、契約が成立することはない[7]。

　また、クリックが契約の申込みであることが表示されていたとしても、それが画面構成上認識しにくいようになっている場合には、契約の申込み行為がないと判断される可能性がある[8]。

　なお、クリックが契約の申込みになることが表示されていたとしても、無料であると表示されている場合や有料表示がない場合には、申込みの意思表示は無料利用の申込みであるから、申込みの内容と有料利用の承諾の内容が一致しないので、やはり契約が成立することはない。

　（イ）錯誤

　民法は、錯誤による意思表示は、①「法律行為の要素」に錯誤がある場合、②「重過失がない」場合は無効としている（民法95条）。

　民法上、錯誤につき表意者に重過失がある場合には表意者は錯誤の主張をすることができないが、かかる但書の趣旨は相手方の保護にあるので、相手方であるワンクリック業者の悪意がある場合には、仮に表意者側に重過失があっても、ワンクリック業者を保護する必要はなく、錯誤無効が認められる可能性が高い。ワンクリック業者が申込者が意に反して申し込むように罠を仕掛けている場合、ワンクリック業者は申込者が錯誤に基づいて申し込んでいることを認識しているのであるが、民法95条但書は相手方が悪意の場合には適用すべきではないというのが通説判例とされているからである。

　また、申込者が契約を申し込む意思がなかったにもかかわらず、誤って申込

---

[7] 経済産業省「準則」（平成24年11月）i.16頁によれば、ワンクリックが契約の申込みであることを認識できないケースとして、単なる宣伝メールを装い、特定URLを表示しているケース（「動画が見放題！今すぐクリック！」など）、知人からのメールを装い、特定サイトの単なる照会であるかのように特定URLを表示しているケース（「昨日話したサイト！」などの文章の後に記載されたURLをクリックすると自動登録される）、有料サービスの解約・退会手続案内メールを装い、特定URLを表示しているケース、「入口」「○○を見る」というボタン表示のみでそのボタンを押すことが契約の申込みとなることが表示されていないケースなどが挙げられる。

[8] 経済産業省「準則」（平成24年11月）i.16頁によれば、携帯電話で画面の一番下までスクロールしないと利用規約が表示されないケース、利用規約にはクリックが申込みになることが記載されているが、クリックボタンは「18歳以上ですか」の問いに対する「OK」「キャンセル」のみ表示されているケースなど。

みボタンをクリックしてしまったような場合、民法上はそれが重過失か軽過失か問題となるが、BtoC（事業者・消費者間）の電子消費者契約においては、操作ミスに対応した錯誤無効の特例により、事業者が申込内容の確認措置を講じていた場合を除き、申込者の重過失の有無にかかわらず、錯誤無効が主張できる（電子契約特例法 3 条）。

ツークリック詐欺は、利用料金や規約などが記載された画面を一度表示させていることから、電子契約特例法に基づいた請求を装い、錯誤無効の主張を封じ込めようとしている。しかし、上記のようなクリックによる方法は、前述のように契約の申込みと認められる可能性が低い上、確認画面を表示させていても確認画面として不十分な記載で申込者に罠を仕掛けているようなケースでは、ツークリック業者に悪意があるとして民法 95 条但書の適用がない可能性が高い。

（ウ）その他

クリック詐欺においては、上記のほか、詐欺による契約の取消し（民法 96 条 3 項）、消費者契約法違反による無効、契約内容の公序良俗違反による無効（民法 90 条）、未成年取消し（民法 5 条 2 項）などの主張が考えられる。

また、東京地判平成 18 年 1 月 30 日（判時 1939 号 52 頁）は、ワンクリック詐欺サイトの不法行為責任を認めた判例であるが[9]、同判決は画像をクリックしただけで自動的に会員登録および代金請求の表示がされるサイトの構成では、そもそも契約が成立しておらず、業者の不当請求は不法行為にあたると判断した。

2 偽ウィルス対策ソフト販売詐欺（ポップアップ詐欺）

(1) 具体例

ネットの双方向性を悪用した詐欺として、偽セキュリティ・ソフトを売りつけようとする詐欺がある。これは、ユーザーがウェブサイトを閲覧していると、

---

[9] インターネット上でのいわゆる「ワンクリック詐欺」の被害に遭い、「個人情報取得完了」という文字が画面上現れて料金請求を受けた被害者が、個人情報を窃取されたのではないかとの疑念から一時はパソコンで業務ができなくなった等の精神的苦痛を被ったとして慰謝料を請求したものであり、判決では慰謝料 30 万円の請求が認容された。

突然、ポップアップでエラー表示やスパイウェア[10]の警告表示（「スパイウェアに感染している」「ウィルスに感染している」「システムエラーを検出した」といった嘘のメッセージ）が現れ、無料のスキャンサイトに誘導され、セキュリティ対策ソフトと称するソフトをダウンロードさせて購入代金を支払わせようとするネット詐欺である。偽のポップアップが出ることから、ポップアップ詐欺とも呼ばれる。

スキャンサイトでは、何らかのプログラムが動作してパソコン内のシステムをチェックしているように見えるが、その実体はアニメーション GIF や Flash であり、どのパソコンでも同じ結果が表示されたりする。また、ダウンロードで購入させようとするソフトのほとんどは、ウィルスやスパイウェアを検出・駆除する機能のない偽セキュリティ・ソフトであり、それどころか、スパイウェアをダウンロードさせることも少なくないという。

最近では、国内ユーザーをターゲットとしたユーザー・インターフェースが日本語の偽セキュリティ・ソフトも出現している。

このような手口は嘘の情報を仕掛けてウィルスに感染していると誤信させ、偽ウィルス対策ソフトを購入させるのであるから、詐欺罪が成立することはもちろんであるし、偽ウィルス購入契約について、詐欺取消しや錯誤無効の主張も可能である。

もっとも相手先はどこの誰ともわからないケースが多く、代金を支払ってしまうと被害回復は容易ではないので、注意が必要である。

3　フィッシング詐欺

(1) 具体例

フィッシング詐欺とは、実在の銀行・クレジットカード会社やショッピングサイトなどを装ったメールを送付し、そこに偽のリンクを貼り付けて、その銀行・ショッピングサイトにそっくりな偽のホームページにアクセスするよう言葉巧みに呼び込み、その偽のホームページにおいて ID やクレジットカード番

---

[10]　スパイウェアとは、「利用者や管理者の意図に反してインストールされ、利用者の個人情報やアクセス履歴などの情報を収集する不正プログラム」をいう（独立行政法人情報処理推進機構（IPA）と NPO 日本ネットワークセキュリティ協会（JNSA）スパイウェア対策啓発 WG による共同の定義）。

号、パスワードなどを入力させて個人情報を入手し、その情報を元に他人になりすましてネット上で取引を行うという詐欺である。

　その具体的な手口は、まず、実在の銀行・クレジットカード会社やショッピングサイトなどとそっくりな偽のサイトを作成し、実在の企業から送付されてきたようなメールを送る。メール本文には「下記の URL にアクセスして個人情報の更新をお願いします。更新しないと、あなたのアカウントは失効することがあります。このメールは自動送信メールとなっているので、返信いただいてもお答えしかねます。」などともっともらしく書かれている。それを本物のサイトからのメールと誤信したユーザーは、偽のサイト上で、クレジットカード番号やパスワードなどを入力してしまい、個人情報が詐取されてしまうというものである。フィッシングを行った者は、その個人情報を売ったり、取得した個人情報でなりすまし詐欺を行ったりする。

　VISA や MasterCard を騙る英語のメールによる手口が多いが、Yahoo! JAPAN やモバイルゲームサイトを騙り、これらのアカウント乗っ取りを目的としたフィッシング詐欺とみられる日本語のメールや偽サイトも報告されている[11]。2011 年以降は日本の銀行などをかたるフィッシングサイトの報告が急増している。

(2) 刑法との関係

　偽のサイトから個人情報を入力させて不正にクレジットカード番号や ID、パスワードなどの個人情報を入手する行為は、情報窃盗の一類型といえるが、情報は財物に当たらないため、窃盗罪の構成要件に該当しない。このためフィッシング行為は不可罰であった。しかし、不正アクセス行為は、他人の ID、パスワードなどの識別符号が第三者の手に渡ってしまえば、不正アクセス行為を防止することは技術的に極めて困難である。そこで、サイバー犯罪に対抗して不正アクセス行為禁止の実効性を確保するため、平成 24 年不正アクセス禁止法が改正され、不正アクセス行為の用に供する目的での他人の識別符号を取得する行為の禁止規定（4 条）、同目的での不正取得識別符号の保管の禁止規定

---

11) フィッシング対策協議会（Council of Anti-Phishing Japan）HP（http://www.antiphishing.jp/）参照。

（6条）が新設され、正当な理由によらずに他人の識別符号を提要する行為も全て禁止された（5条）。

また、企業や銀行からのメールを装ってフィッシングメールを送信する行為や、偽のサイトを真正な企業のホームページと誤信させようとするフィッシングサイトを開設する行為についても禁止規定（7条）が新設された。

取得した個人情報を用いて他人名義や他人のIDでサイトにアクセスした場合には、不正アクセス禁止規定（3条）違反となるが、平成24年改正により、法定刑の上限が懲役1年から3年に引き上げられた。

他人名義や他人のIDを使って買い物をしたり、サイトのコンテンツを利用した場合には、詐欺罪ないし電子計算機使用詐欺罪が成立する。

(3) フィッシング詐欺対策

送付されてくるメールの真正について十分に注意し、メールに書かれているリンクを安易にクリックしないようにすることが必要である。特にリンク先でクレジットカード番号やパスワードなどの個人情報の入力を要求してきた場合は、メールを送信してきたとされる企業の実際のホームページや窓口に問い合わせて、メールやメールに記載されているURLなどが本物かどうかを確認するようにする必要がある。

4　オンラインショッピング詐欺・ネットオークション詐欺

(1) 具体例

オンラインショッピング詐欺・ネットオークション詐欺とは、インターネット上の通信販売やヤフーなどのネットオークションにおいて、代金支払および商品受渡しの過程にて行われるネット詐欺である。オンラインショッピングやインターネットオークションは、自宅に居ながら買い物をしたりオークションに参加したりして、欲しい品物を手に入れることができる便利な仕組みであるが、「お金を振り込んだのに品物が届かない」、「届いた品物が掲載されていた商品と違う」「品物を送ったのに代金が支払われない」といったトラブルが後を絶たないので注意が必要である。

ネット上のショッピングやオークションでは、他人の個人情報を利用した

「なりすまし詐欺」による被害も多い。

　さらに、ネットオークションにおいては、自分が出品した商品を高値で落札させようとして、出品者が複数のIDを取得し、入札者になりすまして入札して値段をつり上げて落札した上でキャンセルし、次点の者に商品を売りつける「つり上げ詐欺」と呼ばれる手口もある。

(2) 刑法との関係

　一般的なオンラインショッピング詐欺、インターネットオークション詐欺については、第1節2の解説がそのままあてはまる。

　「つり上げ詐欺」の場合、入札者は自分が購入してもよいと考える額で入札するのだから詐欺は成立しないとの考え方もある。しかし、出品者本人のした購入意思のない入札は不正・無効であるにもかかわらず、出品者は、正当な入札が複数あったかのように装う欺罔行為により他人を錯誤に陥れ、他人をして欺罔行為がなかった場合より高い値段で入札を行わせ、その高い値段で代金を請求するのであるから、詐欺罪が成立する余地があると考える[12]。

(3) 具体的な問題点

　インターネットモールの詐欺ショップについては第10章第4節、インターネットオークションについては第11章、なりすまし詐欺については第3章第7節を参照されたい。

5　リアルマネートレードにおけるオンラインゲームのアイテム詐欺

(1) 具体例

　リアルマネートレード（RMT）とは、主にオンラインゲームなどの仮想世界にある物品を、現実の世界の金品を代価として取引をする事である。オンラインゲーム上で入手困難なアイテムや仮想通貨は、RMTで数万から数十万円という高額で取引されることも珍しくない。

　しかし、RMTにおいては、代金を支払ってもアイテムや仮想通貨が引き渡

---

12) 吉川ハンドブック（初版、2008）253頁。

されないというトラブルが多く発生しており、オンラインゲームのアイテム詐欺として問題となっている。

　RMTの一般的な取引の流れは、オンラインゲーム上で自分のキャラクターが使用するためのアイテムや仮想通貨を現金取引するためのインターネット上の専用サイトの掲示板やメールを利用してアイテムや仮想通貨の売買を行い、取引が成立すると、買主は代金を売主に振込みなどで先払いし、売主は実際のオンラインゲーム上で目的のアイテム等を引渡しするというものである。しかし、そのような専用サイトとオンラインゲームには何の関係もないので、売主がオンラインゲーム上でアイテム等の引渡しを行うことは保証されていない。

　ほとんどのオンラインゲームでは、RMTが禁止事項とされているので、オンラインゲーム会社にRMTをしたことがわかってしまうと、アカウント停止などの措置がとられることがある。そこで、RMTを行うユーザーは、あえて個人情報などをはっきり明かさずに取引することも多く、被害にあっても、その相手を特定できず、解決できない可能性が高くなる。またアイテム詐欺の被害に遭っても、RMTを利用していたことがオンラインゲーム会社に知られたくないため、被害届を出すこともできず、詐欺の温床となっている。

　同じオンラインゲーム上のアイテムや仮想通貨を取引している以上、相手のアカウントも同じゲーム内にあるはずであるが、オンラインゲーム会社はRMTを禁止していることから、インターネットショッピングモールやインターネットオークションの場の提供者の場合と異なり、オンラインゲーム会社の責任を追及することは困難である。

6　電子チェーンメール型ねずみ講[13]

　「電子チェーンメール型ねずみ講」とは、電子メールを利用して勧誘メールを送り、これを受信した者がさらにそれを次の者に転送していくというチェーンメールと同様の方法で増殖していくねずみ講のことをいう。インターネット上ではマネーゲームと称してこのようなメールが出回っており、気軽な気持ちで参加する者も多いようである。

13）　日弁連消費者問題対策委員会編『キーワード式消費者法事典』（民事法研究会、2006）318頁〔斎藤雅弘〕。

その中心となる仕組みは、①電子メールの中に4〜5名の送金先口座を順番に並べて記載する、②メール受信者に対し、そこに記載されている送金先に一定の金員を送金するよう勧誘する、③メール受信者がリスト上の数人の銀行口座に一定のお金を振り込んだ後、リストの最上位者を削除して、下位の者の順番を繰り上げ、自らが最下位の位置に参加する、④その電子メールをさらに多数のメールアドレス宛に送信する、⑤こうして記載されている送金先の人数を超えた段階まで送金とメールの転送が進むと次第に順位が繰り上がり、最後には送金先から削除される、というものである。

　1つのメール系列だけを縦にみると、自分が送金した以上の金員は受領できない。しかし、電子チェーンメール型ねずみ講では、できるだけ多数のアドレス宛に送信するよう指示されており、電子メールは費用をかけずに多数のメール送信をすることが可能であるので、メールの連鎖は横にも広がっていく。メールを受け取った者の一部が記載されている送金先に指定の金員を送金すれば、送金した金額を超える金員を受領することができる仕組みとなっている。

　このような行為については、組織の仕組み自体が加入者が無限に増加することを理論的な前提として成り立っているのであれば、先順位者が抜けようが抜けまいが、あるいは、再加入を繰り返すという形であろうと、「無限連鎖講の防止に関する法律」に違反するいわゆるねずみ講となる可能性がある。

　同法の禁止するねずみ講（無限連鎖講）とは、後順位者が段階的に2倍以上の倍率で増加し、後順位者が出捐する金品により自分の出捐した価格を上回る金品を受領できる配当組織のことである（同法2条）。電子チェーンメール型ねずみ講では、1つの系列だけみると「無限連鎖講」の要件に該当しないようにみえるため、無限連鎖講防止法には違反しないと宣伝して勧誘するものが多い。また、中には「先に参加した者が抜けていくシステムなので『無限連鎖』ではなく違法性はない」等と説明を加えているものも見受けられる。しかし、後順位者が2倍以上で段階的に増加するという要件は、数学的な厳密さでそのような仕組みになっている必要はなく、加入者が勧誘するかしないかの選択の自由を有する場合も含むと解されている（東京高判昭和58年7月28日判時1105号154頁）。

　電子チェーンメール型ねずみ講でもこの要件を外れることはなく、無限連鎖講防止法違反で起訴され、有罪判決が確定しているものがある（秋田地判平成13

年5月22日判例集未登載)[14])。

　なお、無限連鎖講防止法は、ねずみ講の開設、運営はもとより勧誘行為等いっさいを禁止しているので、電子チェーンメールを受け取って転送した場合であっても、無限連鎖講防止法違反となる。

　民事的には、ねずみ講への加入契約は公序良俗に違反して無効であり、ねずみ講の主宰者やねずみ講に入会させた勧誘者は不法行為責任を負うと解されている（長野地判昭和52年3月30日判時849号33頁、東京地判昭和60年9月12日判時1220号97頁、東京地判昭和58年9月26日判時119号93頁）。したがって、先順位者に金員を支払ってしまった者は、勧誘者である先順位者に対し、不法行為に基づく損害賠償請求をすることができる。

7　証券詐欺・オンライントレード詐欺

(1)　具体例

　証券詐欺は、電子ニュースレターやウェブサイト、電子メール、掲示板などを介して偽りの情報を流し、株価を操作して株価を不当につり上げることにより投資家に詐欺行為を働く手口である。

　米証券取引委員会（SEC：Securities and Exchange Commission）は、2000年9月、インターネットのサイトや電子メール、掲示板などで風説を流布し、株価を不当に操作して投資家に詐欺行為を働いたとして、複数の個人や団体に法的な措置をとった。不当につり上げた株の時価総額は合計17億米ドル以上で、得た利益は1000万米ドル以上に上ったとしている[15]。

　日本でも風説の流布が行われ、法的措置がとられた例がある[16]。

(2)　刑法との関係

　金融商品取引法（旧証券取引法）158条は相場の変動を図る目的の風説の流布

---

14)　平成13年1月23日検挙：北海道・秋田・宮城「リストの4人の口座に1000円ずつ振り込んだ後に、一番上の口座番号を削り、一番下に自分の口座を加えたメールを多くの人に送るだけで大金を手にできる」という内容の電子メールを送信してねずみ講を開設したとして、無限連鎖講防止法違反（開設）の罪に問われた事例（福岡県警察HPより http://www.police.pref.fukuoka.jp/seian/seikei/012.html）。

15)　日経エレクトロニクス2000年09月25日号。

を禁止しており、違反者は10年以下の懲役または1000万円以下の罰金に処せられる（同法197条5号）。風説の流布とは、有価証券の売買のため、また、有価証券の相場の変動を図るために、証券取引や会社情報に関し、事実と異なる情報を流すことや合理的な根拠のない情報を流すことである。インターネット上の掲示板、チャットルーム、ニュースレター等において、上場会社や証券市場等について虚偽の情報を掲載等する行為は、金融商品取引法で禁止されている風説の流布に抵触する可能性がある。

　また、偽りの情報を流す行為について、明らかに虚偽の情報をインターネット上で流し、投資家を錯誤に陥らせて株式を購入させる行為は、詐欺罪（刑法246条1項）が成立する余地がある。

---

16) 証券取引等監視委員会が告発した事件（平成14年11月29日）として、Aが、B社の株券について、あらかじめインターネット上で募集した会員に対し、売買を推奨する内容虚偽のメールを送信して相場の変動を企て、数十名の会員に対し、「会社の存立を左右するような悪材料があるから明日の寄付きで売り注文を出してください」などと記載した内容虚偽の電子メールを送信し、その翌日、悪材料が偽りであったとして買戻しを指示する電子メールを送信し、これによってAは、株価が上がったところで自分が保有していた十数株を売り抜け、数十万円の利益を得ていたが、損をした会員の投資家からの情報が証券取引等監視委員会に寄せられ事件が発覚し、裁判の結果、Aは、罰金30万円、追徴金約36万円に処せられた事例がある（東京証券取引所自主規制法人HP　http://www.tse.or.jp/sr/unfair/faq.html より）。

●事項索引●

あ行

アイテム　485
アウトバウンドポート 25 ブロック　12
アクセス管理権限　455
アクワイアラー（アクワイヤラー）　119, 292, 293, 346, 351
アダルトサイト　292, 349, 360
アノニマス　246
アバター　468
アフィリエイター　290, 313
アフィリエイト　13, 289, 343, 359, 473
アフィリエイト・プログラム　289
暗証番号　347
安全管理措置　265
域外適用　218
意思実現行為　302
イシュアー　119, 292, 293, 346, 352
委託先提供　261
委託先の監督　267
一部免責条項　56
一般社団法人モバイルコンテンツ審査・運用監視機構　457
一般条項による規制　60
一般連鎖販売業者　341
違法アップロード　441
違約金条項　58
医薬品　316, 366
インターネット異性紹介事業　361, 442
インターネットオークション　24, 161, 166, 174, 285, 314, 363, 395, 401
インターネットショッピングモール運営事業者→モール運営事業者
インターネット接続役務提供事業者　458
インターネット通販　285, 298
インターネットバンキング・サービス　411
インターネットモール　370, 384, 388
インターネットリテラシー　295
ウルトラマン事件　239
営業のために若しくは営業として　317
営業秘密　107, 455
映像送信型性風俗特殊営業　360
営利目的　314
エスクロー　291
エスクローサービス　129, 398, 404
オークションサイト運営者の免責特約　65
オークション事業者　401
オーソリゼーション　345
オプトアウト　260
オプトアウト規制　9, 325, 330
オプトイン規制　9, 325, 326
オリジネーター　41
オン・アス取引　292
音楽配信サービス　420
オンラインカンファレンスシステム　196
オンラインストレージ　428
オンライントレード　179
オンライントレード詐欺　488
オンラインモール　370

か行

カード会員規約　347
カード等　345
会員規約　303
開示の求め　268

解釈による契約条項規制　59	クレジットカード決済　117, 345
ガイドライン　314, 334, 339, 358	クレジットカードの不正使用　408
価格誤表示　30	クレジット決済代行業者　291
隔地契約指令　15, 25	クレジット現金化　7
隔地者間契約　14, 21, 298	クロスボーダー契約の禁止　354
確認画面　29, 334, 373	グロックスター事件　430
確認措置不要の意思表明　307	携帯音声通信事業者による本人確認　96
隠れた瑕疵　415	景表法　357
瑕疵　416	景品規制　7
瑕疵担保責任　162, 170	契約債務の準拠法に関する欧州共同体条約　201
──の全部免責条項　56	契約準拠法　200
仮想アイテム　467	契約の方式に関する準拠法　204
仮想空間サービス　462	契約の要素　299
仮想通貨　469, 485	ゲームポイント　150
割賦販売法　345	結果発生地　234
為替取引　130	決済代行業者　351
管轄　378	決済代行登録制度　356
勧誘　20, 32, 308	健康食品　368
──をするに際し　309	健康増進法　368
勧誘者　341	行為能力　33
危険負担　165	広告規制　4
キャッシュ　424	広告媒体　380
「共同利用」のための提供　262	行動ターゲティング広告　14, 296, 371
業務提供誘引販売取引　290, 343	抗弁の接続　31, 120
業務提供利益　343	抗弁の対抗　356
業務停止命令　325	顧客の意思に反する契約申込みをさせる行為　333
虚偽表示　27	国外犯　220
記録の保存義務　330	国際契約における電子通信の利用に関する国連条約　29
金品　365	国際裁判管轄　226
クーポン販売サイト　286, 359	国際ブランドカード　351, 356
クーリングオフ　25	国民生活センターのADR　196
口コミサイト　286, 440	個人情報　247
クッキー（cookie）　296, 377	個人情報取扱事業者　242
くもがくれ　390	個人情報保護法　451
クラウドコンピューティング　159, 183, 445, 452	個人情報保護方針→プライバシーポリシー
クリックオン契約　51	
クリックミス　303	

個人データ　250
誇大広告等の禁止　320, 324
国家管轄権　218
コピーガードキャンセラー　425
古物営業法　362, 397
古物競りあっせん業　363
個別信用購入あっせん　292
コンピュータの契約　15

さ行

サーバ型前払式支払手段　469
サーバー管理型電子マネー　132, 136
サイバーモール　370, 384
裁判管轄　448
サイン照合　346
サインレス取引　346
詐欺　31
詐欺罪　473
詐欺的行為　209, 235
詐欺的サイト　31
錯誤　28, 156, 305, 480
詐術　310
サンゴ砂事件　238
指示　325
システム障害　159, 177
システムダウン　184
システムトラブル　386
システムの構築　404
児童　361
児童ポルノ　361, 461
支払用カード電磁的記録に関する罪　474
ジャストオンライン事件　431
自由心証主義　187
収納代行　151, 153
収納代行サービス　123, 125
重要事項についての不告知　32
出店規約　373

出店者　375
出品者　401
シュリンクラップ契約　50
準拠法　378, 448
準占有者に対する弁済　38
準文書　188
場屋営業　387
証券詐欺　488
承諾　376
消費者　317
　——の紛争解決及び救済に関する理事会勧告　194
　——の利益を一方的に害する条項　59
消費者契約　201, 308
消費者契約法　308, 440, 479
消費者生成メディア　287, 422, 435, 440, 443
情報漏洩　159
食品衛生法　368
書面交付義務　67
信頼性評価システム　404
心裡留保　27
推奨者の責任　389
スキミング　121
スクロール　47
スターデジオ事件　427
ステルスマーケティング（ステマ）　295
3-DSecureシステム　412
成果連動型広告　290
制限行為能力者　311
成功報酬型広告　290
生産物責任　210, 235
青少年　456
青少年インターネット環境整備法　456
生鮮食料品　316
生体認証　80, 87
性風俗関連特殊営業　360
政令指定制　316

セキュリティキーボード　412
積極的広告規制　321
絶対的強行法規　222
セトルメント　119
全銀システム　139
全部免責条項　56
専用チャンネル　319
送信ドメイン認証制度　12
相対的強行法規　222
ソーシャルアプリ　434
ソーシャルアプリ・プロバイダ　436, 438, 439
ソーシャルゲーム　435
ソーシャルネットワークサービス→SNS
ゾーニング　459
属地主義　220
措置命令　357
ソフトウェア紛争解決センター　194

た行

ターゲティング理論　230
代金引換サービス　123, 128
第三者提供　260, 452
　——の停止の求め　271
代理行為　37
ダウンロード　423
タッピング　454
地下銀行　131
チケット　286
知的財産権侵害　213, 236
地デジの再放送　319
チャージバック　357
著作権法　377, 423
追認　34
ツークリック詐欺　478
通信の秘密　104
通信販売　163, 313, 372
　——における返品特約の表示についての

ガイドライン　49
　——の表示規制　49
通信販売電子メール広告受託事業者　327
つり上げ詐欺　485
出会い系サイト　292, 349
出会い系規制法　361, 442, 456
訂正画面　335
訂正等の求め　270
データエラー　31
テキスト型　440
適正な取得　252
適用除外　317
デジタルフォレンジック　192
電気通信サービス　319
電気通信サービス提供事業者　293
電気通信事業法　319
電気通信設備　288
電子計算機使用詐欺罪　474, 476
電子掲示板　361
電子契約　334
電子契約特例法　304
電子承諾通知　23
電子商取引　287
　——に関する消費者保護ガイドライン　194
電子商取引ガイドライン　50
電子商取引モデル法　16, 41
電子消費者契約　303, 338
電子情報処理組織　304, 363
　——を使用する方法　321
電子署名　114
電子署名法　190
電子送達システム　196
電子代理人　16
電子チェーンメール型ねずみ講　365, 486
電子データ　288

電磁的記録　287, 453
電子的自力救済　199
電磁的方法　23, 69, 287, 304
電子マネー　141
電子メール広告　326
電子メール広告受託業者　331
同意　376
統一電子取引法　16
統一ドメイン名紛争処理方針　195
動画共有サイト型　431
統括者　341
到達主義　21, 338
動物病院対2ちゃんねる事件　406
透明性の原則　55
特商法→特定商取引法
特定個人を識別できる情報　247
特定サーバー管理者　458
特定商取引法　313, 325, 479
特定電子メール　326
特定電子メール法　325
特定負担　340, 343
特定利益　340
トクホ　6
ドットコム・ディスクロージャー　4
トラブル放置類型　380
取引料　341
ドロップシッピング　291, 343, 473
ドングル　88

な行

内職・モニター商法→業務提供誘引販売取引
名板貸責任　66
名板貸人　383
ナップスター事件　430
なりすまし　89, 109, 157, 172, 296, 412
なりすまし詐欺　484
ニコニコ動画　440
ニフティーサーブ事件　406
日本コーポ分譲マンション事件　380
日本商事仲裁協会　194
日本知的財産仲裁センター　195
ニュー共済ファミリー事件　381, 390
入力ミス　303
ねずみ講　364, 488
ネットオークション→インターネットオークション
ネットオークション運営業者　289
ネットカフェ　99
ネット証券　179
ネットショップ　289
ネットネズミ講　157
ネットバンキング　64, 123, 151, 210
ネットモール型　351
年齢認証　310
能動的消費者　228
ノークレーム・ノーリターン　169, 414
ノークレーム・ノーリターン特約　60
ノン・オン・アス取引　293, 352

は行

場　379
ハイブリット・クラウド　446
パスワード→暗証番号
発信者情報開示請求権　173, 197
発信主義　21
場の提供者　372
パブリック・クラウド　446
反応型　440
ビジュアル型　441
ビッグデータ　297
ビデオ・オン・デマンド　319, 421
品質表示基準制度　369
ファイル共有　422, 429
不意打ち条項　54
フィッシング　221, 397

フィッシング詐欺　482	353
フィルタリング　456	幇助者　389
フィルタリングサービス　456	放送サービス　319
風営法　311, 360	法定代理人の同意　33
フェアユース　427	法定返品権　337
不実告知　156	他の者　341
不実証広告　7	補償規定　407
不実証広告規制　324	ホスティング　361
不正アクセス禁止法違反　474	保存期間　330
不正アクセス行為　110	ポップアップ詐欺　473, 481
不退去　32	保有個人データ　251
不当条項の無効　310	ホワイトリスト方式　457
不当表示　3, 358	本人確認の義務　93
不法行為準拠法　208	本人確認法違反　475
不法行為訴訟の特別裁判籍　233	本人認証　76
不明確（解釈）準則　55, 170	
プライバシー　298	**ま行**
プライバシーポリシー　274	マイレージ　144
プライベート・クラウド　446	前払い式通信販売　300, 331
ブラックリスト方式　457	マネーロンダリング　464
フリーミアム　287	まねきTV事件　428
フリーメール　328	マルチ商法→連鎖販売取引
プリカ法　132	マレーシア航空事件　226
振り込め詐欺　153	マンスリクリア　293, 355
プログラム売買　17	未成年者　33, 349, 437
プログラム利用説　405	──の詐術　36
ブロッキング　461	未成年者取消し　437
プロバイダ責任制限法　444	未成年者取引　310
平均的な損害　58	ミニメール機能→メッセージ機能
ベストエフォート　294	無権限者　408
ベンダーロックイン　449	無権限利用　38
返品制度　337	無限連鎖講　365
ポイント　144, 470	無限連鎖講防止法　364, 488
包括加盟店　292, 351	名誉・信用毀損　211, 235
包括信用購入あっせん　120	迷惑メール　8
包括信用購入あっせん関係立替払取次ぎ　　　353	迷惑メール規制　325, 343
包括信用購入あっせん関係立替払取次業者	メールマガジン　328
	メッセージ機能　435

免責条項(約款) 379
　──の効力　64
申込み　301, 376
　──の意思表示となることの確認画面　307
　──の誘引　19, 300
モール運営事業者　176, 289, 375, 380, 389
モール運営者　389
　──の免責特約　66
モール会員登録規約　57
モール利用契約に付随する義務違反　385

や行

薬事法　366
約款　43
有印私文書偽造罪・同行使罪　475
優遇比較原則　205
ユーザー生成コンテンツ　287, 463, 466
郵便等　313
優良誤認表示　358
預金者保護法　40
選撮見録事件　429

ら行

ライセンス取引　432
ライフログ　14, 297
落札者　401
ランクアップ　340
乱数表　412
リアルマネートレード　463, 485
利用規約　374, 433
　──の変更　56
利用者視点を踏まえたICTサービスに係る諸問題に関する研究会　199
利用停止等の求め　271
利用目的による制限　257
利用目的の特定　255

利用目的の変更　257
リンクによる表示　5
連鎖販売加入者　341, 342
連鎖販売業を行う者　341
連鎖販売取引　158, 340
レンタルサーバー　361
ロイヤルティ　378
録画ネット事件　428
ロクラクⅡ事件　429

わ行

ワンクリック詐欺　18, 473, 476
ワンタイムパスワード　412

アルファベット

ACP(Application contents provider)　289
ADR　193
BOT　463
B to B　288, 396
B to C　288, 371, 396
CGM(Consumer Genarated Media)→消費者生成メディア
CP(Contents provider)　289
C to C　288, 396
DeNA　436
DNSブロッキング(DNSポイズニング)　461
DRM(Digital Right Management)　421
ECネットワーク　195
e-filingシステム　196
eネゴシエーションシステム　196
EMA→一般社団法人モバイルコンテンツ審査・運用監視機構
Facebook　434
FTC　295
GREE　434

HaaS　446
HTTP（Hypertext Transfer Protocol）　298
IaaS　446
ICカード型　132
ID・パスワード　408
IP（Information provider）　289
JAS法　368
JPドメイン名紛争処理方針　195
KaZaa事件　430
mixi　434
MMORPG（Massively Multiplayer Online Role-Playing Game）　463
MYUTA事件　428
ODR　196
P2Pファイル共有システム　429
Paypal　131
PssS　446
Q&Aコミュニティサイト　286, 440

RMT（Real Money Trading）→リアルマネートレード
SAP→ソーシャルアプリ・プロバイダ
SEO（Search Engine Optimization）　291
Second Life　462
SLA　448
SMS　298, 327, 328
SMTP（Simple mail Transfer Protocol）　298, 327, 328
SNS　286, 434
SNS運営事業者　438
twitter　441
UGC（User Generated Content）→ユーザー生成コンテンツ
Viacom vs google事件　430
Virtual Property　466
Winny　431
YouTube　440

●裁判例索引●

大審院
大判大正4年6月12日民録21巻931頁　164
大判大正4年12月2日民録21巻2187頁　34
大判大正4年12月24日民録21輯2182頁　45
大判大正10年11月22日民録27輯1979頁　164
大判昭和13年9月30日民集17巻1775頁　161

最高裁判所
最判昭和36年6月27日民集15巻6号1730頁　468
最判昭和36年11月21日民集15巻10号2507頁　161
最判昭和43年2月23日民集22巻2号281頁　161
最判昭和43年12月17日民集22巻13号2998頁　178
最判昭和44年2月13日民集23巻2号291頁　36, 311
最判昭和44年12月19日民集23巻12号2539頁　91
最判昭和51年12月20日民集30巻11号1064頁　161
最判昭和52年8月9日民集31巻4号742頁　152
最判昭和56年10月16日民集35巻7号1224頁　226
最判昭和60年12月12日判時1182号156頁　366
最判平成元年9月19日裁判集民157号601頁　381
最判平成2年2月20日判時1354号76頁　120
最判平成5年7月19日判時1489号111頁　39, 65, 410, 411
最判平成6年1月20日金法1383号37頁　152
最判平成7年11月30日民集49巻9号2972頁　175, 383
最判平成9年4月26日民集50巻5号1267頁　152
最判平成9年11月11日民集51巻10号4055頁　226
最判平成13年3月2日民集55巻2号185頁　406
最判平成13年3月12日刑集55巻2号97頁　130
最判平成13年3月27日判時1760号82頁　153
最判平成13年6月8日民集55巻4号727頁　239
最判平成14年9月26日民集56巻7号1551頁　213
最判平成15年2月28日判時1829号151頁　60
最判平成15年4月8日民集57巻4号337頁　39, 65, 409-411
最判平成17年12月16日判時1921号61頁　170
最決平成18年2月14日判時1928号158頁　474
最決平成22年3月15日判タ1321号93頁　444
最判平成22年6月1日民集64巻4号953頁　167
最決平成23年1月18日民集65巻1号121頁　428
最決平成23年1月20日民集65巻1号399頁　429
最決平成23年4月23日民集65巻3号1405頁　171
最決平成23年7月15日民集65巻5号2269頁　59
最決平成23年12月19日刑集65巻9号1380頁　431

高等裁判所
名古屋高判昭和51年1月28日金法795号44頁　151
東京高判昭和52年7月15日判時867号60頁　189
東京高判昭和58年7月28日判時1105号154頁　366, 487
広島高判昭和61年10月23日判時1218号83頁　158
大阪高判平成5年6月29日判時1475号77頁　158
東京高判平成6年9月12日判時1545号113頁　476
東京高判平成9年9月18日判タ984号118頁　349
東京高判平成12年3月16日民集55巻4号778頁　239
東京高判平成12年9月28日判時1735号57頁　122
東京高判平成13年9月5日判タ1088号94頁　406
東京高判平成14年10月29日判タ1098号213頁　441, 444
東京高判平成14年12月25日判時1816号52頁　406
大阪高判平成15年7月30日消費者法ニュース57号155頁　317
名古屋高判平成15年12月25日消費者法ニュース59号139頁　317
東京高判平成16年1月29日判時1848号25頁　224
大阪高判平成16年4月22日消費者法ニュース60

号156頁　　359
東京高判平成16年12月22日 金判1210号9頁
　406
大阪高判平成17年6月16日 高刑速報集平17年259
　頁　　474
知財高判平成17年11月15日 最高裁HP　　428
広島高判平成18年1月19日 判例集未登載　　407
東京高判平成18年7月13日 金法1785号45頁
　65, 411
広島高判平成18年10月31日 最高裁HP　　112
大阪高判平成19年6月14日 判時1991号122頁
　429
名古屋高判平成19年11月19日 判時2010号74頁
　317
名古屋高判平成20年11月11日 判例集未登載
　175, 403, 404, 412, 413
知財高判平成20年12月24日 民集65巻9号3363頁
　214
知財高判平成22年9月8日 判時2115号102頁
　431

地方裁判所
大阪地判昭和32年3月30日 判時1240号35頁
　389
東京地決昭和40年4月26日 労民集16巻2号308頁
　224
大阪地判昭和42年6月12日 下民集18巻5＝6号641
　頁　　60
長野地判昭和52年3月30日 判時849号33頁　　488
東京地判昭和58年9月26日 判時1119号93頁　　488
盛岡地判昭和59年8月10日 判時1135号98頁
　189
東京地判昭和60年6月27日 判時1199号94頁
　381
東京地判昭和60年9月12日 判時1220号97頁
　488
東京地判昭和62年7月25日 判時1509号31頁
　389
長崎地判平成元年6月30日 判時1325号128頁
　122
大阪地判平成5年10月18日 判タ845号254頁
　122, 409
札幌地判平成7年8月30日 判タ902号119頁　　409
東京地判平成9年2月13日 判時1627号129頁
　60
京都地判平成9年5月9日 判時1613号157頁　　112
東京地判平成12年5月16日 判時1751号128頁
　427
名古屋地判平成12年8月29日 金法1601号42頁
　123
東京地判平成12年9月28日 判時1764号104頁
　455
東京地判平成12年12月7日 判時1771号111頁
　108
秋田地判平成13年5月22日 判例集未登載　　366,
　487
横浜地決平成13年10月29日 判時1765号18頁
　10
東京地判平成14年4月15日 判時1793号133頁
　379
神戸地判平成15年3月4日 金判1178号48頁　　317
津地判平成15年4月2日 消費者法ニュース56号
　158頁　　317
東京地判平成15年9月26日 最高裁HP　　237
東京地判平成15年10月16日 判時1874号23頁
　238
東京地判平成16年2月24日 判時1853号38頁
　224
東京地判平成16年3月4日 最高裁HP　　237
東京地判平成16年4月15日 判時1909号55頁
　62, 165, 167, 415
東京地判平成16年5月31日 判時1936号140頁
　214
広島地判平成17年5月31日 判例集未登載　　407
神戸地姫路支判平成17年8月9日 判時1929号81頁
　66, 175, 403
東京地判平成17年9月2日 判時1922号105頁
　301, 374
東京地判平成18年1月30日 判時1939号52頁
　481
大阪地判平成19年4月12日 金法1807号42頁
　65, 411
東京地判平成19年5月25日 判時1979号100頁
　428
東京地判平成19年6月27日 判時1978号27頁
　269
名古屋地判平成20年3月13日 判時2030号107頁
　455

名古屋地判平成20年3月28日判時2009号89頁
　175, 402-405
長崎地佐世保支判平成20年4月24日金判1300号
　71頁　　350, 409
大阪地判平成20年6月10日判タ1290号176頁
　57, 165, 167, 414, 417
東京地判平成20年7月16日金法1871号51頁
　57, 182
東京地判平成20年7月29日判タ1285号295頁
　317
東京地判平成20年10月16日先物取引裁判例集53
　巻352頁　　360
東京地判平成21年4月30日判時2061号83頁
　214

東京地判平成22年3月11日判例集未登載　　403,
　412
大阪地判平成22年6月8日最高裁HP　107
東京地判平成22年12月7日判例集未登載　　173,
　412
東京地判平成22年12月20日判例集未登載　412
東京地判平成23年6月14日判例集未登載　418
東京地判平成24年7月11日最高裁HP　214

簡易裁判所
茨木簡判昭和60年12月20日判時1198号143頁
　34
東京簡判平成15年10月8日金判1231号61頁
　416

執筆者

大澤 彩	法政大学法学部准教授	【第2章】
夏井 高人	明治大学法学部教授	【第3章】
杉浦 宣彦	中央大学大学院戦略経営研究科教授	【第4章】
鹿野 菜穂子	慶應義塾大学大学院法務研究科教授	【第5章】
嶋 拓哉	北海道大学大学院法学研究科教授	【第7章】
鈴木 正朝	新潟大学法学部教授	【第8章】
横山 哲夫	東京弁護士会	【第10章】
弘中 絵里	第二東京弁護士会	【第11章】
壇 俊光	大阪弁護士会	【第12章】
高木 篤夫	東京弁護士会	【第13章】
足立 珠希	鳥取県弁護士会	【第14章】

編者

松本 恒雄【第1章】
1952年生まれ。京都大学法学部卒業、同大学院、同助手、広島大学助教授、大阪市立大学助教授を経て、現在、一橋大学大学院法学研究科教授。
〈主な著作〉『消費者取引と法―津谷裕貴弁護士追悼論文集』（共編著、民事法研究会、2010年）、『エッセンシャル民法3 債権』（共著、有斐閣、2011年）、『平成23年版電子商取引及び情報財取引等に関する準則と解説』別冊NBL137号（編著、商事法務、2011年）

齋藤 雅弘【第9章】
1954年生まれ。一橋大学法学部卒業、1982年弁護士登録（東京弁護士会）。消費者庁参与、一橋大学法科大学院・早稲田大学法科大学院などの非常勤講師（消費者法）、国民生活センター客員講師などを務める。
〈主な著作〉『特定商取引法ハンドブック（第4版）』（共著、日本評論社、2012年）、『消費者法講義（第4版）』（共著、日本評論社、2013年）、『消費者法の知識と実務』（共著、ぎょうせい、2012年）

町村 泰貴【第6章】
1960年生まれ。北海道大学法学部卒業、同大学院、同助手、小樽商科大学助教授、亜細亜大学教授、南山大学教授を経て、現在、北海道大学大学院法学研究科教授。
〈主な著作〉『法はDV被害者を救えるか』（共編著、商事法務、2013年）、『新法学講義民事訴訟法』（共著、悠々社、2012年）、『クラウドコンピューティングの法律』（共著、民事法研究会、2012年）

電子商取引法

2013年7月25日　第1版第1刷発行

編者　松本恒雄
　　　齋藤雅弘
　　　町村泰貴

発行者　井村寿人

発行所　株式会社　勁草書房
112-0005 東京都文京区水道2-1-1　振替 00150-2-175253
（編集）電話 03-3815-5277／FAX 03-3814-6968
（営業）電話 03-3814-6861／FAX 03-3814-6854
本文組版 プログレス・三秀舎・中永製本所

©MATSUMOTO Tuneo, SAITO Masahiro, MACHIMURA Yasutaka 2013

ISBN978-4-326-40284-7　Printed in Japan

JCOPY ＜(社)出版者著作権管理機構 委託出版物＞
本書の無断複写は著作権法上での例外を除き禁じられています。複写される場合は、そのつど事前に、(社)出版者著作権管理機構（電話 03-3513-6969、FAX 03-3513-6979、e-mail: info@jcopy.or.jp）の許諾を得てください。

＊落丁本・乱丁本はお取替いたします。

http://www.keisoshobo.co.jp

後藤巻則・池本誠司
割賦販売法
四六判　3,465 円　ISBN978-4-326-49903-8

半田正夫・松田政行編
著作権法コンメンタール 1　1 条〜22 条の 2
A5 判　9,450 円　ISBN978-4-326-40252-6

半田正夫・松田政行編
著作権法コンメンタール 2　23 条〜90 条の 3
A5 判　9,450 円　ISBN978-4-326-40253-6

半田正夫・松田政行編
著作権法コンメンタール 3
91 条〜124 条・附則・著作権等管理事業法
A5 判　9,450 円　ISBN978-4-326-40254-0

池村聡・壹貫田剛史
著作権法コンメンタール別冊　平成 24 年改正解説
A5 判　3,150 円　ISBN978-4-326-40283-0

石井夏生利
個人情報保護法の理念と現代的課題
プライバシー権の歴史と国際的視点
A5 判　8,400 円　ISBN978-4-326-40245-8

大垣尚司
金融から学ぶ民事法入門
A5 判　3,045 円　ISBN978-4-326-40273-1

＊表示価格は 2013 年 7 月現在。消費税が含まれております。